विवेकानन्द साहित्य

तृतीय खंड

अद्वैत आश्रम
(प्रकाशन विभाग)
५ डिही एण्टाली रोड • कोलकाता ७०००१४

प्रकाशक

स्वामी तत्त्वविदानन्द

अध्यक्ष, अद्वैत आश्रम

मायावती, चम्पावत, उत्तराखण्ड, हिमालय

कोलकाता स्थित प्रकाशन विभाग द्वारा प्रकाशित

Email: mail@advaitaashrama.org

Website: www.advaitaashrama.org

प्रथम संस्करण, १९६३

बारहवाँ पुनर्मुद्रण, मई २०१६

3M3C

ISBN 978-81-7505-155-3 (अजिल्द सेट)

ISBN 978-81-7505-158-4 (अजिल्द खण्ड ३)

ISBN 978-81-7505-166-9 (सजिल्द सेट)

ISBN 978-81-7505-169-0 (सजिल्द खण्ड ३)

मुद्रक

ट्रायो प्रोसेस

कोलकाता ७०० ०१४

विषय-सूची

कर्मयोग

7306-1

शिकागो में, सितम्बर १८९३

कर्म का चरित्र पर प्रभाव

कर्म शब्द 'कृ' धातु से निकला है; 'कृ' धातु का अर्थ है करना। जो कुछ किया जाता है, वही कर्म है। इस शब्द का पारिभाषिक अर्थ 'कर्मफल' भी होता है। दार्शनिक दृष्टि से इसका अर्थ कभी कभा वे फल होते हैं, जिनका कारण हमारे पूर्व कर्म रहते हैं। परन्तु कर्मयोग में 'कर्म' शब्द से हमारा आशय केवल 'कार्य' ही है। मानव जाति का चरम लक्ष्य ज्ञानलाभ है। प्राच्य दर्शनशास्त्र हमारे सम्मुख एकमात्र यही लक्ष्य रखता है। मनुष्य का अन्तिम लक्ष्य सुख नहीं, बरन् ज्ञान है। सुख और आनन्द विनाशशील हैं। अतः सुख को चरम लक्ष्य मान लेना भूल है, संसार में सब दुःखों का मूल यही है कि मनुष्य मूर्खतावश सुख को ही अपना आदर्श समझ लेता है। पर कुछ समय के बाद मनुष्य को यह बोध होता है कि जिसकी ओर वह जा रहा है, वह सुख नहीं, वरन् ज्ञान है, तथा सुख और दुःख दोनों ही महान् शिक्षक हैं, और जितनी शिक्षा उसे शुभ से मिलती है, उतनी ही अशुभ से भी। सुख और दुःख आत्मा के सम्मुख होकर जाने में उसके ऊपर अनेक प्रकार के चित्र अंकित कर जाते हैं। और इन संस्कारों की समष्टि के फल को ही मानव का 'चरित्र' कहा जाता है। यदि तुम किसी मनुष्य का चरित्र देखो, तो प्रतीत होगा कि वास्तव में वह उसकी मानसिक प्रवृत्तियों एवं मानसिक झुकाव की समष्टि ही है। तुम यह भी देखोगे कि उसके चरित्र-गठन में सुख और दुःख, दोनों ही समान रूप से उपादानस्वरूप हैं। चरित्र को एक विशिष्ट ढाँचे में ढालने में शुभ और अशुभ, दोनों का समान अंश रहता है, और कभी कभी तो दुःख सुख से भी बड़ा शिक्षक हो जाता है। यदि हम संसार के महापुरुषों के चरित्र का अध्ययन करें, तो मैं कह सकता हूँ कि अधिकांश दृष्टांतों में हम यही देखेंगे कि सुख की अपेक्षा दुःख ने, तथा सम्पत्ति की अपेक्षा दारिद्रय ने ही उन्हें अधिक शिक्षा दी है एवं प्रशंसा की अपेक्षा आघातों ने ही उनकी अन्तःस्थ अग्नि को अधिक प्रस्फुरित किया है।

अब, यह ज्ञान मनुष्य में अन्तर्निहित है। कोई भी ज्ञान बाहर से नहीं आता, सब अन्दर ही है। हम जो कहते हैं कि मनुष्य 'जानता' है, उसे ठीक ठीक मनोवैज्ञानिक भाषा में व्यक्त करने पर हमें कहना चाहिए कि वह 'आविष्कार करता' है। मनुष्य जा कुछ 'सीखता' है, वह वास्तव में 'आविष्कार करना' ही है।

'आविष्कार' का अर्थ है—मनुष्य का अपनी अनन्त ज्ञानस्वरूप आत्मा के ऊपर से आवरण को हटा लेना। हम कहते हैं कि न्यूटन ने गुरुत्वाकर्षण का आविष्कार किया। तो क्या वह आविष्कार कहीं एक कोने में बैठा हुआ न्यूटन की प्रतीक्षा कर रहा था? वह उसके मन में ही था। समय आया और उसने उसे ढूँढ़ निकाला। संसार ने जो कुछ ज्ञान लाभ किया है, वह मन से ही निकला है। विश्व का असीम पुस्तकालय तुम्हारे मन में ही विद्यमान है। बाह्य जगत् तो तुम्हें अपने मन के अध्ययन में लगाने के लिए उद्दीपक तथा अवसर मात्र है; परन्तु सारे समय तुम्हारे अध्ययन का विषय तुम्हारा मन ही रहता है। सेब के गिरने ने न्यूटन को उद्दीपक प्रदान किया और उसने अपने मन का अध्ययन किया। उसने अपने मन में पूर्व से स्थित विचार-शृंखला की कड़ियों को एक बार फिर से विन्यस्त किया तथा उनमें एक नयी कड़ी का आविष्कार किया। उसीको हम गुरुत्वाकर्षण का नियम कहते हैं। यह न तो सेब में था और न पृथ्वी के केन्द्र में स्थित किसी अन्य वस्तु में। अतएव समस्त ज्ञान, चाहे वह व्यावहारिक हो अथवा परमार्थिक, मनुष्य के मन में ही निहित है। बहुधा यह प्रकाशित न होकर ढका रहता है, और जब आवरण धीरे धीरे हटता जाता है, तो हम कहते हैं कि 'हमें ज्ञान हो रहा है'। ज्यों ज्यों इस आविष्करण की क्रिया बढ़ती जाती है, त्यों त्यों हमारे ज्ञान की वृद्धि होती जाती है। जिस मनुष्य पर से यह आवरण उठता जा रहा है, वह अन्य व्यक्तियों की अपेक्षा अधिक ज्ञानी है, और जिस मनुष्य पर यह आवरण तह पर तह पड़ा है, वह अज्ञानी है। जिस मनुष्य पर से यह आवरण बिल्कुल चला जाता है, वह सर्वज्ञ पुरुष कहलाता है। अतीत में कितने ही सर्वज्ञ हो चुके हैं और मेरा विश्वास है कि अब भी बहुत से होंगे तथा आगामी युगों में भी ऐसे असंख्य पुरुष जन्म लेंगे। जिस प्रकार एक चकमक पत्थर के टुकड़े में अग्नि निहित रहती है, उसी प्रकार मनुष्य के मन में ज्ञान रहता है। उद्दीपक घर्षण का कार्य करके उसको प्रकाशित कर देता है। ठीक ऐसा ही हमारी समस्त भावनाओं और कार्यों के सम्बन्ध में भी है। यदि हम शान्त होकर स्वयं का अध्ययन करें, तो प्रतीत होगा कि हमारा हँसना-रोना, सुख-दुःख,, हर्ष-विषाद, हमारी शुभ कामनाएँ एवं शाप, स्तुति और निन्दा, ये सब हमारे मन के ऊपर अनेक घात-प्रतिघातों के फलस्वरूप उत्पन्न हुए हैं। और हम जो कुछ हैं, इसीके फ़ल हैं। ये सब घात-प्रतिघात मिलकर 'कर्म' कहलाते हैं। आत्मा की आभ्यन्तरिक अग्नि तथा उसकी अपनी शक्ति एवं ज्ञान को बाहर प्रकट करने के लिए जो मानसिक अथवा भौतिक घात उस पर पहुँचाये जाते हैं, वे ही कर्म हैं। यहाँ कर्म शब्द का उपयोग व्यापक रूप में किया गया है। इस प्रकार, हम सब प्रतिक्षण ही कर्म करते रहते हैं। मैं तुमसे

बातचीत कर रहा हूँ—यह कर्म है; तुम सुन रहे हो—यह भी कर्म है; हमारा साँस लेना, चलना आदि भी कर्म हैं; जो कुछ हम करते हैं, वह शारीरिक हो अथवा मानसिक, सब कर्म ही है; और हमारे ऊपर वह अपने चिह्न अंकित कर जाता है।

कुछ कार्य ऐसे भी होते हैं, जो अनेक छोटे छोटे कर्मों की समष्टि जैसे होते हैं। उदाहरणार्थ, यदि हम समुद्र के किनारे खड़े हों और लहरों को किनारे से टकराते हुए सुनें, तो ऐसा मालूम होता है कि एक बड़ी भारी आवाज़ हो रही है। परन्तु हम जानते हैं कि एक बड़ी लहर असंख्यात छोटी छोटी लहरों से बनी है। और यद्यपि प्रत्येक छोटी लहर अपना शब्द करती है, परन्तु फिर भी वह हमें सुन नहीं पड़ता। पर ज्यों ही ये सब शब्द आपस में मिलकर एक हो जाते हैं, त्यों ही हमें बड़ी आवाज़ सुनायी देती है। इसी प्रकार हृदय की प्रत्येक धड़कन कार्य है। कई कार्य ऐसे होते हैं, जिनका हम अनुभव करते हैं, वे हमें इन्द्रियग्राह्य हो जाते हैं, पर वे अनेक छोटे छोटे कार्यों की समष्टि होते हैं। यदि तुम सचमुच किसी मनुष्य के चरित्र को जाँचना चाहते हो, तो उसके बड़े कार्यों पर से उसकी जाँच मत करो। हर एक मूर्ख किसी विशेष अवसर पर बहादुर बन सकता है। मनुष्य के अत्यन्त साधारण कार्यों की जाँच करो, और असल में वे ही ऐसी बातें हैं, जिनसे तुम्हें एक महान् पुरुष के वास्तविक चरित्र का पता लग सकता है। आकस्मिक अवसर तो छोटे से छोटे मनुष्य को भी किसी न किसी प्रकार का बड़प्पन दे देते हैं। परन्तु वास्तव में महान् तो वही है, जिसका चरित्र सदैव और सब अवस्थाओं में महान् तथा एकसम रहता है।

मनुष्य का जिन शक्तियों के साथ संपर्क होता है, उन सबमें कर्म की शक्ति सबसे अधिक प्रबल होती है, जो मनुष्य के चरित्र पर प्रभाव डालती है। मनुष्य एक प्रकार का केन्द्र जैसा है, वह संसार की समस्त शक्तियों को अपनी ओर खींचता है, तथा इस केन्द्र में उन सबको संयुक्त कर उन्हें फिर एक बड़ी तरंग के रूप में बाहर भेजता है। यह केन्द्र ही 'वास्तविक' मानव है—सर्वशक्तिमान तथा सर्वज्ञ, और यह समस्त विश्व को अपनी ओर खींच रहा है। शुभ-अशुभ, सुख-दुःख सब उसकी ओर दौड़े जा रहे हैं, और उससे लिपटे जा रहे हैं। और वह उन सबमें से प्रवृत्ति की उस प्रबल धारा को बनाता है, जिसे चरित्र कहते हैं, और उसे बाहर प्रेषित करता है। जिस प्रकार किसी चीज़ को अपनी ओर खींच लेने की उसमें शक्ति है, उसी प्रकार उसे बाहर भेजने की भी शक्ति उसमें है।

संसार में हम जो सब कार्य-कलाप देखते हैं, मानव-समाज में जो सब गति हो रही है, हमारे चारों ओर जो कुछ हो रहा है, वह सब मन की ही अभिव्यक्ति

है—मनुष्य की इच्छा-शक्ति का ही प्रकाश है। कलें, यंत्र, नगर, जहाज़, युद्धपोत आदि सभी मनुष्य की इच्छा-शक्ति के विकास मात्र हैं। मनुष्य की यह इच्छा-शक्ति चरित्र से उत्पन्न होती है और वह चरित्र कर्मों से गठित होता है। अतएव, जैसा कर्म होता है, इच्छा-शक्ति की अभिव्यक्ति भी वैसी ही होती है। संसार में प्रबल इच्छा-शक्तिसम्पन्न जितने महापुरुष हुए हैं, वे सभी धुरन्धर कर्मी दिग्गज आत्मा थे। उनकी इच्छा-शक्ति ऐसी ज़बरदस्त थी कि वे संसार को भी उलट-पुलट सकते थे। और यह शक्ति उन्हें युग-युगान्तर तक निरन्तर कर्म करते रहने से प्राप्त हुई थी। एक बुद्ध या ईसा मसीह की सी प्रबल इच्छा-शक्ति एक जन्म में प्राप्त नहीं की जा सकती, क्योंकि हमें ज्ञात है कि उनके पिता कौन थे। हम नहीं कह सकते कि उनके पिता के मुँह से मनुष्य-जाति के कल्याण के लिए शायद कभी एक शब्द भी निकला हो। जोसेफ (ईसा मसीह के पिता) के समान तो लाखों और करोड़ों बढ़ई हो गये और आज भी हैं; बुद्ध के पिता के सदृश लाखों छोटे छोटे राजा हो चुके हैं। अतः यदि यह बात केवल आनुवंशिक संक्रमण के ही कारण हुई हो, तो इसकी व्याख्या कैसे कर सकते हो कि इस छोटे से राजा ने, जिसकी आज्ञा का पालन शायद उसके स्वयं के नौकर भी नहीं करते थे, एक ऐसा पुत्र उत्पन्न किया, जिसकी उपासना लगभग आधा संसार करता है? इसी प्रकार, उस बढ़ई तथा संसार में लाखों लोगों द्वारा ईश्वर के समान पूजे जानेवाले उसके पुत्र के बीच जो अन्तर है, उसकी क्या व्याख्या हो सकती है? आनुवंशिक सिद्धान्त के द्वारा तो इसका स्पष्टीकरण नहीं हो सकता। बुद्ध और ईसा इस संसार में जिस महा संकल्प का संचार कर गये, वह कहाँ से आया? इतनी शक्ति का संचय कैसे हुआ? अवश्य ही वह युग-युगान्तरों से उस स्थान में रही होगी, और क्रमशः बढ़ते बढ़ते अन्त में बुद्ध तथा ईसा के रूप में उसका विस्फोट समाज पर हुआ और तब से वह आज तक प्रवाहित हो रही है।

यह सब कर्म द्वारा ही निर्धारित होता है। यह सनातन नियम है कि जब तक कोई मनुष्य किसी वस्तु का उपार्जन न करे, तब तक वह उसे प्राप्त नहीं हो सकती। सम्भव है, कभी कभी हम इस बात को न मानें, परन्तु आगे चलकर हमें इसका दृढ़ विश्वास हो जाता है। एक मनुष्य चाहे समस्त जीवन भर धनी होने के लिए एड़ी-चोटी का पसीना एक करता रहे, हज़ारों मनुष्यों को धोखा दे, परन्तु अन्त में वह देखता है कि वह सम्पत्तिशाली होने का अधिकारी नहीं था, तब जीवन उसके लिए दुःखमय और कंटकित बन जाता है। हम अपने भौतिक सुखों के लिए भिन्न भिन्न चीज़ों को भले ही इकट्ठा करते जायँ, परन्तु जिसका उपार्जन हम करते हैं, वही हमारा होता है। एक मूर्ख संसार भर की सारी पुस्तकें

मोल लेकर भले ही अपने पुस्तकालय में रख ले, परन्तु वह केवल उन्हींको पढ़ सकेगा, जिनको पढ़ने का वह अधिकारी होगा, और यह अधिकार कर्म द्वारा ही प्राप्त होता है। हम किसके अधिकारी हैं, हम अपने भीतर क्या क्या ग्रहण कर सकते हैं, इस सबका निर्णय कर्म द्वारा ही होता है। अपनी वर्तमान अवस्था के जिम्मेदार हमीं हैं, और जो कुछ हम होना चाहें, उसकी शक्ति भी हमींमें है। यदि हमारी वर्तमान अवस्था हमारे ही पूर्व कर्मों का फल है, तो यह निश्चित है कि जो कुछ हम भविष्य में होना चाहते हैं, वह हमारे वर्तमान कर्मों द्वारा ही निर्धारित किया जा सकता है। अतएव यह जान लेना आवश्यक है कि कर्म किस प्रकार किये जायँ। सम्भव है, तुम कहो, "कर्म करने की शैली जानने से क्या लाभ ? संसार में प्रत्येक मनुष्य किसी न किसी प्रकार से तो काम करता ही रहता है।" परन्तु यह भी ध्यान रखना चाहिए कि शक्तियों का निरर्थक क्षय भी कोई चीज़ होती है। गीता का कथन है, 'कर्मयोग का अर्थ है—कुशलता से अर्थात् वैज्ञानिक प्रणाली से कर्म करना।' कर्मानुष्ठान की विधि ठीक ठीक जानने से मनुष्य को श्रेष्ठतम फल प्राप्त हो सकता है। यह स्मरण-रखना चाहिए कि समस्त कर्मों का उद्देश्य है, मन के भीतर पहले से ही स्थित शक्ति को प्रकट कर देना—आत्मा को जाग्रत कर देना। प्रत्येक मनुष्य के भीतर शक्ति और पूर्ण ज्ञान विद्यमान है। भिन्न-भिन्न कर्म इन महान् शक्तियों को जाग्रत करने तथा बाहर प्रकट कर देने के लिए आघात सदृश हैं।

मनुष्य विविध प्रेरणाओं से कार्य किया करता है, क्योंकि बिना प्रेरणा या हेतु के कार्य नहीं हो सकता। कुछ लोग यश चाहते हैं, और वे यश के लिए काम करते हैं। दूसरे पैसा चाहते हैं, और वे पैसे के लिए काम करते हैं। फिर कोई अधिकार प्राप्त करना चाहते हैं, और वे अधिकार के लिए काम करते हैं। कुछ और स्वर्ग पाना चाहते हैं, और वे उसीके लिए प्रयत्न करते हैं। फिर कुछ लोग मरने के बाद अपना नाम छोड़ जाने के इच्छुक होते हैं, जैसे चीन देश में। वहाँ मृत्यु के बाद ही उसे उपाधि दी जाती है; विचार करके देखने पर यह प्रथा हमारे यहाँ की अपेक्षा अच्छी ही कही जा सकती है। वहाँ जब कोई विशेष श्रेष्ठ कार्य करता है, तो उसके दिवंगत पिता या पितामह को एक अभिजात उपाधि प्रदान कर दी जाती है। कुछ लोग इसीके निमित्त काम करते हैं। इस्लाम धर्म के कुछ सम्प्रदायों के अनुयायी इस बात के लिए आजन्म काम करते रहते हैं कि मृत्यु के बाद उनका एक बड़ा मक़बरा बने। मैं कुछ ऐसे सम्प्रदायों को जानता हूँ, जिनमें बच्चे के पैदा होते ही उसके लिए एक मक़बरा बना दिया जाता है, और यही उन लोगों के अनुसार मनुष्य का सबसे महत्त्वपूर्ण काम होता है। जिसका

मक़बरा जितना बड़ा और सुन्दर होता है, वह उतना ही अधिक सुखी समझा जाता है। कुछ लोग प्रायश्चित्त के रूपमें कर्म किया करते हैं, अर्थात् अपने जीवन भर अनेक प्रकार के दुष्ट कर्म कर चुकने के बाद एक मन्दिर बनवा देते हैं अथवा पुरोहितों को कुछ धन दे देते हैं, जिससे वे उनको खरीदकर प्रसन्न कर लें और उनसे स्वर्ग का टिकट खरीद लें ! वे सोचते हैं कि इस पुण्य से रास्ता साफ़ हो गया, अब हम अपने पापों के बावजूद निर्विघ्न चले जायँगे। कार्य की विविध प्रेरणाओं में से कुछ ये हैं।

कार्य के निमित्त ही कार्य। प्रत्येक देश में कुछ ऐसे नर-रत्न होते हैं, जो केवल कर्म के लिए ही कर्म करते हैं। वे नाम-यश अथवा स्वर्ग की भी परवाह नही करते। वे केवल इसलिए कर्म करते हैं कि उससे कुछ कल्याण होगा, कुछ लोग ऐसे भी होते हैं, जो और भी उच्चतर उद्देश्य लेकर ग़रीबों के प्रति भलाई तथा मनुष्य-जाति की सहायता करने के लिए अग्रसर होते हैं, क्योंकि वे शुभ में विश्वास करते हैं और उससे प्रेम करते हैं। नाम तथा यश के लिए किया गया कार्य बहुधा शीघ्र फलित नहीं होता। ये चीज़ें हमें उस समय प्राप्त होती हैं, जब हम वृद्ध हो जाते हैं और ज़िन्दगी की आख़िरी घड़ियाँ गिनते रहते हैं। यदि कोई मनुष्य निःस्वार्थ भाव से कार्य करे, तो क्या उसे कोई फलप्राप्ति नहीं होती ? असल में तभी तो उसे सर्वोच्च फल की प्राप्ति होती है। और सच पूछा जाय, तो निःस्वार्थता अधिक फलदायी होती है, केवल लोगों में इसका अभ्यास करने का धैर्य नहीं होता। स्वास्थ्य की दृष्टि से भी यह अधिक लाभदायक है। प्रेम, सत्य तथा निःस्वार्थता नैतिकतासम्बन्धी आलंकारिक वर्णन मात्र नहीं हैं, वरन् शक्ति की महान् अभिव्यक्ति होने के कारण वे हमारे सर्वोच्च आदर्श हैं, पहली बात यह है कि यदि कोई मनुष्य पाँच दिन, उतना क्यों, पाँच मिनट भी बिना भविष्य का चिन्तन किये, बिना स्वर्ग, नरक या अन्य किसी के सम्बन्ध में सोचे, निःस्वार्थता से काम कर सकता है, तो उसमें एक महान् आत्मा बन सकने की क्षमता है। यद्यपि इसे कार्यरूप में परिणत करना कठिन है, फिर भी अपने हृदय के अन्तस्तल से हम इसका महत्त्व समझते हैं और जानते हैं कि इससे क्या मंगल होता है। यह प्रचंड निग्रह शक्ति की महत्तम अभिव्यक्ति है। अन्य सब बहिर्मुखी कर्मों की अपेक्षा यह आत्म-निग्रह शक्ति की कहीं बड़ी अभिव्यक्ति है। एक चार घोड़ोंवाली गाड़ी पहाड़ी के उतार पर बड़ी आसानी से बिना रोके आ सकती है, अथवा सईस घोड़ों को रोक सकता है। किन्तु अधिक शक्ति की अभिव्यक्ति घोड़ों को छोड़ देने में है, अथवा उन्हें रोकने में ? एक तोप का गोला हवा में काफ़ी दूर तक चला जाता है और फिर गिर पड़ता है। परन्तु दूसरा दीवार से टकराकर रुक जाने

से उतनी दूर नहीं जा सकता, पर उस टकराने से विपुल ताप की उत्पत्ति होती है। इसी प्रकार, मन की सारी बहिर्मुखी गति किसी स्वार्थपूर्ण उद्देश्य की ओर दौड़ती रहने से छिन्न-भिन्न होकर बिखर जाती है; वह फिर तुम्हारे पास शक्ति लौटाकर नहीं लाती। परन्तु यदि उसका संयम किया जाय, तो उससे शक्ति की वृद्धि होती है। इस आत्मसंयम से महान् इच्छा-शक्ति का प्रादुर्भाव होता है; वह बुद्ध या ईसा जैसे चरित्र का निर्माण करता है। मूर्खों को इस रहस्य का पता नहीं रहता, परन्तु फिर भी वे मनुष्य-जाति पर शासन करने के इच्छुक रहते हैं। एक मूर्ख भी यदि कर्म करे और प्रतीक्षा करे, तो समस्त संसार पर शासन कर सकता है। यदि वह कुछ वर्ष तक प्रतीक्षा करे तथा अपने इस मूर्खता-जन्य जगत्-शासन के भाव को संयत कर ले, तो इस भाव के समूल नष्ट होते ही वह संसार में एक शक्ति बन जायगा। परन्तु जिस प्रकार कुछ पशु अपने से दो-चार क़दम आगे कुछ नहीं देख सकते, इसी प्रकार हममें से अधिकांश लोग दो-चार वर्ष के आगे भविष्य नहीं देख सकते। हमारा संसार मानो एक क्षुद्र परिधि सा होता है, हम बस उसीमें आबद्ध रहते हैं। उसके परे देखने का धैर्य हममें नहीं रहता और इसीलिए हम दुष्ट और अनैतिक हो जाते हैं। यह हमारी कमज़ोरी है—शक्तिहीनता है।

अत्यन्त निम्नतम कर्मों को भी तिरस्कार की दृष्टि से नहीं देखना चाहिए। जो मनुष्य कोई श्रेष्ठ आदर्श नहीं जानता, उसे स्वार्थदृष्टि से ही—नाम-यश के लिए ही—काम करने दो। परन्तु प्रत्येक मनुष्य को उच्चतर ध्येयों की ओर बढ़ने तथा उन्हें समझने का यत्न करते रहना चाहिए। 'हमें कर्म करने का ही अधिकार है, कर्मफल में हमारा कोई अधिकार नहीं।'[१] कर्मफलों को एक ओर रहने दो, उनकी चिन्ता हमें क्यों हो? यदि तुम किसी मनुष्य की सहायता करना चाहते हो, तो इस बात की कभी चिन्ता न करो कि उसका व्यवहार तुम्हारे प्रति कैसा होना चाहिए। यदि तुम एक श्रेष्ठ एवं उत्तम कार्य करना चाहते हो, तो यह सोचने का कष्ट मत करो कि उसका फल क्या होगा।

अब कर्म के इस आदर्श के सम्बन्ध में एक कठिन प्रश्न उठता है। कर्मयोगी के लिए सतत कर्मशीलता आवश्यक है; हमें सदैव कर्म करते रहना चाहिए। बिना कार्य के हम एक क्षण भी नहीं रह सकते। तो विश्राम के विषय में क्या कहा जा सकता है? यहाँ इस जीवन-संग्राम का एक पक्ष है कर्म, जिसके तीव्र भँवर में फँसे हम लोग चक्कर काट रहे हैं। दूसरा पक्ष है शान्ति का—निवृत्तिमुखी

---

१. कर्मण्येवाधिकारस्ते मा फलेषु कदाचन ॥गीता ॥२।४७॥

त्याग का। चारों ओर सब शान्त, पूर्ण है, किसी प्रकार का कोलाहल और दिखावा नहीं, केवल प्रकृति अपने प्राणियों, पुष्पों और पर्वतों के साथ विद्यमान है। पर इन दोनों में कोई भी पूर्ण आदर्श चित्र नहीं है। यदि किसी एकान्तवासी व्यक्ति को संसार के चक्र में घसीट लाया जाय, तो वह उससे उसी प्रकार ध्वस्त हो जायगा, जिस प्रकार समुद्र की गहराई में रहनेवाली एक विशेष प्रकार की मछली पानी की सतह पर लाये जाते ही टुकड़ टुकड़े हो जाती है; क्योंकि सतह पर पानी का वह दबाव नहीं है, जिसके कारण वह जीवित रहती थी। इसी प्रकार एक ऐसा मनुष्य, जो सांसारिक तथा सामाजिक जीवन के कोलाहल का अभ्यस्त रहा है, यदि किसी नीरव स्थान में ले आया जाय, तो क्या वह आराम से रह सकेगा? कदापि नहीं। उसे क्लेश होगा और सम्भव है, उसका मस्तिष्क ही फिर जाय। आदर्श पुरुष तो वे हैं, जो परम शान्ति एवं निस्तब्धता के बीच भी तीव्र कर्म का तथा प्रबल कर्मशीलता के बीच भी मरुस्थल की शान्ति एवं निस्तब्धता का अनुभव करते हैं। उन्होंने संयम का रहस्य जान लिया है—अपने ऊपर विजय प्राप्त कर चुके हैं। किसी बड़े शहर की भरी हुई सड़कों के बीच से जाने पर भी उनका मन उसी प्रकार शान्त रहता है, मानो वे किसी निःशब्द गुफा में हों, और फिर भी उनका मन सारे समय कर्म में तीव्र रूप से लगा रहता है। यही कर्मयोग का आदर्श है, और यदि तुमने यह प्राप्त कर लिया है, तो तुम्हें वास्तव में कर्म का रहस्य ज्ञात हो गया।

परन्तु हमें आरम्भ से ही आरम्भ करना पड़ेगा, जो कार्य हमारे सामने आयें, उन्हें हम हाथ में लें और शनैः शनैः हम अपने को प्रतिदिन निःस्वार्थ बनाने का प्रयत्न करें। हमें कर्म करते रहना चाहिए तथा यह पता लगाना चाहिए कि उस कार्य के पीछे हमारी प्रेरक शक्ति क्या है। ऐसा होने पर हम देखेंगे कि आरम्भिक वर्षों में प्रायः हमारी सभी कार्यों का हेतु स्वार्थपूर्ण रहता है। किन्तु धीरे धीरे यह स्वार्थपरायणता अध्यवसाय से नष्ट हो जायगी, और अन्त में वह समय आ जायगा, जब हम वास्तव में स्वार्थ से रहित होकर कार्य करने के योग्य हो सकेंगे। हम सभी यह आशा कर सकते हैं कि जीवन-पथ में संघर्ष करते करते किसी न किसी दिन वह समय अवश्य ही आयेगा, जब हम पूर्ण रूप से निःस्वार्थ बन जायँगे; और ज्यों ही हम उस अवस्था को प्राप्त कर लेंगे, हमारी समस्त शक्तियाँ केन्द्रीभूत हो जायँगी तथा हमारा आभ्यन्तरिक ज्ञान प्रकट हो जायगा।

'हरेक अपने क्षेत्र में महान् है'

सांख्य मत के अनुसार प्रकृति—सत्त्व, रज तथा तम—इन तीन शक्तियों से निर्मित है। भौतिक जगत् में इन तीन शक्तियों की अभिव्यक्ति साम्यावस्था, क्रियाशीलता तथा जड़ता के रूप में दिखायी पड़ती है। तम की अभिव्यक्ति अन्धकार अथवा कर्मशून्यता के रूप में होती है, रज की कर्मशीलता अर्थात् आकर्षण एवं विकर्षण के रूप में, और सत्त्व इन दोनों की साम्यावस्था है।

प्रत्येक व्यक्ति में ये तीन शक्तियाँ होती हैं। कभी कभी तमोगुण प्रबल होता है, तब हम सुस्त हो जाते हैं, हिल-डुल तक नहीं सकते और कुछ विशिष्ट भावनाओं अथवा जड़ता से ही आबद्ध होकर निष्क्रिय हो जाते हैं। फिर कभी कभी कर्मशीलता का प्राबल्य होता है; और कभी कभी इन दोनों के सामंजस्य सत्त्व की प्रबलता होती है। फिर, भिन्न भिन्न मनुष्यों में इन गुणों में से कोई एक सबसे प्रबल होता है। एक मनुष्य में निष्क्रियता, सुस्ती और आलस्य के गुण प्रबल रहते हैं; दूसरे में क्रियाशीलता, उत्साह एवं शक्ति के, और तीसरे में हम शान्ति, मृदुता एव माधुर्य का भाव देखते हैं, जो पूर्वोक्त दोनों गुणों अर्थात् सक्रियता एवं निष्क्रियता का सामंजस्य होता है। इस प्रकार सम्पूर्ण सृष्टि में—पशुओं, वृक्षों और मनुष्यों में—हमें इन विभिन्न शक्तियों का न्यूनाधिक मात्रा में, वैशिष्टयपूर्ण अभिव्यक्ति दिखायी देती है।

कर्मयोग का सम्बन्ध मुख्यतः इन तीन शक्तियों से है। उनके स्वरूप के विषय में तथा उनका उपयोग कैसे करना चाहिए, यह बतलाकर कर्मयोग हमें अपना कार्य अच्छी तरह से करने की शिक्षा देता है। मानव-समाज एक श्रेणीबद्ध संगठन है। हम सभी जानते हैं कि सदाचार तथा कर्तव्य किसे कहते हैं; परन्तु फिर भी हम देखते हैं कि भिन्न भिन्न देशों में सदाचार के सम्बन्ध में अलग अलग धारणाएँ हैं। एक देश में जो बात सदाचार मानी जाती है, दूसरे देश में वही नितान्त दुराचार समझी जा सकती है। उदाहरणार्थ, एक देश में चचेरे भाई-बहिन आपस में विवाह कर सकते हैं, परन्तु दूसरे देश में यही बात अत्यन्त अनैतिक मानी जाती है। किसी देश में लोग अपनी साली से विवाह कर सकते हैं, परन्तु यही बात दूसरे देश में अनैतिक समझी जाती है। फिर कहीं कहीं लोग एक ही बार विवाह कर सकते हैं और कहीं कहीं कई बार, इत्यादि इत्यादि। इसी प्रकार, सदाचार की अन्यान्य

बातों के सम्बन्ध में भी विभिन्न देशों के मानदंड बहुत भिन्न होते हैं। फिर भी हमारी यह धारणा है कि सदाचार का एक सार्वभौमिक मानदंड अवश्य है।

यही बात कर्तव्य के विषय में भी है। भिन्न भिन्न जातियों में कर्तव्य की धारणा भिन्न होती है। किसी देश में यदि कोई व्यक्ति कुछ विशिष्ट कार्य नहीं करता, तो लोग उस पर दोषारोपण करते हैं; परन्तु अन्य किसी देश में यदि वह व्यक्ति वही कार्य करता है, तो वहाँ के लोग कहते हैं कि उसने ठीक नहीं किया। फिर भी हम जानते हैं कि कर्तव्य का एक सार्वभौमिक आदर्श अवश्य है। इसी प्रकार, समाज का एक वर्ग सोचता है कि कुछ विशिष्ट बातें ही कर्तव्य हैं; परन्तु दूसरे वर्ग का विचार बिल्कुल विपरीत होता है और वह उन कार्यों को करना पातक समझेगा। अब हमारे सम्मुख दो मार्ग खुले हैं। एक अज्ञानी का, जो सोचता है कि सत्य का मार्ग केवल एक ही है तथा शेष सब ग़लत हैं; और दूसरा ज्ञानी का, जो यह मानता है कि हमारी मानसिक दशा तथा परिस्थिति के अनुसार कर्तव्य तथा सदाचार भिन्न भिन्न हो सकते हैं। अतएव जानने योग्य प्रधान बात यह है कि कर्तव्य तथा सदाचार के विभिन्न स्तर होते हैं, और जीवन की एक अवस्था के, एक परिस्थिति के कर्तव्य दूसरी परिस्थिति के कर्तव्य नहीं हो सकते।

उदाहरणार्थ, सब महापुरुषों का उपदेश है कि 'अशुभ का प्रतिरोध न करो', अप्रतिरोध ही सर्वोच्च नैतिक आदर्श है। हम जानते हैं कि यदि हममें कुछ लोग इस सूत्र को पूर्णतः चरितार्थ करने लगें, तो समाज का सारा संघटन ही छिन्न-भिन्न हो जायगा। दुष्ट लोग हमारी जान और माल पर हाथ मारने और मनमानी करने लगेंगे। यदि इस प्रकार का 'अप्रतिरोध-धर्म' एक दिन भी आचरण में लाया जाय, तो बड़ी गड़बड़ी मच जायगी। परन्तु फिर भी अपने हृदय के अन्तस्तल से हम 'अशुभ का प्रतिरोध न करो' उपदेश की सत्यता अनुभव करते रहते हैं। हमें वह सर्वोच्च आदर्श प्रतीत होता है; परन्तु केवल इसी मत का प्रचार करना अधिकांश मानवता की भर्त्सना करना होगा। इतना ही नहीं, बल्कि इसके द्वारा मनुष्यों को सदा यही अनुभव होने लगेगा कि वे अन्याय ही कर रहे हैं। उनके हृदय में प्रत्येक कार्य के बारे में संकल्प-विकल्प सा होने लगेगा, उनका मन दुर्बल हो जायगा तथा अन्य किसी दुर्गुण की अपेक्षा यह सतत आत्म-धिक्कार उनमें अधिक दुर्गुणों को उत्पन्न कर देगा। जो व्यक्ति अपने प्रति घृणा करने लगा है, उसके पतन का द्वार खुल चुका है, और यही बात राष्ट्र के सम्बन्ध में भी सत्य है।

हमारा पहला कर्तव्य यह है कि अपने प्रति घृणा न करें; क्योंकि आगे बढ़ने के लिए यह आवश्यक है कि पहले हम स्वयं में विश्वास रखें और फिर ईश्वर में।

जिसे स्वयं में विश्वास नहीं, उसे ईश्वर में कभी भी विश्वास नहीं हो सकता। अतएव हमारे लिये जो एकमात्र रास्ता रह जाता है, वह यह कि हम समझ लें कि कर्तव्य तथा सदाचार की धारणा विभिन्न परिस्थितियों के अनुसार बदलती रहती है। यह बात नहीं कि जो मनुष्य अशुभ का प्रतिरोध कर रहा है, वह कुछ ऐसा करता है, जो सदा और स्वभावतः अन्यायपूर्ण है, वरन् जिस भिन्न परिस्थिति में वह है, उसमें अशुभ का प्रतिरोध करना ही उसका कर्तव्य हो सकता है।

सम्भव है, भगवद्‌गीता का द्वितीय अध्याय पढ़कर तुम पाश्चात्य देशवालों में से बहुतों को आश्चर्य हुआ हो, क्योंकि वहाँ शत्रुओं के मित्र एवं संबंधी होने के कारण अर्जुन के उनसे युद्ध करने से अस्वीकार करने तथा अप्रतिरोध को प्रेम का सर्वोच्च आदर्श मानने पर श्री कृष्ण ने अर्जुन को ढोंगी तथा डरपोक कहा है। इस महान् सत्य को हम सबको अवगत कर लेना चाहिए कि सभी विषयों में दोनों चरम अवस्थाएँ एक सदृश होती हैं। चरम 'अस्ति' और चरम 'नास्ति', दोनों सदैव एक समान होते हैं। उदाहरणार्थ, प्रकाश का स्पन्दन यदि अत्यन्त मंद होता है, तो हम उसे नहीं देख सकते; और इसी प्रकार जब वह अत्यन्त तीव्र होता है, तब भी हम उसे देखने में असमर्थ होते हैं। 'ध्वनि' के सम्बन्ध में भी ठीक ऐसा ही है। न तो उसके तार-स्वर के बहुत निम्न होने पर हम उसे सुन सकते हैं और न उसके बहुत उच्च होने पर। इसी प्रकार का भेद 'प्रतिरोध' तथा 'अप्रतिरोध' में है। एक मनुष्य इसलिए प्रतिरोध नहीं करता कि वह कमजोर है, सुस्त है, असमर्थ है; दूसरी ओर एक दूसरा मनुष्य है, जो यह जानता है कि यदि वह चाहे, तो ज़बर्दस्त प्रतिरोध कर सकता है, परन्तु फिर भी वह केवल अप्रतिरोध ही नहीं करता, वरन् अपने शत्रुओं के प्रति शुभ कामनाएँ भी प्रकट करता है। अतः वह मनुष्य जो दुर्बलता के कारण प्रतिरोध नहीं करता, पापग्रस्त होता है और इसलिए अप्रतिरोध से कोई लाभ नहीं उठा सकता; परन्तु दूसरा मनुष्य यदि प्रतिरोध करे, तो वह भी पाप का भागी होता है। बुद्ध ने जो अपना राजवैभव तथा सिंहासन छोड़ दिया, उसे हम सच्चा त्याग कह सकते हैं; परन्तु एक भिखारी के सम्बन्ध में त्याग का कोई प्रश्न ही नहीं उठता, क्योंकि उसके पास तो त्याग करने को कुछ है ही नहीं। अतएव जब हम 'अप्रतिरोध' तथा 'आदर्श प्रेम' की बात करते हैं, तब यह विशेष रूप से ध्यान रखना आवश्यक है कि हम किस विषय की ओर लक्ष्य कर रहे हैं। हमें पहले यह अच्छी तरह सोच लेना चाहिए कि हममें प्रतिरोध की शक्ति है भी या नहीं। तब फिर शक्तिशाली होते हुए भी यदि हम प्रतिरोध न करें, तो वास्तव में हम एक महान् कार्य करते हैं; परन्तु यदि हम प्रतिरोध कर ही न सकते हों, और फिर भी भ्रमवश यही सोचते रहें कि हम उच्च प्रेम की प्रेरणा

से ही यह कार्य कर रहे हैं, तो यह पहले के ठीक विपरीत ही होगा। अपने विपक्ष में शक्तिशाली सेना को खड़ी देखकर अर्जुन कायर हो गया; उसके 'प्रेम' ने उसे अपने देश तथा राजा के प्रति अपने कर्तव्य को विस्मृत करा दिया। इसीलिए तो भगवान् श्रीकृष्ण ने उससे कहा कि तू ढोंगी है, 'एक ज्ञानी के सदृश तू बातें तो करता है, परन्तु तेरे कर्म कायरों जैसे हैं। इसलिए तू उठ, खड़ा हो और युद्ध कर।'

यह है कर्मयोग का केन्द्रीय भाव। कर्मयोगी वही है, जो समझता है कि सर्वोच्च आदर्श 'अप्रतिरोध' है, जो जानता है कि यह अप्रतिरोध ही मनुष्य की अपनी शक्ति की उच्चतम अभिव्यक्ति है और जो यह भी जानता है कि जिसे हम 'अन्याय का प्रतिरोध' कहते हैं, वह इस अप्रतिरोध की उच्चतम शक्ति की प्राप्ति के मार्ग में केवल एक सीढ़ी मात्र है। इस सर्वोच्च आदर्श को प्राप्त करने के पहले अन्याय का प्रतिकार करना मनुष्य का कर्तव्य है। पहले वह कार्य करे, युद्ध करे, यथाशक्ति प्रतिद्वन्द्विता करे। जब उसमें प्रतिरोध की शक्ति आ जायगी, तभी 'अप्रतिरोध' उसके लिए एक गुणस्वरूप होगा।

अपने देश में एक बार एक व्यक्ति के साथ मेरी मुलाकात हुई। मैं पहले से ही जानता था कि वह आलसी और बुद्धिहीन है। न वह कुछ जानता था और न उसे कुछ जानने की स्पृहा थी, वह पशुवत् अपना जीवन व्यतीत करता था। उसने मुझसे प्रश्न किया, "भगवान् की प्राप्ति के लिए मुझे क्या करना चाहिए? मैं किस प्रकार मुक्त हो सकूँगा?" मैंने उससे पूछा, "क्या तुम झूठ बोल सकते हो?" उसने उत्तर दिया, "नहीं।" मैंने कहा, "तब तुम पहले झूठ बोलना सीखो। पशुवत् अथवा काष्ठ के सदृश जड़वत् जीवन यापन करने की अपेक्षा झूठ बोलना कहीं अच्छा है; तुम अकर्मण्य हो। निश्चय ही तुम उस सर्वोच्च निष्क्रिय अवस्था तक पहुँचे नहीं, जो सब कर्मों से परे और परम शान्तिपूर्ण होती है। और तो और, तुम इतने जड़भावापन्न हो कि एक बुरा कार्य करने की भी तुममें शक्ति नहीं!" अवश्य, इतने तामसिक पुरुष बहुधा नहीं होते, और सच पूछो, तो मैं उससे हँसी ही कर रहा था। पर मेरा मतलब यह था कि सम्पूर्ण निष्क्रिय अवस्था वा शान्तभाव प्राप्त करने के लिए मनुष्य को कर्मशीलता में से होकर जाना होगा।

निष्क्रियता का हर प्रकार से त्याग करना चाहिए। क्रियाशीलता का अर्थ है 'प्रतिरोध'। मानसिक तथा शारीरिक समस्त दोषों का प्रतिरोध करो, और जब तुम इस प्रतिरोध में सफल होगे, तभी शान्ति प्राप्त होगी। यह कहना बड़ा सरल है कि 'किसीसे घृणा मत करो, किसी अशुभ का प्रतिरोध मत करो', परन्तु हम जानते हैं कि इसे कार्यरूप में परिणत करना क्या है। जब सारे समाज की आँखें हमारी ओर लगी हों, तो हम अप्रतिरोध का प्रदर्शन भले ही करें, परन्तु हमारे

हृदय में वह सदैव कुरेदती रहती है। अप्रतिरोध का शान्तिजन्य अभाव हमें निरन्तर खलता रहता है; हमें ऐसा लगता है कि प्रतिरोध करना ही अच्छा है। यदि तुम्हें धन की इच्छा है और साथ ही तुम्हें यह भी मालूम है कि जो मनुष्य धन का इच्छुक है, उसे संसार दुष्ट कहता है, तो सम्भव है, तुम धन प्राप्त करने के लिए प्राणपण से चेष्टा करने का साहस न करो, परन्तु फिर भी तुम्हारा मन दिन-रात धन के पीछे ही पीछे दौड़ता रहेगा। पर यह तो सरासर मिथ्याचार है और इससे कोई लाभ नहीं होता। संसार में कूद पड़ो और जब तुम इसके समस्त सुख और दुःख भोग लोगे, तभी त्याग आयेगा—तभी शान्ति प्राप्त होगी। अतएव प्रभुत्व-लाभ की अथवा अन्य जो कुछ तुम्हारी वासना हो, वह सब पहले पूरी कर लो; और जब तुम्हारी सारी वासनाएँ पूर्ण हो जायँगी, तब एक समय ऐसा आयेगा, जब तुम्हें यह मालूम हो जायगा कि वे सब चीज़ें बहुत छोटी हैं। परन्तु जब तक तुम्हारी वह वासना तृप्त नहीं होती, जब तक तुम उस कर्मशीलता में से होकर नहीं जा चुकते, तब तक तुम्हारे लिए उस शान्तभाव एवं आत्मसमर्पण तक पहुँचना नितान्त असम्भव है। इस अनुद्वेग और त्याग का प्रचार गत हज़ारों वर्षों से होता आया है—प्रत्येक व्यक्ति इसके बारे में बचपन से सुनता आया है, परन्तु फिर भी आज संसार में हमें ऐसे बहुत कम लोग दिखायी देते हैं, जो वास्तव में उस स्थिति तक पहुँच सके हों। मैंने लगभग आधे संसार का भ्रमण कर डाला है, परन्तु मुझे शायद ऐसे बीस भी व्यक्ति नहीं मिले, जो वास्तव में शान्त तथा अप्रतिरोधी प्रकृतिवाले हों।

प्रत्येक मनुष्य का कर्तव्य है कि वह अपना आदर्श लेकर उसे चरितार्थ करने का प्रयत्न करे। दूसरों के ऐसे आदर्शों को लेकर चलने की अपेक्षा, जिनको वह पूरा ही नहीं कर सकता, अपने ही आदर्श का अनुसरण करना सफलता का अधिक निश्चित मार्ग है। उदाहरणार्थ, यदि हम एक छोटे बच्चे से एकदम बीस मील चलने को कह दें, तो या तो वह बेचारा मर जायगा, या यदि हजार में से एकाध रेंगतारॉंगता कहीं पहुँचा भी, तो वह अधमरा हो जायगा। बस, हम भी संसार के साथ ऐसा ही करने का प्रयत्न करते हैं। किसी समाज के सब स्त्री-पुरुष न एक मन के होते हैं, न एक ही योग्यता के और न एक ही शक्ति के। अतएव, उनमें से प्रत्येक का आदर्श भी भिन्न भिन्न होना चाहिए; और इन आदर्शों में से एक का भी उपहास करने का हमें कोई अधिकार नहीं। अपने आदर्श को प्राप्त करने के लिए प्रत्येक को जितना हो सके, यत्न करने दो। फिर यह भी ठीक नहीं कि मैं तुम्हारे अथवा तुम मेरे आदर्श द्वारा जाँचे जाओ। सेब के पेड़ की तुलना ओक से नहीं होनी चाहिए और न ओक की सेब से। सेब के पेड़ का विचार करने के लिए सेब का मापक ही लेना होगा, और ओक के लिए उसका अपना मापक।

बहुत्व में एकत्व ही सृष्टि का विधान है। प्रत्येक स्त्री-पुरुष में व्यक्तिगत रूप से कितना भी भेद क्यों न हो, उन सबकी पृष्ठभूमि में एकत्व विद्यमान है। स्त्री-पुरुषों के भिन्न भिन्न चरित्र एवं वर्ग सृष्टि की स्वाभाविक विविधता मात्र हैं। अतएव एक ही आदर्श द्वारा सबकी जाँच करना अथवा सबके सामने एक ही आदर्श रखना किसी भी प्रकार उचित नहीं है। ऐसा करने से केवल एक अस्वाभाविक संघर्ष उत्पन्न हो जाता है और फल यह होता है कि मनुष्य स्वयं से ही घृणा करने लगता है तथा धार्मिक एवं उच्च बनने से रुक जाता है। हमारा कर्तव्य तो यह है कि हम प्रत्येक को उसके अपने उच्चतम आदर्श को प्राप्त करने के लिए प्रोत्साहित करें, तथा उस आदर्श को सत्य के जितना निकटवर्ती हो सके, लाने की चेष्टा करें।

हम देखते हैं कि हिन्दू नीतिशास्त्र में यह तत्त्व बहुत प्राचीन काल से ही स्वीकार किया जा चुका है; और हिन्दुओं के धर्मशास्त्र तथा नीति सम्बन्धी पुस्तकों में ब्रह्मचर्य, गृहस्थ तथा संन्यास, इन सब विभिन्न आश्रमों के लिए भिन्न भिन्न विधियों का वर्णन है।

हिन्दू शास्त्रों के अनुसार सार्वभौम मानवता के साधारण कर्तव्यों के अतिरिक्त प्रत्येक व्यक्ति के जीवन में कुछ विशेष कर्तव्य होते हैं। एक हिन्दू अपना जीवन छात्रावस्था से आरंभ करता है; उसके बाद वह विवाह करके गृहस्थ हो जाता है; वृद्धावस्था में गृहस्थाश्रम से अवकाश ग्रहण करता है; और अन्त में वह संसार को त्यागकर संन्यासी हो जाता है। जीवन के इन आश्रमों से भिन्न भिन्न कर्तव्य संबद्ध हैं। वास्तव में इन आश्रमों में से कोई किसीसे श्रेष्ठ नहीं है; एक गृहस्थ का जीवन भी उतना ही श्रेष्ठ है, जितना एक ब्रह्मचारी का, जिसने अपना जीवन धर्म-कार्य के लिए उत्सर्ग कर दिया है। सड़क का भंगी भी उतना ही उच्च तथा श्रेष्ठ है, जितना कि एक सिंहासनारूढ़ राजा। थोड़ी देर के लिए उसे गद्दी पर से उतार दो और उसे मेहतर का काम दो, फिर देखो, वह कैसे काम करता है। इसी प्रकार उस मेहत्तर को राजा बना दो; देखो, वह कैसे राज्य चलाता है। यह कहना व्यर्थ है कि 'गृहस्थ से संन्यासी श्रेष्ठ है।' संसार को छोड़कर, स्वच्छन्द और शान्त जीवन में रहकर ईश्वरोपासना करने की अपेक्षा संसार में रहते हुए ईश्वर की उपासना करना बहुत कठिन है। आज तो भारत में जीवन के ये चार आश्रम घटकर केवल दो ही रह गये हैं—गृहस्थ एवं संन्यास। गृहस्थ विवाह करता है और नागरिक बनकर अपने कर्तव्यों का पालन करता है; तथा संन्यासी अपनी समस्त शक्तियों को केवल ईश्वरोपासना एवं धर्मोपदेश में लगा देता है। मैं अब महानिर्वाण-तंत्र से गृहस्थ के कर्तव्य सम्बन्धी कुछ श्लोक उद्धृत करता हूँ। उनमें तुम देखोगे कि

किसी व्यक्ति के लिए गृहस्थ होकर अपने सब कर्तव्यों का उचित रूप से पालन करना कितना कठिन है :

ब्रह्मनिष्ठो गृहस्थः स्यात् ब्रह्मज्ञानपरायणः ।
यद्यत्कर्म प्रकुर्वीत तद्ब्रह्मणि समर्पयेत् ॥८।२३॥

गृहस्थ को ब्रह्मनिष्ठ होना चाहिए तथा ब्रह्मज्ञान का लाभ ही उसके जीवन का चरम लक्ष्य होना चाहिए । परन्तु फिर भी उसे निरन्तर अपने सब कर्म करते रहना चाहिए—अपने कर्तव्यों का पालन करते रहना चाहिए; और अपने समस्त कर्मों के फलों को ईश्वर के चरणों में अर्पण कर देना चाहिए ।

कर्म करके कर्मफल की आकांक्षा न करना, किसी मनुष्य की सहायता करके उससे किसी प्रकार की कृतज्ञता की आशा न रखना, कोई सत्कर्म करके भी इस बात की ओर नज़र तक न देना कि वह हमें यश और कीर्ति देगा अथवा नहीं, इस संसार में सबसे कठिन बात है । संसार जब तारीफ करने लगता है, तब एक निहायत बुज़दिल भी बहादुर बन जाता है । समाज के समर्थन तथा प्रशंसा से एक मूर्ख भी वीरोचित कार्य कर सकता है; परन्तु अपने आसपास के लोगों की निन्दा-स्तुति की बिल्कुल परवाह न करते हुए सर्वदा सत्कार्य में लगे रहना वास्तव में सबसे बड़ा त्याग है ।

न मिथ्याभाषणं कुर्यात् न च शाठ्यं समाचरेत् ।
देवतातिथिपूजासु गृहस्थो निरतो भवेत् ॥८।२४॥

गृहस्थ का प्रधान कर्तव्य जीविकोपार्जन करना है, परन्तु उसे ध्यान रखना चाहिए कि वह झूठ बोलकर, दूसरों को धोखा देकर तथा चोरी करके ऐसा न करे, और उसे यह भी याद रखना चाहिए कि उसका जीवन ईश्वर-सेवा तथा ग़रीबों के लिए ही है ।

मातरं पितरञ्चैव साक्षात् प्रत्यक्षदेवताम् ।
मत्वा गृही निषेवेत सदा सर्वप्रयत्नतः ॥८।२५॥

यह समझकर कि माता और पिता ईश्वर के साक्षात् रूप हैं, गृहस्थ को चाहिए कि वह उन्हें सदैव सब प्रकार से प्रसन्न रखे ।

तुष्टायां मातरि शिवे तुष्टे पितरि पार्वति ।
तव प्रीतिर्भवेद्देवि परब्रह्म प्रसीदति ॥८।२६॥

यदि उसके माता-पिता प्रसन्न रहते हैं, तो ईश्वर उसके प्रति प्रसन्न होते हैं।

औद्धत्यं परिहासं च तर्जनं परिभाषणम् ।
पित्रोरग्रे न कुर्वीत यदीच्छेदात्मनो हितम् ।।
मातरं पितरं वीक्ष्य नत्वोत्तिष्ठेत् ससंभ्रमः ।
विनाज्ञया नोपविशेत् संस्थितः पितृशासने ।।८।३०-३१।।

अपने माता-पिता के सम्मुख औद्धत्य, परिहास, चंचलता अथवा क्रोध प्रकट न करे। वह पुत्र वास्तव में श्रेष्ठ है, जो अपने माता-पिता के प्रति एक भी कटु शब्द नहीं कहता। माता-पिता के दर्शन कर उसे चाहिए कि वह उन्हें आदर-पूर्वक प्रणाम करे। उनके आने पर वह खड़ा हो जाय और जब तक वे उससे बैठने को न कहें, तब तक न बैठे।

मातरं पितरं पुत्रं दारानतिथिसोदरान् ।
हित्वा गृही न भुञ्जीयात् प्राणैः कण्ठगतैरपि ।।
वञ्चयित्वा गुरून् बन्धून् यो भुङ्क्ते स्वोदरम्भरिः ।
इहैव लोके गर्ह्योऽसौ परत्र नारकी भवेत् ।।८।३३-३४।।

जो गृहस्थ अपने माता, पिता, बच्चों, स्त्री तथा अतिथि को बिना भोजन कराये स्वयं कर लेता है, वह पाप का भागी होता है।

जनन्या वर्धितो देहो जनकेन प्रयोजितः ।
स्वजनैः शिक्षितः प्रीत्या सोऽधमस्तान् परित्यजेत् ।।
एषामर्थे महेशानि कृत्वा कष्टशतान्यपि ।
प्रीणयेत् सततं शक्त्या धर्मो ह्येष सनातनः ।।८।३६-३७।।

पिता-माता द्वारा ही यह शरीर उत्पन्न हुआ है, अतएव उन्हें प्रसन्न करने के लिए मनुष्य को हजार-हजार कष्ट भी सहने चाहिए।

न भार्यां ताडयेत् क्वापि मातृवत् पालयेत् सदा ।
न त्यजेत् घोरकष्टेऽपि यदि साध्वी पतिव्रता ।।
स्थितेषु स्वीयदारेषु स्त्रियमन्यां न संस्पृशेत् ।
दुष्टेन चेतसा विद्वान् अन्यथा नारकी भवेत् ।।
विरले शयनं वासं त्यजेत् प्राज्ञः परस्त्रिया ।
अयुक्तभाषणञ्चैव स्त्रियं शौर्यं न दर्शयेत् ।।

धनेन वाससा प्रेम्णा श्रद्धयामृतभाषणैः।
सततं तोषयेत् दारान् नाप्रियं क्वचिदाचरेत् ॥८।३९-४२॥

यस्मिन्नरे महेशानि तुष्टा भार्या पतिव्रता।
सर्वो धर्मः कृतस्तेन भवतीप्रिय एव सः ॥८।४४॥

इसी प्रकार मनुष्य का अपनी स्त्री के प्रति भी कर्तव्य है। गृहस्थ को अपनी स्त्री को कभी घुड़कना न चाहिए और उसका मातृवत् पालन करना चाहिए। यदि उसकी स्त्री साध्वी और पतिव्रता है, तो वह घोर कष्ट में भी उसका त्याग न करे। जो मनुष्य अपनी स्त्री के अतिरिक्त किसी दूसरी स्त्री का कलुषित मन से चिन्तन करता है, वह घोर नरक में जाता है। ज्ञानी मनुष्य को चाहिए कि वह परस्त्री के साथ निर्जन में शयन या वास न करे। स्त्रियों के सम्मुख अनुचित वाक्य न कहे, और न 'मैंने यह किया, वह किया' आदि कहकर अपने मुख से अपनी बड़ाई ही करे। अपने स्त्री को धन, वस्त्र, प्रेम, श्रद्धा एवं अमृततुल्य वाक्य द्वारा प्रसन्न रखे और उसे किसी प्रकार क्षुब्ध न करे। हे पार्वती, जो पुरुष अपनी पतिव्रता स्त्री का प्रेमभाजन बनने में सफल होता है, उसे ससझो कि अपने स्वधर्म के आचरण नें सफलता मिल गयी। ऐसा व्यक्ति तुम्हारा प्रिय होता है।

चतुर्वर्षावधि सुतान् लालयेत् पालयेत् सदा।
ततः षोडशपर्यन्तं गुणान् विद्याञ्च शिक्षयेत् ॥
विंशत्यब्दाधिकान् पुत्रान् प्रेरयेत् गृहकर्मसु।
ततस्तांस्तुल्यभावेन मत्वा स्नेहं प्रदर्शयेत् ॥
कन्याप्येवं पालनीया शिक्षणीयातियत्नतः।
देया वराय विदुषे धनरत्नसमन्विता ॥८।४५-४७॥

पुत्र-कन्या के प्रति गृहस्थ के निम्नलिखित कर्तव्य है :

चार वर्ष की अवस्था तक पुत्रों का खूब लाड़-प्यार करना चाहिए, फिर सोलह वर्ष की अवस्था तक उन्हें नानाविध सद्गुणों और विद्याओं की शिक्षा देनी चाहिए। जब वे बीस वर्ष के हो जायँ, तो उन्हें किसी गृह-कर्म में लगा देना चाहिए। तब पिता को चाहिए कि वह उन्हें अपनी बराबरी का समझकर उनके प्रति स्नेह-प्रदर्शन करे। ठीक इसी तरह कन्याओं का भी लालन-पालन करना चाहिए; उनकी शिक्षा बहुत ध्यानपूर्वक होनी चाहिए, और जब उनका विवाह हो, तो पिता को उन्हें धन-आभूषणादि देना चाहिए।

एवं क्रमेण भ्रातृश्च स्वसृभ्रातृसुतानपि ।
ज्ञातीन् मित्राणि भृत्यांश्च पालयेत्तोषयेद् गृही ।।
ततः स्वधर्मनिरतानेकग्रामनिवासिनः ।
अभ्यागतानुदासीनान् गृहस्थः परिपालयेत् ।।
यद्येवं नाचरेद्देवि गृहस्थो विभवे सति ।
पशुरेव स विज्ञेयः स पापी लोकगर्हितः ।।८।४८-५०।।

इसी प्रकार गृहस्थ को अपने भाई-बहिन, भतीजे, भांजे तथा अन्य सगे-सम्बन्धी मित्र एवं नौकरों का भी पालन करना चाहिए ओर उन्हें सन्तुष्ट रखना चाहिए। फिर गृहस्थ को यह भी चाहिए कि वह स्वधर्मरत अपने ग्रामवासियों, अभ्यागतों ओर उदासीनों का पालन करे। हे देवि, धनसम्पन्न होते हुए भी जो गृहस्थ अपने कुटुम्बियों तथा निर्धनों की सहायता नहीं करता, वह निन्दनीय और पापी है, उसे तो पशुतुल्य ही समझना चाहिए।

निद्रालस्यं देहयत्नं केशविन्यासमेव च ।
आसक्तिमशने वस्त्रे नातिरिक्तं समाचरेत् ।।
युक्ताहारो युक्तनिद्रो मितवाङ् मितमैथुनः ।
स्वच्छो नम्रः शुचिर्दक्षो युक्तः स्यात् सर्वकर्मसु ।।८।५१-५२।।

गृहस्थ को अत्यन्त निद्रा, आलस्य, देह की सेवा, केश-विन्यास तथा भोजन-वस्त्र में आसक्ति का त्याग करना चाहिए। उसे आहार, निद्रा, भाषण, मैथुन इत्यादि सब बातें परिमित रूप से करनी चाहिए। उसे अकपट, नम्र, बाह्याभ्यान्तर शौच-सम्पन्न, निरालस्य और उद्योगशील होना चाहिए।

शूरः शत्रौ विनीतः स्यात् बान्धवे गुरुसन्निधौ ।।८।५३।।

गृहस्थ को अपने शत्रु के सामने शूर होना चाहिए और गुरु और बन्धुजनों के समक्ष नम्र।

शत्रु के सम्मुख शूरता प्रकट करके उसे उस पर शासन करना चाहिए। यह गृहस्थ का आवश्यक कर्तव्य है। गृहस्थ को घर में कोने में बैठकर रोना और 'अहिंसा परमो धर्मः' कहकर खाली बकवास न करना चाहिए। यदि वह शत्रु के सम्मुख वीरता नहीं दिखाता है, तो वह अपने कर्तव्य की अवहेलना करता है। किन्तु अपने बन्धु-बान्धव, आत्मीय-स्वजन एवं गुरु के निकट उसे गौ के समान शान्त एवं निरीह भाव अवलम्बन करना चाहिए।

जुगुप्सितान् न मन्येत नावमन्येत मानिनः ।८।५३।।

निन्दित असत् व्यक्ति को वह सम्मान न दे और न सम्माननीय व्यक्ति का अनादर करे ।

असत् व्यक्ति के प्रति सम्मान प्रदर्शित करना गृहस्थ का कर्तव्य नहीं है, क्योंकि ऐसा करने से वह असद्‌विषय को आश्रय देता है । और यदि सम्मानयोग्य व्यक्ति को वह सम्मान नहीं देता है, तो भी बड़ा अन्याय करता है ।

सौहार्दं व्यवहारांश्च प्रवृत्ति प्रकृति नृणाम् ।
सहवासेन तर्कैश्च विदित्वा विश्वसेत्ततः ।।८।५४।।

एक साथ रहकर, विशेष निरीक्षण के द्वारा वह पहले मनुष्य का स्नेह, व्यवहार, प्रवृत्ति और प्रकृति जान ले, फिर उस पर विश्वास करे ।

ऐरे-गैरे जिस किसी भी व्यक्ति के साथ वह मित्रता न कर बैठे । जिसके साथ उसे मित्रता करने की इच्छा हो, उसके कार्य-कलाप तथा अन्य लोगों के साथ उसके व्यवहार की वह पहले भली भाँति जाँच कर ले, और फिर उससे मित्रता करे ।

स्वीयं यशः पौरुषं च गुप्तये कथितं च यत् ।
कृतं यदुपकाराय धर्मज्ञो न प्रकाशयेत् ।।८।५६।।

धर्मज्ञ गृही व्यक्ति को चाहिए कि वह अपना यश, पौरुष, दूसरों की बतायी हुई गुप्त बात तथा दूसरों के प्रति उसने जो कुछ उपकार किया है, इन सबका बर्णन सर्वसाधारण के सम्मुख न करे ।

उसे अपने वैभव अथवा अभाव आदि की भी बात नहीं करनी चाहिए । उसे अपने धन पर गर्व करना उचित नहीं । ऐसे विषय वह गुप्त ही रखे । यही उसका धर्म है । यह केवल सांसारिक अभिज्ञता नहीं है, यदि कोई मनुष्य ऐसा नहीं करता, तो वह दुर्नीतिपरायण कहा जा सकता है ।

गृहस्थ सारे समाज की नींव सदृश है; वही मुख्य धन उपार्जन करनेंवाला होता है । निर्धन, दुर्बल, स्त्री-बच्चे आदि जो कार्य करने योग्य नहीं हैं, वे सब गृहस्थ के ऊपर ही निर्भर रहते हैं । अतएव गृहस्थ को कुछ कर्तव्य करने पड़ते हैं । और ये कर्तव्य ऐसे होने चाहिए कि उनका साधन करते करते वह अपने हृदय में शक्ति का विकास अनुभव करे और ऐसा न सोचे कि वह अपने आदर्शानुसार कार्य नहीं कर रहा है । इसी कारण—

जुगुप्सितप्रवृत्तौ च निश्चितेऽपि पराजये।
गुरुणा लघुना चापि यशस्वी न विवादयेत् ॥८।५७॥

यदि उसने कोई अन्याय अथवा निन्दनीय कार्य कर डाला है, तो उसे दूसरों के सम्मुख प्रकट नहीं करना चाहिए। इसी प्रकार यदि वह ऐसी किसी बात में लगा है, जिसमें वह अपनी असफलता निश्चित मानता है, तो उसे उसकी भी चर्चा नहीं करनी चाहिए। इस प्रकार आत्मदोष प्रकट करने से कोई लाभ तो होता नहीं, बल्कि उलटा इसके द्वारा मनुष्य हतोत्साहित हो जाता है, और इस प्रकार उसके कर्तव्य-कर्मों में बाधा पड़ती है।

विद्याधनयशोधर्मान् यतमान उपार्जयेत्।
व्यसनं चासतां संगं मिथ्याद्रोहं परित्यजेत् ॥८।५८॥

उसे चाहिए कि वह यत्नपूर्वक विद्या, धन, यश और धर्म का उपार्जन करे तथा व्यसन (द्यूत-क्रीड़ा आदि), कुसंग, मिथ्याभाषण एवं परद्रोह का परित्याग करे।

उसे सबसे पहले ज्ञानलाभ के लिए चेष्टा करनी चाहिए। फिर उसे धनोपार्जन के लिए भी यत्न करना चाहिए। यही उसका कर्तव्य है, और यदि वह अपने इस कर्तव्य को नहीं करता, तो उसकी गणना मनुष्यों में नहीं। जो गृहस्थ धनोपार्जन की चेष्टा नहीं करता, वह दुर्नीतिपरायण है। यदि यह आलस्यभाव से जीवन यापन करता है और उसीमें सन्तुष्ट रहता है, तो वह असत्-प्रकृतिवाला है; क्योंकि उसके ऊपर अनेकों व्यक्ति निर्भर रहते हैं। यदि वह यथेष्ट धन उपार्जन करता है, तो उससे सैकड़ों का पालन पोषण होता है।

यदि तुम्हारे इस शहर में सैकड़ों लोगों ने धनी बनने की चेष्टा न की होती, तो यह सभ्यता, ये अनाथाश्रम और ये हवेलियाँ कहाँ से आतीं?

ऐसी दशा में धनोपार्जन करना कोई अन्याय नहीं है, क्योंकि यह धन वितरण के लिए ही होता है। गृहस्थ ही समाज-जीवन का केन्द्र है। उसके लिए धन कमाना तथा उसका सत्कर्मों में व्यय करना ही उपासना है। जिस प्रकार एक संन्यासी को अपनी कुटी में बैठकर की हुई उपासना उसके मुक्ति-लाभ में सहायक होती है, उसी प्रकार एक गृहस्थ की भी सदुपाय तथा सदुद्देश्य से धनी होने की चेष्टा उसके मुक्ति-लाभ में सहायक होती है; क्योंकि इन दोनों में ही हम, ईश्वर तथा जो कुछ ईश्वर का है, उस सबके प्रति भक्ति से उत्पन्न हुए आत्मसमर्पण एवं आत्मत्याग का ही प्रकाश पाते हैं; भेद है केवल प्रकाश के रूप भर में।

उसे सभी प्रकार यश अर्जन की चेष्टा करनी चाहिए। जुआ खेलना, दुष्ट

व्यक्तियों का संग, असत्य भाषण तथा दूसरों को कष्ट पहुँचाना—उसे कभी नहीं करना चाहिए ।

बहुधा देखा जाता है कि लोग ऐसे कार्यों में प्रवृत हो जाते हैं, जो उनकी शक्ति के बाहर होते हैं । इसका फल यही होता है कि उन्हें फिर अपनी उद्देश्य-सिद्धि के लिए दूसरों को धोखा देना पड़ता है । फिर सभी बातों में इस 'समय' की ओर विशेष दृष्टि रखनी चाहिए । एक समय जिसमें असफलता हुई है, सम्भव है, उसीमें दूसरे समय पूरी सफलता प्राप्त हो जाय ।

सत्यं मृदु प्रियं धीरो वाक्यं हितकरं वदेत् ।
आत्मोत्कर्षं तथा निन्दां परेषां परिवर्जयेत् ॥८।६२॥

धीर गृहस्थ को सत्य, मृदु, प्रिय तथा हितकर वचन बोलने चाहिए। वह अपने उत्कर्ष की चर्चा न करे और दूसरों की निन्दा करना छोड़ दे ।

जलाशयाश्च वृक्षाश्च विश्रामगृहमध्वनि ।
सेतुः प्रतिष्ठितो येन तेन लोकत्रयं जितम् ॥८।६३॥

जो व्यक्ति सब लोगों की सुविधा के लिए जलाशय खुदवाता है, सड़कों पर वृक्ष लगाता है, धर्मशालाएँ तथा सेतु-निर्माण करता है, वह बड़े बड़े योगियों को जो पद प्राप्त होता है, उसीकी ओर अग्रसर होता रहता है ।

यह कर्मयोग का एक अंग है—क्रियाशीलता, गृहस्थ का कर्तव्य । आगे चलकर उक्त तंत्र-ग्रंथ में एक और श्लोक आया है :

न बिभेति रणाद् यो वै संग्रामेऽप्यपराङ्मुखः ।
धर्मयुद्धे मृतो वापि तेन लोकत्रयं जितम् ॥८।६७॥

जो मनुष्य युद्ध में नहीं डरता, पीठ नहीं दिखाता और जो धर्मयुद्ध में मृत्यु को प्राप्त होता है, वह तीनों लोकों को जीत लेता है ।

यदि स्वदेश अथवा स्वधर्म के लिए युद्ध करते करते मनुष्य की मृत्यु हो जाय, तो योगीजन जिस पद को ध्यान द्वारा पाते हैं, वही पद उस मनुष्य को भी मिलता है । इससे यह स्पष्ट है कि जो एक मनुष्य का कर्तव्य है, वह दूसरे मनुष्य का कर्तव्य नहीं भी हो सकता; परन्तु साथ ही, शास्त्र किसी के भी कर्तव्य को हीन अथवा उन्नत नहीं कहते। हर कर्तव्य का एक अपना स्थान होता है, और हम जिस अवस्था में हों, उसीके अनुरूप कर्तव्य हमें करना चाहिए ।

इस सबसे हमें एक भाव यह मिलता है कि दुर्बलता मात्र हेय है । हमारे दर्शन, धर्म अथवा कर्म के अंतर्गत यह भाव मुझे पसन्द है । यदि तुम वेदों को

पढ़ो, तो देखोगे कि उसमें 'नाभयेत्' 'अभीः' अर्थात् किसीसे भी डरना नहीं चाहिए—यह बात बार बार दुहरायी गयी है। भय दुर्बलता का चिह्न है। इसलिए संसार के उपहास अथवा व्यंग की ओर तनिक भी ध्यान न देकर मनुष्य को अपना कर्तव्य करते रहना चाहिए।

यदि कोई मनुष्य ईश्वरोपासना के निमित्त संसार से विरक्त हो जाय, तो उसे यह नहीं समझना चाहिए कि जो लोग संसार में रहकर संसार के हित के लिए कार्य करते हैं, वे ईश्वर की उपासना नहीं करते; और न अपने स्त्री-बच्चों के लिए संसार में रहनेवाले गृहस्थों को ही यह सोचना चाहिए कि जिन लोगों ने संसार का त्याग कर दिया है, वे आलसी और निकम्मे हैं। अपने अपने स्थान में सभी बड़े हैं। इस बात को मैं एक दृष्टान्त द्वारा स्पष्ट करूँगा।

एक राजा अपने राज्य में जब कभी कोई संन्यासी आते, तो उनसे सदैव एक प्रश्न पूछा करता था—"संसार का त्याग कर जो संन्यास ग्रहण करता है, वह श्रेष्ठ है, अथवा संसार में रहकर जो गृहस्थ के समस्त कर्तव्यों को करता जाता है, वह श्रेष्ठ है?" अनेक विद्वान् लोगों ने उसके इस प्रश्न का उत्तर देने का प्रयत्न किया। कुछ लोगों ने कहा कि संन्यासी श्रेष्ठ है। यह सुनकर राजा ने उनसे वह बात सिद्ध करने को कहा। जब वे सिद्ध न कर सके, तो राजा ने उन्हें विवाह करके गृहस्थ हो जाने की आज्ञा दी। कुछ और लोग आये और उन्होंने कहा, "स्वधर्मपरायण गृहस्थ ही श्रेष्ठ है।" राजा ने उनसे भी उनकी बात के लिए प्रमाण मांगा। पर वे जब प्रमाण न दे सके, तो राजा ने उन्हें भी गृहस्थ हो जाने की आज्ञा दी।

अन्त में एक तरुण संन्यासी आये। राजा ने उनसे भी उसी प्रकार प्रश्न किया। संन्यासी ने कहा, "हे राजन्, अपने अपने स्थान में दोनों ही श्रेष्ठ हैं, कोई भी कम नहीं है।" राजा ने उसका प्रमाण माँगा। संन्यासी ने उत्तर दिया, "हाँ, मैं इसे सिद्ध कर दूंगा, परन्तु आपको मेरे साथ आना होगा और कुछ दिन मेरे ही समान जीवन व्यतीत करना होगा। तभी मैं आपको अपनी बात का प्रमाण दे सकूंगा।" राजा ने संन्यासी की बात स्वीकार कर ली और वह उनके पीछे पीछे जाने लगा। वह उन संन्यासी के साथ अपनी राज्य की सीमा को पार कर अनेक देशों में से होता हुआ एक बड़े राज्य में आ पहुँचा। उस राज्य की राजधानी में एक बड़ा उत्सव मनाया जा रहा था। राजा और संन्यासी ने संगीत और नगाड़ों के शब्द सुने तथा डौंडी पीटनेवालों की आवाज़ भी। लोग सड़कों पर सुसज्जित होकर कतारों में खड़े थे। उसी समय कोई एक विशेष घोषणा की जा रही थी। उपर्युक्त राजा तथा संन्यासी भी यह सब देखने के लिए खड़े हो गये। घोषणा करनेवाले ने चिल्लाकर कहा, "इस देश की राजकुमारी का स्वयंवर होनेवाला है।"

राजकुमारियों का अपने लिए इस प्रकार पति चुनना भारत में एक पुरानी प्रथा थी। अपने भावी पति के सम्बन्ध में प्रत्येक राजकुमारी के अलग अलग विचार होते थे। कोई अत्यन्त रूपवान पति चाहती थी, कोई अत्यन्त विद्वान्, कोई अत्यन्त धनवान, आदि आदि। अड़ोस-पड़ोस के राज्यों के राजकुमार सुन्दर से सुन्दर ढंग से अपने को सजाकर राजकुमारी के सम्मुख उपस्थित होते थे। कभी कभी उन राजकुमारों के भी भाट होते थे, जो उनके गुणों का गान करते तथा यह दर्शाते थे कि उन्हींका वरण किया जाय। राजकुमारी को एक सजे हुए सिंहासन पर बिठाकर आलीशान ढंग से सभा के चारों ओर ले जाया जाता था। वह उन सबके सामने जाती तथा उनका गुणगान सुनती। यदि उसे कोई राजकुमार नापसन्द होता, तो वह अपने वाहकों से कहती, "आगे बढ़ो", और उसके पश्चात् उस नापसन्द राजकुमार का कोई ख्याल तक न किया जाता था। यदि राजकुमारी किसी राजकुमार से प्रसन्न हो जाती, तो वह उसके गले में वरमाला डाल देती और वह राजकुमार उसका पति हो जाता था।

जिस देश में यह राजा और संन्यासी आये हुए थे, उस देश में इसी प्रकार का एक स्वयंवर हो रहा था। यह राजकुमारी संसार में अद्वितीय सुन्दरी थी और उसका भावी पति ही उसके पिता के बाद उसके राज्य का उत्तराधिकारी होनेवाला था। इस राजकुमारी का विचार एक अत्यन्त सुन्दर पुरुष से विवाह करने का था, परन्तु उसे योग्य व्यक्ति मिलता ही न था। कई बार उसके लिए स्वयंवर रचे गये, पर राजकुमारी को अपने मन का पति न मिला। इस बार का स्वयंवर सबसे भव्य था; अन्य सभी अवसरों की अपेक्षा इस बार अधिक लोग आये थे। राजकुमारी रत्नजटित सिंहासन पर बैठकर आयी और उसके वाहक उसे एक राजकुमार के सामने से दूसरे के सामने ले गये। परन्तु उसने किसीकी ओर देखा तक नहीं। सभी लोग निराश हो गये और सोचने लगे कि क्या अन्य अवसरों की भाँति इस बार का स्वयंवर भी असफल ही रहेगा। इतने ही में वहाँ एक दूसरा तरुण संन्यासी आ पहुँचा। वह इतना सुन्दर था कि मानो सूर्यदेव ही आकाश छोड़कर स्वयं पृथ्वी पर उतर आये हों। वह आकर सभा के एक ओर खड़ा हो गया और जो कुछ हो रहा था, उसे देखने लगा। राजकुमारी का सिंहासन उसके समीप आया, और ज्यों ही उसने उस सुन्दर संन्यासी को देखा, त्यों ही वह रुक गयी और उसके गले में वरमाला डाल दी। तरुण संन्यासी ने एकदम माला को रोक लिया और यह कहते हुए 'छिः, छिः, यह क्या है ?' उसे फेंक दिया। उसने कहा, "मैं संन्यासी हूँ, मुझे विवाह से क्या प्रयोजन ?" उस देश के राजा ने सोचा कि शायद निर्धन होने के कारण यह राजकुमारी से विवाह करने का साहस नहीं

कर रहा है। अतएव उसने उससे कहा, "देखो, मेरी कन्या के साथ तुम्हें मेरा आधा राज्य अभी मिल जायगा, और सम्पूर्ण राज्य मेरी मृत्यु के बाद !" और यह कहकर उसने संन्यासी के गले में फिर माला डाल दी। उस युवा संन्यासी ने माला फिर निकालकर फेंक दी और कहा, "छिः, यह सब क्या झंझट है, मुझे विवाह से क्या मतलब ?" और यह कहकर वह तुरन्त सभा छोड़कर चला गया।

इधर राजकुमारी इस युवा पर इतनी मोहित हो गयी कि उसने कह दिया, "मैं इसी मनुष्य से विवाह करूँगी, नहीं तो प्राण त्याग दूँगी।" और राजकुमारी संन्यासी के पीछे पीछे उसे लौटा लाने के लिए चल पड़ी। इसी अवसर पर हमारे पहले संन्यासी ने, जो राजा को यहाँ लाये थे, राजा से कहा, "राजन्, चलिए, इन दोनों के पीछे पीछे हम लोग भी चलें।" निदान, वे उनके पीछे पीछे पर्याप्त अन्तर रखते हुए चलने लगे। वह युवा संन्यासी, जिसने राजकुमारी से विवाह करने से इनकार कर दिया था, कई मील निकल गया और अन्त में एक जंगल में घुस गया। उसके पीछे राजकुमारी थी, और उन दोनों के पीछे ये दोनों। तरुण संन्यासी उस बन से भली भाँति परिचित था तथा वहाँ के सारे जटिल रास्तों का उसे ज्ञान था। वह एकदम एक रास्ते में घुस गया और अदृश्य हो गया। राजकुमारी उसे फिर देख न सकी। उसे काफ़ी देर ढूँढ़ने के बाद अन्त में वह एक वृक्ष के नीचे बैठ गयी और रोने लगी, क्योंकि उसे बाहर निकलने का मार्ग नहीं मालूम था। इतने में यह राजा और संन्यासी उसके पास आये और उससे कहा, "रोओ मत, तुम्हें इस जंगल के बाहर निकाल ले चलेंगे, परन्तु अब बहुत अँधेरा हो गया है, जिससे रास्ता ढूँढ़ना सहज नहीं। यहीं एक बड़ा पेड़ है, आओ, इसीके नीचे हम सब विश्राम करें और सबेरा होते ही हम तुम्हें मार्ग बता देंगे।"

अब, उस पेड़ की एक डाली पर एक छोटी चिड़िया, उसकी पत्नी तथा उसके तीन बच्चे रहते थे। उस चिड़िया ने पेड़ के नीचे इन लोगों को देखा और अपनी पत्नी से कहा, "देखो, हमारे यहाँ ये लोग अतिथि हैं, जाड़े का मौसम है, हम लोग क्या करें ? हमारे पास आग तो है नहीं।" यह कहकर वह उड़ गया और एक जलती हुई लकड़ी का टुकड़ा अपनी चोंच में दबा लाया और उसे अतिथियों के सामने गिरा दिया। उन्होंने उसमें लकड़ी लगा लगाकर खूब आग तैयार कर ली; परन्तु चिड़िया को फिर भी सन्तोष न हुआ। उसने अपनी स्त्री से फिर कहा, "बताओ, अब हमें क्या करना चाहिए ? ये लोग भूखे हैं, और इन्हें खिलाने के लिए हमारे पास कुछ भी नहीं है। हम लोग गृहस्थ हैं और हमारा धर्म है कि जो कोई हमारे घर आये, उसे हम भोजन करायें। जो कुछ मेरी शक्ति में है, मुझे अवश्य करना चाहिए; मैं उन्हें अपना यह शरीर ही दे दूँगा।" ऐसा कहकर वह

आग में कूद पड़ा और भुन गया। अतिथियों ने उसे आग में गिरते देखा, उसे बचाने का यत्न भी किया, परन्तु बचा न सके। उस चिड़िया की स्त्री ने अपने पति का सुकृत्य देखा और अपने मन में कहा, "ये तो तीन लोग हैं, उनके भोजन के लिए केवल एक ही चिड़िया पर्याप्त नहीं। पत्नी के रूप में मेरा यह कर्तव्य है कि अपने पति के परिश्रमों को मैं व्यर्थ न जाने दूँ। वे मेरा भी शरीर ले लें।" और ऐसा कहकर वह भी आग में गिर गयी और भुन गयी।

इसके बाद जब उन तीन छोटे बच्चों ने देखा कि उन अतिथियों के लिए इतना तो पर्याप्त न होगा, तो उन्होंने आपस में कहा, "हमारे माता-पिता से जो कुछ बन पड़ा, उन्होंने किया, परन्तु फिर भी उतना पूरा न पड़ेगा। अब हमारा धर्म है कि हम उनके कार्य को पूरा करें—हमें भी अपने शरीर दे देने चाहिए।" और यह कहकर वे सब आग में कूद पड़े।

यह सब देखकर ये तीनों लोग बहुत चकित हुए। इन चिड़ियों को वे खा ही कैसे सकते थे। रात को बिना वे भोजन किये ही रहे। प्रातःकाल राजा तथा संन्यासी ने राजकुमारी को जंगल का मार्ग दिखला दिया, और वह अपने पिता के घर वापस चली गयी।

तब संन्यासी ने राजा से कहा, "देखिए राजन्, आपको अब ज्ञात हो गया कि हरेक अपने क्षेत्र में महान् है। यदि आप संसार में रहना चाहते हैं, तो इन चिड़ियों के समान रहिए, दूसरों के लिए अपना जीवन दे देने को सदैव तत्पर रहिए। और यदि आप संसार छोड़ना चाहते हैं, तो उस युवा संन्यासी के समान होइए, जिसके लिए वह परम सुन्दरी स्त्री और एक राज्य भी तृणवत् था। यदि गृहस्थ होना चाहते हैं, तो दूसरों के हित के लिए अपना जीवन अर्पित कर देने के लिए तैयार रहिए। और यदि आपको संन्यास-जीवन की इच्छा है, तो सौन्दर्य, धन तथा अधिकार की ओर आँख तक न उठाइए। हरेक अपने क्षेत्र में महान् है, परन्तु एक का कर्तव्य दूसरे का कर्तव्य नहीं हो सकता।"

कर्म का रहस्य

दूसरों की शारीरिक आवश्यकताओं का निवारण करके उनकी भौतिक सहायता करना महान् कर्म अवश्य है, परन्तु अभाव की मात्रा जितनी अधिक रहती है तथा सहायता जितनी दूर तक अपना असर कर सकती है, उसी मात्रा में वह उच्चतर होती है। यदि एक मनुष्य के अभाव एक घंटे के लिए हटाये जा सकें, तो यह उसकी सहायता अवश्य है, और यदि एक साल के लिए हटाये जा सकें, तो यह उससे भी अधिक सहायता है ; पर यदि उसके अभाव सदा के लिए दूर कर दिये जायँ, तो सचमुच वह उसके लिए सबसे अधिक सहायता होगी। केवल आध्यात्मिक ज्ञान ही ऐसा है, जो हमारे दुःखों को सदा के लिए नष्ट कर दे सकता है; अन्य किसी प्रकार के ज्ञान से आवश्यकताओं की पूर्ति केवल अल्प समय के लिए ही होती है। केवल आध्यात्मिक ज्ञान द्वारा ही हमारी दैन्य-क्लेशों का सदा के लिए अन्त हो सकता है। अतएव किसी मनुष्य की आध्यात्मिक सहायता करना ही उसकी सबसे बड़ी सहायता करना है। जो मनुष्य को पारमार्थिक ज्ञान दे सकता है, वही मानव समाज का सबसे बड़ा हितैषी है। हम देखते भी हैं कि जिन व्यक्तियों ने मनुष्य की आध्यात्मिक सहायता की है, वे ही वास्तव में सबसे अधिक शक्तिसम्पन्न थे। कारण यह है कि आध्यात्मिकता ही हमारे जीवन के समस्त कृत्यों का सच्चा आधार है। आध्यात्मिक शक्तिसम्पन्न पुरुष यदि चाहे तो, हर विषय सें सक्षम हो सकता है। और जब तक मनुष्य में आध्यात्मिक बल नहीं आता, तब तक उसकी भौतिक आवश्यकताएँ भी भली भाँति तृप्त नहीं हो सकतीं। आध्यात्मिक सहायता से नीचे है—बौद्धिक सहायता। यह ज्ञान-दान भोजन तथा वस्त्र के दान से कहीं श्रेष्ठ है; इतना ही नहीं, वरन् प्राणदान से भी उच्च है, क्योंकि ज्ञान ही मनुष्य का प्रकृत जीवन है। अज्ञान ही मृत्यु है, और ज्ञान जीवन। यदि जीवन अन्धकारमय है और अज्ञान तथा क्लेश में बीतता है, तो, ऐसे जीवन का मूल्य बहुत ही कम है। ज्ञान-दान से नीचे है शारीरिक सहायता। अतएव दूसरों की सहायता का प्रश्न उपस्थित होनेपर हमें इस भ्रांत धारणा से सदा बचे रहने का प्रयत्न करना चाहिए कि शारीरिक सहायता ही एकमात्र सहायता है। वास्तव में शारीरिक सहायता तो सब सहायताओं में केवल अन्तिम ही नहीं, वरन निम्नतम श्रेणी की भी है, क्योंकि इसके द्वारा चिर

तृप्ति नहीं हो सकती। भूखे रहने से जो कष्ट होता है, उसका परिहार भोजन कर लेने से ही हो जाता है, परन्तु वह भूख पुनः लौट आती है। हमारे क्लेशों का अन्त तो केवल तभी हो सकता है, जब हम तृप्त होकर सब प्रकार के अभावों से परे हो जायँ। तब क्षुधा हमें पीड़ित नहीं कर सकती और न कोई क्लेश अथवा दुःख ही हमें विचलित कर सकता है। अतएव, जो सहायता हमें आध्यात्मिक बल देती है, वह सर्व श्रेष्ठ है; उससे नीचे है बौद्धिक सहायता; और उसके बाद है शारीरिक सहायता।

केवल शारीरिक सहायता द्वारा ही संसार के दुःखों से छटकारा नहीं हो सकता। जब तक मनुष्य का स्वभाव ही परिवर्तित नहीं हो जाता, तब तक ये शारीरिक आवश्यकताएँ सदा बनी ही रहेंगी और फलस्वरूप क्लेशों का अनुभव भी सदैव होता रहेगा। कितनी भी शारीरिक सहायता उनका पूर्ण उपचार नहीं कर सकती। इस समस्या का केवल एक ही समाधान है और वह है मानव जाति को पवित्र कर देना। अपने चारों ओर हम जो अशुभ तथा क्लेश देखते हैं, उन सबका केवल एक ही मूल कारण है—अज्ञान। मनुष्य को ज्ञानालोक दो, उसे पवित्र और आध्यात्मिक बलसम्पन्न करो और शिक्षित बनाओ, तभी संसार से दुःख का अन्त हो जायगा, अन्यथा नहीं। देश के प्रत्येक घर को हम सदावर्त में भले ही परिणत कर दें, देश को अस्पतालों से भले ही भर दें, परन्तु जब तक मनुष्य का चरित्र परिवर्तित नहीं होता, तब तक दुःख-क्लेश बना ही रहेगा।

भगवद्गीता में हम बार बार पढ़ते हैं कि हमें निरन्तर कर्म करते रहना चाहिए। कर्म स्वभावतः ही शुभ-अशुभ से निर्मित होता है। हम ऐसा कोई भी कर्म नहीं कर सकते, जिससे कहीं कुछ शुभ न हो; और ऐसा भी कोई कर्म नहीं है, जिससे कहीं न कहीं कुछ अशुभ न हो। प्रत्येक कर्म अनिवार्य रूप से गुणदोष से मिश्रित रहता है। परन्तु फिर भी हमें सतत कर्म करते रहने का ही आदेश है। शुभ और अशुभ, दोनों के अपने अलग अलग परिणाम होंगे, वे भी कर्म की उत्पत्ति करेंगे। शुभ कर्मों का फल शुभ होगा और अशुभ कर्मों का फल अशुभ। परन्तु शुभ और अशुभ, दोनों ही आत्मा के लिए बन्धनस्वरूप हैं। इस सम्बन्ध में गीता का कथन है कि यदि हम अपने कर्मों में आसक्त न हों, तो हमारी आत्मा पर किसी प्रकार का बन्धन नहीं पड़ सकता। अब हम यह देखेंगे कि 'कर्मों में अनासक्ति' का तात्पर्य क्या है।

गीता का केन्द्रीय भाव यह है: निरन्तर कर्म करते रहो, परन्तु उसमें आसक्त मत होओ। संस्कार प्रायः मनुष्य की जन्मजात-प्रवृत्ति होता है। यदि मन को तालाब मान लिया जाय, तो उसमें उठनेवाली प्रत्येक लहर, प्रत्येक तरंग जब शान्त हो

जाती है, तो वास्तव में वह बिल्कुल नष्ट नहीं हो जाती, वरन् चित्त में एक प्रकार का चिह्न छोड़ जाती है तथा ऐसी सम्भावना का निर्माण कर जाती है, जिससे वह फिर उठ सके। इस चिह्न तथा इस लहर के फिर से उठने की सम्भावना को मिलाकर हम 'संस्कार' कह सकते हैं। हमारा प्रत्येक कार्य, हमारा प्रत्येक अंग-संचालन, हमारा प्रत्येक विचार हमारे चित्त पर इसी प्रकार का एक संस्कार छोड़ जाता है; और यद्यपि ये संस्कार ऊपरी दृष्टि से स्पष्ट न हों, तथापि ये अवचेतन रूप से अन्दर ही अन्दर कार्य करने में पर्याप्त समर्थ होते हैं। हम प्रतिमुहूर्त जो कुछ होते हैं, वह इन संस्कारों के समुदाय द्वारा ही नियमित होता है। मैं इस मुहूर्त जो कुछ हूँ, वह मेरे अतीत जीवन के समस्त संस्कारों का प्रभाव है। यथार्थतः इसे ही 'चरित्र' कहते हैं, और प्रत्येक मनुष्य का चरित्र इन संस्कारों की समष्टि द्वारा ही नियमित होता है। यदि शुभ संस्कारों का प्राबल्य रहे, तो मनुष्य का चरित्र अच्छा होता है, और यदि अशुभ संस्कारों का, तो बुरा। यदि एक मनुष्य निरन्तर बुरे शब्द सुनता रहे, बुरे विचार सोचता रहे, बुरे कर्म करता रहे, तो उसका मन भी बुरे संस्कारों से पूर्ण हो जायगा और बिना उसके जाने ही वे संस्कार उसके समस्त विचारों तथा कार्यों पर अपना प्रभाव डालते रहेंगे। वास्तव में ये बुरे संस्कार निरन्तर अपना कार्य करते रहते हैं। अतएव बुरे संस्कार-सम्पन्न होने के कारण उस व्यक्ति के कार्य भी बुरे होंगे—वह एक बुरा आदमी बन जायगा,—वह इससे बच नहीं सकता। इन संस्कारों की समष्टि उसमें दुष्कर्म करने की प्रबल प्रवृत्ति उत्पन्न कर देगी। वह इन संस्कारों के हाथ एक यंत्र सा होकर रह जायगा, वे उसे बलपूर्वक दुष्कर्म करने के लिए बाध्य करेंगे। इसी प्रकार यदि एक मनुष्य अच्छे विचार रखे और सत्कार्य करे, तो उसके इन संस्कारों का प्रभाव भी अच्छा ही होगा तथा उसकी इच्छा न होते हुए भी वे उसे सत्कार्य करने के लिए प्रवृत्त करेंगे। जब मनुष्य इतने सत्कार्य एवं सत्चिन्तन कर चुकता है कि उसकी इच्छा न होते हुए भी उसमें सत्कार्य करने की एक अनिवार्य प्रवृत्ति उत्पन्न हो जाती है, तब फिर यदि वह दुष्कर्म करना भी चाहे, तो इन सब संस्कारों की समष्टि रूप से उसका मन उसे ऐसा करने से तुरन्त रोक देगा; इतना ही नहीं, वरन् उसके ये संस्कार उसे मार्ग पर से हटा देंगे। तब वह अपने सत्संस्कारों के हाथ एक कठपुतली जैसा हो जायगा। जब ऐसी स्थिति हो जाती है, तभी उस मनुष्य का चरित्र स्थिर कहलाता है।

जिस प्रकार कछुआ अपने सिर और पैरों को खोल के अन्दर समेट लेता है, और तब उसे चाहे हम मार ही क्यों न डालें, उसके टुकड़े टुकड़े ही क्यों न कर डालें, पर वह बाहर नहीं निकलता, इसी प्रकार जिस मनुष्य ने अपने मन एवं इन्द्रियों

को वश में कर लिया है, उसका चरित्र भी सदैव स्थिर रहता है। वह अपनी आभ्यन्तरिक शक्तियों को वश में रखता है और उसकी इच्छा के विरुद्ध संसार की कोई भी वस्तु उन्हें बहिर्मुख होने के लिए विवश नहीं कर सकती। मन के ऊपर इस प्रकार सद्विचारों एवं सुसंस्कारों का निरन्तर प्रभाव पड़ते रहने से सत्कार्य करने की प्रवृत्ति प्रबल हो जाती है और इसके फलस्वरूप हम इन्द्रियों (कर्मेन्द्रिय तथा ज्ञानेन्द्रिय, दोनों) को वशीभूत करने में समर्थ होते हैं। तभी हमारा चरित्र स्थिर होता है, तभी हम सत्य-लाभ के अधिकारी हो सकते हैं। ऐसा ही मनुष्य सदैव निरापद रहता है, उससे किसी भी प्रकार की बुराई नहीं हो सकती। उसको तुम कैसे भी लोगों के साथ रख दो, उसके लिए कोई खतरा नहीं रहता। इन शुभ संस्कारों से सम्पन्न होने की अपेक्षा एक और भी अधिक उच्चतर अवस्था है और वह है—मुक्ति-लाभ की इच्छा। तुम्हें यह स्मरण रखना चाहिए कि सभी योगों का ध्येय आत्मा की मुक्ति है, और प्रत्येक योग समान रूप से उसी ध्येय की ओर ले जाता है। बुद्ध ने ध्यान से तथा ईसा ने प्रार्थना द्वारा जिस अवस्था की प्राप्ति की थी, मनुष्य केवल कर्म द्वारा भी उस अवस्था को प्राप्त कर सकता है। बुद्ध ज्ञानी थे और ईसा भक्त, पर वे दोनों एक ही लक्ष्य पर पहुँचे थे। यहाँ कठिनाई है। मुक्ति का अर्थ है, सम्पूर्ण स्वाधीनता—शुभ और अशुभ, दोनों प्रकार के बन्धनों से छुटकारा पा जाना। इसे समझना ज़रा कठिन है। लोहे की जंजीर भी एक जंज़ीर है, और सोने की जंज़ीर भी एक जंज़ीर ही है। यदि हमारी अँगुली में एक काँटा चुभ जाय, तो उसे निकालने के लिए हम एक दूसरा काँटा काम में लाते हैं, परन्तु जब वह निकल जाता है, तो हम दोनों को ही फेंक देते हैं। हमें फिर दूसरे काँटे को रखने की कोई आवश्यकता नहीं रह जाती, क्योंकि दोनों आखिर काँटे ही तो हैं। इसी प्रकार कुसंस्कारों का नाश शुभ संस्कारों द्वारा करना चाहिए और मन के अशुभ विचारों को शुभ विचारों द्वारा दूर करते रहना चाहिए, जब तक कि समस्त अशुभ विचार लगभग नष्ट न हो जायँ अथवा पराजित न हो जायँ या वशीभूत होकर मन में कहीं एक कोने में न पड़े रह जायँ। परन्तु उसके उपरान्त शुभ संस्कारों पर भी विजय प्राप्त करना आवश्यक है। तभी जो 'आसक्त' था, वह 'अनासक्त' हो जाता है। कर्म करो, अवश्य करो, पर उस कर्म अथवा विचार को अपने मन के ऊपर कोई गहरा प्रभाव न डालने दो। लहरें आयें और जायँ, मांसपेशियों और मस्तिष्क से बड़े बड़े कार्य होते रहें, पर वे आत्मा पर किसी प्रकार का गहरा प्रभाव न डालने पायें।

अब प्रश्न यह है कि यह कैसे हो सकता है? हम देखते हैं कि हम जिस किसी कर्म में लिप्त हो जाते हैं, उसका संस्कार हमारे मन में रह जाता है। दिन

भर में मैं सैकड़ों आदमियों से मिला, और उन्हींमें एक ऐसे व्यक्ति से भी मिला, जिससे मुझे प्रेम है। तब यदि रात को सोते समय मैं उन सब लोगों को स्मरण करने का प्रयत्न करूँ, तो देखूँगा कि मेरे सम्मुख केवल उसी व्यक्ति का चेहरा आता है, जिसे मैं प्रेम करता हूँ, भले ही उसे मैंने केवल एक ही मिनट के लिए देखा हो। उसके अतिरिक्त अन्य सब व्यक्ति अन्तर्हित हो जाते हैं। ऐसा क्यों? इसलिए कि इस व्यक्ति के प्रति मेरी विशेष आसक्ति ने मेरे मन पर अन्य सभी की अपेक्षा एक अधिक गहरा प्रभाव डाल दिया था। शरीर-विज्ञान की दृष्टि से तो सभी व्यक्तियों का प्रभाव एक सा ही हुआ था। प्रत्येक व्यक्ति का चेहरा नेत्रपट पर उतर आया था और मस्तिष्क में उसके चित्र भी बन गये थे। परन्तु फिर भी मन पर इन सबका प्रभाव एक समान नहीं पड़ा। सम्भवतः अधिकांश व्यक्तियों के चेहरे एकदम नये थे, जिनके बारे में मैंने पहले कभी विचार भी न किया होगा; परन्तु वह एक चेहरा, जिसकी मुझे केवल एक झलक ही मिली थी, भीतर तक समा गया! शायद इस चेहरे का चित्र मेरे मन में वर्षों से रहा हो और मैं उसके बारे में सैकड़ों बातें जानता होऊँ; अतः उसकी इस एक झलक ने ही मेरे मन में उन सैकड़ों सोती हुई स्मृतियों को जगा दिया। और इसीलिए शेष अन्य सब चेहरों को देखने के समवेत फलस्वरूप मन में जितना संस्कार पड़ा, उसकी अपेक्षा सैकड़ों गुना अधिक इस संस्कार की आवृत्ति होते रहने के कारण मन पर उसका इतना प्रबल प्रभाव पड़ा।

अतएव अनासक्त होओ; कार्य होते रहने दो—मस्तिष्क के केन्द्र अपना अपना कार्य करते रहें; निरन्तर कार्य करते रहो, परन्तु एक लहर को भी अपने मन पर प्रभाव मत डालने दो। संसार में इस प्रकार कर्म करो, मानो तुम एक विदेशी पथिक हो, पर्यटक हो। कर्म तो निरन्तर करते रहो, परन्तु अपने को बन्धन में मत डालो; बन्धन भीषण है। संसार हमारी निवासभूमि नहीं है; यह तो उन सोपानों में से एक है, जिनमें से होकर हम जा रहे हैं। सांख्य दर्शन के उस महावाक्य को मत भूलो, 'समस्त प्रकृति आत्मा के लिए है, आत्मा प्रकृति के लिए नहीं।' प्रकृति के अस्तित्व का प्रयोजन आत्मा की शिक्षा के निमित्त ही है, इसका और कोई अर्थ नहीं। उसका अस्तित्व इसीलिए है कि आत्मा को ज्ञान-लाभ हो तथा ज्ञान द्वारा आत्मा अपने को मुक्त कर ले। यदि हम यह बात निरन्तर ध्यान में रखें, तो हम प्रकृति में कभी आसक्त न होंगे; हमें यह ज्ञान हो जायगा कि प्रकृति हमारे लिए एक पुस्तक सदृश है, जिसका हमें अध्ययन करना है; और जब हमें उससे आवश्यक ज्ञान प्राप्त हो जायगा, तो फिर वह पुस्तक हमारे लिए किसी काम की नहीं रहेगी। परन्तु इसके विपरीत हो यह रहा

है कि हम अपने को प्रकृति में ही मिला दे रहे हैं; यह सोच रहे हैं कि आत्मा प्रकृति के लिए है, आत्मा शरीर के लिए है; और जैसी कि एक कहावत है, हम सोचते हैं, 'मनुष्य खाने के लिए ही जीवित रहता है, न कि जीवित रहने के लिए खाता है'; और यह भूल हम निरन्तर करते रहते हैं। प्रकृति को ही 'अहम्' मानकर हम प्रकृति में आसक्त बने रहते हैं। और ज्यों ही इस आसक्ति का प्रादुर्भाव होता है, त्यों ही आत्मा पर प्रबल संस्कार का निर्माण हो जाता है, जो हमें बन्धन में डाल देता है और जिसके कारण हम मुक्त भाव से कार्य न करके दास की तरह कार्य करते रहते हैं।

इस शिक्षा का समस्त सार यही है कि तुम्हें एक 'स्वामी' के समान कार्य करना चाहिए, न कि एक 'दास' की तरह। कर्म तो निरन्तर करते रहो, परन्तु एक दास के समान मत करो। सब लोग किस प्रकार कर्म कर रहे हैं, क्या यह तुम नहीं देखते? इच्छा होने पर भी कोई आराम नहीं ले सकता! ९९ प्रतिशत लोग तो दासों की तरह कार्य करते रहते हैं, और उसका फल होता है दुःख; ये सब कार्य स्वार्थपूर्ण होते हैं। मुक्त भाव से कर्म करो! प्रेमसहित कर्म करो! 'प्रेम' शब्द का यथार्थ अर्थ समझना बहुत कठिन है। बिना स्वाधीनता के प्रेम आ ही नहीं सकता। दास में सच्चा प्रेम होना सम्भव नहीं। यदि तुम एक गुलाम मोल ले लो और उसे जंजीरों से बाँधकर उससे अपने लिए काम कराओ, तो वह कष्ट उठाकर किसी प्रकार काम करेगा अवश्य, पर उसमें किसी प्रकार का प्रेम नहीं रहेगा। इसी तरह जब हम संसार के लिए दासवत् कर्म करते हैं, तो उसके प्रति हमारा प्रेम नहीं रहता और इसलिए वह सच्चा कर्म नहीं हो सकता। हम अपने बन्धु-बान्धवों के लिए जो कर्म करते हैं, यहाँ तक कि हम अपने स्वयं के लिए भी जो कर्म करते हैं, उसके बारे में भी ठीक यही बात है। स्वार्थ के लिए किया गया कार्य दास का कार्य है। और कोई कार्य स्वार्थ के लिए है अथवा नहीं, इसकी पहचान यह है कि प्रेम के साथ किया हुआ प्रत्येक कार्य आनन्ददायक होता है। सच्चे प्रेम के साथ किया हुआ कोई भी कार्य ऐसा नहीं है, जिसके फलस्वरूप शान्ति और आनन्द न प्राप्त हो। यथार्थ सत्, यथार्थ ज्ञान और यथार्थ प्रेम—ये तीनों सदा के लिए परस्पर सम्बद्ध हैं। वस्तुतः ये एक ही में तीन हैं। जहाँ एक रहता है, वहाँ शेष दो भी अवश्य रहते हैं। ये उस अद्वितीय सच्चिदानन्द के ही तीन पक्ष हैं। जब वह सत्ता सापेक्ष रूप में प्रतीत होती है, तो हम उसे विश्व के रूप में देखते हैं। वह ज्ञान भी सांसारिक वस्तुविषयक ज्ञान के रूप में परिणत हो जाता है, तथा वह आनन्द मानव-हृदय में विद्यमान समस्त यथार्थ प्रेम की नींव हो जाता है। अतएव सच्चे प्रेम से प्रेमी अथवा उसके प्रेम-पात्र को

कभी कष्ट नहीं पहुँच सकता। उदाहरणार्थ, मान लो, एक पुरुष किसी स्त्री से प्रेम करता है। वह चाहता है कि वह स्त्री केवल उसीके पास रहे; अन्य पुरुषों के प्रति उस स्त्री के प्रत्येक व्यवहार से उसमें ईर्ष्या का उद्रेक होता है। वह चाहता है कि वह स्त्री उसीके पास बैठे, उसीके पास खड़ी रहे तथा उसीकी इच्छानुसार खाये-पिये और चले-फिरे। वह स्वयं उस स्त्री का ग़ुलाम हो गया है, और चाहता है कि वह स्त्री भी उसकी ग़ुलाम होकर रहे। यह तो प्रेम नहीं है। यह तो ग़ुलामी का एक प्रकार का विकृत भाव है, जो ऊपर से प्रेम जैसा दिखायी देता है। यह प्रेम नहीं हो सकता, क्योंकि यह क्लेशदायक है; यदि वह स्त्री उस मनुष्य की इच्छानुसार न चले, तो उससे उस मनुष्य को कष्ट होता है। वास्तव में सच्चे प्रेम की प्रतिक्रिया दुःखप्रद तो होती ही नहीं। उससे तो केवल आनन्द ही होता है। और यदि उससे ऐसा न होता हो, तो समझ लेना चाहिए कि वह प्रेम नहीं है, बल्कि वह और ही कोई चीज़ है, जिसे हम भ्रमवश प्रेम कहते हैं। जब तुम अपने पति, अपनी स्त्री, अपने बच्चों, यहाँ तक कि समस्त विश्व को इस प्रकार प्रेम करने में सफल हो सको कि उससे किसी भी प्रकार दुःख, ईर्ष्या अथवा स्वार्थपरतारूप कोई प्रतिक्रिया न हो, केवल तभी तुम सम्यक् रूप से अनासक्त होने की अवस्था में पहुँच सकोगे।

कृष्ण अर्जुन से कहते हैं, "हे अर्जुन, यदि मैं कर्म करने से एक क्षण के लिए भी रुक जाऊँ, तो सारा विश्व ही नष्ट हो जाय। मुझे कर्म से किसी भी प्रकार का लाभ नहीं; मैं ही जगत् का एकमात्र प्रभु हूँ—फिर भी मैं कर्म क्यों करता हूँ?—इसलिए कि मुझे संसार से प्रेम है।" ईश्वर अनासक्त है। क्यों?—इसलिए कि वह सच्चा प्रेमी है। उस सच्चे प्रेम से ही हम अनासक्त हो सकते हैं। जहाँ कहीं सांसारिक वस्तुओं के प्रति आसक्ति है, वहाँ जान लेना चाहिए कि वह केवल भौतिक आकर्षण है—केवल कुछ जड़ कणों का दूसरे कुछ जड़ कणों के प्रति आकर्षण हो रहा है—मानो कोई एक चीज़ दो वस्तुओं को लगातार निकटतर खींचे ला रही है; और यदि वे दोनों वस्तुएँ काफ़ी निकट नहीं आ सकतीं, तो फिर कष्ट उत्पन्न होता है। परन्तु जहाँ 'सच्चा' प्रेम है, वहाँ भौतिक आकर्षण बिल्कुल नहीं रहता। ऐसे प्रेमी चाहे सहस्रों योजन दूरी पर क्यों न रहें, उनका प्रेम सदैव वैसा ही रहता है; वह प्रेम कभी नष्ट नहीं होता, उससे कभी कोई क्लेशदायक प्रतिक्रिया नहीं होती।

इस प्रकार की अनासक्ति प्राप्त करना लगभग सारे जीवन भर का कार्य है। परन्तु इसका लाभ होते ही हमें अपनी प्रेम-साधना का लक्ष्य प्राप्त हो जाता है और हम मुक्त हो जाते हैं। तब हम प्रकृति के बन्धन से छूट जाते हैं और

उसके असली स्वरूप को जान लेते हैं। फिर वह हमें बन्धन में नहीं डाल सकती तब हम बिल्कुल स्वाधीन हो जाते हैं और कर्म के फलाफल की ओर ध्यान ही नहीं देते। फिर कौन परवाह करता है कि कर्मफल क्या होगा ?

अपने बच्चों को तुम जो देते हो, तो क्या उसके बदले में उनसे कुछ माँगते हो ? यह तो तुम्हारा कर्तव्य है कि तुम उनके लिए काम करो, और बस, वहीं पर बात समाप्त हो जाती है। इसी प्रकार, किसी दूसरे पुरुष, किसी नगर अथवा देश के लिए तुम जो कुछ करो, उसके प्रति भी वैसा ही भाव रखो; उनसे किसी प्रकार के प्रतिदान की आशा न रखो। यदि तुम सदैव ऐसा ही भाव रख सको कि तुम केवल दाता ही हो, जो कुछ तुम देते हो, उससे तुम किसी प्रकार के प्रतिदान की आशा नहीं रखते, तो उस कर्म से तुम्हें किसी प्रकार की आसक्ति नहीं होगी। आसक्ति तभी आती है, जब हम प्रतिदान की आशा रखते हैं।

यदि दासवत् कार्य करने से स्वार्थपरता और आसक्ति उत्पन्न होती है, तो अपने मन का स्वामी बनकर कार्य करने से अनासक्ति से उत्पन्न आनन्द का लाभ होता है। हम बहुधा अधिकार और न्याय की बातें किया करते हैं, परन्तु वे सब केवल बच्चों की बातों के समान हैं। मनुष्य के चरित्र का नियमन करनेवाली दो चीजें होती हैं बल और दया। बल का प्रयोग करना सदैव स्वार्थपरतावश ही होता है। बहुधा सभी स्त्री-पुरुष अपनी शक्ति एवं सुविधा का यथासम्भव उपभोग करने का प्रयत्न करते हैं। दया दैवी सम्पत्ति है। भले बनने के लिए हमें दयायुक्त होना चाहिए; यहाँ तक कि न्याय और अधिकार भी दया पर ही प्रतिष्ठित होने चाहिए। कर्मफल की लालसा तो हमारी आध्यात्मिक उन्नति के मार्ग में बाधक है; इतना ही नहीं, अन्त में उससे क्लेश भी उत्पन्न होता है। दया और निःस्वार्थपरता को कार्यरूप में परिणत करने का एक और उपाय है— और वह है, कर्मों को उपासनारूप मानना, यदि हम सगुण ईश्वर में विश्वास रखते हों। यहाँ हम अपने समस्त कर्मों के फल ईश्वर को ही समर्पित कर देते हैं,—और इस प्रकार उनकी उपासना करते हुए हमें इस बात का कोई अधिकार नहीं रह जाता कि हम अपने किये हुए कर्मों के प्रतिदान में मानव जाति से कुछ अपेक्षा करें। प्रभु स्वयं निरन्तर कार्य करते रहते हैं और वे सारी आसक्ति से परे हैं। जिस प्रकार जल कमल के पत्ते को नहीं भिगो सकता, उसी प्रकार कोई भी कर्म फलासक्ति उत्पन्न करके निःस्वार्थी पुरुष को बन्धन में नहीं डाल सकता। अहं-शून्य और अनासक्त पुरुष किसी जनपूर्ण और पापपूर्ण नगर के बीच ही क्यों न रहे, पर पाप उसे स्पर्श तक न कर सकेगा।

निम्नलिखित कहानी सम्पूर्ण स्वार्थत्याग का एक दृष्टान्त है : कुरुक्षेत्र के युद्ध के बाद पाँचों पाण्डवों ने एक बड़ा भारी यज्ञ किया। उसमें निर्धनों को बहुत सा दान दिया गया। सभी लोगों ने उस यज्ञ की महत्ता एवं ऐश्वर्य पर आश्चर्य प्रकट किया और कहा कि ऐसा यज्ञ संसार में इसके पहले कभी नहीं हुआ था। यज्ञ के बाद उस स्थान पर एक छोटा सा नेवला आया। नेवले का आधा शरीर सुनहला था और शेष आधा भूरा। वह नेवला उस यज्ञ भूमि की मिट्टी पर लोटने लगा। थोड़ी देर बाद उसने दर्शकों से कहा, "तुम सब झूठे हो। यह कोई यज्ञ नहीं है।" लोगों ने कहा, "क्या! तुम कहते क्या हो! यह कोई यज्ञ ही नहीं है? तुम जानते हो, इस यज्ञ में कितना धन खर्च हुआ है, गरीबों को कितने हीरे-जवाहिरात बाँटे गये हैं, जिससे वे सब के सब धनी और खुशहाल हो गये हैं? यह तो इतना बड़ा यज्ञ था कि ऐसा शायद ही किसी मनुष्य ने किया हो।" परन्तु नेवले ने कहा, "सुनो, एक छोटे से गाँव में एक निर्धन ब्राह्मण रहता था, साथ थी उसकी स्त्री, पुत्र और पुत्र-वधू। वे लोग बड़े ग़रीब थे। पूजा-पाठ से उन्हें जो कुछ मिलता, उसी पर उनका निर्वाह होता था। एक बार उस गाँव में तीन साल तक अकाल पड़ा, जिससे उस बेचारे ब्राह्मण के दुःख-कष्ट की पराकाष्ठा हो गयी। एक बार तो, सारे कुटुम्ब को पाँच दिन तक उपवास करना पड़ा। छठवें दिन वह ब्राह्मण भाग्यवश कहीं से थोड़ा सा जौ का आटा ले आया। उस आटे के चार भाग परिवार के चारों सदस्यों के लिए किये गये। उन्होंने उसकी रोटी बनायी और ज्यों ही वे उसे खाने बैठे कि किसीने दरवाजा खटखटाया। पिता ने उठकर दरवाजा खोला, तो देखते हैं कि बाहर एक अतिथि खड़ा है। भारत में अतिथि बड़ा पवित्र माना जाता है। वह तो उस समय के लिए 'नारायण' ही समझा जाता है और उसके साथ तद्रूप व्यवहार भी किया जाता है। अतएव उस गरीब ब्राह्मण ने कहा,'महाराज, पधारिए, आपका स्वागत है।' और उसने अतिथि के सामने अपना भाग रख दिया। अतिथि उसे जल्दी ही खा गया और बोला, 'अरे, आपने तो मुझे और भी मार डाला। मैं दस दिन का भूखा हूँ और भोजन के इस छोटे टुकड़े ने तो मेरी भूख और भी बढ़ा दी।' तब स्त्री ने अपने पति से कहा, 'आप मेरा भी भाग दे दीजिए।' पति ने कहा, 'नहीं, ऐसा नहीं होगा!' परन्तु स्त्री अपनी बात पर अड़ी रही और कहा,'यह बेचारा गरीब भूखा है, हमारे यहाँ आया है। गृहस्थ की हैसियत से हमारा यह धर्म है कि हम उसे भोजन करायें। यह देखकर कि आप उसे अधिक नहीं दे सकते, पत्नी के नाते मेरा यह कर्तव्य है कि मैं उसे अपना भी भाग दे दूँ।' ऐसा कह उसने भी अपना भाग अतिथि को दे दिया। अतिथि ने वह भी खा लिया और कहा, 'मैं तो भूख से अभी भी जल रहा हूँ।' तब लड़के ने कहा, 'आप मेरा भाग भी ले लीजिए, क्योंकि

पुत्र का यह धर्म है कि वह पिता के कर्तव्यों को पूरा करने में उन्हें सहायता दे।' अतिथि ने वह भी खा लिया, परन्तु फिर भी उसकी तृप्ति नहीं हुई। अतएव बहू ने भी उसे अपना भाग दे दिया। अब यह पर्याप्त हो गया और अतिथि ने उनको आशीर्वाद दे बिदा ली। उसी रात वे चारों बेचारे भूख से पीड़ित हो मर गये। उस आटे के कुछ कण इधर-उधर ज़मीन पर बिखर गये थे, और जब मैंने उन पर लोट लगायी, तो मेरा आधा शरीर सुनहला हो गया, जैसा कि तुम अभी देख ही रहे हो। उस समय से मैं संसार भर में भ्रमण कर रहा हूँ और चाहता हूँ कि किसी दूसरी जगह भी मुझे ऐसा ही यज्ञ देखने को मिले; परन्तु वैसा यज्ञ मुझे कहीं देखने को नहीं मिला। मेरा शेष आधा शरीर किसी दूसरी जगह सुनहला न हो सका। इसीलिए तो कहता हूँ कि यह कोई यज्ञ ही नहीं है।''

दान का यह भाव भारत से धीरे धीरे लुप्त होता जा रहा है; महापुरुषों की संख्या धीरे धीरे कम होती जा रही है। जब बचपन में मैंने अंग्रेज़ी पढ़ना आरम्भ किया था, उस समय मैंने एक अंग्रेज़ी की कहानी की पुस्तक पढ़ी, जिसमें एक ऐसे कर्तव्यपरायण बालक का वर्णन था, जिसने काम करके जो कुछ उपार्जन किया था, उसका कुछ भाग अपनी वृद्ध माता को दे दिया था। उस बालक के इस कृत्य की प्रशंसा पुस्तक के तीन-चार पृष्ठों में गायी गयी थी। परन्तु इसमें कौन सा असाधारणत्व है ? कोई भी हिन्दू बालक उस कहानी की नीति-शिक्षा को नहीं समझ सकता! और मुझे भी उसका महत्त्व आज ही समझ में आ रहा है, जब मैं इस पश्चिमी रिवाज़ को सुनता तथा देखता हूँ कि यहाँ प्रत्येक मनुष्य अपने अपने लिए ही है। इस देश में ऐसे भी लोग अनेक हैं, जो सब कुछ अपने ही लिए रख लेते हैं—उनके पिता, माता, स्त्री और बच्चों की फिर चाहे जैसी दशा क्यों न हो। एक गृहस्थ का ऐसा आदर्श तो कदापि और कहीं भी नहीं होना चाहिए।

अब तुमने देखा, कर्मयोग का अर्थ क्या है। उसका अर्थ है—मौत के मुँह में भी जाकर बिना तर्क-वितर्क किये सबकी सहायता करना। भले ही तुम लाखों बार ठगे जाओ, पर मुँह से एक बात तक न निकालो; और तुम जो कुछ भले कार्य कर रहे हो, उनके सम्बन्ध में सोचो तक नहीं। निर्धन के प्रति किये गये उपकार पर गर्व मत करो और न उससे कृतज्ञता की ही आशा रखो; बल्कि उलटे तुम्हीं उसके कृतज्ञ होओ—यह सोचकर कि उसने तुम्हें दान देने का एक अवसर दिया है। अतएव यह स्पष्ट है कि एक आदर्श संन्यासी होने की अपेक्षा एक आदर्श गृहस्थ होना अधिक कठिन है। यथार्थ कर्ममय जीवन, यथार्थ त्यागमय जीवन की अपेक्षा यदि अधिक कठिन नहीं, तो कम से कम उसके बराबर कठिन तो अवश्य है।

कर्तव्य क्या है ?

कर्मयोग का तत्त्व समझने के लिए यह जान लेना आवश्यक है कि कर्तव्य क्या है। यदि मुझे कोई काम करना है, तो पहले मुझे यह जान लेना चाहिए कि वह मेरा कर्तव्य है, और तभी मैं उसे कर सकता हूँ। विभिन्न जातियों में, विभिन्न देशों में इस कर्तव्य के सम्बन्ध में भिन्न भिन्न धारणाएँ हैं। मुसलमान कहता है कि जो कुछ क़ुरान-शरीफ़ में लिखा है, वही मेरा कर्तव्य है; इसी प्रकार हिन्दू कहता है कि जो कुछ मेरे वेदों में लिखा है, वही मेरा कर्तव्य हैं; फिर एक ईसाई की दृष्टि में जो कुछ उसकी बाइबिल में लिखा है, वही उसका कर्तव्य है। इससे हमें स्पष्ट दीख पड़ता है कि जीवन में अवस्था, ऐतिहासिक काल एवं जाति के भेद से कर्तव्य के सम्बन्ध में धारणाएँ भी बहुविध होती हैं। अन्यान्य सार्वभौमिक भावसूचक शब्दों की तरह 'कर्तव्य' शब्द की भी ठीक ठीक व्याख्या करना दुरूह है। व्यावहारिक जीवन में उसकी परिणति तथा उसके फलाफलों द्वारा ही हमें उसके सम्बन्ध में कुछ धारणा हो सकती है। जब हमारे सामने कुछ बातें घटती हैं, तो हम सब लोगों में उस सम्बन्ध में एक विशेष रूप से कार्य करने की स्वाभाविक अथवा प्रशिक्षित प्रवृत्ति उदित होती जाती है और इस प्रवृत्ति के उदित होने पर मन उस घटना के सम्बन्ध में सोचने लगता है। कभी तो वह यह सोचता है कि इस प्रकार की स्थिति में इसी तरह कार्य करना उचित है, फिर किसी दूसरे समय उसी प्रकार की स्थिति होने पर भी पूर्वोक्त रूप से कार्य करना अनुचित प्रतीत होता है। कर्तव्य के सम्बन्ध में सर्वत्र साधारण धारणा यही देखी जाती है कि हर एक सत्पुरुष अपने विवेक के आदेशानुसार कर्म किया करता है। परन्तु वह क्या है, जिससे एक कर्म 'कर्तव्य' बन जाता है? एक ईसाई के सामने गो-मांस का एक टुकड़ा रहने पर भी यदि वह अपनी प्राण-रक्षा के लिए उसे नहीं खाता अथवा किसी दूसरे मनुष्य के प्राण बचाने के लिए वह मांस नहीं दे देता, तो उसे निश्चय ही ऐसा लगेगा कि उसने अपना कर्तव्य नहीं किया। परन्तु इसी अवस्था में यदि एक हिन्दू स्वयं वह गो-मांस का टुकड़ा खा ले अथवा किसी दूसरे हिन्दू को दे दे, तो अवश्य उसे भी ठीक उसी प्रकार यह लगेगा कि उसने अपना कर्तव्य नहीं किया। हिन्दू जाति की शिक्षा तथा संस्कार ही ऐसे हैं, जिनके कारण उसके हृदय में ऐसे भाव जाग्रत हो जाते हैं। पिछली शताब्दी में भारतवर्ष में डाकुओं का एक कुख्यात दल था, जिन्हें ठग कहते थे।

वे किसी मनुष्य को मार डालना तथा उसका धन छीन लेना अपना कर्तव्य समझते थे। वे जितने अधिक मनुष्यों को मारने में समर्थ होते, उतना ही अपने को श्रेष्ठ समझते थे। साधारणतया यदि एक मनुष्य सड़क पर जाकर किसी दूसरे मनुष्य को बन्दूक से मार डाले, तो निश्चय ही उसे यह सोचकर दुःख होगा कि कर्तव्य-भ्रष्ट हो उसने अनुचित कार्य कर डाला है। परन्तु यदि वही मनुष्य एक फ़ौज में सिपाही की हैसियत से एक नहीं, बल्कि बीसों आदमियों को भी मार डाले, तो उसे यह सोचकर अवश्य प्रसन्नता होगी कि उसने अपना कर्तव्य बहुत सुन्दर ढंग से निबाहा। इस प्रकार यह स्पष्ट है कि केवल किसी कार्यविशेष से कर्तव्य निर्धारित नहीं होता। कर्तव्य की कोई वस्तुनिष्ठ परिभाषा कर सकना नितान्त असम्भव है। किन्तु कर्तव्य का एक आत्मनिष्ठ पक्ष भी होता है। यदि किसी कर्म द्वारा हम ईश्वर की ओर बढ़ते हैं, तो वह शुभ कर्म है और वह हमारा कर्तव्य है; परन्तु जिस कर्म द्वारा हम नीचे गिरते हैं, वह अशुभ है, और वह हमारा कर्तव्य नहीं। आत्मनिष्ठ दृष्टिकोण से देखने पर हमें यह प्रतीत होता है कि कुछ कार्य ऐसे होते हैं, जो हमें उन्नत बनाते हैं, और दूसरे ऐसे, जो हमें नीचे ले जाते हैं और पशुवत् बना देते हैं। किन्तु विभिन्न व्यक्तियों में कौन सा कार्य किस तरह का भाव उत्पन्न करेगा, यह निश्चित रूप से बताना असम्भव है। सभी युगों में समस्त सम्प्रदायों और देशों के मनुष्यों द्वारा मान्य यदि कर्तव्य का कोई एक सार्वभौमिक भाव रहा है, तो वह है—**परोपकारः पुण्याय पापाय परपीडनम्।**— अर्थात् परोपकार ही पुण्य है, और दूसरों को दुःख पहुँचाना ही पाप है।

भगवद्गीता में जन्म तथा जीवन की विविध अवस्थाओं के अनुसार कर्तव्यों का बारम्बार उल्लेख हुआ है। जीवन के विभिन्न कर्तव्यों के प्रति मनुष्य का जो मानसिक और नैतिक दृष्टिकोण रहता है, वह अनेक अंशों में उसके जन्म और उसकी अवस्था द्वारा नियमित होता है। इसीलिए जिस समाज में हमारा जन्म हुआ हो, उसके आदर्शों और व्यवहार के अनुरूप उदात्त एवं उन्नत बनानेवाले कार्य करना ही हमारा कर्तव्य है। परन्तु यह विशेष रूप से ध्यान रखना चाहिए कि सभी देशों और समाजों में एक ही प्रकार के आदर्श एवं आचरण प्रचलित नहीं हैं। इस विषय में हमारी अज्ञता ही एक जाति की दूसरी के प्रति घृणा का मुख्य कारण है। एक अमेरिकानिवासी समझता है कि उसके देश की प्रथाएँ ही सर्वोत्कृष्ट है, अतएव जो कोई उसकी प्रथाओं के अनुसार व्यवहार नहीं करता, वह दुष्ट है। इसी प्रकार एक हिन्दू सोचता है कि केवल उसीके रीति-रिवाज़ ही ठीक और संसार भर में सर्वोत्तम हैं, और जो उनका पालन नहीं करता, वह महा दुष्ट है। हम सहज ही इस भ्रम में पड़ जाते हैं, और ऐसा होना बहुत स्वाभाविक भी है।

परन्तु यह बहुत अहितकर है; संसार में परस्पर के प्रति सहानुभूति के अभाव एवं पारस्परिक घृणा का यह प्रधान कारण है। मुझे स्मरण है, जब मैं इस देश में आया और जब मैं शिकागो-महामेला में से जा रहा था, तो किसी आदमी ने पीछे से मेरा साफ़ा खींच लिया। मैंने पीछे घूमकर देखा, तो अत्यन्त संभ्रान्त लगते एक सज्जन दिखायी पड़े। मैंने उनसे बातचीत की, और जब उन्हें यह मालूम हुआ कि मैं अंग्रेजी भी जानता हूँ, तो वे बहुत शर्मिन्दा हुए। इसी प्रकार, उसी सम्मेलन में एक दूसरे अवसर पर एक मनुष्य ने मुझे धक्का दे दिया; पीछे घूमकर जब मैंने उससे कारण पूछा, तो वह भी बहुत लज्जित हुआ और हकला हकलाकर मुझसे माफ़ी माँगते हुए कहने लगा, "आप ऐसी पोशाक क्यों पहनते हैं?" इन लोगों की सहानुभूति बस अपनी ही भाषा और वेशभूषा तक सीमित थी। शक्तिशाली जातियाँ कमज़ोर जातियों पर जो अत्याचार करती हैं, उसका अधिकांश इसी दुर्भावना के कारण होता है। मानव मात्र के प्रति मानव का जो बन्धुभाव रहता है, उसको यह सोख लेता है। सम्भव है, वह मनुष्य, जिसने मुझसे मेरी पोशाक के बारे में पूछा था तथा जो मेरे साथ मेरी पोशाक के कारण ही दुर्व्यवहार करना चाहता था, एक भला आदमी रहा हो, एक सन्तानवत्सल पिता और एक सभ्य नागरिक रहा हो; परन्तु उसकी स्वाभाविक सहृदयता का अन्त बस उसी समय हो गया, जब उसने मुझ जैसे एक व्यक्ति को दूसरे वेश में देखा। सभी देशों में विदेशियों का शोषण होता है, क्योंकि वे यह नहीं जानते कि परदेश में अपने को कैसे बचायें। और इस प्रकार वे उन देशवासियों के प्रति अपने देश में भ्रांत धारणाएँ साथ ले जाते हैं। मल्लाह, सिपाही और व्यापारी दूसरे देशों में ऐसे अद्भुत व्यवहार किया करते हैं, जैसा अपने देश में करना वे स्वप्न में भी नहीं सोच सकेंगे। शायद यही कारण है कि चीनी लोग यूरोप और अमेरिकावासियों को 'विदेशी शैतान' कहा करते हैं। पर यदि उन्हें पश्चिमी देश की सज्जनता तथा उसकी नम्रता का भी अनुभव हुआ होता, तो वे शायद ऐसा न कहते।

अतएव हमें जो बात विशेष रूप से ध्यान में रखनी चाहिए, वह यह है कि हम दूसरे के कर्तव्यों को उसकी दृष्टि से देखें, दूसरों के रीति-रिवाज़ों को अपने रीति-रिवाज़ के मापदण्ड से न जाँचे। मैं विश्व भर के लिए मापदण्ड नहीं हूँ। हमींको संसार के साथ मिल-जुलकर चलना होगा, न कि संसार को हमारे साथ। इस प्रकार हम देखते हैं कि देश-काल-पात्र के अनुसार हमारे कर्तव्य कितने बदल जाते हैं और सबसे श्रेष्ठ कर्म तो यह है कि जिस विशिष्ट समय पर हमारा जो कर्तव्य हो, उसीको हम भली भाँति निबाहें। पहले तो हमें जन्म से प्राप्त कर्तव्य को करना चाहिए; और उसे कर चुकने के बाद, समाज और जीवन में हमारी स्थिति के अनुसार जो

कर्तव्य हो, उसे सम्पन्न करना चाहिए। मानव-स्वभाव की एक विशेष कमज़ोरी यह है कि वह स्वयं अपनी ओर कभी नज़र नहीं डालता। वह तो सोचता है कि मैं भी राजा के सिंहासन पर बैठने के योग्य हूँ। और यदि मान लिया जाय कि वह है भी, तो सबसे पहले उसे यह दिखा देना चाहिए कि वह अपनी वर्तमान स्थिति का कर्तव्य भली भाँति कर चुका है; ऐसा होने पर उसके सामने उच्चतर कर्तव्य आयेंगे। जब संसार में हम लगन से काम शुरू करते हैं, तो प्रकृति हमें चारों ओर से धक्के देने लगती है और शीघ्र ही हमें इस योग्य बना देती है कि हम अपनी स्थिति प्राप्त कर सकें। जो जिस पद के योग्य नहीं है, वह दीर्घकाल तक उसमें रहकर सबको सन्तुष्ट नहीं कर सकता। अतएव प्रकृति के विधान के विरुद्ध बड़बड़ाना व्यर्थ है। यदि कोई मनुष्य छोटा कार्य करे, तो उसी कारण वह छोटा नहीं कहा जा सकता। कर्तव्य के केवल ऊपरी रूप से ही मनुष्य की उच्चता या नीचता का निर्णय करना उचित नहीं, देखना तो यह चाहिए कि वह अपना कर्तव्य किस भाव और ढंग से करता है।

आगे चलकर हम देखेंगे कि कर्तव्य की यह धारणा भी परिवर्तित हो जाती है, और यह भी देखेंगे कि सबसे श्रेष्ठ कार्य तो तभी होता है, जब उसके पीछे किसी प्रकार के स्वार्थ की प्रेरणा नहीं होती। फिर भी यह स्मरण रखना चाहिए कि कर्तव्य ज्ञान से किया हुआ कर्म ही हमें कर्तव्य-ज्ञान से अतीत कर्म की ओर ले जाता है। और तब कर्म उपासना में परिणत हो जाता है—इतना ही नहीं, वरन् उस समय कर्म का अनुष्ठान केवल कर्म के लिए ही होता है। फिर हमें प्रतीत होगा कि कर्तव्य का दर्शन, चाहे वह नैतिकता पर अधिष्ठित हो अथवा प्रेम पर, वही है, जो अन्य किसी योग का—जिसका उद्देश्य है, 'निम्न अहं' को क्रमशः घटाते घटाते बिल्कुल नष्ट कर देना, जिससे अन्त में 'उच्च अहं' प्रकाशित हो जाय, तथा निम्न स्तर में अपनी शक्तियों का क्षय होने से रोकना, जिससे आत्मा अधिकाधिक उच्च भूमि में प्रकाशमान हो सके। यह कार्य नीच वासनाओं के उदय होने पर, कर्तव्य की कठोर आवश्यकता के अनुसार, उनका निग्रह करने से किया जा सकता है। जान या अनजान में सारी समाज-संस्था इस प्रकार संगठित हुई है कि कर्म और अनुभूति के क्षेत्र में स्वार्थ को धीरे धीरे कम करते हुए, हम मनुष्य के वास्तविक स्वरूप के अनन्त विकास का पथ खोल देते हैं।

कर्तव्य का पालन शायद ही कभी मधुर होता हो। कर्तव्य-चक्र तभी हलका और आसानी से चलता है, जब उसके पहियों में प्रेमरूपी चिकनाई लगी होती है, अन्यथा वह एक अविराम घर्षण मात्र है। यदि ऐसा न हो, तो माता-पिता अपने बच्चों के प्रति, बच्चे अपने माता-पिता के प्रति, पति अपनी पत्नी के प्रति तथा

पत्नी अपने पति के प्रति अपना अपना कर्तव्य कैसे निभा सकें ? क्या इस घर्षण के उदाहरण हमें अपने दैनिक जीवन में सदैव दिखायी नहीं देते ? कर्तव्य-पालन की मधुरता प्रेम में ही है, और प्रेम का विकास केवल स्वतन्त्रता में होता है। परन्तु सोचो तो सही, इन्द्रियों का, क्रोध का, ईर्ष्या का तथा मनुष्य के जीवन में प्रतिदिन होनेवाली अन्य सैकड़ों छोटी छोटी बातों का गुलाम होकर रहना क्या स्वतन्त्रता है ? अपने जीवन के इन सब क्षुद्र संघर्षों में सहिष्णुता धारण करना ही स्वतन्त्रता की सर्वोच्च अभिव्यक्ति है। स्त्रियाँ स्वयं अपने चिड़चिड़े एवं ईर्ष्यापूर्ण स्वभाव की गुलाम होकर अपने पतियों को दोष दिया करती हैं। वे दावा करती हैं कि हम स्वाधीन हैं; परन्तु वे नहीं जानतीं कि ऐसा करने से वे स्वयं को निरी गुलाम सिद्ध कर रही हैं। और यही हाल उन पतियों का भी है जो सदैव अपनी स्त्रियों में दोष देखा करते हैं।

पवित्रता ही स्त्री और पुरुष का सर्वप्रथम धर्म है। ऐसा उदाहरण शायद ही कहीं हो कि एक पुरुष—वह चाहे जितना भी पथ-भ्रष्ट क्यों न हो गया हो—अपनी नम्र, प्रेमपूर्ण तथा पतिव्रता स्त्री द्वारा ठीक रास्ते पर न लाया जा सके। संसार अभी भी उतना गिरा नहीं है। हम बहुधा संसार में बहुत से निर्दय पतियों तथा पुरुषों के भ्रष्टाचरण के बारे में सुनते रहते हैं; परन्तु क्या यह बात सच नहीं है कि संसार में उतनी ही निर्दय तथा भ्रष्ट स्त्रियाँ भी हैं ? यदि सभी स्त्रियाँ इतनी शुद्ध और पवित्र होतीं, जितना कि वे दावा करती हैं, तो मुझे पूरा विश्वास है कि समस्त संसार में एक भी अपवित्र पुरुष न रह जाता। ऐसा कौन सा पाशविक भाव है, जिसे पवित्रता और सतीत्व पराजित नहीं कर सकता ? एक शुद्ध पतिव्रता स्त्री, जो अपने पति को छोड़कर अन्य सब पुरुषों को पुत्रवत् समझती है तथा उनके प्रति माता का भाव रखती है, धीरे धीरे अपनी पवित्रता की शक्ति में इतनी उन्नत हो जायगी कि एक अत्यन्त पाशविक प्रवृत्तिवाला मनुष्य भी उसके सान्निध्य में पवित्र वातावरण का अनुभव करेगा। इसी प्रकार प्रत्येक पति को, अपनी स्त्री को छोड़कर अन्य सब स्त्रियों को अपनी माता, बहन अथवा पुत्री के समान देखना चाहिए। विशेषकर उस मनुष्य को, जो धर्म का प्रचारक होना चाहता है, यह आवश्यक है कि वह प्रत्येक स्त्री को मातृवत् देखे और उसके साथ सदैव तद्रूप व्यवहार करे।

मातृपद ही संसार में सबसे श्रेष्ठ पद है, क्योंकि यही एक ऐसी स्थिति है, जहाँ निःस्वार्थता की महत्तम शिक्षा प्राप्त की जा सकती है। केवल भगवत्प्रेम ही माता के प्रेम से उच्च है, अन्य सब तो निम्न श्रेणी के हैं। माता का कर्तव्य है कि पहले वह अपने बच्चों की सोचे, फिर अपने लिए; परन्तु उसके बजाय यदि माता-पिता सर्वदा पहले अपने ही बारे में सोचें, तो फल यह होगा कि उनमें तथा उनके बच्चों

में वही सम्बन्ध स्थापित हो जायगा, जो चिड़ियों तथा उनके बच्चों में होता है। चिड़ियों के बच्चे जब उड़ने योग्य हो जाते हैं, तो अपने माँ-बाप को पहचानते तक नहीं। वास्तव में वह पुरुष धन्य है, जो स्त्री को ईश्वर के मातृभाव की प्रतिमूर्ति समझता है; और वह स्त्री भी धन्य है, जो पुरुष को ईश्वर के पितृभाव की प्रतिमूर्ति मानती है; तथा वे बच्चे भी धन्य हैं, जो अपने माता-पिता को भगवान् का ही रूप मानते हैं।

हमारी उन्नति का एकमात्र उपाय यह है कि हम पहले वह कर्तव्य करें, जो हमारे हाथ में है। और इस प्रकार धीरे धीरे शक्ति-संचय करते हुए क्रमशः हम सर्वोच्च अवस्था को प्राप्त कर सकते हैं।

एक तरुण संन्यासी वन में गया। वहाँ उसने दीर्घकाल तक ध्यान-भजन तथा योगाभ्यास किया। अनेक वर्षों की कठिन तपस्या के बाद एक दिन जब वह एक वृक्ष के नीचे बैठा था, तो उसके ऊपर वृक्ष से कुछ सूखी पत्तियाँ आ गिरीं। उसने ऊपर निगाह उठायी, तो देखा कि एक कौआ और एक बगुला पेड़ पर लड़ रहे हैं। यह देखकर संन्यासी को बहुत क्रोध आया। उसने कहा, "यह क्या! तुम्हारा इतना साहस कि तुम ये सूखी पत्तियाँ मेरे सिर पर फेंको?" इन शब्दों के साथ संन्यासी की क्रुद्ध आँखों से आग की एक ज्वाला सी निकली, और वे बेचारी दोनों चिड़ियाँ उससे जलकर भस्म हो गयीं। अपने में यह शक्ति देखकर वह संन्यासी बड़ा खुश हुआ; उसने सोचा, 'वाह, अब तो मैं दृष्टि मात्र से कौए-बगुले को भस्म कर सकता हूँ।' कुछ समय बाद भिक्षा के लिए वह एक गाँव को गया। गाँव में जाकर वह एक दरवाजे पर खड़ा हुआ और पुकारा, "माँ कुछ भिक्षा मिले।" भीतर से आवाज़ आयी, "थोड़ा रुको, मेरे बेटे।" संन्यासी ने मन में सोचा, "अरे दुष्टा, तेरा इतना साहस कि तू मुझ से प्रतीक्षा कराये! अब भी तू मेरी शक्ति नहीं जानती?" संन्यासी ऐसा सोच ही रहा था कि भीतर से फिर एक आवाज़ आयी, "बेटा, अपने को इतना बड़ा मत समझ। यहाँ न तो कोई कौआ है और न बगुला।" यह सुनकर संन्यासी को बड़ा आश्चर्य हुआ। बहुत देर तक खड़े रहने के बाद अन्त में घर में से एक स्त्री निकली और उसे देखकर संन्यासी उसके चरणों पर गिर पड़ा और बोला, "माँ, तुम्हें यह सब कैसे मालूम हुआ?" स्त्री ने उत्तर दिया, "बेटा, न तो मैं तुम्हारा योग जानती हूँ और न तुम्हारी तपस्या। मैं तो एक साधारण स्त्री हूँ। मैंने तुम्हें इसलिए थोड़ी देर रोका था कि मेरे पतिदेव बीमार हैं और मैं उनकी सेवा-शुश्रूषा में संलग्न थी। यही मेरा कर्तव्य है। सारे जीवन भर मैं इसी बात का यत्न करती रही हूँ कि मैं अपना कर्तव्य पूर्ण रूप से निबाहूँ। जब मैं अविवाहित थी, तब मैंने अपने माता-पिता के प्रति पुत्री

का कर्तव्य किया और अब जब मेरा विवाह हो गया है, तो मैं अपने पतिदेव के प्रति पत्नी का कर्तव्य करती हूँ। बस, यही मेरा योगाभ्यास है। अपना कर्तव्य करने से ही मेरे दिव्य चक्षु खुल गये हैं, जिससे मैंने तुम्हारे विचारों को जान लिया और मुझे इस बात का भी पता चल गया कि तुमने वन में क्या किया है। यदि तुम्हें इससे भी कुछ उच्चतर तत्त्व जानने की इच्छा है, तो अमुक नगर के बाजार में जाओ, वहाँ तुम्हें एक व्याध मिलेगा। वह तुम्हें कुछ ऐसी बातें बतलायेगा जिन्हें सुनकर तुम बड़े प्रसन्न होगे।" संन्यासी ने विचार किया, "भला मैं उस शहर में उस व्याध के पास क्यों जाऊँ?" परन्तु उसने अभी जो घटना देखी, उसे सोचकर उसकी आँखें कुछ खुल गयीं। अतएव वह उस शहर में गया। जब वह शहर के नज़दीक आया, तो उसने दूर से एक बड़े मोटे व्याध को बाजार में बैठे हुए और बड़े बड़े छुरों से मांस काटते हुए देखा। वह लोगों से अपना सौदा कर रहा था। संन्यासी ने मन ही मन सोचा, "हरे! हरे! क्या यही वह व्यक्ति है, जिससे मुझे शिक्षा मिलेगी? दिखता तो यह शैतान का अवतार है!" इतने में व्याध ने संन्यासी की ओर देखा और कहा, "महाराज, क्या उस स्त्री ने आपको मेरे पास भेजा है? कृपया बैठ जाइए। मैं ज़रा अपना काम समाप्त कर लूँ।" संन्यासी ने सोचा, 'यहाँ मुझे क्या मिलेगा?' खैर, वह बैठ गया। इधर व्याध अपना काम लगातार करता रहा और जब वह अपना काम पूरा कर चुका, तो उसने अपने रुपये-पैसे समेटे और संन्यासी से कहा, "चलिए महाराज, घर चलिए।" घर पहुँचकर व्याध ने उसे आसन दिया और कहा, "आप यहाँ थोड़ा ठहरिए।" व्याध अपने घर में चला गया। उसने अपने वृद्ध माता-पिता को स्नान कराया, उन्हें भोजन कराया और उन्हें प्रसन्न करने के लिए जो कुछ कर सकता था, किया। उसके बाद वह उस संन्यासी के पास आया और कहा, "महाराज, आप मेरे पास आये हैं। अब बताइए, मैं आपकी क्या सेवा कर सकता हूँ?" संन्यासी ने उससे आत्मा तथा परमात्मा सम्बन्धी कुछ प्रश्न किये और उनके उत्तर में व्याध ने उसे जो उपदेश दिया, वही महाभारत में 'व्याध-गाता' के नाम से प्रसिद्ध हैं। व्याध-गीता में हमें वेदान्त दर्शन की एक पराकाष्ठा के दर्शन होते हैं। जब व्याध अपना उपदेश समाप्त कर चुका, तो संन्यासी को बड़ा आश्चर्य हुआ और उसने कहा, "फिर आप इस शरीर में क्यों हैं? इतने ज्ञानी होते हुए भी आप व्याध-शरीर में क्यों हैं, इतना गंदा और घिनौना कार्य क्यों करते हैं?" व्याध ने उत्तर दिया, "वत्स, कोई भी कर्तव्य गंदा नहीं है। कोई भी कर्तव्य अपवित्र नहीं है। मेरे जन्म ने मुझे इस परिस्थिति में रख दिया। बचपन से ही मैंने यह व्यापार सीखा है, मैं अनासक्त हूँ और अपना कतव्य उत्तम रूप से किये लाता हूँ। मैं गृहस्थ के नाते अपना कर्तव्य करता

हूँ और अपने माता-पिता को प्रसन्न रखने के लिए जो कुछ मुझसे बन पड़ता है, करता हूँ। न तो मैं तुम्हारा योग जानता हूँ और न मैं कभी संन्यासी ही हुआ। संसार छोड़कर मैं कभी वन में नहीं गया। परन्तु फिर भी जो कुछ तुमने मुझसे सुना तथा देखा, वह सब मुझे अनासक्त भाव से अपनी अवस्था के अनुरूप कर्तव्य का पालन करने से ही प्राप्त हुआ है।"

भारतवर्ष में एक बहुत बड़े महात्मा[1] हैं। अपने जीवन में मैंने जितने महा अद्‌भुत पुरुष देखे, उनमें से वे एक हैं। वे विचित्र व्यक्ति हैं, कभी किसीको उपदेश नहीं देते; यदि तुम उनसे कोई प्रश्न पूछो भी, तो भी वे उसका उत्तर नहीं देते। गुरु का पद ग्रहण करने में वे बड़े संकुचित होते हैं। यदि तुम उनसे आज एक प्रश्न पूछो और उसके बाद कुछ दिन प्रतीक्षा करो, तो किसी दिन अपनी बातचीत में वे उस प्रश्न को उठाकर उस पर बड़ा सुन्दर प्रकाश डालते हैं। उन्होंने मुझे एक बार कर्म का रहस्य बताया था। उन्होंने कहा, "साधन और सिद्धि को एकरूप समझो।" अर्थात् साधना-काल में साधन में ही मन-प्राण अर्पण कर कार्य करो, क्योंकि उसकी चरम अवस्था का नाम ही सिद्धि है। जब तुम कोई कर्म करो, तब अन्य किसी बात का विचार ही मत करो। उसे एक उपासना के—बड़ी से बड़ी उपासना के रूप में करो, और उस समय उसमें अपना सारा तन-मन लगा दो। यही बात हमने उपर्युक्त कथा में भी देखी है। व्याध एवं वह स्त्री—दोनों ने अपना अपना कर्तव्य बड़ी प्रसन्नता से तथा तन्मनस्क होकर किया और उसका फल यह हुआ कि उन्हें दिव्य ज्ञान प्राप्त हुआ। इससे हमें यह स्पष्ट प्रतीत होता है कि जीवन की किसी भी अवस्था में, कर्मफल में बिना आसक्ति रखे यदि कर्तव्य उचित रूप से किया जाय, तो उससे हमें आत्मा की पूर्णता का सर्वोच्च अनुभव प्राप्त होता है।

कर्मफल में आसक्ति रखनेवाला व्यक्ति अपने भाग्य में आये हुए कर्तव्य पर भिनभिनाता है। अनासक्त पुरुष को सब कर्तव्य समरूप से शुभ हैं। उसके लिए तो वे कर्तव्य स्वार्थपरता तथा इन्द्रियपरायणता को नष्ट करके आत्मा को मुक्त कर देने के लिए शक्तिशाली साधन हैं। हम सब अपने को बहुत बड़ा मानते हैं। प्रकृति ही सदैव कड़े नियम से हमारे कर्मों के अनुसार उचित कर्मफल का विधान करती है। और इसलिए अपनी ओर से चाहे हम किसी कर्तव्य को स्वीकार करने के लिए भले ही अनिच्छुक हों, फिर भी वास्तव में हमारे कर्मफल

---

१. पवहारी बाबा एक प्रसिद्ध महात्मा थे। इनका आश्रम गाजीपुर में था। स्वामी विवेकानन्द ने इन पर एक संक्षिप्त जीवन-चरित्र लिखा। देखिए नवम खंड पृष्ठ २५८। सं०

के अनुसार ही हमारे कर्तव्य निर्दिष्ट होंगे। स्पर्धा से ईर्ष्या उत्पन्न होती है और उससे हृदय की कोमलता नष्ट हो जाती है। भिनभिनाते रहनेवाले पुरुष के लिए सभी कर्तव्य नीरस होते हैं। उसे कभी किसी चीज से सन्तोष नहीं होता और फलस्वरूप उसका जीवन दूभर हो उठना और असफल हो जाना स्वाभाविक है। हमें चाहिए कि हम काम करते रहें; जो कुछ भी हमारा कर्तव्य हो, उसे करते रहें, अपना कन्धा सदैव काम से भिड़ाये रखें। तभी अवश्य हमें प्रकाश की उपलब्धि होगी।

हम स्वयं अपना उपकार करते हैं, संसार का नहीं

यह विचार करने के पहले कि कर्तव्यनिष्ठा हमें आध्यात्मिक उन्नति में किस प्रकार सहायता पहुँचाती है, मैं तुम लोगों को संक्षेप में यह भी बता देना चाहता हूँ कि भारत में जिसे हम कर्म कहते हैं, उसका एक दूसरा पक्ष क्या है। प्रत्येक धर्म के तीन विभाग होते हैं। प्रथम दार्शनिक, दूसरा पौराणिक और तीसरा कर्मकाण्ड। दार्शनिक भाग तो वास्तव में प्रत्येक धर्म का सार है। महापुरुषों की कम या अधिक काल्पनिक जीवनी तथा अलौकिक विषय सम्बन्धी कथाओं एवं आख्यायिकाओं द्वारा पौराणिक भाग इस दार्शनिक भाग की व्याख्या करता है। कर्मकाण्ड इस दर्शन को और भी स्थूल रूप देता है, जिससे वह सर्वसाधारण की समझ में आ सके। वास्तव में अनुष्ठान दर्शन का ही एक स्थूलतर रूप है। यह अनुष्ठान ही कर्म है। प्रत्येक धर्म में इसकी आवश्यकता है, क्योंकि जब तक हम आध्यात्मिक जीवन में बहुत उन्नत न हो जायँ, तब तक सूक्ष्म आध्यात्मिक तत्त्वों को समझ नहीं सकते। मनुष्य को अपने मन में यह मान लेना सरल है कि वह कोई भी बात समझ सकता है। परन्तु जब वह उसे कार्य में लाने की चेष्टा करता है, तो उसे मालूम होता है कि सूक्ष्म भावों को ठीक ठीक समझना तथा उन्हें हृदयंगम करना बड़ा ही कठिन है। इसीलिए प्रतीक विशेष रूप से सहायक होते हैं, और उनके द्वारा सूक्ष्म विषयों को समझने की जो प्रणाली है, उसे हम किसी भी प्रकार त्याग नहीं सकते। स्मरणातीत काल से ही प्रतीकों का प्रयोग प्रत्येक धर्म में होता रहा है। एक दृष्टि से हम प्रतीक के बिना किसी बात को सोच ही नहीं सकते। स्वयं शब्द हमारे विचारों के प्रतीक ही है। संसार की प्रत्येक वस्तु प्रतीक के रूप में देखी जा सकती है। सारा संसार ही प्रतीक है और उसके पीछे मूल तत्त्वरूप में ईश्वर विराजमान है। इस प्रकार का प्रतीक केवल मनुष्य द्वारा उत्पन्न किया हुआ ही नहीं है। और न ऐसा है कि एक धर्म के कुछ अनुयायियों ने बैठकर कुछ प्रतीकों की कल्पना कर डाली है। धर्म के प्रतीकों की उत्पत्ति स्वाभाविक रूप से होती है। नहीं तो ऐसा क्यों है कि प्रायः सभी मनुष्यों के मन में कुछ विशेष प्रतीक कुछ विशिष्ट भावों से सदा सम्बद्ध रहते हैं? कुछ प्रतीक तो सभी जगह पाये जाते हैं। तुममें से अनेकों की यह धारणा है कि क्रॉस का चिह्न सर्वप्रथम ईसाई धर्म के साथ प्रचलित हुआ; परन्तु वास्तव में तो वह ईसाई धर्म के बहुत पहले से, मूसा के भी जन्म के पहले, वेदों के आविर्भाव

के भी पहले, यहाँ तक कि मानवीय कार्य-कलापों का किसी प्रकार का इतिहास लिपिबद्ध होने के भी पहले से विद्यमान था। ऐजटेकों तथा फ़िनिशिन्स ज़ातियों में भी क्रॉस के विद्यमान होने का प्रमाण मिलता है। प्रायः प्रत्येक जाति में इसका अस्तित्व था। इतना ही नहीं, बल्कि ऐसा भी प्रतीत होता है कि क्रॉस पर लटके हुए महापुरुष का प्रतीक भी लगभग प्रत्येक जाति में प्रचलित था। सारे संसार में वृत्त भी एक महान् प्रतीक माना गया है। फिर सबसे अधिक प्रचलित

स्वस्तिक का भी प्रतीक है। एक समय ऐसी धारणा थी कि बौद्ध इसे अपने साथ साथ सारे संसार भर में ले गये; परन्तु पता चलता है कि बौद्ध धर्म के सदियों पहले कई जातियों में इसका प्रचार था। प्राचीन बेबिलोन तथा मिस्र देश में भी यह पाया जाता था। इस सबसे क्या प्रकट होता है? यही कि ये सब प्रतीक रूढ़िजन्य मात्र नहीं हो सकते। इनका कोई न कोई विशेष कारण अवश्य रहा होगा, उनमें तथा मानवीय मन में कोई स्वाभाविक सम्बन्ध रहा होगा। भाषा भी कोई रूढ़िजन्य वस्तु नहीं है, ऐसी बात नहीं कि कुछ लोगों ने यह तय कर लिया कि कुछ विशेष भाव कुछ विशेष शब्दों द्वारा प्रकट किये जायँ और बस, भाषा की उत्पत्ति हो गयी। कोई भी भाव अपने आनुषंगिक शब्द बिना और कोई शब्द अपने आनुषंगिक भाव बिना कभी रहा नहीं। शब्द और भाव स्वभावतः अविच्छेद्य हैं। भावों को प्रकट करने के लिए शब्द-प्रतीक अथवा वर्ण-प्रतीक हो सकते हैं। गूँगों और बहरों को शब्द-प्रतीक से भिन्न किसी दूसरे प्रतीक की सहायता लेनी पड़ती है। मन में उठनेवाले प्रत्येक विचार का एक अन्य समानुरूपी भी होता है, और वह है—आकृति। इसे संस्कृत दर्शन में 'नाम-रूप' कहते हैं। जिस प्रकार कृत्रिम उपायों द्वारा एक भाषा नहीं उत्पन्न की जा सकती, उसी प्रकार कृत्रिम उपायों से प्रतीक-विधान का निर्माण भी नहीं किया जा सकता। संसार में कर्म-काण्डीय प्रतीकों में हमें मानव जाति के धार्मिक विचारों की एक अभिव्यक्ति मिलती है। यह कह देना बहुत सरल है कि अनुष्ठानों, मन्दिरों तथा अन्य बाह्य आडम्बरों की कोई आवश्यकता नहीं, और यह बात तो आजकल बच्चे तक कहा करते हैं। परन्तु सरलतापूर्वक यह कोई भी देख सकता है कि जो लोग मन्दिर में जाकर पूजा करते हैं, वे उन लोगों की अपेक्षा, जो ऐसा नहीं करते, कई बातों में कहीं भिन्न होते हैं। भिन्न भिन्न धर्मों के साथ जो विशिष्ट मन्दिर, अनुष्ठान और अन्य स्थूल क्रिया-कलाप जड़े हुए हैं, वे उन उन धर्मावलम्बियों के मन में उन सब भावों को जाग्रत कर देते हैं, जिनके कि ये मन्दिर-अनुष्ठानादि स्थूल प्रतीकस्वरूप हैं। अतएव अनुष्ठानों एवं प्रतीकों को एकदम उड़ा देना उचित नहीं। इन सब विषयों का अध्ययन एवं अभ्यास स्वभावतः कर्मयोग का ही एक अंग है।

इस कर्मविज्ञान के और भी कई पहलू हैं। इनमें से एक है—'विचार' तथा 'शब्द' के सम्बन्ध को जानना एवं यह भी ज्ञान प्राप्त करना कि शब्द-शक्ति से क्या प्राप्त किया जा सकता है। प्रत्येक धर्म शब्द की शक्ति को मानता है; यहाँ तक कि किसी किसी धर्म की तो यह धारणा है कि समस्त सृष्टि 'शब्द' से ही निकली है। ईश्वर के संकल्प का बाह्य आकार 'शब्द' है और चूंकि ईश्वर ने सृष्टि-रचना के पूर्व संकल्प एवं इच्छा की थी, इसलिए सृष्टि 'शब्द' से ही निकली है। हमारे इस भौतिकतापरायण जीवन के कोलाहल में हमारी नाड़ियों में भी जड़ता आ गयी है। ज्यों ज्यों हम बूढ़े होते जाते हैं और संसार की ठोकरें खाते जाते हैं, त्यों त्यों हममें अधिकाधिक जड़ता आती जाती है और फलस्वरूप हम उन घटनाओं की भी उपेक्षा कर देते हैं, जो हमारे चारों ओर निरन्तर घटित होती रहती हैं। परन्तु कभी कभी मनुष्य की प्रकृति अपनी सत्ता को प्रतिष्ठापित करना चाहती है और हम इन साधारण घटनाओं का रहस्य जानने का यत्न करने लगते हैं तथा उनपर आश्चर्य करते हैं। इस प्रकार आश्चर्यचकित होना ही ज्ञान-लाभ की पहली सीढ़ी है। 'शब्द' के उच्च दार्शनिक तथा धार्मिक महत्त्व के अतिरिक्त हमारे इस जीवन-नाटक में शब्द-प्रतीकों का विशेष स्थान है। मैं तुमसे बातचीत कर रहा हूँ। तुम्हें स्पर्श नहीं कर रहा हूँ। पर मेरे शब्द द्वारा उत्पन्न वायु के स्पन्दन तुम्हारे कान में जाकर तुम्हारे कर्ण-स्नायुओं को स्पर्श करते हैं और उससे तुम्हारे मन में प्रभाव उत्पन्न करते हैं। इसे तुम रोक नहीं सकते। भला सोचो तो, इससे अधिक आश्चर्यजनक बात और क्या हो सकती है? एक मनुष्य दूसरे को बेवक़ूफ़ कह देता है और बस, इतने से ही वह दूसरा मनुष्य उठ खड़ा होता है और अपनी मुट्ठी बाँधकर उसकी नाक पर एक घूँसा जमा देता है। देखो तो, शब्द में कितनी शक्ति है! एक स्त्री बिलख बिलखकर रो रही है; इतने में एक दूसरी स्त्री आ जाती है और वह उससे कुछ सान्त्वना के शब्द कहती है। प्रभाव यह होता है कि वह रोती हुई स्त्री उठ बैठती है, उसका दुःख दूर हो जाता है और वह मुस्कराने भी लगती है। देखो तो, शब्द में कितनी शक्ति है! उच्च दर्शन में जिस प्रकार शब्द-शक्ति का परिचय मिलता है, उसी प्रकार साधारण जीवन में भी। इस शक्ति के सम्बन्ध में विशेष विचार और अनुसन्धान न करते हुए ही हम रात-दिन इस शक्ति का उपयोग कर रहे हैं। इस शक्ति के स्वरूप को जानना तथा इसका उत्तम रूप से उपयोग करना भी कर्मयोग का एक अंग है।

दूसरों के प्रति हमारे कर्तव्य का अर्थ है—दूसरों की सहायता करना, संसार का भला करना। हम संसार का भला क्यों करें? इसलिए कि देखने में तो हम संसार का उपकार करते हैं, परन्तु असल में हम अपना ही उपकार करते हैं। हमें सदैव संसार का उपकार करने की चेष्टा करनी चाहिए, और कार्य करने में यही

हमारा सर्वोच्च उद्देश्य होना चाहिए। परन्तु यदि ध्यानपूर्वक देखा जाय, तो प्रतीत होगा कि इस संसार को हमारी सहायता की बिल्कुल आवश्यकता नहीं। यह संसार इसलिए नहीं बना कि हम अथवा तुम आकर इसकी सहायता करें। एक बार मैंने एक उपदेश पढ़ा था, वह इस प्रकार था—'यह सुन्दर संसार बड़ा अच्छा है, क्योंकि इसमें हमें दूसरों की सहायता करने के लिए समय तथा अवसर मिलता है।' ऊपर से तो यह भाव सचमुच सुन्दर है, परन्तु यह कहना कि संसार को हमारी सहायता की आवश्यकता है, क्या घोर ईश-निन्दा नहीं है? यह सच है कि संसार में दुःख-कष्ट बहुत है, और इसलिए लोगों की सहायता करना हमारे लिए सर्वश्रेष्ठ कार्य है; परन्तु आगे चलकर हम देखेंगे कि दूसरों की सहायता करने का अर्थ है, अपनी ही सहायता करना। मुझे स्मरण है, एक बार जब मैं छोटा था, तो मेरे पास कुछ सफेद चूहे थे। वे चूहे एक छोटे से सन्दूक में रखे गये थे और उस सन्दूक के भीतर उनके लिए छोटे छोटे चक्के थे। जब चूहे उन चक्कों को पार करना चाहते, तो वे चक्के वहीं के वहीं घूमते रहते, और वे बेचारे कभी बाहर नहीं निकल पाते। बस, यही हाल संसार का तथा संसार के प्रति हमारी सहायता का है। उपकार केवल इतना ही होता है कि हमें नैतिक शिक्षा मिलती है। यह संसार न तो अच्छा है, न बुरा। प्रत्येक मनुष्य अपने लिए अपना अपना संसार बना लेता है। यदि एक अन्धा संसार के बारे में सोचता है, तो वह उसके समक्ष या तो मुलायम या कड़ा प्रतीत होगा, अथवा शीत या उष्ण। हम सुख या दुःख की समष्टि मात्र हैं, यह हमने अपने जीवन में सैकड़ों बार अनुभव किया है। बहुधा नौजवान आशावादी होते हैं, और वृद्ध निराशावादी। तरुण के सामने अभी उसका सारा जीवन पड़ा है। परन्तु वृद्ध की केवल यही शिकायत रहती है कि उसका समय निकल गया; कितनी ही अपूर्ण इच्छाएँ उसके हृदय में मचलती रहती हैं, जिन्हें पूर्ण करने की शक्ति उसमें आज नहीं। परन्तु हैं, दोनों ही मूर्ख। हमारी मानसिक स्थिति के अनुसार ही हमें यह संसार भला या बुरा प्रतीत होता है। स्वयं यह न तो भला है, न बुरा। अग्नि स्वयं न अच्छी है, न बुरी। जब यह हमें गरम रखती है, तो हम कहते हैं, "यह कितनी सुन्दर है!" परन्तु जब इससे हमारी अँगुली जल जाती है, तो इसे हम दोष देते हैं। परन्तु फिर भी स्वयं न तो यह अच्छी है, न बुरी। जैसा हम इसका उपयोग करते हैं, तदनुरूप यह अच्छी या बुरी बन जाती है। यही हाल इस संसार का भी है। संसार स्वयं पूर्ण है। पूर्ण होने का अर्थ यह है कि उसमें अपने सब प्रयोजनों को पूर्ण करने की क्षमता है। हमें यह निश्चित जान लेना चाहिए कि हमारे बिना भी यह संसार बड़े मज़े से चलता जायगा; हमें इसकी सहायता करने के लिए माथापच्ची करने की आवश्यकता नहीं।

परन्तु फिर भी हमें सदैव परोपकार करते ही रहना चाहिए। यदि हम सदैव यह ध्यान रखें कि दूसरों की सहायता करना एक सौभाग्य है, तो परोपकार करने की इच्छा हमारी सर्वोत्कृष्ट प्रेरणा है। एक दाता के ऊँचे आसन पर खड़े होकर और अपने हाथ में दो पैसे लेकर यह मत कहो, "ऐ भिखारी, ले, यह मैं तुझे देता हूँ।" परन्तु तुम स्वयं इस बात के लिए कृतज्ञ होओ कि तुम्हें वह निर्धन व्यक्ति मिला, जिसे दान देकर तुमने स्वयं अपना उपकार किया। धन्य पानेवाला नहीं होता, देनेवाला होता है। इस बात के लिए कृतज्ञ होओ कि इस संसार में तुम्हें अपनी दयालुता का प्रयोग करने और इस प्रकार पवित्र एवं पूर्ण होने का अवसर प्राप्त हुआ। समस्त भले कार्य हमें शुद्ध बनने तथा पूर्ण होने में सहायता करते हैं। और सच पूछो तो हम अधिक से अधिक कर ही कितना सकते हैं? या तो एक अस्पताल बनवा देते हैं, सड़कें बनवा देते हैं या सदावर्त खुलवा देते हैं, बस, इतना ही तो? हम ग़रीबों के लिए एक कोष खोल देते हैं, दस-बीस लाख डालर इकट्ठा कर लेते हैं। उसमें से पाँच लाख का एक अस्पताल बनवा देते हैं, पाँच लाख नाच-तमाशे, शैम्पेन पीने में फूँक देते हैं, और शेष का आधा कर्मचारी लूट लेते हैं, बाक़ी जो बचता है, वह किसी तरह ग़रीबों तक पहुँचता है! परन्तु उतने से हुआ क्या? प्रचंड तूफ़ान का एक झोंका तो तुम्हारी इन सारी इमारतों को पाँच मिनट में नष्ट कर दे सकता है—फिर तुम क्या करोगे? ज्वालामुखी का एक विस्फोट तो तुम्हारी तमाम सड़कों, अस्पतालों, नगरों और इमारतों को धूल में मिला दे सकता है। अतएव इस प्रकार की संसार की सहायता करने की खोखली बातों को हमें छोड़ देना चाहिए। यह संसार न तो तुम्हारी सहायता का भूखा है और न मेरी। परन्तु फिर भी हमें निरन्तर कार्य करते रहना चाहिए, निरन्तर परोपकार करते रहना चाहिए। क्यों?—इसलिए कि इसमें हमारा ही भला है। यही एक साधन है, जिससे हम पूर्ण बन सकते हैं। यदि हमने किसी भिखारी को कुछ दिया हो, तो वास्तव में वह हमारे प्रति एक सेंट का भी ऋणी नहीं है, हमीं उसके ऋणी हैं, हम पर उसका आभार है, क्योंकि उसने हमें इस बात का अवसर दिया कि हम अपनी दया का प्रयोग उस पर कर सकें। यह सोचना निरी भूल है कि हमने संसार का भला किया, अथवा कर सकते हैं, या यह कि हमने अमुक अमुक व्यक्तियों की सहायता की। यह निरी मूर्खता का विचार है; और मूर्खता के विचारों से दुःख उत्पन्न होता है। हम कभी कभी सोचते हैं कि हमने अमुक मनुष्य की सहायता की और इसलिए आशा करते हैं कि वह हमें धन्यवाद दे; पर जब वह हमें धन्यवाद नहीं देता, तो उससे हमें दुःख होता है। हम जो कुछ करें, उसके बदले में किसी भी बात की आशा क्यों रखें? बल्कि उलटे हमें उसी मनुष्य के प्रति कृतज्ञ होना चाहिए,

जिसकी हम सहायता करते हैं—उसे साक्षात् नारायण मानना चाहिए। मनुष्य की सहायता द्वारा ईश्वर की उपासना करना क्या हमारा परम सौभाग्य नहीं है? यदि हम वास्तव में अनासक्त हैं, तो हमें यह वृथा प्रत्याशाजनित कष्ट क्यों होना चाहिए ? अनासक्त होने पर तो हम प्रसन्नतापूर्वक संसार में भलाई कर सकते हैं। अनासक्ति से किये हुए कार्य से कभी दुःख अथवा अशान्ति नहीं आयेगी। वैसे तो संसार में अनन्त काल तक सुख-दुःख का चक्र चलता ही रहेगा।

एक ग़रीब आदमी को कुछ रुपये की ज़रूरत पड़ी। उसे कहीं से यह मालूम हो गया कि यदि वह किसी भूत को अपने वश में कर ले, तो वह उससे जो चाहे, मँगवा सकता है। निदान उसे एक भूत ढूँढ़ने की सूझी। वह किसी ऐसे आदमी को ढूँढ़ने लगा, जिससे उसे एक भूत मिल जाय। ढूँढ़ते ढूँढ़ते उसे एक साधु मिले। इन साधु के पास बड़ी शक्तियाँ थीं और उसने उनसे सहायता की याचना की। साधु ने उससे पूछा, "तुम भूत का क्या करोगे ?" उसने उत्तर दिया, "महाराज, मैं भूत इसलिए चाहता हूँ कि वह मेरा काम कर दे। कृपा कर मुझे उसको प्राप्त करने का ढंग बता दीजिए। मुझे उसकी बड़ी ज़रूरत है।" साधु बोले, "देखो, तुम इस झमेले में मत पड़ो, अपने घर लौट जाओ।" दूसरे दिन वह आदमी साधु के पास फिर गया और बहुत रोने-गाने लगा। उसने कहा, "महाराज, मुझे एक भूत दे ही दीजिए न। मुझे बड़ी आवश्यकता है।" अन्त में साधु कुछ चिढ़ से गये और उन्होंने कहा, "अच्छा, लो, यह मंत्र लो, इसका जप करने से एक भूत प्रकट होगा और फिर उससे तुम जो काम कहोगे, वही करेगा; परन्तु देखो, होशियार रहना। ये बड़े भयंकर प्राणी होते हैं। उसे निरन्तर काम में लगाये रखना। यदि कभी वह खाली रहा, तो तुम्हारी जान ही ले लेगा।" तब उस मनुष्य ने कहा, "यह कौन कठिन बात है ? मैं तो उसे इतना काम दे दूँ कि उसके जीवन भर ख़त्म न हो।" इसके बाद वह आदमी एक वन में चला गया और मंत्र का जप करने लगा। कुछ देर तक जप करने के बाद उसके सामने विकराल दाँतोंवाला एक बड़ा भयंकर भूत प्रकट हुआ। भूत ने कहा, "देखो, मैं भूत हूँ। तुम्हारे मंत्र ने मुझे जीत लिया है। परन्तु देखो, तुम्हें मुझको निरन्तर काम में लगाये रखना होगा, क्योंकि ज्यों ही मुझे थोड़ा सा भी अवकाश मिला कि मैं तुम्हारी जान ले लूँगा।" आदमी बोला, "ठीक है, जाओ, मेरे लिए एक महल तैयार करो।" भूत ने जवाब दिया, "लो, हो गया, महल तैयार है।" आदमी ने कहा, "जाओ, मेरे लिए धन ले आओ।" भूत बोला, "लो, धन भी तैयार है।" फिर आदमी ने कहा, "यह जंगल काट डालो और यहाँ एक शहर बसा दो।" भूत बोला, लो, "यह भी हो गया। अब और क्या करूँ, बतलाओ ?" अब तो वह आदमी बड़ा घबड़ाने लगा; उसने मन में सोचा, "अब तो मेरे पास कोई काम नहीं है,

जो मैं इससे करने को कहूँ। यह तो प्रत्येक काम क्षण भर में ही कर डालता है।'' भूत इधर गरजकर बोला, "देखो, मुझे जल्दी कुछ काम करने को दो, नहीं तो मैं तुम्हें खा जाऊँगा।'' बेचारा आदमी अब कोई काम सोच ही न सका और मारे भय के थर थर काँपने लगा। अब तो वह बेतहाशा भागा और भागते भागते उन्हीं साधु के पास पहुँचा और वहाँ जाकर गिड़गिड़ाने लगा, "महाराज, रक्षा कीजिए, रक्षा कीजिए, मेरी जान बचाइए।'' साधु ने पूछा, "कहो, क्या हुआ?'' उस मनुष्य ने उत्तर दिया, "अब मैं क्या करूँ? अब तो मेरे पास उस भूत को देने के लिए कोई भी काम शेष नहीं है। मैं उससे जो कुछ भी करने को कहता हूँ, वह क्षण भर में ही कर डालता है, और जब उसके पास कोई काम नहीं रह जाता, तो मुझे खा डालने की धमकी देता है।'' इतने में ही वह भूत वहाँ आ पहुँचा, और कहने लगा, "अब तो मैं तुम्हें खा जाऊँगा।'' और सचमुच वह उसे खा जाता! आदमी मारे डर के काँपने लगा और उसने साधु से अपने प्राणों की भिक्षा माँगी। साधु ने कहा, "अच्छा, मैं तुम्हें रास्ता बताता हूँ। देखो, उस कुत्ते की पूँछ टेढ़ी है, अपनी तलवार निकालो और यह पूँछ काटकर इस भूत को दे दो और उससे कहो कि इसे सीधी कर दे।'' आदमी ने झट से कुत्ते की पूँछ काट ली और उसे भूत को देकर कहा, "लो, इसे सीधी करके मुझे दो''। भूत ने पूँछ ले ली और उसे बड़ी सावधानी से सीधी की, पर ज्यों ही उसने उसको सीधी करके छोड़ दिया, त्यों ही वह फिर टेढ़ी हो गयी। भूत ने दुबारा कोशिश की, परन्तु ज्यों ही उसने छोड़ दी, त्यों ही वह फिर टेढ़ी हो गयी। उसने तीसरी बार फिर प्रयत्न किया, परन्तु वह फिर टेढ़ी की टेढ़ी हो गयी। इस प्रकार वह कई दिनों तक प्रयत्न करता रहा, यहाँ तक कि वह थक गया और बोला, "मुझे ऐसा कष्ट तो अपने जीवन भर में कभी नहीं हुआ। मैं एक बड़ा पुराना भूत हूँ, ऐसी मुसीबत में मैं कभी नहीं पड़ा।'' अब तो वह भूत उस आदमी से कहने लगा; "आओ भाई, हम-तुम समझौता कर लें। तुम मुझे छोड़ दो, और मैंने अब तक तुम्हें जो कुछ दिया है, वह सब अपने पास ही रखे रहो। मैं वादा करता हूँ, अब आगे तुम्हें किसी प्रकार का कष्ट न दूँगा।'' यह सुन वह आदमी बड़ा खुश हुआ और बड़ी प्रसन्नतापूर्वक उसने इस समझौते को स्वीकार कर लिया।

हमारा यह संसार भी बस कुत्ते की उस टेढ़ी पूँछ के ही समान है; सैकड़ों वर्ष से लोग इसे सीधा करने का प्रयत्न कर रहे हैं, परन्तु ज्यों ही वे इसे छोड़ देते हैं, त्यों ही यह फिर टेढ़ा का टेढ़ा हो जाता है। इसके अतिरिक्त और क्या हो सकता है? मनुष्य पहले यह जान ले कि आसक्तिरहित होकर उसे किस प्रकार कर्म करना चाहिए, तभी वह दुराग्रह और मतान्धता से परे हो सकता है। जब हमें

यह ज्ञात हो जायगा कि संसार कुत्ते की टेढ़ी दुम की तरह है और कभी भी सीधा नहीं हो सकता, तब हम दुराग्रही नहीं होंगे। यदि संसार में यह दुराग्रह, यह कट्टरता न होती, तो अब तक यह बहुत उन्नति कर लेता। यह सोचना भूल है कि धर्मान्धता द्वारा मानव-जाति की उन्नति हो सकती है? बल्कि उलटे, यह तो हमें पीछे हटानेवाली शक्ति है, जिससे घृणा और क्रोध उत्पन्न होकर मनुष्य एक दूसरे से लड़ने-भिड़ने लगते हैं और सहानुभूतिशून्य हो जाते हैं। हम सोचते हैं कि जो कुछ हमारे पास है अथवा जो कुछ हम करते हैं, वही संसार में सर्वश्रेष्ठ है, और जो कुछ हम नहीं करते अथवा जो कुछ हमारे पास नहीं है, वह एक कौड़ी मूल्य का भी नहीं। अतएव जब कभी तुममें दुराग्रह का यह भाव आये, तो सदैव कुत्ते की टेढ़ी पूँछ का दृष्टान्त स्मरण कर लिया करो। तुम्हें अपने आपको संसार के बारे में चिन्तित बना लेने की कोई आवश्यकता नहीं—तुम्हारी सहायता के बिना भी यह चलता ही रहेगा। जब तुम दुराग्रह और मतान्धता से परे हो जाओगे, तभी तुम अच्छी तरह कार्य कर सकोगे। जो ठंडे मस्तिष्कवाला और शान्त है, जो उत्तम ढंग से विचार करके कार्य करता है, जिसके स्नायु सहज ही उत्तेजित नहीं हो उठते तथा जो अत्यन्त प्रेम और सहानुभूतिसम्पन्न है, केवल वही व्यक्ति संसार में महान् कार्य कर सकता है और इस तरह उससे अपना भी कल्याण कर सकता है। दुराग्रही व्यक्ति मूर्ख और सहानुभूतिशून्य होता है। वह न तो कभी संसार को सीधा कर सकता है और न स्वयं ही शुद्ध एवं पूर्ण हो सकता है।

इस प्रकार आज के व्याख्यान का सारांश यह है : सर्वप्रथम हमें यह ध्यान में रखना चाहिए कि हमीं संसार के ऋणी हैं, संसार हमारा ऋणी नहीं। यह तो हमारा सौभाग्य है कि हमें संसार में कुछ कार्य करने का अवसर मिलता है। संसार की सहायता करने से हम वास्तव में स्वयं अपना ही कल्याण करते हैं। दूसरी बात यह है कि इस विश्व का अधिष्ठाता एक ईश्वर है। यह बात सच नहीं कि यह संसार पिछड़ रहा है और इसे तुम्हारी अथवा मेरी सहायता की आवश्यकता है। ईश्वर सर्वत्र विराजमान है। वह अविनाशी सतत क्रियाशील और जाग्रत है। जब सारा विश्व सोता है, तब भी वह जागता रहता है। वह निरन्तर कार्य में लगा हुआ है। संसार के समस्त परिवर्तन और विकार उसीके कार्य हैं। तीसरी बात यह है कि हमें किसीसे घृणा नहीं करनी चाहिए। यह संसार सदैव ही शुभ और अशुभ का मिश्रण-स्वरूप रहेगा। हमारा कर्तव्य है कि हम दुर्बल के प्रति सहानुभूति रखें और एक अन्यायी के प्रति भी प्रेम रखें। यह संसार तो चरित्र-गठन के लिए एक विशाल नैतिक व्यायामशाला है। इससे हम सभी को अभ्यासरूप कसरत करनी पड़ती है, जिससे हम आध्यात्मिक बल से अधिकाधिक बलवान बनते रहें। चौथी बात यह

है कि हममें किसी प्रकार का भी दुराग्रह नहीं होना चाहिए, क्योंकि दुराग्रह प्रेम का विरोधी है। बहुधा दुराग्रहियों को तुम यह गाल बजाते सुनोगे, "हमें पापी से घृणा नहीं है, हमें तो घृणा पाप से है।" परन्तु यदि कोई मुझे एक ऐसा मनुष्य दिखा दे, जो सचमुच पाप और पापी में भेद कर सकता हो, तो ऐसे मनुष्य को देखने के लिए मैं कितनी भी दूर जाने को तैयार हूँ, ऐसा कहना सरल है। यदि हम द्रव्य और उसके गुण में भली भाँति भेद कर सकें, तो हम पूर्ण हो जायँ। पर इसे व्यवहार में लाना इतना सरल नहीं। हम जितने ही शान्तचित्त होंगे और हमारे स्नायु जितने संतुलित रहेंगे, हम उतने ही अधिक प्रेमसम्पन्न होंगे और हमारा कार्य भी उतना ही अधिक उत्तम होगा।

अनासक्ति ही पूर्ण आत्मत्याग है

जिस प्रकार हमारा प्रत्येक कार्य हमारी प्रतिक्रिया के रूप में फिर वापस आ जाता है, उसी प्रकार हमारे कार्य दूसरे व्यक्तियों पर तथा उनके कार्य हमारे ऊपर अपना प्रभाव डाल सकते हैं। शायद तुम सबने एक तथ्य के रूप में ऐसा देखा होगा कि जब मनुष्य कोई बुरे कार्य करता है, तो क्रमशः वह अधिकाधिक बुरा बनता जाता है, और इसी प्रकार जब वह अच्छे कार्य करने लगता है, तो दिनोंदिन सबल होता जाता है और उसकी प्रवृत्ति सदैव सत्कार्य करने की ओर झुकती जाती है। कर्म के प्रभाव के तीव्र होते जाने की व्याख्या केवल एक ही प्रकार से हो सकती है, और वह यह कि हम एक दूसरे मन पर क्रिया-प्रतिक्रिया कर सकते हैं। इसे स्पष्ट करने के लिए हम भौतिक विज्ञान से एक दृष्टान्त ले सकते हैं। जब मैं कोई कार्य करता हूँ, तो कहा जा सकता है कि मेरा मन एक विशिष्ट प्रकार की कम्पनावस्था में होता है; उस समय अन्य जितने मन उस प्रकार की अवस्था में होंगे, उनकी प्रवृत्ति यह होगी कि वे मेरे मन से प्रभावित हो जायँ। यदि एक कमरे में भिन्न भिन्न वाद्य-यंत्र एक सुर में बाँध दिये जायँ, तो तुम सबने देखा होगा कि एक को छेड़ने से अन्य सभी की प्रवृत्ति उसी प्रकार का सुर निकालने की होने लगती है। इसी प्रकार जो जो मन एक सुर में बँधे हैं उन सबके ऊपर एक विशेष विचार का समान प्रभाव पड़ेगा। हाँ, यह सत्य है कि विचार का मन पर यह प्रभाव दूरी अथवा अन्य कारणों से न्यूनाधिक अवश्य हो जायगा, परन्तु मन पर प्रभाव होने की सम्भावना सदैव बनी रहेगी। मान लो, मैं एक बुरा कार्य कर रहा हूँ। उस समय मेरे मन में एक विशेष प्रकार का कम्पन होगा और संसार के अन्य सब मन, जो उसी प्रकार की स्थिति में हैं, सम्भवतः मेरे मन के कम्पन से प्रभावित हो जायँगे। इसी प्रकार, जब मैं कोई अच्छा कार्य करता हूँ, तो मेरे मन में एक दूसरे प्रकार का कम्पन होता है, और उस प्रकार के कम्पनशील सारे मन पर मेरे मन के प्रभाव पड़ने की सम्भावना रहती है। एक मन का दूसरे मन पर यह प्रभाव तनाव की न्यूनाधिक शक्ति के अनुसार कम या अधिक हुआ करता है।

इस उपमा को यदि हम कुछ और आगे ले जायँ, तो कह सकते हैं कि जिस प्रकार कभी कभी आलोक-तरंगों को किसी गन्तव्य वस्तु तक पहुँचने में लाखों वर्ष लग जाते हैं, उसी प्रकार विचार-तरंगें भी किसी ऐसे पदार्थ को पहुँचने तक, जिसके

साथ वे तदाकार होकर स्पंदित हो सकें, कभी कभी सैकड़ों वर्ष तक लग सकते हैं। अतएव यह नितान्त सम्भव है कि हमारा यह वायुमण्डल अच्छी और बुरी, दोनों प्रकार की विचार-तरंगों से व्याप्त हो। प्रत्येक मस्तिष्क से निकला हुआ प्रत्येक विचार योग्य आधार प्राप्त हो जाने तक मानो इसी प्रकार भ्रमण करता रहता है। और जो मन इस प्रकार के आवेगों को ग्रहण करने के लिए अपने को उन्मुक्त किये हुए हैं, वह तुरन्त ही उन्हें अपना लेगा। अतएव जब कोई मनुष्य कोई दुष्कर्म करता है, तो वह अपने मन को किसी एक विशिष्ट सुर में ले आता है; और उसी सुर की जितनी भी तरंगें पहले से ही आकाश में अवस्थित हैं, वे सब उसके मन में घुस जाने की चेष्टा करती हैं। यही कारण है कि एक दुष्कर्मी साधारणतः अधिकाधिक दुष्कर्म करता जाता है। उसके कर्म क्रमशः प्रबलतर होते जाते हैं। यही बात सत्कर्म करनेवाले के लिए भी घटती है; वह अपने को वातावरण की समस्त शुभ-तरंगों को ग्रहण करने के लिए मानो खोल देता है और इस प्रकार उसके सत्कर्म अधिकाधिक शक्तिसम्पन्न होते जाते हैं। अतएव हम देखते हैं कि दुष्कर्म करने में हमें दो प्रकार का भय है। पहला तो यह कि हम अपने को चारों ओर की अशुभ-तरंगों के लिए खोल देते हैं; और दूसरा यह कि हम स्वयं ऐसी अशुभ-तरंग का निर्माण कर देते हैं, जिसका प्रभाव दूसरों पर पड़ता है, फिर चाहे वह सैकड़ों वर्ष बाद ही क्यों न हो। दुष्कर्म द्वारा हम केवल अपना ही नहीं, वरन् दूसरों का भी अहित करते हैं, और सत्कर्म द्वारा हम अपना तथा दूसरों का भी भला करते हैं। मनुष्य की अन्य शक्तियों के समान ये शुभ और अशुभ शक्तियाँ भी बाहर से बल संचित करती हैं।

कर्मयोग के अनुसार, बिना फल उत्पन्न किये कोई भी कर्म नष्ट नहीं हो सकता। प्रकृति की कोई भी शक्ति उसे फल उत्पन्न करने से रोक नहीं सकती। यदि मैं कोई बुरा कर्म करूँ, तो उसका फल मुझे भोगना ही पड़ेगा; विश्व में ऐसी कोई शक्ति नहीं, जो इसे रोक सके। इसी प्रकार, यदि मैं कोई सत्कार्य करूँ, तो विश्व में ऐसी कोई शक्ति नहीं, जो उसके शुभ फल को रोक सके। कारण से कार्य होता ही है; इसे कोई भी रोक नहीं सकता। अब हमारे सामने कर्मयोग के सम्बन्ध में एक सूक्ष्म एवं गम्भीर प्रश्न उपस्थित होता है। हमारे सत् और असत् कर्म आपस में घनिष्ठ रूप से सम्बद्ध हैं; इन दोनों के बीच हम निश्चित रूप से एक रेखा खींचकर यह नहीं बता सकते कि अमुक कार्य नितान्त शुभ है और अमुक अशुभ। ऐसा कोई भी कर्म नहीं है, जो एक ही समय शुभ और अशुभ, दोनों फल न उत्पन्न करे। यही देखो, मैं तुम लोगों से बात कर रहा हूँ; सम्भवतः तुममें से कुछ लोग सोचते होंगे कि मैं एक भला कार्य कर रहा हूँ। परन्तु साथ ही साथ शायद मैं हवा में

रहनेवाले असंख्य छोटे छोटे कीटाणुओं को भी नष्ट करता जा रहा हूँ। और इस प्रकार एक दृष्टि से मैं बुरा भी कर रहा हूँ। हमारे निकट के लोगों पर, जिन्हें हम जानते हैं, यदि किसी कार्य का प्रभाव शुभ पड़ता है, तो हम उसे शुभ कार्य कहते हैं। उदाहरणार्थ, तुम लोग मेरे इस व्याख्यान को अच्छा कहोगे, परन्तु वे कीटाणु ऐसा कभी न कहेंगे। कीटाणुओं को तुम नहीं देख रहे हो, पर अपने आपको देख रहे हो। मेरी वक्तृता का जो प्रभाव तुम पर पड़ता है, वह तुम स्पष्ट देख सकते हो, किन्तु उसका प्रभाव उन कीटाणुओं पर कैसा पड़ता है, यह तुम नहीं जानते। इसी प्रकार यदि हम अपने असत् कर्मों का भी विश्लेषण करें, तो हमें ज्ञात होगा कि सम्भवतः उनसे भी कहीं न कहीं किसी न किसी प्रकार का शुभ फल हुआ है। जो शुभ कर्मों में भी कुछ न कुछ अशुभ तथा अशुभ कर्मों में भी कुछ न कुछ शुभ देखता है, वास्तव में उसीने कर्म का रहस्य समझा है।

इससे क्या निष्कर्ष निकलता है?—यही कि हम चाहे जितना भी प्रयत्न क्यों न करें, ऐसा कोई कर्म नहीं हो सकता, जो सम्पूर्णतः पवित्र हो अथवा सम्पूर्णतः अपवित्र, यदि 'पवित्रता' या 'अपवित्रता' से हमारा तात्पर्य है, अहिंसा या हिंसा। बिना दूसरों को हानि पहुँचाये हम साँस तक नहीं ले सकते। अपने भोजन का प्रत्येक ग्रास हम किसी दूसरे के मुँह से छीनकर खाते हैं। यहाँ तक कि हमारा अस्तित्व भी दूसरे प्राणियों के जीवन को विनष्ट करके संभव होता है। चाहे मनुष्य हो, पशु हो अथवा कीटाणु, किसी न किसीको हटाकर ही हम अपना अस्तित्व स्थिर रखते हैं। ऐसी दशा में यह स्वाभाविक ही है कि कर्म द्वारा पूर्णता कभी नहीं प्राप्त हो सकती। हम भले ही अनन्त काल तक कर्म करते रहें, परन्तु इस जटिल संसार-व्यूह से कभी छुटकारा नहीं पा सकते। हम चाहे निरन्तर कार्य करते रहें, परन्तु कर्मफलों में इस शुभ और अशुभ के अपरिहार्य साहचर्य का अंत नहीं होगा।

दूसरी विचारणीय बात है—कर्म का क्या उद्देश्य है? हम देखते हैं कि प्रत्येक देश के अधिकांश व्यक्तियों की यह धारणा है कि एक समय ऐसा आयेगा, जब यह संसार पूर्णता को प्राप्त हो जायगा; तब यहाँ न तो किसी प्रकार का रोग रहेगा, न शोक, न दुष्टता, न मृत्यु। वैसे तो यह एक बड़ा सुन्दर विचार है और एक अज्ञानी को उदात्त बनाने और प्रोत्साहन देने के लिए बहुत ही अच्छी प्रेरक शक्ति है; परन्तु यदि हम क्षण भर भी ध्यानपूर्वक सोचें, तो हमें सहज ही ज्ञात हो जायगा कि ऐसा कभी नहीं हो सकता। और यह हो भी कैसे सकता है, जब हम जानते हैं कि शुभ और अशुभ एक ही सिक्के के चित और पट हैं? ऐसा भी कहीं हो सकता है कि शुभ हो और उसके साथ अशुभ न हो? तब फिर पूर्णता का अर्थ

क्या है ? सच पूछा जाय, तो 'पूर्ण जीवन' शब्द ही स्वविरोधात्मक है। जीवन तो हमारे एवं प्रत्येक बाह्य वस्तु के बीच एक प्रकार का निरन्तर संघर्ष है। प्रतिक्षण हम बाह्य प्रकृति से संघर्ष करते रहते हैं, और यदि उसमें हमारी हार हो जाय, तो हमारा जीवन-दीप ही बुझ जाता है। आहार और हवा के लिए निरन्तर चेष्टा का नाम ही है जीवन। यदि हमें भोजन या हवा न मिले, तो हमारी मृत्यु हो जाती है। जीवन कोई आसानी से चलनेवाली सरल चीज़ नहीं है—यह तो एक प्रकार का सम्मिश्रित व्यापार है। बहिर्जगत् और अन्तर्जगत् का घोर संघर्ष ही जीवन कहलाता है। इस प्रकार यह स्पष्ट है कि जब यह संघर्ष समाप्त हो जायगा, तो जीवन का भी अन्त हो जायगा।

आदर्श सुख का अर्थ है—इस संघर्ष का अन्त हो जाना। परन्तु तब तो जीवन का भी अन्त हो जायगा; क्योंकि संघर्ष का अन्त तभी हो सकता है, जब स्वयं जीवन का ही अंत हो जाय। हम यह देख ही चुके हैं कि संसार का उपकार करना अपना ही उपकार करना है। दूसरों के लिए किये गये कार्य का मुख्य फल है—आत्मशुद्धि। दूसरों के प्रति निरन्तर शुभ करते रहने से हम स्वयं को भूलने का प्रयत्न करते रहते हैं। और यह आत्मविस्मृति ही एक बहुत बड़ी शिक्षा है, जो हमें जीवन में सीखनी है। मनुष्य मूर्खतावश सोचता है कि वह अपने को सुखी बना सकता है, परन्तु वर्षों के घोर संघर्ष के बाद उसकी आँखें खुलती हैं और वह यह अनुभव करता है कि वास्तविक सुख तो स्वार्थपरता को नष्ट कर देने में है, और सिवा अपने उसे और कोई सुखी नहीं बना सकता। परोपकार का प्रत्येक कार्य, सहानुभूति का प्रत्येक विचार, दूसरों की सहायतार्थ किया गया प्रत्येक कर्म, प्रत्येक शुभ कार्य हमारे क्षुद्र अहंभाव को प्रतिक्षण घटाता रहता है और हममें यह भावना उत्पन्न करता है कि हम न्यूनतम और तुच्छतम हैं; और इसीलिए ये सब कार्य श्रेष्ठ हैं। ज्ञान, भक्ति और कर्म, तीनों इस बिंदु पर मिलते हैं। सर्वोच्च आदर्श है—चिरंतन और सम्पूर्ण आत्मत्याग, जिसमें किसी प्रकार का 'मैं' नहीं, केवल 'तू' ही 'तू' है। हमारे जाने या बिना जाने, कर्मयोग हमें इसी लक्ष्य की ओर ले जाता है। सम्भव है, एक धर्मप्रचारक निर्गुण ईश्वर की बात सुनकर दहल उठे। उसका शायद यही दृढ़ मत हो कि ईश्वर सगुण है, और वह अपने निजत्व, अपने स्वतंत्र व्यक्तित्व को—इस व्यक्तित्व के बारे में उसकी धारणा चाहे जैसी भी हो—कायम रखने का इच्छुक हो; परन्तु यदि उसके नीतिविषयक विचार वास्तव में शुद्ध हैं, तो उनका आधार सर्वोच्च आत्मत्याग के अतिरिक्त और कुछ हो ही नहीं सकता। यह सम्पूर्ण आत्मत्याग ही सारी नैतिकता की नींव है। मनुष्य, पशु, देवता सबके लिए यही एक मूल भाव है, जो समस्त नैतिक विधानों में व्याप्त है।

इस संसार में हमें कई प्रकार के मनुष्य मिलेंगे। प्रथम तो देव-मानव, जो पूर्ण आत्मत्यागी होते हैं, अपने जीवन की भी बाज़ी लगाकर दूसरों का भला करते हैं। ये सर्वश्रेष्ठ पुरुष हैं। यदि किसी देश में ऐसे सौ मनुष्य भी हों, तो उस देश को फिर किसी बात की चिन्ता नहीं। परन्तु खेद है, ऐसे लोग बहुत—बहुत कम हैं! दूसरे वे साधु-प्रकृति मनुष्य हैं, जो दूसरों की भलाई तब तक करते हैं, जब तक उनकी स्वयं की कोई हानि न हो; और तीसरे वे आसुरी प्रकृति के लोग हैं, जो अपनी भलाई के लिए दूसरों की हानि तक करने में नहीं हिचकते। एक संस्कृत कवि ने चौथी श्रेणी भी बतायी है, जिसको हम कोई नाम नहीं दे सकते। ये लोग ऐसे होते हैं कि अकारण ही दूसरों का अनिष्ट केवल अनिष्ट करने के लिए ही करते रहते हैं। जिस प्रकार सर्वोच्च स्तर पर साधु-महात्मागण भला करने के लिए ही दूसरों का भला करते रहते हैं, उसी प्रकार सबसे निम्न स्तर पर ऐसे लोग भी हैं, जो केवल बुरा करने के लिए ही दूसरों का बुरा करते रहते हैं। ऐसा करने से उन्हें कोई लाभ नहीं होता—यह तो उनकी प्रकृति ही है।

संस्कृत में दो शब्द हैं—प्रवृत्ति और निवृत्ति। प्रवृत्ति का अर्थ है—किसी वस्तु की ओर प्रवर्तन या गमन, और निवृत्ति का अर्थ है—किसी वस्तु से निवर्तन या प्रत्यागमन। 'किसी वस्तु की ओर प्रवर्तन' का ही अर्थ है, हमारा यह संसार—यह 'मैं' और 'मेरा'। इस 'मैं' को धन-सम्पत्ति, प्रभुत्व, नाम-यश द्वारा सर्वदा बढ़ाने का यत्न करना, जो कुछ मिले, उसीको पकड़ रखना, सारे समय सभी वस्तुओं को इस 'मैं'-रूपी केन्द्र में ही संगृहीत करना—इसीका नाम है 'प्रवृत्ति'। यह प्रवृत्ति ही मनुष्य मात्र का स्वाभाविक भाव है—चहुँ ओर से जो कुछ मिले, उसे लेना और सबको एक केन्द्र में एकत्र करते जाना। और वह केन्द्र है, उसका अपना मधुर 'अहं'। जब यह वृत्ति घटने लगती है, जब निवृत्ति का उदय होता है, तभी नैतिकता और धर्म का आरम्भ होता है। 'प्रवृत्ति' और 'निवृत्ति', दोनों ही कर्मस्वरूप हैं। एक असत् कर्म है और दूसरा सत्। निवृत्ति ही सारी नैतिकता एवं सारे धर्म की नींव है; और इसकी पूर्णता ही सम्पूर्ण 'आत्मत्याग' है, जिसके प्राप्त हो जाने पर मनुष्य दूसरों के लिए अपना शरीर, मन, यहाँ तक कि अपना सर्वस्व निछावर कर देता है। तभी मनुष्य को कर्मयोग में सिद्धि प्राप्त होती है। सत्कार्यों का यही सर्वोच्च फल है। किसी मनुष्य ने चाहे एक भी दर्शनशास्त्र न पढ़ा हो, किसी प्रकार के ईश्वर में विश्वास न किया हो और न करता हो, चाहे उसने अपने जीवन भर में एक बार भी प्रार्थना न की हो, परन्तु केवल सत्कार्यों की शक्ति द्वारा उस अवस्था में पहुँच गया है, जहाँ वह दूसरों के लिए अपना जीवन और सब कुछ उत्सर्ग करने को तैयार रहता है, तो हमें समझना चाहिए कि वह उसी लक्ष्य को पहुँच गया है, जहाँ

भक्त अपनी उपासना द्वारा तथा दार्शनिक अपने ज्ञान द्वारा पहुँचता है। इस प्रकार तुम देखते हो कि ज्ञानी, कर्मी और भक्त, तीनों एक ही स्थान पर पहुँचते हैं; और वह स्थान है—आत्मत्याग। लोगों के दर्शन और धर्म में कितना ही भेद क्यों न हो, जो व्यक्ति अपना जीवन दूसरों के लिए अर्पित करने को उद्यत रहता है, उसके प्रति समग्र मानवता श्रद्धा और भक्ति से नत हो जाती है। यहाँ किसी प्रकार के मत या संप्रदाय का प्रश्न नहीं—यहाँ तक कि वे लोग भी, जो धर्म सम्बन्धी समस्त विचारों के विरुद्ध हैं, जब इस प्रकार का सम्पूर्ण आत्म-त्यागपूर्ण कोई कार्य देखते हैं, तो उसके प्रति श्रद्धानत हुए बिना नहीं रह सकते। क्या तुमने यह नहीं देखा, एक कट्टर मतान्ध ईसाई भी जब एडविन आर्नल्ड के 'एशिया की ज्योति' (Light of Asia) नामक ग्रंथ को पढ़ता है, तो वह भी उस बुद्ध के प्रति किस प्रकार श्रद्धानत हो जाता है, जिन्होंने किसी ईश्वर का उपदेश नहीं किया, आत्मत्याग के अतिरिक्त जिन्होंने अन्य किसी भी बात का प्रचार नहीं किया? इसका कारण केवल यह है कि मतान्ध व्यक्ति यह नहीं जानता कि उसका स्वयं का जीवन-लक्ष्य और उन लोगों का जीवन-लक्ष्य, जिन्हें वह अपना विरोधी समझता है, बिल्कुल एक ही है। एक उपासक अपने हृदय में निरन्तर ईश्वरी भाव एवं साधु भाव रखते हुए अन्त में उसी एक स्थान पर पहुँचता है और कहता है, "प्रभो, तेरी इच्छा पूर्ण हो।" वह अपने निमित्त कुछ भी बचा नहीं रखता। यही आत्मत्याग है। एक ज्ञानी भी अपने ज्ञान द्वारा देखता है कि उसका यह तथाकथित भासमान 'अहं' केवल एक भ्रम है; और इस तरह वह उसे बिना किसी हिचकिचाहट के त्याग देता है। यह भी आत्मत्याग के अतिरिक्त और कुछ नहीं है। अतएव हम देखते हैं कि कर्म, भक्ति और ज्ञान, तीनों यहाँ पर आकर मिल जाते हैं। प्राचीन काल के बड़े बड़े धर्मप्रचारकों ने जब हमें यह सिखाया था कि 'ईश्वर जगत से भिन्न है, जगत् से परे है,' तो असल में उसका मर्म यही था। जगत् एक चीज़ है और ईश्वर दूसरी; और यह भेद बिल्कुल सत्य है। जगत् से उनका तात्पर्य है स्वार्थपरता। स्वार्थशून्यता ही ईश्वर है। एक मनुष्य चाहे रत्न-खचित सिंहासन पर आसीन हो, सोने के महल में रहता हो, परन्तु यदि वह पूर्ण रूप से स्वार्थरहित है, तो वह ब्रह्म में ही स्थित है। परन्तु एक दूसरा मनुष्य चाहे झोपड़ी में ही क्यों न रहता हो चिथड़े क्यों न पहनता हो, सर्वथा दीन-हीन ही क्यों न हो, पर यदि वह स्वार्थी है, तो हम कहेंगे कि वह संसार में घोर रूप से डूबा हुआ है।

हाँ, तो हम यह कह रहे थे कि बिना कुछ बुरा किये हम न तो भला कर सकते हैं और न बिना कुछ भला किये बुरा ही। तो अब प्रश्न यह है कि यह जानते हुए हम किस प्रकार कर्म करें? अतः इस संसार में अनेक ऐसे भी सम्प्रदाय हुए हैं,

जिन्होंने अद्‌भुत अनर्गलतापूर्वक यह शिक्षा दी कि धीरे धीरे आत्महत्या कर लेना ही इस संसार से निस्तार पाने का एकमात्र उपाय है, क्योंकि, मनुष्य यदि जीवित रहता है, तो अनेक छोटे छोटे जन्तुओं और पौधों का नाश करके, अथवा अन्य किसी न किसीका कुछ न कुछ अनिष्ट करके ही। इसीलिए उनके मतानुसार इस संसार-चक्र से छूटने का एकमात्र उपाय है मृत्यु ! जैनियों ने अपने सर्वोच्च आदर्श के रूप में इसीका प्रचार किया है। यह शिक्षा बड़ी तर्कसंगत प्रतीत होती है। परन्तु इसका यथार्थ समाधान गीता में मिलता है। और वह है अनासक्ति—अपने जीवन के समस्त कार्य करते हुए भी किसीमें आसक्त न होना। यह जान लो कि संसार में होते हुए भी तुम संसार से नितान्त पृथक् हो और यहाँ तुम जो भी कर रहे हो, वह अपने लिए नहीं है। यदि कोई कार्य तुम अपने लिए करोगे, तो उसका फल तुम्हें ही भोगना पड़ेगा। यदि वह सत्कार्य है, तो तुम्हें उसका अच्छा फल मिलेगा और यदि बुरा है, तो बुरा। परन्तु कोई भी कार्य हो, यदि तुम वह अपने लिए नहीं करते, तो उसका प्रभाव तुम पर नहीं पड़ेगा। इस भाव को स्पष्ट करने के लिए हमारे शास्त्रों में बड़े सुन्दर ढंग से कहा है, 'यदि किसीमें यह बोध रहे कि मैं इसे अपने लिए बिल्कुल नहीं कर रहा हूँ, तो फिर वह चाहे समस्त संसार की हत्या ही क्यों न कर डाले (अथवा स्वयं ही क्यों न हत हो जाय), वास्तव में वह न तो हत्या करता है और न हत ही होता है।' इसीलिए कर्मयोग हमें शिक्षा देता है, 'संसार को मत छोड़ो, संसार में ही रहो; जितना चाहो, सांसारिक भाव ग्रहण करो। परन्तु यदि यह अपने ही भोग के निमित्त हो, तो फिर तुम्हारा कर्म करना व्यर्थ है।' तुम्हारा लक्ष्य भोग नहीं होना चाहिए। पहले अहंभाव को नष्ट कर डालो, और फिर समस्त संसार को आत्मस्वरूप देखो, जैसा प्राचीन ईसाई कहा करते थे—'उस बूढ़े आदमी को मरना ही चाहिए।' इस बूढ़े आदमी का अर्थ है, यह स्वार्थपर भाव कि यह संसार हमारे ही भोग के लिए बना है। अज्ञ माता-पिता अपने बच्चे को यह प्रार्थना करने की शिक्षा देते हैं, "हे प्रभो, तूने यह सूर्य और चन्द्रमा मेरे लिए ही बनाये हैं," मानो उस ईश्वर को सिवाय इसके कि वह इन बच्चों के लिए यह सब पैदा करता रहे और कोई काम ही न था ! अपने बच्चों को ऐसी मूर्खतापूर्ण शिक्षा मत दो। फिर एक दूसरे प्रकार के भी मूर्ख लोग हैं, जो हमें सिखाते हैं कि ये सब जानवर हमारे मारने-खाने के लिए ही बनाये गये हैं और यह सारा संसार मनुष्य के भोग के लिए है। यह सब निरी मूर्खता है। एक शेर भी कह सकता है कि मनुष्य की उत्पत्ति मेरे ही लिए हुई है और ईश्वर से प्रार्थना कर सकता है, "हे प्रभो, मनुष्य कितना दुष्ट है कि वह अपने को मेरे सामने उपस्थित नहीं कर देता, जिससे मैं उसे खा जाऊँ। देखिए, मनुष्य आपका नियम भंग कर रहा है।" यदि संसार की

उत्पत्ति हमारे लिए हुई है, तो हम भी संसार के लिए ही पैदा किये गये हैं। यह बड़ी कुत्सित धारणा है कि यह संसार हमारे भोग के लिए ही बनाया गया है और इसी भयानक धारणा से हम बद्ध रहते हैं। वास्तव में यह संसार हमारे लिए नहीं है। प्रतिवर्ष लाखों लोग इसमें से बाहर चले जाते हैं, परन्तु उधर संसार की कोई नज़र तक नहीं। लाखों फिर आ जाते हैं। संसार जैसे हमारे लिए है, वैसे ही हम भी संसार के लिए हैं।

अतएव ठीक ढंग से कर्म करने के लिए यह आवश्यक है कि पहले हम आसक्ति का भाव त्याग दें। दूसरी बात यह है कि हमें स्वयं झंझट में उलझ नहीं जाना चाहिए। अपने को एक साक्षी के समान रखो और अपना काम करते रहो। मेरे गुरुदेव कहा करते थे, "अपने बच्चों के प्रति वही भावना रखो, जो एक धाय की होती है।" वह तुम्हारे बच्चे को गोद में लेती है, उसे खिलाती है और उसको इस प्रकार प्यार करती है, मानो वह उसीका बच्चा हो। पर ज्यों ही तुम उसे काम से अलग कर देते हो, त्यों ही वह अपना बोरा-बिस्तर समेट तुरन्त घर छोड़ने को तैयार हो जाती है। उन बच्चों के प्रति उसका जो इतना प्रेम था, उसे वह बिल्कुल भूल जाती है। एक साधारण धाय को तुम्हारे बच्चों को छोड़कर दूसरे के बच्चों को लेने में तनिक भी दुःख न होगा। तुम भी अपने बच्चों के प्रति यही भाव धारण करो। तुम्हीं उनकी धाय हो,—और यदि तुम्हारा ईश्वर में विश्वास है, तो विश्वास करो कि ये सब चीज़ें, जिन्हें तुम अपनी समझते हो, वास्तव में ईश्वर की हैं। अत्यन्त दुर्बलता कभी कभी बड़ी साधुता और सबलता का रूप धारण कर लेती है। यह सोचना कि मेरे ऊपर कोई निर्भर है तथा मैं किसीका भला कर सकता हूँ, अत्यन्त दुर्बलता का चिह्न है। यह अहंकार ही समस्त आसक्ति की जड़ है, और इस आसक्ति से ही समस्त दुःखों की उत्पत्ति होती है। हमें अपने मन को यह भली भाँति समझा देना चाहिए कि इस संसार में हमारे ऊपर कोई भी निर्भर नहीं है। एक भिखारी भी हमारे दान पर निर्भर नहीं। किसी भी जीव को हमारी दया की आवश्यकता नहीं, संसार का कोई भी प्राणी हमारी सहायता का भूखा नहीं। सबकी सहायता प्रकृति से होती है। यदि हममें से लाखों लोग न भी रहें, तो भी उन्हें सहायता मिलती रहेगी। तुम्हारे-हमारे न रहने से प्रकृति के द्वार बन्द न हो जायँगे। दूसरों की सहायता करके हम जो स्वयं शिक्षा लाभ कर सक रहे हैं, यही तो हमारे-तुम्हारे लिए परम सौभाग्य की बात है। जीवन में सीखने योग्य यही सबसे बड़ी बात है। जब हम पूर्ण रूप से इसे सीख लेंगे, तो हम फिर कभी दुःखी न होंगे; तब हम समाज में कहीं भी जाकर उठ-बैठ सकते हैं, इससे हमारी कोई हानि न होगी। तुम्हारे चाहे पति हों, चाहे पत्नियाँ हों, तुम्हारे दल के दल नौकर हों, बड़ा भारी राज्य हो

पर यदि तुम इस तत्त्व को हृदय में रखकर कार्य करते हो कि यह संसार मेरे भोग के लिए नहीं है और इसे मेरी सहायता की किंचित् आवश्यकता नहीं, तो यह सब रहने पर भी तुम्हारी कोई हानि नहीं होगी। हो सकता है, इसी साल तुम्हारे कई मित्रों का निधन हो गया हो। तो क्या भला संसार उनके फिर वापस आने के लिए रुका हुआ है ? क्या उसकी धारा रुक गयी है ? नहीं, ऐसा नहीं हुआ। यह तो जारी ही है। अतएव अपने मन से यह विचार निकाल दो कि तुम्हें इस संसार के लिए कुछ करना है। संसार को तुम्हारी सहायता की तनिक भी आवश्यकता नहीं। मनुष्य का यह सोचना निरी मूर्खता है कि वह संसार की सहायता के लिए पैदा हुआ है। यह केवल अहंकार है, निरी स्वार्थपरता है, जो धर्म की आड़ में हमारे सामने आती है। जब तुम्हारे मन में, इतना ही नहीं, बल्कि तुम्हारी नाड़ियों और मांसपेशियों तक में यह शिक्षा भली भाँति भिद जायगी कि संसार तुम्हारे अथवा अन्य किसी के ऊपर निर्भर नहीं है, तो कर्म से तुम्हें फिर किसी प्रकार की दुःखरूपी प्रतिक्रिया न होगी। यदि तुम किसी मनुष्य को कुछ दे दो और उससे किसी प्रकार की आशा न करो, यहाँ तक कि उससे कृतज्ञता प्रकाशन की भी इच्छा न करो, तो यदि वह मनुष्य कृतघ्न भी हो, तो भी उसकी कृतघ्नता का कोई प्रभाव तुम्हारे ऊपर न पड़ेगा, क्योंकि तुमने तो कभी किसी बात की आशा ही नहीं की थी और न यही सोचा था कि तुम्हें उससे बदले में कुछ पाने का अधिकार है। तुमने तो उसे वही दिया, जो उसका प्राप्य था। उसे वह चीज़ अपने कर्म से ही मिली, और अपने कर्म से ही तुम उसके दाता बने। यदि तुम किसीको कोई चीज़ दो, तो उसके लिए तुम्हें घमण्ड क्यों होना चाहिए ? तुम तो केवल उस धन अथवा दान के वाहक मात्र हो, और संसार अपने कर्मों द्वारा उसे पाने का अधिकारी है। फिर तुम्हें अभिमान क्यों हो ? जो कुछ तुम संसार को देते हो, वह आखिर है ही कितना? जब तुममें अनासक्ति का भाव आ जायगा, तब फिर तुम्हारे लिए न तो कुछ अच्छा रह जायगा, न बुरा। वह तो केवल स्वार्थपरता ही है, जिसके कारण तुम्हें अच्छाई या बुराई दिख रही है। यह समझना बहुत कठिन है, परन्तु धीरे धीरे समझ सकोगे कि संसार की कोई भी वस्तु तुम्हारे ऊपर तब तक अपना प्रभाव नहीं डाल सकती, जब तक कि तुम स्वयं ही उसे अपना प्रभाव न डालने दो। मनुष्य की आत्मा के ऊपर किसी शक्ति का प्रभाव नहीं पड़ सकता, जब तक कि वह मनुष्य स्वयं अपने को गिराकर मूर्ख न बना ले तथा उस शक्ति के वश में न हो जाय। अतएव अनासक्ति के द्वारा तुम किसी भी प्रकार की शक्ति पर विजय प्राप्त कर सकते हो और उसे अपने ऊपर प्रभाव डालने से रोक सकते हो। यह कह देना बड़ा सरल है कि जब तक तुम किसी चीज़ को अपने ऊपर प्रभाव न डालने दो, तब तक वह तुम्हारा

कुछ नहीं कर सकती । परन्तु जो सचमुच अपने ऊपर किसीका प्रभाव नहीं पड़ने देता, तथा बहिर्जगत् के प्रभावों से जो न सुखी होता है, न दुःखी—उसका लक्षण क्या है ? वह लक्षण यह है कि सुख अथवा दुःख में उस मनुष्य का मन सदा एक सा रहता है, सभी अवस्थाओं में उसकी मनोदशा समान रहती है ।

भारतवर्ष में व्यास नामक एक महापुरुष थे । ये बहुत बड़े ऋषि थे और वेदान्तसूत्र के प्रणेता के नाम से प्रसिद्ध हैं । इनके पिता ने पूर्णत्व प्राप्त करने का बहुत यत्न किया था, परन्तु वे असफल रहे । उनके पितामह तथा प्रपितामह ने भी पूर्णत्व-प्राप्ति के लिए बहुत चेष्टा की थी, किन्तु वे भी सफलकाम न हो सके थे । स्वयं व्यासदेव भी पूर्ण रूप से सफल न हो सके; परन्तु उनके पुत्र शुकदेव जन्म से ही सिद्ध थे । व्यासदेव अपने पुत्र को तत्त्वज्ञान की शिक्षा देने लगे । और स्वयं यथाशक्ति शिक्षा देने के बाद उन्होंने शुकदेव को राजा जनक की राजसभा में भेज दिया । जनक एक बहुत बड़े राजा थे और विदेह नाम से प्रसिद्ध थे । 'विदेह' का अर्थ है, 'शरीर से पृथक्' । यद्यपि वे राजा थे, फिर भी उन्हें इस बात का तनिक भी भान न था कि वे शरीर हैं । उन्हें तो सदा यही ध्यान रहता था कि वे आत्मा हैं । बालक शुक उनके पास शिक्षा ग्रहण करने के लिए भेजे गये । इधर राजा को यह मालूम था कि व्यास मुनि का पुत्र उनके पास तत्त्वज्ञान की शिक्षा प्राप्त करने आ रहा है, और इसलिए उन्होंने पहले से ही कुछ प्रबन्ध कर रखा था । जब बालक राजमहल के द्वार पर आया, तो सन्तरियों ने उसकी ओर कोई विशेष ध्यान नहीं दिया । उन्होंने बस उसे बैठने के लिए एक आसन भर दे दिया । इस आसन पर वह बालक लगातार तीन दिन बैठा रहा; न तो कोई उससे कुछ बोला और न किसीने यही पूछा कि वह कौन है और कहाँ से आया है। बालक शुक इतने बड़े ऋषि के पुत्र थे, उनके पिता का देश भर में सम्मान था और वे स्वयं भी प्रतिष्ठित थे, परन्तु फिर भी उन नीच सन्तरियों ने उन पर कोई ध्यान न दिया । इसके बाद अचानक राजा के मंत्री तथा बड़े बड़े राज्याधिकारी वहाँ पर आये और उन्होंने उनका अत्यन्त सम्मान के साथ स्वागत किया । वे उन्हें अन्दर एक सुशोभित गृह में लिवा ले गये, इत्रों से स्नान कराया, सुन्दर वस्त्र पहनाये और आठ दिन तक उन्हें सब प्रकार के विलास में रखा। परन्तु शुकदेव के प्रशान्त चेहरे पर तनिक भी अन्तर न हुआ। बालक शुक आज भी विलासों के बीच वैसे ही थे, जैसे कि उस दिन, जब वे महल के द्वार पर बैठे हुए थे । इसके बाद उन्हें राजा के सम्मुख लाया गया । राजा सिंहासन पर बैठे थे, और वहाँ नाच-गान तथा अन्य आमोद-प्रमोद हो रहे थे । राजा ने बालक शुक के हाथ में लबालब दूध से भरा हुआ एक प्याला दिया और उनसे कहा, "इसे लेकर इस दरबार की सात बार प्रदक्षिणा कर आओ, पर देखो, एक बूँद भी दूध

न गिरे।" बालक शुक ने दूध का प्याला ले लिया और संगात की ध्वनि एवं अनेक सुन्दरियों के बीच प्रदक्षिणा करने को उठे। राजा की आज्ञानुसार वे सात बार चक्कर लगा आये, परन्तु दूध की एक बूँद भी न गिरी। बालक शुक का अपने मन पर ऐसा संयम था कि बिना उनकी इच्छा के संसार की कोई भी वस्तु उन्हें आकृष्ट नहीं कर सकती थी। प्रदक्षिणा कर चुकने के बाद जब वे दूध का प्याला लेकर राजा के सम्मुख उपस्थित हुए, तो उन्होंने कहा, "वत्स, जो कुछ तुम्हारे पिता ने तुम्हें सिखाया है तथा जो कुछ तुमने स्वयं सीखा है, उसकी पुनरावृत्ति मात्र मैं कर सकता हूँ। तुमने 'सत्य' को जान लिया है, अपने घर वापस जाओ।"

अतएव हमने देखा कि जिस मनुष्य ने स्वयं पर अधिकार प्राप्त कर लिया है, उसके ऊपर बाहर की कोई भी चीज़ अपना प्रभाव नहीं डाल सकती, उसके लिए किसी प्रकार की दासता शेष नहीं रह जाती। उसका मन स्वतंत्र हो जाता है। और केवल ऐसा ही पुरुष संसार में रहने योग्य है। बहुधा हम देखते हैं कि लोगों की संसार के सम्बन्ध में दो प्रकार की धारणाएँ होती हैं। कुछ लोग निराशावादी होते हैं। वे कहते हैं, "संसार कैसा भयानक है, कैसा दुष्ट है!" दूसरे लोग आशा-वादी होते हैं और कहते हैं, "अहा! संसार कितना सुन्दर है, कितना अद्भुत है!" जिन लोगों ने अपने मन पर विजय नहीं प्राप्त की है, उनके लिए यह संसार या तो बुराइयों से भरा है, या अधिक से अधिक, अच्छाइयों और बुराइयों का एक मिश्रण है। परन्तु यदि हम अपने मन पर विजय प्राप्त कर लें, तो यही संसार सुखमय हो जाता है। फिर हमारे ऊपर किसी भी बात के अच्छे या बुरे भाव का असर न होगा--हमें सब कुछ यथास्थान और सामंजस्यपूर्ण दिखलायी पड़ेगा। देखा जाता है, जो लोग आरम्भ में संसार को नरककुण्ड समझते हैं, वे ही यदि आतमसंयम की साधना में सफल हो जाते हैं, तो इस संसार को ही स्वर्ग समझने लगते हैं। यदि हम सच्चे कर्मयोगी हैं और इस अवस्था को प्राप्त करने के लिए अपने को प्रशिक्षित करना चाहते हैं, तो हम चाहे जिस अवस्था से आरम्भ करें, यह निश्चित है कि हमें अन्त में पूर्ण आत्मत्याग का लाभ होगा ही। और ज्यों ही इस कल्पित 'अहं' का नाश हो जायगा, त्यों ही वही संसार, जो हमें पहले अमंगल से भरा प्रतीत होता था, अब स्वर्गस्वरूप और परमानन्द से पूर्ण प्रतीत होने लगेगा। यहाँ की हवा तक बदलकर मधुमय हो जायगी और प्रत्येक व्यक्ति भला प्रतीत होने लगेगा। यही है कर्मयोग की चरम गति, और यही है उसकी पूर्णता या सिद्धि।

हमारे भिन्न भिन्न योग आपस में विरोधी नहीं हैं। प्रत्येक अन्त में हमें एक ही स्थान में ले जाता है और पूर्णत्व की प्राप्ति करा देता है। पर प्रत्येक का दृढ़ अभ्यास आवश्यक है। सारा रहस्य अभ्यास में ही है। पहले श्रवण करो, फिर मनन करो

और फिर अभ्यास करो। यह बात प्रत्येक योग के सम्बन्ध में सत्य है। पहले तुम इसके बारे में सुनो और समझो कि इसका मर्म क्या है। यदि कुछ बातें आरम्भ में स्पष्ट न हो, तो निरन्तर श्रवण एवं मनन से वे स्पष्ट हो जाती हैं। सब बातों को एकदम समझ लेना बड़ा कठिन है। फिर भी, उनकी व्याख्या आखिर तुम्हीं में तो है। वास्तव में कभी कोई व्यक्ति किसी दूसरे को नहीं सिखाता, हममें से प्रत्येक को अपने आपको सिखाना होगा। बाहर के गुरु तो केवल उद्दीपक मात्र हैं, जो हमारे अन्तःस्थ गुरु को सब विषयों का मर्म समझने के लिए उद्‌बोधित कर देते हैं। तब बहुत सी बातें हमारी स्वयं की विचार-शक्ति से स्पष्ट हो जाती है और उनका अनुभव हम अपनी ही आत्मा में करने लगते हैं; और यह अनुभूति ही हमारी प्रबल इच्छा-शक्ति में परिणत हो जाती है। पहले वह भावना होती है, फिर इच्छा, और इस इच्छा-शक्ति से कर्म करने की वह प्रचंड शक्ति पैदा होती है, जो तुम्हारी प्रत्येक नस, प्रत्येक शिरा और प्रत्येक पेशी में प्रवाहित होकर तुम्हारे संपूर्ण शरीर को इस निष्काम कर्मयोग का एक यंत्र बना देती है और इसके फलस्वरूप हमें अपना वांछित पूर्ण आत्मत्याग एवं परम निःस्वार्थता प्राप्त हो जाती है। यह उपलब्धि किसी प्रकार के मत, सिद्धान्त या विश्वास पर निर्भर नहीं है। चाहे ईसाई हो, यहूदी अथवा जेन्टाइल—इससे कोई अन्तर नहीं पड़ता। प्रश्न तो यह है कि क्या तुम निःस्वार्थ हो? यदि तुम हो, तो चाहे तुमने एक भी धार्मिक ग्रन्थ का अध्ययन न किया हो, चाहे तुम किसी भी गिरजा या मन्दिर में न गये हो, फिर भी तुम पूर्णता को प्राप्त कर लोगे। हमारा प्रत्येक योग बिना किसी दूसरे योग की सहायता के भी मनुष्य को पूर्ण बना देने में समर्थ है, क्योकि उन सबका लक्ष्य एक ही है। कर्मयोग, ज्ञानयोग तथा भक्ति-योग—सभी मोक्ष-लाभ के लिए सीधे और स्वतंत्र उपाय हो सकते हैं। **सांख्ययोगौ पृथक् बालाः प्रवदन्ति न पण्डिताः।**—'केवल अज्ञ ही कहते हैं कि कर्म और ज्ञान भिन्न भिन्न हैं, ज्ञानी नहीं।'[१] ज्ञानी यह जानता है कि यद्यपि ऊपर से योग एक दूसरे से विभिन्न प्रतीत होते हैं, अन्त में वे मानवीय पूर्णता के एक ही लक्ष्य की ओर ले जाते हैं।

---

१. गीता ॥५।४॥

मुक्ति

हम पहले कह चुके हैं कि 'कर्म' शब्द 'कार्य' के अतिरिक्त कार्य-कारणवाद को भी सूचित करता है। कोई कार्य, कोई विचार, जो फल उत्पन्न करता है, 'कर्म' कहलाता है। इसलिए कर्म के नियम का अर्थ है, कार्य-कारण-सम्बन्ध का नियम, कारण और कार्य का ध्रुव अनुक्रम। यदि कारण रहे, तो उसका फल भी अवश्य होगा, इसका व्यतिक्रम कभी हो नहीं सकता। भारतीय दर्शन के अनुसार यह 'कर्म-विधान' समस्त जगत् पर लागू है। हम जो कुछ देखते हैं, अनुभव करते हैं अथवा जो कुछ कर्म करते हैं, वह एक ओर तो पूर्व कर्म का फल है और दूसरी ओर वही कारण होकर अपना फल उत्पन्न करता है। इसके साथ ही साथ हमें यह भी समझ लेना आवश्यक है कि 'नियम' शब्द का अर्थ क्या है। इसका अर्थ है—घटना-श्रृंखलाओं की पुनरावर्तन की प्रवृत्ति। जब हम देखते हैं कि एक घटना के बाद कोई दूसरी घटना होती है अथवा दो घटनाएँ साथ ही साथ होती हैं, तब हम इस अनुक्रम या सह-अस्तित्व के पुनः घटित होने की अपेक्षा करते हैं। हमारे देश के प्राचीन नैयायिक इसे 'व्याप्ति' कहते हैं। उनके मतानुसार नियम सम्बन्धी हमारी समस्त धारणाएँ साहचर्य के आधार पर होती हैं। एक घटना-श्रृंखला अपरिवर्तनीय क्रम से हमारे मन में कुछ वस्तुएँ गूँथ जाती है, जिससे हम जब कभी किसी विषय का प्रत्यक्ष करते हैं, तो वह तुरन्त मन के अन्तर्गत कुछ अन्य तथ्यों से सम्बद्ध हो जाता है। कोई एक भाव अथवा, हमारे मनोविज्ञान के अनुसार, चित्त में उत्पन्न कोई एक तरंग सदैव उसी प्रकार की अनेक तरंगों को उत्पन्न कर देती है। यही मनोविज्ञान की साहचर्य की धारणा है और कारणता इसी 'व्याप्ति' नामक योग-विधान का एक पहलू मात्र है। अन्तर्जगत् तथा बाह्य जगत् दोनों में 'नियम-तत्त्व' अथवा नियम की कल्पना एक ही हैं, और वह है—यह अपेक्षा करना कि एक घटना के बाद एक दूसरी विशिष्ट घटना होगी और इस अनुक्रम की पुनरावृत्ति होती रहेगी। यदि ऐसा हो, तो फिर वास्तव में प्रकृति में नियम का अस्तित्व ही नहीं है। वस्तुतः यह कहना भूल होगी कि पृथ्वी में गुरुत्वाकर्षण है अथवा पृथ्वी के किसी स्थान में कोई वस्तुगत नियम विद्यमान है। हमारा मन जिस प्रणाली अथवा विधि से कुछ घटना-श्रृंखला की धारणा करता है, उसीको हम नियम कहते हैं, और यह हमारे मन में ही स्थित है। एक दूसरे के बाद अथवा एक ही साथ घटित

होनेवाली घटनाएँ, तथा उसके पश्चात् उनकी नियमित पुनरावृत्ति में विश्वास—जिससे हमारा मन संपूर्ण श्रृंखला की प्रणाली को ग्रहण करने में समर्थ होता है—नियम कहते हैं ।

अब प्रश्न यह है कि नियम के सर्वव्यापी होने का क्या अर्थ है । हमारा जगत् अनन्त सत्ता का वह अंश है, जो हमारे देश के मनोवैज्ञानिकों के शब्दों में, 'देश-काल-निमित्त' (और यूरोपीय मनोविज्ञान जिन्हें इनके वाचक अंग्रेजी शब्दों में स्पेस-टाइम-काजैलिटी कहता है) द्वारा सीमाबद्ध है । इससे यह निश्चित है कि नियम केवल इस सीमाबद्ध जगत् में ही सम्भव है, इसके परे कोई नियम सम्भव नहीं । जब कभी हम जगत की चर्चा करते हैं, तो उससे हमारा अभिप्राय होता है, सत्ता का केवल वह अंश, जो हमारे मन द्वारा सीमाबद्ध है, केवल यह इन्द्रियगोचर जगत्—जिसे हम देख, सुन और अनुभव कर सकते हैं, स्पर्श कर सकते हैं, जिसे विचार और कल्पना में ला सकते हैं ; केवल यही नियमों के अधीन है, पर इसके बाहर और कहीं नियम का प्रभाव नहीं, क्योंकि हमारे मन और इन्द्रियगोचर संसार से परे कार्य-कारण-भाव की पहुँच हो ही नहीं सकती । जो कुछ हमारे मन और इन्द्रियों के अतीत है, वह कार्य-कारण के नियम द्वारा बद्ध नहीं है; क्योंकि इन्द्रियातीत क्षेत्र में मन का सम्बन्ध या योग नहीं हो सकता, और इस प्रकार के विचार-साहचर्य के बिना कार्य-कारण-सम्बन्ध भी नहीं हो सकता । जब यह सत् नाम-रूप के साँचे में ढल जाता है, तभी यह कार्य-कारण-नियम का पालन करता है, और तब यह 'नियम' के अधीन कहा जाता है, क्योंकि सभी नियमों का मूल है यही कार्य-कारण-सम्बन्ध । अतएव इससे यह स्पष्ट है कि 'स्वाधीन इच्छा' नामक कोई चीज़ नहीं हो सकती । 'स्वाधीन इच्छा', यह शब्द-प्रयोग ही स्वविरोधी है; क्योंकि इच्छा क्या है, यह हम जानते हैं; और जो कुछ हम जानते हैं, सब इस जगत् के ही अन्तर्गत है; तथा जो कुछ हमारे इस जगत् के अन्तर्गत है, वह सभी देश-काल-निमित्त के साँचे में ढला हुआ है । अतएव, जो कुछ हम जानते हैं, या जान सकते हैं, वह सभी कुछ कार्य-कारण-नियम के अधीन है; और जो कुछ कार्य-कारण-नियमाधीन होता है, वह क्या कभी स्वाधीन हो सकता है ? उसके ऊपर अन्यान्य वस्तुएँ अपना कार्य करती हैं, और वह स्वयं भी एक समय कारण बन जाता है । बस, इसी प्रकार सब चल रहा है । परन्तु वह जो इच्छा के रूप में परिणत हो जाता है, जो पहले इच्छा के रूप में नहीं था, परन्तु बाद में देश-काल-निमित्त के साँचे में पड़ने से जो मानवीय इच्छा हो गया, वह अवश्य स्वाधीन है; और इस देश-काल-निमित्त के साँचे से जब यह इच्छा मुक्त हो जायगी, तो वह पुनः स्वतंत्र हो जायगा । स्वाधीनता या मुक्तावस्था से वह आता है,

आकर इस बन्धनरूपी साँचे में पड़ जाता है और फिर उससे निकलकर पुनः स्वाधीन हो जाता है ।

प्रश्न पूछा गया था कि यह जगत् कहाँ से आया है, किसमें अवस्थित है और फिर किसमें इसका लय हो जाता है ? इसका उत्तर दिया गया कि मुक्तावस्था से इसकी उत्पत्ति होती है, बन्धन में इसकी अवस्थिति है और मुक्ति में ही इसका लय होता है । अतएव जब हम यह कहते हैं कि मनुष्य, अपनी अभिव्यक्ति करनेवाले उस असीम सत्ता के अतिरिक्त और कुछ नहीं है, तो उससे हमारा तात्पर्य यही होता है कि उस अनन्त सत्ता का एक अत्यन्त क्षुद्र अंश ही मनुष्य है । यह शरीर तथा यह मन, जो हमें दिखायी देता है, समग्र का एक अंश मात्र है—अनन्त पुरुष का केवल एक बिंदु मात्र । यह सारा ब्रह्माण्ड उसी अनन्त पुरुष का एक कण मात्र है, और हमारे समस्त नियम, हमारे सारे बन्धन, हमारा आनन्द, विषाद, सुख, हमारी आशा-आकांक्षा, सभी केवल इस क्षुद्र जगत् के अन्तर्गत हैं, हमारी प्रगति और विगति सभी इस क्षुद्र जगत् के अन्तर्गत है । अतएव तुमने देखा, इस जगत् के—इस मनःकल्पित जगत् के चिरकाल तक रहने की आशा करना और स्वर्ग जाने की अभिलाषा करना कैसी नासमझी है । स्वर्ग हमारे इस परिचित जगत् की पुनरावृत्ति ही तो है । तुम यह स्पष्ट देख सकते हो कि इस अखिल अनन्त सत्ता को अपने इस सान्त जगत् के समान बना लेना कितनी बचकानी और असंभव इच्छा है ? अतएव यदि कोई मनुष्य यह कहे कि जो वस्तु अभी उसके पास है, वह उसे बारंबार प्राप्त होती रहेगी अथवा, जैसा कि मैं कभी कभी कहा करता हूँ, यदि वह 'आरामवाले धर्म' की इच्छा करे, तो तुम यह निश्चित जान लो कि वह इतना गिर चुका है कि वह अपनी वर्तमान अवस्था से अधिक उच्च और कुछ कल्पना ही नहीं कर सकता—वह अपनी क्षुद्र वर्तमान परिस्थिति के अतिरिक्त और कुछ है ही नहीं । वह अपने अनन्त स्वरूप को भूल चुका है, और उसकी सारी भावनाएँ क्षुद्र सुख, दुःख और ईर्ष्या आदि ही में आबद्ध हैं। इस सान्त जगत् को ही वह अनन्त मान लेता है; और केवल इतना ही नहीं, वह इस मूर्खता को किसी भी प्रकार छोड़ना नहीं चाहता । वह इस जीवन की प्यास, तृष्णा से—जिसे बौद्ध तन्हा या तिस्सा कहते हैं—चिपका रहता है । प्राण भले ही जायें, पर वह यह तृष्णा कभी न छोड़ेगा ! हमारे इस छोटे से ज्ञात संसार के बाहर और भी असंख्य प्रकार के सुख, प्राणी, विधि-विधान, उन्नति और कार्य-कारण-सम्बन्ध विद्यमान हो सकते हैं । और अंततः वे सब भी तो हमारी अनन्त प्रकृति के केवल एक अंश मात्र ही हैं ।

मुक्ति-लाभ करने के लिए हमें इस विश्व की सीमाओं के परे जाना होगा;

मुक्ति यहाँ प्राप्त नहीं हो सकती। पूर्ण साम्यावस्था का लाभ, अथवा ईसाई जिसे 'बुद्धि से अतीत शान्ति' कहते हैं, उसकी प्राप्ति इस जगत् में नहीं हो सकती, और न स्वर्ग में अथवा न किसी ऐसे स्थान में जहाँ हमारे मन और विचार जा सकते हैं, जहाँ हम इन्द्रियों द्वारा किसी प्रकार का अनुभव प्राप्त कर सकते हैं अथवा जहाँ हमारी कल्पना-शक्ति काम कर सकती है। इस प्रकार के किसी भी स्थान में हमें मुक्ति नहीं प्राप्त हो सकती, क्योंकि ऐसे सब स्थान निश्चित ही हमारे जगत् के अन्तर्गत होंगे, और यह जगत् देश, काल और निमित्त के बन्धनों से जकड़ा हुआ है। सम्भव है, कुछ ऐसे भी स्थान हों, जो हमारी इस पृथ्वी की अपेक्षा अधिक सूक्ष्म हों, जहाँ के सुख-भोग यहाँ से अधिक उत्कट हों, परन्तु वे स्थान भी तो हमारे विश्व के ही अन्तर्गत होंगे, और इसी कारण नियमों की सीमा के भीतर होंगे। अतएव हमें इस विश्व के परे जाना होगा। और वास्तव में सच्चा धर्म तो तभी आरम्भ होता है, जब इस क्षुद्र जगत् का अन्त हो जाता है। तब इन छोटे छोटे सुख-दुःखों और ज्ञान का अन्त हो जाता है और सच्चा धर्म आरम्भ होता है। जब तक हम जीवन के प्रति इस तृष्णा को नहीं छोड़ते, इन क्षणभंगुर सान्त विषयों के प्रति अपनी प्रबल आसक्ति का त्याग नहीं करते, तब तक इस जगत् से अतीत उस असीम मुक्ति की एक झलक भी पाने की आशा करना व्यर्थ है। अतएव यह नितान्त युक्तियुक्त है कि मानव-हृदय की समस्त उदात्त स्पृहाओं की चरम गति—मुक्ति—को प्राप्त करने का केवल एक ही उपाय है, और वह है इस क्षुद्र जीवन का त्याग, इस क्षुद्र जगत् का त्याग, इस पृथ्वी का त्याग, स्वर्ग का त्याग, शरीर का, मन का एवं सीमाबद्ध सभी वस्तुओं का त्याग। यदि हम मन एवं इन्द्रियगोचर इस छोटे से जगत् से अपनी आसक्ति हटा लें, तो उसी क्षण हम मुक्त हो जायँगे। बन्धन से मुक्त होने का एकमात्र उपाय है, सारे नियमों के बाहर चले जाना—कार्य-कारण-श्रृंखला के बाहर हो जाना।

किन्तु इस संसार के प्रति आसक्ति का त्याग करना बड़ा कठिन है। बहुत ही थोड़े लोग ऐसा कर पाते हैं। हमारे शास्त्रों में इसके लिए दो मार्ग बताये गये हैं। एक 'नेति', 'नेति' (यह नहीं, यह नहीं) कहलाता है और दूसरा 'इति', 'इति'(यही, यही)। पहला मार्ग निवृत्ति का है, जिसमें 'नेति', 'नेति' करते हुए सर्वस्व का त्याग करना पड़ता है, और दूसरा है प्रवृत्ति का, जिसमें 'इति', 'इति' करते हुए सब वस्तुओं का भोग करके फिर उनका त्याग किया जाता है। निवृत्ति-मार्ग अत्यन्त कठिन है, यह केवल प्रबल इच्छा-शक्तिसम्पन्न तथा विशेष उन्नत महापुरुषों के लिए ही साध्य है। उनके कहने भर की देर है, "नहीं, मुझे यह नहीं चाहिए," कि बस उनका शरीर और मन तुरन्त उनकी आज्ञा का पालन करता है, और वे

संसार के बाहर चले जाते हैं। परन्तु ऐसे लोग बहुत ही दुर्लभ हैं। यही कारण है कि अधिकांश लोग प्रवृत्ति-मार्ग ग्रहण क़रते हैं। इसमें उन्हे संसार में से ही होकर जाना पड़ता है, और इन बन्धनों को तोड़ने के लिए इन बन्धनों की ही सहायता लेनी पड़ती है। यह भी एक प्रकार का त्याग है—अन्तर इतना ही है कि यह धीरे धीरे, क्रमशः सब पदार्थों को जानकर, उनका भोग करके और इस प्रकार उनके सम्बन्ध में अनुभव लाभ करके प्राप्त होता है। इस प्रकार विषयों का स्वरूप भली भाँति जान लेने से मन अन्त में उन सबको छोड़ देने में समर्थ हो जाता है और आसक्तिशून्य बन जाता है। अनासक्ति के प्रथमोक्त मार्ग का साधन है विचार, और दूसरे का कर्म। प्रथम मार्ग ज्ञानयोगी का है—वह सभी कर्मों का त्याग करता है; दूसरा कर्मयोगी का है—उसे निरन्तर कर्म करते रहना पड़ता है। इस जगत् में प्रत्येक मनुष्य को कर्म करना ही पड़ेगा। केवल वही व्यक्ति कर्म से परे है, जो सम्पूर्ण रूप से आत्मतृप्त है, जिसे आत्मा के अतिरिक्त अन्य कोई भी कामना नहीं, जिसका मन आत्मा को छोड़ अन्यत्र कहीं भी गमन नहीं करता, जिसके लिए आत्मा ही सर्वस्व है। शेष सभी व्यक्तियों को तो कर्म अवश्य ही करना पड़ेगा। जिस प्रकार एक जलस्रोत स्वाधीन भाव से बहते बहते किसी गड्ढे में गिरकर एक भँवर का रूप धारण कर लेता है और उस भँवर में कुछ देर चक्कर काटने के बाद पुनः एक उन्मुक्त स्रोत के रूप में बाहर आकर अनिर्बन्ध रूप से बह निकलता है, उसी प्रकार यह मनुष्य-जीवन भी है। यह भी भँवर में पड़ जाता है—नाम-रूपात्मक जगत में पड़कर कुछ समय तक ग़ोते खाता हुआ चिल्लाता है, 'यह मेरा बाप', 'यह मेरी माँ', 'यह मेरा भाई', 'यह मेरा नाम', 'यह मेरा यश', आदि आदि। फिर अन्त में बाहर निकलकर पुनः अपना मुक्त भाव प्राप्त कर लेता है। समस्त संसार का यही हाल है। हम चाहे जानते हों या न जानते हों, ज्ञानवश या अज्ञानवश हम सभी इस संसार-स्वप्न से निकल आने का यत्न कर रहे हैं। मनुष्य का सांसारिक अनुभव इसीलिए है कि वह उसे इस जगत् के भँवर से बाहर निकाल दे।

तो फिर कर्मयोग क्या है?—कर्म के रहस्य का ज्ञान। हम देखते हैं कि सारा संसार कर्म में रत है। यह सब किसलिए है?—मुक्ति-लाभ के लिए, स्वाधीनता के लिए। एक छोटे परमाणु से लेकर सर्वोच्च प्राणी तक सभी, ज्ञानवश अथवा अज्ञानवश, एक ही उद्देश्य के लिए कार्य किये जा रहे हैं और वह हैं—शारीरिक स्वाधीनता, मानसिक स्वाधीनता, आध्यात्मिक स्वाधीनता। सभी पदार्थ निरन्तर स्वाधीनता पाने की चेष्टा कर रहे हैं, बन्धन से मुक्त होने का प्रयत्न कर रहे हैं। सूर्य, चन्द्र, पृथ्वी, ग्रह आदि सभी बन्धन से परे होने की चेष्टा कर रहे हैं। कहा

जा सकता है कि यह सारा जगत् केन्द्राभिमुखी और केन्द्रापसारी शक्तियों की एक क्रीड़ाभूमि है। संसार में इधर-उधर धक्के खाकर तथा बहुत समय तक चोटें सहकर वस्तुओं के यथार्थ स्वरूप को जानने की अपेक्षा हमें कर्मयोग द्वारा सहज ही कर्म का रहस्य, कर्म की पद्धति तथा कर्म की संघटक शक्ति ज्ञात हो जाती है। यदि हमें उसके उपयोग का ज्ञान न रहे, तो व्यर्थ ही हमारी बहुत सी शक्ति क्षय हो जायगी। कर्मयोग कर्म को एक विज्ञान ही बना लेता है, जिसके द्वारा तुम यह जान सकते हो कि संसार के समस्त कार्यों का सर्वोत्तम उपयोग किस प्रकार करना चाहिए। कर्म तो अनिवार्य है—करना ही पड़ेगा, किन्तु सर्वोच्च ध्येय को सम्मुख रखकर कार्य करो। कर्मयोग हमें यह स्वीकार करने के लिए विवश कर देता है कि यह दुनिया केवल दो दिन की है, इसमें से होकर हमें गुज़रना ही है; किन्तु मुक्ति इसके भीतर नहीं है, उसके लिए तो हमें इस संसार से परे जाना होगा। संसार से परे जाने के इस मार्ग को प्राप्त करने के लिए हमें धीरे धीरे, परन्तु दृढ़ पगों से इसी संसार में से होकर जाना होगा। हाँ, कुछ ऐसे विशेष महापुरुष हो सकते हैं, जिनके सम्बन्ध में मैंने अभी कहा है, जो एकदम संसार से अलग खड़े होकर उसे उसी प्रकार त्याग सकते हैं, जिस प्रकार साँप अपनी केंचुल को छोड़कर, एक ओर खड़े होकर उसे देखता है। ऐसे विशेष महापुरुष कुछ अवश्य हैं, पर अधिकांश व्यक्तियों को तो इस कर्मबहुल संसार में से ही धीरे धीरे होकर जाना पड़ता है। और कर्मयोग उसमें अधिक से अधिक कृतकार्य होने की रीति, उसका रहस्य एवं उपाय दिखा देता है।

कर्मयोग क्या कहता है ? वह कहता है कि निरन्तर कर्म करो, परन्तु कर्म में आसक्ति का त्याग कर दो। अपने को किसी भी विषय के साथ एकरूप मत कर डालो—अपने मन को मुक्त रखो। संसार में तुम्हें जो क्लेश और दुःख दिखायी देते हैं, वे तो विश्व के अपरिहार्य व्यापार हैं। दारिद्रय, सम्पत्ति-सुख, ये सब क्षणिक हैं, वास्तव में हमारे यथार्थ स्वरूप से इनका कोई सम्बन्ध नहीं। हमारा स्वरूप तो सुख और दुःख से एकदम परे है, प्रत्यक्ष और कल्पनागोचर विषयों से बिल्कुल अतीत है, परन्तु फिर भी हमें निरन्तर कर्म करते रहना चाहिए। 'क्लेश आसक्ति से ही उत्पन्न होता है, कर्म से नहीं।' ज्यों ही हम अपने कर्म से स्वयं को एक रूप कर डालते हैं, त्यों ही क्लेश उत्पन्न होता है; परन्तु यदि हम अपने को उससे एकरूप न करें, तो हमें वह क्लेश छू तक नहीं सकता। यदि किसी दूसरे मनुष्य का कोई सुन्दर चित्र जल जाता है, तो देखनेवाले व्यक्ति को कोई दुःख नहीं होता, परन्तु यदि उसका अपना चित्र जल जाय, तो उसे कितना दुःख होता है! ऐसा क्यों ? दोनों ही चित्र सुन्दर थे और

सम्भव है, दोनों एक ही मूल चित्र की नकल रहे हों; परन्तु एक दशा में उस व्यक्ति को बिल्कुल क्लेश नहीं हुआ, पर दूसरी में बहुत हुआ। इसका कारण यह है कि पहली दशा में वह अपने को चित्र से पृथक् रखता है, परन्तु दूसरी दशा में अपने को उससे एकरूप कर देता है। यह 'मैं और मेरा' ही समस्त क्लेश की जड़ है। भोग की भावना के साथ ही स्वार्थ आ जाता है और स्वार्थ-परता से ही क्लेश उत्पन्न होता है। स्वार्थपरता का प्रत्येक कार्य और विचार हमें किसी न किसी वस्तु से आसक्त कर देता है, और हम तुरन्त दास बन जाते हैं। चित्त की प्रत्येक लहर, जिसमें 'मैं और मेरे' की भावना रहती है, हमें उसी क्षण जंज़ीरों से जकड़कर ग़ुलाम बना देती है। हम जितना ही 'मैं' और 'मेरा' कहते हैं, दासत्व का भाव हममें उतना ही बढ़ता जाता है और हमारे क्लेश भी उतने ही अधिक बढ़ जाते हैं। अतएव कर्मयोग हमें शिक्षा देता है कि हम ससार के समस्त चित्रों के सौन्दर्य का आनन्द उठायें, परन्तु उनमें से किसी एक के भी साथ एकरूप न हो जायँ। कभी यह न कहो कि यह 'मेरा' है। जब कभी हम यह कहेंगे कि अमुक वस्तु 'मेरी' है, तो उसी क्षण क्लेश हमें आ घेरेगा। अपने मन में भी कभी न कहो कि यह 'मेरा बच्चा' है। बच्चे को लेकर प्यार करो, परन्तु यह न कहो कि वह 'मेरा' है। 'मेरा' कहने से ही क्लेश उत्पन्न होगा। 'मेरा घर', 'मेरा शरीर' आदि न कहो। कठिनाई तो यहीं पर है। शरीर न तो तुम्हारा है, न मेरा और न अन्य किसीका। ये शरीर तो प्रकृति के नियमों के अनुसार आतेजाते रहते हैं, परन्तु हम बिल्कुल मुक्त हैं—केवल साक्षी मात्र हैं। जिस प्रकार एक चित्र या एक दीवाल स्वाधीन नहीं है, उसी प्रकार यह शरीर भी स्वाधीन नहीं है। फिर हम शरीर में इतने आसक्त क्यों हों ? एक चित्रकार एक चित्र बना देता है—और बस, चल देता है। आसक्ति की यह स्वार्थी भावना न उठने दो कि 'मैं इस पर अपना अधिकार जमा लूँ।' ज्यों ही यह भावना प्रक्षिप्त होगी, त्यों ही क्लेश आरम्भ हो जायगा।

अतएव, कर्मयोग कहता है कि पहले तुम स्वार्थपरता के अंकुर के बढ़ने की इस प्रवृत्ति को नष्ट कर दो। और जब तुममें इसको रोकने की क्षमता आ जाय, तो उसे पकड़े रहो और मन को स्वार्थपरता की वीथियों में न जाने दो। फिर तुम संसार में जाकर और यथाशक्ति कर्म कर सकते हो। फिर तुम सबसे मिल सकते हो, जहाँ चाहो, जा सकते हो, तुम्हें कुछ भी पाप स्पर्श न कर सकेगा। पानी में रहते हुए भी जिस प्रकार पद्मपत्र को पानी स्पर्श नहीं कर सकता और न उसे भिगो सकता है, उसी प्रकार तुम भी संसार में निर्लिप्त भाव से रह सकोगे। इसीको 'वैराग्य' कहते हैं, इसीको कर्मयोग की नींव—अनासक्ति—कहते हैं।

मैंने तुम्हें बताया ही है कि अनासक्ति के बिना किसी भी प्रकार की योग-साधना नहीं हो सकती। अनासक्ति ही समस्त योग-साधना की नींव है। हो सकता है कि जिस मनुष्य ने अपना घर छोड़ दिया है, अच्छे वस्त्र पहनना छोड़ दिया है, अच्छा भोजन करना छोड़ दिया है और जो मरुस्थल में जाकर रहने लगा है, वह भी एक घोर विषयासक्त व्यक्ति हो। उसकी एकमात्र सम्पत्ति—उसका शरीर—ही उसका सर्वस्व हो जाय और वह उसीके सुख के लिए सतत प्रयत्न करे। बाह्य शरीर के प्रति हम जो भी करते हैं, उससे अनासक्ति का सम्बन्ध नहीं है, वह तो पूर्णतया मन में होती है। 'मैं और मेरे' को बाँधनेवाली जंज़ीर तो मन में ही रहती है। यदि शरीर और इन्द्रियगोचर विषयों के साथ इस जंज़ीर का सम्बन्ध न रहे, तो फिर हम कहीं भी क्यों न रहें, हम बिल्कुल अनासक्त रहेंगे। हो सकता है कि एक व्यक्ति राजसिंहासन पर बैठा हो, परन्तु फिर भी बिल्कुल अनासक्त हो; और दूसरी ओर यह भी सम्भव है कि एक व्यक्ति चिथड़ों में हो, पर फिर भी वह बुरी तरह आसक्त हो। पहले हमें इस प्रकार की अनासक्ति प्राप्त कर लेनी होगी, और फिर सतत कार्य करते रहना होगा। यद्यपि यह है बड़ा कठिन, परन्तु कर्मयोग समस्त आसक्ति से मुक्त होने में सहायक प्रक्रिया सिखा देता है।

आसक्ति का सम्पूर्ण त्याग करने के दो उपाय हैं। प्रथम उपाय उन लोगों के लिए है, जो न तो ईश्वर में विश्वास करते हैं और न किसी बाहरी सहायता में। वे अपने ही उपायों का प्रयोग कर सकते हैं, उन्हें अपनी ही इच्छा-शक्ति, मनः-शक्ति एवं विवेक का अवलम्बन करके कहना होगा, "मैं अनासक्त होऊँगा ही।" जो ईश्वर पर विश्वास करते हैं, उनके लिए एक दूसरा मार्ग है, जो इसकी अपेक्षा बहुत सरल है। वे समस्त कर्मफलों को ईश्वर को अर्पित करके कर्म करते जाते हैं, इसलिए कर्मफल में कभी आसक्त नहीं होते। वे जो कुछ देखते हैं, अनुभव करते हैं, सुनते हैं अथवा करते हैं, वह सब भगवान् के लिए ही होता है। हम जो कुछ भी सत्-कार्य करें, उससे हमें किसी प्रकार की प्रशंसा अथवा लाभ की आशा नहीं करनी चाहिए। वह तो सब प्रभु का ही है। सारे फल उन्हींको अर्पित कर दो। हमें तो तटस्थ खड़े हो यह सोचना चाहिए कि हम तो केवल प्रभु के—अपने स्वामी के आज्ञाकारी भृत्य हैं और हमारी कर्म की प्रत्येक प्रेरणा प्रतिक्षण उन्हींके पास से आ रही है। 'तुम जो कुछ पूजा करो, ध्यान करो, अथवा कर्म करो, सब उन्हींको अर्पण कर दो',[१] और स्वयं निश्चिन्त हो जाओ। हम शान्ति

---

१ यत्करोषि यदश्नासि यज्जुहोसि ददासि यत्।
यत्तपस्यसि कौन्तेय तत्कुरुष्व मदर्पणम्॥ गीता॥९।२७॥

से रहें—पूर्ण शान्ति से रहें, और अपना सम्पूर्ण शरीर, मन, यहाँ तक कि अपना सर्वस्व श्री भगवान् के समक्ष चिर बलिस्वरूप दे दें। अग्नि में आहुतियाँ देने की अपेक्षा दिन-रात केवल यही एक महान् आहुति—अपने इस क्षुद्र 'अहं' की आहुति—देते रहो। 'संसार में धन की खोज करते करते हे प्रभु, मैंने केवल तुम्हींको एकमात्र धन पाया; मैं तुम्हारे चरणों में अपनी बलि देता हूँ। किसी प्रेमास्पद की खोज करते करते, हे नाथ, केवल तुम्हींको ही मैंने एकमात्र प्रेमास्पद पाया; मैं तुम्हारे चरणों में अपनी बलि देता हूँ।' हमें चाहिए कि हम दिन-रात यही दुहराते रहें और कहें, "हे प्रभु ! मुझे कुछ नहीं चाहिए। कोई वस्तु चाहे अच्छी हो, चाहे बुरी, चाहे तटस्थ, मैं उसे तनिक भी नहीं चाहता। मैं सब कुछ तुम्हीं-को समर्पण करता हूँ।" रात-दिन हमें इस तथाकथित भासमान 'अहं' का त्याग करते रहना चाहिए, जब तक कि यह स्वभाव के रूप में परिणत न हो जाय, जब तक कि यह हमारे शरीर की शिरा शिरा में, नस नस में और मस्तिष्क में व्याप्त न हो जाय और हमारा सम्पूर्ण शरीर प्रतिक्षण आत्मत्याग के इस भाव का अनु-वर्ती न हो जाय। फिर तुम तोप के धमाकों और रण के तुमुल कोलाहल से पूर्ण युद्धक्षेत्र में जाओ, वहाँ पर भी तुम अपने को सदैव मुक्त और शांतियुक्त पाओगे।

कर्मयोग हमें इस बात की शिक्षा देता है कि 'कर्तव्य' की सामान्य धारणा एक निम्न श्रेणी की चीज़ है, फिर भी हम सबको अपना कर्तव्य करना ही होगा। परन्तु हम देखते हैं कि कर्तव्य की यह भावना प्रायः दुःख का एक बड़ा कारण होती है। कर्तव्य हमारे लिए एक प्रकार का रोग सा हो जाता है और हमें सदा उसी दिशा में खींचता है। यह हमें जकड़ लेता है और हमारे पूरे जीवन को दुःखपूर्ण कर देता है। यह मनुष्य-जीवन के लिए महा विभीषिकास्वरूप है। यह कर्तव्य-बुद्धि ग्रीष्मकाल के मध्याह्न सूर्य के समान है, जो मानवता की अन्त-रात्मा को दग्ध कर देती है। कर्तव्य के उन बेचारे गुलामों की ओर तो देखो ! उनका कर्तव्य उन्हें प्रार्थना या स्नान-ध्यान करने का भी अवकाश नहीं देता। कर्तव्य उन्हें प्रतिक्षण घेरे रहता है। वे बाहर जाते हैं और काम करते हैं, कर्तव्य सदा उनके सिर पर सवार रहता है। वे घर आते हैं और फिर अगले दिन का काम सोचने लगते हैं; कर्तव्य उन पर सवार ही रहता है। यह तो एक ग़ुलाम की ज़िन्दगी हुई ! फिर एक दिन ऐसा आ जाता है कि वे कसे-कसाये घोड़े की तरह सड़क पर ही गिरकर मर जाते हैं ! कर्तव्य साधारणतया यही समझा जाता है। परन्तु अनासक्त होकर एक स्वतंत्र व्यक्ति की तरह कार्य करना तथा समस्त कर्म भगवान् को समर्पित कर देना ही असल में हमारा एकमात्र सच्चा कर्तव्य है : हमारे समस्त कर्तव्य तो उन्हींके हैं। कितने सौभाग्य की बात है

कि हम इस संसार में भेजे गये हैं। हम अपने निर्दिष्ट समय में कार्य करते जा रहे हैं! कौन जाने, हम उन्हें अच्छा कर रहे हैं या बुरा? उन्हें उत्तम रूप से करने पर भी हमें फल नहीं मिलेंगे और बुरी तरह से करने पर भी हमें चिंता नहीं होती। निश्चिन्त होकर स्वाधीन भाव से शान्ति के साथ कर्म करते जाओ। पर हाँ, इस प्रकार की अवस्था प्राप्त कर लेना ज़रा टेढ़ी खीर है। दासत्व को कर्तव्य कह देना, अथवा मांस के प्रति मांस की घृणित आसक्ति को कर्तव्य कह देना कितना सरल है! मनुष्य संसार में धन अथवा अन्य किसी प्रिय वस्तु की प्राप्ति के लिए एड़ी-चोटा का पसीना एक करता रहता है। यदि उससे पूछो, "ऐसा क्यों कर रहे हो?" तो झट उत्तर देता है, "यह तो मेरा कर्तव्य है।" पर वह धन और लाभ के लिए निरर्थक लोभ मात्र है, लोग उसे कुछ फूलों से ढके रखने की चेष्टा करते हैं।

तब फिर कर्तव्य है क्या? वह है शरीर और हमारी आसक्ति का आवेग मात्र। जब कोई आसक्ति दृढ़ हो जाती है, तो उसे हम कर्तव्य कहने लगते हैं। उदाहरणार्थ, जहाँ विवाह की प्रथा नहीं है, उन सब देशों में पति-पत्नी में आपस में कोई कर्तव्य नहीं होता। जब विवाह-प्रथा आ जाती है, तब पति-पत्नी आसक्ति के कारण एक साथ रहने लगते हैं। कई पीढ़ियों के बाद जब उनका यह एकत्र वास एक प्रथा सा हो जाता है, तो वह एक कर्तव्य के रूप में परिणत हो जाता है। यह तो एक प्रकार की चिरस्थायी व्याधि सी है। यदि एकाध बार यह प्रबल रूप में होती है, तो उसे हम व्याधि कह देते हैं और यदि चिरस्थायी हो जाती है, तो उसे हम प्रकृति या स्वभाव कहने लगते हैं। है वह एक रोग ही। आसक्ति जब चिरस्थायी हो जाती है, तो उसे हम 'कर्तव्य' के बड़े नाम से अलंकृत कर देते हैं। फिर हम उसके ऊपर फूल चढ़ाते हैं, उसके सामने बाज बजाते हैं, मंत्रोच्चार करते हैं। तब यह समस्त संसार इसके लिए युद्ध करता है और मनुष्य एक दूसरे को लूटने लगता है। कर्तव्य वहीं तक अच्छा है, जहाँ तक कि यह पशुत्व-भाव को रोकने में सहायता प्रदान करता है। उन निम्नतम श्रेणी के मनुष्यों के लिए, जो और किसी उच्चतर आदर्श की कल्पना ही नहीं कर सकते, शायद कर्तव्य की यह भावना किसी हद तक अच्छी हो, परन्तु जो कर्मयोगी बनना चाहते हैं, उन्हें तो कर्तव्य के इस भाव को एकदम त्याग देना चाहिए। असल में हमारे या तुम्हारे लिए कोई कर्तव्य है ही नहीं। जो कुछ तुम संसार को देना चाहते हो, अवश्य दो, परन्तु कर्तव्य के नाम पर नहीं। उसके लिए कुछ चिन्ता तक मत करो। विवश होकर कुछ भी मत करो। विवश होकर भला क्यों करोगे? 'जो कुछ भी तुम विवश होकर करते हो, उससे आसक्ति उत्पन्न होती है।' तुम्हारा अपना कोई कर्तव्य क्यों होना चाहिए? सब कुछ ईश्वर को ही अर्पण कर दो।

इस विशाल भभकती भट्ठी में जिसमें कर्तव्यरूपी अग्नि सभी को झुलसाती रहती है, तुम अमृत के इस प्याले का पान करो और प्रसन्न रहो। हम सब केवल उस प्रभु की इच्छा का पालन कर रहे हैं और किसी प्रकार के पुरस्कार अथवा दण्ड से हमारा कोई सम्बन्ध नहीं। यदि तुम पुरस्कार के इच्छुक हो, तो तुम्हें साथ ही दण्ड भी स्वीकार करना पड़ेगा। दण्ड से छुटकारा पाने का केवल यही उपाय है कि तुम पुरस्कार का भी त्याग कर दो। क्लेश से मुक्त होने का एकमात्र उपाय यही है कि तुम सुख की भावना का भी त्याग कर दो, क्योंकि ये दोनों एक साथ गुँथी हुई हैं। यदि एक ओर सुख है, तो दूसरी ओर क्लेश; एक ओर जीवन है, तो दूसरी ओर मृत्यु। मृत्यु से छटकारा पाने का एकमात्र उपाय यही है कि जीवन के प्रति आसक्ति का त्याग कर दो। जीवन और मृत्यु, दोनों पृथक् दृष्टि-कोणों से देखी जानेवाली एक ही वस्तु है। अतएव 'दुःखशून्य सुख' एवं 'मृत्युशून्य जीवन' की भावना, सम्भव है स्कूल के छोटे छोटे बच्चों के लिए ठीक हो, परन्तु एक चिन्तनशील व्यक्ति को वे परस्पर विरोधी लगती हैं और वह इन दोनों का परित्याग कर देता है। जो कुछ तुम करो, उसके लिए किसी प्रकार की प्रशंसा अथवा पुरस्कार की आशा मत रखो। ज्यों ही हम कोई सत्-कार्य करते हैं, त्यों ही हम उसके लिए प्रशंसा की आशा करने लगते हैं। ज्यों ही हम किसी सत्-कार्य में चंदा देते हैं, त्यों ही हम चाहने लगते हैं कि हमारा नाम अखबारों में खूब चमक उठे। ऐसी वासनाओं का फल दुःख के अतिरिक्त और क्या होगा ? संसार के सर्वश्रेष्ठ महापुरुष अज्ञात ही चले गये। जिन बुद्धों तथा ईसा मसीहों को हम जानते हैं, वे उन महापुरुषों की तुलना में द्वितीय श्रेणी के हैं, जिनके बारे में संसार कुछ जानता तक नहीं। प्रत्येक देश में चुपचाप अपना कार्य करते रहनेवाले सैकड़ों महापुरुष हुए हैं। चुपचाप वे अपना जीवन व्यतीत करते हैं और चुपचाप इस संसार से चले जाते हैं; समय पाकर उनके विचार बुद्धों और ईसा मसीहों में व्यक्त होते हैं और हम केवल इन्हीं बुद्धों और ईसा मसीहों को जान पाते हैं। सर्वश्रेष्ठ महापुरुष अपने ज्ञान से किसी प्रकार की यशःप्राप्ति की कामना नहीं रखते। ऐसे महापुरुष तो केवल संसार के हित के लिए अपने विचार छोड़ जाते हैं; वे अपने लिए किसी बात का दावा नहीं करते और न अपने नाम पर कोई सम्प्रदाय अथवा धर्मप्रणाली ही स्थापित कर जाते हैं। उनका स्वभाव ही इन बातों का विरोधी होता है। ये महापुरुष शुद्ध सात्त्विक होते हैं; वे केवल प्रेम से द्रवीभूत होकर रहते हैं। मैंने एक ऐसा योगी[1] देखा है। वे भारत में एक गुफा

---

१. पवहारी बाबा। द्र० विवेकानन्द साहित्य, नवम खंड।

में रहते हैं। मैंने जितने भी अद्भुत महापुरुष देखे, उनमें से वे एक हैं। वे अपना 'मैं-पन' यहाँ तक खो चुके हैं कि उनमें से मनुष्य-भाव बिल्कुल निकल गया है और केवल एक सर्वग्राही दिव्य भाव ही रह गया है। यदि कोई प्राणी उनके एक हाथ में काट लेता है, तो उसे वे दूसरा हाथ भी दे देते हैं और कहते हैं, "यह तो प्रभु की इच्छा है।" उनके लिए जो कुछ भी उनके पास आता है, सब प्रभु से ही आता है। वे अपने को लोगों के सामने प्रकट नहीं करते, परन्तु फिर भी वे प्रेम तथा मधुर एवं सत्य भावों के आलय हैं।

इसके बाद फिर वे लोग हैं, जिनमें रज अथवा क्रियाशीलता—लड़ाकू प्रकृति अधिक होती है। वे सिद्ध पुरुषों के विचारों को ग्रहण करके फिर उनका संसार में प्रचार करते हैं। सर्वश्रेष्ठ प्रकार के महापुरुष चुपचाप सत्य एवं उदात्त भावों का संग्रह करते हैं, और दूसरे—बुद्ध अथवा ईसा मसीह जैसे—सर्वत्र भ्रमण करके उनका प्रचार और उनके संबंध के कार्य करते हैं। गौतम बुद्ध के जीवन-चरित में उनको निरंतर यही कहते पाते हैं कि वे पचीसवें बुद्ध थे। उनके पहले के चौबीस बुद्धों के इतिहास का कोई ज्ञान नहीं, परन्तु हमारे ऐतिहासिक बुद्ध ने उन बुद्धों द्वारा डाली हुई भित्ति पर ही अपने धर्मप्रासाद का निर्माण किया है। सर्वश्रेष्ठ महापुरुष शान्त, अमुखर और अज्ञात होते हैं। वे वह व्यक्ति हैं, जिन्हें विचार की शक्ति का सच्चा ज्ञान रहता है। उनमें यह दृढ़ विश्वास होता है कि यदि वे किसी पर्वत की गुफा में जाकर उसके द्वार बन्द करके केवल पाँच सत्य विचारों का ही मनन कर इस संसार से चल बसें, तो उनके यह पाँच विचार ही अनन्त काल तक जीवित रहेंगे। वास्तव में ऐसे विचार पर्वतों को भी भेदकर पार हो जायँगे, समुद्रों को लाँघ जायँगे, और सारे संसार में व्याप्त हो जायँगे। वे मानव-हृदय एवं मस्तिष्क में गहरे घुसकर ऐसे नर-नारी उत्पन्न करेंगे, जो उन्हें मनुष्य के जीवन में कार्यरूप में परिणत करेंगे। ये सात्विक व्यक्ति भगवान् के इतने समीप होते हैं कि इनके लिए कर्मशील होना, संघर्ष करना, धर्मोपदेश करना, वह सब करना, जिसे यहाँ इस पृथ्वी पर मानवता का भला करना कहा जाता है, असंभव सा है। राजसकर्मी चाहे जितने भी भले क्यों न हों, उनमें कुछ न कुछ अज्ञान रह ही जाता है। जब हमारे चित्त में कुछ न कुछ मल अवशिष्ट रहते हैं, तभी हम कार्य कर सकते हैं। साधारणतया किसी हेतु या आसक्ति से प्रेरित होना तो कर्म के स्वभाव में ही है। जो एक क्षुद्र गौरैया के पतन तक पर भी दृष्टि रखता है, उन सतत क्रियाशील विधाता के समक्ष मनुष्य भला अपने कार्य को कोई महत्त्व कैसे दे सकता है? जब वे संसार के छोटे से छोटे प्राणी की भी चिन्ता रखते हैं, तब मनुष्य के लिए ऐसा सोचना क्या घोर ईश-निन्दा

नहीं है ? हमें तो उनके सामने श्रद्धा एवं आदर से नतमस्तक खड़े होकर केवल यही कहना चाहिए, 'तेरी इच्छा पूर्ण हो।' सर्वश्रेष्ठ पुरुष तो कार्य कर ही नहीं सकते, क्योकि उनमें किसी प्रकार की आसक्ति नहीं होती। जिनकी संपूर्ण आत्मा आत्मा में ही निवास करती है, जिनकी कामनाएँ आत्मा में ही सीमित हैं और जो आत्मा के साथ ही सदा रहते हैं, उनके लिए कोई कर्म शेष नहीं रह जाता।[१] ये ही निस्संदेह सर्वश्रेष्ठ मानव हैं, इनके अतिरिक्त अन्य सभी को कर्म करना पड़ेगा। पर इस प्रकार कर्म करते समय हमें यह कभी न सोचना चाहिए कि हम इस संसार में कभी किसी क्षुद्रतम वस्तु तक की तनिक भी सहायता कर सकते है। वस्तुतः हम सहायता कर ही नहीं सकते। संसार के इस अखाड़े में हम केवल अपनी ही सहायता करते हैं। कर्म करने का यही सच्चा दृष्टिकोण हैं। अतएव यदि हम इसी भाव से कर्म करें, यदि सदा यही सोचें कि कार्य करने का प्रस्तुत अवसर हमें प्रदत्त एक सौभाग्य है, तो हम कभी भी किसी वस्तु में आसक्त न होंगे। हम-तुम जैसे लाखों लोग मन ही मन सोचा करते हैं कि हम संसार में एक महान् व्यक्ति हैं; परन्तु हम सबकी मृत्यु होती है और पाँच मिनट में ही संसार हमें भूल जाता है। किन्तु ईश्वर का जीवन अनन्त है। "यदि उस सर्वशक्तिमान प्रभु की इच्छा न हो, तो एक क्षण के लिए भी कौन जीवित रह सकता है, एक क्षण के लिए भी कौन साँस ले सकता है ?" वही सतत कर्मशील विधाता है। समस्त शक्ति उसीकी है और उसीकी आज्ञावर्तिनी है। उसीकी आज्ञा से वायु चलती है, सूर्य प्रकाशित होता है, पृथ्वी अवस्थित है और मृत्यु इस संसार में विचरण करती है।[२] वही सबमें सब कुछ है, वही सब है और सबमें है। हम उसकी केवल उपासना कर सकते हैं। कर्मों के समस्त फलों को त्याग दो, भले के लिए ही भला करो—तभी पूर्ण अनासक्ति प्राप्त होगी। तब हृदय-ग्रन्थियाँ छिन्न हो जायँगी और हम पूर्ण मुक्ति प्राप्त कर लेंगे। यह मुक्ति ही वास्तव में कर्मयोग का लक्ष्य है।

---

१. यस्त्वात्मरतिरेव स्यादात्मतृप्तश्च मानवः।
आत्मन्येव च संतुष्टस्तस्य कार्यं न विद्यते ॥ गीता ॥३।१७॥

२. भयादस्याग्निस्तपति भयात्तपति सूर्यः।
भयादिन्द्रश्च वायुश्च मृत्युर्धावति पंचमः ॥ कठोपनिषद् ॥२।३।३॥

कर्मयोग का आदर्श

वेदान्त धर्म का सबसे उदात्त तथ्य यह है कि हम एक ही लक्ष्य पर भिन्न भिन्न मार्गों से पहुँच सकते हैं। मैंने इन मार्गों को साधारण रूप से चार वर्गों में विभाजित किया है और वे हैं—कर्ममार्ग, भक्तिमार्ग, योगमार्ग और ज्ञानमार्ग। परन्तु साथ ही तुम्हें यह भी स्मरण रखना चाहिए कि ये विभाग अत्यंत तीक्ष्ण और एक दूसरे से नितांत पृथक् नहीं हैं। प्रत्येक का तिरोभाव दूसरे में हो जाता है। किन्तु प्रकार के प्राधान्य के अनुसार ही ये विभाग किये गये हैं। ऐसी बात नहीं कि तुम्हें कोई ऐसा व्यक्ति मिल सकता है, जिसमें कर्म करने के अतिरिक्त दूसरी कोई क्षमता न हो, अथवा जो अनन्य भक्त होने के अतिरिक्त और कुछ न हो, अथवा जिनके पास मात्र ज्ञान के सिवा और कुछ न हो। ये विभाग केवल मनुष्य की प्रधान प्रवृत्ति अथवा गुणप्राधान्य के अनुसार किये गये हैं। हमने देखा है कि अन्त में ये सब मार्ग एक ही लक्ष्य में जाकर एक हो जाते हैं। सारे धर्म तथा कर्म और उपासना की सारी साधन-प्रणालियाँ हमें उसी एक लक्ष्य की ओर ले जाती हैं।

वह चरम लक्ष्य क्या है, यह बताने का यत्न मैं पहले ही कर चुका हूँ। जहाँ तक मैं समझता हूँ, वह है मुक्ति। एक परमाणु से लेकर मनुष्य तक, जड़-तत्त्व के अचेतन प्राणहीन कण से लेकर इस पृथ्वी की सर्वोच्च सत्ता—मानवात्मा तक, जो कुछ हम इस विश्व में प्रत्यक्ष करते हैं, वे सब मुक्ति के लिए संघर्ष कर रहे हैं। असल में यह समग्र विश्व इस मुक्ति के लिए संघर्ष का ही परिणाम है। हर मिश्रण में प्रत्येक अणु दूसरे परमाणुओं से पृथक् होकर अपने स्वतंत्र पथ पर जाने की चेष्टा कर रहा है, पर दूसरे उसे आबद्ध करके रखे हुए हैं। हमारी पृथ्वी सूर्य से दूर भागने की चेष्टा कर रही है तथा चन्द्रमा, पृथ्वी से। प्रत्येक वस्तु में अनन्त विस्तार की प्रवृत्ति है। इस विश्व में हम जो कुछ देखते हैं, उस सबका मूल आधार मुक्ति-लाभ के लिए यह संघर्ष ही है। इसीकी प्रेरणा से साधु प्रार्थना करता है और डाकू लूटता है। जब कार्य-विधि अनुचित होती है, तो उसे हम अशुभ कहते हैं और जब उसकी अभिव्यक्ति उचित तथा उच्च होती है, तो उसे हम शुभ कहते हैं। परन्तु दोनों दशाओं में प्रेरणा एक ही होती है, और वह है मुक्ति के लिए संघर्ष। साधु अपनी बद्ध दशा को सोचकर कातर हो उठता है,

वह उससे छुटकारा पाने की इच्छा करता है, और इसलिए ईश्वरोपासना करता है। चोर यह सोचकर कातर होता है कि उसके पास अमुक वस्तुएँ नहीं हैं, वह उस अभाव से छुटकारा पाने की—उससे मुक्त होने की—कामना करता है, और इसीलिए चोरी करता है। चेतन अथवा अचेतन समस्त प्रकृति का लक्ष्य यह मुक्ति ही है, और जाने या अनजाने सारा जगत् इसी लक्ष्य की ओर पहुँचने का यत्न कर रहा है। किंतु जिस मुक्ति की खोज एक साधु करता है, वह उस मुक्ति से बहुत भिन्न होती है, जिसकी खोज डाकू करता है। साधु जिस मुक्ति को चाहता है, उससे अनन्त अनिर्वचनीय आनन्द का अधिकारी हो जाता है, परन्तु डाकू की इष्ट मुक्ति उसकी आत्मा के लिए दूसरे पाशों की सृष्टि कर देती है।

प्रत्येक धर्म में मुक्ति-लाभ की इस प्रकार चेष्टा की अभिव्यक्ति पायी जाती है। यही सारी नैतिकता की, सारी निःस्वार्थपरता की नींव है। निःस्वार्थपरता का अर्थ है—मनुष्य अपना क्षुद्र शरीर ही है, इस भाव से परे होना। जब हम किसी मनुष्य को कोई सत्-कार्य करते, दूसरों की सहायता करते देखते हैं, तो उसका तात्पर्य यह है कि उस व्यक्ति को 'मैं और मेरे' के क्षुद्र वृत्त में आबद्ध करके नहीं रखा जा सकता। इस स्वार्थपरता से बाहर निकल आने की कोई निर्दिष्ट सीमा नहीं है। सारा श्रेष्ठ नीतिशास्त्र यही शिक्षा देता है कि सम्पूर्ण निःस्वार्थपरता ही चरम लक्ष्य है। मान लो, किसी मनुष्य ने इस सम्पूर्ण निःस्वार्थपरता को प्राप्त कर लिया, तो फिर उसकी क्या दशा हो जाती है? फिर वह अमुक अमुक नामवाला पहले का क्षुद्र व्यक्ति नहीं रह जाता, वह अनन्त विस्तार प्राप्त कर लेता है। फिर उसका पहले का वह क्षुद्र व्यक्तित्व सदा के लिए नष्ट हो जाता है—अब वह अनन्तस्वरूप हो जाता है, और इस अनन्त विकास की प्राप्ति ही असल में समस्त दार्शनिक एवं नैतिक शिक्षाओं का लक्ष्य है। व्यक्तित्ववादी जब इस तत्त्व को दार्शनिक रूप में रखा हुआ देखता है, तो वह सिहर उठता है। परन्तु जब वह नैतिकता की शिक्षा देता है, तो वह स्वयं इसी तत्त्व का ही प्रचार करता है। वह भी मनुष्य की निःस्वार्थपरता की कोई सीमा निर्दिष्ट नहीं करता। मान लो, इस व्यक्तित्ववाद के अनुसार कोई मनुष्य सम्पूर्ण रूप से निःस्वार्थी हो जाय, तो हम उसको अन्य सम्प्रदायों के पूर्ण सिद्ध व्यक्तियों से किस प्रकार भिन्न मान सकेंगे? वह तो विश्व के साथ एकरूप हो गया है; और इस प्रकार एकरूप हो जाना ही तो सबका लक्ष्य है। केवल बेचारे व्यक्तित्ववादी में इतना साहस नहीं कि वह अपनी युक्तियों का अनुसरण उनके यथार्थ निष्कर्ष पर पहुँचने तक कर सके। निःस्वार्थ कर्म द्वारा मानव जीवन के चरम लक्ष्य, इस मुक्ति को प्राप्त कर लेना ही कर्मयोग है। अतएव हमारा प्रत्येक स्वार्थपूर्ण कार्य अपने इस लक्ष्य तक हमारे पहुँचने में बाधक होता

है, तथा प्रत्येक निःस्वार्थ कर्म हमें उसकी ओर आगे बढ़ाता है। इसीलिए नैतिकता की यही एकमात्र परिभाषा हो सकती है कि "जो स्वार्थपर है, वह, 'अनैतिक' है और जो निःस्वार्थपर है, वह 'नैतिक' है।"

परन्तु यदि हम ब्योरों की मीमांसा करें, तो विषय इतना सरल नहीं रह जायगा, जैसा मैं पहले ही कह चुका हूँ, परिवेश ब्योरों में विविधता ला देता है। एक परिस्थिति में जो कार्य निःस्वार्थ होता है, वही किसी दूसरी परिस्थिति में बिल्कुल स्वार्थपर हो जा सकता है। अतः कर्तव्य की हम केवल एक साधारण परिभाषा ही दे सकते हैं; परन्तु ब्योरों को देश-काल-परिस्थिति से निर्धारित होने के लिए छोड़ दे सकते हैं। एक देश में एक प्रकार का आचरण नैतिक माना जाता है, परन्तु वही किसी दूसरे देश में अनैतिक माना जायगा, क्योंकि परिस्थितियाँ भिन्न होती हैं। समस्त प्रकृति का अन्तिम ध्येय मुक्ति है और यह मुक्ति केवल पूर्ण निःस्वार्थता द्वारा ही प्राप्त की जा सकती है। प्रत्येक स्वार्थशून्य कार्य, वचन और विचार, हमें इसी ध्येय की ओर ले जाता है, और इसीलिए हम उसे नैतिक कहते हैं। यह परिभाषा प्रत्येक धर्म एवं प्रत्येक नीतिशास्त्र में मान्य है। कुछ दर्शनों में नैतिकता को एक परम पुरुष ईश्वर से प्रसूत मानते हैं। यदि तुम पूछो कि हमें अमुक कार्य क्यों करना चाहिए, अमुक क्यों नहीं, तो वह उत्तर देगा, "ईश्वर का ऐसा ही आदेश है।" इस नैतिक विधान का मूल चाहे जो हो, पर उसका भी सार यही है कि 'स्व' की चिन्ता न करो, 'स्व' का त्याग करो। परन्तु फिर भी, नैतिकता की इस उच्च धारणा के बावजूद अनेक व्यक्ति अपने इस क्षुद्र व्यक्तित्व के त्याग करने की कल्पना से सिहर उठते हैं। जो मनुष्य अपने इस क्षुद्र व्यक्तित्व से जकड़ा रहना चाहता है, उससे हम पूछ सकते हैं, "अच्छा, ज़रा ऐसे पुरुष की ओर तो देखो, जो नितान्त निःस्वार्थी हो गया है, जिसकी अपने स्वयं के लिए कोई चिन्ता नहीं है, जो अपने लिए कोई भी कार्य नहीं करता, जो अपने लिए एक शब्द भी नहीं कहता; और फिर बताओ कि उसका 'निजत्व' कहाँ है ?" जब तक वह अपने स्वयं के लिए विचार करता है, कोई कार्य करता है या कुछ कहता है, तभी तक उसे अपने 'निजत्व' का बोध रहता है। परन्तु यदि उसे केवल दूसरों के सम्बन्ध में ध्यान है, जगत् के सम्बन्ध में ध्यान है, तो फिर उसका 'निजत्व' भला कहाँ रहा ? उसका तो सदा के लिए लोप हो चुका है।

अतएव, कर्मयोग, निःस्वार्थपरता और सत्कर्म द्वारा मुक्ति-लाभ करने का एक धर्म और नीतिशास्त्र है। कर्मयोगी को किसी भी प्रकार के सिद्धान्त में विश्वास करने की आवश्यकता नहीं। वह ईश्वर में भी चाहे विश्वास करे अथवा न करे,

आत्मा के सम्बन्ध में भी अनुसन्धान करे या न करे, किसी प्रकार का दार्शनिक विचार भी करे अथवा न करे, इससे कुछ बनता-बिगड़ता नहीं। उसके सम्मुख उसका अपना लक्ष्य रहता है—निःस्वार्थता की उपलब्धि और उसको अपने प्रयत्न द्वारा ही उसे प्राप्त करना होता है। उसके जीवन का प्रत्येक क्षण साक्षात्कार का होना चाहिए, क्योंकि उसे किसी मत या सिद्धान्त की सहायता लिए बिना अपनी समस्या का समाधान केवल कर्म द्वारा ही करना होता है, जब कि ज्ञानी उसी समस्या का समाधान अपने ज्ञान और अन्तःस्फुरण द्वारा तथा भक्त अपनी भक्ति द्वारा करता है।

अब दूसरा प्रश्न आता है : यह कर्म क्या है ? संसार के प्रति उपकार करने का क्या अर्थ है ? क्या हम सचमुच संसार का कोई उपकार कर सकते हैं ? उपकार का अर्थ यदि 'निरपेक्ष उपकार' लिया जाय, तो उत्तर है—नहीं; परन्तु सापेक्ष दृष्टि से—हाँ। संसार के प्रति ऐसा कोई भी उपकार नहीं किया जा सकता, जो चिरस्थायी हो। यदि ऐसा कभी सम्भव होता, तो यह संसार इस रूप में कभी न रहता, जैसा उसे हम आज देख रहे हैं। हम किसी मनुष्य की भूख अल्प समय के लिए भले ही शान्त कर दें, परन्तु बाद में वह फिर भूखा हो जायगा। किसी व्यक्ति को हम जो भी कुछ सुख दे सकते हैं, वह क्षणिक ही होता है। सुख और दुःख के इस संतत ज्वर का कोई भी सदा के लिए उपचार नहीं कर सकता। क्या संसार को हम कोई चिरन्तन सुख दे सकते हैं? समुद्र के जल में बिना किसी एक जगह गर्त पैदा किये हम एक भी लहर नहीं उठा सकते। इस संसार में मनुष्य की आवश्यकता और उसके लोभ से संबंधित शुभ वस्तुओं की समष्टि सदैव समान रहती है। वह न तो कम की जा सकती है, न अधिक। हम मानव-जाति का इतिहास ही ले लें, जैसा वह हमें आज ज्ञात है। क्या हमें सदैव वही सुख-दुःख, वही हर्ष-विषाद तथा अधिकार का वही तारतम्य नहीं दिखायी देता? क्या कुछ लोग अमीर, कुछ गरीब, कुछ बड़े, कुछ छोटे, कुछ स्वस्थ, तो कुछ रोगी नहीं हैं? ये सब ऐसा ही प्राचीन काल में मिस्रवासियों, यूनानियों और रोमनों के साथ सत्य था, और वैसा ही आज अमेरिकावालों के साथ भी। जहाँ तक हमें इतिहास का ज्ञान है, यही दशा सदैव रही है; परन्तु फिर भी हम देखते हैं कि सुख-दुःख की इस असाध्य भिन्नता के होते हुए भी साथ ही साथ उसे घटाने के प्रयत्न भी सदैव होते रहे हैं। इतिहास के प्रत्येक युग में ऐसे हजारों स्त्री-पुरुष हुए हैं, जिन्होंने दूसरों का जीवन-पथ सुगम बनाने के लिए अविरत परिश्रम किया। किन्तु इसमें वे कहाँ तक सफल हो सके? हम तो केवल एक गेंद को एक जगह से दूसरी जगह फेंकने का खेल खेल सकते हैं। हम यदि शरीर से दुःख को निकाल फेंकते

हैं, तो वह मन में जा बैठता है। यह दाँते के उस नरक-चित्र जैसा है—जिसमें कंजूसों को सोने का एक बड़ा गोला दिया गया है और उनसे उस गोले को पहाड़ के ऊपर ढकेल कर चढ़ाने के लिए कहा गया है। परन्तु प्रत्येक बार ज्यों ही वे उसे थोड़ा सा ऊपर ढकेल पाते हैं कि वह लुढ़ककर नीचे आ जाता है! इसी प्रकार यह संसार-चक्र घूम रहा है। सतयुग के सम्बन्ध में हमारी बातें स्कूल के बच्चों के लिए क़िस्से-कहानी के समान बहुत सुन्दर हैं, उससे अधिक वे और कुछ नहीं। जो जातियाँ सतयुग का लुभावना स्वप्न देखा करती हैं, वे अपने मन में यह भावना रखती हैं कि उस सतयुग के आने पर संसार की अन्य जातियों की अपेक्षा शायद उन्हें उसका सबसे अधिक लाभ मिले! सतयुग के सम्बन्ध में यह क्या आश्चर्यजनक निःस्वार्थ भाव है!

हम इस संसार में सुख को नहीं बढ़ा सकते,और न दुःख को ही। इस संसार में शुभ और अशुभ शक्तियों की समष्टि सदैव समान रहेगी। हम उसे सिर्फ़ यहाँ से वहाँ और वहाँ से यहाँ ढकेलते रहते हैं; परन्तु यह निश्चित है कि वह सदैव समान रहेगी, क्योंकि वैसा रहना ही उसका स्वभाव है। ज्वार-भाटा, यह चढ़ाव-उतार तो संसार की प्रकृति ही है। इसके विपरीत सोचना तो वैसा ही युक्तिसंगत होगा, जैसा यह कहना कि मृत्यु बिना जीवन के सम्भव है। ऐसा कहना निरी मूर्खता है, क्योंकि जीवन कहने से ही मृत्यु का बोध होता है, और सुख कहने से दुःख का। दीपक सतत जलकर समाप्त होता जा रहा है, और यही उसका जीवन है। यदि तुम्हें जीवन की अभिलाषा हो, तो उसके लिए तुम्हें प्रतिक्षण मरना होगा। जीवन और मृत्यु एक ही चीज़ की विभिन्न अभिव्यक्तियाँ हैं—केवल अलग अलग दृष्टिकोणों से भिन्न भिन्न दिखायी मात्र देती हैं। वे एक ही तरंग के उत्थान और पतन हैं, और दोनों को मिलाने से ही एक सम्पूर्ण वस्तु बनती है। एक व्यक्ति पतन को देखता है और निराशावादी बन जाता है; दूसरा उत्थान देखता है और आशावादी बन जाता है। बालक पाठशाला जाता है, माता-पिता उसकी पूरी देख-भाल करते हैं; तब उसे हर एक वस्तु सुखप्रद मालूम होती है। उसकी आवश्यकताएँ बिल्कुल साधारण हुआ करती हैं, वह बड़ा आशावादी बन जाता है। पर एक वृद्ध को देखो, जिसे संसार के अनेक अनुभव हो चुके हैं;—वह अपेक्षाकृत शान्त हो जाता है और उसकी गर्मी काफ़ी ठंडी पड़ जाती है। इसी प्रकार, वे प्राचीन जातियाँ, जिन्हें चारों ओर क्षय के चिह्न ही दृष्टिगोचर होते हैं, स्वभावतः नूतन जातियों की अपेक्षा कम आशावादी होती हैं। भारत में एक कहावत है, 'हज़ार वर्ष तक शहर और फिर हज़ार वर्ष तक जंगल।' शहर का जंगल में तथा जंगल का शहर में, इस

प्रकार परिवर्तन सर्वत्र ही होता रहता है, और लोग इसको जिस पहलू से देखते हैं, उसीके अनुसार वे आशावादी या निराशावादी बन जाते हैं।

इसके बाद अब हम समता के सम्बन्ध में विचार करेंगे। उपर्युक्त सतयुग सम्बन्धी धारणाएँ कार्य की महती प्रेरणाएँ रही हैं। बहुत से धर्म इसका अपने धर्म के एक अंग के रूप में प्रचार किया करते हैं। उनकी धारणा है कि परमेश्वर इस जगत् का शासन करने के लिए स्वयं आ रहे हैं, और उनके आने पर किसी प्रकार का अवस्था-भेद नहीं रह जायगा। जो लोग इस बात का प्रचार करते हैं, वे केवल मात्र धर्मान्ध हैं, किन्तु धर्मान्ध मानवता के सर्वाधिक ईमानदार व्यक्ति होते हैं। ईसाई धर्म का प्रचार इसी मोहक धर्मान्धता के आधार पर हुआ था और यही कारण है कि यूनानी एवं रोमन ग़ुलाम इसकी ओर इतने आकृष्ट हुए थे। उनका यह दृढ़ विश्वास हो गया था कि इस सतयुगी धर्म में ग़ुलामी बिल्कुल न रह जायगी, अन्न-वस्त्र की भी बिल्कुल कमी न रहेगी, और इसीलिए वे हज़ारों की तादाद में ईसाई होने लगे। जिन ईसाइयों ने इस भाव का प्रथम प्रचार किया, वे वास्तव में अज्ञानी धर्मान्ध व्यक्ति थे, परन्तु उनका विश्वास निष्कपट था। आजकल के ज़माने में इसी सतयुगी भावना ने समता-स्वाधीनता-बन्धुतावाली समता का रूप धारण कर लिया है। पर यह भी एक धर्मान्धता है। यथार्थ समता न तो कभी संसार में हुई है, और न कभी होने की आशा है। यहाँ हम सब समान हो ही कैसे सकते हैं? इस प्रकार की असम्भव समता का फल तो मृत्यु ही होगा! यह जगत् जैसा है, वैसा क्यों है? नष्ट संतुलन के कारण। साम्य का अभाव, केवल वैषम्यभाव। आद्यावस्था में,—जिसे प्रलय कहा जाता है—पूर्ण संतुलन हो सकता है। तब फिर इन सब निर्माणशील विभिन्न शक्तियों का उद्‌भव किस प्रकार होता है?—विरोध, प्रतियोगिता एवं प्रतिद्वन्द्विता द्वारा ही। मान लो कि संसार के सब भौतिक परमाणु सम्पूर्ण साम्यावस्था में स्थित हो जायँ—तो फिर क्या सृष्टि की प्रक्रिया हो सकेगी? विज्ञान हमें सिखाता है कि यह असम्भव है। स्थिर जल को हिला दो; तुम देखोगे कि प्रत्येक जल-बिन्दु फिर से स्थिर होने की चेष्टा करता है, एक दूसरे की ओर इसी हेतु दौड़ता है। इसी प्रकार इस जगत्-प्रपंच में समस्त शक्तियाँ एवं समस्त पदार्थ अपने नष्ट पूर्ण साम्यभाव को पुनः प्राप्त करने के लिए चेष्टा कर रहे हैं। पुनः वैषम्यावस्था आती है और उससे पुनः इस सृष्टिरूप मिश्रण की उत्पत्ति हो जाती है। विषमता सृष्टि की नींव है। परन्तु साथ ही वे शक्तियाँ भी, जो साम्यभाव स्थापित करने की चेष्टा करती हैं, सृष्टि के लिए उतनी ही आवश्यक हैं, जितनी कि वे, जो उस साम्यभाव को नष्ट करने का प्रयत्न करती हैं।

पूर्ण निरपेक्ष समता, अर्थात् सभी स्तरों की समस्त प्रतिद्वन्द्वी शक्तियों का पूर्ण संतुलन इस संसार में कभी नहीं हो सकता। उस अवस्था को प्राप्त करने के पूर्व ही सारा संसार किसी भी प्रकार के जीवन के लिए सर्वथा अयोग्य बन जायगा, और वहाँ कोई भी प्राणी न रहेगा। अतएव हम देखते हैं कि सतयुग अथवा पूर्ण समता की ये धारणाएँ इस संसार में केवल असम्भव ही नहीं, वरन् यदि हम इन्हें कार्यरूप में परिणत करने की चेष्टा करें, तो वे हमें निश्चय प्रलय की ओर ले जायँगी। वह क्या चीज़ है, जो मनुष्य मनुष्य में भेद स्थापित करती है ?—वह है मस्तिष्क की भिन्नता। आजकल के दिनों में एक पागल के अतिरिक्त और कोई भी यह न कहेगा कि हम सब मस्तिष्क की समान शक्ति लेकर उत्पन्न हुए हैं। हम सब संसार में विभिन्न शक्तियाँ लेकर आते हैं, कोई बड़ा होकर आता है, कोई छोटा, और इस पूर्व जन्म से निर्धारित दशा का अतिक्रमण करने का कोई मार्ग नहीं है। अमेरिकन आदिवासी इस देश में हजारों वर्ष रहे और तुम्हारे मुट्ठी भर पूर्वज उनके देश में आये। परन्तु उन्होंने इस देश में क्या क्या परिवर्तन कर दिये हैं! यदि सभी लोग समान हों, तो उन आदिवासियों ने इस देश को उन्नत करके बड़े बड़े नगर आदि क्यों नहीं बना दिये? क्यों वे चिरकाल तक जंगलों में शिकार करते हुए घूमते रहे? तुम्हारे पूर्वजों के साथ इस देश में दूसरे ही प्रकार की दिमाग़ी शक्ति, एक दूसरे ही प्रकार का संस्कार-समष्टि आ गयी और उन्होंने अपना काम किया, अपने को व्यक्त किया। निरपेक्ष विभेद-राहित्य का अर्थ है मृत्यु। जब तक यह संसार है, तब तक विभेद भी रहेगा, और यह सतयुग अथवा पूर्ण समता तभी आयेगी, जब कल्प का अन्त हो जायगा। उसके पहले समता नहीं आ सकती। परन्तु फिर भी सतयुग को लाने की कल्पना एक प्रबल प्रेरक शक्ति है। जिस प्रकार सृष्टि के लिए विषमता उपयोगी है, उसी प्रकार उसे घटाने की चेष्टा भी नितान्त आवश्यक है। यदि मुक्ति एवं ईश्वर के पास लौट जाने की चेष्टा न हो, तो भी सृष्टि नहीं रह सकती। कर्म करने के पीछे मनुष्य का जो हेतु रहता है, वह इन दो शक्तियों के अन्तर से ही निश्चित होता है। कर्म के प्रति ये प्रेरणाएँ सदा विद्यमान रहेंगी—कुछ बन्धन की ओर ले जायँगी और कुछ मुक्ति की ओर।

संसार का यह 'चक्र के भीतर चक्र' एक भीषण यंत्र-रचना है। इसके भीतर हाथ पड़ा नहीं, हम फँसे नहीं, कि हम गये। हम सभी सोचते हैं कि अमुक कर्तव्य पूरा होते ही हमें छुट्टी मिल जायगी, हम चैन की साँस लेंगे; पर उस कर्तव्य का मुश्किल से एक अंश भी समाप्त नहीं हो पाता कि एक दूसरा कर्तव्य सिर पर आ खड़ा होता है। संसार का यह प्रचण्ड शक्तिशाली, जटिल यंत्र हम सभी को

खींचे ले जा रहा है। इससे बाहर निकलने के केवल दो ही उपाय हैं। एक तो यह कि उस यंत्र से सारा नाता ही तोड़ दिया जाय—वह यंत्र चलता रहे, हम एक ओर खड़े रहें और अपनी समस्त वासनाओं का त्याग कर दें। अवश्य, यह कह देना तो बड़ा सरल है, परन्तु इसे अमल में लाना असम्भव सा है। मैं नहीं कह सकता कि दो करोड़ आदमियों में से एक भी ऐसा कर सकेगा। दूसरा उपाय है—हम इस संसार-क्षेत्र में कूद पड़ें और कर्म का रहस्य जान लें। इसीको कर्मयोग कहते हैं। इस संसार-यंत्र से दूर न भागो, वरन् इसके अन्दर ही खड़े होकर कर्म का रहस्य सीख लो। भीतर रहकर कौशल से कर्म करके बाहर निकल आना सम्भव है। स्वयं इस यंत्र के माध्यम से ही बाहर निकल आने का मार्ग है।

अब हमने जान लिया कि कर्म क्या है। यह प्रकृति की नींव का एक अंश है और सदैव ही चलता रहता है। जो ईश्वर में विश्वास करते हैं, वे इसे अपेक्षाकृत अधिक अच्छी तरह समझ सकेंगे, क्योंकि वे जानते हैं कि ईश्वर कोई ऐसा असमर्थ पुरुष नहीं है, जिसे हमारी सहायता की आवश्यकता है। यद्यपि यह जगत् अनन्त काल तक चलता रहेगा, फिर भी हमारा ध्येय मुक्ति ही है, निःस्वार्थता ही हमारा लक्ष्य है; और कर्मयोग के मतानुसार उस ध्येय की प्राप्ति कर्म द्वारा ही करनी होगी। संसार को पूर्ण रूप से सुखी बनाने की जो भावनाएँ हैं, वे धर्मान्ध व्यक्तियों के लिए प्रेरणा-शक्ति के रूप में भले ही अच्छा हों, पर हमें यह भी जान लेना चाहिए कि धर्मान्धता से जितना लाभ होता है, उतनी ही हानि भा होती है। कर्मयोगी प्रश्न करते हैं कि कर्म करने के लिए मुक्ति के प्रति जन्मसिद्ध अनुराग को छोड़कर तुम्हारा अन्य कोई उद्देश्य क्यों हो? सब प्रकार के सांसारिक उद्देश्यों के अतीत हो जाओ। तुम्हें केवल कर्म करने का अधिकार है कर्मफल में तुम्हारा कोई अधिकार नहीं—**कर्मण्येवाधिकारस्ते मा फलेषु कदाचन**[1]। कर्मयोगी कहते हैं कि मनुष्य अध्यवसाय द्वारा ही इस सत्य को जान सकता है और इसे कार्य-रूप में परिणत कर सकता है। जब परोपकार करने की इच्छा उसके रोम रोम में भिद जाती है, तो फिर उसे किसी बाहरी उद्देश्य की कोई आवश्यकता नहीं रह जाती। हम भलाई क्यों करें?—इसलिए कि भलाई करना अच्छा है। कर्मयोगी का कथन है कि जो स्वर्ग प्राप्त करने की इच्छा से भी सत्-कर्म करता है, वह भी अपने को बन्धन में डाल लेता है। किसी कार्य में यदि थोड़ी सी भी स्वार्थपरता रहे, तो वह हमें मुक्त करने के बदले हमारे पैरों में और एक बेड़ी डाल देता है।

---

१. गीता ॥२।४७॥

अतएव, एकमात्र उपाय है—समस्त कर्मफलों का त्याग कर देना, अनासक्त हो जाना। यह याद रखो कि न तो यह संसार हम है और न हम यह संसार, न हम यह शरीर हैं और न वास्तव में हम कोई कर्म ही करते हैं। हम हैं आत्मा—हम अनन्त काल से विश्राम और शान्ति में स्थित हैं। हम क्यों किसी के बन्धन में पड़ें ? यह कह देना बड़ा सरल है कि हम पूर्ण रूप से अनासक्त रहें, परन्तु ऐसा हो किस तरह ? बिना किसी स्वार्थ के किया हुआ प्रत्येक सत्-कार्य हमारे पैरों में और एक बेड़ी डालने के बदले पहले की ही एक बेड़ी को तोड़ देता है। बिना किसी बदले की आशा से संसार में भेजा गया प्रत्येक शुभ विचार संचित होता जायगा—वह हमारे पैरों में से एक बेड़ी को काट देगा और हमें अधिकाधिक पवित्र बनाता जायगा, और अंदतः हम पवित्रतम मनुष्य बन जायँगे। पर हो सकता है, यह सब तुम लोगों को केवल एक अस्वाभाविक और कोरी दार्शनिक बात ही जान पड़े, जो कार्य में परिणत नहीं की जा सकती। मैंने भगवद्गीता के विरोध में अनेक युक्तियाँ पढ़ी हैं, और कई लोगों का यह सिद्धान्त है कि बिना किसी हेतु के हम कुछ कर्म कर ही नहीं सकते। उन्होंने शायद धर्मान्धता से रहित कोई निःस्वार्थ कर्म कभी देखा ही नहीं है, इसीलिए वे ऐसा कहा करते हैं।

अब अन्त में संक्षेप में मैं तुम्हें एक ऐसे व्यक्ति के बारे में बताऊँगा, जिन्होंने सचमुच कर्मयोग की शिक्षाओं को कार्यरूप में परिणत किया था। वे हैं बुद्ध। एकमात्र वे ही ऐसे मानव हैं, जिन्होंने इसकी पूर्ण साधना की। भगवान् बुद्ध को छोड़कर संसार के अन्य सभी पैग़म्बरों की निःस्वार्थ कर्म-प्रवृत्ति के पीछे कोई न कोई बाह्य उद्देश्य अवश्य था। एकमात्र उनके अपवाद को छोड़कर संसार के अन्य सब पैग़म्बर दो श्रेणियों में विभक्त किये जा सकते हैं—एक तो वे, जो अपने को संसार में अवतीर्ण भगवान् का अवतार कहते थे, और दूसरे वे, जो अपने को केवल ईश्वर का दूत मानते थे; ये दोनों अपने कार्यों की प्रेरणा-शक्ति बाहर से लेते थे, बहिर्जगत् से ही पुरस्कार की आशा करते थे—उनकी वाणी कितनी ही आध्यात्मिकतापूर्ण क्यों न रही हो। परन्तु एकमात्र बुद्ध ही ऐसे पैग़म्बर थे, जो कहते थे, "मैं ईश्वर के बारे में तुम्हारे मत-मतान्तरों को जानने की परवाह नहीं करता। आत्मा के बारे में विभिन्न सूक्ष्म मतों पर बहस करने से क्या लाभ ? भला करो और भले बनो। बस, यही तुम्हें निर्वाण की ओर अथवा जो भी कुछ सत्य ह , उसकी ओर ले जायगा।" उनके कार्यों के पीछे व्यक्तिगत उद्देश्य का लवलेश भी नहीं था, और उनकी अपेक्षा अधिक कार्य भला किस व्यक्ति ने किया है ? इतिहास में मुझे ज़रा एक ऐसा चरित्र तो दिखाओ, जो सबसे ऊपर इतना ऊँचा उठ गया हो। सारी मानव-जाति ने ऐसा केवल एक ही चरित्र उत्पन्न किया

है—इतना उन्नत दर्शन ! इतनी व्यापक सहानुभूति ! सर्वश्रेष्ठ दर्शन का प्रचार करते हुए भी इन महान् दार्शनिक के हृदय में क्षुद्रतम प्राणी के प्रति भी गहरी सहानुभूति थी, और फिर भी उन्होंने अपने लिए किसी प्रकार का दावा नहीं किया। वास्तव में वे ही आदर्श कर्मयोगी हैं, पूर्णरूपेण हेतुशून्य होकर उन्होंने कर्म किया है; और मानव-जाति का इतिहास यह दिखाता है कि सारे संसार में उनके सदृश श्रेष्ठ महात्मा और कोई पैदा नहीं हुआ। उनके साथ अन्य किसी की तुलना नहीं हो सकती। हृदय तथा मस्तिष्क के पूर्ण सामंजस्य-भाव के वे सर्वश्रेष्ठ उदाहरण हैं; आत्म-शक्ति का जितना विकास उनमें हुआ, उतना और किसी में नहीं हुआ। संसार में वे सर्वप्रथम श्रेष्ठ सुधारक हैं। उन्होंने सर्वप्रथम साहसपूर्वक कहा था, "चूँकि कुछ प्राचीन हस्तलिखित पोथियाँ प्रमाण के लिए प्रस्तुत की जाती हैं, केवल इसीलिए उस पर विश्वास मत कर लो; उस बात को इसलिए भी न मान लो कि उस पर तुम्हारा जातीय विश्वास है अथवा बचपन से ही तुम्हें उस पर विश्वास कराया गया है; वरन् तुम स्वयं उस पर विचार करो, और विशेष रूप से विश्लेषण करने के बाद यदि देखो कि उससे तुम्हारा तथा दूसरों का भी कल्याण होगा, तभी उस पर विश्वास करो, उसीके अनुसार अपना जीवन बिताओ तथा दूसरों को भी उसीके अनुसार चलने में सहायता पहुँचाओ।"

केवल वही व्यक्ति सबकी अपेक्षा उत्तम रूप से कार्य करता है, जो पूर्णतया निःस्वार्थी है, जिसे न तो धन की लालसा है, न कीर्ति की और न किसी अन्य वस्तु की ही। और मनुष्य जब ऐसा करने में समर्थ हो जायगा, तो वह भी एक बुद्ध बन जायगा, और उसके भीतर से ऐसी शक्ति प्रकट होगी, जो संसार की अवस्था को सम्पूर्ण रूप से परिवर्तित कर सकती है। यह व्यक्ति कर्मयोग के चरम आदर्श का प्रतीक है।

व्याख्यान, प्रवचन एवं कक्षालाप–३
(धर्म : साधना)

उच्चतर जीवन के निमित्त साधनाएँ

पूर्वावस्था की ओर प्रतिगमन होने से हमारा पतन होता है; और यदि क्रम-विकास की ओर हो, तो हम आगे बढ़ते जाते हैं। अतः हमें पूर्वावस्था की ओर यह प्रतिगमन नहीं होने देना चाहिए। सर्वप्रथम तो हमारा शरीर ही हमारे अध्ययन का विषय बनना चाहिए। पर कठिनाई तो यह है कि हम पड़ोसियों को ही सीख देने में अत्यधिक व्यस्त रहा करते हैं! हमें अपने शरीर से ही प्रारम्भ करना चाहिए। हृदय, यकृत आदि सभी प्रतिगामी हैं; इन्हें ज्ञान के क्षेत्र में ले आओ, इन पर नियंत्रण रखो, ताकि इनका परिचालन तुम्हारी इच्छानुसार हो सके। एक समय था, जब हमारा यकृत पर नियंत्रण था; हम अपनी सारी त्वचा उसी प्रकार हिला सकते थे, जैसे एक गाय। मैंने अनेक व्यक्तियों को कठोर अभ्यास द्वारा इस नियंत्रण को पुनः प्राप्त करते देखा है। एक बार संस्कार पड़ने पर वह मिटता नहीं। अवचेतन मन के विशाल सागर में निमग्न क्रियाओं को नियंत्रण में ले आओ। यही हमारी साधना का पहला अंग है, और हमारे सामाजिक कल्याण के लिए इसकी नितान्त आवश्यकता है। दूसरी ओर, केवल चैतन्य का ही सर्वदा अध्ययन करते रहने की आवश्यकता नहीं।

इसके बाद है साधना का दूसरा अंग, जिसकी हमारे सामाजिक जीवन में उतनी आवश्यकता नहीं—और जो हमें मुक्ति की ओर ले जाता है। इसका प्रत्यक्ष कार्य है, आत्मा को मुक्त कर देना, अन्धकार में प्रकाश लाना, जो पीछे है, उसे स्वच्छ करना, उसे झकझोर देना, आवश्यकता हो, तो उसका विरोध करना तथा साधक को इस योग्य बना देना कि वह अन्धकार को चीरता हुआ आगे बढ़ निकले। यह अतिचेतन ही हमारे जीवन का लक्ष्य है। जब उस अवस्था की उपलब्धि हो जाती है, तब यही मानव दिव्य बन जाता है, मुक्त हो जाता है। और उस मन के सम्मुख, जिसे सब विषयों से परे जाने का इस प्रकार अभ्यास हो गया है, यह जगत् क्रमशः अपने रहस्य खोलता जाता है; प्रकृति की पुस्तक के अध्याय एक एक करके पढ़ जाते हैं, जब तक कि इस लक्ष्य की प्राप्ति नहीं हो जाती; और तब हम जन्म और मृत्यु की इस घाटी से उस 'एक' की ओर प्रयाण करते हैं, जहाँ जन्म और मृत्यु—किसीका अस्तित्व नहीं है, तब हम सत्य को जान लेते हैं और सत्यस्वरूप बन जाते हैं।

हमें पहले जिस बात की आवश्यकता है, वह है कोलाहलहीन शान्तिमय जीवन। यदि दिन भर मुझे पेट की चिन्ता के लिए दुनिया की खाक छाननी पड़े, तो इस जीवन में कोई भी उच्चतर उपलब्धि मेरे लिए कठिन होगी। हो सकता है, मैं अगले जन्म में कुछ अधिक अनुकूल परिस्थितियों में जन्म लूँ। पर यदि मैं सचमुच अपनी धुन का पक्का हूँ, तो इसी जन्म में ये ही परिस्थितियाँ परिवर्तित हो जायँगी। क्या कभी ऐसा हुआ है कि तुम्हें वह चीज़ न मिली हो, जिसे तुम हृदय से चाहते थे? ऐसा कभी हो ही नहीं सकता। क्योंकि आवश्यकता ही, वासना ही शरीर का निर्माण करती है। वह प्रकाश ही है, जिसने तुम्हारे सिर में मानो दो छेद कर दिये हैं, जिन्हें आँख कहा जाता है। यदि प्रकाश का अस्तित्व न होता, तो तुम्हारी आँखें भी न होतीं। वह ध्वनि ही है, जिसने कानों का निर्माण किया है। तुम्हारी इन्द्रियों की सृष्टि के पहले से ही ये इन्द्रियगम्य वस्तुएँ विद्यमान हैं। कई सहस्र वर्षों में, या सम्भव है, इससे कुछ पहले ही, हममें शायद ऐसी इन्द्रियों की भी सृष्टि हो जाय, जिससे हम विद्युत्-प्रवाह और प्रकृति में होनेवाली अन्य घटनाओं को भी देख सकें। शान्तिमय मन में कोई वासना नहीं रहती। जब तक इच्छाओं की पूर्ति के लिए बाहर में कोई सामग्री न हो, इच्छा की उत्पत्ति नहीं होती। बाहर की वह सामग्री शरीर में मानो एक छिद्र कर मन में प्रवेश करने का प्रयत्न करती है। अतः, यदि एक शान्तिमय, कोलाहलहीन जीवन के लिए इच्छा उठे, जहाँ सभी कुछ मन के विकास के लिए अनुकूल होगा, तो यह निश्चित जानो कि वह अवश्य पूर्ण होगी—यह मैं अपने अनुभव से कह रहा हूँ। भले ही ऐसे जीवन की प्राप्ति सहस्रों जन्म के बाद हो, पर उसकी प्राप्ति अवश्यमेव होगी। उस इच्छा को बनाये रखो—मिटने न दो—उसकी पूर्ति के लिए प्राणपण से चेष्टा करते रहो। यदि तुम्हारे लिए कोई वस्तु बाहर न हो, तो तुममें उसके लिए प्रबल इच्छा उत्पन्न हो ही नहीं सकती। पर हाँ, तुमको यह जान लेना चाहिए कि इच्छा इच्छा में भी भेद होता है। गुरु ने कहा, "मेरे बच्चे, यदि तुम भगवत्प्राप्ति की इच्छा रखते हो, तो अवश्य ही तुम्हें भगवान् का लाभ होगा।" शिष्य ने गुरु का मन्तव्य पूर्णतया नहीं समझा। एक दिन दोनों नहाने के लिए एक नदी में गये। गुरु ने शिष्य से कहा, "डुबकी लगाओ" और शिष्य ने डुबकी लगायी। गुरु एकदम शिष्य के ऊपर हो गये और उसे पानी में डुबाये रखा। उन्होंने शिष्य को ऊपर नहीं आने दिया। जब वह लड़का ऊपर आने की कोशिश करते करते थक गया, तब गुरु ने उसे छोड़ दिया और पूछा, "अच्छा, मेरे बच्चे, बताओ तो सही, तुम्हें पानी के अन्दर कैसा लग रहा था?" "ओफ़! एक साँस लेने के लिए मेरा जी तड़प रहा था।"

"क्या ईश्वर के लिए भी तुम्हारी इच्छा उतनी ही प्रबल है ?" "नहीं, गुरु जी।" "तब ईश्वर-प्राप्ति के लिए वैसी ही उत्कट इच्छा रखो, तुम्हें ईश्वर के दर्शन होंगे।"

जिसके बिना हम जीवित नहीं रह सकते, वह वस्तु हमें प्राप्त होगी ही। यदि हमें उसकी प्राप्ति न हो, तो जीवन दूभर हो उठेगा।

यदि तुम योगी होना चाहते हो, तो तुम्हें स्वतंत्र होना पड़ेगा, और अपने आपको ऐसे वातावरण में रखना होगा, जहाँ तुम सर्व चिन्ताओं से मुक्त होकर अकेले रह सकते हो। जो आराममय और विलासमय जीवन की इच्छा रखते हुए आत्मानुभूति की चाह रखता है, वह उस मूर्ख के समान है, जिसने नदी पार करने के लिए, एक मगर को लकड़ी का लट्ठा समझकर पकड़ लिया था। 'अरे, तुम लोग पहले ईश्वर के राज्य और धर्म की प्राप्ति के लिए प्रयत्न करो, और शेष ये सब वस्तुएँ तुम्हारे पास अपने आप ही आ जायँगी।' उसीके पास सभी वस्तुएँ आती हैं, जो किसीकी परवाह नहीं करता। भाग्य उस चपला स्त्री के समान है; जो उसे चाहता है, उसकी वह परवाह ही नहीं करती; पर जो व्यक्ति उसकी परवाह नहीं करता, उसके चरणों पर वह लोटती रहती है। जिसे धन की कोई कामना नहीं, लक्ष्मी उसीके घर छप्पर फाड़कर आती है। इसी प्रकार नाम-यश भी अयाचक के पास ढेर के ढेर में आता है, यहाँ तक कि यह सब उसके लिए एक कष्टप्रद बोझा हो जाता है। सदैव स्वामी के पास ही यह सब आता है। गुलाम को कभी कुछ नहीं मिलता। स्वामी तो वह है, जो बिना उन सबके रह सके, जिसका जीवन संसार की क्षुद्र सारहीन वस्तुओं पर अवलम्बित नहीं रहता। एक आदर्श के लिए—और केवल उसी एक आदर्श के लिए जीवित रहो। उस आदर्श को इतना प्रबल, इतना विशाल एवं महान् होने दो, जिससे मन के अन्दर और कुछ न रहने पाये; मन में अन्य किसीके लिए भी स्थान न रहे, अन्य किसी विषय पर सोचने के लिए समय ही न रहे।

क्या तुमने देखा नहीं, किस प्रकार कुछ लोग धनी बनने की वासनारूपी अग्नि में अपनी समस्त शक्ति, समय, बुद्धि, शरीर, यहाँ तक कि अपना सर्वस्व स्वाहा कर देते हैं ! उन्हें खाने-पीने तक के लिए फ़ुरसत नहीं मिलती ! पक्षियों के कलरव से पूर्व ही उठकर वे बाहर चले जाते हैं और काम में लग जाते हैं ! इसी प्रयत्न में उनमें से नब्बे प्रतिशत लोग काल के कराल गाल में प्रविष्ट हो जाते हैं, और शेष लोग यदि पैसा कमाते भी हैं, तो उसका उपभोग नहीं कर पाते। यह महान् है ! मैं यह नहीं कहता कि धनवान बनने के लिए प्रयत्न करना बुरा है। यह बहुत ही अद्‌भुत है, आश्चर्यजनक है। क्यों, यह क्या दर्शाता

है ? इससे यही ज्ञात होता है कि हम मुक्ति के लिए उतना ही प्रयत्न कर सकते हैं, उतनी ही शक्ति लगा सकते हैं, जितना एक व्यक्ति धनोपार्जन के लिए। हम जानते हैं कि मरने के उपरान्त हमें धन इत्यादि सभी कुछ छोड़ जाना पड़ेगा, तिस पर भी देखो, हम इनके लिए कितनी शक्ति नष्ट कर देते हैं ! अतः हमको उस वस्तु की प्राप्ति के लिए, जिसका कभी नाश नहीं होता और जो चिरकाल तक हमारे साथ रहती है, क्या सहस्रगुनी अधिक शक्ति नहीं लगानी चाहिए ? क्योंकि, हमारे अपने शुभ कर्म, हमारी अपनी आध्यात्मिक अनुभूतियाँ—यही सब हमारे ऐसे साथी हैं, जो हमारे देह-नाश के बाद भी हमारे साथ आते हैं। और शेष सब कुछ तो देह के साथ यहीं पड़ा रह जाता है।

आदर्शोपलब्धि के लिए वास्तविक इच्छा—यही हमारा पहला और एक बड़ा क़दम है। इसके बाद अन्य सब कुछ सहज हो जाता है। इस सत्य का आविष्कार भारतीय मन ने किया। वहाँ भारत में, सत्य को ढूँढ़ निकालने में मनुष्य कोई क़सर नहीं उठा रखते। पर यहाँ पाश्चात्य देशों में मुश्किल तो यह है कि हर एक बात इतनी सरल कर दी गयी है! यहाँ का प्रधान लक्ष्य सत्य नहीं, वरन् भौतिक प्रगति है। संघर्ष एक बड़ा पाठ है। ध्यान रखो, संघर्ष इस जीवन में बड़ा लाभदायक है। हम संघर्ष में से होकर ही अग्रसर होते हैं—यदि स्वर्ग के लिए कोई मार्ग है, तो वह नरक में से होकर जाता है। नरक से होकर स्वर्ग —यही सदा का रास्ता है। जब जीवात्मा परिस्थितियों का सामना करते हुए मृत्यु को प्राप्त होती है, जब मार्ग में इस प्रकार उसकी सहस्रों बार मृत्यु होने पर भी वह निर्भीकता से संघर्ष करती हुई आगे बढ़ती है और बढ़ती जाती है, तब वह महान् शक्तिशाली बन जाती है और उस आदर्श पर हँसती है, जिसके लिए वह अभी तक संघर्ष कर रही थी, क्योंकि वह जान लेती है कि वह स्वयं उस आदर्श से कहीं अधिक श्रेष्ठ है। मैं—स्वयं मेरी आत्मा ही लक्ष्य है, अन्य और कुछ भी नहीं; क्योंकि ऐसा क्या है, जिसके साथ मेरी आत्मा की तुलना की जा सके ? सुवर्ण की एक थैली क्या कभी मेरा आदर्श हो सकती है ? कदापि नहीं ! मेरी आत्मा ही मेरा सर्वोच्च आदर्श है। अपने प्रकृत स्वरूप की अनुभूति ही मेरे जीवन का एकमात्र ध्येय है।

ऐसी कोई वस्तु नहीं है, जो सम्पूर्णतया बुरी हो। यहाँ शैतान और ईश्वर, दोनों के लिए ही स्थान है, अन्यथा शैतान यहाँ होता ही नहीं। जैसे मैंने तुमसे कहा ही है, हम नरक में से होकर ही स्वर्ग की ओर प्रयाण करते हैं। हमारी भूलों की भी यहाँ उपयोगिता है। बढ़े चलो ! यदि तुम सोचते हो कि तुमने कोई अनुचित कार्य किया है, तो भी पीछे फिरकर मत देखो। यदि पहले तुमने

इन ग़लतियों को न किया होता, तो क्या तुम विश्वास करते हो कि आज तुम जैसे हो, वैसे कभी हो सकते ? अतः अपनी भूलों को आशीर्वाद दो। वे अदृश्य देवदूतों के समान रही हैं। धन्य हो दुःख ! धन्य हो सुख ! तुम्हारे मत्थे क्या आता है, इसकी चिंता न करो। आदर्श को पकड़े रहो। आगे बढ़ते चलो ! छोटी छोटी बातों और भूलों पर ध्यान न दो। हमारी इस रणभूमि में भूलों की धूल तो उड़ेगी ही। जो इतने नाज़ुक हैं कि धूल सहन नहीं कर सकते, उन्हें पंक्ति से बाहर चले जाने दो।

अतः संघर्ष के लिए यह प्रबल निश्चय—ऐहिक वस्तुओं की प्राप्ति के लिए हम जितना प्रयत्न करते हैं, उससे सौगुना अधिक प्रबल निश्चय हमारी प्रथम महान् साधना है।

और फिर उसके साथ ध्यान भी होना चाहिए। ध्यान ही एकमात्र असल वस्तु है। ध्यान करो ! ध्यान ही सबसे महत्त्वपूर्ण है। मन की यह ध्यानावस्था आध्यात्मिक जीवन की निकटतम समीपता है। समस्त जड़ पदार्थों से मुक्त होकर आत्मा का अपने बारे में चिन्तन—आत्मा का यह अद्भुत संस्पर्श—यही हमारे दैनिक जीवन में एकमात्र ऐसा क्षण है, जब हम किंचित् भी पार्थिव नहीं रह जाते।

शरीर हमारा शत्रु है और मित्र भी। तुममें से कौन वास्तविक दुःख का दृश्य सहन कर सकता है ? और यदि केवल किसी चित्र में तुम दुःख का दृश्य देखो, तो तुममें से कौन उसे सहन नहीं कर सकता ? इसका कारण क्या है, जानते हो ?——हम चित्र से अपने को तादात्म्य नही करते, क्योंकि चित्र असत् है ; अवास्तविक है ; हम जानते हैं कि वह एक चित्र मात्र है ; वह न हम पर कृपा कर सकता है, न हमें चोट पहुँचा सकता है। यही नहीं, यदि परदे पर एक भयानक दुःख चित्रित किया गया हो, तो शायद हम उसका रस भी ले सकते हैं। हम चित्रकार के शिल्प की प्रशंसा करते हैं, हम उसकी असाधारण प्रतिभा पर आश्चर्यचकित हो जाते हैं, भले ही चित्रित दृश्य बीभत्सतम क्यों न हो। इसका रहस्य क्या है, जानते हो? अनासक्ति ही इसका रहस्य है। अतएव साक्षी बनो।

जब तक 'मैं साक्षी हूँ', इस भाव तक तुम नहीं पहुँचते, तब तक प्राणायाम अथवा योग की भौतिक क्रियाएँ आदि किसी काम की नहीं। यदि खूनी हाथ तुम्हारी गर्दन पकड़ ले, तो कहो, "मैं साक्षी हूँ ! मैं साक्षी हूँ !" कहो, "मैं आत्मा हूँ ! कोई भी बाह्य वस्तु मुझे स्पर्श नहीं कर सकती।" यदि मन में बुरे विचार उठें, तो बार बार यही दुहराओ, यह कह कहकर उनके सिर पर हथौड़े की चोट करो कि "मैं आत्मा हूँ ! मैं साक्षी हूँ ! मैं नित्य शुभ और कल्याणस्वरूप

हूँ ! कोई कारण नहीं कि मैं कर्म करूँ, कोई कारण नहीं, जो मैं भुगतूं, मेरे सब कर्मों का अन्त हो चुका है, मैं साक्षीस्वरूप हूँ। मैं अपनी चित्रशाला में हूँ—यह जगत् मेरा अजायबघर है, मैं इन क्रमागत चित्रों को केवल देखता जा रहा हूँ। वे सभी सुन्दर हैं—भले हों या बुरे। मैं अद्भुत कौशल देख रहा हूँ ; किन्तु यह समस्त एक है। उस महान् चित्रकार परमात्मा की अनन्त अर्चियाँ !" सचमुच, किसीका अस्तित्व नहीं है—न संकल्प है, न विकल्प। वे प्रभु ही सब कुछ हैं। ईश्वर—चित्-शक्ति—जगदम्बा लीला कर रही हैं, और हम सब गुड़ियों जैसे हैं, उनकी लीला में सहायक मात्र हैं। यहाँ वे किसी को कभी भिखारी के रूप में सजाती हैं, और कभी राजा के रूप में, तीसरे क्षण उसे साधु का रूप दे देती हैं और कुछ ही देर बाद शैतान की वेश-भूषा पहना देती हैं। हम जगन्माता को उनके खेल में सहायता देने के लिए भिन्न भिन्न वेश धारण कर रहे हैं।

जब तक बच्चा खेलता रहता है, तब माँ के बुलाने पर भी नहीं जाता। पर जब उसका खेलना समाप्त हो जाता है, तब वह सीधे माँ के पास दौड़ जाता है, फिर 'ना' नहीं कहता। इसी प्रकार हमारे जीवन में भी ऐसे क्षण आते हैं, जब हम अनुभव करते हैं कि हमारा खेल ख़त्म हो गया, और तब हम जगन्माता की ओर दौड़ जाना चाहते हैं। तब, हमारी आँखों में यहाँ के अपने समस्त कार्य-कलापों का कोई मूल्य नहीं रह जाता ; नर-नारी-बच्चे, धन-नाम-यश, जीवन के हर्ष और महत्व, दण्ड और पुरस्कार—इनका कुछ भी अस्तित्व नहीं रह जाता, और समस्त जीवन उड़ते दृश्य सा जान पड़ता है। हम देखते हैं केवल एक असीम लय-लहरी को किसी अज्ञात दिशा में बहते हुए—बिना किसी छोर के, बिना किसी उद्देश्य के। हम केवल इतना ही कह सकते हैं कि हमारा खेल समाप्त हो चुका।

आत्मानुभूति के सोपान

(अमेरिका में दिया हुआ भाषण)

ज्ञानयोग के दीक्षार्थी के लक्षणों में पहला स्थान 'शम' और 'दम' का है, और इन दोनों को एक साथ लिया जा सकता है। इन्द्रियों को उनके केन्द्रों में स्थिर रखना और उन्हें बहिर्मुख न होने देने का नाम है 'शम' तथा 'दम'। अब मैं तुम्हें 'इन्द्रिय' शब्द का अर्थ समझाता हूँ। ये आँखें हैं, लेकिन ये दर्शनेन्द्रिय नहीं हैं। ये तो केवल देखने का यंत्र मात्र हैं। जिसे दर्शनेन्द्रिय कहते हैं, वह यदि मुझमें न हो, तो बाहरी आँखें होने पर भी मुझे कुछ दिखायी न देगा। किन्तु यदि देखने का साधन ये बाहरी आँखें मुझमें हैं और दर्शनेन्द्रिय भी मौजूद है, लेकिन मेरा मन उनमें नहीं लगा है, ऐसी दशा में मुझे कुछ नहीं दिख सकेगा। इसलिए यह स्पष्ट है कि किसी भी चीज़ के प्रत्यक्ष के लिए तीन बातें आवश्यक हैं। वे हैं बहिरिन्द्रिय, अन्तरिन्द्रिय, और अन्त में मन। इन तीनों में से अगर एक भी विद्यमान न हुई, तो वस्तु का प्रत्यक्ष न होगा। इस प्रकार, मन की क्रिया बाह्य तथा आन्तर, इन दो साधनों द्वारा हुआ करती है। जब मैं कोई वस्तु देखता हूँ, तो मेरा मन बाहर जाकर बहिःकृत हो जाता है; किन्तु जब मैं आँख बन्द कर लेता हूँ और सोचने लगता हूँ, तो मन फिर बाहर नहीं जाता, वह भीतर ही काम करता रहता है। दोनों ही समय इन्द्रियों की क्रिया जारी रहती है। जब मैं तुम्हें देखता हूँ और तुमसे बात करता हूँ, तो मेरी इन्द्रियाँ और उनके बाहरी साधन, दोनों ही काम करते रहते हैं, पर जब मैं आँखें बन्द कर लेता हूँ और सोचने लगता हूँ, तो केवल मेरी इन्द्रियाँ ही काम करती हैं, उनके बाहरी साधन नहीं। इन्द्रियों की क्रिया के बिना मनुष्य विचार ही न कर सकेगा। तुम अनुभव करोगे कि बिना किसी प्रतीक के सहारे तुम विचार ही नहीं कर सकते। अन्धा मनुष्य भी जब विचार करेगा, तो किसी प्रकार की आकृति की सहायता से ही विचार करेगा। बहुधा आँख और कान, ये दो इन्द्रियाँ अत्यधिक कार्यशील होती हैं। यह बात कभी न भूलनी चाहिए कि 'इन्द्रिय' शब्द से मतलब है, हमारे मस्तिष्क में रहनेवाला स्नायु-केन्द्र। आँख और कान तो देखने और सुनने के 'साधन'—यंत्र—मात्र हैं। उनकी इन्द्रियाँ तो भीतर ही रहती हैं। यदि किसी

कारण से ये इन्द्रियाँ नष्ट हो जायँ, तो आँख और कान रहने पर भी न तो हमें कुछ दिखेगा और न कुछ सुनायी ही देगा। इसलिए मन पर संयम करने के पहले इन इन्द्रियों पर संयम करना चाहिए। मन को भीतर-बाहर भटकने से रोकना और इन्द्रियों को अपने केन्द्रों में लगाये रखने का नाम 'शम' और 'दम' है। मन को बहिर्मुख होने से रोकना 'शम' कहलाता है और इन्द्रियों के बाहरी साधनों के निग्रह का नाम है 'दम'।

इसके बाद 'उपरति' है, जिसका अर्थ है इन्द्रिय-विषयों का चिंतन न करना। हमारा अधिकांश समय उन इन्द्रिय-विषयों का चिंतन करने में ही व्यय होता है, जिन्हें हमने देखा या सुना है, या जिन्हें हम देखें-सुनेंगे, जिन्हें हमने खाया है या खा रहे हैं या खायेंगे, वे स्थान, जहाँ हम रह चुके हैं, इत्यादि। सारे समय हम उन्हींकी चर्चा या चिंतन करते रहते हैं। जो वेदांती होना चाहता है, उसे इस आदत को त्यागना होगा।

इसके बाद है 'तितिक्षा'। तत्त्वज्ञानी बनना ज़रा टेढ़ी ही खीर है! 'तितिक्षा' सबसे कठिन है। कहा जा सकता है कि आदर्श सहनशीलता और तितिक्षा एक ही हैं। आदर्श सहनशीलता का अर्थ है—'अशुभ का विरोध न करो।' इसका अर्थ ज़रा स्पष्ट करने की आवश्यकता है। हम कष्ट या अशुभ का विरोध न करें, किन्तु हो सकता है कि हम बहुत दुःखी हो जायँ। यदि कोई मनुष्य मुझे कड़ी बात सुना दे, तो सम्भव है, ऊपर से मैं उसका तिरस्कार न करूँ; शायद उसे प्रत्युत्तर भी न दूँ और बाहर क्रोध भी न प्रकट होने दूँ, लेकिन मेरे मन में उसके प्रति घृणा या आक्रोश मौजूद रह सकता है। हो सकता है कि उस मनुष्य के बारे में मैं मन ही मन अत्यन्त बुरा सोचता रहूँ। इसे 'तितिक्षा' नहीं कह सकते। मेरे मन में न क्रोध आना चाहिए और न घृणा, ओर न मुझमें विरोध की भावना ही होनी चाहिए। मैं इस प्रकार शान्त रहूँ, मानो कोई बात हुई ही न हो। जब मैं ऐसी स्थिति को पहुँच जाऊँगा, तभी समझो कि मैंने तितिक्षा सीखी;—इसके पहले नहीं। आये हुए दुःखों का सहन करना, उन्हें रोकने या दूर करने का विचार भी न करना, तज्जन्य शोक या अनुताप मन में उत्पन्न भी न होने देना, इसीका नाम है 'तितिक्षा'। मान लो, मैंने विरोध नहीं किया और फलतः मुझ पर कोई ज़बर्दस्त आपत्ति आ पड़ी, तो यदि मुझमें 'तितिक्षा' है, तो मुझे इस बात का शोक नहीं करना चाहिए कि उस आते हुए दुःख को रोकने की मैंने चष्टा क्यों नहीं की। जब मनुष्य का मन ऐसी अवस्था में पहुँच जाता है, तो समझ लो कि उसे 'तितिक्षा' सिद्ध हो गयी। भारत के लोग इस 'तितिक्षा' को प्राप्त करने के लिए बड़े असाधारण कार्य करते हैं। वे भयानक धूप और ठंड बिना

किसी क्लेश के सह जाते हैं, वे बर्फ़ गिरने की भी परवाह नहीं करते, क्योंकि उन्हें तो यह विचार तक नहीं आता कि उनका शरीर है भी; शरीर, शरीर के ही भरोसे छोड़ दिया जाता है, मानो वह कोई विजातीय वस्तु हो।

अगला आवश्यक गुण है 'श्रद्धा'। मनुष्य में धर्म और परमेश्वर के प्रति अटूट श्रद्धा होनी चाहिए। जब तक उसमें ऐसी श्रद्धा उत्पन्न नहीं होती, तब तक वह 'ज्ञानी' होने की सम्यक् आकांक्षा नहीं कर सकता। एक महापुरुष ने एक समय मुझसे कहा कि दो करोड़ मनुष्यों में भी एक ऐसा मनुष्य इस दुनिया में नहीं है, जो ईश्वर में सम्यक् विश्वास करता हो। मैंने पूछा, "यह कैसे ?" तो वे बोले, "मान लो, इस कमरे में चोर घुस आया और उसे पता लग गया कि दूसरे कमरे में सोने का ढेर रखा है, और दोनों कमरों को अलग करनेवाली दीवाल भी बहुत पतली है, तो उस चोर के मन की हालत क्या होगी ?" मैंने उत्तर दिया, "उसे नींद न आयेगी। उसका मन सोना पाने की तरकीबों में ही लगा रहेगा, उसे और कुछ भी न सूझेगा।" यह सुनकर वे बोले, "तो फिर तुम्हीं बताओ कि क्या यह सम्भव है कि मनुष्य ईश्वर में विश्वास करे और उसे पाने के लिए पागल न हो ? यदि मनुष्य सचमुच यह विश्वास करे कि ईश्वर असीम आनन्द की खान है और वह उस खान तक पहुँच भी सकता है, तो क्या वहाँ पहुँचने के लिए वह पागल न हो जायगा ?" ईश्वर में अटूट विश्वास और फलस्वरूप उसे पाने की तीव्र उत्सुकता का ही नाम है 'श्रद्धा'।

इसके बाद आता है 'समाधान' अर्थात् ईश्वर में अपने चित्त को निरन्तर स्थापित करने का अभ्यास। एक दिन में ही कोई बात नहीं बन जाती। धर्म ऐसी वस्तु नहीं है कि दवाई की गोली के समान निगल ली जाय। इसके लिए लगातार तथा कड़े अभ्यास की आवश्यकता है। धीरे धीरे और लगातार अभ्यास से मन क़ाबू में लाया जा सकता है।

परवर्ती बात है 'मुमुक्षुत्व' अर्थात् मुक्त होने की उत्कट अभिलाषा। तुम लोगों में से जिन्होंने एडविन आर्नल्ड की 'एशिया की ज्योति' (Light of Asia) नामक पुस्तक पढ़ी होगी, उन्हें याद होगा कि भगवान् बुद्ध ने अपने पहले प्रवचन में क्या उपदेश दिया है। उन्होंने कहा है :

'तुम स्वयं अपने से ही पीड़ित हो—तुम्हें दूसरा कोई विवश नहीं करता। ऐसा भी तुमसे कोई नहीं कहता कि तुम जीवित रहो अथवा न रहो, चक्र में घूमते रहो, दुःख की उसकी अरियों को, आँसुओं के उसके उष्णीथ को, और शून्य की उसकी नाभि को गले से लगाये उन्हें चूमते रहो।'

हम पर जो दुःख आते हैं, वे हमारे ही पसंद किये होते हैं । ऐसा ही हमारा स्वभाव है । साठ साल तक जेल में रहने के बाद जब एक बूढ़ा चीनी, नये सम्राट् के राज्याभिषेक के उपलक्ष्य में जेल से छोड़ दिया गया, तो वह चिल्ला उठा, "अब मैं जी नहीं सकता ? मैं तो कहीं नहीं जा सकता । मुझे तो उसी भयानक अँधेरी कोठरी में चूहों के पास जाने दो । मैं यह उजेला नहीं सह सकता ।" और उसने प्रार्थना की, "या तो मुझे मार डालो या फिर से जेल में ही भेज दो ।" उसकी प्रार्थना के अनुसार वह फिर बंद कर दिया गया । सब मनुष्यों की हालत ठीक ऐसी ही है । चाहे कोई भी दुःख हो, उसे पकड़ने के लिए हम जी तोड़कर दौड़ लगाते हैं और उससे छुटकारा पाने के लिए बिल्कुल तैयार नहीं हैं । सुखों के पीछे हम प्रतिदिन दौड़ते हैं और यही देखते हैं कि वे मिलने के पहले ही ग़ायब हो जाते हैं । पानी की तरह हमारी अँगुलियों के बीच में से सुख बह जाता है, परन्तु फिर भी पागलों की भाँति हम उसके पीछे दौड़ते ही जाते हैं, अन्धे मूर्ख बनकर हम उसका पीछा किये ही जाते हैं ।

भारत में कोल्हू में बैल जोते जाते हैं । तेल निकालने के लिए बैल गोल ही गोल घुमाया जाता है । बैल के कन्धे पर जुआ होता है । जुए का एक सिरा आगे बढ़ा होता है । उसके एक छोर पर घास बाँध दी जाती है । फिर बैल की आँख इस तरह बाँध देते हैं कि वह केवल सामने ही देख सके । बैल अपनी गर्दन बढ़ाता है और घास खाने की कोशिश करता है । ऐसा करने से लकड़ी आगे धक्का खाती है । बैल दूसरी बार, तीसरी बार फिर कोशिश करता है और इसी तरह कोशिश करता जाता है, परन्तु वह घास उसके मुँह में कभी नहीं आती और वह गोल गोल चक्कर लगाये ही जाता है । इधर कोल्हू में तेल पिरता जाता है । इसी प्रकार हम भी प्रकृति, रुपये-पैसे, स्त्री-बच्चों के जन्मजात दास हैं । आकाश-कुसुम की तरह उस घास को पाने के लिए हज़ारों जन्म तक हम चक्कर लगाये जाते हैं, पर जो हम पाना चाहते हैं, वह हमें नहीं मिलता । प्रेम एक ऐसा ही बड़ा सपना है । हम लोगों को प्यार करते हैं और चाहते हैं कि लोग हमें प्यार करें । हम समझते हैं कि हम सुखी होनेवाले हैं और हम पर दुःख कभी न आयेगा, किन्तु जितना ही हम सुख की ओर जाते हैं, उतना ही अधिक वह हमसे दूर भागता जाता है । इसी तरह दुनिया चल रही है और इसी तरह समाज । हम अन्धे ग़ुलाम जैसे उसके लिए भुगतते हैं और यह भी नहीं समझते कि हम भुगत रहे हैं । तुम ज़रा अपनी ही ज़िन्दगी की ओर देखो, तुम्हें मालूम होगा कि कितना थोड़ा सुख इस ज़िन्दगी में है और मृगजल के पीछे दौड़ने के सदृश इन भोगों का पीछा करते हुए वास्तव में कितना थोड़ा सुख तुम्हारे हाथ आया है ।

क्या तुम्हें 'सोलन' और 'क्रीसस' की कहानी याद है ? बादशाह ने उस महात्मा से कहा, "सोलन, देखो, इस एशिया माइनर जैसी सुखमय और कोई दूसरी जगह नहीं है ।" साधु ने पूछा, "सबसे सुखी मनुष्य कौन है ? मैंने तो ऐसा कोई भी मनुष्य नहीं देखा, जो बिल्कुल सुखी हो ।" क्रीसस ने कहा, "क्या अर्थहीन बातें करते हो । मैं ही तो दुनिया में सबसे सुखी मनुष्य हूँ ।" साधु ने उत्तर दिया, "इतनी जल्दी न करो, अपना जीवन समाप्त होने तक ज़रा ठहरो ।" और ऐसा कहकर वह चला गया । कुछ समय बाद ईरानियों ने उस राजा को जीत लिया और उसे जीवित जला देने का आदेश दिया गया । जब क्रीसस ने चिता रची हुई देखी, तो वह 'सोलन, सोलन' कहकर चिल्ला उठा । ईरान के सम्राट् ने जब उससे पूछा कि वह किसको पुकारता है, तो क्रीसस ने अपनी सारी कहानी कह सुनायी । यह बात सम्राट् के हृदय को स्पर्श कर गयी और उसने क्रीसस को प्राणदंड से मुक्त कर दिया ।

हममें से हर एक के जीवन की यही कहानी है । प्रकृति का हम पर ऐसा भीषण प्रभाव है कि उसके द्वारा बार बार ठुकराये जाने पर भी ज्वरोन्माद में हम उसका पीछा किये ही जाते हैं । हम निराशा में भी आस लगाये बैठे रहते हैं । यह आशा—यह मरीचिका हमें पागल बनाये हुए है । सुख पाने की आशा हममें सदा बनी ही रहती है ।

किसी समय भारत में एक बड़ा सम्राट् राज्य करता था । किसीने उससे एक बार चार प्रश्न किये । पहला प्रश्न यह था कि संसार में सबसे आश्चर्य की बात कौन सी है । उत्तर मिला, 'आशा ।' यह आशा ही दुनिया में सबसे आश्चर्य की चीज़ है । लोग अपने चारों ओर दिन-रात मनुष्यों को मरते देखते हैं, परन्तु फिर भी समझते हैं कि वे स्वयं नहीं मरेंगे । हम यह कभी सोचते भी नहीं कि हम भी मरनेवाले हैं या हमको भी दुःख उठाना पड़ेगा । आशाएँ कितनी ही खोखली क्यों न हों, परिस्थितियाँ कितनी ही विपरीत क्यों न हों एवं विचार भी कितने ही युक्तिविरुद्ध क्यों न हों, पर फिर भी प्रत्येक व्यक्ति यही सोचता रहता है कि उसे तो सफलता मिल ही जायगी । इस जगत् में सचमुच सुखी कभी कोई नहीं हुआ । यदि कोई मनुष्य धनी है और खाने-पीने को खूब है, तो उसकी पाचनशक्ति ही खराब है और वह कुछ खा-पी नहीं सकता । और यदि किसीकी पाचनशक्ति अच्छी है और उसे वृकोदर की सी भूख लगती है, तो उसे खाने को ही नहीं मिलता । फिर, यदि कोई धनी है, तो उसे बाल-बच्चे ही नहीं हैं । और यदि कोई भूखों मर रहा है, तो उसके लड़के-लड़कियों की एक फ़ौज सी है और उसे यह भी नहीं सूझता कि वह

उनका क्या करे। ऐसा क्यों है? बस, इसीलिए कि सुख और दुःख एक ही सिक्के के चित और पट हैं। जिसे सुख चाहिए, उसे दुःख भी लेना होगा। हम लोग मूर्खतावश सोचते हैं कि बिना कोई दुःख के हमें केवल सुख ही सुख मिल जायगा, और यह बात हममें ऐसी भिद गयी है कि इन्द्रियों पर हम अधिकार ही नहीं कर पाते।

एक बार जब मैं बोस्टन में था, तो एक दिन एक नवयुवक मेरे पास आया और मेरे हाथ पर उसने एक काग़ज का टुकड़ा रख दिया। उस पर उसने किसी व्यक्ति का नाम और पता लिखा था और आगे यह वाक्य था, 'दुनिया की सारी दौलत और सारा सुख तुम्हें मिल सकता है, पर सिर्फ़ उसे पाने की तरक़ीब तुम्हें मालूम होनी चाहिए। अगर तुम मेरे पास आओ, तो मैं तुम्हें वह तरक़ीब सिखला दूंगा। फ़ीस, केवल पाँच डालर।' यह चिट्ठी देकर उसने मुझसे पूछा, "इसके बारे में आपकी क्या राय है?" मैंने उत्तर दिया, "तुम्हारे पास स्वयं इसे छपा लेने तक के लिए तो पैसा नहीं है। कम से कम इसे छपवाने के लिए कुछ पैसा तो कमा लो। तुमने तो यह हाथ से लिखा है!" मेरे कहने का आशय वह नहीं समझ सका। वह इसी विचार में मस्त था कि बिना कोई तकलीफ़ उठाये ही उसे तमाम सुख और पैसा मिल जायगा। हम इस दुनिया में, मनुष्यों में दो प्रकार की चरम वृत्तियाँ पाते हैं। पहली है चरम आशावादी वृत्ति, जिसमें हर एक वस्तु हमें सुन्दर, हरी-भरी और अच्छी प्रतीत होती है। और दूसरी है निराशावादी वृत्ति, जिसमें ऐसा प्रतीत होता है कि सारी बातें हमारे प्रतिकूल ही हैं। अधिकांश लोग तो ऐसे हैं, जिनके मस्तिष्क अविकसित हैं। दस लाख में एकाध ही ऐसा कोई निकलता है, जिसकी बुद्धि का अच्छा विकास हुआ हो। बाक़ी लोग या तो सनकी होते हैं या सिड़ी, उनका सिर ही घूमा हुआ होता है।

अतएव कोई आश्चर्य नहीं कि हम एक न एक चरम वृत्ति का आश्रय लेते हैं। जब हम नौजवान और शक्तिवान होते हैं, तो हमें ऐसा मालूम होता है कि दुनिया की सारी भोग की चीज़ हमीं पानेवाले हैं और वे हमारे लिए ही पैदा की गयी हैं। और जब बाद में समाज हमें फुटबाल की तरह ठोकरों से उड़ाते हैं और हम बूढ़े हो जाते हैं, तो हम खाँसते खाँसते एक कोने में जा बैठते हैं और फिर दूसरों के उत्साह पर भी ठंडा पानी डालने लगते हैं। बहुत कम मनुष्यों को इस बात का ज्ञान है कि दुःख के साथ सुख और सुख के साथ दुःख लगा हुआ है, और सुख भी उतना ही घृणित है, जितना कि दुःख, क्योंकि सुख और दुःख दोनों यमज बन्धु हैं। जिस तरह दुःख के पीछे दौड़ना हमारे मनुष्यत्व की विडम्बना है, उसी तरह सुख के पीछे दौड़ना भी। जिसकी बुद्धि संतुलित है, उसे दोनों

का ही त्याग करना चाहिए। प्रकृति के हाथ का खिलौना न बनने का प्रयत्न हम क्यों न करें ? अभी हम पर कोड़े बरस रहे हैं, और जब हम रोने लगते हैं, तो प्रकृति हमारे हाथ पर एक डालर रख देती है। फिर कोड़े बरसते हैं और हम फिर रोने लगते हैं। अब की बार प्रकृति रोटी का टुकड़ा दे देती है, और हम फिर हँसने लगते हैं !

ज्ञानी पुरुष चाहता है स्वाधीनता। वह जानता है कि विषय-भोग निस्सार हैं और सुख-दुःख का कोई अन्त नहीं। दुनिया के कितने धनवान नया सुख ढूँढ़ने में लगे हुए हैं ! किन्तु जो सुख उन्हें मिलता है, वे पुराने हो जाते हैं और वे नये सुख की कामना करते हैं। क्या तुम नहीं देख रहे हो कि नाड़ियों को कुछ क्षण तक गुदगुदाने के लिए प्रतिदिन किस तरह मूर्खतापूर्ण नये नये आविष्कार किये जा रहे हैं ? फिर कैसी 'प्रतिक्रिया' होती है ? अधिकांश लोग तो भेड़ों के झुण्ड के समान हैं। अगर आगे की एक भेड़ गड्ढे में गिरती है, तो पीछे की दूसरी सब भेड़ें भी गिरकर अपनी गर्दन तोड़ लेती हैं। इसी तरह समाज का कोई मुखिया जब कोई बात कर बैठता है, तो दूसरे लोग भी उसका अनुकरण करने लगते हैं और यह नहीं सोचते कि वे क्या कर रहे हैं, जब मनुष्य को ये संसारी बातें निस्सार प्रतीत होने लगती हैं, तब वह सोचता है कि उसे प्रकृति के हाथों इस प्रकार का खिलौना बनना और उसमें बहते रहना नहीं चाहिए। यह तो ग़ुलामी है। कोई अगर दो-चार मीठी बातें सुनाये, तो मनुष्य मुस्कराने लगता है, और जब कोई कड़ी बात सुना देता है, तो उसके आँसू निकल आते हैं। वह तो रोटी के एक टुकड़े का, एक साँस भर हवा का दास है; वह तो कपड़े-लत्ते का, स्वदेश-प्रेम का, अपने देश और अपने नाम-यश का ग़ुलाम है। इस तरह वह चारों ओर से ग़ुलामी के बन्धनों में फँसा है और उसका यथार्थ पुरुषत्व इन सब बन्धनों के कारण उसके अन्दर गड़ा हुआ पड़ा है। जिसे तुम मनुष्य कहते हो, वह तो ग़ुलाम है। जब मनुष्य को अपनी इस सारी ग़ुलामी का अनुभव होता है, तब उसके मन में स्वतन्त्र होने की इच्छा—अदम्य इच्छा उत्पन्न होती है। यदि किसी मनुष्य के सिर पर दहकता हुआ अंगार रख दिया जाय, तो वह मनुष्य उसे दूर फेंकने के लिए कैसा छटपटायेगा ! ठीक इसी तरह वह मनुष्य, जिसने सचमुच यह समझ लिया है कि वह प्रकृति का ग़ुलाम है, स्वतंत्रता पाने के लिए छटपटाता है।

'मुमुक्षुत्व' अर्थात् मुक्ति पाने की इच्छा क्या है, यह हमने देख लिया। इसके बाद आता है 'नित्यानित्यविवेक'। यह भी बहुत कठिन है। सत्य क्या है और मिथ्या क्या है, क्या चिरन्तन है और क्या नश्वर, यह भेद जानना ही 'नित्यानित्यविवेक' कहलाता है। केवल परमेश्वर ही शाश्वत है और बाक़ी सब कुछ

नश्वर है। देवदूत, मनुष्य, पशु, पृथ्वी, सूर्य, चन्द्र, तारे सभी नष्ट होनेवाले हैं, सभी का विनाश अवश्यम्भावी है। प्रत्येक वस्तु का निरन्तर स्थित्यन्तर होता रहता है। आज के पर्वत कल समुद्र थे, और कल वहाँ पुनः समुद्र दिखलायी देगा। प्रत्येक वस्तु अस्थिर है; यह सारा विश्व ही एक परिवर्तनशील पिण्ड है। एकमात्र ईश्वर ही ऐसा है, जिसमें परिवर्तन कभी नहीं होता, और हम उसके जितने ही अधिक समीप जायँगे, उतना ही कम परिवर्तन या विकार हममें होगा, प्रकृति का हम पर उतना ही कम अधिकार चलेगा; और जब हम उस तक पहुँच जायँगे, उनके सामने जाकर खड़े होंगे, तो हम प्रकृति पर विजय प्राप्त कर लेंगे, तब प्रकृति के ये समस्त व्यापार हमारे अधीन हो जायँगे और हम पर उनका कोई प्रभाव न पड़ सकेगा।

इस तरह हम देखते हैं कि यदि ऊपर बतलायी हुई साधना हमने सचमुच की है, तो वास्तव में इस दुनिया में हमें और किसी बात की आवश्यकता न रहेगी। सम्पूर्ण ज्ञान हममें ही निहित है। सारी पूर्णता आत्मा में पूर्व से ही विद्यमान है, किन्तु यह पूर्णत्व प्रकृति से ढका हुआ है। आत्मा के शुद्ध स्वरूप पर प्रकृति पर्त पर पर्त चढ़ी हुई हैं। तब ऐसी अवस्था में हमें क्या करना पड़ता है? वास्तव में हम अपनी आत्मा का विकास किंचित् भी नहीं करते। जो पूर्ण है, उसका विकास कौन कर सकता है? हम केवल परदा दूर हटा देते हैं और आत्मा अपने नित्य शुद्ध, नित्य मुक्त रूप में प्रकट हो जाती है।

अब प्रश्न यह आता है कि इस तरह की साधना की इतनी आवश्यकता क्यों है? इसका कारण यह है कि धर्म-साधन न तो आँख से होता है, न कान से और न मस्तिष्क से ही। कोई भी धर्मग्रंथ हमें धार्मिक नहीं बना सकता। चाहे हम दुनिया के सारे धर्मग्रंथ पढ़ डालें, परन्तु संभव है कि फिर भी ईश्वर या धर्म का हमें तनिक भी ज्ञान न हो। हम सारी उम्र बातें करते रहें, पर फिर भी कोई आध्यात्मिक उन्नति न हो। दुनिया में पैदा हुए विद्वानों में से चाहे हमारी बुद्धि सबसे अधिक प्रखर क्यों न हो, पर फिर भी हम ईश्वर तक ज़रा भी न पहुँच सकें। प्रत्युत क्या तुमने यह नहीं देखा है कि उच्चतम बौद्धिक शिक्षा से कितने घोर अधार्मिक व्यक्ति उत्पन्न होते हैं? तुम्हारी पाश्चात्य संस्कृति का एक बड़ा दोष यह है कि तुम केवल बौद्धिक शिक्षा की ही चिन्ता करते हो, हृदय की ओर ध्यान ही नहीं देते। इसका फल यह होता है कि मनुष्य दस गुना अधिक स्वार्थी बन जाता है। यही तुम्हारे नाश का कारण होगा। यदि हृदय और बुद्धि में विरोध उत्पन्न हो, तो तुम हृदय का अनुसरण करो, क्योंकि बुद्धि केवल एक तर्क के क्षेत्र में ही काम कर सकती है, वह उसके परे जा ही नहीं सकती। केवल हृदय ही हमें

उच्चतम भूमिका में ले जाता है, वहाँ तक बुद्धि कभी नहीं पहुँच सकती। हृदय बुद्धि का अतिक्रमण कर जिसे हम 'अन्तःस्फुरण' कहते हैं, उसे पा लेता है। बुद्धि कभी अन्तःस्फुरित नहीं हो सकती। केवल उद्बोधित हृदय ही अन्तःस्फुरित हो सकता है। केवल बुद्धिप्रधान, किन्तु हृदयशून्य मनुष्य कभी अंतःस्फूर्त नहीं बन सकता। प्रेममय पुरुष की समस्त क्रियाएँ उसके हृदय से ही अनुप्राणित होती हैं, वह एक ऐसा उच्चतर साधन प्राप्त कर लेता है, जिसे बुद्धि कभी नहीं दे सकती, और वह साधन है अन्तःस्फुरण। जिस तरह बुद्धि ज्ञान का साधन है, उसी तरह हृदय है अन्तःस्फुरण का। निम्नावस्था में हृदय इतना शक्तिशाली नहीं होता, जितनी बुद्धि। एक अपढ़ मनुष्य को कोई ज्ञान नहीं होता, पर वह थोड़ा-बहुत भावना-प्रधान होता है। अब उसकी तुलना एक प्रोफ़ेसर से करो। ओह! उस प्रोफ़ेसर में कितनी अद्भुत शक्ति होती है! लेकिन प्रोफ़ेसर अपनी बुद्धि से सीमित है। वह एक साथ ही बुद्धिमान और शैतान हो सकता है। लेकिन जिस मनुष्य के हृदय है, वह शैतान कभी नहीं हो सकता। यदि योग्य संस्कार किया जाय, तो हृदय में परिवर्तन हो सकता है और वह बुद्धि का भी अतिक्रमण कर अंतःस्फुरण में परिवर्तित हो जाता है। अन्त में मनुष्य को बुद्धि के परे जाना ही पड़ेगा। मनुष्य की प्रज्ञा, उसकी ज्ञान-शक्ति, उसका विवेक, उसकी बुद्धि, उसका हृदय, ये सब इस संसाररूपी क्षीरसागर के मन्थन में लगे हुए हैं। दीर्घ काल तक मथने के बाद उसमें से मक्खन निकलता है और यह मक्खन है ईश्वर। हृदयवाले मनुष्य 'मक्खन' पा लेते हैं और कोरे बुद्धिमानों के लिए सिर्फ़ 'छाछ' बच जाती है।

यह सब उस प्रेम के लिए, हृदय की उस अपार सहानुभूति के लिए हृदय की पूर्व तैयारियाँ हैं। ईश्वर पाने के लिए विद्वान् या पढ़ा-लिखा होने की बिल्कुल आवश्यकता नहीं। एक बार एक साधु ने मुझसे कहा था, "यदि तुम किसीके प्राण लेना चाहो, तो तुम्हें ढाल-तलवार से सुसज्जित होना पड़ेगा, पर आत्महत्या करने के लिए केवल एक सुई ही पर्याप्त होती है। इसी तरह यदि दूसरों को सिखलाना हो, तो बहुत सी विद्वत्ता और बुद्धि की आवश्यकता होगी, पर आत्मोद्बोधन के लिए यह आवश्यक नहीं है।" क्या तुम शुद्ध हो? क्या तुम पवित्र हो? यदि तुम शुद्ध हो, तो परमेश्वर को पाओगे। 'जिनका हृदय पवित्र है, वे धन्य हैं, क्योंकि उन्हें ही परमात्मा की प्राप्ति होगी।' पर यदि तुम पवित्र नहीं हो, तो फिर चाहे दुनिया के सारे विज्ञान ही तुम्हें क्यों न मालूम हों, उससे तुम्हें कोई सहायता नहीं मिलेगी। तुम चाहे समस्त किताबों को कण्ठस्थ कर डालो, परन्तु फिर भी विशेष लाभ न होगा। वह हृदय ही है, जो अन्तिम ध्येय तक पहुँच सकता है। इसलिए

हृदय का ही अनुगमन करो। शुद्ध हृदय बुद्धि के परे देख सकता है, वह अंतः-स्फूर्त हो जाता है। हृदय वे बातें जान लेता है, जिसे तर्क कभी नहीं जान सकता। और यदि बुद्धि और शुद्ध हृदय में विरोध हो, तो तुम अपने शुद्ध हृदय का ही अनुसरण करो, भले ही तुम्हें हृदय का कथन तर्कविरुद्ध मालूम हो। जब हृदय परोपकार करने की इच्छा करे, तो बुद्धि तुम्हें बतला सकती है कि ऐसा करना तुम्हारे अपने हित में नहीं है, लेकिन तुम हृदय की सुनो और इससे तुम देखोगे कि बुद्धि की सुनकर तुम जितनी ग़लतियाँ करते थे, उससे कम ग़लतियाँ करोगे। निर्मल हृदय ही सत्य के प्रतिबिम्ब के लिए सर्वोत्तम दर्पण है, इसलिए यह सारी साधना हृदय को निर्मल करने के लिए ही है, और जब वह निर्मल हो जाता है, सारे सत्य उसी क्षण उस पर प्रतिबिम्बत हो जाते हैं। यदि तुम अभीष्ट परिमाण में शुद्ध होओगे, तो तुम्हारे हृदय में दुनिया के सारे सत्य प्रकट हो जायँगे।

जिन मनुष्यों ने दूरबीन, सूक्ष्मदर्शक यंत्र या प्रयोगशाला कभी देखी तक न थी, उन लोगों ने कई युगों पूर्व सूक्ष्म भूतों, मनुष्य की सूक्ष्म ग्राहक शक्तियों और परमाणुविषयक महान् सत्यों का आविष्कार किया था। यह कैसे हुआ था? वे ये बातें किस तरह जान सके थे? यह ज्ञान उन्हें हृदय के बल पर ही हुआ था। उन्होंने अपने हृदय को शुद्ध बनाया था। अगर हम चाहें, तो आज भी वही कर सकते हैं। वास्तव में हृदय का संस्कार ही इस दुनिया के दुःखों को कम करेगा, न कि बुद्धि का।

बुद्धि सुसंस्कृत की गयी, फलतः मनुष्य ने सैकड़ों विज्ञानों का आविष्कार किया और उसका परिणाम यह हुआ कि कुछ थोड़े मनुष्यों ने बहुत से मनुष्यों को अपना गुलाम बना डाला—बस, यही लाभ इससे हुआ है। अनैसगिक आवश्य-कताएँ उत्पन्न कर दी गयीं। प्रत्येक ग़रीब मनुष्य, चाहे फिर उसके पास पैसा हो या न हो, इन आवश्यकताओं को तृप्त करना चाहता है और जब उन्हें वह तृप्त नहीं कर पाता, तो संघर्ष करता है और संघर्ष करते करते ही मर जाता है। यही है बुद्धि की अन्तिम गति। दुःख दूर करने की समस्या बुद्धि से नहीं हल हो सकती, यह केवल हृदय से ही होगी। यदि यह प्रचण्ड प्रयत्न मनुष्यों को अधिक शुद्ध, सभ्य तथा सहनशील बनाने की ओर किया जाता, तो यह दुनिया आज हज़ार गुनी अधिक सुखी हो जाती। इसलिए सर्वदा हृदय का ही संस्कार करो, उसे अधिकाधिक पवित्र बनाओ, क्योंकि वह हृदय ही है, जिसके द्वारा भगवान् स्वयं कार्य करते हैं, और बुद्धि द्वारा केवल तुम स्वयं।

तुम्हें याद होगा, प्राचीन व्यवस्थान (Old Testament) में मूसा को आदेश मिला था, 'तुम अपने जूते उतार दो, क्योंकि तुम जहाँ खड़े हो, वह पवित्र

भूमि है।' धर्म का अभ्यास करते समय हमें ऐसी ही आदरयुक्त भावना रखकर उसकी ओर बढ़ना चाहिए। जो कोई शुद्ध अन्तःकरण तथा श्रद्धायुक्त भावना से आयेगा, उसके हृदय का द्वार खुल जायगा और उसे सत्य के दर्शन होंगे।

पर यदि तुम केवल बुद्धि को साथ लेकर आओगे, तो तुम्हारा कुछ बौद्धिक व्यायाम हो जायगा, तुम्हें कुछ परिकल्पनाओं की प्राप्ति हो जायगी, लेकिन सत्य-दर्शन न होगा। सत्य का स्वरूप ही ऐसा है कि जो कोई उसे देख लेता है, उसे एकदम पूरा विश्वास हो जाता है। सूर्य का अस्तित्व सिद्ध करने के लिए मशाल की जरूरत नहीं होती। वह तो स्वयं ही प्रकाशमान है। अगर सत्य को भी प्रमाण की आवश्यकता हो, तो उस प्रमाण को फिर कौन सिद्ध करेगा ? अगर सत्य को साक्षी के रूप में किसी वस्तु की आवश्यकता हो, तो उसके साक्ष्य के लिए फिर क्या साक्षी होगा ? इसलिए धर्म की ओर हमें प्रेम एवं आदरयुक्त भावना से झुकना चाहिए। और तब हमारा हृदय जाग्रत हो उठेगा, और कहेगा, 'यह सत्य है, और यह सत्य नहीं है।'

धर्म का क्षेत्र हमारी इन्द्रियों के अतीत है, हमारी चेतना से भी परे है। ईश्वर इन्द्रियों द्वारा कभी ग्रहण नहीं किया जा सकता। अभी तक किसीने ईश्वर को न तो आँखों से देखा है, और न कभी देख सकेगा। न किसीको ईश्वर की प्रतीति अपनी चेतना में होती है। ईश्वर की चेतना न मुझे है, न तुम्हें, न किसी और को। ईश्वर कहाँ है ? धर्म का क्षेत्र कहाँ है ? वह इन्द्रियों के अतीत, चेतन के अतीत है। अनेक स्तरों में चेतन-स्तर केवल एक स्तर है, जिसमें रहकर हम कार्य करते हैं ; तुम्हें इन इन्द्रियों से परे, इस चेतना से परे जाना होगा; अपनी अन्तःस्थ आत्मा के अधिकाधिक निकट जाना पड़ेगा और जितना ही तुम आगे बढ़ोगे, उतना ही तुम ईश्वर के अधिकाधिक समीप पहुँचोगे। परमेश्वर के अस्तित्व का प्रमाण क्या है ?—साक्षात्कार। प्रत्यक्ष। इस दीवाल के अस्तित्व का प्रमाण यह है कि मैं इसे देखता हूँ। आज से पहले हज़ारों ने ईश्वर को इस तरह देखा है और आगे भी, जो चाहेंगे, उसे देख सकेंगे। पर यह प्रत्यक्षानुभूति इन्द्रियों द्वारा होनेवाले अनुभव के सदृश बिल्कुल नहीं है। वह इन्द्रियातीत है, वह चेतनातीत है, और ये सब साधनाएँ हमें इन्द्रियों से परे ले जाने के लिए हैं। अनेक प्रकार के कृतकर्मों तथा बंधनों से हम अधोगामी हो रहे हैं। इन साधनाओं से हम शुद्ध और हलके बनेंगे। तब हमारे बंधन स्वयं ही टूट जायेंगे और हम इस इन्द्रियगम्य जगत् से, जहाँ कि हम फँसे पड़े हैं, ऊँचे उठ जायँगे और फिर हम उसे देखेंगे, सुनेंगे और अनुभव करेंगे, जिसे मनुष्य ने तीनों साधारण अवस्थाओं में (जाग्रत, स्वप्न, सुषुप्ति में) न कभी देखा है, न सुना और न कभी अनुभव

किया है। तब हम मानो कोई नयी ही भाषा बोलने लगेंगे और दुनिया हमें नहीं समझ सकेगी, क्योंकि इन्द्रिय-ज्ञान के सिवा उसे और दूसरा ज्ञान ही नहीं है। सच्चा धर्म पूर्ण रूप से परात्पर भूमि का विषय है। विश्व में रहनेवाले प्रत्येक जीव में इन्द्रियातीत होने की शक्ति सुप्त भाव में विद्यमान है। छोटे से छोटा कीड़ा भी एक दिन इन्द्रियातीत हो जायगा और परमेश्वर तक पहुँच जायगा। कोई भी जीवन व्यर्थ न होगा। इस विश्व में 'व्यर्थ' नामक कोई वस्तु है ही नहीं। सौ बार मनुष्य अपना पतन कर ले, हज़ार बार वह फिसल जाय, पर अन्त में वह जान ही लेगा कि वह आत्मा है। हम जानते हैं कि उन्नति कभी सीधी रेखा में नहीं होती। प्रत्येक जीव की गति वर्तुलाकार है और उसे अपना वृत्त पूरा करना ही होगा। कोई भी जीव इतने नीचे कभी जा ही नहीं सकता कि फिर उसका उत्थान न हो। हर एक जीव को ऊँचा उठना ही होगा। ऐसा कोई भी नहीं है, जिसका सम्पूर्णतया नाश हो जाय। हम सब एक ही केन्द्र अर्थात् उस परमात्मा से आये हैं। ईश्वर से उद्भूत ऊँचे से ऊँचे और नीचे से नीचे सभी प्राणी अन्त में उस परम पिता के पास लौट ही आयेंगे। 'जहाँ से सब प्रकट हुए हैं, जो सबका अधिष्ठान है और जिसमें सब विलीन होंगे, वही ईश्वर है।'[१]

---

१. ब्रह्मसूत्र ॥१।१।२॥

क्रियात्मक आध्यात्मिकता के प्रति संकेत

(लॉस एंजिलिस, कैलिफ़ोर्निया में दिया हुआ भाषण)

आज प्रातःकाल मैं प्राणायाम तथा अन्य साधनाओं के सम्बन्ध में कुछ विचार प्रकट करूँगा। हमने अभी तक केवल सैद्धांतिक चर्चा ही की है, अब क्रियात्मक पक्ष की ओर ध्यान देना आवश्यक है। भारत में इस विषय पर अनेक पुस्तकें लिखी गयी हैं। जिस तरह तुम लोग अनेक बातों में व्यवहारकुशल हो, उसी तरह हम भारतवासी इस विषय में हैं। तुम लोगों में से पाँच मनुष्य इकट्ठे हो जाते हैं और उनका विचार हो जाता है कि वे एक 'ज्वाइन्ट स्टॉक कम्पनी' खोलें, और पाँच घंटे बाद कम्पनी खुल भी जाती है। पर भारत में लोगों से पचास साल में भी ऐसी कम्पनी नहीं खुल सकती। भारतवासी इन बातों में व्यवहार-कुशल हैं ही नहीं। लेकिन यदि कोई नयी दर्शन-प्रणाली प्रवर्तित करे, तो तुम निश्चय समझ लो कि वह चाहे जितना ही विलक्षण क्यों न हो, उसके अनुयायी निकल ही पड़ेंगे। उदाहरणार्थ, यदि कोई सम्प्रदाय यह कहे कि बारह साल दिन-रात एक पैर पर खड़े रहने से मुक्ति मिल जायगी, तो एक पैर पर खड़े रहने के लिए प्रस्तुत सैकड़ों आदमी मिल जायँगे। वे सारा कष्ट चुपचाप सह लेंगे। वहाँ ऐसे भी मनुष्य हैं, जो पुण्य प्राप्त करने के लिए लगातार सालों हाथ उठाये ही रह जायँगे। मैंने स्वयं ऐसे सैकड़ों व्यक्ति देखे हैं। और, देखो, इनमें सभी मूर्ख होते हों, ऐसी बात नहीं, उनकी गम्भीर तथा विशाल बुद्धि देखकर तुम चकरा जाओगे। इस तरह हम देखते हैं कि व्यवहारकुशलता शब्द भी सापेक्ष है।

दूसरों की समीक्षा करते समय हम सदा यही भूल कर बैठते हैं; हम सदा यही सोचा करते हैं कि हमारी छोटा बुद्धि जितना समझ सकती है, उतना ही यह विश्व है; हमारी अपनी नीतिशास्त्र की कल्पनाएँ, हमारी अपनी कर्तव्यविषयक भावना, हमारी अपनी उपयोगिता के विचार—केवल ये ही श्रेयस्कर हैं। एक दिन, मार्सेल्स से होकर यूरोप जाते समय मैंने देखा कि साँड़ लड़ाये जा रहे हैं। यह देखकर जहाज़ में बैठे हुए सब अंग्रेज़ जोश से पागल हो गये; कहने लगे, "यह तो बिल्कुल बेरहमी है," और बड़े दोष बतलाकर गालियाँ देने लगे। जब मैं इंग्लैंड गया, तो वहाँ मैंने मुक़्क़ेबाज़ों के एक दल के विषय में सुना, जो पेरिस गये थे और जिन्हें फ़्रांसीसियों ने

ठोकरें मारकर निकाल दिया था; क्योंकि फ्रांसीसी मुक़्क़ेबाज़ी बेरहमी समझते हैं। जब इस तरह की बातें मैं अनेक देशों में सुनता हूँ, तो ईसा के अप्रतिम शब्दों का तात्पर्य मेरी समझ में आ जाता है : "दूसरों की समीक्षा न करो, जिससे तुम्हारी भी समीक्षा न हो।" जितना ही अधिक हम ज्ञान प्राप्त करते हैं, उतना ही अधिक हमें पता लगता है कि हम कितने अज्ञ हैं और मनुष्य का मन कितना बहुमुखी और बहुपक्षीय है। जब मैं छोटा था, तब मैं अपने देशवासियों की तापस साधनाओं के सम्बन्ध में नुक़्ताचीनी किया करता था। हमारे देश के बड़े बड़े आचार्यों ने भी उनके सम्बन्ध में नुक़्ताचीनी की है; यही नहीं, दुनिया के श्रेष्ठतम पुरुष भगवान् बुद्ध ने भी उसकी आलोचना की है। लेकिन जैसे जैसे मैं बड़ा होता जा रहा हूँ, मैं देखता हूँ कि उनकी इस तरह समीक्षा करने का मुझे कोई अधिकार नहीं है। यद्यपि उनकी बातें असंबद्ध होती हैं, तो भी कभी कभी मैं चाहता हूँ कि उनकी कार्यक्षमता तथा सहनशक्ति का एक अंश मुझमें आ जाय। मुझे अक्सर लगता है कि मैं जो समीक्षा और आलोचना करता हूँ, वह इसलिए नहीं कि मुझे देह-यातना पसंद नहीं, बल्कि इसलिए कि मैं डरपोक हूँ—मुझमें वह करने की हिम्मत नहीं, मैं उसे आचरण में नहीं ला सकता।

फिर तुम यह भी देखते हो कि बल, शक्ति तथा साहस, ये ऐसी बातें हैं, जो बहुत विचित्र हैं। हम प्रायः कहा करते हैं कि यह मनुष्य शूर है, हिम्मतवाला या वीर है; लेकिन हमें स्मरण रखना चाहिए कि शौर्य, साहस या अन्य गुण हमें उस मनुष्य में सभी अवस्थाओं में दिखायी देंगे, ऐसा नहीं। एक मनुष्य, जो तोप के मुँह में घुस जायगा, डॉक्टर का चाक़ू देखकर पीछे हट जाता है; लेकिन दूसरा मनुष्य, जो तोप को देखने तक की हिम्मत न करेगा, मौक़ा पड़ने पर डॉक्टर के द्वारा किये बड़े आपरेशन को शांति से सहन कर लेता है। इसलिए दूसरों की समीक्षा करते समय तुम्हें पहले 'साहस' या 'महानता' की अपनी व्याख्या देनी चाहिए। हो सकता है कि जिस मनुष्य को मैं बुरा कहता हूँ, वह अन्य कुछ बातों में आश्चर्यजनक रूप से अच्छा हो, जिनमें मैं कभी अच्छा नहीं हो सकता।

दूसरा उदाहरण लो। जब लोग पुरुष और स्त्री की कार्य-शक्ति के सम्बन्ध में बातचीत करते हैं, तो तुम देखोगे कि वे यही भूल कर बैठते हैं। मनुष्य युद्ध तथा कठिन शारीरिक श्रम कर सकता है, इसलिए वे समझते हैं कि वह अधिक श्रेष्ठ है, और इसके साथ स्त्री-जाति की शारीरिक दुर्बलता तथा युद्धपराङ्मुखता की तुलना करते हैं। पर यह अन्याय है। स्त्री भी उतनी ही साहसी होती है, जितना कि पुरुष। अपने अपने ढंग से दोनों ही अच्छे हैं। भला एक ऐसा पुरुष तो बतलाओ, जो बच्चे का लालन-पालन उतनी सहनशीलता, धैर्य एवं प्यार के साथ कर सकता

हो, जितना एक स्त्री। पुरुष ने यदि अपनी कर्मठता का सामर्थ्य बढ़ाया है, तो स्त्री ने सहनशीलता का। स्त्री में यदि कार्यक्षमता की कमी है, तो पुरुष कष्ट सहने में कच्चा है। यह सम्पूर्ण विश्व पूर्णतया संतुलित है। कौन कह सकता है कि शायद एक दिन एक कीड़े में भी कुछ ऐसा गुण दिखे, जो हमारी मनुष्यता को संतुलित करता हो। अत्यन्त दुष्ट मनुष्य में भी वे गुण हो सकते हैं, जो मुझमें बिल्कुल न हो। अपने जीवन में यह सत्य मैं प्रतिदिन देख रहा हूँ। एक जंगली व्यक्ति की ओर ही देखो। मैं कितना चाहता हूँ कि मेरा शरीर भी ऐसा ही मज़बूत होता। वह भर पेट खाता-पीता है, और बीमारी क्या चीज़ है, यह शायद जानता तक नहीं। इसके विपरीत मैं सर्वदा बीमार रहता हूँ। अगर मैं अपने मस्तिष्क से इसका शरीर बदल ले सकता, तो मुझे कितना हर्ष होता! सारा विश्व लहर और गर्त के सदृश है, ऐसी कोई लहर नहीं, जिसके साथ गर्त न हो। संतुलन सर्वत्र विद्यमान है। यदि तुम्हारे पास एक वस्तु बड़ी है, तो तुम्हारे पड़ोसी के पास दूसरी। पुरुष या स्त्री की समीक्षा करते समय उनके विशिष्टताओं के मानदंड से निर्णय करो। प्रत्येक का कार्यक्षेत्र भिन्न है। किसीको भी 'वह दुष्ट है', ऐसा कहने का अधिकार नहीं। यह तो वही पुराना अन्धविश्वास हुआ, जो कहता है, "अगर तुम ऐसा करोगे, तो संसार नष्ट हो जायगा।" यह तो चलता ही आ रहा है और फिर भी संसार आज तक नष्ट नहीं हुआ। इस देश में ऐसा कहा जाता था कि अगर हब्शी मुक्त कर दिये जायँ, तो यह सारा देश रसातल को पहुँच जायगा। पर क्या ऐसा हुआ? लोग यह भी कहते थे कि अगर साधारण जनता में शिक्षा का प्रसार होगा, तो दुनिया का नाश हो जायगा। पर इस शिक्षा-प्रसार से तो उन्नति ही हुई। कई वर्ष पहले एक पुस्तक छपी थी, जिसमें यह बतलाया गया था कि इंग्लैण्ड का सबसे अधिक बुरा क्या हो सकता है। लेखक ने यह दिखलाया था कि मज़दूरी बढ़ती जा रही है और इस कारण इंग्लैण्ड का व्यापार घटता जा रहा है। यह आवाज़ उठायी गयी थी कि अंग्रेज मज़दूर बेहद मज़दूरी माँगते हैं, जब कि जर्मन मज़दूर बहुत कम वेतन पर काम करते हैं। इस बात की जाँच के लिए एक समिति जर्मनी भेजी गयी और उसने आकर यह बतलाया कि जर्मनी के मज़दूर तो अधिक वेतन पाते हैं। ऐसा क्यों हुआ? जन-साधारण में शिक्षा के प्रसार के कारण। साधारण जनता के पढ़ी-लिखी होने से दुनिया नष्ट होनेवाली थी न? पर ऐसा हुआ तो नहीं। विशेषकर भारत में, हमें समस्त देश में ऐसे पुराने सठियाये बूढ़े मिलते हैं, जो सब कुछ साधारण जनता से गुप्त रखना चाहते हैं। इसी कल्पना में वे अपना बड़ा समाधान कर लेते हैं कि वे सारे विश्व में सर्वश्रेष्ठ हैं। वे समझते हैं कि ये भयावह प्रयोग उनको हानि नहीं पहुँचा सकते। केवल साधारण जनता को ही उनसे हानि पहुँचेगी!

अच्छा, अब हम क्रियात्मक साधना की ओर आयें। व्यावहारिक जीवन में मनोविज्ञान के उपयोग की ओर भारत ने बहुत प्राचीन काल से ध्यान दिया है। ईसा के लगभग १४०० वर्ष पूर्व भारत में एक बहुत बड़े तत्त्वज्ञ हो गये, जिनका नाम पतंजलि था। उन्होंने मनोविज्ञान के समस्त तथ्य, प्रमाण तथा आविष्कृत सिद्धान्त संकलित किये और पूर्वकालीन सभी अनुभवों से लाभ उठाया। यह न भूलना चाहिए कि दुनिया बहुत पुरानी है। ऐसा न समझो कि यह केवल दो-तीन हज़ार वर्ष पूर्व ही रची गयी है। इधर तुम पाश्चात्यों को यह सिखलाया जाता है कि समाज का आरम्भ १८०० वर्ष पूर्व 'नव व्यवस्थान' के साथ ही हुआ, इसके पहले समाज नहीं था। सम्भव है, यह बात पश्चिम के बारे में सत्य हो, परन्तु सारी दुनिया के लिए यह सत्य नहीं हो सकती। जब मैं लन्दन में भाषण दिया करता था, तब एक बुद्धिमान और बौद्धिक मित्र मुझसे वाद-विवाद किया करता था। एक दिन अपने सारे शस्त्र चला चुकने के बाद वह एकदम बोल उठा, "लेकिन यह तो बताओ कि तुम्हारे ऋषि इस इंग्लैंड में हमें ज्ञान देने क्यों नहीं आये?" मैंने उत्तर दिया, "तब इंग्लैंड था ही कहाँ, जो ज्ञान देने आते? क्या वे जंगलों को सिखलाते?"

इंगरसोल ने मुझसे कहा था, "यदि तुम पचास साल पहले यहाँ ज्ञान सिखलाने आते, तो या तो तुम्हें फाँसी पर चढ़ा दिया जाता या ज़िन्दा जला दिया जाता अथवा पत्थर मार मारकर तुम्हें गाँवों से बाहर निकाल दिया जाता।"

अतएव यह मानने में कोई असंगति नहीं है कि सभ्यता ईसा के १४०० वर्ष पूर्व भी विद्यमान थी। यह बात अभी तक निश्चित नहीं हुई है कि सभ्यता की गति सदैव नीचे से ऊपर की ओर ही हुई है। यह सिद्धान्त प्रस्थापित करने के लिए जो आधार तथा प्रमाण पेश किये गये हैं, उनसे यह भी सिद्ध किया जा सकता है कि आज का जंगली समाज एक समय के उन्नत समाज का अधःपतित रूप है। चीन के लोगों का ही उदाहरण लो। उनका कभी इस बात पर विश्वास ही नहीं हो सकता कि संस्कृति का उदय जंगली स्तर से हुआ है। उनका अनुभव इसके बिल्कुल प्रतिकूल है। लेकिन जब तुम अमेरिका की सभ्यता के बारे में बात करते हो, तो तुम्हारी दृष्टि से उसका अर्थ केवल स्वजाति का चिरजीवत्व तथा उसका सतत विकास होता है।

वह सहज ही विश्वास किया जा सकता है कि जिन हिन्दुओं का आज ७०० वर्षों से पतन हो रहा है, वे एक समय निश्चय ही विशेष सुसंस्कृत रहे होंगे। इसके प्रतिकूल प्रमाण हम उपस्थित कर ही नहीं सकते।

ऐसा एक भी उदाहरण नहीं है, जहाँ सभ्यता आप ही आप पैदा हो गयी हो। ऐसा कभी नहीं हुआ कि किसी दूसरी सभ्य जाति के संपर्क में आये बिना कोई जाति

उन्नत हो गयी हो। सभ्यता का उदय पहले एक या दो जातियों में हुआ होगा और फिर ये जातियाँ दूसरी जातियों से मिलीं; उन्होंने अपने विचार फैलाये और इस तरह सभ्यता का विस्तार हुआ।

व्यावहारिकता की दृष्टि से आधुनिक वैज्ञानिक भाषा में ही हमें चर्चा करनी चाहिए; लेकिन मुझे तुमको सचेत कर देना चाहिए कि जिस तरह धर्म के सम्बन्ध में अन्धविश्वास है, उसी तरह वैज्ञानिक विषयों में भी है। धार्मिक कार्य को अपना वैशिष्ट्य माननेवाले पुरोहितों के सदृश भौतिक विज्ञान के भी पुरोहित होते हैं, जो वैज्ञानिक कहलाते हैं। ज्यों ही डार्विन या हक्सले जैसे वैज्ञानिक का नाम लिया जाता है, त्यों ही हम आँख बन्द कर उनका अनुसरण करने लगते हैं। यह तो आजकल का एक फ़ैशन हो गया है। जिसे हम वैज्ञानिक ज्ञान कहते हैं, उसका नब्बे प्रतिशत केवल परिकल्पना ही होता है। और इसमें से बहुत सा तो अनेक हाथ और सिरवाले भूतों में अंधविश्वास के सदृश ही होता है। अन्तर केवल इतना है कि इस दूसरी परि-कल्पना में मनुष्य को पत्थरों अथवा डंडलों से कुछ पृथक् माना जाता है। सच्चा विज्ञान हमें सावधान रहना सिखलाता है। जिस तरह पुरोहितों से हमें सावधान रहना चाहिए, उसी तरह वैज्ञानिकों से भी। पहले अविश्वास से आरम्भ करो। छान-बीन करो, परीक्षा करो और प्रत्येक वस्तु का प्रमाण माँगने के बाद उसे स्वीकार करो। आजकल के विज्ञान के बहुत से प्रचलित सिद्धान्त, जिनमें हम विश्वास करते हैं, सिद्ध नहीं हुए हैं। गणित जैसे शास्त्र में भी बहुत से सिद्धान्त ऐसे हैं, जो केवल कामचलाऊ परिकल्पना के सदृश ही हैं। जब ज्ञान की वृद्धि होगी, तो ये फेंक दिये जायँगे।

ईसा के १४०० वर्ष पूर्व एक बड़े महात्मा ने मनोविज्ञान के कुछ सत्यों की व्यवस्थित रचना तथा विश्लेषण कर उनसे व्यापक सिद्धान्त निकालने का प्रयत्न किया था। उनके बाद उनके अनेक अनुयायी आये, जिन्होंने उनके आविष्कृत ज्ञान के अंशों को लेकर उनका विशेष रूप से अध्ययन आरम्भ किया। प्राचीन जातियों में केवल हिन्दुओं ने ही ज्ञान के इस विभाग का अध्ययन लगन से किया है। मैं अब तुम्हें उसीकी शिक्षा दूँगा, लेकिन प्रश्न यह है कि तुममें से कितने उस पर चलेंगे? कितने दिन या कितने महीनों के बाद तुम उसे छोड़ दोगे? मैं जानता हूँ कि इस विषय में तुम लोग कर्मकुशल नहीं हो। भारत में लोग युगों तक धैर्य-पूर्वक प्रयत्न करते रहते हैं। तुम्हें सुनकर आश्चर्य होगा कि न तो उनका कोई गिरजाघर है और न कोई सामुदायिक प्रार्थना। वहाँ इस तरह के अन्य कोई साधन नहीं हैं; परन्तु फिर भी वे प्रतिदिन प्राणायाम का अभ्यास करते हैं तथा मन को एकाग्र करने का प्रयत्न करते हैं। उनकी उपासना का मुख्य अंश यही है।

असल में यह तो उस देश का धर्म ही है। हाँ, उनमें से प्रत्येक की, प्राणायाम तथा मन को एकाग्र करने की कोई विशेष पद्धति हो सकती है, पर यह आवश्यक नहीं कि किसी व्यक्ति की स्त्री भी उसकी वह विशेष पद्धति जाने, या बाप लड़के का विशेष तरीक़ा जाने। हिन्दुओं को ये अभ्यास करने ही पड़ते हैं। इन अभ्यासों में कोई 'गुह्य' नहीं है। 'गुह्य' शब्द इन पर लागू नहीं होता। रोज़ हज़ारों मनुष्य गंगा के किनारे आँखें मूँदकर ध्यान लगाये हुए प्राणायाम का अभ्यास करते हुए दिखायी देते हैं। साधारण जनता किसी किसी प्रक्रिया को आचरण में नहीं ला सकती; इसके दो कारण हो सकते हैं। पहला तो यह कि आचार्यों के मत से जनसाधारण इस अभ्यास के योग्य नहीं होते। इस मत में कुछ सत्यांश हो सकता है, लेकिन अधिक सच्चा कारण है गर्व। दूसरा कारण है अत्याचार का भय। उदाहरणार्थ, तुम्हारे देश में सबके सामने प्राणायाम करना कोई पसंद न करेगा, क्योंकि लोग उस व्यक्ति को शायद सोचने लगें कि कैसा विचित्र प्राणी है यह! कारण, इस देश का रिवाज़ ऐसा नहीं है। इसके विपरीत, भारत में अगर कोई ऐसी प्रार्थना करे, "हे प्रभो, आज के दिन हमें हमारी हर रोज़ की रोटी दो," तो लोग उस पर हँसेंगे। "हे पिता, जो तू स्वर्ग में रहता है," इसके समान दूसरी मूर्खता की कल्पना तो हिन्दुओं की दृष्टि में हो ही नहीं सकती। जब हिन्दू उपासना करता है, तो समझता है कि परमेश्वर अपने हृदय में विराजमान है।

योगियों के मत से मुख्यतः तीन नाड़ियाँ हैं। 'इड़ा', 'पिंगला' और बीच में "सुषुम्णा', और यह तीनों मेरुदंड में स्थित हैं। इड़ा और पिंगला दाहिनी और बाईं, नाड़ी तंतुओं के गुच्छ हैं। पर सुषुम्णा उनका गुच्छ नहीं है, वह पोली है। सुषुम्णा बन्द रहती है और साधारण मनुष्य के लिए इसका कोई उपयोग नहीं होता। वह इड़ा और पिंगला से ही अपना काम लिया करता है। इन्हीं नाड़ियों द्वारा संवेदना का प्रवाह लगातार आता-जाता रहता है और वे सम्पूर्ण शरीर में फैले हुए नाड़ीय सूत्रों द्वारा शरीर की पृथक् पृथक् इन्द्रियों तक आदेश पहुँचाती रहती हैं।

इड़ा और पिंगला का व्यवहार नियमित करना और उनमें लय उत्पन्न करना प्राणायाम का महत् उद्देश्य है। पर यह कोई बड़ी बात नहीं है। यह तो केवल अपने फेफड़ों में काफ़ी हवा लेना है, रक्त साफ़ करने के अतिरिक्त इसका और कोई विशेष उपयोग नहीं। श्वासोच्छ्वास द्वारा हवा फेफड़ों में खींचना और उसके द्वारा ख़ून साफ़ करना, इसमें कुछ गुह्य नहीं है; यह तो केवल गति मात्र है। इस गति को ऐकिक गति में विकसित किया जा सकता है, जिसे प्राण कहते हैं। विश्व में सर्वत्र दिखायी देनेवाली सब क्रियाएँ इस प्राण की विभिन्न अभिव्यक्तियाँ हैं।

वह प्राण विद्युत् शक्ति है, चुम्बक शक्ति है, मस्तिष्क के द्वारा वह विचार के रूप में बहिर्गत होती है। सब वस्तुएँ प्राण ही हैं और यह प्राण ही सूर्य, चन्द्र, तारे आदि को चला रहा है। हम कहते हैं कि इस विश्व में जो कुछ विद्यमान है, वह सब प्राण के स्पन्दन से ही उत्पन्न हुआ है। प्राण के सर्वोच्च स्पन्दनों का कार्य है 'विचार'। इससे उच्च अगर कुछ है, तो वह हमारी कल्पनाशक्ति के बाहर है। इस प्राण द्वारा इड़ा और पिंगला का कार्य होता है। विभिन्न शक्तियों का रूप लेकर शरीर के प्रत्येक भाग को प्राण ही चलाता है। यह पुरानी कल्पना छोड़ दो कि ईश्वर नाम की कोई वस्तु है, जो कार्य या फल उत्पन्न करता है, और जो सिंहासन पर बैठकर न्याय कर रहा है। काम करते समय हम थक जाते हैं, क्योंकि उसमें उतने प्राण का क्षय हो जाता है।

प्राणायाम नामक श्वासोच्छ्वास का व्यायाम श्वासोच्छ्वास को नियमित करता और प्राण की क्रिया को लयात्मक बनाता है। जब प्राण की गति लयात्मक होती है, तो सब कार्य ठीक ठीक होते हैं। जब योगियों का शरीर उनके वश में हो जाता है, तब यदि शरीर के किसी अंग में रोग उत्पन्न होता है, तो वे जान लेते हैं कि उस अंग में प्राण की गति लयात्मक नहीं हो रही है और फिर वे प्राण को उस विकृत अंग की ओर प्रेरित करते हैं, जिससे लय फिर से नियमित हो जाती है।

जिस तरह तुम अपने शरीरस्थ प्राण को नियंत्रित कर सकते हो, उसी तरह अगर तुम काफ़ी शक्तिमान हो, तो यहाँ से ही भारत के किसी मनुष्य के प्राण का भी नियंत्रण कर सकते हो। प्राण विभक्त नहीं है। एकत्व ही उसका धर्म है। भौतिक, दैविक, आध्यात्मिक, मानसिक, नैतिक और तात्त्विक, सभी दृष्टियों से सब एक ही है। जीवन तो सिर्फ़ एक स्पन्दन है। आकाश के सागर को जो स्पन्दित करता है, वही तुमको भी स्पन्दित करता है। जिस तरह सरोवर में बर्फ़ के विभिन्न घनत्व के भिन्न भिन्न स्तर होते हैं, या जैसे वाष्प के सागर में घनत्व के विविध परिमाण होते हैं, उसी प्रकार यह विश्वब्रह्माण्ड भी जड़ द्रव्य का सागर है। यह सागर आकाश का है, जिसमें हमें सूर्य, चंद्र, तारे और हम स्वयं, विविध घनत्व की वस्तुएँ मिलती हैं, लेकिन सातत्य खंडित नहीं होता, वह सर्वत्र एकरस है।

जब हम दर्शनशास्त्र का अध्ययन करते हैं, तो हमें यह ज्ञान होता है कि सम्पूर्ण विश्व एक है। आध्यात्मिक, भौतिक, मानसिक तथा ऊर्जा जगत्, ये भिन्न भिन्न नहीं है। विश्व एक है, अलग अलग दृष्टिकोणों से देखे जाने के कारण विभिन्न प्रतीत होता है। 'मैं शरीर हूँ,' इस भावना से जब तुम अपनी ओर देखते हो, तो 'मैं मन भी हूँ,' यह भूल जाते हो, और जब तुम अपने को मनोरूप देखने लगते हो, तो तुम्हें अपने शरीरत्व की विस्मृति हो जाती है। विद्यमान वस्तु केवल एक है और

वह तुम हो। वह तुम्हें या तो जड़ या शरीर के रूप में अथवा मन या आत्मा के रूप में दिख सकती है। जन्म, जीवन, मरण, ये सब भ्रम मात्र हैं। न कोई कभी मरता है और न कोई कभी जन्म लेता है, केवल मनुष्य एक स्थिति से दूसरी स्थिति में चला जाता है। पाश्चात्यों को मृत्यु से इतना भय खाते देख मुझे दुःख होता है--वे मानो जीवन को पकड़ रखने की सतत चेष्टा करते रहते हैं। वे कहते हैं, "मृत्यु के बाद हमें जीवन दो! हमें मरणोत्तर जीवन दो!" यदि कोई आये और उन्हें बताये कि मृत्यु के बाद भी वे विद्यमान रहेंगे, तो वे कितने आनन्दित होते हैं। वस्तुतः मनुष्य के अमरत्व में मैं अविश्वास ही किस तरह कर सकता हूँ! मैं मृत हूँ, यह कल्पना ही मैं किस प्रकार कर सकता हूँ! तुम यदि अपने को मरा सोचने की कोशिश करो, तो देखोगे कि तुम अपने मृत शरीर को देखने के लिए वर्तमान हो ही। जीवन का अस्तित्व एक ऐसा आश्चर्यमय सत्य है कि तुम एक क्षण भी उसका विस्मरण नहीं कर सकते। तब तो तुम अपने अस्तित्व में भी सन्देह कर सकते हो। मैं हूँ—यह ज्ञान ही चैतन्य का आदि तथ्य है। जिसका कभी अस्तित्व ही नहीं था, उसकी कल्पना ही कौन कर सकता है? सभी सत्यों में यह सर्वाधिक स्वयंसिद्ध सत्य है। अतः अमरत्व की भावना मनुष्य में स्वभावतः विद्यमान रहती है। अकल्पनीय विषय पर कोई विवाद ही नहीं कर सकता। और इसीलिए इस स्वयंसिद्ध विषय पर किसी विवाद की आवश्यकता नहीं है।

अतएव हम किसी भी दृष्टि से देखें, हमें प्रतीत होगा कि यह सम्पूर्ण जगत् एक इकाई है। अभी हमें यह समग्र विश्व प्राण तथा आकाश अर्थात् शक्ति एवं जड़ का बना हुआ प्रतीत होता है। और तुम लोग ख्याल रखो कि अन्य मूलभूत सिद्धान्तों के समान यह सिद्धान्त भी स्वविरोधी है। शक्ति क्या है? शक्ति वह है, जो जड़ को गति देती है। और जड़ क्या है? जड़ वह है, जो शक्ति द्वारा गतिशील होता है। यह तो गोल-मोल बात हुई! हमें अपने ज्ञान तथा विज्ञान का गर्व होते हुए भी हमारे कोई कोई मूलभूत तर्कसिद्धान्त बड़े विचित्र होते हैं। संस्कृत कहावत के अनुसार यह तो 'बेसिर के सिर-दर्द' के समान हुआ। इस वस्तुस्थिति का नाम है 'माया'। न तो वह विद्यमान है और न अविद्यमान ही। तुम उसे विद्यमान नहीं कह सकते, क्योंकि केवल वही वस्तु विद्यमान कहलाती है, जो देश-काल से परे हो और जिसके अस्तित्व के लिए किसी दूसरे की आवश्यकता न हो। फिर भी यह विश्व आंशिक रूप में हमारी अस्तित्व की धारणा की पूर्ति करता है। अतएव उसका प्रतीयमान अस्तित्व है।

परन्तु इस समस्त विश्व में एक सत् वस्तु ओतप्रोत है; और वह देश, काल तथा कार्य-कारण के जाल में मानो फँसी हुई है। मनुष्य का सच्चा स्वरूप वह है, जो

अनादि, अनन्त, आनन्दमय तथा नित्य मुक्त है; वही देश, काल और परिणाम के फेर में फँसा है। यही प्रत्येक वस्तु के सम्बन्ध में भी सत्य है। प्रत्येक वस्तु का परमार्थस्वरूप वही अनन्त है। यह विज्ञानवाद (प्रत्ययवाद) नहीं है, इसका अर्थ यह नहीं कि विश्व का अस्तित्व ही नहीं है। इसका अस्तित्व सापेक्ष है और सापेक्षता के सब लक्षण इसमें विद्यमान हैं। लेकिन इसकी स्वयं की कोई स्वतंत्र सत्ता नहीं है। यह इसलिए विद्यमान है कि इसके पाछे देश-काल-निमित्त से अतीत निरपेक्ष अद्वितीय सत्ता मौजूद है।

ख़ैर, यह विषयान्तर हो गया है। आओ, अब हम फिर अपने मुख्य विषय की ओर आयें।

सारी क्रियाएँ, चाहे वे सहज हों या ऐच्छिक, नाड़ियों के माध्यम से प्राण के ही कार्य हैं। इससे तुम्हें अब मालूम होगा कि अपनी सहज क्रियाओं पर नियंत्रण रखना एक बहुत अच्छी बात होगी।

एक दूसरे अवसर पर मैंने तुम्हें मनुष्य और परमेश्वर की परिभाषा बतलायी थी। मनुष्य एक असीम वृत्त है, जिसकी परिधि कहीं भी नहीं है, लेकिन जिसका केन्द्र एक स्थान में निश्चित है, और परमेश्वर एक ऐसा असीम वृत्त है, जिसकी परिधि कहीं भी नहीं है, परन्तु जिसका केन्द्र सर्वत्र है। वह सब हाथों द्वारा काम करता है, सब आँखों द्वारा देखता है, सब पैरों द्वारा चलता है, सब शरीरों द्वारा साँस लेता है, सब जीवों में वास करता है, सब मुखों द्वारा बोलता है और सब मस्तिष्क द्वारा विचार करता है। यदि मनुष्य अपनी आत्मचेतना को अनंत गुनी कर ले, तो वह ईश्वररूप बन सकता है और सम्पूर्ण विश्व पर अपना अधिकार चला सकता है। इसलिए चैतन्य का ज्ञान परमावश्यक है। मान लो, अँधेरे में एक अनन्त रेखा है। हम वह रेखा देख नहीं सकते, लेकिन उस रेखा पर एक तेजोमय बिन्दु है, जो गतिमान है। इस रेखा पर चलते हुए जैसे जैसे वह बिन्दु आगे बढ़ता है, वैसे वैसे वह विभिन्न भागों पर क्रमशः प्रकाश डालता जाता है और जो हिस्से पीछे होते जाते हैं, वे फिर अँधेरे में डूब जाते हैं। हमारी चेतनावस्था को भी ठीक इस प्रकाशमान बिन्दु की उपमा दी जा सकती है। इस चेतनावस्था के गत अनुभवों का स्थान वर्तमान अनुभव ने ले लिया है या यों कहो कि ये गत अनुभव अवचेतन-स्तर में जा चुके हैं। इनके अस्तित्व का हमें बोध नहीं होता, परन्तु फिर भी ये विद्यमान हैं और हमारे मन तथा शरीर को अज्ञात रूप से प्रभावित करते जा रहे हैं। आज जो जो कार्य बिना चेतना की सहायता के होते दिखायी दे रहे हैं, वे सब पहले चेतनायुक्त थे। अब उनमें इतनी गति आ गयी है कि वे स्वयं ही कार्य कर सकते हैं।

सभी नीतिशास्त्रों का, अनपवाद रूप से, एक बड़ा दोष यह है कि उन्होंने उन साधनों का कभी उपदेश नहीं दिया, जिनके द्वारा मनुष्य बुरा करने से अपने को रोक सके। सभी नीतिशास्त्र कहते हैं कि 'चोरी मत करो।' ठीक है; लेकिन मनुष्य चोरी करता ही क्यों है? कारण यह है कि चोरी, डाका, दुर्व्यवहार आदि कुकर्म यांत्रिक सहज क्रियाएँ बन बैठे हैं। डाका डालनेवाले, चोर, झूठे तथा अन्यायी स्त्री-पुरुष—ये ऐसे इसलिए हो गये हैं कि अन्यथा होना उनके हाथ नहीं। सचमुच यह मनोविज्ञान के लिए एक बड़ी विकट समस्या है। मनुष्य की ओर हमें बड़ी उदारता की दृष्टि से देखना चाहिए। अच्छा बनना इतनी सरल बात नहीं है। जब तक तुम मुक्त नहीं होते, तब तक एक यंत्र के सिवा तुम और क्या हो? क्या तुम्हें इस बात पर अभिमान होना चाहिए कि तुम अच्छे मनुष्य हो? बिल्कुल नहीं। तुम इसलिए अच्छे हो कि तुम अन्यथा नहीं हो सकते। दूसरा मनुष्य इसलिए बुरा है कि अन्यथा होना उसके बस की बात नहीं। अगर तुम उसकी जगह होते, तो कौन जानता है कि तुम क्या होते? एक वेश्या या जेलबंद चोर मानो ईसा मसीह है, जो इसलिए सूली पर चढ़ाया गया है कि तुम अच्छे बनो। प्रकृति में इसी तरह साम्यावस्था रहती है। सब चोर और ख़ूनी, सब अन्यायी और पतित, सब बदमाश और राक्षस मेरे लिए ईसा मसीह हैं! देवरूपी ईसा तथा दानवरूपी ईसा, दोनों ही मेरे लिए आराध्य हैं! यही मेरा धर्म है, इससे अन्यथा मेरे बस की बात नहीं। अच्छे और साधु पुरुषों को मेरा प्रणाम! बदमाश और शैतानों को भी मेरा प्रणाम! वे सभी मेरे गुरु हैं, मेरे धर्मोपदेशक आचार्य हैं, मेरे त्राता हैं। मैं चाहे किसी एक को शाप दूँ, परन्तु सम्भव है, फिर उसीके दोषों से मेरा लाभ भी हो; दूसरे को मैं आशीर्वाद दूँ और उसके शुभ कर्मों से मेरा हित हो। यह सूर्य-प्रकाश के समान सत्य है। दुराचारी स्त्री को मुझे इसलिए दुत्कारना पड़ता है कि समाज वैसा चाहता है। आह, वह! वह मेरी तारिणी, जिसकी वेश्या-वृत्ति के ही कारण दूसरी स्त्रियों का सतीत्व सुरक्षित रहा, इसका विचार तो करो! भाइयो और बहनो, इस प्रश्न को ज़रा अपने मन में सोचो। यह सत्य है—बिल्कुल सत्य है। मैं जितनी ही अधिक दुनिया देखता हूँ, जितना ही अधिक स्त्री-पुरुषों के सम्पर्क में आता हूँ, उतनी ही मेरी यह धारणा दृढ़तर होती जाती है। मैं किसे दोष दूँ? मैं किसकी तारीफ़ करूँ? हमें वस्तुस्थिति का सभी पक्षों से विचार करना चाहिए।

हमारे सामने बहुत बड़ा कार्य है, और इसमें सर्वप्रथम और सबसे महत्त्व का काम है, अपने सहस्रों सुप्त संस्कारों पर अधिकार चलाना, जो अनैच्छिक सहज क्रियाओं में परिणत हो गये हैं। यह बात सच है कि असत्कर्म-समूह मनुष्य के जाग्रत

क्षेत्र में रहता है, लेकिन जिन कारणों ने इन बुरे कामों को जन्म दिया, वे इसके पीछे प्रसुप्त और अदृश्य जगत् के हैं और इसलिए अधिक प्रभावशाली हैं।

व्यावहारिक मनोविज्ञान प्रथम हमें यह सिखलाता है कि हम अपने अचेतन मन का नियंत्रण किस तरह कर सकते हैं। हम जानते हैं कि हम ऐसा कर सकते हैं। क्यों? इसलिए कि हम जानते हैं, चेतन मन ही अचेतन का कारण है। हमारे जो लाखों पुराने चेतन विचार और चेतन कार्य थे, वे ही घनीभूत होकर प्रसुप्त हो जाने पर हमारे अचेतन विचार बन जाते हैं। हमारा उधर ख्याल ही नहीं जाता, हमें उनका ज्ञान नहीं होता, हम उन्हें भूल जाते हैं। लेकिन देखो, यदि प्रसुप्त अज्ञात संस्कारों में बुरा करने की शक्ति है, तो उनमें अच्छा करने की भी शक्ति है। हमारे भीतर नाना प्रकार के संस्कार भरे पड़े हैं—मानो एक जेब में बहुत सी चीज़ें बँधी हुई हैं। उन्हें हम भूल गये हैं, हम उनका विचार तक नहीं करते। उनमें से बहुत से तो वहीं पड़े सड़ते रहते हैं और सचमुच भयावह बनते जाते हैं। वे ही प्रसुप्त कारण एक दिन मन के ज्ञानयुक्त क्षेत्र पर आ उठते हैं और मानवता का नाश कर देते हैं। अतएव सच्चा मनोविज्ञान उनको चेतन मन के अधीन लाने का प्रयत्न करेगा। अतएव महत्त्वपूर्ण बात है, पूरे मनुष्य को पुनरुज्जीवित जैसा कर देना, जिससे कि वह अपना पूर्ण स्वामी बन जाय। शरीरान्तर्गत यकृत आदि इन्द्रियों की स्वतःप्रवृत्त क्रियाओं को भी हम अपनी आज्ञापालक बना सकते हैं।

अचेतन को अपने अधिकार में लाना हमारी साधना का पहला भाग है। दूसरा है चेतन के परे जाना। जिस तरह, अचेतन चेतन के नीचे—उसके पीछे रहकर कार्य करता रहता है उसी तरह चेतन के ऊपर—उसके अतीत भी एक अवस्था है। जब मनुष्य इस अतिचेतन अवस्था को पहुँच जाता है, तब वह मुक्त हो जाता है, ईश्वरत्व को प्राप्त हो जाता है। तब मृत्यु अमरत्व में परिणत हो जाती है, दुर्बलता असीम शक्ति बन जाती है और अज्ञान की लौहश्रृंखलाएँ मुक्ति बन जाती हैं। अतिचेतन का यह असीम राज्य ही हमारा एकमात्र लक्ष्य है।

अतएव यह स्पष्ट है कि हमें दो कार्य अवश्य ही करने होंगे। एक तो यह कि इड़ा और पिंगला के प्रवाहों का नियमन कर अचेतन कार्यों को नियमित करना; और दूसरा, इसके साथ ही साथ चेतन के भी परे चले जाना।

ग्रंथों में कहा है कि योगी वही है, जिसने दीर्घ काल तक चित्त की एकाग्रता का अभ्यास करके इस सत्य की उपलब्धि कर ली है। अब सुषुम्णा का द्वार खुल जाता है और इस मार्ग में वह प्रवाह प्रवेश करता है, जो इसके पूर्व उसमें कभी नहीं गया था, वह (जैसा कि आलंकारिक भाषा में कहा है) धीरे धीरे विभिन्न कमल-चक्रों में से होता हुआ, कमल-दलों को खिलाता हुआ अन्त में मस्तिष्क

तक पहुँच जाता है। तब योगी को अपने सत्यस्वरूप का ज्ञान हो जाता है, वह जान लेता है कि वह स्वयं परमेश्वर ही है।

हममें से प्रत्येक व्यक्ति, बिना किसी अपवाद के, योग की इस अन्तिम अवस्था को प्राप्त कर सकता है। लेकिन यह अत्यन्त कठिन कार्य है। यदि मनुष्य को इस सत्य का अनुभव करना हो, तो उसे केवल वक्तृता सुनने और श्वासोच्छ्वास की थोड़ी सी क्रियाओं का अभ्यास करने के अतिरिक्त कुछ और विशेष साधनाएँ भी करनी होंगी। महत्त्व है तैयारी ही का। दीपक जलाने में कितनी देर लगती है? केवल एक सेकंड। लेकिन उस मोमबत्ती को बनाने में कितना समय लग जाता है! खाना खाने में कितनी देर लगती है? शायद आधा घंटा। लेकिन वही खाना पकाने के लिए कितने घंटे लग जाते हैं! हम चाहते हैं कि दीप एक क्षण में जल उठे, लेकिन हम यह भूल जाते हैं कि मोमबत्ती बनाना ही तो मुख्य है।

इस प्रकार यद्यपि ध्येय-प्राप्ति बहुत कठिन है, तथापि हमारे द्वारा किया गया लघुतम प्रयास भी व्यर्थ नहीं जाता। हम जानते हैं कि कोई भी वस्तु नष्ट नहीं होती। गीता में अर्जुन ने कृष्ण से प्रश्न किया है कि वे मनुष्य, जिनकी योग-साधना इस जन्म में सिद्ध नहीं हुई, किस दशा को प्राप्त होते हैं? क्या वे ग्रीष्मकाल के मेघों की तरह नष्ट-भ्रष्ट हो जाते हैं? कृष्ण उत्तर देते हैं, "हे मित्र, कोई भी वस्तु नष्ट नहीं होती। जो कुछ मनुष्य करता है, वह उसका अपना हो जाता है। और यदि योग की सिद्धि इस जन्म में न हुई, तो दूसरे जन्म में मनुष्य फिर वह अभ्यास आरम्भ कर देता है।"[१] यदि ऐसा न हो, तो ईसा मसीह, बुद्ध अथवा शंकराचार्य की अलौकिक बाल्यावस्था की व्याख्या तुम कैसे करोगे?

आसन, प्राणायाम इत्यादि योग के सहायक हैं अवश्य, लेकिन वे केवल शारीरिक क्रियाएँ मात्र हैं। मुख्य तैयारी तो मन की है। सबसे पहले यह आवश्यक है कि हमारा जीवन शान्तिपूर्ण तथा समाधानयुक्त हो।

यदि तुम योगी बनना चाहते हो, तो तुम्हें स्वतंत्र होना होगा, और अपने को ऐसे वातावरण में रखना होगा, जहाँ तुम एकाकी और सर्व चिन्ताओं से मुक्त होकर रह सको। 'जो भोग-विलासपूर्ण जीवन की इच्छा रखते हुए आत्मानुभूति की चाह रखता है, वह उस मूर्ख के समान है, जिसने नदी पार करने के लिए एक मगर को लकड़ी का लट्ठा समझकर पकड़ लिया।'[२]

---

१. **गीता ॥६।३८-४०॥**

२. **शरीरपोषणार्थी सन् य आत्मानं दिदृक्षति।**
ग्राहं दारुधिया धृत्वा नदीं तर्तुं स गच्छति॥ विवेकचूड़ामणि ॥८४॥

'पहले भगवत् राज्य को प्राप्त कर लो, शेष सब कुछ तुम्हें स्वयं ही मिल जायगा।' यही एक महान् कर्तव्य है, यही त्याग है। एक आदर्श के लिए ज़िंदा रहो और मन में कोई दूसरे विचार आने ही न दो। आओ, हम अपनी सब शक्तियाँ उस आध्यात्मिक पूर्णता की ओर लगायें, जिसका कभी क्षय नहीं होता। अगर हमें आत्मबोध की सच्ची लगन है, तो हमें साधना करनी चाहिए और उसीके द्वारा हमारी उन्नति होगी। हमसे ग़लतियाँ होंगी ही, लेकिन वे हमारे लिए अज्ञात वरदानस्वरूप हो सकती हैं।

आध्यात्मिक जीवन का सबसे बड़ा सहायक 'ध्यान' है। ध्यान के द्वारा हम अपनी भौतिक भावनाओं से अपने आपको स्वतंत्र कर लेते हैं और अपने ईश्वरीय स्वरूप का अनुभव करने लगते हैं। ध्यान करते समय हमें कोई बाहरी साधनों पर अवलम्बित नहीं रहना पड़ता। गहरे अँधेरे स्थान को भी आत्मा की ज्योति दिव्य प्रकाश से भर देती है, बुरी से बुरी वस्तु में भी वह अपना सौरभ उत्पन्न कर सकती है, वह अत्यन्त दुष्ट मनुष्य को भी देवता बना देती है—और सम्पूर्ण स्वार्थी भावनाएँ, सम्पूर्ण शत्रुभाव नष्ट हो जाते हैं। शरीर का जितना कम ख्याल हो, उतना ही अच्छा, क्योंकि यह शरीर ही है, जो हमें नीचे गिराता है। इस शरीर से आसक्ति और उससे तादात्म्य ही हमारे दुःखों का कारण है। 'मैं आत्मा हूँ, मैं शरीर नहीं हूँ; यह विश्व और उसके सम्पूर्ण संबंध, उसकी भलाई और उसकी बुराई—यह सब एक चित्रावली—चित्रपट पर खिंचे हुए विभिन्न दृश्य हैं और मैं उनका साक्षी हूँ'—यह निदिध्यासन ही धर्मजीवन का रहस्य है।

विश्व धर्म की उपलब्धि का मार्ग

(२८ जनवरी, १९०० को कैलिफ़ोर्निया के पॅसाडेना नगरस्थ सार्वभौमिक धर्ममन्दिर में दिया गया भाषण)

जिस अनुसन्धान के द्वारा हम ईश्वर का ज्ञान प्राप्त करते हैं, मानव-हृदय के लिए उससे अधिक प्रिय अन्य कोई अनुसन्धान नहीं है। अतीत काल में, अथवा वर्तमान काल में 'आत्मा', ईश्वर', और "मानव के भाग्य' आदि की गवेषणा में मनुष्य की जितनी शक्ति व्यय हुई है, उतनी अन्य किसी विषय में नहीं। हम अपने दैनिक कर्म, महत्त्वाकांक्षा और अपने कर्तव्य में कितने ही डूबे क्यों न हों, अपने प्रखरतम संघर्ष में कभी कभी विराम का एक क्षण आ जाता है; मन सहसा रुककर इस जगत्-प्रपंच के पार क्या है, इसे जानना चाहता है। कभी कभी वह अतीन्द्रिय-राज्य का आभास पाता है, और उसीके फलस्वरूप उसमें पहुँचने के लिए संघर्ष आरम्भ हो जाता है। ऐसा सभी देशों, सभी कालों में होता रहा है। मनुष्य ने उस पार देखना चाहा है, अपना विस्तार करना चाहा है; और हम जिसे उन्नति या विकास कहते हैं, उसको सदा उसी एक खोज—मानव के भाग्य की खोज, ईश्वर की खोज द्वारा नापा गया है।

विभिन्न जातियों के विभिन्न प्रकार के समाज-गठनों से जिस तरह हमें अपने सामाजिक संघर्ष का परिचय मिलता है, उसी तरह जगत् के विभिन्न धर्मसम्प्रदाय-समूहों से मनुष्यों के आध्यात्मिक संघर्ष का परिचय मिलता है। भिन्न भिन्न समाज जिस प्रकार सर्वदा ही आपस में कलह और युद्ध कर रहे हैं—उसी प्रकार ये धर्म-सम्प्रदाय भी सर्वदा परस्पर कलह और युद्ध कर रहे हैं। किसी एक विशेष समाज के लोगों का दावा है कि एकमात्र उन्हें ही जीवित रहने का अधिकार है, और जब तक सम्भव हो, वे दुर्बल के ऊपर अत्याचार करते हुए, अपना वह अधिकार जमाये रहते हैं। हमें ज्ञात है कि ऐसा ही भीषण संघर्ष वर्तमान समय में भी दक्षिण अफ़्रीका में हो रहा है। इसी तरह प्रत्येक धर्मसम्प्रदाय का भी दावा है कि केवल उसे ही जीवित रहने का ऐकांतिक अधिकार है। अब हम देखते हैं कि यद्यपि मानव-जीवन में धर्म ही सर्वाधिक शान्तिदायी है, तथापि धर्म ने ऐसी भयंकरता की सृष्टि की है, जैसी कि किसी दूसरे ने नहीं की थी। धर्म ने ही सर्वापेक्षा

अधिक शान्ति और प्रेम का विस्तार किया है और साथ ही धर्म ने सर्वापेक्षा भीषण घृणा और विद्वेष की भी सृष्टि की है। धर्म ने ही मनुष्य के हृदय में भ्रातृभाव की प्रतिष्ठा की है, साथ ही धर्म ने मनुष्यों में सर्वापेक्षा कठोर शत्रुता और विद्वेष का भाव भी उद्दीप्त किया है। धर्म ने ही मनुष्यों और पशुओं तक के लिए सबसे अधिक दातव्य चिकित्सालयों की स्थापना की है और साथ ही धर्म ने ही पृथ्वी में सबसे अधिक रक्त की नदियाँ प्रवाहित की हैं। साथ ही हम यह भी जानते हैं कि सर्वदा एक चिंतना का अन्तःस्रोत बह रहा है; सारे समय ही, विभिन्न धर्म की तुलनामूलक आलोचना में व्यस्त कितने ही तत्त्वान्वेषी दार्शनिक और विद्यार्थी, इन सब विवदमान और विरुद्ध मतावलम्बी धर्म-सम्प्रदायों में शान्ति स्थापित करने की चेष्टा पहले कर चुके हैं और अब भी चेष्टा कर रहे हैं। कुछ देशों में ये चेष्टाएँ सफल हुई हैं; परन्तु सारी पृथ्वी की ओर देखने पर मालूम होता है कि समष्टि-भाव से ये चेष्टाएँ निफल हुई हैं।

अति प्राचीन काल से चले आनेवाले कुछ धर्म, जो हम लोगों के बीच प्रचलित हैं, वे सब इस भाव से ओतप्रोत हैं कि सभी सम्प्रदायों को जीवित रहने का अधिकार मिले; कारण प्रत्येक सम्प्रदाय में एक उद्देश्य, एक महान् भाव निहित है, जो जगत् के कल्याण के लिए आवश्यक है और इस कारण से उसका पोषण करना उचित है। वर्तमान समय में भी यह धारणा चल रही है और समय समय पर इसे कार्य में परिणत करने की चष्टा भी की जाती है। ये चेष्टाएँ सर्वदा हमारी आशा और कार्यदक्षता की अपेक्षा के अनुरूप सिद्ध नहीं होतीं। बड़े खेद की बात तो यह है कि हम देखते हैं कि उनके कारण हम और भी अधिक झगड़ा और विवाद करने लगे हैं।

इस समय सैद्धांतिक विचारों को अलग रखकर साधारण विचार-बुद्धि की दृष्टि से यदि इस विषय को देखें, तो पहले ही यह ज्ञात होगा कि पृथ्वी के सब बड़े बड़े धर्मों में एक प्रबल जीवनी शक्ति मौजूद है। कुछ लोग कह सकते हैं, लेकिन हम इस विषय में कुछ नहीं जानते, किन्तु अज्ञता कोई बहाना नहीं है। यदि कोई कहे कि बहिर्जगत् में क्या हो रहा है या क्या नहीं हो रहा है, इसे मैं नहीं जानता, इसलिए बहिर्जगत् में जो कुछ भी हो रहा है, वह सब झूठ है, तो ऐसे व्यक्ति को क्षमा नहीं किया जा सकता। तुम लोगों में, जो समग्र संसार में धर्म-विस्तार करना चाहते हैं, वे जानते हैं कि संसार का एक भी मुख्य धर्म लुप्त नहीं हुआ है, केवल इतना ही नहीं, वरन् उनमें से प्रत्येक धर्म प्रगति की ओर अग्रसर हो रहा है। ईसाइयों की संख्यावृद्धि हो रही है, मुसलमानों की संख्या बढ़ रही है, हिन्दू भी संख्या में उन्नति कर रहे हैं और यहूदी भी संख्या में बढ़ते हुए सारे संसार में फैलकर यहूदी धर्म की सीमा दिनोंदिन बढ़ाते जा रहे हैं।

केवल एक ही धर्म—एक प्रधान प्राचीन धर्म धीरे धीरे लुप्तप्राय हो गया है। वह है ज़रथुष्ट्र धर्म—प्राचीन पारसियों का धर्म। मुसलमानों के ईरान-विजय के समय लगभग एक लाख ईरानवासियों ने भारतवर्ष में आकर शरण ली थी और कुछ पुराने लोग ईरान में ही रह गये थे। जो ईरान में रह गये थे, वे मुसलमानों के निरंतर उत्पीड़न के फलस्वरूप लुप्त हो गये—इस समय अधिक से अधिक उनकी संख्या दस हज़ार होगी। भारत में उनकी संख्या लगभग अस्सी हज़ार है, परन्तु उसमें वृद्धि नहीं होती। आरम्भ से ही उनकी एक असुविधा है और वह यह कि वे किसी दूसरे को अपने धर्म में नहीं मिलाते। साथ ही भारत में रहनेवाले इन मुट्ठी भर लोगों में भी सहोदरों के अतिरिक्त भाई-बहनों के विवाहरूपी घोर अनिष्टकर प्रथा प्रचलित रहने से इनकी वृद्धि नहीं होती। इस एकमात्र अपवाद को छोड़ समस्त महान् धर्म जीवित हैं और वे विस्तारित और पुष्ट हो रहे हैं। हमें यह स्मरण रखना चाहिए कि संसार के प्रधान धर्म अत्यंत प्राचीन हैं; उनमें से एक की भी स्थापना वर्तमान काल में नहीं हुई है और संसार का प्रत्येक धर्म गंगा और फ़रात नदियों के मध्यवर्ती भूखण्ड पर उत्पन्न हुआ है। एक भी प्रधान धर्म यूरोप या अमेरिका में उत्पन्न नहीं हुआ—एक भी नहीं। प्रत्येक धर्म एशिया में उत्पन्न हुआ है और वह भी केवल उसी भूखंड में। आधुनिक वैज्ञानिक जिसे 'योग्यतम की अतिजीविता' कहते हैं, यदि यह बात सत्य है, तो इस कसौटी से प्रमाणित हो जाता है कि ये सब धर्म अब भी जीवित हैं और कुछ मनुष्यों के योग्य हैं। वे भविष्य में भी इसी कारण से जीवित रहेंगे कि वे बहुत मनुष्यों का उपकार कर रहे हैं। मुसलमानों को देखो, उन्होंने दक्षिण एशिया के कुछ स्थानों में कैसा विस्तार किया है और अफ्रीका में आग की तरह फैल रहे हैं। बौद्धों ने मध्य एशिया में बराबर विस्तार किया है। यहूदियों की भाँति हिन्दू भी दूसरे को अपने धर्म में ग्रहण नहीं करते, तथापि धीरे धीरे अन्यान्य जातियाँ हिन्दू धर्म के भीतर चली आ रही हैं और हिन्दुओं के आचार-व्यवहार को ग्रहण कर उनके समकक्ष होती जा रही हैं। ईसाई धर्म ने कैसा विस्तार किया है, तुम सब जानते हो; परन्तु मुझे ऐसा मालूम होता है कि फिर भी चेष्टानुरूप फल नहीं हो रहा है। ईसाइयों के प्रचार-कार्य में एक बड़ा भारी दोष रह गया है और वह पश्चिम की सभी संस्थाओं में है। शक्ति का नब्बे प्रतिशत कल-पुर्जों में ही व्यय हो जाता है—यंत्रों का अत्याधिक्य है। प्रचार-कार्य तो प्राच्य लोगों का ही काम रहा है। पाश्चात्य लोग संघबद्ध भाव से कार्य, सामाजिक अनुष्ठान, युद्ध, सज्जा, राज्य-शासन इत्यादि अति सुन्दर रूप से सम्पन्न कर सकते हैं, परन्तु धर्म-प्रचार के क्षेत्र में वे प्राच्य की बराबरी नहीं कर सकते। कारण, वे

इसे निरन्तर करते आये हैं—वे इसमें अभिज्ञ हैं और वे अधिक यंत्रों का व्यवहार नहीं करते ।

यह मनुष्य जाति के वर्तमान इतिहास में एक प्रत्यक्ष तथ्य है कि पूर्वोक्त सभी प्रधान प्रधान धर्म ही विद्यमान हैं और वे विस्तारित तथा पुष्ट होते जा रहे हैं । इस तथ्य का अवश्य कोई अर्थ है; और सर्वज्ञ, परम कारुणिक सृष्टिकर्ता की यदि यही इच्छा होती कि इनमें से केवल एक ही धर्म विद्यमान रहे और शेष सब नष्ट हो जायँ, तो वह बहुत पहले ही पूर्ण हो जाती । अथवा यदि इन सब धर्मों में से केवल एक ही सत्य होता और अन्य सब झूठ, तो वही अब तक सारी पृथ्वी पर छा जाता । पर बात ऐसी नहीं है, उनमें से एक ने भी सारे संसार पर अधिकार नहीं कर पाया है । सारे धर्म किसी एक समय उन्नति और किसी एक समय अवनति की ओर जाते हैं । यह भी विचारने की बात है कि तुम्हारे देश में छः करोड़ मनुष्य हैं; परन्तु उनमें से केवल दो करोड़ दस लाख ही किसी न किसी धर्म के अनुयायी हैं । अतः प्रगति सदा ही नहीं होती रहती । गवेषणा करने से सम्भवतः मालूम होगा कि सब देशों में धर्म कभी उन्नति और कभी अवनति करता रहा है । उस पर देखा जाता है कि संसार में सम्प्रदायों की संख्या दिनोंदिन बढ़ती जा रही है । किसी सम्प्रदायविशेष का यह दावा यदि सत्य होता, कि सारा सत्य उसीमें भरा है और ईश्वर ने उस निखिल सत्य को उसीके धर्मग्रन्थ में लिख दिया है—तो फिर संसार में इतने सम्प्रदाय क्यों हैं? पचास वर्ष बीतने नहीं पाते कि पुस्तकविशेष के आधार पर बीसों नये सम्प्रदाय उठ खड़े होते हैं। ईश्वर ने यदि कुछ पुस्तकों में ही निखिल सत्य को निबद्ध किया है, तो उसने वे ग्रंथ हमें इसलिए नहीं दिये हैं कि हम उनके शब्दार्थ पर झगड़ा करें, तथ्य यही प्रतीत होता है । ऐसा क्यों होता है ? यदि ईश्वर सचमुच किसी ग्रन्थ में समस्त सत्य को लिख देता, तब भी कोई उद्देश्य सिद्ध नहीं होता, कारण, कोई उसको समझ नहीं सकता । उदाहरणस्वरूप बाइबिल तथा ईसाइयों के प्रचलित सम्प्रदायों को लो । प्रत्येक सम्प्रदाय उस एक ही पुस्तक की व्याख्या अपने मतानुसार करता हुआ कह रहा है कि केवल उसीने उसको ठीक तरह से समझा है और बाक़ी सब भ्रान्त है । प्रत्येक धर्म में यही बात है । मुसलमानों और बौद्धों में अनेक सम्प्रदाय हैं, हिन्दुओं में भी सैकड़ों हैं । मैंने जिन जिन तथ्यों को तुम्हारे सम्मुख स्थापित किया है, उनका उद्देश्य यह है कि मैं दिखाना चाहता हूँ कि धर्म विषय में जितनी बार सारी मनुष्य जाति को एक प्रकार की विचारधारा में ले जाने की चेष्टा की गयी है, उतनी ही बार वह विफल हुई और आगे भी होगी। यहाँ तक कि वर्तमान काल में भी नये मत-प्रवर्तक यह देख रहे हैं कि वे अपने

अनुयायियों से बीस मील दूर जाते जाते उसके अनुयायी बीसों दल बना लेते हैं। ऐसा सदैव होता रहा है। बात यह है कि सब लोगों के एक ही प्रकार का भाव ग्रहण करने से काम नहीं चलता और मैं इसके लिए भगवान को धन्यवाद देता हूँ। मैं किसी भी सम्प्रदाय का विरोधी नहीं हूँ। अनेक सम्प्रदाय हैं, इससे मैं प्रसन्न हूँ और मेरी इच्छा है कि उनकी संख्या दिनोंदिन बढ़ती जाय। इसका कारण क्या है? कारण यह है कि यदि तुम, मैं और यहाँ के उपस्थित सब सज्जन एक ही प्रकार के विचारों का चिन्तन करें, तो हमारे चिन्तन करने का विषय ही नहीं रहेगा। दो या इससे अधिक शक्तियों का संघर्ष होने से गति सम्भव होती है, यह सब जानते हैं। उसी प्रकार चिन्तन के घात-प्रतिघात से ही—चिन्तन के वैचित्र्य से ही नये विचारों का उद्‌भव होता है। अब यदि हम सब एक ही प्रकार का चिन्तन करते, तो हम मिस्र देश के जादूघर की ममियों (mummies) की तरह एक दूसरे के मुख की ओर मुँह बाये देखते रहते, इसके अतिरिक्त और कुछ नहीं होता। वेगवती सजीव नदी में ही भँवर और थपेड़े रहते हैं, अप्रवाहित या निष्क्रिय जल में भँवर नहीं पड़ता। जब सब नष्ट हो जायँगे, तब सम्प्रदाय नहीं रहेंगे; तब श्मशान की पूर्ण शान्ति और सामंजस्य आकर उपस्थित होगा। किन्तु जब तक मनुष्य चिन्तन करेंगे, तब तक सम्प्रदाय भी रहेंगे। वैषम्य ही जीवन का चिह्न है और वह अवश्य ही रहेगा। मैं प्रार्थना करता हूँ कि उनकी संख्या-वृद्धि होते होते संसार में जितने मनुष्य हैं, उतने ही सम्प्रदाय हो जायँ, जिससे धर्मराज्य में प्रत्येक मनुष्य अपने पथ से अपनी व्यक्तिगत चिन्तन-प्रणाली के अनुसार चल सके।

किन्तु यह बात पूर्व से ही विद्यमान है। हममें से प्रत्येक अपने ढंग से चिन्तन कर रहा है, परन्तु इस स्वाभाविक गति को बराबर रोका गया है और अब भी रोका जा रहा है। प्रत्यक्ष रूप से तलवार न ग्रहण करके अन्य उपायों से काम लिया जाता है। न्यूयार्क के एक श्रेष्ठ प्रचारक क्या कहते हैं, सुनो—वे प्रचार कर रहे हैं कि 'फिलिपाइनवासियों को युद्ध से जीतना होगा, कारण, उनको ईसाई धर्म की शिक्षा देने का यही एकमात्र उपाय है।' वे पहले से ही कैथोलिक थे, परन्तु अब वे उनको प्रेसबिटेरियन बनाना चाहते हैं और इसके लिए वे इस रक्तपातजनित घोर पापराशि को अपनी जाति के कन्धों पर रखने के लिए उद्यत हुए हैं।—कैसी भयानक बात है! उस पर भी ये, देश के एक सर्वापेक्षा श्रेष्ठ प्रचारक और श्रेष्ठ विज्ञ व्यक्ति हैं! जब इस तरह का एक मनुष्य सबके सामने खड़ा होकर ऐसे कदर्य प्रलाप करने में लज्जा अनुभव नहीं करता, तब संसार की बात एक बार सोचो, विशेषकर जब सुननेवाले उसको करतल-

ध्वनि से उत्साहित करते हैं। क्या यही सभ्यता है ? यह मनुष्यभोजी व्याघ्र और असभ्य जंगली जाति की चिर अभ्यस्त रक्त-पिपासा के सिवा और कुछ नहीं है, केवल नये नाम और नये परिवेश के भीतर से प्रकाशित हो रहा है। सिवा इसके और क्या हो सकता है ? यदि वर्तमान काल का हाल यह हो, तो उस रक्तमेध की कल्पना करो, जिससे प्राचीन युग में यह संसार पार हुआ है, जब प्रत्येक सम्प्रदाय दूसरे सम्प्रदाय को टुकड़े टुकड़े काटकर फेंक देने की चेष्टा करता था। उस प्राचीन काल से संसार को किस भयानक यन्त्रणा का सामना करना पड़ा था। इतिहास इसका साक्षी है। हमारे भीतर का बाघ अभी केवल सोया भर है—मरा नहीं है। सुयोग उपस्थित होते ही वह जागकर पहले की तरह दाँतों और पंजों का प्रयोग करने लगता है। तलवार तथा अन्य भौतिक शस्त्रों की अपेक्षा कहीं भीषणतर अस्त्र-शस्त्र मौजूद हैं। वे हैं—अवज्ञा, सामाजिक घृणा और समाज से बहिष्करण; जो ठीक हमारी तरह विचार नहीं करते, उन्हीं पर इन सब भीषण अस्त्रों की वर्षा होती है। अब किसलिए वे सब हमारी ही तरह विचार करेंगे? मैं तो इसका कोई कारण नहीं देखता। यदि मैं विचारशील हूँ—तो मुझे इसमें आनन्दित होना उचित है कि सब मेरी तरह नहीं सोचते। मैं श्मशान सदृश देश में नहीं रहना चाहता; मैं मानव जगत् में रहना चाहता हूँ—मनुष्यों में रहकर मनुष्य होना चाहता हूँ। विचारशील व्यक्तियों में ही मतभेद रहेगा; कारण, भिन्नता ही विचार का प्रथम लक्षण है। यदि मैं विचारशील हूँ, तो मुझे विचारशील लोगों के साथ ही रहने की इच्छा होनी चाहिए—जहाँ मत की भिन्नता वर्तमान रहे।

उसके बाद प्रश्न यह उठ सकता है कि यह विविधता किस प्रकार सत्य हो सकती है ? एक चीज सत्य होने पर उसका विपरीत झूठ होगा। एक ही समय दो विरोधी मत किस प्रकार सत्य हो सकते हैं ? मैं इसी प्रश्न का उत्तर देना चाहता हूँ। उसके पहले मैं एक बात तुमसे पूछता हूँ कि पृथ्वी के धर्म क्या सचमुच परस्पर विरोधी हैं ? मेरा आशय उन बाह्याचारों से नहीं है, जिनमें महान् विचार आवेष्टित हैं। मेरा आशय विविध धर्मों में व्यवहृत मन्दिर, भाषा, क्रिया-काण्ड, शास्त्र प्रभृति की विविधता से नहीं है, मैं प्रत्येक धर्म के भीतर की आत्मा की बात कहता हूँ। प्रत्येक धर्म के पीछे एक आत्मा है और एक धर्म की आत्मा अन्य धर्म की आत्मा से पृथक् हो सकती है; परन्तु इसलिए क्या वे परस्पर विरोधी हैं ? वे परस्पर विरोधी हैं या एक दूसरे के पूरक हैं ? यही प्रश्न है। मैं जब नितान्त बालक था, तभी से इस प्रश्न पर मैंने विचार आरम्भ किया है और सारे जीवन इस पर सोचता रहा हूँ। शायद मेरे निष्कर्षों से तुम्हारा कोई उपकार हो, इसी विचार से मैं उसे तुम्हारे निकट व्यक्त करता हूँ। मेरा विश्वास है

कि वे परस्पर विरोधी नहीं हैं; वरन् परस्पर पूरक हैं। प्रत्येक धर्म मानो महान् सार्वभौमिक सत्य के एक एक अंश को मूर्तिमंत करके प्रस्फुटित करने के लिए अपनी समस्त शक्ति लगा देता है। इसलिए यह योगदान का विषय है—वर्जन का नहीं, यही समझना होगा। एक एक महान् भाव को लेकर सम्प्रदाय पर सम्प्रदाय गठित होते रहते हैं; आदर्श में आदर्श मिलते जाते हैं। इसी प्रकार मानव-जाति उन्नति की ओर अग्रसर होती रहती है। मनुष्य कभी भ्रम से सत्य में उपनीत नहीं होता है, परन्तु सत्य से ही सत्य में गमन करता है; निम्नतर सत्य से उच्चतर सत्य पर आरूढ़ होता है—परन्तु भ्रम से सत्य में नहीं। पुत्र शायद पिता की अपेक्षा अधिक गुणवान हो, परन्तु इसका अर्थ यह नहीं है कि पिता कुछ भी नहीं है। पुत्र के मध्य पिता तो है ही, किन्तु और भी कुछ है। तुम्हारा वर्तमान ज्ञान यदि तुम्हारी बाल्यावस्था के ज्ञान से अधिक हो, तो तुम अभी अपनी बाल्यावस्था को घृणा की दृष्टि से देखोगे ? तुम क्या अपनी अतीतावस्था की बात को, वह कुछ नहीं है, कहकर उड़ा दोगे ? क्या तुम समझते नहीं हो कि तुम्हारी वर्तमान अवस्था उस बाल्य काल के ज्ञान के साथ कुछ और का भी योग है।

फिर हम यह जानते हैं कि एक ही वस्तु को विरोधी दृष्टिकोणों से देखा जा सकता है, किंतु वस्तु वही रहती है। मान लो, एक व्यक्ति सूर्य की ओर जा रहा है और वह जैसे जैसे अग्रसर होता जाता है, उतने ही विभिन्न स्थानों से सूर्य का फोटोग्राफ लेता जाता है। जब वह व्यक्ति लौट आयेगा, तब उसके पास सूर्य के बहुत से फोटोग्राफ होंगे। यदि वह उनको हमारे सामने रखे, तो हम देखेंगे कि उनमें से कोई भी दो फोटो एक तरह के नहीं हैं, परन्तु यह बात कौन अस्वीकार कर सकेगा कि ये सब फोटो एक ही सूर्य के हैं—केवल भिन्न भिन्न स्थानों से लिये गये हैं ? चार कोनों से इसी गिरजे के चार चित्र लेकर देखो, वे कितने पृथक् मालूम होंगे, तथापि वे इसी एक गिरजे की प्रतिकृति हैं। इसी प्रकार हम एक ही सत्य को अपने जन्म, शिक्षा और परिवेश के अनुसार भिन्न-भिन्न रूपों में देख रहे हैं। हम सत्य को ही देख रहे हैं, परन्तु इन सारी अवस्थाओं के भीतर से उस सत्य का जितना दर्शन पाना सम्भव है, उतना ही हम पा रहे हैं—उसको अपने हृदय द्वारा रंजित कर रहे हैं, अपनी बुद्धि द्वारा समझ रहे हैं और अपने मन द्वारा धारण कर रहे हैं। हमारे साथ सत्य का जितना सम्बन्ध है, हम उसका जितना अंश ग्रहण करने में समर्थ हैं—केवल उतना ही ग्रहण कर रहे हैं। इसीलिए मनुष्य मनुष्य में भेद है, यहाँ तक कि कभी पूर्ण विरुद्ध विचारों की भी सृष्टि होती है; तथापि हम सभी उसी महान् सर्वव्यापी सत्य के अन्तर्गत हैं।

अतएव मेरी धारणा यह है कि समस्त धर्म ईश्वर के विधान की विभिन्न शक्तियाँ हैं और वे मनुष्यों का कल्याण कर रहे हैं—उनमें से एक भी नहीं मरता, एक को भी विनष्ट नहीं किया जा सकता। जिस प्रकार किसी प्राकृतिक शक्ति को नष्ट नहीं किया जा सकता, उसी प्रकार इन आध्यात्मिक शक्तियों में से किसी एक का भी विनाश नहीं किया जा सकता। तुमने देखा कि प्रत्येक धर्म जीवित है। समय के प्रभाव से वे उन्नति या अवनति की ओर अग्रसर हो सकते हैं। किसी समय या तो इनके ठाटबाट का ह्रास हो सकता है, या कभी इनके ठाटबाट का दौर दौरा हो सकता है; परन्तु उनकी आत्मा या प्राणवस्तु उनके पीछे मौजूद है, वह कभी विनष्ट नहीं हो सकती। प्रत्येक धर्म का जो चरम आदर्श है, वह कभी विनष्ट नहीं होता, इसलिए प्रत्येक धर्म ही ज्ञात भाव से अग्रसर होता जा रहा है।

और वह सार्वभौमिक धर्म, जिसके सम्बन्ध में सभी देशों के दार्शनिकों ने और अन्य व्यक्तियों ने कितने ही प्रकार की कल्पनाएँ की हैं, वह पूर्व से ही विद्यमान है। वह यहीं है। जिस प्रकार, सार्वजनीन भ्रातृभाव पहले से ही है, उसी प्रकार सार्वभौमिक धर्म भी है। तुम लोगों में से जिन्होंने विविध देशों में पर्यटन किया है, किसने प्रत्येक जाति में भाई और बहन को नहीं देखा ? मैंने पृथ्वी में सर्वत्र ही उनको देखा है। भ्रातृभाव पूर्व से ही विद्यमान है। केवल कुछ ऐसे लोग हैं, जो इसको न देखकर भ्रातृभाव के नये नये सम्प्रदायों के लिए चिल्ला चिल्लाकर उसको विश्रृंखल कर देते हैं। सार्वभौमिक धर्म भी वर्तमान है। पुरोहित और दूसरे लोग, जिन्होंने विभिन्न धर्म-प्रचार का भार इच्छापूर्वक अपने कन्धों पर लिया है, यदि वे कृपापूर्वक कुछ देर के लिए प्रचार-कार्य बन्द कर दें, तब हमको ज्ञात हो जायगा कि सार्वभौमिक धर्म पहले से ही वर्तमान है। वे बराबर ही उसके प्रकाश में बाधा डालते आ रहे हैं—कारण, उसमें उनका स्वार्थ है। तुम देख रहे हो कि सब देश के पुरोहित ही कट्टरपंथी हैं। इसका कारण क्या है ? बहुत कम पुरोहित ऐसे हैं, जो नेता बनकर जनसाधारण को मार्ग दिखाते हैं; उनमें से अधिकांश जनसाधारण के इशारों पर ही नाचते हैं और वे जनता के नौकर या ग़ुलाम होते हैं। यदि कोई कहे कि यह शुष्क है, तो वे भी बोलेंगे, "हाँ, शुष्क है।" यदि कोई कहे, "यह काला है", तो वे भी कहेंगे, "हाँ काला है।" यदि जनसाधारण उन्नत हों, तो पुरोहित भी उन्नत होने को बाध्य हैं। वे पिछड़ नहीं सकते। इसलिए पुरोहितों को गाली देने के पहले—पुरोहितों को गाली देना भी आजकल प्रथा हो गयी है—हमें अपने को ही गाली देना उचित है। तुम अपने योग्य ही व्यवहार पा रहे हो। यदि कोई पुरोहित नये नये भावों से तुमको उन्नति के पथ पर अग्रसर

करना चाहे, तो उसकी दशा क्या होगी ? उसके बाल-बच्चों को शायद भूखों मरना होगा और उनको फटे वस्त्र पहनकर रहना होगा। तुम जिन सांसारिक नियमों को मानकर चलते हो, वे भी उन्हें ही मानकर चलते हैं। वे कहते हैं—यदि तुम अग्रसर हो, तो हम भी होंगे। अवश्य ऐसे भी दो-चार उन्नत और असाधारण लोग हैं, जो लोकमत की परवा नहीं करते। वे सत्य की ओर दृष्टि रखते हुए एकमात्र सत्य को ही अपना लेते हैं। सत्य उनके पास है—मानो उसने उन पर अधिकार कर लिया है और उनके अग्रसर हुए बिना दूसरा उपाय नहीं है। वे कभी पीछे नहीं देखते, फल यह होता है कि उनको लोग नहीं मिलते। भगवान् ही केवल उनका सहायक है, वही उनकी पथप्रदर्शक ज्योति है—और वे इस ज्योति का ही अनुसरण करते जा रहे हैं।

इस देश (अमेरिका) में एक मरमन (Mormon) से मेरी मुलाक़ात हुई थी, उन्होंने मुझे अपने मत में ले जाने के लिए अनेक चेष्टाएँ की थीं। मैंने कहा था, "आपके मत के ऊपर मेरी बड़ी श्रद्धा है, किन्तु कई विषयों में हम लोग सहमत नहीं हैं। मैं तो संन्यासी हूँ और आप बहुविवाह के पक्षपाती हैं; भला यह तो बताइए, आप अपने मत के प्रचार के लिए भारत में क्यों नहीं जाते ?" इन बातों से विस्मित होकर उन्होंने कहा, "यह क्या बात है, आप तो बहुविवाह के पक्षपाती हैं नहीं और मैं हूँ। फिर भी आप मुझे अपने देश में जाने के लिए कहते हैं ?" मैंने उत्तर दिया, "हाँ, मेरे देशवासी हर प्रकार के धर्म को सुनते हैं, चाहे वह किसी देश से क्यों न आये, मेरी इच्छा है कि आप भारत में जाइए; कारण, पहले तो हम लोग अनेक सम्प्रदायों की उपकारिता में विश्वास करते हैं। दूसरे, कितने ही लोग ऐसे हैं, जो वर्तमान सम्प्रदायों से सन्तुष्ट नहीं हैं, इसीलिए वे धर्म की किसी धारा के अनुयायी नहीं हैं, सम्भव है, उनमें से कितने ही आपके धर्म को ग्रहण कर लें।" सम्प्रदायों की संख्या जितनी अधिक होगी, लोगों को धर्म लाभ करने की उतनी ही अधिक सम्भावना होगी। जिस होटल में हर प्रकार का खाद्य पदार्थ मिलता है, वहीं सब लोगों की क्षुधा-तृप्ति की सम्भावना होती है। इसलिए मेरी इच्छा है कि सब देशों में सम्प्रदायों की संख्या बढ़े, ऐसा होने से लोगों को धार्मिक जीवन लाभ करने की सुविधा होगी। तुम यह न सोचो कि लोग धर्म नहीं चाहते, मैं इस पर विश्वास नहीं करता। वे लोग जो कुछ चाहते हैं, धर्मप्रचारक ठीक वह चीज़ उन्हें नहीं दे सकते। जो लोग जड़वादी, नास्तिक या अधार्मिक सिद्ध हो गये हैं, उन्हें भी यदि कोई ऐसा मनुष्य मिले, जो ठीक उनकी इच्छा के अनुसार उन्हें आदर्श दिखला सके, तो वे लोग भी समाज में सर्वश्रेष्ठ आध्यात्मिक अनुभूतिसम्पन्न व्यक्ति हो सकेंगे। हम लोगों को बराबर

जिस प्रकार खाने का अभ्यास है, हम उसी प्रकार खा सकेंगे। देखो, हम लोग हिन्दू हैं, हम लोग हाथ से खाते हैं। तुम लोगों की अपेक्षा हम लोगों की अँगुलियाँ अधिक चलती हैं; तुम लोग ठीक इस तरह से इच्छानुसार अँगुली को हिला नहीं सकते। केवल भोजन परसना ही पर्याप्त नहीं होगा, पर तुम लोगों को उसे अपने विशेष ढंग से ही ग्रहण करना पड़ेगा। इसी प्रकार केवल थोड़े से आध्यात्मिक भावों को देने ही से काम नहीं चल सकता। उन्हें इस प्रकार देना होगा, जिससे तुम उन्हें ग्रहण कर सको। वे ही यदि तुम्हारी मातृभाषा—प्राणों से भी प्रिय भाषा—में व्यक्त किये जायँ, तो तुम उनसे प्रसन्न होगे। हमारी मातृभाषा में बात करनेवाले यदि कोई सज्जन आकर, हमें तत्त्वोपदेश दें, तो उसे हम फ़ौरन समझ लेंगे और बहुत दिनों तक याद रख सकेंगे—यह बात बिल्कुल ठीक है।

इससे स्पष्ट है कि मानव मन के विभिन्न स्तर और प्रकार होते हैं—और धर्मों के ऊपर भी एक बड़ा भारी दायित्व है। कोई भी दो-तीन मतों को लाकर कह सकता है कि उसीका धर्म सब लोगों के उपयोगी है। वह एक छोटा सा पिंजड़ा हाथ में लिये हुए, भगवान् के इस जगद्रूपी चिड़ियाखाने में आकर कहता है—"ईश्वर, हाथी और सबको इस पिंजड़े के भीतर प्रवेश करना होगा। प्रयोजन होने पर हाथी के टुकड़े टुकड़े काटकर इसके भीतर घुसाना होगा।" और शायद ऐसे भी सम्प्रदाय हैं, जिनमें कुछ अच्छे अच्छे भाव वर्तमान हैं। वे कहते हैं, "सब हमारे सम्प्रदाय में सम्मिलित हों।" "परन्तु वहाँ सबके लिए तो स्थान ही नहीं है!" "कुछ परवाह नहीं, उनको काट-छाँटकर जैसे हो, घुसा लो।" "और यदि वे नहीं आयेंगे?" "तो वे अवश्य ही नरकगामी होंगे।" मैंने ऐसा कोई प्रचारक या सम्प्रदाय नहीं देखा, जो ज़रा स्थिर होकर विचार करे कि 'लोग जो हमारी बात नहीं सुनते, इसका कारण क्या है?' यह न सोचकर वे केवल लोगों को शाप देते हैं—और कहते हैं, "लोग बड़े पाजी हैं।" वे एक बार भी यह नहीं विचारते कि 'लोग क्यों हमारी बात पर कान नहीं देते? क्यों मैं उन्हें धर्म के सत्य को बताने में समर्थ नहीं होता? क्यों मैं उनकी मातृभाषा में बातचीत नहीं करता? क्यों मैं उनके ज्ञान-चक्षु उन्मीलित करने में समर्थ नहीं होता?' असल में उन्हींको अच्छी तरह जानने की आवश्यकता है, और जब वे देखते हैं कि लोग उनकी बात पर कान नहीं देते, तब यदि किसीको गाली देने की भी आवश्यकता हो, तो उन्हें अपने को ही पहले गाली देनी चाहिए। किन्तु दोष सदैव लोगों का ही है! वे कभी अपने सम्प्रदाय को बड़ा कर सब लोगों के लिए उपयोगी बनाने की चेष्टा नहीं कर सकते।

इसलिए इतनी संकीर्णता क्यों है, इसका कारण स्पष्ट ही दिखायी पड़ रहा है—अंश अपने को पूर्ण कहने का सर्वदा दावा करता है। क्षुद्र, ससीम वस्तु असीम होने का दावा करती है। छोटे छोटे सम्प्रदायों पर एक बार विचार करो—केवल कुछ शताब्दियों से ही भ्रान्त मानव-मस्तिष्क से उनका जन्म हुआ है, फिर भी उनका उद्दंड दावा यह है कि वे ईश्वर के सारे अनन्त सत्य को जान गये हैं। इस उद्दंडता की कल्पना तो करो! इससे यदि कुछ प्रकट होता है, तो केवल यह कि मनुष्य कितना अहम्मन्य हो सकता है। इसमें कुछ भी आश्चर्य नहीं है कि ऐसे दावे सर्वदा ही व्यर्थ हुए हैं और प्रभु की कृपा से वे सर्वदा ही व्यर्थ होंगे। विशेषकर मुसलमान लोग इस विषय में सबसे ऊपर चढ़ गये थे। उन्होंने एक एक पद अग्रसर होने के लिए तलवार की सहायता ली थी—एक हाथ में क़ुरान और दूसरे हाथ में तलवार; 'या तो मुसलमान धर्म ग्रहण करो, नहीं तो मौत को अपनाओ—दूसरा उपाय नहीं है।' इतिहास के सभी पाठक जानते हैं कि उनकी क्या भयानक सफलता हुई थी—छः सौ वर्ष तक कोई उनका गतिरोध नहीं कर सका। परन्तु फिर ऐसा समय आया कि जब उनको रुकना पड़ा। दूसरा कोई धर्म भी यदि ऐसा ही करेगा, तो उसकी भी यही दशा होगी! हम कितने शिशु हैं! हम मानव प्रकृति की बात सर्वदा भूल जाते हैं। अपने जीवन-प्रभात में हम सोचते हैं कि हमारा भविष्य असाधारण हो और अपने इस विश्वास को हम किसी तरह दूर नहीं कर पाते, परन्तु जीवन-संध्या में हमारे विचार दूसरे हो जाते हैं। धर्म के सम्बन्ध में भी ठीक यही बात है। प्रारंभ में जब वे ज़रा फैलते हैं, तब वे सोचते हैं कि कुछ वर्ष के अन्दर ही वे समस्त मानव मन को बदल देंगे। बलपूर्वक अपने धर्म को दूसरों को ग्रहण कराने के लिए वे हज़ारों लोगों की हत्या करते रहते हैं। बाद को जब वे अकृतकार्य होते हैं, तब उनकी आँखें खुलने लगती हैं। देखा जाता है कि ये जिस उद्देश्य से कार्यक्षेत्र में अवतीर्ण हुए थे, वह व्यर्थ हुआ है और यही संसार के लिए अशेष कल्याणजनक है। ज़रा सोचो कि इन धर्मान्ध सम्प्रदायों में से यदि कोई भी सारे संसार में फैल गया होता, तो मनुष्यों की आज क्या दशा होती! प्रभु को धन्यवाद है कि वे सफल नहीं हुए। तथापि प्रत्येक सम्प्रदाय एक एक महान् सत्य को दिखा रहा है, प्रत्येक धर्म किसी एक विशेष सार वस्तु को—जो उसका प्राण या आत्मास्वरूप है—पकड़े हुए है। मुझे एक पुरानी कथा याद आ रही है—कुछ राक्षस थे, वे मनुष्यों का वध करते थे और सभी प्रकार का अनिष्ट करते थे; परन्तु उनको कोई भी मार नहीं सकता था। अन्त में एक आदमी को पता लगा कि उनके प्राण कुछ पक्षियों के अन्दर हैं और जब तक वे पक्षी निरापद रहेंगे, तब तक उन्हें कोई भी नहीं मार सकेगा। हम सब लोगों का भी

ठीक ऐसा ही एक एक प्राण-पक्षी है। उसीमें हमारी प्राणवस्तु है। हम सबका भी एक एक आदर्श—एक एक उद्देश्य है, जिसे कार्य में परिणत करना होगा। प्रत्येक मनुष्य इस प्रकार एक आदर्श—एक उद्देश्य—की प्रतिमूर्तिस्वरूप है। और चाहे कुछ भी नष्ट क्यों न हो जाय, जब तक वह आदर्श ठीक है, जब तक वह उद्देश्य अटूट है, तब तक किसी तरह भी तुम्हारा विनाश नहीं हो सकता। सम्पदा आ सकती है या जा सकती है, विपद् पहाड़ जैसी बड़ी हो सकती है; परन्तु तुम यदि वह लक्ष्य ठीक रखो, तो कुछ भी तुम्हारा विनाश नहीं कर सकता। तुम वृद्ध हो सकते हो, यहाँ तक कि शतायु हो सकते हो, परन्तु यदि वह उद्देश्य तुम्हारे मन में उज्ज्वल और सतेज रहे, तो कौन तुम्हें विनष्ट करने में समर्थ हो सकता है ? किन्तु जब वह आदर्श खो जायगा, वह उद्देश्य विकृत हो जायगा, तब फिर तुम्हारी रक्षा नहीं हो सकती। पृथ्वी की समस्त सम्पदा और सारी शक्ति मिलकर भी तुम्हारी रक्षा नहीं कर सकती। और राष्ट्र क्या है—व्यष्टि की समष्टि के सिवा और कुछ नहीं ? इसीलिए प्रत्येक राष्ट्र का एक अपना जीवन-व्रत है—जो विभिन्न जाति समूह की सुश्रृंखल अवस्थिति के लिए विशेष आवश्यक है, और जब तक वह राष्ट्र उस आदर्श को पकड़े रहेगा, तब तक किसी तरह भी उसका विनाश नहीं हो सकता। किन्तु यदि वह राष्ट्र उक्त जीवन-व्रत का परित्याग कर किसी दूसरे लक्ष्य की ओर दौड़े, तो उसका जीवन निश्चय ही समाप्त हुआ समझना चाहिए और वह थोड़े ही दिनों में अन्तर्हित हो जायगा।

धर्म के सम्बन्ध में भी ठीक यही बात है। सब पुराने धर्मों के आज भी जीवित रहने से प्रमाणित होता है कि उन्होंने निश्चय ही उस उद्देश्य को अटूट रखा है। उनके भ्रान्त होने पर भी, उनमें विघ्न-बाधा होने पर भी, उनमें विवाद-विसंवाद होने पर भी, उनके ऊपर तरह तरह के अनुष्ठान और निर्दिष्ट प्रणाली की आवर्जना-स्तूप के संचित होने पर भी, उनमें से प्रत्येक का हृदय स्वस्थ है—वह जीवंत हृदय की तरह स्पन्दित हो रहा है—धड़क रहा है। जो महान् उद्देश्य लेकर वे आये हैं, उनमें से एक को भी वे नहीं भूलें। उस उद्देश्य का अध्ययन करना महत्त्व-पूर्ण है। दृष्टान्तस्वरूप मुसलमान धर्म की बात लो। ईसाई धर्मावलम्बी मुसलमान धर्म से जितनी अधिक घृणा करते हैं, उतनी और किसीसे नहीं। वे सोचते हैं, कि वह धर्म का सबसे निकृष्ट रूप है। किन्तु देखो, जैसे ही एक आदमी ने मुसलमान धर्म ग्रहण किया, सारे मुसलमानों ने उसकी पिछली बात को छोड़, उसे भाई कहकर छाती से लगा लिया। ऐसा कोई भी धर्म नहीं करता। यदि एक अमेरिकन आदिवासी मुसलमान हो जाय, तो तुर्की के सुलतान भी उसके साथ भोजन करने में आपत्ति न करेंगे और यदि वह शिक्षित और बुद्धिमान हो, तो राज-काज में भी

कोई पद प्राप्त कर सकता है। परन्तु इस देश में मैंने एक भी ऐसा गिरजा नहीं देखा, जहाँ गोरे और काले पास पास घुटने टेककर प्रार्थना कर सकें। इस बात को विचार कर देखो कि इस्लाम धर्म अपने सब अनुयायियों को समभाव से देखता है। इसीसे तुम देखते हो कि मुसलमान धर्म की यह विशेषता और श्रेष्ठत्व है। क़ुरान में बहुत जगह जीवन के विषय-भोग की बातें देखी जाती हैं। उसकी चिंता न करो। मुसलमान धर्म संसार में जिस बात का प्रचार करने आया है, वह है मुसलमान धर्मावलम्बी मात्र का एक दूसरे के प्रति भ्रातृभाव। मुसलमान धर्म का यही सार-तत्त्व है। जीवन तथा स्वर्ग आदि संबंधी अन्य धारणाएँ इस्लाम धर्म नहीं हैं। वे दूसरे धर्मों से ली गयी हैं।

हिन्दू धर्म में एक राष्ट्रीय भाव देखने को मिलेगा--वह है आध्यात्मिकता। और किसी धर्म में—संसार के किन्हीं अन्य धर्मग्रंथों में ईश्वर की परिभाषा करने में इतनी अधिक शक्ति लगायी गयी हो, ऐसा देखने को नहीं मिलता। उन्होंने आत्मा का आदर्श निर्दिष्ट करने की चेष्टा इस प्रकार की है कि कोई पार्थिव संस्पर्श इसको कलुषित नहीं कर सकता। आत्मा दिव्य है, और इस अर्थ से उसमें कभी मानवीय भाव आरोपित नहीं किया जा सकता। उसी एकत्व की धारणा—सर्वव्यापी ईश्वर की उपलब्धि का सर्वत्र उपदेश मिलता है। ईश्वर स्वर्ग में वास करता है—आदि उक्तियाँ हिन्दुओं के निकट प्रलापोक्ति के अतिरिक्त और कुछ नहीं हैं—वह मनुष्य द्वारा ईश्वर पर मनुष्योचित गुणावली का आरोप मात्र है। यदि स्वर्ग कोई वस्तु है, तो वह अभी और यहीं मौजूद है। अनन्त काल का एक क्षण जैसा है, वैसा ही कोई अन्य मुहुर्त भी है। जो ईश्वरविश्वासी है, वह अभी भी उनका दर्शन पा सकता है। हमारे मत से, कुछ उपलब्धि होने पर ही धर्म का आरम्भ होता है। कुछ सिद्धांतों में विश्वास करना या उनको बौद्धिक स्वीकृति देना अथवा उनकी घोषणा करना—इनमें से कोई भी धर्म नहीं है। तुम कह रहे हो, "ईश्वर है"—"क्या तुमने उसे देखा है?" यदि कहो, "नहीं", तब तुमको उस पर विश्वास करने का क्या अधिकार है? और यदि तुमको ईश्वर के अस्तित्व के सम्बन्ध में कोई सन्देह हो, तो उन्हें देखने के लिए प्राणपण से कोशिश क्यों नहीं करते? तुम संसार त्यागकर इस उद्देश्य-सिद्धि के लिए सारा जीवन क्यों नहीं लगा देते? त्याग और आध्यात्मिकता—ये दोनों ही भारत के महान् आदर्श हैं—और इनको पकड़े रहने के कारण ही उसकी सारी भूलों से भी कुछ विशेष आता-जाता नहीं।

ईसाइयों का प्रचारित मूल भाव भी यही है—'सतर्क रहो, प्रार्थना करो—कारण, भगवान् का राज्य अति निकट है।' अर्थात् चित्तशुद्धि करके प्रस्तुत हो।

और यह भाव कभी भी नष्ट नहीं हुआ। तुम लोगों को शायद स्मरण हो कि ईसाई लोग अज्ञानावस्था से ही, अति अन्धविश्वासग्रस्त ईसाई देशों में भी औरों की सहायता करने, चिकित्सालय आदि सत् कार्यों द्वारा अपने को पवित्र कर ईश्वर के आगमन की प्रतीक्षा कर रहे हैं। जितने दिन तक वे इस लक्ष्य पर स्थिर रहेंगे, उतने दिन तक उनका धर्म जीवित रहेगा।

हाल ही में मेरे मन में एक आदर्श उठा है। शायद यह केवल स्वप्न हो। मालूम नहीं, कभी संसार में यह कार्य में परिणत होगा या नहीं। कठोर तथ्यों में रहकर मरने की अपेक्षा कभी कभी स्वप्न देखना भी अच्छा है। महान् सत्य, ये यदि स्वप्न हों, तो भी अच्छे हैं—निकृष्ट तथ्यों की अपेक्षा वे श्रेष्ठ हैं। अतएव आओ, एक स्वप्न देखें।

तुम जानते हो, मन के कई स्तर हैं। तुम इतितथ्यात्मक, सहजबुद्धि में विश्वास करनेवाले एक युक्तिवादी मनुष्य हो, तुम आचार, अनुष्ठानों की परवा नहीं करते, तुम बौद्धिक, कठोर, खनखनाते तथ्य चाहते हो, और केवल वे ही तुमको सन्तुष्ट कर पाते हैं। अब प्यूरिटन और मुसलमान लोग हैं—ये अपने उपासनास्थल में चित्र या मूर्ति नहीं रखने देंगे। अच्छी बात है! और एक तरह के लोग हैं, वे ज़रा ज़्यादा शिल्पप्रिय हैं—ईश्वरोपासना करने में भी उन्हें शिल्पकला की आवश्यकता होती है, वे उसके भीतर तरह तरह की सरल रेखाएँ, वक्र रेखाएँ, वर्ण और रूप इत्यादि के सौन्दर्य का प्रवेश कराना चाहते हैं—उनको पुष्प, धूप, दीप इत्यादि पूजा के सर्व प्रकार के बाह्य उपकरणों की आवश्यकता होती है। तुम ईश्वर को जिस प्रकार युक्तिविचार के द्वारा समझने में समर्थ होते हो, वे भी उसी प्रकार उसको इन सब उपादानों के भीतर समझने में समर्थ होते हैं। एक तरह के लोग और हैं, भक्त—उनके प्राण ईश्वर के लिए व्याकुल हैं। भगवान् की पूजा और प्रार्थना-स्तुति को छोड़ उनमें और कोई भाव नहीं है। उसके बाद हैं ज्ञानी—वे इन सबके बाहर रहकर उनका उपहास करते हैं और मन में सोचते हैं कि 'ये कैसे मूर्ख हैं—ईश्वर के विषय में क्या क्षुद्र धारणाएँ हैं!'

वे एक दूसरे का उपहास कर सकते हैं, परन्तु इस संसार में सबके लिए एक स्थान है। इन सब विभिन्न मन के लिए विभिन्न साधनाओं की आवश्यकता है। आदर्श धर्म कहकर यदि कोई बात हो, तो उसे उदार और विस्तृत होना उचित है, जिससे वह इन विभिन्न मन के उपयोगी खाद्य जुटा सके। उसे ज्ञानी को दार्शनिक विचारों की दृढ़ भित्ति, उपासक को भक्त-हृदय, अनुष्ठानिक को उच्चतम प्रतीकोपासनालभ्य भाव और कवि को जितना हो सके, हृदय का उच्छ्वास और अन्य प्रकृतिसम्पन्न व्यक्तियों को अन्यान्य भाव जुटाने के लिए उपयोगी होना

पड़ेगा। इस प्रकार उदार धर्म की सृष्टि करने के लिए, हम लोगों को धर्म के अभ्युदय-काल में लौट जाना होगा, और उन सबको सत्य कहकर ग्रहण करना होगा।

अतएव ग्रहण (acceptance) ही हमारा मूलमंत्र होना चाहिए—वर्जन नहीं। केवल परधर्म-सहिष्णुता (toleration) नहीं, क्योंकि तथाकथित सहिष्णुता प्रायः ईश-निन्दा होती है, इसलिए मैं उस पर विश्वास नहीं करता। मैं ग्रहण में विश्वास करता हूँ। मैं क्यों परधर्मसहिष्णु होने लगा! परधर्म-सहिष्णु कहने से मैं यह समझता हूँ कि कोई धर्म अन्याय कर रहा है और मैं कृपापूर्वक उसे जीने की आज्ञा दे रहा हूँ। तुम जैसा या मुझ जैसा कोई आदमी किसीको कृपापूर्वक जीवित रख सकता है, यह समझना क्या भगवान् के प्रति निन्दा नहीं है? अतीत के धर्मसम्प्रदायों को सत्य कहकर ग्रहण करके मैं उन सबके साथ ही आराधना करूँगा। प्रत्येक सम्प्रदाय जिस भाव से ईश्वर की आराधना करता है, मैं उनमें से प्रत्येक के साथ ही ठीक उसी भाव से आराधना करूँगा। मैं मुसलमानों के साथ मस्जिद में जाऊँगा, ईसाइयों के साथ गिरजे में जाकर क्रूसित ईसा के सामने घुटने टेकूँगा, बौद्धों के मन्दिर में प्रवेश कर बुद्ध और संघ की शरण लूंगा और अरण्य में जाकर हिन्दुओं के पास बैठ ध्यान में निमग्न हो, उनकी भाँति सबके हृदय को उद्भासित करनेवाली ज्योति के दर्शन करने में सचेष्ट होऊँगा।

केवल इतना ही नहीं, जो पीछे आयेंगे, उनके लिए भी मैं अपना हृदय उन्मुक्त रखूंगा। क्या ईश्वर की पुस्तक समाप्त हो गयी?—अथवा अभी भी वह क्रमशः प्रकाशित हो रही है? संसार की यह आध्यात्मिक अनुभूति एक अद्भुत पुस्तक है। बाइबिल, वेद, क़ुरान तथा अन्यान्य धर्मग्रन्थसमूह मानो उसी पुस्तक के एक एक पृष्ठ हैं और उसके असंख्य पृष्ठ अभी भी अप्रकाशित हैं। मेरा हृदय उन सबके लिए उन्मुक्त रहेगा। हम वर्तमान में तो हैं ही, किन्तु अनन्त भविष्य की भावराशि ग्रहण करने के लिए भी हमको प्रस्तुत रहना पड़ेगा। अतीत में जो कुछ भी हुआ है, वह सब हम ग्रहण करेंगे, वर्तमान ज्ञान-ज्योति का उपभोग करेंगे और भविष्य में जो उपस्थित होंगे, उन्हें ग्रहण करने के लिए, हृदय के सब दरवाज़ों को उन्मुक्त रखेंगे। अतीत के ऋषिकुल को प्रणाम, वर्तमान के महापुरुषों को प्रणाम और जो जो भविष्य में आयेंगे, उन सबको प्रणाम!

विश्व धर्म का आदर्श

(उसमें विभिन्न प्रकार की प्रवृत्तियों और पद्धतियों का समावेश किस प्रकार होना चाहिए)

हमारी इन्द्रियाँ चाहे किसी वस्तु को क्यों न ग्रहण करें, हमारा मन चाहे किसी विषय की कल्पना क्यों न करे, सभी जगह हम दो शक्तियों की क्रिया-प्रतिक्रिया देखते हैं। ये एक दूसरे के विरुद्ध काम करती हैं, और हमारे चारों ओर बाह्य जगत् में होनेवाली तथा जिनका अनुभव हम अपने मन में करते हैं, उन जटिल घटनाओं की निरन्तर क्रीड़ा की कारण हैं। ये ही दो विपरीत शक्तियाँ बाह्य जगत् में आकर्षण-विकर्षण अथवा केन्द्रगामी, केन्द्रापसारी शक्तियों के रूप से, और अन्तर्जगत् में राग-द्वेष या शुभाशुभ के रूप से प्रकाशित होती हैं। हम कितनी ही चीज़ों को अपने सामने से हटा देते हैं और कितनी ही को अपने सामने खींच लाते हैं, किसीकी ओर आकृष्ट होते हैं और किसीसे दूर रहना चाहते हैं। हमारे जीवन में ऐसा अनेक बार होता है कि हमारा मन किसीकी ओर हमें बलात् आकृष्ट करता है, पर इस आकर्षण का कारण हमें ज्ञात नहीं होता और किसी किसी समय किसी आदमी को देखने ही से बिना किसी कारण मन भागने की इच्छा करता है। इस बात का अनुभव सभी को है। और इस शक्ति का कार्यक्षेत्र जितना ऊँचा होगा, इन दो विपरीत शक्तियों का प्रभाव उतना ही तीव्र और परिस्फुट होगा। धर्म मनुष्य के चिन्तन और जीवन का सबसे उच्च स्तर है और हम देखते हैं कि धर्म-जगत् में ही इन दो शक्तियों की क्रिया सब से अधिक परिस्फुट हुई है। मानवता को जिस तीव्रतम प्रेम का ज्ञान है, वह धर्म से ही प्राप्त हुआ है, और वह घोरतम पैशाचिक घृणा भी, जिसे मानवता ने कभी अनुभव किया, वह भी धर्म से ही प्राप्त हुई है। संसार ने कभी भी महत्तम शान्ति की जो वाणी सुनी है, वह धर्म-राज्य के लोगों के मुख से ही निकली हुई है। और जगत् ने कभी भी जो तीव्रतम भर्त्सना सुनी है, वह भी धर्म-राज्य के मनुष्यों के मुख से उच्चरित हुई है। किसी धर्म का उद्देश्य जितना ही उच्च होता है, उसका संगठन जितना ही सूक्ष्म होता है, उसकी क्रियाशीलता भी उतनी ही अद्भुत होती है। धर्म-प्रेरणा से मनुष्यों ने संसार में जो खून की नदियाँ बहायी हैं, मनुष्य के हृदय की और किसी प्रेरणा ने वैसा ही

किया। और धर्म-प्रेरणा से मनुष्यों ने जितने चिकित्सालय, धर्मशाला, अन्न-क्षेत्र आदि बनाये, उतने और किसी प्रेरणा से नहीं। मनुष्य-हृदय की और कोई वृत्ति उसे, सारी मानव-जाति की ही नहीं, निकृष्टतम प्राणियों तक की सेवा करने को प्रवृत्त नहीं करती। धर्म-प्रेरणा से मनुष्य जितना निष्ठुर हो जाता है, उतना और किसी प्रेरणा से नहीं; उसी प्रकार धर्म-प्रेरणा से मनुष्य जितना कोमल हो जाता है, उतना और किसी प्रवृत्ति से नहीं। अतीत में ऐसा ही हुआ है और सम्भवतः भविष्य में भी ऐसा ही होगा। फिर भी विविध धर्मों और संप्रदायों के कलह और कोलाहल, द्वंद्व और संघर्ष, अविश्वास और ईर्ष्या-द्वेष से समय समय पर इस प्रकार की वज्रगम्भीर वाणियाँ निकली हैं, जिन्होंने इस सारे कोलाहल को दबाकर संसार में शान्ति और मेल की तीव्र घोषणा कर दी थी। एक ध्रुव से दूसरे ध्रुव तक अपने वज्रगम्भीर आह्वान को सुनने के लिए मानव जाति को विवश किया है। क्या संसार में किसी समय इस शान्ति-समन्वय का राज्य स्थापित होगा?

प्रबल धार्मिक संघर्ष की इस भूमिका में क्या कभी सामंजस्य का अविच्छिन्न राज्य होना सम्भव है! वर्तमान शताब्दी के अन्त में इस समन्वय को लेकर संसार में एक विवाद चल पड़ा है। इस समस्या को समाधान करने के लिए समाज में विविध योजनाएँ प्रस्तावित की जा रही हैं और उन्हें कार्यरूप में परिणत करने के लिए अनेक चेष्टाएँ हो रही हैं। हम सभी लोग जानते हैं कि यह कितना कठिन है। सभी लोग जानते हैं कि जीवन-संग्राम की भीषणता को, मनुष्य के मन की प्रबल स्नायविक उत्तेजनाओं को कम करना लगभग एक प्रकार से असम्भव है। जीवन का जो स्थूल एवं बाह्यांश मात्र है, उस बाह्य जगत् में साम्य और शान्ति स्थापित करना यदि इतना कठिन है, तो मनुष्य के अन्तर्जगत् में शान्ति और साम्य स्थापित करना उससे हज़ार गुना कठिन है। तुम लोगों को थोड़ी देर के लिए शब्द-जाल से बाहर आना होगा। हम सभी लोग बाल्य काल से ही प्रेम, शान्ति, मैत्री, साम्य, सार्वजनीन भ्रातृभाव प्रभृति अनेक बातें सुनते आ रहे हैं। किन्तु इन सभी बातों में से हमारे निकट कितनी ही निरर्थक हो जाती हैं। हम लोग उन्हें तोते की तरह रट लेते हैं और वे मानो हम लोगों के स्वभाव हो गये हैं। हम ऐसा किये बिना रह नहीं सकते। जिन महापुरुषों ने पहले अपने हृदय में इस महान् तत्त्व की उपलब्धि की थी, उन्हींने इन वाक्यों की रचना की है। उस समय बहुत से लोग इसका अर्थ समझते थे। आगे चलकर मूर्ख लोगों ने इन बातों को लेकर उनसे खिलवाड़ आरंभ कर दिया, और धर्म को केवल शब्दों का खेल बना दिया, उसे जीवन म परिणत करनेकी वस्तु ही नहीं रखा। धर्म अब 'पैत्रिक-धर्म',

'राष्ट्रीय धर्म', 'देशी धर्म' इत्यादि के रूप में परिणत हो गया है। अन्त में किसी धर्म में विश्वास करना देशभक्ति का एक अंग हो जाता है और देशभक्ति सदा पक्षपाती होती है। विभिन्न धर्मों में सामञ्जस्य-विधान करना बहुत ही कठिन काम है। फिर भी हम इस धर्म-समन्वय-समस्या पर विचार करेंगे।

हम देखते हैं कि प्रत्येक धर्म में तीन भाग हैं—मैं अवश्य ही प्रसिद्ध और प्रचलित धर्मों की बात कहता हूँ। पहला है, दार्शनिक भाग। इसमें उस धर्म का सारा विषय अर्थात् मूल तत्त्व, उद्देश्य और उसकी प्राप्ति के साधन निहित होते हैं। दूसरा है, पौराणिक भाग। यह स्थूल उदाहरणों के द्वारा दार्शनिक भाग को स्पष्ट करता है। इसमें मनुष्यों एवं अलौकिक पुरुषों के जीवन के उपाख्यान आदि होते हैं। इसमें सूक्ष्म दार्शनिक तत्त्व, मनुष्यों या अतिप्राकृतिक पुरुषों के थोड़े बहुत काल्पनिक जीवन के उदाहरणों द्वारा समझाये जाते हैं। तीसरा है, आनुष्ठानिक भाग। यह धर्म का स्थूल भाग है। इसमें पूजा-पद्धति, आचार, अनुष्ठान, विविध शारीरिक अंग-विन्यास, पुष्प, धूप, धूनी प्रभृति नाना प्रकार की इन्द्रियग्राह्य वस्तुएँ हैं। इन सबको मिलाकर आनुष्ठानिक धर्म का संगठन होता है। तुम देख सकते हो कि सारे प्रसिद्ध धर्मों के ये तीन विभाग हैं। कोई धर्म दार्शनिक भाग पर अधिक जोर देता है, कोई अन्य दूसरे भागों पर। पहले दार्शनिक भाग की बातें लेनी चाहिए। प्रश्न उठता है, कोई सार्वभौमिक दर्शन है या नहीं! अभी तक तो नहीं। प्रत्येक धर्मवाले अपने मतों की व्याख्या करके उसीको एकमात्र सत्य कहकर उसमें विश्वास करने के लिए आग्रह करते हैं। वे सिर्फ़ इतना ही करके शान्त नहीं होते, वरन् समझते हैं कि जो उनके मत में विश्वास नहीं करते, वे किसी भयानक स्थान में अवश्य जायँगे। कोई कोई तो दूसरों को अपने मत में लाने के लिए तलवार तक काम में लाते हैं। वे ऐसा दुष्टता से करते हों, सो नहीं। मानव-मस्तिष्कप्रसूत धर्मान्धता नामक व्याधिविशेष की प्रेरणा से वे ऐसा करते हैं। ये धर्मान्ध सर्वथा निष्कपट होते हैं, मनुष्यों में सबसे अधिक निष्कपट। किन्तु संसार के दूसरे पागलों की भाँति उनमें उत्तरदायित्व नहीं होता। यह धर्मान्धता एक भयानक बीमारी है। मनुष्यों में जितनी दुष्ट बुद्धि है, वह सभी धर्मान्धता द्वारा जगायी गयी है। उसके द्वारा क्रोध उत्पन्न होता है, स्नायु-समूह अतिशय तन जाता है, और मनुष्य शेर जैसा हो जाता है।

विभिन्न धर्मों के पुराणों में क्या कोई सादृश्य या ऐक्य है! क्या ऐसा कोई सार्वभौमिक पौराणिक तत्त्व है, जिसे सभी धर्मवाले ग्रहण कर सकें? निश्चय ही नहीं है। सभी धर्मों का अपना अपना पुराण-साहित्य है, किन्तु सभी कहते हैं—"केवल हमारी पुराणोक्त कथाएँ उपकथा मात्र नहीं है।" इस बात को

मैं उदाहरण द्वारा समझाने की चेष्टा करता हूँ। मेरा उद्देश्य—अपनी कही बातों को उदाहरण द्वारा समझाना मात्र है—किसी धर्म की समालोचना करना नहीं। ईसाई विश्वास करते हैं कि ईश्वर पण्डुक (एक प्रकार का कबूतर) का रूप धारण कर पृथ्वी में अवतीर्ण हुआ था। उनके निकट यह ऐतिहासिक सत्य है—पौराणिक कहानी नहीं। हिन्दू लोग गाय को भगवती के आविर्भाव के रूप में मानते हैं। ईसाई कहता है कि इस प्रकार का विश्वास इतिहास नहीं है—यह केवल पौराणिक कहानी और अन्धविश्वास मात्र है। यहूदी समझते हैं, यदि प्रतीक एक मंजूषा या संदूक के रूप में बनायी जाय, जिसके दो पल्लों में दो देवदूतों की मूर्तियाँ हों, तो उसे मन्दिर के सबसे पवित्र स्थान में स्थापित किया जा सकता है; वह जिहोवा की दृष्टि से परम पवित्र होगा; किन्तु यदि किसी सुन्दर स्त्री या पुरुष की मूर्ति हो, तो वे कहते हैं, "यह एक बीभत्स प्रतिमा है—इसे तोड़ डालो।" हमारा पौराणिक सामंजस्य यही है! यदि कोई खड़ा होकर कहे, "हमारे अवतारों ने इन आश्चर्यजनक कामों को किया", तो दूसरे लोग कहेंगे, "यह केवल अन्धविश्वास मात्र है।" किन्तु उसी समय वे लोग कहेंगे कि हमारे अवतारों ने उसकी अपेक्षा और भी अधिक आश्चर्यजनक व्यापार किये थे और वे उन्हें ऐतिहासिक सत्य समझने का दावा करते हैं। मैंने जहाँ तक देखा है, इस पृथ्वी पर ऐसा कोई नहीं है, जो इन सब मनुष्यों के मस्तिष्क में रहनेवाले इतिहास और पुराण के सूक्ष्म पार्थक्य को पकड़ सके। इस प्रकार की कहानियाँ—वे चाहे किसी भी धर्म की क्यों न हों—सर्वथा पौराणिक ही हैं, पर कभी कभी उनमें भी ऐतिहासिक सत्य का लेश हो सकता है।

इसके बाद आनुष्ठानिक भाग आता है। एक सम्प्रदाय की एक विशेष प्रकार की अनुष्ठान-पद्धति होती है और उस सम्प्रदाय के अनुयायी उसीको धर्मसंगत समझकर विश्वास करते हैं तथा दूसरे सम्प्रदायों की अनुष्ठान-पद्धति को घोर अन्धविश्वास समझते हैं। यदि एक सम्प्रदाय किसी विशेष प्रतीक की उपासना करता है, तो दूसरे सम्प्रदायवाले कह बैठते हैं, "आह, कैसा बीभत्स है!" एक साधारण प्रतीक की ही बात लो। लिंग-प्रतीक निश्चय ही यौन प्रतीक है, किन्तु उसका यह पक्ष क्रमशः विस्मृत हो गया है और इस समय उसका ईश्वर के स्रष्टाभाव के प्रतीक-रूप में ग्रहण होता है। जिन जातियों ने उसका प्रतीक के रूप में ग्रहण किया है, वे कभी भी उसे लिंग नहीं समझते, वह भी एक प्रतीक है—बस, इतना ही। किन्तु दूसरी जाति या सम्प्रदाय का व्यक्ति उसे लिंग के अतिरिक्त और कुछ नहीं समझ पाता और इसीलिये वह उसकी निन्दा करने लगता है। किन्तु यह भी सम्भव है कि स्वयं वह कुछ ऐसा करता है, जो लिंगोपासना करनेवालों को

अत्यन्त बीभत्स लगे। उदाहरण के लिए लिंग-प्रतीक और सैक्रेमेन्ट (sacrament) नामक ईसाई धर्म के अनुष्ठानविशेष की बात कही जा सकती है। ईसाइयों के लिए लिंगोपासना में व्यवहृत मूर्ति अति कुत्सित है और हिन्दुओं के लिए ईसाइयों का सैक्रेमेन्ट बीभत्स है। हिन्दू कहते हैं कि किसी मनुष्य की सद्‌गुणावली पाने के अभिप्राय से उसकी हत्या करके उसके मांस को खाना और खून को पीना नर-भक्षण है। कुछ जंगली जातियाँ भी ऐसा ही करती हैं। यदि कोई आदमी बहुत साहसी होता है, तो वे लोग उसकी हत्या करके उसके हृदय को खाते हैं। कारण, वे समझते हैं, उसके द्वारा उन्हें उस व्यक्ति का साहस और वीरत्व आदि गुण प्राप्त होगा। सर जॉन लूबक की तरह के भक्त ईसाई भी इस बात को स्वीकार करते हैं कि जंगली जातियों के इस रिवाज़ के आधार पर ही ईसाइयों के अनुष्ठान की रचना हुई है। दूसरे ईसाई अवश्य ही अनुष्ठान के उद्‌भव के सम्बन्ध में इस मत को स्वीकार नहीं करते और उसके द्वारा इस प्रकार के भाव का आभास मिलता है, यह भी उनकी समझ में नहीं आता। वह एक पवित्र वस्तु का प्रतिनिधि है, इतना ही वे जानना चाहते हैं। इसलिए आनुष्ठानिक भाग में भी कोई सार्वभौमिक प्रतीक नहीं है, जिसे सब धर्मवाले स्वीकार और ग्रहण कर सकें। तब किसी भी प्रकार का सार्वभौमिकत्व कहाँ है? सार्वभौमिक धर्म किस प्रकार सम्भव है? सच है, किन्तु वह पहले से ही विद्यमान है। अब देखें, वह कैसे।

हम सभी लोग विश्वबंधुत्व की बात सुनते हैं और विविध समाज में उसके प्रचार के लिए कितना उत्साह है, यह भी जानते हैं। मुझे एक पुरानी कहानी याद आती है। भारतवर्ष में शराबख़ोरी बहुत ही नीच समझी जाती है। दो भाई थे, उन दोनों ने रात्रि के समय छिपकर शराब पीने का इरादा किया। बग़ल के कमरे में उनके चाचा सोये थे, जो बहुत निष्ठावान व्यक्ति थे। इसीलिए शराब पीने के पहले वे लोग सलाह करने लगे, 'हम लोगों को चुपचाप पीना होगा, नहीं तो चाचा जाग जायँगे।' वे लोग शराब पीते समय बार बार 'चुप, चुप, जाग जायगा' की आवाज़ करके एक दूसरे को चुप कराते रहे। इस गड़बड़ में चाचा की नींद खुल गयी। उन्होंने कमरे में घुसकर सब कुछ देख लिया। हम लोग भी ठीक इन मतवालों की तरह शोर करते हैं, विश्वबंधुत्व। "हम सभी लोग समान हैं, इसलिए हम लोग एक दल का संगठन करें!" किन्तु ध्यान रहे, ज्यों ही तुमने किसी दल का संगठन किया, त्यों ही तुम समता के विरुद्ध हो गये, और तब समता नामक कोई चीज़ तुम्हारे पास नहीं रह जायगी। मुसलमान विश्वबंधुत्व का शोर मचाते हैं। किन्तु वस्तुतः वे भ्रातृभाव से कितनी दूर हैं! जो मुसलमान नहीं हैं, वे भ्रातृ-संघ में शामिल नहीं किये जायँगे। उनके गले काटे जाने ही की अधिक

सम्भावना है। ईसाई भी विश्वबंधुत्व की बातें करते हैं; किन्तु जो ईसाई नहीं है, वह अवश्य ही ऐसे एक स्थान में जायगा, जहाँ अनन्त काल तक वह आग से झुलसाया जाय।

इस प्रकार हम लोग विश्वबंधुत्व और साम्य के अनुसन्धान में सारी पृथ्वी पर घूमते फिरते हैं। जिस समय तुम लोग कहीं पर इसकी बातें सुनो, मेरा अनुरोध है, तुम थोड़ा धैर्य रखो और सतर्क हो जाओ, कारण, इन सब बातों के भीतर प्रायः घोर स्वार्थपरता छिपी रहती है। 'जाड़ों में कभी कभी बादल आता है, बड़ा गर्जन तर्जन करता है, लेकिन बरसता नहीं। किंतु वर्षा ऋतु में बादल गरजता नहीं, वह संसार को जल से प्लावित कर देता है।' इसी प्रकार जो लोग यथार्थ कर्मी हैं और अपने हृदय से विश्वबंधुत्व का अनुभव करते हैं, वे लम्बी-चौड़ी बातें नहीं करते, न उस निमित्त संप्रदायों की रचना करते हैं; किन्तु उनके क्रिया-कलाप, गतिविधि और सारे जीवन के ऊपर ध्यान देने से यह स्पष्ट समझ में आ जायगा कि उनके हृदय सचमुच ही मानव-जाति के प्रति बंधुता से परिपूर्ण हैं, वे सबसे प्रेम और सहानुभूति करते हैं। वे केवल बातें न बनाकर काम कर दिखाते हैं—आदर्श के अनुसार जीवन व्यतीत करते हैं। सारी दुनिया लम्बी-चौड़ी बातों से परिपूर्ण है। हम चाहते हैं कि बातें बनाना कम हो, यथार्थ काम कुछ अधिक हो।

अभी तक हम लोगों ने देखा है कि धर्म के सम्बन्ध में कोई सार्वभौमिक लक्षण खोज निकालना ज़रा टेढ़ी खीर है। तथापि हम जानते हैं कि ऐसा भाव वर्तमान है। हम सभी लोग मनुष्य तो अवश्य हैं, किन्तु क्या सभी समान हैं? निश्चय ही नहीं। कौन कहता है, हम सब समान हैं? केवल पागल। क्या हम बल, बुद्धि, शरीर में समान हैं? एक व्यक्ति दूसरे की अपेक्षा बलवान, एक मनुष्य की बुद्धि दूसरे की अपेक्षा अत्यधिक है। यदि हम सब लोग समान ही होते, तो यह असमानता कैसी! किसने यह असमानता उपस्थित की? हमने। हम लोगों की क्षमता, विद्या-बुद्धि और शारीरिक बल में अंतर होने के कारण निश्चय ही पार्थक्य है। फिर भी हम लोग जानते हैं कि समता का यह सिद्धान्त हमारे हृदय को स्पर्श करता है। हम सब लोग मनुष्य अवश्य हैं, किन्तु हम लोगों में कुछ पुरुष और कुछ स्त्रियाँ हैं; कोई काले हैं और कोई गोरे—किन्तु सभी मनुष्य हैं, सभी एक मनुष्य जाति के अन्तर्गत हैं। हम लोगों का चेहरा भी कई प्रकार का है। दो मनुष्यों का मुँह ठीक एक तरह का हम नहीं देख सकते, तथापि हम सब लोग मनुष्य हैं। मनुष्यत्वरूपी सामान्य तत्त्व कहाँ है? मैंने जिस किसी काले या गोरे स्त्री या पुरुष को देखा, उन सबके मुँह पर सामान्य रूप से मनुष्यत्व का एक अमूर्त भाव है, मैं उसे पकड़ या इन्द्रियगोचर भले ही न कर सकूँ, फिर भी मैं निश्चयपूर्वक जानता

हूँ कि वह है। यदि किसी वस्तु का असंदिग्ध अस्तित्व है, तो इसी मानवीयता का, जो हम सबमें व्याप्त है। इस सामान्यीकृत उपादान के द्वारा ही मैं तुम लोगों को स्त्री और पुरुष के रूप में जान पाता हूँ। विश्व धर्म के सम्बन्ध में भी यही बात है, जो ईश्वर-रूप से पृथ्वी के सभी धर्मों में विद्यमान है। यह अनन्त काल से वर्तमान है और अनन्त काल तक रहेगा। **मयि सर्वमिदं प्रोतं सूत्रे मणिगणा इव।**—'मैं इस जगत् में मणियों के भीतर सूत्र की भाँति वर्तमान हूँ।'[1] इस एक मणि को एक विशेष धर्म, मत या सम्प्रदाय कहा जा सकता है। पृथक् पृथक् मणियाँ एक एक धर्म हैं और प्रभु ही सूत्र रूप से उन सबमें वर्तमान है। तिस पर भी अधिकांश लोग इस सम्बन्ध में सर्वथा अज्ञ हैं।

बहुत्व में एकत्व का होना सृष्टि का विधान है। हम सब लोग मनुष्य होते हुए भी परस्पर पृथक् हैं। मनुष्य जाति के एक अंश के रूप मे मैं तुमसे एक हूँ, किन्तु अमुक के रूप में मैं तुमसे पृथक् हूँ। पुरुष होने से तुम स्त्री से भिन्न हो, किन्तु मनुष्य होने के नाते स्त्री और पुरुष एक ही हैं। मनुष्य होने से तुम जीव-जन्तु से पृथक् हो, किन्तु प्राणी होने के नाते स्त्री-पुरुष, जीव-जन्तु और उद्भिज, सभी समान हैं एवं सत्ता के नाते, तुम्हारा विराट् विश्व के साथ एकत्व है। ईश्वर है वह विराट् सत्ता—इस वैचित्र्यमय जगत्-प्रपंच का चरम एकत्व। उस ईश्वर में हम सभी एक हैं, किन्तु व्यक्त-प्रपंच में यह भेद अवश्य चिरकाल तक विद्यमान रहेगा। हमारे प्रत्येक बाहरी कार्य और चेष्टा में यह भेद सदा ही विद्यमान रहेगा। इसलिए विश्व धर्म का यदि यह अर्थ हो कि एक प्रकार के विशेष मत में संसार के सभी लोग विश्वास करें, तो यह सर्वथा असम्भव है। यह कभी हो नहीं सकता। ऐसा समय कभी नहीं आयेगा, जब सब लोगों का मुँह एक रंग का हो जाय। और यदि हम आशा करें कि समस्त संसार एक ही पौराणिक तत्त्व में विश्वास करेगा, तो यह भी असम्भव है, यह कभी नहीं हो सकता। फिर, समस्त संसार में कभी भी एक प्रकार की अनुष्ठान-पद्धति प्रचलित हो नहीं सकती। ऐसा किसी समय हो नहीं सकता, अगर कभी हो भी जाय, तो सृष्टि लुप्त हो जायगी। कारण, वैचित्र्य ही जीवन की मूल भित्ति है। हमें आकारयुक्त किसने बनाया है?—वैषम्य ने। सम्पूर्ण साम्यभाव होने से ही हमारा विनाश अवश्यम्भावी है। समान परिमाण और सम्पूर्ण भाव से विकीर्ण होना ही ताप का धर्म है। मान लो, इस घर का सारा ताप उस तरह विकीर्ण हो जाय, तो ऐसा होने पर वस्तुतः ताप जैसी कोई चीज बाक़ी न रहेगी। इस संसार की गति किसके लिए सम्भव होती है?—खोये हुए

---

१. गीता ॥७।७॥

संतुलन के लिए। जिस समय इस संसार का ध्वंस होगा, उसी समय चरम साम्य आ सकेगा; अन्यथा ऐसा होना असम्भव है। केवल इतना ही नहीं, ऐसा होना विपज्जनक भी है। हम सभी लोग एक प्रकार का विचार करें, ऐसा सोचना भी उचित नहीं है। ऐसा होने से विचार करने की कोई चीज़ न रह जायगी। अजायब-घर में रखी हुई मिस्र देश की ममियों (mummies)[१] की तरह हम सभी लोग एक प्रकार के हो जायँगे और एक दूसरे को देखते रहेंगे, हमारे मन में कोई भाव ही न उठेगा। यही भिन्नता, यही वैषम्य, संतुलन का यह भंग होना ही हमारी उन्नति का प्राण—हमारे समस्त चिंतन का स्रष्टा है। यह वैचित्र्य सदा ही रहेगा।

विश्व धर्म का अर्थ फिर मैं क्या समझता हूँ? कोई सार्वभौमिक दार्शनिक तत्त्व, कोई सार्वभौमिक पौराणिक तत्त्व या कोई सार्वभौमिक अनुष्ठान-पद्धति, जिसको मानकर सबकों चलना पड़ेगा—मेरा अभिप्राय नहीं है। कारण, मैं जानता हूँ कि तरह तरह के चक्रसमवायों से गठित, बड़ा ही जटिल और आश्चर्यजनक इस विश्व का जो दुर्बोध और विशाल यन्त्र है, वह सदा ही चलता रहेगा। फिर हम लोग क्या कर सकते हैं? हम इस यन्त्र को अच्छी तरह चला सकते हैं, इसका घर्षणवेग कम कर सकते हैं—इसके चक्कों को चमकीला रख सकते हैं, उसमें तेल देते रह सकते हैं। वह कैसे? वैषम्य की नैसर्गिक अनिवार्यता को स्वीकार करके। जैसे हम सब ने स्वाभाविक रूप से एकत्व को स्वीकार किया है, उसी प्रकार हमको वैषम्य भी स्वीकार करना पड़ेगा। हमको यह शिक्षा लेनी होगी कि एक ही सत्य का प्रकाश लाखों प्रकार से होता है और प्रत्येक भाव ही अपनी निर्दिष्ट सीमा के अन्दर प्रकृत सत्य है—हमको यह सीखना होगा कि किसी भी विषय को सैकड़ों प्रकार की विभिन्न दृष्टि से देखने पर वह एक ही वस्तु रहती है। उदाहरणार्थ सूर्य को लो। मान लो, कोई मनुष्य भूतल पर से सूर्योदय देख रहा है; उसको पहले एक गोलाकार वस्तु दिखायी पड़ेगी। अब मान लो, उसने एक कैमरा लेकर सूर्य की ओर यात्रा की और जब तक सूर्य के निकट न पहुँचे, तब तक बार बार सूर्य की प्रतिच्छवि लेते लगा। एक स्थान से लिया हुआ सूर्य का चित्र दूसरे स्थानों से लिये हुए सूर्य के चित्र से भिन्न है—वह जब लौट आयेगा, तब उसे मालूम होगा कि मानो वे सब भिन्न-भिन्न सूर्यों के चित्र हैं। परन्तु हम जानते हैं कि वह अपने गन्तव्य पथ के भिन्न-भिन्न स्थानों से एक ही सूर्य के अनेक चित्र लेकर लौटा है। ईश्वर के सम्बन्ध में भी ठीक ऐसा ही होता है। उच्च अथवा निकृष्ट दर्शन से ही हो,

---

१. मिस्र देश में मुर्दों को औषधियों के द्वारा कई हजार वर्ष तक कायम रखने का रिवाज है। इस तरह कायम रखी हुई लाश को 'ममी' कहते हैं। स०

सूक्ष्म अथवा स्थूल पौराणिक कथाओं के अनुसार ही हो, या सुसंस्कृत क्रियाकाण्ड अथवा भूतोपासना द्वारा हो, प्रत्येक सम्प्रदाय, प्रत्येक व्यक्ति, प्रत्येक धर्म और प्रत्येक जाति, जान या अनजान में अग्रसर होने की चेष्ठा करते हुए ईश्वर की ओर बढ़ रही है। मनुष्य चाहे जितने प्रकार के सत्य की उपलब्धि करे, उसका प्रत्येक सत्य भगवान् के दर्शन के सिवा और कुछ नहीं है। मान लो, हम जलपात्र लेकर जलाशय से जल भरने आये। कोई कटोरी लाया, कोई घड़ा लाया, कोई बाल्टी लाया, इत्यादि। अब जब हमने जल भर लिया, तो क्या देखते हैं कि प्रत्येक पात्र के जल ने स्वभावतः अपने अपने पात्र का आकार धारण किया है। परन्तु प्रत्येक पात्र में वही एक जल है—जो सबके पास है। धर्म के सम्बन्ध में भी ऐसा ही कहा जा सकता है—हमारे मन भी ठीक पूर्वोक्त पात्रों के समान हैं। हम सब ईश्वर-प्राप्ति की चेष्टा कर रहे हैं। पात्रों में जो जल भरा हुआ है, ईश्वर उसी जल के समान है—प्रत्येक पात्र में भगवद्दर्शन उस पात्र के आकार के अनुसार है, फिर भी वे सर्वत्र एक ही हैं—वे घट घट में विराजमान हैं। सार्वभौमिक भाव का भी हम यही एकमात्र परिचय पा सकते हैं।

सैद्धान्तिक दृष्टि से यहाँ तक तो सब ठीक है। परन्तु धर्म के समन्वय-विधान को कार्य रूप में परिणत करने का भी क्या कोई उपाय है? हम देखते हैं—'सब धर्ममत सत्य हैं', यह बात बहुत पुराने समय से ही मनुष्य स्वीकार करता आया है। भारतवर्ष, अलेक्ज़ेन्ड्रिया, यूरोप, चीन, जापान, तिब्बत और अंततः अमेरिका में भी एक समन्वित धर्म को सूत्रबद्ध करने, सब धर्मों को एक ही प्रेम-सूत्र में ग्रथित करने की सैकड़ों चेष्टाएँ हो चुकीं—परन्तु सब व्यर्थ हुईं, कारण, उन्होंने किसी व्यावहारिक प्रणाली का अवलम्बन नहीं किया। संसार के सभी धर्म सत्य हैं, यह तो अनेकों ने स्वीकार किया है—परन्तु उन सबको एकत्र करने का उन्होंने कोई ऐसा उपाय नहीं दिखाया, जिससे वे इस समन्वय के भीतर रहते हुए भी अपनी विशिष्टता को सुरक्षित रख सकें। वही उपाय यथार्थ में कार्यकारी हो सकता है, जो किसी धर्मावलम्बी व्यक्ति की विशिष्टता को नष्ट न करते हुए, उसको औरों के साथ सम्मिलित होने का पथ बता दे। परन्तु अब तक धर्मों के समन्वय के जितने प्रयास हुए हैं, उनमें धर्म सम्बन्धी सभी दृष्टिकोणों को समाहित कर लेने के संकल्प के बावजूद, कार्यरूप में उन्होंने सभी धर्मों को कुछ मतवादों में जकड़ देने की चेष्टा की है। फलस्वरूप उनसे परस्पर कलह, संघर्ष और प्रतियोगिता करनेवाले अनेक नये सम्प्रदायों की ही सृष्टि हुई है।

मेरी भी एक छोटी सी योजना है। मैं नहीं जानता कि वह कार्यकारी होगी या नहीं, परन्तु मैं उसको विचारार्थ तुम्हारे सामने रखता हूँ। मेरी योजना क्या

है ? सर्वप्रथम मैं मनुष्य जाति से यह मान लेने का अनुरोध करता हूँ कि 'कुछ विनाश न करो।' मूर्ति-भंजनकारी सुधारक लोग संसार का उपकार नहीं कर सकते। किसी वस्तु को भी तोड़कर धूल में मत मिलाओ, वरन् उसका गठन करो। यदि हो सके, तो सहायता करो, नहीं तो चुपचाप हाथ उठाकर खड़े हो जाओ और देखो, मामला कहाँ तक जाता है। यदि सहायता न कर सको, तो अनिष्ट मत करो। जब तक मनुष्य कपटहीन रहे, तब तक उसके विश्वास के विरुद्ध एक भी शब्द न कहो। दूसरी बात यह है कि जो जहाँ पर है, उसको वहीं से ऊपर उठाने की चेष्टा करो। यदि यह सत्य है कि ईश्वर सब धर्मों का केन्द्रस्वरूप है और हममें से प्रत्येक एक एक व्यासार्ध से उसकी ओर अग्रसर हो रहा है, तो हम सब निश्चय ही उस केन्द्र में पहुँचेंगे और सब व्यापारों के मिलन-स्थान में हमारे सब वैषम्य दूर हो जायँगे। परन्तु जब तक हम वहाँ नहीं पहुँचते, तब तक वैषम्य कदापि दूर नहीं हो सकता। सब व्यासार्ध एक ही केन्द्र में सम्मिलित होते हैं। कोई अपने स्वभावानुसार एक व्यासार्ध से अग्रसर होता है और कोई किसी दूसरे व्यासार्ध से। इसी तरह हम सब अपने अपने व्यासार्ध द्वारा आगे बढ़ें, तब अवश्य ही हम एक ही केन्द्र में पहुँचेंगे। कहावत भी ऐसी है कि 'सब रास्ते रोम में पहुँचते हैं।' प्रत्येक अपनी अपनी प्रकृति के अनुसार बढ़ रहा है और पुष्ट हो रहा है—प्रत्येक व्यक्ति उचित समय पर चरम सत्य की उपलब्धि करेगा; कारण, अन्त में देखा जाता है कि मनुष्य स्वय ही अपना शिक्षक है। तुम क्या कर सकते हो और मैं भी क्या कर सकता हूँ? क्या तुम यह समझते हो कि तुम एक शिशु को भी कुछ सिखा सकते हो ? नहीं, तुम नहीं सिखा सकते। शिशु स्वयं ही शिक्षा लाभ करता है—तुम्हारा कर्तव्य है सुयोग देना और बाधा दूर करना। एक वृक्ष बढ़ रहा है। क्या तुम उस वृक्ष को बढ़ा रहे हो? तुम्हारा कर्तव्य है, उस वृक्ष के चारों ओर घेरा बना देना, जिससे चौपाये उस वृक्ष को कही न चर डालें। बस, वहीं तुम्हारे कर्तव्य का अन्त हो गया—वृक्ष स्वयं ही बढ़ता है। मनुष्य की आध्यात्मिक उन्नति का रूप भी ठीक ऐसा ही है। न कोई तुम्हें शिक्षा दे सकता है और न कोई तुम्हारी आध्यात्मिक उन्नति कर सकता है। तुमको स्वयं ही शिक्षा लेनी होगी—तुम्हारी उन्नति तुम्हारे ही भीतर से होगी।

बाह्य शिक्षा देनेवाले क्या कर सकते हैं ? वे ज्ञानलाभ की बाधाओं को थोड़ा दूर कर सकते हैं, और वहीं उनका कर्तव्य समाप्त हो जाता है। इसीलिए यदि हो सके, तो सहायता करो; किन्तु विनाश मत करो। तुम इस धारणा को त्याग दो कि 'तुम' किसीको आध्यात्मिक बना सकते हो। यह असम्भव है। तुम्हारी आत्मा को छोड़ तुम्हारा और कोई शिक्षक नहीं है। यह स्वीकार करो। फिर देखो, क्या फल मिलता है। समाज में हम भिन्न भिन्न प्रकार के लोगों को देखते

हैं। संसार में सहस्त्रों प्रकार के मन और संस्कार के लोग वर्तमान हैं—उन सबका सम्पूर्ण सामान्यीकरण (generalisation) असम्भव है, परन्तु हमारे व्यावहारिक प्रयोजन के लिए उनको चार श्रेणियों में विभक्त किया जा सकता है। प्रथम, कर्मठ व्यक्ति, जो कर्मेच्छुक हैं। उनके नाड़ीतंत्र और मांसपेशियों में विपुल शक्ति है। उनका उद्देश्य है काम करना, अस्पताल तैयार करना, सत्कार्य करना, रास्ता बनाना, योजना स्थिर करके संघबद्ध होना। द्वितीय, भावुक, जो उदात्त और सुन्दर को सर्वान्तःकरण से प्रेम करते हैं। वे सौन्दर्य की चिन्ता करते हैं, प्रकृति के मनोरम दृश्यों का उपभोग करने के लिए, और प्रेम करते हैं, प्रेममय भगवान् की पूजा करने के लिए। वे विश्व के तमाम महापुरुषों और भगवान् के अवतारों पर विश्वास करते हुए सबकी सर्वान्तःकरण से पूजा करते हैं, प्रेम करते हैं। ईसा और बुद्ध यथार्थ थे या नहीं, इसके लिए प्रमाणों की वे परवा ही नहीं करते। ईसा का दिया हुआ 'शैलोपदेश' कब प्रचारित हुआ था? अथवा श्री कृष्ण ने कौन सी तारीख़ को जन्मग्रहण किया था?—इसकी उन्हें चिन्ता नहीं उनके निकट तो उनका व्यक्तित्व, उनकी मनोहर मूर्तियाँ ही सबसे बड़े आकर्षण हैं। यही प्रेमिक या भावुकों का आदर्श है, यही उनका स्वभाव है। तृतीय, योगमार्गी व्यक्ति, जो अपने मन का विश्लेषण करना और मनुष्य के मन की क्रियाओं को जानना चाहते हैं। मन में कौन कौन शक्ति काम कर रही है और उन शक्तियों को पहचानने का या उनको परिचालित करने का अथवा उनको वशीभूत करने का क्या उपाय है—यही सब जानने को वे उत्सुक रहते हैं। चतुर्थ, दार्शनिक, जो प्रत्येक विषय की परीक्षा लेना चाहते हैं—और अपनी बुद्धि के द्वारा मानवीय दर्शन से जहाँ तक जाना सम्भव है, उसके भी परे जाने की इच्छा रखते हैं।

अब बात यह है कि यदि किसी धर्म को अधिकांश लोगों के लिए उपयोगी होना है, तो उसमें इन सब भिन्न भिन्न वर्गों के लोगों के लिए उपयुक्त सामग्री जुटाने की क्षमता होनी चाहिए, और जहाँ इस क्षमता का अभाव है, वहाँ सभी संप्रदाय एकदेशीय हो जाते हैं। मान लो, तुम किसी भक्त-सम्प्रदाय के पास गये। वे गाते हैं, रोते हैं, और प्रेम का प्रचार करते हैं; परन्तु यदि तुमने उनसे कहा, "मित्र, यह सब ठीक ही है, परन्तु मैं इससे अधिक शक्तिप्रद कुछ चाहता हूँ, मैं कुछ युक्ति-तर्क, कुछ दर्शन और बुद्धिपूर्वक इन विषयों को थोड़ा समझना चाहता हूँ," तो वे फ़ौरन तुमको बाहर निकाल देंगे। और केवल इतना ही नहीं कि तुमको चले जाने को ही कहें, वरन् हो सका, तो एकदम तुमको भवसागर के पार ही भेज देंगे! अब इससे यह फल निकलता है कि वह सम्प्रदाय केवल भावनाप्रधान लोगों की ही सहायता कर सकता है। दूसरों की सहायता तो वे करते ही नहीं, उनको विनष्ट

करने की चेष्टा करते हैं; और सबसे दुष्ट बात तो यह है कि सहायता की तो बात दूर रही, वे दूसरों की ईमानदारी पर भी विश्वास नहीं करते। फिर दार्शनिक हैं, जो भारत के और प्राच्य ज्ञान की बातें करते हैं और खूब लम्बे-चौड़े मनोवैज्ञानिक—पचास अक्षर के लंबे—शब्दों का व्यवहार करते हैं। परन्तु यदि मेरे जैसा कोई साधारण आदमी उनके पास जाकर कहे, "आप मुझे कुछ आध्यात्मिक उपदेश दे सकते हैं!" तो वह ज़रा मुस्कराकर यही कहेंगे, "अजी, तुम बुद्धि में अभी हमसे बहुत नीचे हो। तुम आध्यात्मिकता को क्या समझोगे?" वे बड़े ऊँचे दर्जे के दार्शनिक हैं। वे तुमको केवल धर्म का द्वार दिखा दे सकते हैं। एक और दल है—योगी। वे जीवन की विभिन्न भूमिकाओं, मन के भिन्न भिन्न स्तरों, मानसिक शक्ति की क्षमता इत्यादि के विषय में ढेर सी बातें तुमसे कहेंगे, और यदि तुम साधारण आदमी की तरह उनसे कहो, "मुझको कुछ अच्छी बातें बतलाइए, जो मैं कार्यरूप में परिणत कर सकूँ, मैं उतना कल्पनाप्रिय नहीं हूँ, क्या आप कुछ ऐसा मुझे दे सकते हैं, जो मेरे लिए उपयोगी हो?" तो वे हँसकर कहेंगे, "सुनते हो, क्या कह रहा है यह निर्बोध! कुछ भी समझ नहीं है—अहमक़ का जीवन ही व्यर्थ है।" संसार में सर्वत्र यही हाल है। मैं इन सब भिन्न भिन्न सम्प्रदायों के चुने चुने धर्म-ध्वजियों को एकत्र कर एक कमरे में बन्द कर उनके सुन्दर विद्रूपव्यंजक हास्य का फोटोग्राफ़ लेना चाहता हूँ!

यही धर्म की वर्तमान अवस्था है, और यही वस्तुस्थिति है। मैं एक ऐसे धर्म का प्रचार करना चाहता हूँ, जो सब प्रकार की मानसिक अवस्थावाले लोगों के लिए उपयोगी हो; इसमें ज्ञान, भक्ति, योग और कर्म समभाव से रहेंगे। यदि कॉलेज से वैज्ञानिक और भौतिकशास्त्री अध्यापक आयें, तो वे युक्ति-तर्क पसन्द करेंगे। उनको जहाँ तक सम्भव हो, युक्ति-तर्क करने दो, अन्त में वे एक ऐसी स्थिति पर पहुँचेंगे, जहाँ से युक्ति-तर्क की धारा अविच्छिन्न रखकर वे और आगे बढ़ ही नहीं सकते—यह वे समझ लेंगे। वे कह उठेंगे, "ईश्वर, मुक्ति इत्यादि धारणाएँ अंधविश्वास हैं—उन सबको छोड़ दो।" मैं कहता हूँ, "हे दार्शनिकवर, तुम्हारी यह पंचभौतिक देह तो उससे भी बड़ा अंधविश्वास है, इसका परित्याग करो। आहार करने के लिए घर में या अध्यापन के लिए दर्शन-क्लास में अब तुम मत जाओ। शरीर छोड़ दो और यदि न हो सके, तो चुपचाप बैठकर ज़ोर ज़ोर से रोओ।" क्योंकि धर्म को जगत् के एकत्व और एक ही सत्य के अस्तित्व की सम्यक् उपलब्धि करने का उपाय अवश्य बताना पड़ेगा। इसी तरह यदि कोई योगप्रिय व्यक्ति आयें, तो हम उनकी आदर के साथ अभ्यर्थना करके वैज्ञानिक भाव से मनस्तत्व-विश्लेषण कर देने और उनकी आँखों के सामने उसका प्रयोग

दिखाने को प्रस्तुत रहेंगे। यदि भक्त लोग आयें, तो हम उनके साथ एकत्र बैठकर भगवान् के नाम पर हँसेंगे और रोयेंगे, प्रेम का प्याला पीकर उन्मत्त हो जायँगे। यदि एक पुरुषार्थी कर्मी आये, तो उसके साथ यथासाध्य काम करेंगे। भक्ति, योग, ज्ञान और कर्म के इस प्रकार का समन्वय सार्वभौमिक धर्म का अत्यन्त निकटतम आदर्श होगा। भगवान् की इच्छा से यदि सब लोगों के मन में इस ज्ञान, योग, भक्ति और कर्म का प्रत्येक भाव ही पूर्ण मात्रा में और साथ ही सम-भाव से विद्यमान रहे, तो मेरे मत से मानव का सर्वश्रेष्ठ आदर्श यही होगा। जिसके चरित्र में इन भावों में से एक या दो प्रस्फुटित हुए हैं, मैं उनको एकपक्षीय कहता हूँ और सारा संसार ऐसे ही लोगों से भरा हुआ है, जो केवल अपना ही रास्ता जानते हैं। इसके सिवाय अन्य जो कुछ हैं, वह सब उनके निकट विपत्ति-कर और भयंकर हैं। इस तरह चारों ओर समभाव से विकास लाभ करना ही 'मेरे' कहे हुए धर्म का आदर्श है। और भारतवर्ष में हम जिसको योग कहते हैं, उसीके द्वारा इस आदर्श धर्म को प्राप्त किया जा सकता है। कर्मी के लिए यह मनुष्य के साथ मनुष्य-जाति का योग है, योगी के लिए जीवात्मा और परमात्मा का योग, भक्त के लिए अपने साथ प्रेममय भगवान् का योग और ज्ञानी के लिए बहुत्व के बीच एकत्वानुभूतिरूप योग है। 'योग' शब्द से यही अर्थ निकलता है। यह एक संस्कृत शब्द है और चार प्रकार के इस योग के संस्कृत में भिन्न भिन्न नाम हैं। जो इस प्रकार का योग-साधन करना चाहते हैं, वे ही योगी हैं। जो कर्म के माध्यम से इस योग का साधन करते हैं, उन्हें कर्मयोगी कहते हैं। जो भगवान् के भीतर से इस योग का साधन करते हैं, उन्हें भक्तियोगी कहते हैं। जो रहस्यवाद के द्वारा इस योग का साधन करते हैं, उन्हें राजयोगी कहते हैं और जो ज्ञान-विचार के बीच इस योग का साधन करते हैं, उन्हें ज्ञानयोगी कहते हैं। अतएव योगी कहने से इन सभी का अर्थ निकलता है।

पहले राजयोग की ही बात लो। इस राजयोग—इस मनःसंयोग का अर्थ क्या है? (इंग्लैण्ड में) तुम लोगों ने योग शब्द के साथ भूत-प्रेत इत्यादि तरह तरह की अजीब धारणाएँ कर रखी हैं। इसलिए मैं पहले ही तुम लोगों से कह देना चाहता हूँ कि योग के साथ इसका कुछ भी सम्बन्ध नहीं है। कोई भी योग युक्ति-तर्कों का परित्याग कर आँखों में कपड़ा बाँधकर ढूँढ़ते फिरना या अपने युक्ति-तर्कों को कुछ ऐरे-गैरे पुरोहितों के हाथ समर्पित करने को नहीं कहता। उनमें से कोई भी नहीं कहता कि तुमको किसी मनुष्य के निकट श्रद्धा-भक्ति अर्पित करनी होगी। प्रत्येक ही यह कहता है कि तुम अपनी बुद्धि-शक्ति को दृढ़ आलिंगन कर उसीमें लगे रहो। प्राणियों में ज्ञान-लाभ के हम तीन उपाय देखते

हैं। पहला तो जन्मजात-प्रवृत्ति है, जो जीव-जन्तुओं में अत्यधिक परिस्फुटित देखी जाती है। यह ज्ञान-लाभ का सबसे निम्न साधन है। दूसरा साधन क्या है? तर्क या बुद्धि। मनुष्यों में ही इसका सर्वाधिक विकास दिखायी पड़ता है। पहला तो जन्मजात-प्रवृत्ति है, वह एक अपर्याप्त साधन है। जीव-जन्तु का कार्यक्षेत्र बहुत ही संकीर्ण होता है और इस संकीर्ण क्षेत्र में ही वह काम आता है। मनुष्य में यही जन्मजात-प्रवृत्ति विशेष परिस्फुटित होकर तर्क या बुद्धि-शक्ति में परिणत हुई है। साथ ही कार्यक्षेत्र भी बढ़ गया है, फिर भी यह बुद्धि-शक्ति बहुत अपर्याप्त है। यह कुछ दूर अग्रसर होकर ही रह जाती है, फिर आगे नहीं बढ़ सकती और यदि उसको और आगे ले जाने की चेष्टा करो, तो फलस्वरूप भयानक परिभ्रांति उपस्थित हो जायगी। तर्क अपने आप वितर्क में परिणत हो जायगा। न्याय की भाषा में यह अन्योन्याश्रय (argument in a circle) से दूषित हो जायगा। जैसे हमारे प्रत्यक्ष ज्ञान के मूलभूत कारण जड़ और शक्ति की बात लो। जड़ क्या है?—जिस पर शक्ति कार्य करती है। और शक्ति क्या है?—जो जड़ पर कार्य करती है। तुम लोग अवश्य समझ गये होगे कि जटिलता क्या है। नैयायिक इसको अन्योन्याश्रय दोष कहते हैं—पहले का भाव दूसरे पर निर्भर हो रहा है—और दूसरे का भाव पहले पर निर्भर हो रहा है। इसीलिए तुम्हारे तर्क के पथ में एक बड़ी भारी बाधा दिखायी पड़ रही है, जिसको लाँघकर बुद्धि अग्रसर हो नहीं सकती। तथापि इसके परे जो अनन्त राज्य विद्यमान है, वहाँ पहुँचने के लिये बुद्धि सदा व्यस्त रहती है। पंचेन्द्रियगम्य और मानसिक विचार-गम्य यह जगत्—यह विश्व उस अनन्त का मानो एक अणु मात्र है, जो चेतन-भूमि पर प्रक्षिप्त हुआ है; और चेतनरूप जाल से घिरे हुए, इस निखिल विश्व-जगत् के क्षुद्र घेरे के भीतर हमारी बुद्धि-शक्ति काम करती है—उसके परे नहीं जा सकती। इस कारण इसके परे जाने के लिए और किसी साधन का प्रयोजन है। अतीन्द्रियबोध वह साधन है। अतएव जन्मजात-प्रवृत्ति, बुद्धि-शक्ति और अतीन्द्रियबोध, ये तीनों ही ज्ञान-लाभ के साधन हैं। पशुओं में जन्मजात-प्रवृत्ति, मनुष्य में बुद्धि-शक्ति और देव-मानव में अतीन्द्रियबोध दिखायी पड़ता है। परन्तु सब मनुष्यों में ही इन तीनों साधनों का बीज थोड़ा बहुत परिस्फुटित दिखायी पड़ता है। इन सब मानसिक साधनों का विकास होने के लिए उनके बीजों का भी मन में विद्यमान रहना आवश्यक है और यह भी स्मरण रखना कर्तव्य है कि एक शक्ति दूसरी शक्ति की विकसित अवस्था ही है, इसलिए वे परस्पर विरोधी नहीं हैं। बुद्धि-शक्ति ही परिस्फुटित होकर अतीन्द्रियबोध में परिणत हो जाती है, इसलिए अतीन्द्रियबोध बुद्धि-शक्ति का परिपन्थी नहीं है, परन्तु उसका पूरक है। जो जो विषय

बुद्धि-शक्ति के द्वारा समझ में नहीं आते, उन सबको अतीन्द्रियबोध द्वारा समझना होता है और वह बुद्धि-शक्ति का विरोधी नहीं है। वृद्ध बालक का विरोधी नहीं है, परन्तु उसीकी पूर्ण परिणति है। अतएव तुमको सर्वदा स्मरण रखना होगा कि निम्न श्रेणी की शक्ति को उच्च श्रेणी की शक्ति कहकर भूल की गयी है, उससे भयानक विपद की सम्भावना है। अनेक बार जन्मजात-प्रवृत्ति को अतीन्द्रियबोध कह दिया जाता है और साथ ही भविष्यवक्ता बनने का झूठा दावा भी किया जाता है। एक निर्बोध या अर्धोन्मत्त आदमी समझता है कि उसके दिमाग़ में जो पागलपन है, वह अतीन्द्रिय ज्ञान है और वह चाहता है कि लोग उसका अनुसरण करें। संसार में जो परस्परविरोधी असम्बद्ध प्रलाप प्रचारित हुए हैं, वे केवल विकृतमस्तिष्क उन्मत्त लोगों के सहज ज्ञानलब्ध प्रलाप को अतीन्द्रियबोध की भाषा में प्रकट करने की चेष्टा मात्र हैं।

सच्ची शिक्षा का प्रथम लक्षण यह होना चाहिए कि वह कभी युक्ति-तर्क की विरोधी न हो। तुमको इससे ज्ञात हो जायगा कि ऊपर लिखे हुए सब योग इसी भित्ति पर प्रतिष्ठित हैं। पहले राजयोग की बात लो। राजयोग मनस्तत्त्व विषय का योग है—मनस्तत्त्व के विश्लेषण से ही एकत्व को प्राप्त किया जा सकता है। विषय ख़ूब बड़ा है; इसलिए मैं अभी इस योग के आभ्यन्तरीण मूल भाव को तुम लोगों के सामने व्यक्त करता हूँ। हम लोगों के लिए ज्ञानलाभ का केवल एक ही उपाय है। निम्नतम मनुष्य से लेकर सर्वोच्च योगी तक को उसी उपाय का अवलम्बन करना पड़ता है। यह उपाय है एकाग्रता। रसायनविद् जब अपनी प्रयोगशाला (laboratory) में काम करते हैं, तब वे अपने मन की सारी शक्ति को एकत्र कर लेते हैं—केन्द्रीभूत कर लेते हैं—और उस केन्द्रीभूत शक्ति का मूल पदार्थों के ऊपर प्रयोग करते ही, वे सब विश्लेषित हो जाते हैं और इस प्रकार वे उनका ज्ञान-लाभ करने में समर्थ होते हैं। ज्योतिर्विद् भी अपनी समग्र मनःशक्ति को एकीभूत कर—केन्द्रीभूत कर—दूरवीक्षण यन्त्र के माध्यम से वस्तु के ऊपर प्रयोग करते हैं, जिससे घूमनेवाले तारे और ग्रहमण्डल उनके निकट अपने रहस्य उद्‌घाटित करते हैं। चाहे विद्वान् अध्यापक हो, चाहे मेधावी छात्र हो, चाहे अन्य कोई भी हो, यदि वह किसी विषय को जानने की चेष्टा कर रहा है, तो उसको उपर्युक्त प्रथा से ही काम लेना पड़ेगा। तुम सब मेरी बातों को सुन रहे हो, यदि मेरी बातें तुमको अच्छी लगीं, तो तुम्हारा मन मेरी बातों के प्रति एकाग्र हो जायगा। फिर यदि तुम्हारे कान के पास कोई घंटा भी बजाये, तो तुमको सुनायी नहीं देगा, कारण, तुम्हारा मन उस समय किसी अन्य विषय में एकाग्र हुआ रहेगा। तुम अपने मन को जितना अधिक एकाग्र करने में समर्थ

होगे, उतना ही अधिक तुम मेरी बातों को समझ सकोगे और मैं अपने प्रेम और शक्तिसमूह को जितना ही अधिक एकाग्र कर सकूंगा, उतना ही अधिक अच्छी तरह से मैं तुमको अपनी बात समझा सकूँगा। यह एकाग्रता जितनी अधिक होगी, उतना ही अधिक मनुष्य ज्ञान-लाभ करेंगे, कारण—यही ज्ञानलाभ का एकमात्र उपाय है—**नान्यः पन्था विद्यतेऽयनाय।** मोची यदि ज़रा अधिक मन लगाकर काम करे, तो वह जूतों को अधिक अच्छी तरह से पालिश कर सकेगा। रसोइया एकाग्र होने से भोजन को अच्छी तरह पका सकेगा। अर्थ का उपार्जन हो, चाहे भगवदाराधना हो—जिस काम में जितनी अधिक एकाग्रता होगी, वह कार्य उतने ही अधिक अच्छे प्रकार से सम्पन्न होगा। द्वार के निकट जाकर बुलाने से या खटखटाने से जैसे द्वार खुल जाता है, उसी भाँति केवल इस उपाय से ही प्रकृति के भाण्डार का द्वार खुलकर विश्व में प्रकाशधारा प्रवाहित होती है। राजयोग में केवल इसी विषय की आलोचना है। अपनी वर्तमान शारीरिक अवस्था में हम बड़े ही अन्यमनस्क हो रहे हैं। हमारा मन इस समय सैकड़ों ओर दौड़कर अपना शक्तिक्षय कर रहा है। जब कभी मैं व्यर्थ की सब चिन्ताओं को छोड़कर ज्ञान-लाभ के उद्देश्य से मन को स्थिर करने की चेष्टा करता हूँ, तब न जाने कहाँ से मस्तिष्क में हज़ारों बाधाएँ आ जाती हैं, हज़ारों चिन्ताएँ मन में एक संग आकर उसको चंचल कर देती हैं। किस प्रकार से इन सबका नियंत्रण कर मन को वशीभूत किया जाय, यही राजयोग का एकमात्र आलोच्य विषय है।

अब कर्मयोग अर्थात् कर्म द्वारा ईश्वर-लाभ की बात लो। संसार में ऐसे लोग बहुत देखे जाते हैं, जिन्होंने मानो किसी न किसी प्रकार का काम करने के लिए जन्म ग्रहण किया है। उनका मन केवल चिन्तन-राज्य में ही एकाग्र होकर नहीं रह सकता। जिसे आँखों से देखा जा सकता है और हाथों से किया जा सकता है—ऐसे मूर्त कार्य में ही उनका मन एकाग्र होता है। इस प्रकार के लोगों के लिए एक विज्ञान की आवश्यकता है। हममें से प्रत्येक ही किसी न किसी प्रकार के काम में लिप्त है; परन्तु हम लोगों में अधिकतर लोग अपनी अधिकांश शक्ति का अपव्यय करते हैं, कारण यह है कि हमें कर्म का रहस्य ज्ञात नहीं है। कर्मयोग इस रहस्य की व्याख्या करता है और कहाँ, किस भाव से कार्य करना होगा, प्रस्तुत कर्म में किस भाव से हमारी समस्त शक्ति का प्रयोग करने से सर्वापेक्षा अधिक लाभ होगा, इसकी शिक्षा देता है। हाँ, कर्म के विरुद्ध, यह कहकर जो प्रबल आपत्ति उठायी जाती है कि वह दुःखजनक है, इसका भी विचार करना होगा। सब दुःख और कष्ट आते हैं आसक्ति से—मैं काम करना चाहता हूँ, मैं किसी मनुष्य का उपकार करना चाहता हूँ। और नब्बे में एक यही देखा जाता है कि

मैंने जिसकी सहायता की है, वह व्यक्ति सारे उपकारों को भूलकर मुझसे शत्रुता करता है—फल यह होता है कि मुझे कष्ट मिलता है। इस प्रकार की घटनाएँ ही मनुष्य को कर्म से विरत कर देती हैं और इन दुःखों और कष्टों का भय ही मनुष्यों के कर्म और उद्यम को नष्ट कर देता है। किसकी सहायता की जा रही है अथवा किस कारण से सहायता की जा रही है, इत्यादि विषयों पर ध्यान न रखते हुए अनासक्त भाव से केवल कर्म के लिए कर्म करना चाहिए—कर्मयोग यही शिक्षा देता है। कर्मयोगी कर्म करते हैं, कारण, यह उनका स्वभाव है, वे अनुभव करते हैं कि ऐसा करना ही उनके लिए कल्याणप्रद है—इसको छोड़ उनका और कोई उद्देश्य नहीं रहता। वे संसार में सर्वदा दाता का आसन ग्रहण करते हैं, कभी किसी वस्तु की प्रत्याशा नहीं रखते। वे जान-बूझकर दान करते जाते हैं, परन्तु प्रति-दानस्वरूप वे कुछ नहीं चाहते, इसी कारण वे दुःखों से मुक्ति पाते हैं। जब दुःख हमको ग्रसित करता है, तब यही समझना होगा कि यह केवल 'आसक्ति' की प्रतिक्रिया है।

अब इसके बाद, भावुक और प्रेमी लोगों के लिए भक्तियोग है। भक्त चाहते हैं, भगवान् से प्रेम करना। वे धर्म के अंगस्वरूप क्रियाकलापों की सहायता लेते हैं और पुष्प, गन्ध, सुरम्य मन्दिर, मूर्ति इत्यादि नाना प्रकार के द्रव्यों से सम्बन्ध रखते हैं। तुम लोग क्या यह कहना चाहते हो कि वे भूल करते हैं? मैं तुमसे एक सच्ची बात कहना चाहता हूँ, वह तुम लोगों को—विशेषकर इस देश में—स्मरण रखना उचित है। जो सब धर्म-सम्प्रदाय अनुष्ठान और पौराणिक तत्त्व-सम्पद से समृद्ध हैं, विश्व के श्रेष्ठ आध्यात्मिक शक्तिसम्पन्न महापुरुषों ने उन्हीं सम्प्रदायों में जन्म ग्रहण किया है। और जो सम्प्रदाय, किसी प्रतीक या अनुष्ठानविशेष की सहायता बिना ही भगवान् की उपासना की चेष्टा करते हैं, जो धर्म की सारी सुन्दरता, महानता तथा और सब कुछ निर्मम भाव से पददलित करते हैं, अत्यन्त सूक्ष्म दृष्टि से देखने पर भी उनका धर्म केवल कट्टरता है, शुष्क है। जगत् का इतिहास इसका ज्वलन्त साक्षी है। इसलिए इन सब अनुष्ठानों तथा पुराणों आदि को गाली मत दो। जो लोग इन्हें लेकर रहना चाहते हैं, उन्हें रहने दो। तुम व्यर्थ ही व्यंग्यात्मक हँसी हँसकर यह मत कहो कि 'वे मूर्ख हैं, उन्हें उसीको लेकर रहने दो।' यह बात कदापि नहीं है; मैंने जीवन में जिन सब आध्यात्मिक शक्ति-सम्पन्न श्रेष्ठ महापुरुषों के दर्शन किये हैं, वे सब इन्हीं अनुष्ठानादि नियमों के माध्यम से हुए हैं। मैं अपने को उनके पैरों तले बैठने के योग्य भी नहीं समझता और उस पर भला मैं उनकी समालोचना करूँ? ये सब भाव मानव मन में किस तरह कार्य करते हैं और उनमें से कौन सा हमारे लिए ग्राह्य है तथा कौन सा त्याज्य

है, इसे मैं कैसे समझूं ? हम उचित-अनुचित न समझते हुए भी संसार की सारी वस्तुओं की समालोचना करते रहते हैं। लोगों की जितनी इच्छा हो, उन्हें इन सब सुन्दर प्रेरणादायक पुराणादि को ग्रहण करने दो; कारण, तुमको यह सर्वदा स्मरण रखना उचित है कि भावुक लोग सत्य की कुछ नीरस परिभाषाओं की ज़रा भी चिंता नहीं करते। ईश्वर उनके निकट मूर्त वस्तु है, वही एकमात्र सत्य वस्तु है। उसे वे अनुभव करते हैं, उससे वे बात सुनते हैं, उसे वे देखते हैं, उससे वे प्रेम करते हैं। वे अपने ईश्वर को ही लेकर रहें। तुम्हारा युक्तिवाद भक्त के निकट उस मूर्ख के सदृश है, जो एक सुन्दर मूर्ति को देखते ही उसे चूर्ण कर यह देखना चाहे कि वह किस उपकरण से निर्मित है। भक्तियोग उनको निःस्वार्थ भाव से प्रेम करने की शिक्षा देता है, किसी भी सुदूर स्वार्थभाव से, लोकैषणा, पुत्रैषणा, वित्तैषणा से नितांत रहित होकर। केवल ईश्वर को अथवा जो कुछ मंगलमय है, केवल उसीसे कर्तव्य समझकर प्रेम करो। प्रेम ही प्रेम का श्रेष्ठ प्रतिदान है, और ईश्वर ही प्रेमस्वरूप है। ईश्वर सृष्टिकर्ता, सर्वव्यापी, सर्वज्ञ, सर्वशक्तिमान, शास्ता और पिता-माता है, यह कहकर उसके प्रति हृदय की सारी भक्ति और श्रद्धा अर्पित करने की ही शिक्षा भक्तियोग देता है। भाषा उसका जो सर्वश्रेष्ठ प्रकाश कर सकती है, अथवा मनुष्य उसके सम्बन्ध में जो सर्वोच्च धारणा कर सकता है, वह यह है कि वह प्रेममय है। जहाँ कहीं प्रेम है, वहाँ वह है। 'जहाँ कहीं किसी प्रकार का प्रेम है, वहाँ वह है, वहाँ प्रभु विद्यमान है।' पति जब स्त्री को चुम्बन करता है, उस चुम्बन में भी वह विद्यमान है। माता जब शिशु को चुम्बन करती है, तो उसमें भी वह वर्तमान है। मित्रों के करमर्दन में भी प्रभु विद्यमान है। जब कोई महापुरुष मानव जाति के प्रेम से वशीभूत हो, उनका कल्याण करने की इच्छा करते हैं, तब प्रभु ही अपने मानव-प्रेम-भाण्डार से मुक्तहस्त हो प्रेम वितरण करता है। जहाँ हृदय का विकास है, वहाँ उसका प्रकाश है। भक्तियोग से इन्हीं सब बातों की शिक्षा मिलती है।

अब अन्त में मैं ज्ञानयोगी—दार्शनिक पर विचार करूँगा। वे दार्शनिक और चिन्तक हैं, जो इस दृश्य जगत् के परे जाना चाहते हैं—वे संसार की तुच्छ वस्तुओं को लेकर सन्तुष्ट नहीं रह सकते। वे प्रतिदिन के आहारादि नित्य कर्म के परे चले जाना चाहते हैं—हज़ारों पुस्तकें पढ़ने पर भी उनकी शान्ति नहीं होती, यहाँ तक कि समग्र भौतिक विज्ञान भी उनको परितृप्त नहीं कर सकता। कारण, वे बहुत प्रयत्न करने पर इस क्षुद्र पृथ्वी को ही ज्ञानगोचर कर सकते हैं। ऐसी क्या वस्तु है, जो उनका सन्तोष कर सके? कोटि कोटि सौर जगत् भी उनको सन्तुष्ट नहीं कर सकते; अपनी दृष्टि में वे 'सत्' सिन्धु में केवल एक बिन्दु हैं। उनकी

आत्मा इन सबके पार—सब अस्तित्वों का जो सार है, उसीमें डूब जाना चाहती है—सत्यस्वरूप को प्रत्यक्ष करना चाहती है। वे इसकी उपलब्धि करना चाहते हैं, उसके साथ तादात्म्य लाभ करना चाहते हैं, उस विराट् सत्ता के साथ एक हो जाना चाहते हैं। वे ही ज्ञानी हैं। भगवान्, जगत् के पिता, माता, सृष्टिकर्ता, पालक, पथप्रदर्शक इत्यादि वाक्यों द्वारा भगवान् की महिमा प्रकाश करने में वे असमर्थ हैं। वे सोचते हैं, भगवान् उनके प्राणों के प्राण, आत्मा की आत्मा हैं, भगवान् उनकी ही आत्मा हैं। भगवान् को छोड़कर और कोई भी वस्तु नहीं है। उनका समुदय नश्वर अंश विचारों के प्रबल आघात से चूर्ण-विचूर्ण होकर उड़ जाता है। अन्त में जो सचमुच ही विद्यमान रहता है, वही स्वयं भगवान् है।

'एक ही वृक्ष पर दो पक्षी हैं; एक ऊपर, एक नीचे। ऊपर का पक्षी स्थिर, निर्वाक् और महान् है और अपनी ही महिमा में विभोर है; नीचे की डाल पर जो पक्षी है, वह कभी मिष्ट और कभी तिक्त फल खा रहा है, एक डाल से दूसरी डाल पर फुदक रहा है और पर्यायक्रम से अपने को कभी सुखी और कभी दुःखी समझता है। कुछ क्षण बाद नीचे के पक्षी ने एक बहुत ही कड़आ फल खाया और साथ ही अपने को धिक्कारते हुए ऊपर की ओर दृष्टिपात किया और एक दूसरे पक्षी को देखा—वह अपूर्व सुनहले परवाला पक्षी न तो मीठे फल खाता है और न कड़वे, अपने को न तो दुःखी समझता है और न सुखी; परन्तु शान्त भाव से अपने में ही विभोर है; उसे अपनी आत्मा को छोड़ और कुछ भी दिखायी नहीं देता। नीचे का पक्षी इस अवस्था को प्राप्त करने के लिए व्यग्र हुआ; परन्तु शीघ्र ही भूल गया और फिर फल खाने लगा। थोड़ी देर बाद फिर उसने एक बड़ा ही कड़आ फल खाया, जिससे उसके मन में बड़ा दुःख हुआ और फिर उसने ऊपर की ओर दृष्टि डाली और ऊपरवाले पक्षी के निकट जाने की चेष्टा की, परन्तु फिर भूल गया और कुछ क्षण बाद फिर ऊपर देखा। कई बार ऐसा ही करते हुए, वह ऊपर के पक्षी के बिल्कुल निकट पहुँच गया और देखा कि उसके परों से ज्योति का प्रकाश फूटकर उसकी देह के चतुर्दिक् विकीर्ण हो रहा है। उसने एक परिवर्तन का अनुभव किया—मानो वह मिलने जा रहा है; वह और भी पास गया, देखा, उसके चारों तरफ़ जो कुछ था, सब गला जा रहा है—अन्तर्हित हो रहा है। अन्त में उसने इस अद्‌भुत परिवर्तन का अर्थ समझा। नीचे का पक्षी मानो ऊपरवाले पक्षी की एक घनीभूत छाया मात्र था—केवल प्रतिबिम्ब था! वह स्वयं बराबर स्वरूपतः ऊपरवाला पक्षी ही था। नीचेवाले पक्षी का मीठा और कड़आ फल खाना और एक के बाद एक सुख और दुःख का बोध करना—सब मिथ्या—सब स्वप्न मात्र है; वह प्रशान्त, निर्वाक्, महिमामय, शोकदुःखातीत ऊपरवाला पक्षी ही सर्वदा

विद्यमान था।'[1] ऊपरवाला पक्षी ईश्वर, परमात्मा—जगत्-प्रभु है और नीचेवाला पक्षी, जीवात्मा, इस जगत् के सुख-दुःखरूपी मीठे-कड़वे फलों का भोक्ता है। बीच बीच में जीवात्मा के ऊपर प्रबल आघात आ पड़ता है; वह कुछ दिन के लिए फलभोग बन्द कर उस अज्ञात ईश्वर की ओर अग्रसर होता है—उसके हृदय में सहसा ज्ञानज्योति का प्रकाश होता है। तब वह समझता है—यह संसार केवल झूठा दृश्यजाल है, परन्तु फिर इन्द्रियाँ उसे बहिर्जगत् में उतार लाती हैं और पूर्व की भाँति फिर वह जगत् के अच्छे-बुरे फल भोगों में लग जाता है। पुनः एक अत्यन्त कठोर आघात पाता है और फिर उसका हृदय-द्वार दिव्य प्रकाश के लिए उन्मुक्त हो जाता है। इस तरह धीरे-धीरे वह भगवान् की ओर अग्रसर होता है और जितना ही वह अधिकतर निकटवर्ती होने लगता है, उतना ही वह देखता है कि उसके अहंकारी 'मैं' का अपने आप ही लय होता जा रहा है। जब वह खूब निकट आ जाता है, तब देख पाता है कि वह स्वयं ही भगवान् है और बोल उठता है, "जिसको मैंने तुम्हारे निकट जगत् का जीवन और अणु-परमाणु तथा चन्द्र-सूर्य तक में विद्यमान रहनेवाला कहकर वर्णन किया है, वही हमारे इस जीवन का आधार है, हमारी आत्माओं की आत्मा है। केवल यही नहीं, **तत्त्वमसि**।" ज्ञानयोग हमको यही शिक्षा देता है। वह मनुष्य से कहता है, तुम्हीं स्वरूपतः भगवान् हो। यह मानव जाति को प्राणिजगत् के बीच यथार्थ एकत्व दिखा देता है—हममें से प्रत्येक के भीतर से प्रभु ही इस जगत् में प्रकाशित हो रहा है। अत्यन्त सामान्य पददलित कीट से लेकर, जिसको हम सविस्मय हृदय की श्रद्धा-भक्ति अर्पित करते हैं, उन श्रेष्ठ जीवों तक सभी उस एकमात्र भगवान् की अभिव्यक्तियाँ हैं।

अंतिम बात यह है—इन सब विभिन्न योगों को हमें कार्य में परिणत करना ही होगा; केवल उनके सम्बन्ध में जल्पना-कल्पना करने से कुछ न होगा। **श्रोतव्यो मन्तव्यो निदिध्यासितव्यः**। पहले उनके सम्बन्ध में सुनना पड़ेगा—फिर श्रुत विषयों पर चिन्ता करनी होगी। हमें उन सबको अच्छी तरह विचारपूवक समझना होगा, जिससे हमारे मन में उनकी एक छाप पड़ जाय। इसके बाद उनका ध्यान और उपलब्धि करनी पड़ेगी—जब तक कि हमारा समस्त जीवन तद्भावभावित न हो उठे। तब धर्म हमारे लिए केवल कतिपय धारणाओं एवं मतवादों की पोटली अथवा बौद्धिक कल्पना भी नहीं रहेगा। यह हमारा आत्मस्वरूप हो जायगा। भ्रमात्मक बुद्धि से आज हम अनेक मूर्खताओं को सत्य समझकर ग्रहण करके कल ही शायद सम्पूर्ण मत-परिवर्तन कर सकते हैं, किन्तु यथार्थ धर्म कभी परिवर्तित नहीं होता।

---

१. **मुण्डकोपनिषद्** ॥३।१।१-२॥

धर्म अनुभूति की वस्तु है—वह मुख की बात, मतवाद अथवा युक्तिमूलक कल्पना मात्र नहीं है—चाहे वह जितना ही सुन्दर हो। आत्मा की ब्रह्मस्वरूपता को जान लेना, तद्रूप हो जाना—उसका साक्षात्कार करना, यही धर्म है—वह केवल सुनने या मान लेने की चीज़ नहीं है। समस्त मन-प्राण विश्वास की वस्तु के साथ एक हो जायगा। यही धर्म है।

शाश्वत शान्ति का पथ

आज रात को मैं तुम्हें वेदों में लिखी हुई एक कहानी बतलाता हूँ। वेद हिन्दुओं के पवित्र धर्मग्रंथ हैं और साहित्य के विशाल संग्रह हैं। इनका अंतिम भाग 'बेदान्त' अर्थात् वेदों का अन्त कहलाता है। वेदों में प्रतिपादित सिद्धान्त ही वेदान्त में विवेचना के विषय हैं, विशेषकर वह तत्त्वज्ञान, जिसके सम्बन्ध में मैं आज कुछ कहूँगा। स्मरण रहे कि वेद आर्ष संस्कृत भाषा में हज़ारों वर्ष पूर्व के लिखे हुए हैं। हाँ, तो वह कहानी इस प्रकार है कि एक मनुष्य एक बड़ा यज्ञ करना चाहता था। हिन्दू धर्म में यज्ञों का बड़ा महत्त्व है। यज्ञ अनेक प्रकार के होते हैं। उनमें वेदियाँ बनायी जाती हैं, अग्नि को आहुतियाँ समर्पित की जाती हैं, स्तोत्र आदि पढ़े जाते हैं और अन्त में ब्राह्मणों तथा ग़रीबों को दान दिया जाता है। प्रत्येक यज्ञ की एक विशेष दक्षिणा होती है। एक यज्ञ ऐसा होता था, जिसमें मनुष्य को अपना सर्वस्व दान कर देना पड़ता था। यह मनुष्य यद्यपि धनिक था, तथापि कंजूस था, परन्तु फिर भी वह चाहता था कि उसकी यह कीर्ति हो कि उसने सबसे कठिन यज्ञ किया है। इस यज्ञ में अपना सर्वस्व दान करने के बदले उसने केवल अपनी अंधी, लँगड़ी और बूढ़ी गायें ही दान दीं, जिन्होंने दूध देना बन्द कर दिया था। लेकिन उसके नचिकेता नाम का एक पुत्र था। नचिकेता की बुद्धि बड़ी प्रखर एवं कुशाग्र थी। जब उसने देखा कि उसका पिता निकृष्ट दान दे रहा है, जिसका फल उसे अवश्य ही बुरा मिलेगा, तो उसने निश्चय किया कि वह स्वयं को दान में अर्पित करके इस कमी की पूर्ति करेगा। इसलिए वह पिता के पास गया और पूछने लगा, "पिता जी, मुझे आप किसे दान करेंगे?" पिता ने कुछ उत्तर न दिया। लड़के ने फिर यही प्रश्न दूसरी और तीसरी बार पूछा। पिता चिढ़ उठा और बोला, "मैं तुझे यम को दूँगा, मैं तुझे मृत्यु को अर्पित करूँगा।"[१] बस लड़का सीधा यमराज के दरबार को चला गया। यमराज घर पर न थे, इसलिए वह उनकी राह देखने लगा। तीन दिन के बाद यमराज आये और बोले, "ब्राह्मण, तुम मेरे अतिथि हो, तुम्हें यहाँ तीन दिन भूखा रहना पड़ा। मैं तुम्हारा अभिवादन करता हूँ और तुम्हारे इन तीन दिन के कष्ट के बदले मैं तुम्हें तीन वर देता हूँ। तुम अपने वर माँग लो।"

---

१. कठोपनिषद्॥१।१।४॥

बालक ने कहा, "पहला वर तो मुझे यह दीजिए कि मेरे पिता का मुझ पर क्रोध नष्ट हो जाय।"[१] दूसरा वर किसी एक यज्ञ के विषय में था और तीसरे वर में उसने यह जानना चाहा, "मनुष्य जब मरता है, तो उसका क्या होता है ? कोई कहते हैं कि उसका अस्तित्व ही नहीं रहता, दूसरे कहते हैं कि मरण के पश्चात् भी वह विद्यमान रहता है। मैं तीसरे वर में यही चाहता हूँ कि आप मेरे इस प्रश्न का उत्तर दें।"[२] तब मृत्युदेव बोले, "देवताओं ने भी यह रहस्य प्राचीन काल में जानने की कोशिश की थी। यह रहस्य इतना गहन है कि किसीके लिए इसका समझना कठिन है, इसलिए यह वर तू न माँग। कोई दूसरा वर माँग ले। सौ साल का जीवन माँग ले, घोड़े माँग ले, पशु माँग ले, राज्य भी माँग ले, लेकिन इस प्रश्न का उत्तर देने के लिए मुझे बाध्य न कर। मनुष्य भोग करने के लिए जो कुछ चाहता है, वह सब माँग ले, मैं सब कुछ दूंगा, लेकिन यह रहस्य जानने की इच्छा न कर।"[३] बालक ने उत्तर दिया, "नहीं महाराज, धन से मनुष्य को संतोष नहीं होता। अगर धन की ही इच्छा होती, तो वह आपके दर्शन मात्र से मिल सकता था। जब तक आपकी इच्छा होती है, तभी तक हम जीवित रह सकते हैं। कभी जराग्रस्त न होनेवाले अमर पुरुष के समीप पहुँचकर नीचे पृथिवी पर रहनेवाला ऐसा कौन मर्त्य विवेकी पुरुष होगा, जो नृत्य-गीतादि भोगों की अस्थिरता देखकर भी अति दीर्घ जीवन में सुख मानेगा ? इसलिए इहलोक के अनन्तर आनेवाली मनुष्य की स्थिति का वह अद्भुत रहस्य ही मुझे बताइए। मैं और कुछ नहीं चाहता। मृत्यु के इस रहस्य को ही नचिकेता जानना चाहता है।"[४] इस पर मृत्युदेव प्रसन्न हो गये। पिछले दो या तीन व्याख्यानों में मैं यह कहता आया हूँ कि ज्ञान की इच्छा से मनुष्य का मन तैयार हो जाता है। इसलिए पहली तैयारी यह है कि मनुष्य सत्य के सिवा किसी अन्य वस्तु की इच्छा ही न रखे, सत्य-लाभ के लिए सत्य की अभिलाषा करे। देखो, इस बालक की ओर देखो। केवल एक बात के लिए—केवल ज्ञान के लिए, केवल सत्य के लिए वह धन, राज्य, दीर्घ जीवन इत्यादि सभी कुछ, जो यमराज उसे देने को उत्सुक थे, त्यागने को तैयार हो गया। सत्य की प्राप्ति इसी तरह हो सकती है। मृत्युदेव प्रसन्न हो गये। उन्होंने कहा, "देखो, ये दो मार्ग हैं, एक है प्रेय अर्थात् भोग का और दूसरा, श्रेय अर्थात् मोक्ष का। मनुष्य को ये दो मार्ग ही अनेक प्रकार

---

१. **वही**, ९-१०
२. **वही**, २०
३. **वही**, २१, २३-२५
४. **वही**, २७-२९

से आकृष्ट करते रहते हैं। उस मनुष्य का परम कल्याण होता है, जो श्रेय के मार्ग को स्वीकार करता है और प्रेय-मार्ग को स्वीकार करनेवाले का पतन होता है; हे नचिकेता, मैं तेरी प्रशंसा करता हूँ, क्योंकि तूने वासनापूर्ति की अभिलाषा नहीं की; भोग की ओर तुझे लुभाने की मैंने अनेक प्रकार से चेष्टा की, लेकिन तूने उन सबको अस्वीकार कर दिया, तूने यह जान लिया है कि भोग के जीवन से ज्ञानमय जीवन कितना अधिक ऊँचा है।

"तूने यह समझ लिया है कि जो मनुष्य अज्ञान में रहकर भोग भोगता रहता है, उसमें और पशु में कोई अन्तर नहीं। फिर भी ऐसे कितने ही लोग होते हैं, जो अविद्या में पूरी तरह से डबे रहते हुए भी अभिमानवश अपने को पण्डित मानते हैं। ये मूढ़ एक अन्धे के नेतृत्व में चलनेवाले दूसरे अन्धे के समान अनेक टेढ़े-मेढ़े रास्तों में भटकते फिरते हैं। हे नचिकेता, धन के मोह से अन्धे तथा प्रमादशील बालबुद्धिवालों को यह सत्य नहीं सूझता, वे न इहलोक को समझते हैं, और न परलोक को। वे इहलोक और परलोक को अस्वीकार करते हैं और इसीलिए बार बार मेरे वश में आते हैं। बहुत से मनुष्यों को तो यह ज्ञान सुनने को भी नहीं मिलता, और दूसरे जो सुनते हैं, समझ नहीं सकते, क्योंकि गुरु एक अत्यन्त निपुण व्यक्ति होना चाहिए तथा शिष्य भी, जिसे यह ज्ञान दिया जाता है। यदि वक्ता अच्छा अनुभवी न हो, तो चाहे यह ज्ञान सौ बार सुना जाय और सौ बार दुहराया जाय, परन्तु फिर भी हृदय में सत्य का प्रकाश न पड़ेगा। व्यर्थ वाद-विवाद से अपना मन अशान्त न करो। नचिकेता, यह ज्ञान उसी हृदय में प्रकाशित होता है, जो पवित्र हुआ है। असीम प्रयास के बिना जिसका दर्शन नहीं होता, जो गुप्त है, हृदय के गूढ़तम प्रदेश में निहित है, जो पुराण पुरुष है, इन बाह्य नेत्रों से जो देखा नहीं जा सकता, उसे आत्मा के नेत्रों से देखकर मनुष्य सुख और दुःख, दोनों से अतीत हो जाता है। जिसे यह रहस्य मालूम है, वह अपनी सम्पूर्ण व्यर्थ वासनाओं का त्याग कर देता है और पूर्णत्व को प्राप्त कर दिव्य आनन्द का अनुभव करने लगता है। हे नचिकेता, यही शाश्वत शान्ति का पथ है। वह सब पुण्य से परे है, पाप से भी परे है; धर्म से परे है, अधर्म से भी परे है; वर्तमान से अतीत है और भविष्य से भी अतीत है। जो यह जानता है, उसीने जाना है।

"जिसे सब वेद ढूँढ़ते हैं, जिसका दर्शन पाने के लिए लोग अनेक प्रकार की तपश्चर्याएँ करते हैं, वह पद मैं तुझे बतलाता हूँ: वह है 'ॐ'। यह ॐ अक्षय है, यही ब्रह्म है, यही अमृत है। जो इसका रहस्य जान लेता है, वह जो कुछ चाहता है, वह सब उसे मिल जाता है। मनुष्य में विद्यमान यह आत्मा, जिसे हे नचिकेता, तू जानना चाहता है, न तो कभी जन्मती है और न मरती है।

यह अनादि है तथा सदा वर्तमान है। यह पुराण पुरुष शरीर नष्ट होने पर भी नष्ट नहीं होता। अगर मारनेवाला सोचे कि मैं मार सकता हूँ और मरने वाला सोचे कि मैं मारा जाता हूँ, तो दोनों ही भूल कर रहे हैं, क्योंकि आत्मा न तो किसीको मारती है और न मारी जा सकती है। वह अणु से भी छोटी है, वह बड़े से भी बड़ी है, वह सबकी स्वामिनी है और प्रत्येक के हृदयरूपी गुहा में निहित है। जब पापों का क्षय हो जाता है, तो उसी दयामय की दया से मनुष्य उसकी परम महिमा का दर्शन करता है। (हम देखते हैं कि परमेश्वर-प्राप्ति के हेतुओं में से उसकी दया एक हेतु है।) यह आत्मा स्थित होती हुई भी दूर तक जाती है और शयन करती हुई भी सर्वत्र पहुँचती है। जिसका हृदय शुद्ध तथा बुद्धि सूक्ष्म है, उसके सिवा और किसे उस आत्माके दर्शन का अधिकार है, जो सब विरोधों की समन्वयभूमि है? उसके शरीर नहीं है, फिर भी वह शरीर में रहती है। वह स्पर्श से परे है, फिर भी उसका शरीर से स्पर्श होता सा मालूम होता है। वह सर्वव्यापक है। उसके इस स्वरूप को जानकर आत्मज्ञानी सब दुःखों से मुक्त हो जाते हैं। यह आत्म-दर्शन न तो वेदों के अध्ययन से होता है, न बहुश्रुत बनकर और न तीक्ष्ण बुद्धि से ही। जिसे यह आत्मा वरण करती है, वही उसे पाता है और उसमें ही अपनी सम्पूर्ण महिमा में प्रकट होती है। जो निरन्तर दुष्कर्म करता रहता है, जिसका मन अशान्त रहता है, जो ध्यान नहीं कर सकता, जो सदा अस्थिर और चंचल रहता है, वह इस हृदयरूपी गुहा में प्रविष्ट आत्मा को न तो समझ सकता है और न उसका दर्शन ही कर सकता है। हे नचिकेता, यह शरीर रथ है और उसमें इन्द्रियरूपी घोड़े जुते हुए हैं, मन उनकी लगाम है, बुद्धि उस रथ का सारथी है और आत्मा रथी है। जब यह रथी बुद्धिरूपी सारथी से संयुक्त होता है, तथा उसके द्वारा जब वह मनरूपी लगाम से सम्बद्ध होता है, और जब मनरूपी लगाम द्वारा वह इन्द्रियरूपी घोड़ों से संयुक्त हो जाता है, तब वह भोक्ता कहलाता है; तब वह दर्शन-स्पर्शनादि क्रिया करने लगता है। जिसका मन अपने वश में नहीं है, जो विवेक-हीन है, वह इन्द्रियों को अपने अधीन उसी प्रकार नहीं रख सकता, जैसे एक सवार अड़ियल घोड़ों को। लेकिन जो विवेकी है, जिसने अपने मन को संयत कर रखा है, उसके वश में इन्द्रियाँ इस तरह रहती हैं, जैसे कुशल सवार के क़ाबू में अच्छे घोड़े। जो विवेकी है, जिसका मन हमेशा सत्य-दर्शन के पथ पर अग्रसर होता है, जो सर्वथा शुद्ध है, वही इस सत्य को पाता है। इस सत्य को पा लेने के पश्चात् मनुष्य का पुनर्जन्म नहीं होता; परन्तु हे नचिकेता, यह मार्ग बहुत दुर्गम है, दीर्घ है, तथा दुःसाध्य है। सूक्ष्म बुद्धिवाले मनीषी ही इसे समझ सकते हैं तथा इसका अनुभव कर सकते हैं। तो भी हे नचिकेता, तू निर्भय रह। जग जा, उठ

खड़ा हो और बिना ध्येय तक पहुँचे विराम मत ले, क्योंकि आत्मज्ञानी कहते हैं कि यह पथ छुरे की तीक्ष्ण धार पर चलने के समान दुस्तर है। जो इन्द्रियों से अतीत है, जो अरूप है, जो रस के अतीत है, जो अविकार्य, अचिन्त्य, अनन्त और अनश्वर है, उसे जानकर ही मनुष्य मृत्यु के मुख से बच जाता है।"[१]

अतः यहाँ तक हमने यह देखा कि यम ने उपलब्ध किये जानेवाले लक्ष्य का वर्णन किया है। पहली बात, जो हमें मिलती है, यह है कि जन्म, मृत्यु, दुःख तथा इस संसार में मनुष्य को मिलनेवाले अनेक झटके केवल वही मनुष्य पार कर सकता है, जिसने सत्य जान लिया है। सत्य क्या है? सत्य वह है, जिसमें कोई विकार उत्पन्न नहीं होता, मनुष्य की आत्मा, विश्व की आत्मा ही सत्य है। पुनश्च, यह भी कहा है कि उसे जानना दुष्कर है। जानने का अर्थ केवल बुद्धि द्वारा ग्रहण ही नहीं, वरन् अनुभव करना है। बार बार हमने यही पढ़ा है कि इस आत्मा के दर्शन करने चाहिए, उसका अनुभव करना चाहिए। हम इन नेत्रों से उसे नहीं देख सकते, क्योंकि वह दर्शन परम सूक्ष्म दृष्टि द्वारा होता है। दीवाल या पुस्तकें देखना केवल स्थूल दर्शन है। उस सत्य को जानने के लिए मनुष्य की दृष्टि अत्यन्त सूक्ष्म होनी चाहिए, और यही इस ज्ञान का रहस्य है। बाद में यम कहते हैं कि मनुष्य को अत्यन्त पवित्र होना चाहिए। हमें अपनी दर्शन-शक्ति को सूक्ष्म बनाने का यही मार्ग है। और इसके बाद वे हमें दूसरे मार्ग बतलाते हैं। वह सत्यस्वरूप आत्मा इन इन्द्रियों से अत्यन्त परे है। दर्शन-स्पर्शनादि की साधनभूत ये इन्द्रियाँ केवल बाह्य वस्तुओं को ही देखती हैं, लेकिन यह स्वयंभू आत्मा अन्तर्मुख होने पर ही देखी जा सकती है। यहाँ साधक के लिए किस गुण की आवश्यकता है, इसका तुम्हें स्मरण रहना चाहिए। वह है अपने नेत्रों को अन्तर्मुख कर आत्मा को जानने की अभिलाषा। निसर्ग में हम ये जो अनेक सुन्दर वस्तुएँ देखते हैं, वे ऊपर से भले ही आकर्षक हों, पर इनसे परमेश्वर के दर्शन नहीं हो सकते। हमें अपने नेत्रों को अन्तर्मुख करना सीखना चाहिए। बाह्य वस्तुओं को देखने की नेत्रों की लालसा रोकनी चाहिए। जब तुम किसी भीड़-भाड़वाली सड़क पर जाते हो, तो आने-जानेवाली गाड़ियों की आवाज़ के कारण अपने साथ चलनेवाले मित्र की बातचीत सुनना तुम्हारे लिए कठिन हो जाता है, और वह साथी भी तुम्हारी बात नहीं सुन सकता। तुम्हारा मन बहिर्मुख होने के कारण तुम उस मित्र की बात नहीं सुन सकते, जो तुम्हारे बिल्कुल समीप है। इसी प्रकार यह संसार इतना विकट कोलाहल मचाता रहता है कि मन उधर खिंच जाता है। फिर आत्मा को हम

१. कठोपनिषद् ॥१।२; १-२४; १।३।३-१५॥

कैसे देख सकते हैं ? मन की यह बहिर्मुखता हमें दूर कर देनी चाहिए । नेत्रों को अन्तर्मुख करने का यही अर्थ है; तभी अन्तर्यामी प्रभु की महिमा का साक्षात्कार होगा ।

यह आत्मा क्या है ? हमें मालूम हो गया है कि वह बुद्धि से भी अतीत है। फिर यही कठोपनिषद् हमें बतलाता है कि यह आत्मा शाश्वत और सर्वव्यापी है; तुम, मैं और हम सब लोग वास्तव में सर्वव्यापी आत्मा हैं और यह आत्मा अविकारी है । अब, यह सर्वव्यापी सद्वस्तु केवल एक ही हो सकती है । ऐसी दो वस्तुएँ हो ही नहीं सकतीं, जो एक ही समय सर्वत्र विद्यमान हों । यह सम्भव भी किस तरह है ? दो अनन्त वस्तुएँ कभी हो नहीं सकतीं । फलतः वास्तव में आत्मा एक ही है । तुम, मैं तथा यह सम्पूर्ण विश्व, सब वही एक आत्मा है, जो बहुरूपी सी प्रतीत होती है । 'जिस प्रकार इस जगत् में अग्नि अपने आपको बहुरूपों में प्रकट करती है, उसी प्रकार यह अद्वितीय आत्मा—जो सबकी आत्मा है—स्वयं को प्रत्येक रूप में अभिव्यक्त करती है ।'[१] पर प्रश्न यह है कि जब यह आत्मा पूर्ण, शुद्ध तथा एकमेव सत्ता है, तो इसका इस अपवित्र शरीर से, दुष्ट या सुष्ट शरीर आदि से सम्बन्ध होने पर क्या हो जाता है ? इससे उसका पूर्णत्व किस तरह रह सकता है ? 'वह अकेला सूर्य ही प्रत्येक आँख में दृष्टि का कारण है, फिर भी उसे किसीकी आँख के दोष स्पर्श नहीं करते ।'[२] अगर किसी मनुष्य को 'पीलिया' रोग हो जाय, तो उसे प्रत्येक वस्तु पीली ही पीली नज़र आयेगी। उसकी दृष्टि का कारण सूर्य है, पर उसकी दृष्टि के पीलेपन का सूर्य पर कोई असर नहीं होता । इसी तरह यह अद्वितीय सत्ता प्राणिमात्र की आत्मा होने पर भी उनमें विद्यमान गुण-दोषों से छुई नहीं जा सकती । 'इस अशाश्वत जगत् में उस शाश्वत को जो जानता है, इस अचेतन संसार में उस चिन्मय प्रभु को जो पहचानता है, जो अनेकता में एकमेवाद्वितीय को समझता है और उसका अपनी आत्मा में दर्शन करता है, वही शाश्वत शान्ति का अधिकारी होता है, दूसरा कोई नहीं, दूसरा कोई नहीं । वहाँ न सूर्य प्रकाशित होता है, न चन्द्रमा; न तारे चमकते हैं और न बिजली ही लपकती है, फिर इस अग्नि की तो बात ही क्या ? उसीके प्रकाशित होने से प्रत्येक वस्तु प्रकाशित होती है । उसीके प्रकाश से प्रत्येक वस्तु प्रकाशमान है । जब हृदय को दुःख देनेवाली समस्त वासनाएँ नष्ट हो जाती हैं, तब मनुष्य अमर हो जाता है, और यहीं—जीवित रहते हुए ही—ब्रह्मपद प्राप्त कर लेता है । जब हृदय की समस्त ग्रंथियों का भेद हो जाता है, जब

---

१. वही ।।२।२।९।।

२. वही, ११

सभी संशयों का निरास हो जाता है, तभी यह मर्त्य अमर बन जाता है। यही मार्ग है। यह अध्ययन हम सभी का रक्षण करें। हम सब इस ज्ञान का एक साथ उपयोग करें। हम सबमें यह बल उत्पन्न करें। हम सब तेजस्वी और शक्तिशाली बनें और परस्पर विद्वेष न करें। ॐ शान्तिः शान्तिः शान्तिः।'[1]

वेदान्त दर्शन में तुमको यही विचारधारा मिलेगी। सर्वप्रथम हम देखते हैं कि वेदान्त के ये विचार संसार के अन्य सब दर्शनों से बिल्कुल निराले हैं। वेदों के प्राचीनतम विभागों में हम देखते हैं कि आत्मतत्व की खोज बाहर की गयी थी, जैसा कि हम अन्यान्य ग्रन्थों में पाते हैं। कुछ प्राचीनतम ग्रंथों में यह प्रश्न पूछा गया कि 'इस संसार के पहले क्या था? जब इस विश्व में न सत् था और न असत्, जब तम तम ही से ढका हुआ था, तब ये सब वस्तुएँ किसने बनायीं?'[2] और इस तरह खोज आरम्भ हो गयी। फिर, लोग देवदूत, देवता तथा इस तरह की अन्य बातें कहने लगे, और बाद में हम पाते हैं कि उन्होंने इस प्रकार के अन्वेषण को अपर्याप्त समझकर उसका तिरस्कार कर दिया। उन दिनों यह खोज बाहर ही थी, इसलिए वे लोग उससे कुछ फल न पा सके। लेकिन बाद में, जैसा कि वेदों में बतलाया है, उन्हें स्वयंभू आत्मा की प्राप्ति के लिए अन्तर्जगत् के अन्वेषण की ओर झुकना पड़ा। वेदों का यह एक मूलभूत सिद्धान्त है कि तारागण, नीहारिका, आकाश-गंगा तथा इस सम्पूर्ण बाह्य जगत् का विमर्ष करने से भी मनुष्य के हाथ कुछ नहीं लगता। इस परिशीलन से जन्म-मृत्यु की समस्या कभी नहीं सुलझती। इस अन्तःस्थित अद्भुत यंत्र का उन्हें विश्लेषण करना पड़ा और इस विश्लेषण से उन्हें विश्व के रहस्य का पता चल गया; न कि चाँद, सूरज आदि के विश्लेषण से। मानव का विश्लेषण करना पड़ा—उसके शरीर का नहीं, उसकी आत्मा का। और इस आत्मा में उन्हें अपने प्रश्न का उत्तर मिला। वह उत्तर क्या था? वह यह था कि इस शरीर से परे, इस मन से भी परे वह स्वयंभू आत्मा है। वह न तो मरती है और न जन्म लेती है। वह स्वयंभू आत्मा घट घट में भरी हुई है, क्योंकि उसका कोई आकार नहीं है। जिसका न आकार है, न रूप; जो न काल से मर्यादित है, न देश से, वह एक विशिष्ट मर्यादा में कभी नहीं रह सकती। और यह हो भी कैसे सकता है? वह सर्वत्र विद्यमान है, सर्वव्यापी है। प्रत्येक वस्तु में उसकी समान सत्ता है।

मनुष्य की आत्मा क्या है? एक मत यह है कि एक ईश्वर है और उसके अति-

---

१. वही ॥२।२।१३,१५; २।३।१४ १५, १६॥

२. नासदीयसूक्तम

रिक्त असंख्यात आत्माएँ हैं, जो उस ईश्वर से सत्त्व की दृष्टि से, रूप की दृष्टि से तथा अन्य सभी प्रकार से सर्वदा पृथक् हैं। यह मत तो हुआ द्वैतवाद। यह बहुत पुरानी असंस्कृत कल्पना है। दूसरा मत यह है कि यह जीव सत्-चित्-आनन्दस्वरूप अनन्त परमात्मा का अंश है। जिस तरह यह शरीर स्वयं एक छोटा सा जगत् है, उसके परे मन या विचार-शक्ति तथा उस मन के भी परे है जीवात्मा—उसी तरह यह सम्पूर्ण विश्व एक शरीर है, उसके पीछे समष्टि-मन है और समष्टि-मन के भी पीछे है परमात्मा। जिस तरह यह व्यष्टि-शरीर उस समष्टि-विश्व-शरीर का अंश है, उसी तरह यह मन उस समष्टि-मन का अंश है तथा यह जीवात्मा उस विश्वात्मा का अंश है। इसीका नाम है विशिष्टाद्वैत अर्थात् अंश-अंशीवाद। अब, हम जानते हैं कि विश्वात्मा अनन्त है। फिर अनन्त के अंश कैसे हो सकते हैं, उसके विभाग किस तरह किये जा सकते हैं? यह कहना काव्यमय भले ही मालूम हो कि मैं उस अनन्त का एक स्फुलिंग हूँ, परन्तु यह विचारशील मन को बिल्कुल अजीब मालूम होगा। अनन्त को विभाजित करने का अर्थ ही क्या है? क्या वह कोई भौतिक जड़ वस्तु है, जिसे तुम विभाजित अथवा खण्डित कर सकते हो? अनन्तत्व तो कभी विभक्त ही नहीं हो सकता। अगर यह सम्भव हो, तो फिर उसका अनन्तत्व ही निकल जाय। अतः निष्कर्ष क्या निकला? समाधान यह है कि वह विश्वात्मा तुम्हीं हो। तुम उसके अंश नहीं हो, वह सम्पूर्ण ही तुम हो, तुम्हीं स्वयं वह पूर्ण ब्रह्म हो। तो फिर यह नानात्मक विश्व क्या है? हम जो करोड़ों जीव देखते हैं, वे फिर क्या हैं? यदि सूर्य पानी के करोड़ों बुलबुलों पर चमके, तो हर एक बुलबुले में सूर्य की एक एक आकृति, एक सम्पूर्ण बिम्ब दिखायी देगा, लेकिन वे सब प्रतिबिम्ब मात्र हैं, सच्चा सूर्य केवल एक ही है। इसी तरह, हममें से प्रत्येक में यह जो आत्मा दिखायी सो देता है, वह उस परमेश्वर का केवल प्रतिबिम्ब है, इसके अतिरिक्त और कुछ नहीं। वास्तविक सत्ता, जो इन सबके पीछे है, एकमात्र परमेश्वर ही है। उसमें हम सब एक हैं। इस विश्व में आत्मा एक ही है। वह तुममें है और मुझमें है। वह केवल एक ही है। वही आत्मा इन विभिन्न शरीरों में विभिन्न जीवों के रूप में प्रतिबिम्बित हुई है। लेकिन इसका हमें ज्ञान नहीं। हम समझते हैं कि हम एक दूसरे से और उस परमात्मा से पृथक् हैं। और जब तक हम ऐसा सोचेंगे, तब तक संसार में दुःख और क्लेश बना रहेगा। यही एक बड़ा भ्रम है।

फिर दुःख का एक और दूसरा उद्गम है—वह है भय। एक मनुष्य दूसरे का अपकार क्यों करता है? इसलिए कि वह डरता है कि उसे यथेष्ट भोग नहीं मिलेंगे। मनुष्य को यह डर रहता है कि उसे काफ़ी पैसा न मिलेगा, इसलिए वह दूसरे

पर आघात करता है और उसे लूटता है। अगर यहाँ से वहाँ तक एक ही सत्ता का ज्ञान हो, तो फिर डर कहाँ से आ सकता है? अगर मेरे सिर पर वज्रपात हो जाय, तो वह वज्र भी तो मैं ही हूँ, क्योंकि विश्व में केवल मैं ही विद्यमान हूँ। अगर प्लेग आये, तो वह भी मैं ही हूँ और अगर शेर आये, तो वह भी मैं ही हूँ। अगर मृत्यु आये, तो वह भी मैं ही हूँ। मृत्यु और जीवन, दोनों ही मैं हूँ। जब हमें यह बोध होता है कि दुनिया में द्वैत है. तो डर पैदा हो जाता है। हमने हमेशा यह उपदेश सुना है कि 'एक दूसरे से प्यार करो।' यह सिद्धान्त खाली सिखला भर दिया गया था, लेकिन इसकी व्याख्या नहीं दी गयी। तो, इसकी व्याख्या क्या है? मुझे प्रत्येक व्यक्ति से क्यों प्यार करना चाहिए? इसलिए कि वह और मैं, दोनों एक ही हैं। मुझे अपने भाई से क्यों प्यार करना चाहिए? क्योंकि भाई और मैं, दोनों एक हैं। समस्त विश्व में यही एकता तथा अखण्ड एक-रसत्व विद्यमान है। दुनिया में रेंगते हुए छोटे से छोटे कीड़े से लेकर उन्नत से उन्नत जीव तक सब एक ही आत्मा हैं—यद्यपि उनके शरीर भिन्न भिन्न हैं। तुम्हीं सब मुखों से खा रहे हो, सब हाथों से काम कर रहे हो और सब आखों से देख रहे हो। तुम करोड़ों शरीरों में स्वास्थ्य का उपभोग करते हो और करोड़ों शरीरों में रोग भी भोगते हो। जब यह विचार उत्पन्न हो जाता है और जब हमें इसका प्रत्यक्ष अनुभव होता है, तो दुःख का अन्त हो जाता है और उसके साथ भय का भी। मैं कैसे मर सकता हूँ, मेरे सिवा तो कुछ है ही नहीं—इस विचार से जब भय का अन्त हो जाता है, तभी पूर्ण आनन्द और सच्चे प्रेम की प्राप्ति होती है। वह विश्वव्यापी प्रेम तथा सहानुभूति, वह असीम आनन्द, जिसमें कभी परिवर्तन नहीं होता, मनुष्य को सर्वोच्च पद प्राप्त करा देता है। उसकी कोई प्रतिक्रिया नहीं होती और न उसे कोई दुःख ही स्पर्श कर सकता है। परन्तु दुनिया के ये क्षणभंगुर भोग सदैव प्रतिक्रिया उत्पन्न करते रहते हैं। इस सब का कारण है द्वैतभाव अर्थात् यह भाव कि मैं दुनिया से अलग हूँ, मैं परमेश्वर से अलग हूँ। लेकिन ज्यों ही हमें यह अनुभूति होती है कि 'मैं वह हूँ, मैं ही विश्व की आत्मा हूँ, मैं आनन्दस्वरूप हूँ, मैं नित्य मुक्त हूँ' त्यों ही सच्चा प्रेम प्रकट हो जाता है, डर भाग जाता है और समस्त दुःख दूर हो जाते हैं।

लक्ष्य और उसकी प्राप्ति के उपाय

यदि सभी मनुष्य एक ही धर्म, उपासना की एक ही सार्वजनीन पद्धति और नैतिकता के एक ही आदर्श को स्वीकार कर लें, तो संसार के लिए यह बड़े ही दुर्भाग्य की बात होगी। इससे सभी धार्मिक और आध्यात्मिक उन्नति को प्राणान्तक आघात पहुँचेगा। अतः हमें चाहिए कि अच्छे या बुरे उपायों द्वारा दूसरों को अपने धर्म और सत्य के उच्चतम आदर्श पर लाने की चेष्टा करने के बदले, हम उनकी वे सब बाधाएँ हटा देने का प्रयत्न करें, जो उनके निजी धर्म के उच्चतम आदर्श के अनुसार विकास में रोड़े अटकाती हैं, और इस तरह उन लोगों की चेष्टाएँ विफल कर दें, जो एक सार्वजनीन धर्म की स्थापना का प्रयत्न करते हैं।

समस्त मानव जाति का, समस्त धर्मों का चरम लक्ष्य एक ही है, और वह है भगवान् से पुनर्मिलन, अथवा दूसरे शब्दों में उस ईश्वरीय स्वरूप की प्राप्ति, जो प्रत्येक मनुष्य का प्रकृत स्वभाव है। परन्तु यद्यपि लक्ष्य एक ही है, तो भी लोगों के विभिन्न स्वभावों के अनुसार उसकी प्राप्ति के साधन भिन्न भिन्न हो सकते हैं।

लक्ष्य और उसकी प्राप्ति के साधनों—इन दोनों को मिलाकर 'योग' कहा जाता है। 'योग' शब्द संस्कृत के उसी धातु से व्युत्पन्न हुआ है, जिससे अंग्रेज़ी शब्द 'योक' (yoke)—जिसका अर्थ है 'जोड़ना', अर्थात् अपने को उस परमात्मा से जोड़ना, जो कि हमारा प्रकृत स्वरूप है। इस प्रकार के योग अथवा मिलन के साधन कई हैं, पर उनमें मुख्य हैं कर्मयोग, भक्तियोग, राजयोग और ज्ञानयोग।

प्रत्येक मनुष्य का विकास उसके अपने स्वभावानुसार ही होना चाहिए। जिस प्रकार हर एक विज्ञानशास्त्र के अपने अलग अलग तरीक़े होते हैं, उसी प्रकार प्रत्येक धर्म में भी है। धर्म के चरम लक्ष्य की प्राप्ति के तरीक़ों या साधनों को हम योग कहते हैं। विभिन्न प्रकृतियों और स्वभावों के अनुसार योग के भी विभिन्न प्रकार हैं। उनके निम्नलिखित चार विभाग हैं—

१. कर्मयोग—इसके अनुसार मनुष्य कर्म और कर्तव्य के द्वारा अपने ईश्वरीय स्वरूप की अनुभूति करता है।

२. भक्तियोग—इसके अनुसार अपने ईश्वरीय स्वरूप की अनुभूति सगुण ईश्वर के प्रति भक्ति और प्रेम के द्वारा होती है।

३. राजयोग—इसके अनुसार मनुष्य अपने ईश्वरीय स्वरूप की अनुभूति मनःसंयम के द्वारा करता है।

४. ज्ञानयोग—इसके अनुसार अपने ईश्वरीय स्वरूप की अनुभूति ज्ञान के द्वारा होती है।

ये सब एक ही केन्द्र—भगवान्—की ओर ले जानेवाले विभिन्न मार्ग हैं। वास्तव में, धर्म-मतों की विभिन्नता लाभदायक है, क्योंकि मनुष्य को धार्मिक जीवन व्यतीत करने की प्रेरणा वे सभी देते हैं और इस कारण सभी अच्छे हैं। जितने ही अधिक सम्प्रदाय होते हैं, मनुष्य की भगवद्भावना को सफलतापूर्वक जाग्रत करने के उतने ही अधिक सुयोग मिलते हैं।

* * *

'ओक बीच क्रिश्चियन यूनिटी' (Oak Beach Christian Unity) के सामने सार्वभौम एकता पर भाषण देते हुए स्वामी विवेकानन्द ने कहा :

मूल में सभी धर्म समान हैं। सत्य तो यही है, यद्यपि ईसाई मत (Christian Church) आख्यायिका में वर्णित 'फ़ैरिसी' की तरह, ईश्वर को धन्यवाद देता है कि केवल उसीका धर्म सत्य है, और सोचता है कि अन्य सब धर्म असत्य हैं तथा उन्हें ईसाइयों से ज्ञान प्राप्त करने की आवश्यकता है। इससे पहले कि संसार ईसाई मत के साथ उदारतापूर्वक सहयोग करे, ईसाई मत को सहिष्णु होना पड़ेगा। ईश्वर प्रत्येक हृदय में साक्षी के रूप में विद्यमान है, और लोगों को, विशेषतः ईसा मसीह के अनुयायियों को, तो यह स्वीकार करना ही पड़ेगा। वास्तव में, ईसा मसीह तो प्रत्येक अच्छे मनुष्य को भगवान के परिवार में सम्मिलित कर लेना चाहते थे। मनुष्य किसी विशेष बात पर विश्वास करने से ही भला नहीं बन जाता, पर स्वर्गस्थित परम पिता की इच्छा की पूर्ति करने से भला बनता है। भला बनना और भला करना—इसी आधार पर संसार में एकता स्थापित हो सकती है।

धर्म की साधना–१

(अलामेडा, कैलिफ़ोर्निया, में १८ अप्रैल, १९०० ई० को दिया हुआ भाषण)

हम बहुत सी पुस्तकें, बहुत से धर्मशास्त्र पढ़ते हैं। हम अपने बचपन में विभिन्न विचार पाते हैं और उन्हें प्रायः जब-तब बदलते रहते हैं। हम जानते हैं कि सैद्धांतिक धर्म का अर्थ क्या है। हम समझते हैं कि हम व्यावहारिक धर्म का अर्थ जानते हैं। व्यावहारिक धर्म के विषय में अपने विचारों को अब तुम्हारे सामने रखूँगा।

हम अपने चारों ओर व्यावहारिक धर्म की जो बात सुनते हैं, उन सबका विश्लेषण करके हम पाते हैं कि उसका सार यह भाव माना जा सकता है—अपने साथी जीवों के प्रति प्रेम। क्या सम्पूर्ण धर्म यही है? हम इस देश में नित्य व्यावहारिक ईसाई धर्म के प्रसंग में सुनते हैं—अमुक मनुष्य ने अपने साथी जीवों के प्रति कुछ शुभ किया है। क्या यही सब कुछ है?

जीवन का उद्देश्य क्या है? क्या यह संसार जीवन का ध्येय है? इससे अधिक कुछ नहीं? क्या हमें केवल यही होना है, जो हम हैं, अधिक कुछ नहीं? क्या मनुष्य को एक ऐसी मशीन बनाना है, जो कहीं अटके बिना सफ़ाई से चलती रहे? आज जो सारी यातनाएँ उसे मिलती हैं, उतना ही उसे मिलना है, और क्या वह उससे अधिक और कुछ नहीं चाहता?...

बहुत से धर्मों का उच्चतम स्वप्न यह संसार है...मनुष्यों की अधिकांश संख्या उस समय के स्वप्न देख रही है, जब किसी प्रकार की बीमारी, रोग, दरिद्रता अथवा दुःख शेष न रहेगा। सारे समय चैन की बंशी ही बजती रहेगी। इसलिए व्यावहारिक धर्म का सीधा अर्थ होता है : 'सड़कें साफ़ करो! संसार को बढ़िया बनाओ!' हम देखते हैं कि सबको इसमें कितना आनन्द आता है।

क्या इन्द्रिय-सुख-भोग ही जीवन का ध्येय है? यदि ऐसा है, तो मनुष्य शरीर प्राप्त करना ही एक बड़ी भयंकर भूल है। क्या कोई मनुष्य भोजन करने में उतना मज़ा ले सकता है, जितना कुत्ता या बिल्ली? अजायबघर में जाओ और (जंगली पशुओं को) हड्डी पर से मांस नोचते हुए देखो। पीछे लौटो और पक्षी

बन जाओ !···तब मनुष्य बनने में बड़ी भूल है ! मेरे ये वर्ष—सैकड़ों वर्ष—जिनमें मैंने केवल इन्द्रियलोलुप मनुष्य बनने के लिए संघर्ष किया है, व्यर्थ गये हैं।

इसलिए, व्यावहारिक धर्म के साधारण सिद्धांत पर ध्यान दो, वह हमें कहाँ ले जाता है। प्रेम महान् है, पर जिस समय तुम कहते हो कि वह सब कुछ है, उस समय तुम भौतिकवाद की ओर सरकने के ख़तरे में पड़ जाते हो। यह धर्म नहीं है। यह नास्तिकता से बुरा नहीं है, उससे ज़रा कम ही सही।··· तुम ईसाइयों, क्या तुमने बाइबिल में अपने साथी जीवों के लिए काम करने,··· अस्पताल बनाने के अतिरिक्त और कुछ नहीं पाया है ?···यह एक दूकानदार है, जो कहता है कि ईसा ने दूकान कैसे चलायी होती ! ईसा ने न सैलून चलाया होता, न दूकान, न उन्होंने किसी पत्र का सम्पादन किया होता। इस प्रकार का व्यावहारिक धर्म अच्छा है, बुरा नहीं; पर यह धर्म 'शिशुशाला' वाला धर्म है। यह हमें कहीं नहीं पहुँचाता।···यदि तुम ईश्वर में विश्वास करते हो, यदि तुम ईसाई हो और नित्य जपते हो, "तेरी इच्छा पूर्ण हो", तो तनिक सोचो कि इसका अर्थ क्या होता है! तुम प्रत्येक क्षण कहते हो, "तेरी इच्छा पूर्ण हो," पर तुम्हारा वास्तविक मन्तव्य होता है, "हे ईश्वर, मेरी इच्छा तेरे द्वारा पूर्ण हो।" असीम भगवान् अपनी योजना के अनुसार कार्य कर रहा है। उसने भी ग़लतियाँ की हैं, और तुम तथा मैं उसकी ग़लतियों को सुधारने जा रहे हैं ! ब्रह्मांड के विधाता को बढ़ई शिक्षा देंगे ! उसने संसार को गन्दा छोड़ दिया है, और तुम उसे एक सुन्दर स्थल बनाने जा रहे हो !

इस सबका उद्देश्य क्या है ? क्या कभी इन्द्रियाँ लक्ष्य हो सकती हैं ? क्या कभी सुखोपभोग इसका लक्ष्य हो सकता है ? क्या कभी यह जीवन आत्मा का लक्ष्य हो सकता है ? यदि ऐसा है, तो इसी क्षण मर जाना अच्छा है; इस जीवन का मोह त्यागो ! यदि मनुष्य का भाग्य यही है कि वह केवल एक पूर्ण मशीन बनने जा रहा है, तो इसका अर्थ बस यह होगा कि हम वृक्ष, और पत्थर तथा इसी प्रकार की अन्य वस्तुएँ बनने के लिए पीछे लौटें। क्या तुमने कभी गाय को झूठ बोलते सुना है, अथवा वृक्ष को चोरी करते देखा है ? वे पूर्ण मशीनें हैं। वे भूल नहीं करते। वे ऐसे संसार में रहते हैं, जहाँ सब कुछ पूर्ण है।···

यदि यह व्यावहारिक (धर्म) नहीं हो सकता—और यह निश्चय ही नहीं हो सकता—तो धर्म का आदर्श क्या है ? हम यहाँ किसलिए आये हैं ? हम यहाँ मुक्ति के लिए, ज्ञान के लिए आये हैं। हम अपने को मुक्त करने के लिए ज्ञान प्राप्त करना चाहते हैं। हमारा जीवन है मुक्ति के लिए एक विश्वव्याप्त चीत्कार। क्या कारण है कि पौधा बीज से उगता है, धरती को चीरता है और अपने को

आकाश में उठाता है ? सूर्य पृथ्वी को क्या भेंट देता है ? तुम्हारा जीवन क्या है ? मुक्ति के लिए वही संघर्ष। प्रकृति चारों ओर हमें दमित करने का प्रयत्न कर रही है और आत्मा अपने को अभिव्यक्त करना चाहती है। प्रकृति के साथ संघर्ष चल रहा है। मुक्ति के लिए इस संघर्ष में बहुत सी वस्तुएँ कुचल जायँगी और टूट जायँगी। यही तुम्हारा वास्तविक दुःख है। युद्धक्षेत्र में बहुत सी धूल और गर्द उठेगी। प्रकृति कहती है, "मैं विजयी होऊँगी।" आत्मा कहती है, "विजयी मुझे होना है।" प्रकृति कहती है, "ठहरो ! मैं तुम्हें चुप रखने के लिए थोड़ा सुखभोग दूंगी।" आत्मा को थोड़ा मज़ा आता है, क्षण भर के लिए वह धोखे में पड़ जाती है, पर दूसरे ही क्षण वह फिर (मुक्ति के लिए चीत्कार कर उठती है)। क्या तुमने युगों से प्रत्येक हृदय में उठते इस अविराम चीत्कार की ओर ध्यान दिया है ? हम दरिद्रता से धोखा खाते हैं। हम धनवान बनते हैं और धन से धोखा खाते हैं। हम अज्ञानी हैं। हम पढ़ते और जानते हैं, और ज्ञान से धोखा खाते हैं। कोई मनुष्य कभी सन्तुष्ट नहीं होता। यही दुःख का कारण है, पर यही सब सुखों का कारण भी है। यह एक विश्वसनीय संकेत है। तुम इस संसार से किस प्रकार संतुष्ट हो सकते हो ?... यदि कल यह संसार स्वर्ग हो जाय, तो हम कहेंगे, "इसे दूर करो। हमें कुछ और दो।"

अनन्त मानवात्मा स्वयं अनन्त के अतिरिक्त और किसी वस्तु से कभी संतुष्ट नहीं हो सकती।.... अनन्त इच्छा केवल अनन्त ज्ञान से संतुष्ट हो सकती है— उससे कम से नहीं। संसार आयेंगे और चले जायँगे। उससे क्या ? आत्मा रहती है और सदा विस्तार को प्राप्त होती है। संसारों को आत्मा में आना होगा। संसारों को आत्मा में, समुद्र में बूँद की भाँति विलीन हो जाना होगा। और ऐसा यह संसार जीवात्मा का लक्ष्य बने ! यदि हममें सामान्य बुद्धि हो, तो हम इससे संतुष्ट नहीं हो सकते, यद्यपि संतोष सभी युगों में कवियों का विषय रहा है, वे सदा हमें सन्तुष्ट रहने को कहते रहे हैं। पर अभी तक कोई मनुष्य संतुष्ट नहीं हुआ है ! करोड़ों पैग़म्बरों ने हमसे कहा है, "अपने भाग्य से संतुष्ट रहो"; कवि यही गाते हैं। हमने भी अपने से शांत और संतुष्ट रहने के लिए कहा है, फिर भी हम संतुष्ट नहीं हैं। यह अनादि की योजना है कि इस संसार में, ऊपर स्वर्ग में, नीचे पाताल में ऐसा कुछ नहीं है, जिससे मेरी आत्मा को संतोष प्राप्त हो। मेरी आत्मा की भूख के सामने ये तारे और ये संसार, ऊपर और नीचे के, समस्त ब्रह्मांड, एक घृणास्पद व्याधि मात्र हैं, उसके अतिरिक्त और कुछ नहीं। असली अर्थ यह है। यदि अर्थ यह नहीं है, तो प्रत्येक वस्तु एक बुराई है। यदि अर्थ यह नहीं है, तो प्रत्येक इच्छा, जब तक तुम उसके वास्तविक महत्त्व को, इसके लक्ष्य

को नहीं समझते, बुराई है। सम्पूर्ण प्रकृति अपने समस्त परमाणुओं के द्वारा एक वस्तु के लिए चीत्कार कर रही है : और वह है, उसकी पूर्ण मुक्ति।

तब, व्यावहारिक धर्म क्या है ? उस अवस्था—मुक्ति तक पहुँचना, मुक्ति को प्राप्त करना। और यह संसार, यदि यह हमें उस लक्ष्य की प्राप्ति में सहायता देता है तो, ठीक है; यदि नहीं—यदि यह पहले से उपस्थित बंधनों की हज़ारों तहों के ऊपर एक नयी तह चढ़ाने लगता है, तो यह हानिकारी हो जाता है। सम्पत्ति, विद्या, सौन्दर्य, इनके अतिरिक्त और सभी कुछ--जब तक हमें इस लक्ष्य की ओर बढ़ने में सहायता देते हैं, तब तक उनका व्यावहारिक मूल्य है। पर जब वे हमें मुक्ति के इस लक्ष्य को प्राप्त करने में सहायता देना बंद कर देते हैं, तो निश्चित रूप से खतरनाक बन जाते हैं। तब, व्यावहारिक धर्म क्या है ? इस लोक और परलोक की, सब वस्तुओं को एक लक्ष्य—मुक्ति—की प्राप्ति के लिए प्रयोग करो। प्रत्येक सुख-भोग, आमोद की एक एक रत्ती का मूल्य अनन्त हृदय और मस्तिष्क के सम्मिलित व्यय द्वारा चुकाया जाता है।

इस संसार में शुभ और अशुभ की समष्टि को देखो। क्या वह बदला ? युग बीते हैं और व्यावहारिक धर्म युगों से कार्य करता रहा है। संसार ने सोचा कि प्रत्येक बार इस समस्या का समाधान हो जायगा ..पर समस्या सदा वैसी ही रही है। बहुत हुआ, तो उसका रूप बदल गया ...वह बीस हज़ार दूकानों के लिए यक्ष्मा और स्नायुरोगों को बेचती है... वह पुरानी गठिया के समान है : उसे एक स्थान से भगाओ, तो दूसरी जगह उभर आती है। सौ वर्ष पहले मनुष्य पैदल चलता था अथवा घोड़े खरीदता था। अब वह सुखी है, क्योंकि रेल की सवारी करता है; पर वह दुःखी है, क्योंकि उसे अधिक काम करना पड़ता है और अधिक कमाना पड़ता है। ऐसी प्रत्येक मशीन, जो परिश्रम बचाती है, अधिक परिश्रम करवाती है।

यह विश्व, प्रकृति, अथवा इसे तुम जो कुछ भी कहो, सीमित होना चाहिए; यह असीम नहीं हो सकता। परम ब्रह्म, निरपेक्ष को प्रकृति बनने के लिए देश-काल-निमित्त से सीमित होना पड़ेगा। (हमारे पास) ऊर्जा सीमित है। यदि तुम उसे एक स्थान पर व्यय करते हो, तो दूसरे स्थान पर उसका अभाव होगा। सम्पूर्ण योग सदा वही रहता है। जब तरंग एक स्थान पर उठती है, तो दूसरे स्थान पर गर्त पड़ जाता है। यदि एक राष्ट्र धनवान बनता है, तो दूसरे कंगाल हो जाते हैं। शुभ अशुभ को संतुलित करता है। जो मनुष्य इस क्षण तरंग के शिखर पर है, वह सोचता है कि सब भला है; और गर्त के तले में स्थित व्यक्ति कहता है कि संसार है (सब अशुभ)। किंतु अलग खड़ा होनेवाला व्यक्ति इस दिव्य लीला को

देखता रहता है। कुछ रोते हैं और दूसरे हँसते हैं। अपनी बारी आने पर ये रोयेंगे और दूसरे हँसेंगे। हम कर क्या सकते हैं ? हम जानते हैं कि हम कुछ नहीं कर सकते।...

हममें से कितने लोग शुभ करने के उद्देश्य से काम करते हैं ? कितने कम ! वे अँगुलियों पर गिने जा सकते हैं। हममें से शेष भी शुभ करते हैं, पर इसलिए कि उन्हें करना पड़ता है।....हम रुक नहीं सकते। एक स्थान से दूसरे स्थान में धक्के खाते हम आगे बढ़ते हैं। हम विवश हैं। संसार सदा वही रहेगा, पृथ्वी सदा वही रहेगी। वह नीली से कत्थई होगी और कत्थई से नीली। एक भाषा दूसरी में बदल जाती है, एक प्रकार की बुराइयाँ दूसरे प्रकार की बुराइयों में परिवर्तित हो जाती हैं—यही है, जो हो रहा है। एक उसे छः कहता है, दूसरा आधा दर्जन। अमेरिकी आदिवासी वन में आध्यात्मिकता के ऊपर उस प्रकार भाषण नहीं सुन सकता, जिस प्रकार तुम सुनते हो, पर वह अपना भोजन पचा सकता है। तुम उसके टुकड़े कर देते हो, और वह दूसरे क्षण चंगा हो जाता है। किन्तु यदि हमारे खरोंच भी लग जाती है, तो तुमको और हमें छः महीने के लिए अस्पताल जाना पड़ता है।

प्राणी जितना निम्न श्रेणी का होता है, उसका इन्द्रिय-सुख उतना ही अधिक होता है। निम्नतम प्राणियों पर और स्पर्श की शक्ति पर विचार करो। वहाँ सब कुछ स्पर्श है।...पर जब तुम मनुष्य तक पहुँचते हो, तो तुम पाते हो कि सभ्यता जितनी नीची होती है, इन्द्रियों की शक्ति उतनी अधिक होती है।...जीव जितना ऊँचा होता है, इन्द्रिय-सुख का आकर्षण उतना ही कम होता है। कुत्ता भोजन खा सकता है, पर तत्त्वदर्शन पर विचार करने के अद्भुत आनन्द को नहीं समझ सकता। तुम बुद्धि द्वारा जिस अनूठे आनन्द को प्राप्त करते हो, वह उससे वंचित रहता है। इन्द्रिय-सुख बड़ी वस्तु है। पर उससे भी बड़ी वस्तु वह सुख है, जो बुद्धि से प्राप्त होता है। जब तुम पेरिस में पचास व्यंजनों का बढ़िया खाना खाते हो, तो उसमें निश्चय ही मज़ा आता है। पर वेधशाला में, नक्षत्रों को ताकना,... सौर जगत् को आते और विकसित होते हुए देखना—ज़रा सोचो तो! यह उससे भी बड़ा आनन्द होना चाहिए, क्योंकि मैं जानता हूँ कि तब तुम भोजन को बिल्कुल भूल जाते हो। इस आनन्द को उस सुख से बड़ा होना चाहिए, जिसे तुम सांसारिक वस्तुओं से प्राप्त करते हो। तुम पत्नियों, बच्चों, पतियों और सभी कुछ के विषय में सब कुछ भूल जाते हो; तुम इन्द्रिय-स्तर के विषय में सब भूल जाते हो। यह बौद्धिक आनन्द है। यह सामान्य समझ की बात है कि इसे इन्द्रियों के सुख से ऊँचा होना चाहिए। तुम सदा ऊँचे आनन्द के लिए निम्न सुख को त्याग देते हो। यह है व्यावहारिक धर्म—मुक्ति की प्राप्ति, त्याग। त्यागो !

निम्न को त्यागो, जिससे कि तुमको उच्च प्राप्त हो सके। समाज का आधार क्या है ? नैतिकता, सदाचार, नियम। त्यागो! अपने पड़ोसी की सम्पत्ति हथियाने की, अपने पड़ोसी पर चढ़ बैठने की सारी लालसा को, दुर्बलों को यातना देने के सारे सुख को, झूठ बोलकर दूसरों को ठगाने के सारे सुखों को त्यागो। क्या नैतिकता समाज का आधार नहीं है ? विवाह व्यभिचार-त्याग के अतिरिक्त और क्या है ? बर्बर विवाह नहीं करते। मनुष्य विवाह करता है, क्योंकि वह त्यागता है। यह क्रम इसी प्रकार चलता जाता है। त्यागो! त्यागो! बलि दो! छोड़ दो! शून्य के लिए नहीं। न कुछ के लिए नहीं। वरन् ऊँचा उठने के लिए। पर यह कौन कर सकता है? तुम यह उस समय तक नहीं कर सकते, जब तक कि तुम ऊँचे नहीं उठ जाते। तुम बातें कर सकते हो। तुम संघर्ष कर सकते हो। तुम बहुत सी बातें करने का प्रयत्न कर सकते हो। पर जब तुम ऊँचे उठ जाते हो, तो वैराग्य स्वयं आ जाता है। तब न्यूनतर स्वयं ही छूट जाता है।

यह व्यावहारिक धर्म है। नहीं तो और क्या? क्या सड़कें साफ़ करना और अस्पताल बनाना? उनका मूल्य भी इसी त्याग के कारण है। और त्याग की कोई सीमा नहीं है। कठिनाई यह है कि लोग उसे सीमाबद्ध करना चाहते हैं—यहाँ तक, पर इससे आगे नहीं। वास्तव में इस त्याग की सीमा कहीं नहीं है।

जहाँ ईश्वर है, वहाँ दूसरा नहीं है। जहाँ संसार है, वहाँ ईश्वर नहीं है। ये दोनों कभी एक नहीं हो सकते। प्रकाश और अंधकार (की भाँति)। मैंने ईसाई धर्म और उसके उपदेष्टा के जीवन से यही समझा है। क्या यह बुद्ध मत नहीं है? क्या यह हिन्दू मत नहीं है? क्या यह इस्लाम मत नहीं है? क्या यह सब महान् संतों और गुरुओं की शिक्षा नहीं है? वह संसार क्या है, जिसे हमें छोड़ना है? वह यही है। मैं उसे अपने साथ लिये फिर रहा हूँ। स्वयं मेरा शरीर। मैं केवल इस शरीर के कारण ही जान-बूझकर अपने साथी मनुष्य पर हाथ डालता हूँ, केवल इसे अच्छा रखने के लिए, तनिक सुख देने के लिए; (केवल इस शरीर के कारण ही) मैं दूसरों को हानि पहुँचाता हूँ और ग़लतियाँ करता हूँ।...

महान् पुरुषों की मृत्यु हुई है। दुर्बलों की मृत्यु हुई है। देवताओं की मृत्यु हुई है। मृत्यु—सब ओर मृत्यु। यह संसार अनन्त अतीत का क़ब्रिस्तान है, फिर भी हम इस (शरीर) से चिपटे रहते हैं: "मैं कभी मरनेवाला नहीं हूँ।" हम निश्चित रूप से जानते हैं (कि शरीर को मरना होगा) और फिर भी इससे चिपटे हुए हैं। पर उसमें भी एक अर्थ है (क्योंकि एक अर्थ में हम नहीं मरते)। ग़लती यह है कि हम शरीर से चिपटते हैं, जब कि जो आत्मा है, वह वास्तव में अमर है।

तुम सब भौतिकवादी हो, क्योंकि तुम विश्वास करते हो कि तुम शरीर हो। यदि कोई मनुष्य मुझे घूँसा मारता है, तो मैं कहूँगा कि मुझे घूँसा लगा है। यदि वह मुझे पीटता है, तो मैं कहूँगा कि मैं पिटा हूँ। यदि मैं शरीर नहीं हूँ, तो ऐसा क्यों कहता हूँ? यदि मैं कहूँ कि मैं आत्मा हूँ, तो इससे कोई अंतर नहीं पड़ता। मैं इस समय शरीर हूँ। मैंने अपने को जड़ पदार्थ में परिवर्तित कर लिया है। इसीलिए मुझे शरीर को त्यागना है, जिससे मैं उसमें लौट जा सकूँ, जो मैं वास्तव में हूँ। मैं आत्मा हूँ, वह आत्मा हूँ, जिसे कोई शस्त्र छेद नहीं सकता, कोई तलवार काट नहीं सकती, कोई आग जला नहीं सकती, कोई हवा सुखा नहीं सकती।[1] अजन्मा और अविरचित, अनादि और अनन्त, अमर, नित्य और सर्वव्यापी—यह है वह, जो मैं हूँ; और सब दुःख आता है, केवल इसलिए कि मैं इस मिट्टी के छोटे से टुकड़े को समझता हूँ कि यह मैं हूँ। मैंने अपने को जड़ पदार्थ से अभिन्न समझ लिया है और उसके सब फल भोग रहा हूँ।

व्यावहारिक धर्म यह है कि मैं अपने को अपनी आत्मा के रूप में पहचानूँ। इस पहचान में होनेवाली भूल को समाप्त करो! तुम इसमें कितने आगे बढ़े हो? तुम दो हज़ार अस्पताल भले ही बनवा सको, पचास हज़ार भले ही बनवा सको, पर उससे क्या, यदि तुमने यह अनुभूति नहीं प्राप्त की है कि तुम आत्मा हो? तुम कुत्ते की मौत मरते हो, उसी भावना से, जिससे कुत्ता मरता है। कुत्ता चीखता है और रोता है, इसलिए कि वह समझता है कि वह जड़ तत्त्व मात्र है और विलीन होने जा रहा है।

मृत्यु है, तुम जानते हो, अटल मृत्यु, पानी में, हवा में, महल में, क़ैदखाने में—मृत्यु सर्वत्र है। तुमको निर्भय क्या बनाता है? जब तुम यह अनुभव कर लेते हो कि तुम हो वह अनन्त, आत्मा—अमर और अजन्मा। उसे कोई आग जला नहीं सकती, कोई आयुध मार नहीं सकता, कोई विष हानि नहीं पहुँचा सकता। यह कोरा सिद्धान्त नहीं है। पुस्तक-पाठ नहीं···(तोतारटन्त नहीं)। मेरे वृद्ध गुरु कहा करते थे, "तोते को सदा राम, राम, राम कहना सिखाना बहुत अच्छा है; पर बिल्ली को आने दो और उसकी गर्दन दबोचने दो; तब वह उसके विषय में सब भूल जाता है।" तुम सदा प्रार्थना कर सकते हो, संसार के सब धर्मशास्त्र पढ़ सकते हो और जितने देवता हैं, सबकी पूजा कर सकते हो, (पर) जब तक तुम आत्मा का अनुभव नहीं करते, मुक्ति नहीं है। बात नहीं, सैद्धांतीकरण नहीं, तर्क नहीं, वरन् अनुभव। मैं इसे व्यावहारिक धर्म कहता हूँ।

---

१. गीता॥२।२३॥

आत्मा के विषय में यह सत्य पहले सुना जाता है। यदि तुमने इसे सुन लिया है, तो इस पर विचार करो। एक बार वह कर लिया है, तो इस पर ध्यान करो। व्यर्थ, निरर्थक तर्क मत करो! एक बार अपने को संतुष्ट कर लो कि तुम अनन्त आत्मा हो। यदि यह सत्य है, तो यह कहना मूर्खता है कि तुम शरीर हो, तुम आत्मा हो और उसकी अनुभूति प्राप्त की जानी चाहिए। आत्मा अपने को आत्मा के रूप में देखे। अभी आत्मा अपने को शरीर के रूप में देख रही है। इसका अंत होना चाहिए। जिस क्षण तुम यह अनुभव करने लगोगे, तुम मुक्त हो जाओगे।

तुम इस काँच को देखते हो, और तुम जानते हो कि यह केवल भ्रम है। कुछ वैज्ञानिक तुमको बताते हैं कि यह प्रकाश और कम्पन है। आत्मा को देखना इससे अनन्त गुना अधिक यथार्थ होना चाहिए, एकमात्र सत्य अवस्था, एकमात्र सत्य अनुभव, एकमात्र सत्य दर्शन होना चाहिए। ये सब वस्तुएँ (जो तुम देखते हो) स्वप्न मात्र हैं। तुम अब यह जानते हो। अकेले पुरातन विज्ञानवादी ही नहीं, आधुनिक भौतिकशास्त्री भी अब तुमको बताते हैं कि वहाँ प्रकाश है। कंपन की तनिक सी अधिकता से महान् अंतर पड़ जाता है।...

तुमको ईश्वर का दर्शन करना चाहिए। आत्मा की अनुभूति करनी चाहिए, और यही व्यावहारिक धर्म है। जिसका उपदेश ईसा ने दिया था, उसे तुम व्यावहारिक धर्म नहीं कहते: "दरिद्र आत्मा के धनी हैं, क्योंकि स्वर्ग का राज्य उनका है।" क्या यह मज़ाक था? तुम किस व्यावहारिक धर्म की बात सोच रहे हो? भगवान् हमारी सहायता करें! "जो हृदय से पवित्र हैं, वे धन्य हैं, क्योंकि उन्हें ईश्वर का दर्शन प्राप्त होगा", क्या इसका अर्थ सड़क साफ़ करना, अस्पताल बनाना और वह सब है? ये कार्य अच्छे हैं, जब तुम उन्हें शुद्ध मन से करते हो। मनुष्य को बीस डॉलर मत दो और सैन फ़ान्सिस्को के सब पत्रों को अपना नाम देखने के लिए मत ख़रीदो! क्या तुम स्वयं अपनी पुस्तकों में यह नहीं पढ़ते कि कोई मनुष्य तुम्हारी सहायता नहीं करेगा? दरिद्र, दुःखी, दुर्बल की सेवा उनमें स्थित स्वयं भगवान् की पूजा के रूप में करो। ऐसा किये जाने के बाद फल का महत्त्व विशेष नहीं है। ऐसा काम, बिना किसी प्राप्ति की इच्छा से किया हुआ, आत्मा को लाभ पहुँचाता है। और स्वर्ग का राज्य भी ऐसों का ही है।

स्वर्ग का राज्य हमारे भीतर है। ईश्वर वहाँ है। वह सब आत्माओं की आत्मा है। उसे अपनी आत्मा में देखो। यह व्यावहारिक धर्म है। यही मुक्ति है। हम एक दूसरे से पूछें कि हमने इसमें कितनी प्रगति की है। हम शरीर के कितने उपासक हैं; अथवा ईश्वर में, आत्मा में कितने सच्चे विश्वासी हैं; हम अपने को कहाँ तक आत्मा समझते हैं? यह निःस्वार्थ है। यह मुक्ति है। यह सच्ची

उपासना है। आत्मानुभूति प्राप्त करो। बस, केवल यही करणीय है। अपने को जानो, जो तुम हो—अनन्त आत्मा। यह व्यावहारिक धर्म है। शेष सब अव्यावहारिक है, इसलिए कि वह नाशवान है। केवल वही अनश्वर है। वही नित्य है। अस्पताल ढह पड़ेंगे। रेल के दाता सब मर जायँगे। पृथ्वी के चिथड़े उड़ जायँगे, सूर्यों का सफ़ाया हो जायगा। आत्मा का ही अस्तित्व सदा रहेगा।

अधिक ऊँचा क्या है, उन वस्तुओं के पीछे दौड़ना जो नाशवान हैं अथवा... उसकी पूजा करना, जिसमें कभी परिवर्तन नहीं होता? क्या अधिक व्यावहारिक है, वस्तुओं को प्राप्त करने में जीवन की सारी शक्तियों का व्यय करना, जिनको प्राप्त करने से पहले ही मृत्यु आ जाती है, और तुमको उन सबको छोड़ देना होता है?—उस महान् (राजा) की भाँति, जिसने सब जीत लिया था। जब मौत आयी, तो उसने कहा, "सब वस्तुओं के कलसों को मेरे सामने फैलाओ।" उसने कहा, "उस बड़े हीरे को मुझे दो।" और उसने उसे अपनी छाती पर रखा और रो पड़ा। इस प्रकार वह रोते हुए मरा, वैसे ही, जैसे कुत्ता मरता है।

मनुष्य कहता है, "मैं जीता हूँ।" वह यह नहीं जानता कि यह मृत्यु (की भीति) के कारण ही वह जीवन से दासवत् चिपका रहता है। वह कहता है, "मैं भोग करता हूँ।" उसे स्वप्न में भी यह विचार नहीं आता कि प्रकृति ने उसे अपना दास बना रखा है।

प्रकृति हम सबको पीसती है। जितने तोले सुख तुमको मिले, उसका हिसाब रखो। अंततः प्रकृति ने अपना कार्य तुम्हारे द्वारा सम्पन्न किया, और जब तुम मर जाओगे, तो तुम्हारा शरीर दूसरे पौधों को उगाने में सहायता करेगा। फिर भी हम सदा यही सोचते हैं कि सुख स्वयं हमें मिल रहा है। इस प्रकार यह चक्र चलता रहता है।

इसलिए आत्मा की अनुभूति आत्मा के रूप में करना व्यावहारिक धर्म है। अन्य सब बातें वहीं तक ठीक हैं, जहाँ तक वे इस महान् लक्ष्य की ओर ले जाती हैं। इस (अनुभूति) की प्राप्ति की जाती है त्याग से, ध्यान से—सब इन्द्रिय-सुखों के त्याग से, उन ग्रंथियों और शृंखलाओं को काटकर, जो हमें भौतिकता से बाँधती हैं। 'मैं भौतिक जीवन नहीं चाहता, इन्द्रिय-जीवन नहीं चाहता, वरन् कुछ ऊँची वस्तु चाहता हूँ।' यह त्याग है। तो, ध्यान की शक्ति से उस अनिष्ट का निराकरण करो, जो हो चुका है।

हम प्रकृति के इशारों पर नाचते हैं। यदि बाहर आवाज़ होती है, तो मुझे वह सुननी पड़ती है। यदि कुछ हो रहा है, तो मुझे वह देखना पड़ता है। बन्दरों की भाँति। हममें से प्रत्येक दो हज़ार बन्दर है, एक ही स्थान में पुंजीभूत। बन्दर

बहुत जिज्ञासाप्रिय होते हैं। तो, हम अपने ऊपर वश नहीं रख सकते और इसे 'मज़ा लेना' कहते हैं। यह अनूठी भाषा है! हम संसार का मज़ा ले रहे हैं! हम मज़ा लेने के लिए विवश हैं। प्रकृति चाहती है कि हम यह करें। एक सुहावना स्वर : मैं उसे सुन रहा हूँ। मानो कि यह मेरी इच्छा पर है कि मैं उसे सुनूँ या न सुनूँ। प्रकृति कहती है, "दुःख के गर्त में जाओ।" मैं एक क्षण में दुःखी हो जाता हूँ।...हम (इन्द्रियों के) सुख और सम्पत्ति की बात करते हैं। एक मनुष्य मुझे बड़ा विद्वान् समझता है। दूसरा सोचता है, "वह मूर्ख है।" यह पतन, यह दासता, बिना कुछ जाने हुए! इस अँधेरे कमरे में हम एक दूसरे से अपने सिर टकरा रहे हैं।...

ध्यान क्या है? ध्यान वह बल है, जो हमें इस सब का सामना करने का सामर्थ्य देता है। प्रकृति हमसे कह सकती है, "देखो, वहाँ एक सुन्दर वस्तु है।" मैं नहीं देखता। अब वह कहती है, "यह गंध सुहावनी है, इसे सूँघो।" मैं अपनी नाक से कहता हूँ, "इसे मत सूँघ।" और नाक नहीं सूँघती। "आँखो, देखो मत!" प्रकृति एक भयंकर बात करती है—मेरे एक बच्चे को मार डालती है, और कहती है, "अब, बदमाश, बैठ और रो! गर्त में गिर!" मैं कहता हूँ, "मुझे न रोना है, न गिरना है।" मैं उछल पड़ता हूँ। मुझे मुक्त होना चाहिए। कभी इसे करके देखो...(ध्यान में), एक क्षण के लिए, तुम इस प्रकृति को बदल सकते हो। अब, यदि तुममें यह शक्ति आ जाती है, तो क्या वह स्वर्ग, मुक्ति नहीं होगी? यह ध्यान की शक्ति है।

इसे कैसे प्राप्त किया जाय? दर्जनों विभिन्न रीतियों से। प्रत्येक प्रकृति का अपना मार्ग है। पर सामान्य सिद्धान्त यह है : मन को पकड़ो। मन एक झील के समान है, और उसमें गिरनेवाला हर पत्थर तरंगें उठाता है। ये तरंगें हमें देखने नहीं देती कि हम क्या हैं। झील के पानी में पूर्ण चन्द्रमा का प्रतिबिम्ब है, पर उसकी सतह इतनी आन्दोलित है कि वह प्रतिबिम्ब हमें दिखायी नहीं देता। उसे शान्त होने दो। प्रकृति की तरंगें मत उठाने दो। शांत रहो, और तब कुछ समय बाद वह तुम्हें छोड़ देगी। तब हम जान सकेंगे कि हम क्या हैं। ईश्वर वहाँ पहले से है, पर मन बहुत चंचल है, सदा इन्द्रियों के पीछे दौड़ता रहता है। तुम इन्द्रियों को रोकते हो और (फिर भी) बार बार भ्रमित होते हो। अभी, इस क्षण मैं सोचता हूँ कि मैं ठीक हूँ और मैं ईश्वर में ध्यान लगाऊँगा और तब एक मिनट में मेरा मन लंदन पहुँच जाता है। और मैं उसे वहाँ से खींच लेता हूँ, तो वह न्यूयार्क चला जाता है, उन बातों के बारे में सोचने के लिए, जो मैंने अतीत में वहाँ की हैं। इन (तरंगों) को ध्यान की शक्ति से रोकना है।

हमें धीरे धीरे, क्रम से, अपने को प्रशिक्षित करना है। यह मज़ाक़ नहीं है—यह प्रश्न एक दिन का, या वर्षों का, और हो सकता है कि, जन्मों का नहीं है। चिंता मत करो! अभ्यास जारी रहना चाहिए! इच्छापूर्वक, जान-बूझकर, अभ्यास जारी रखना चाहिए। इंच इंच करके हम आगे बढ़ेंगे। हम उस वास्तविक सम्पत्ति को अनुभव करने लगेंगे, प्राप्त करने लगेंगे, जिसे हमसे कोई नहीं ले सकता—वह सम्पत्ति, जिसे कोई मनुष्य नहीं छीन सकता, वह सम्पत्ति, जिसे कोई नष्ट नहीं कर सकता, वह आनन्द, जिसे अब कोई दुःख छू नहीं सकता। ...

इतने सारे वर्ष हम दूसरों पर आश्रित रहे हैं।... यदि मुझे किसीसे कुछ आनन्द मिला है और वह व्यक्ति चला जाता है, तो मेरा आनन्द चला जाता है।... मनुष्य की मूर्खता देखो, वह अपने सुख के लिए मनुष्य पर निर्भर होता है! सभी वियोग दुःखद होते हैं। स्वाभाविक है। सुख के लिए धन पर निर्भरता? धन घटता-बढ़ता रहता है। केवल अपरिवर्तनीय आत्मा के अतिरिक्त स्वास्थ्य या किसी अन्य वस्तु पर निर्भर होने से आज या कल दुःख अवश्य आयेगा।

असीम आत्मा के अतिरिक्त शेष सब कुछ परिवर्तनशील है। परिवर्तन का चक्र घूम रहा है। स्वयं तुम्हारे अतिरिक्त स्थायित्व और कहीं नहीं है। वहीं है अनन्त और अविचल आनन्द। ध्यान के द्वार से हम उस तक पहुँचते हैं। प्रार्थनाएँ, अनुष्ठान और पूजा के अन्य रूप ध्यान की शिशुशाला मात्र हैं। तुम प्रार्थना करते हो, तुम कुछ अर्पित करते हो। एक सिद्धांत था कि सभी बातों से मनुष्य का आध्यात्मिक बल बढ़ता है। कुछ विशेष शब्दों, पुष्पों, प्रतिमाओं, मन्दिरों, बत्तियों को हिलाने के समान अनुष्ठानों—आरतियों—का उपयोग मन को उस स्थिति में लाता है, पर वह स्थिति तो सदा मनुष्य की आत्मा में है, कहीं बाहर नहीं। (लोग) यह सब कर रहे हैं; पर वे जो अनजाने कर रहे हैं, उसे तुम जान-बूझकर करो। यह ध्यान की शक्ति है। तुम्हारे पास जो ज्ञान है—वह कैसे आया? ध्यान की शक्ति से। आत्मा ने ज्ञान को अपनी गहराई में से मथकर निकाला है। क्या उसके बाहर भी कभी ज्ञान रहा है! दीर्घकाल में ध्यान की यह शक्ति हमें अपने शरीर से अलग कर देती है और आत्मा अपने असली अजन्मा, अमर और अनादि स्वरूप को पहचान लेती है। अब दुःख नहीं रहता, इस पृथ्वी पर जन्म नहीं लेना पड़ता, विकास नहीं रहता। (आत्मा जान लेती है कि) वह सदा पूर्ण और मुक्त रही है।[1]

---

१. संकेतलिपि द्वारा आलिखित यह विवरण अपूर्ण मिला था। स्पष्टीकरणार्थ कहीं कहीं कोष्ठक में अतिरिक्त सामग्री रखी गयी है; और जहाँ विवरण उपलब्ध नहीं हुआ है, वहाँ तीन बिन्दुओं से चिह्नित किया गया है। स॰

धर्म की साधना—२

(१८ मार्च, १९०० को अलामेडा, कैलिफ़ोर्निया में दिया गया भाषण)

हम बहुत सी पुस्तकें पढ़ते हैं, पर उससे हमें ज्ञान नहीं प्राप्त होता। हम संसार के सारे धर्मग्रंथ भले ही पढ़ डालें, पर उससे हमें धर्म की प्राप्ति नहीं होगी। सैद्धांतिक धर्म को पाना काफ़ी सरल है, उसे कोई भी पा सकता है। हम जो चाहते हैं, वह है व्यावहारिक धर्म।

व्यावहारिक धर्म के संबंध में ईसाई धारणा है भले काम करना—सांसारिक उपयोगिता।

उपयोगिता का लाभ क्या है? उपयोगिता के दृष्टिकोण से देखने पर धर्म एक असफलता है। प्रत्येक अस्पताल इस बात की प्रार्थना है कि वहाँ और अधिक मनुष्य आयें। दया का अर्थ क्या है? दया मौलिक वस्तु नहीं है। यह वास्तव में संसार के दुःख को बढ़ाते जाना है, उसका उन्मूलन करना नहीं। मनुष्य नाम और यश चाहता है, और उन्हें प्राप्त करने के अपने प्रयत्नों को दया तथा भले कामों के लेप से ढकता है। वह दूसरों के लिए काम करने के बहाने अपने लिए काम करता है। तथाकथित दयाजन्य प्रत्येक कार्य, जिस बुराई के विरुद्ध कार्य करने का दावा करता है, उसीको प्रोत्साहन देता है।

नर और नारियाँ किसी अस्पताल या अन्य दातव्य संस्था के सम्मान में नाचघर में जाते हैं, सारी रात नाचते हैं, तब घर लौटते हैं, पशुवत् आचरण करते हैं, और जेलों, पागलखानों, तथा अस्पतालों को भरने के लिए, शैतानों को संसार में लाते हैं। इस प्रकार यह चक्र चलता रहता है और यह सब, अस्पताल आदि बनवाना, भले काम कहे जाते हैं। भले कामों का लक्ष्य यह है कि संसार के दुःख को कम अथवा उसका नाश किया जाय। योगी कहता है कि संसार के सब दुःख मन के नियंत्रण में सफल न हो पाने के कारण आते हैं। योगी का लक्ष्य प्रकृति से मुक्ति है। प्रकृति की विजय उसके कार्य का प्रतिमान है। योगी कहता है कि सम्पूर्ण शक्ति आत्मा में है, और मन तथा तन का नियंत्रण करके मनुष्य आत्मा की शक्ति से प्रकृति पर विजयी होता है।

मनुष्य के शरीर में शारीरिक कार्यों के निमित्त जितनी मांसपेशियाँ आवश्यक

हैं, उससे वे जितने तोले अधिक होती हैं, उतना ही मस्तिष्क कम होता है। अत्यधिक व्यायाम मत करो; वह हानिकारी है। जो कठोर परिश्रम नहीं करता, वह सबसे अधिक जियेगा। कम भोजन करो और कम काम करो। मस्तिष्क का आहार संचित करो।

स्त्रियों के लिए घर का काम काफ़ी है।

दीपक को तेज़ मत जलाओ; उसे मंद मंद जलने दो।

युक्ताहार का अर्थ है सादा भोजन, जिसमें बहुत अधिक मसाले न हों।

संन्यासी

संन्यासी शब्द का अर्थ समझाते हुए, अमेरिका के बोस्टन नगर में स्वामी जी ने अपने एक व्याख्यान के सिलसिले में कहा :

मनुष्य जिस स्थिति में पैदा हुआ है, उसके कर्तव्य जब वह पूरे कर लेता है, जब उसकी आकांक्षाएँ सांसारिक सुख-भोग, धन-सम्पत्ति, नाम-यश, अधिकार आदि को ठुकराकर उसे आध्यात्मिक जीवन की खोज में प्रेरित करती हैं, और जब संसार के स्वभाव में पैनी दृष्टि डालकर वह समझ जाता है कि यह जगत् क्षणभंगुर है, दुःख तथा झगड़ों से भरा हुआ है और इसके आनन्द तथा भोग तुच्छ हैं, तब वह इन सबसे मुख मोड़कर शाश्वत प्रेम तथा चिरन्तन आश्रयस्वरूप उस सत्य को ढूँढ़ने लगता है। वह समस्त सांसारिक अधिकारों, यश, सम्पदा से पूर्ण संन्यास ले लेता है और आत्मोत्सर्ग करके आध्यात्मिकता को निरन्तर ढूँढ़ता हुआ प्रेम, दया तप और शाश्वत ज्ञान प्राप्त करने की चेष्टा करता रहता है। वर्षों के ध्यान, तप और खोज से ज्ञानरूपी रत्न को पाकर वह भी पर्याय-क्रम से स्वयं गुरु बन जाता है, और फिर शिष्यों—गृही तथा त्यागियों—में उस ज्ञान का संचार कर देता है।

संन्यासी का कोई मत या सम्प्रदाय नहीं हो सकता, क्योंकि उसका जीवन स्वतंत्र विचार का होता है, और वह सभी मत-मतान्तरों से उनकी अच्छाइयाँ ग्रहण करता है। उसका जीवन साक्षात्कार का होता है, न कि केवल सिद्धान्तों अथवा विश्वासों का, और रूढ़ियों का तो बिल्कुल ही नहीं।

संन्यासी और गृहस्थ

संन्यासियों के कार्यों पर संसारी लोगों का कुछ भी प्रभाव नहीं होना चाहिए। संन्यासी का धनी लोगों से कोई वास्ता नहीं, उसका कर्तव्य तो ग़रीबों के प्रति होता है। उसे निर्धनों के साथ प्रेमपूर्ण व्यवहार करना चाहिए और अपनी समस्त शक्ति लगाकर सहर्ष उनकी सेवा करनी चाहिए। धनिकों का आदर-सत्कार करना और आश्रय के लिए उनका मुँह जोहना यह हमारे देश के सभी संन्यासी सम्प्रदायों के लिए अभिशापस्वरूप रहा है। सच्चे संन्यासी को इस बात में बड़ा सावधान रहना चाहिए और इससे बिल्कुल बचकर रहना चाहिए। इस प्रकार का व्यवहार तो वेश्याओं के लिए ही उचित है, न कि संसार-त्यागी संन्यासी के लिए। कामिनी-कांचन में डूबा व्यक्ति उनका भक्त कैसे हो सकता है, जिनके जीवन का मुख्य आदर्श कामिनी-कांचन-त्याग है? श्री रामकृष्ण तो रो रोकर जगन्माता से प्रार्थना किया करते थे, "माँ, मेरे पास बात करने के लिए एक तो ऐसा भेज दो, जिसमें काम-कांचन का लेश मात्र भी न हो। संसारी लोगों से बातें करने में मेरा मुँह जलने लगता है।" वे यह भी कहा करते थे "मुझे अपवित्र और विषयी लोगों का स्पर्श तक सहन नहीं होता।" यतिराज श्री रामकृष्ण के उपदेशों का प्रचार विषयी लोगों द्वारा कभी नहीं हो सकता। ऐसे लोग कभी भी पूर्ण रूप में सच्चे नहीं हो सकते; क्योंकि उनके कार्यों में कुछ न कुछ स्वार्थ रहता ही है। यदि स्वयं भगवान् भी गृहस्थ के रूप में अवतीर्ण हो, तो मैं उसे भी सच्चा न समझ सकूँगा। जब कोई गृहस्थ किसी धार्मिक सम्प्रदाय के नेता-पद पर प्रतिष्ठित हो जाता है, तो वह आदर्श की ओट में अपना ही स्वार्थ-साधन करने लगता है। और फल यह होता है कि वह सम्प्रदाय बिल्कुल सड़ सा जाता है। गृहस्थों के नेतृत्व में सभी धार्मिक आन्दोलनों का यही नसीब हुआ है। त्याग के बिना धर्म खड़ा ही नहीं रह सकता।

यहाँ पर स्वामी जी से पूछा गया—'कांचन-त्याग से हम संन्यासी क्या अर्थ समझें ?' उन्होंने इस प्रकार उत्तर दिया :

किसी भी उद्देश्य की सिद्धि के लिए हमें कुछ साधनों का आश्रय लेना होता है। स्थान, काल, व्यक्ति, इत्यादि के भेद से ये सब साधन बदलते रहते हैं, परन्तु उद्देश्य या साध्य कभी बदलता नहीं। संन्यासियों का लक्ष्य है, **आत्मनो मोक्षार्थं जगद्धिताय च**—अपनी मुक्ति और जगत् का कल्याण—और इस उद्देश्य-सिद्धि

के साधनों में काम-कांचन-त्याग सर्वाधिक महत्त्वपूर्ण तथा प्रयोजनीय है। ध्यान रखो, त्याग का अर्थ है, स्वार्थ का सम्पूर्ण अभाव। बाह्य रूप से सम्पर्क न रखने से ही त्याग नहीं हो जाता। जैसे, हम अपना धन दूसरे के पास रखें और स्वयं उसे छुएँ तो नहीं, पर उससे लाभ पूरा उठायें—क्या यह त्याग कहा जा सकता है ? उपर्युक्त द्विविध उद्देश्यों की सिद्धि के हेतु भिक्षावृत्ति संन्यासी के लिए बहुत ही उपयोगी है, पर यह तभी सम्भव है, जब गृहस्थ लोग मनु और अन्य शास्त्रकारों के वचनानुसार प्रतिदिन अपने खाद्य पदार्थों का एक भाग संन्यासी अतिथियों के लिए रख छोड़ें। आजकल समय बहुत बदल गया है, जैसे कि मधुकरी की प्रथा—विशेषतः बंगाल में—पायी ही नहीं जाती। यहाँ (बंगाल में) मधुकरी द्वारा निर्वाह की चेष्टा करना शक्ति का अपव्यय मात्र होगा, और उससे कोई लाभ न होगा। भिक्षा का नियम ऊपर कहे दोनों उद्देश्यों की सिद्धि का साधन मात्र है, पर अब उससे काम नहीं चल सकता। अतएव आधुनिक परि-स्थितियों में, यदि संन्यासी जीवन की मोटी मोटी आवश्यकताओं के लिए कुछ प्रबन्ध कर ले और निश्चिन्त होकर अपनी समस्त शक्ति अपने ध्येय की प्राप्ति के लिए लगाये, तो यह संन्यास के नियमों के विरुद्ध न होगा। साधनों को ही बहुत अधिक महत्त्व देने से गड़बड़ी उत्पन्न हो जाती है। असल वस्तु तो साध्य है—लक्ष्य है, इसे कभी भी ओझल नहीं होने देना चाहिए।

संन्यास और गृहस्थ जीवन

एक संन्यासी और एक गृहस्थ के विभिन्न कर्तव्यों की विवेचना करते हुए स्वामी जी ने कहा :

एक संन्यासी जब तक कि सर्वोच्च पद पर न पहुँच जाय, अर्थात् परमहंस न हो जाय, तब तक उसे गृहस्थों द्वारा छुए या उपयोग में लाये भोजन, बिछावन आदि से बचना चाहिए, उनके प्रति घृणा की भावना से नहीं, वरन् अपने को बचाने के लिए। गृहस्थ को चाहिए कि वह संन्यासी को 'नमो नारायणाय' कहकर नमस्कार करे, और संन्यासी को उसे आशीर्वाद देना चाहिए।

मेरुसर्षपयोर्यद्यत् सूर्यखद्योतयोरिव ।
सरित्सागरयोर्यद्यत् तथा भिक्षुगृहस्थयोः ॥

— 'विशालतम पर्वत और राई में, सूर्य और जुगनू में, सागर और सरिता में जितना अंतर है, उतना ही विशाल अंतर संन्यासी और गृहस्थ में होता है।'

स्वामी विवेकानन्द ने प्रत्येक से इसका पाठ करवाया, और वेदांत के कुछ पदों का गान करते हुए बोले, "तुमको सदा इन श्लोकों का जप करना चाहिए।" 'श्रवण' का अर्थ केवल गुरु से सुनना नहीं है, वरन् स्वयं अपने प्रति आवृत्ति करना भी होता है। **आवृत्तिरसकृदुपदेशात्**—'बारंबार यह आदेश दिया गया है कि सदुपदेशों की आवृत्ति प्रायः करते रहना चाहिए।' वेदांत के इस सूत्र में व्यास जप पर बल देते हैं।

गुरु के अधिकारी होने का प्रश्न

एक वार्तालाप के बीच में स्वामी जी ने बलपूर्वक कहा, "अपने व्यापारी, हिसाब-किताब करनेवाले विचारों को छोड़ दो। यदि तुम किसी एक वस्तु से भी अपनी आसक्ति तोड़ सकते हो, तो तुम मुक्ति के मार्ग पर हो। किसी वेश्या, अथवा पापी, अथवा साधु को भेददृष्टि से मत देखो। वह कुलटा नारी भी दिव्य माँ है। संन्यासी एक बार, दो बार कहता है कि वह माँ है : तब वह फिर भ्रमित हो जाता है और कहता है, "भाग यहाँ से, अरी व्यभिचारिणी कुलटा नारी!" एक क्षण में तुम्हारा सब अज्ञान तिरोहित हो सकता है। यह कहना मूर्खता है कि अज्ञान धीरे धीरे जाता है। ऐसे भी शिष्य हैं, जो आदर्श से च्युत हुए अपने गुरु के भी भक्त बने रहते हैं। मैंने राजपूताने में एक ऐसे शिष्य को देखा है, जिसका आध्यात्मिक गुरु ईसाई हो गया था, पर फिर भी जो उसकी दक्षिणा नियमित रूप से दिये जा रहा था। अपने पश्चिमी विचारों को छोड़ो। एक बार जब तुमने किसी गुरुविशेष में विश्वास किया है, तो सम्पूर्ण शक्ति से उसके साथ लगे रहो। वे बालक हैं, जो यह कहते हैं कि वेदांत में नैतिकता नहीं है। हाँ, एक अर्थ में, वे सही हैं। वेदांत-नैतिकता से ऊपर है। तुम संन्यासी हो गये हो, अतः ऊँचे विषयों की बात करो।

'बलात् कम से कम एक वस्तु को ब्रह्म मानकर उस पर विचार करो। रामकृष्ण को ईश्वर मानना निश्चय ही सरल है, पर खतरा यह है कि हम दूसरों में ईश्वर-बुद्धि नहीं उत्पन्न कर सकते। ईश्वर नित्य, निराकार, सर्वव्यापी है। उसे विशेष रूपधारी समझना पाखंड होगा। पर मूर्ति-पूजा का रहस्य यह है कि तुम किसी एक वस्तु में अपनी ईश्वर-बुद्धि विकसित करने का प्रयत्न कर रहे हो।'

सच्चा गुरु कौन है ?

सच्चा गुरु वह है, जो समय समय पर आध्यात्मिक शक्ति के भांडार के रूप में अवतीर्ण होता है, और गुरु-शिष्य-परम्परा द्वारा उस शक्ति को पीढ़ी दर पीढ़ी के लोगों में संचरित करता है। जिस प्रकार एक विशाल नदी अपने पुराने मार्ग को छोड़कर एक दूसरे ही मार्ग से बहने लगती है, उसी प्रकार इस आध्यात्मिक शक्ति का प्रवाह भी समय समय पर अपनी गति बदलता रहता है। अतएव, देखा जाता है कि कालान्तर में धर्म के पुराने सम्प्रदाय निर्जीव हो जाते हैं, और नव जीवन की अग्नि से भरे नूतन सम्प्रदायों का अभ्युदय होता है। बुद्धिमान पुरुष उसी सम्प्रदाय का आश्रय लेते हैं, जिसमें से जीवन-धारा प्रवाहित होती है। पुराने धार्मिक सम्प्रदाय अजायबघर में सुरक्षित रखे हुए किसी समय के भीमकाय पशुओं के कंकाल के समान है। तो भी, इन प्राचीन सम्प्रदायों का हमें उचित आदर करना चाहिए। जिस प्रकार आम का एक सूखा पेड़ रसीले आम खाने की हमारी इच्छा की पूर्ति नहीं कर सकता, उसी प्रकार ये सम्प्रदाय सर्वोच्च की उपलब्धि के लिए आत्मा की यथार्थ लालसा को शान्त नहीं कर सकते।

सबसे आवश्यक बात यह है कि हम अपने मिथ्या अभिमान को तिलांजलि दे दें—यह अभिमान कि हमें कुछ आध्यात्मिक ज्ञान है—और श्रीगुरु के चरणों में सम्पूर्ण आत्मसमर्पण कर दें। केवल श्रीगुरु ही जानते हैं कि कौन सा मार्ग हमें पूर्णत्व की ओर ले जायगा। हमें इस सम्बन्ध में कुछ भी ज्ञान नहीं—हम कुछ भी नहीं जानते—इस प्रकार का यथार्थ नम्र भाव आध्यात्मिक अनुभूतियों के लिए हमारे हृदय के द्वार खोल देगा। जब तक हममें अहंकार का लेश मात्र भी रहेगा, तब तक हमारे मन में सत्य की धारणा कदापि नहीं हो सकती। तुम सबको यह अहंकाररूपी शैतान अपने हृदय से निकाल देना चाहिए। आध्यात्मिक अनुभूति के लिए सम्पूर्ण आत्मसमर्पण ही एकमात्र उपाय है।

शिष्यत्व

(सैन फ्रान्सिस्को में २९ मार्च १९०० को दिया गया भाषण)

मेरा विषय है 'शिष्यत्व'। मैं नहीं जानता कि मैं जो कहूँगा, वह तुमको कैसा लगेगा। इसको स्वीकार करना तुम्हारे लिए कुछ कठिन होगा—इस देश में गुरुओं और शिष्यों के जो आदर्श हैं, वे हमारे देश के ऐसे आदर्शों से बहुत भिन्न हैं। मुझे भारत की एक पुरानी लोकोक्ति याद आ रही है: 'गुरु तो लाखों मिलते हैं, पर शिष्य एक भी पाना कठिन है।' बात सही मालूम होती है। आध्यात्मिकता की प्राप्ति में एक महत्त्वपूर्ण वस्तु शिष्य की मनोवृत्ति है, जब अधिकारी योग्य होता है, तो दिव्य प्रकाश का अनायास आविर्भाव होता है।

सत्य को प्राप्त करने के लिए शिष्य के लिए क्या आवश्यक है? महान् ऋषियों ने कहा है कि सत्य प्राप्त करने में निमिष मात्र लगता है—प्रश्न केवल जान लेने भर का है। स्वप्न टूट जाता है, उसमें देर कितनी लगती है? एक सेकण्ड में स्वप्न का तिरोभाव हो जाता है। जब भ्रम का नाश होता है, तो उसमें कितना समय लगता है? पलक झपकने में जितनी देर लगती है, उतनी। जब मैं सत्य को जानता हूँ, तो इसके अतिरिक्त और कुछ नहीं होता कि असत्य गायब हो जाता है। मैंने रस्सी को साँप समझा था और अब मैं जानता हूँ कि वह रस्सी है। प्रश्न केवल आधे सेकंड का है। और सब कुछ हो जाता है। तू वह है। तू वास्तविकता है। इसे जानने में कितना समय लगता है? यदि हम ईश्वर है और सदा से वही हैं, तो इसे न जानना अत्यन्त आश्चर्य की बात है। एकमात्र स्वाभाविकता यह है कि हम इसे जानें। इसका पता लगाने में युग नहीं लगने चाहिए कि हम सदा क्या रहे हैं और अब क्या हैं?

फिर भी इस स्वतः प्रत्यक्ष सत्य को प्राप्त करना कठिन जान पड़ता है। इसकी एक धूमिल झाँकी मिलना आरम्भ होने के पूर्व युग पर युग बीत जाते हैं। ईश्वर जीवन है; ईश्वर सत्य है। हम इस विषय पर लिखते हैं; हम अपने अंतःकरण में अनुभव करते हैं कि यह सत्य है, कि आज यहाँ, अतीत और भविष्य में ईश्वर के अतिरिक्त अन्य सभी वस्तुएँ मिथ्या हैं। फिर भी हममें से अधिकांश लोग ज़ीवन भर एक से बने रहते हैं। हम असत्य से चिपटे रहते हैं आर सत्य की आर अपनी

पीठ फेरते हैं। हम सत्य को प्राप्त करना नहीं चाहते। हम नहीं चाहते कि कोई हमारे स्वप्न को तोड़े। तो तुम देखते हो कि गुरुओं की आवश्यकता नहीं है। सीखना कौन चाहता है ? पर यदि कोई सत्य की अनुभूति प्राप्त करना चाहता है और भ्रम को जीतना चाहता है, यदि वह सत्य को किसी गुरु से प्राप्त करना चाहता है, तो उसे सच्चा शिष्य होना होगा।

शिष्य होना आसान नहीं है। बड़ी तैयारियों की आवश्यकता है ; बहुत सी शर्तें पूरी करनी होती हैं। वेदांतियों ने मुख्य शर्तें चार रखी हैं।

पहली शर्त यह है कि जो शिष्य सत्य को जानना चाहता है, वह इस लोक अथवा परलोक में कुछ प्राप्त करने की सभी इच्छाओं को त्याग दे।

जो हम देखते हैं, वह सत्य नहीं है। जो हम देखते हैं, वह उस समय तक सत्य नहीं है, जब तक हमारे मन में इच्छाएँ घुस आती रहती हैं। ईश्वर सत्य है, और यह संसार सत्य नहीं है। जब तक हृदय में संसार के लिए तनिक भी इच्छा है, सत्य का उदय नहीं होगा। मेरे चारों ओर का संसार खँडहर हो जाय, मुझे चिंता नहीं। आगामी जीवन में भी ऐसा ही हो ; मुझे स्वर्ग जाने की चिंता नहीं है। स्वर्ग क्या है ? इस पृथ्वी का ही एक प्रस्तार है। यदि स्वर्ग न होता, पृथ्वी पर के इस मूर्खतापूर्ण जीवन का प्रस्तार न होता, तो हम आज की अपेक्षा अच्छी स्थिति में होते और आज जो मूर्खतापूर्ण स्वप्न हम देख रहे हैं, वे जल्दी भंग हो जाते। स्वर्ग जाकर हम केवल इन दुःखमय भ्रमों की अवधि ही बढ़ाते हैं।

स्वर्ग में तुमको क्या मिलता है ? तुम देवता हो जाते हो, अमृत पीते हो और तुमको गठिया हो जाती है। वहाँ पृथ्वी की अपेक्षा दुःख कम है, पर सत्य भी कम है। बहुत धनी लोग सत्य को ग़रीबों की अपेक्षा कम समझ पाते हैं। 'सुई के छेद से ऊँट का निकल जाना सम्भव हो सकता है, पर ईश्वर के राज्य में धनी का प्रवेश सम्भव नहीं।' धनी मनुष्य के पास अपनी सम्पत्ति और शक्ति, अपनी सुविधा और विलास के अतिरिक्त और किसी वस्तु के विषय में सोचने का समय ही नहीं होता। बहुत कम धनी धार्मिक बन पाते हैं। क्यों ? इसलिए कि वे सोचते हैं कि यदि वे धार्मिक हो जायँगे, तो उन्हें जीवन का आनन्द नहीं मिलेगा। इसी प्रकार स्वर्ग में आध्यात्मिक हो सकने की संभावना बहुत कम है, वहाँ अत्यधिक सुविधा और सुख हैं—स्वर्गनिवासी अपना सुख छोड़ने को तैयार नहीं हैं।

वे कहते हैं कि स्वर्ग में कभी रुदन नहीं होगा। जो मनुष्य कभी रोता नहीं, मैं उस पर विश्वास नहीं करता ; उसके हृदय के स्थान पर कठोर चट्टान का एक बड़ा टुकड़ा होता है। यह स्पष्ट है कि स्वर्ग के लोगों में बहुत सहानुभूति नहीं होती। वहाँ न जाने कितने लोग हैं और हम दुःखी इस विकट स्थान में कष्ट भोग

रहे हैं। वे हमें इस सबमें से बाहर निकाल सकते हैं, पर निकालते नहीं। वे रोते नहीं। वहाँ शोक अथवा दुःख नहीं है; इसलिए वे किसी के दुःख की चिंता नहीं करते। वे अपना अमृत पीते रहते हैं, नृत्य चलते रहते हैं; सुन्दर पत्नियाँ और शेष सब।

शिष्य को इन बातों से परे जाकर कहना चाहिए, "मैं इस जीवन में किसी वस्तु की इच्छा नहीं करता और न किसी स्वर्ग की, वे जितने भी हों—मैं उनमें से किसी में नहीं जाना चाहता। मैं किसी रूप में भी इन्द्रिय-जीवन को नहीं चाहता—अपने को शरीर नहीं समझना चाहता। जैसा मैं अभी अनुभव करता हूँ, मैं यह शरीर—मांस का यह वृहत् पिंड हूँ—यह मैं अनुभव करता हूँ कि मैं हूँ। मैं इसमें विश्वास करने को तैयार नहीं हूँ।"

यह संसार और ये स्वर्ग, ये सब इन्द्रियों से बँधे हैं। यदि तुम्हारे इन्द्रियाँ नहीं होतीं, तो तुम संसार की चिंता नहीं करते। स्वर्ग भी संसार है। पृथ्वी, स्वर्ग, और वह जो सब बीच में है, उसका केवल एक नाम है—पृथ्वी।

इसलिए जो शिष्य अतीत और वर्तमान को जानते हुए और भविष्य की सोचता है, जानता है कि समृद्धि क्या है, सुख का क्या अर्थ है, वह इन सबको छोड़ देता है, सत्य और केवल सत्य को जानना चाहता है। यह पहली शर्त है।

दूसरी शर्त यह है कि शिष्य को अपनी अंतरिन्द्रियों और बहिरिन्द्रियों को नियंत्रित करने में समर्थ होना चाहिए और कुछ अन्य आध्यात्मिक गुणों में दृढ़ होना चाहिए।

बाह्य इन्द्रियाँ शरीर के विभिन्न भागों में स्थित दृश्य अंग हैं; अंतरिन्द्रियाँ अस्पृश्य हैं। हमारे नेत्र, कान, नाक आदि बाह्य हैं; और उनसे संगत अंतरिन्द्रियाँ हैं। हम निरंतर इन्द्रियों के इन दोनों वर्गों के संकेतों पर नाचते हैं। इन्द्रियों के समानुरूपी इन्द्रिय-विषय हैं। यदि कोई इन्द्रिय-विषय निकट होते हैं, तो इन्द्रियाँ हमें उनका अनुभव करने को विवश करती हैं; हमारी कोई इच्छा अथवा स्वतंत्रता नहीं होती। यह एक बड़ी नाक है। वहाँ तनिक भी सुगंध है, मुझे वह सूँघनी पड़ती है। यदि गंध बुरी होती, तो मैं अपने से कहता, "इसे मत सूँघो।" पर प्रकृति कहती है "सूँघ", और मैं सूँघता हूँ। तनिक सोचो तो, हम क्या हो गये हैं! हमने अपने को बाँध लिया है। मेरे आँखें हैं। कुछ भी हो रहा हो, अच्छा या बुरा, मुझे देखना होगा। सुनने के साथ भी यही बात है। यदि कोई मुझसे बुरी तरह बोलता है, तो वह मुझे सुनना होगा। मेरी श्रवणेन्द्रिय मुझे यह करने को बाध्य करती है, और मुझे कितना दुःख अनुभव होता है! निंदा अथवा प्रशंसा—मनुष्य को सुननी पड़ेगी। मैंने बहुत से बहरे मनुष्य देखे हैं, जो आम तौर

पर नहीं सुन पाते, पर यदि बात उनके बारे में होती है, तो वह सदा सुन लेते हैं !

ये सब इन्द्रियाँ, अंतः और बाह्य, शिष्य के नियंत्रण में होनी चाहिए। कठिन अभ्यास के द्वारा उसे ऐसी अवस्था में पहुँच जाना चाहिए, जहाँ वह अपने मन द्वारा इन्द्रियों का, प्रकृति के आदेशों का, सफल विरोध कर सके। वह अपने मन से यह कह सके : "तुम मेरे हो, मैं तुम्हें कुछ न देखने की अथवा न सुनने की आज्ञा देता हूँ," और मन न कुछ देखे, न कुछ सुने—मन पर किसी रूप अथवा ध्वनि की प्रतिक्रिया न हो। इस अवस्था में मन इन्द्रियों के अधिकार से मुक्त हो चुका होता है, उनसे अलग हो चुका होता है। अब वह इन्द्रियों और शरीर से आबद्ध नहीं रहता। बाह्य वस्तुएँ अब मन को आज्ञा नहीं दे सकती; मन अपने को उनसे जोड़ना स्वीकार नहीं करता। वहाँ सुन्दर गंध है। शिष्य मन से कहता है, "मत सूँघो," और मन गंध का अनुभव नहीं करता। जब तुम ऐसी स्थिति में पहुँच जाते हो, तभी तुम शिष्य बनना आरम्भ करते हो। इसीलिए जब प्रत्येक मनुष्य कहता है, "मैं सत्य को जानता हूँ।" तो मैं कहता हूँ, "यदि तुम सत्य को जानते हो, तो तुममें आत्मनियंत्रण होना चाहिए; और यदि तुममें आत्मनियंत्रण है, तो उसे इन इन्द्रियों के नियंत्रण के रूप में प्रकट करो।"

इसके बाद, मन को शांत करना चाहिए। वह इधर-उधर भटकता रहता है। जब मैं ध्यान के लिए बैठता हूँ, तो मन में संसार के सब बुरे से बुरे विषय उभर आते हैं। मतली आने लगती है। मन ऐसे विचारों को क्यों सोचता है, जिन्हें मैं नहीं चाहता कि वह सोचे ? मैं मानो मन का दास हूँ। जब तक मन चंचल है और वश से बाहर है, तब तक कोई आध्यात्मिक ज्ञान सम्भव नहीं है। शिष्य को मनोनिग्रह सीखना है। हाँ, मन का कार्य सोचना है। पर यदि शिष्य नहीं चाहता, तो उसे सोचना नहीं चाहिए; जब वह आज्ञा दे, तो सोचना बन्द कर देना चाहिए। शिष्यता का अधिकारी बनने के लिए मन की यह स्थिति बहुत आवश्यक है।

और, शिष्य की सहनशक्ति भी महान् होनी चाहिए। जीवन सुविधापूर्ण मालूम होता है; और पाते हैं कि जब सब बातें ठीक ठीक चलती रहती हैं, तो मन ठीक प्रकार से व्यवहार करता है। पर जब कोई बात बिगड़ जाती है, तो तुम्हारा मन संतुलन खो देता है। यह ठीक नहीं है। सारी बुराई और दुःख को कष्ट की एक आह के बिना, दुःख के, विरोध के, निराकरण के और प्रतिशोध के एक विचार के बिना सहन करो। यह सच्ची सहनशक्ति है; और यह तुमको प्राप्त करनी चाहिए।

शुभ अशुभ संसार में सदा रहे हैं। बहुत से भूल जाते हैं कि बुराई भी है—कम से कम वे भूलने का यत्न करते हैं—और जब अशुभ से पाला पड़ता है, तो वे उससे अभिभूत हो जाते हैं और कटु हो उठते हैं। और कुछ है, जो कहते हैं कि अशुभ बिल्कुल नहीं है, और प्रत्येक वस्तु को शुभ समझते हैं। यह भी एक दुर्बलता है; यह भी अशुभ के भय से उत्पन्न होती है। यदि कोई वस्तु बुरी गंध देती है, तो उस पर गुलाब जल क्यों छिड़को और उसे सुगंधित क्यों कहो? हाँ, संसार में शुभ है और अशुभ है—ईश्वर ने संसार में अशुभ बनाया है। पर तुमको उस पर सफेदी नहीं पोतनी है। अशुभ क्यों है, इससे तुम्हारा कोई सरोकार नहीं। कृपया विश्वास रखो और शांत रहो।

जब मेरे गुरुदेव श्री रामकृष्ण बीमार पड़े, तो एक ब्राह्मण ने सुझाया कि वे रोग से मुक्ति पाने के लिए अपनी महान् मानसिक शक्ति का उपयोग करें; उसने कहा कि यदि गुरु अपने मन को अपने शरीर के रोगी भाग पर केन्द्रित करें, तो वह अच्छा हो जायगा। श्री रामकृष्ण ने उत्तर दिया, "क्या! जो मन मैंने ईश्वर को दे दिया है, उसे इस क्षुद्र शरीर के लिए नीचे उतारूँ!" उन्होंने शरीर और बीमारी के विषय में सोचना अस्वीकार कर दिया। उनका मन निरन्तर ईश्वर का अनुभव करता था; वह पूर्णरूपेण उसके प्रति अर्पित था। वह किसी दूसरे कार्य के लिए उसका उपयोग करने को तैयार नहीं थे।

स्वास्थ्य, सम्पत्ति, दीर्घायु और ऐसी ही अन्य वस्तुओं—तथाकथित शुभ वस्तुओं—के प्रति लालसा भ्रम के अतिरिक्त और कुछ नहीं है। उनकी प्राप्ति के लिए उनमें मन लगाने से केवल प्रवंचना को बल मिलता है। इस जीवन में हमारे ये स्वप्न और भ्रम हैं, और हम आगामी जीवन में, स्वर्ग में उन्हें और भी अधिक परिमाण में चाहते हैं। अधिक, और अधिक भ्रम। अशुभ का विरोध मत करो। उसका सामना करो। तुम अशुभ से ऊँचे हो।

संसार में यह दुःख है—यह किसी न किसीको सहना है। तुम किसीके लिए अशुभ की सृष्टि किये बिना कोई कार्य नहीं कर सकते। और जब तुम सांसारिक शुभ चाहते हो, तो तुम केवल एक अशुभ से बचते हो, जो किसी दूसरे को भोगना पड़ता है। प्रत्येक मनुष्य इसे दूसरे पर टालने का प्रयत्न कर रहा है। शिष्य कहता है, "संसार के सब दुःख मेरे पास आयें; मैं उन सबको सहन करूँगा। दूसरों को मुक्त रहने दो।"

क्रूस पर जो व्यक्ति है, उसका स्मरण करो, वह विजय के लिए फ़रिश्तों के दल ला सकता था; पर उसने विरोध नहीं किया। वह उनके लिए दुःखी हुआ, जिन्होंने उसे सूली दी। उसने प्रत्येक अपमान और कष्ट को सहा। उसने सबका

भार अपने ऊपर लिया । 'तुम सब, जो थक रहे हो और बोझ से लदे हुए हो, मेरे पास आओ, और मैं तुम्हें विश्राम दूँगा ।' ऐसी होती है सच्ची सहनशीलता । वह इस जीवन से कितने ऊँचे थे, इतने अधिक ऊँचे कि हम उसे समझ नहीं सकते, हम दास ! कोई मनुष्य ज्यों ही मेरे गाल पर थप्पड़ मारता है, त्यों ही मेरा हाथ तड़ाक से जवाब देता है। मैं उस महिमामय की महानता और पवित्रता को कैसे समझ सकता हूँ ? मैं उसकी गरिमा को कैसे जान सकता हूँ ?

पर मैं आदर्श को नीचे नहीं उतारूँगा । मैं अनुभव करता हूँ कि मैं शरीर हूँ, कि मैं अशुभ का प्रतिरोधी हूँ । यदि मेरे सिर में दर्द होता है, तो मैं उसे अच्छा करने के लिए संसार भर में फिरता हूँ; मैं औषधि की दो हजार बोतलें पीता हूँ । मैं उन अनूठे मनों को कैसे समझ सकता हूँ ? मैं आदर्श को देख पाता हूँ, पर आदर्श में से कितने अंश को ? इस शारीरिक चेतना में से, इस क्षुद्र अहं में से, इसके आनन्द और कष्टों में से, इसकी असुविधाओं और सुविधाओं में से कुछ भी तो उस वातावरण में नहीं पहुँच सकता । केवल आत्मा का ही चिंतन कर और सदा मन को पार्थिवता से अलग रखकर ही, मैं उस आदर्श की झाँकी प्राप्त कर सकता हूँ । उस आदर्श में ऐन्द्रिक संसार के पार्थिव विचारों और रूपों को कोई स्थान नहीं है । उन्हें परे हटाओ और मन को अध्यात्म में लगाओ । अपने जीवन और मृत्यु को, कष्टों और आनन्दों को, नाम और यश को भूल जाओ और अनुभव करो कि तुम न शरीर हो, न मन, वरन् शुद्ध आत्मा हो ।

जब मैं 'मैं' कहता हूँ, तो मेरा तात्पर्य इस जीवात्मा से है । अपने नेत्र मूँदो और देखो कि जब तुम अपने 'मैं' पर विचार करते हो, तो तुम्हारे सामने कौन सा चित्र आता है । क्या तुम्हारे सामने आनेवाला चित्र तुम्हारे शरीर का है अथवा तुम्हारे मानसिक स्वरूप का ? यदि ऐसा है, तो तुमने अपने सच्चे 'मैं' की अनुभूति नहीं प्राप्त की है । पर वह समय आयेगा, जब तुम ज्यों ही 'मैं' कहोगे तो तुम अपने सामने ब्रह्मांड को, अनन्त सत्ता को देखोगे । तब तुमको अपनी सच्ची आत्मा की अनुभूति हो चुकेगी और तुमको ज्ञान हो जायगा कि तुम अनन्त हो । सत्य यह है : तुम चेतन तत्त्व हो, तुम पार्थिव नहीं हो । एक वस्तु है भ्रम—इसमें एक वस्तु दूसरी जान पड़ती है । पदार्थ को चेतन तत्त्व और शरीर को आत्मा समझ लिया जाता है । यह बहुत बड़ा भ्रम है । इसे नष्ट होना चाहिए ।

दूसरा लक्षण यह है कि शिष्य को अपने गुरु (या शिक्षक) में विश्वास होना चाहिए । पश्चिम में शिक्षक केवल बौद्धिक ज्ञान देता है और कुछ नहीं । गुरु के साथ जो संबंध है, वह जीवन में महानतम है । जीवन में मेरा प्रियतम और निकटतम संबंधी मेरा गुरु है ; उसके बाद मेरी माता; फिर मेरे पिता । मेरा

प्रथम आदर गुरु के लिए है। यदि मेरे पिता कहें, "यह करो", और मेरे गुरु कहें, "इसे मत करो", तो मैं वह नहीं करूँगा। गुरु मेरी जीवात्मा को मुक्त करते हैं। पिता और माता मुझे यह शरीर देते हैं, पर गुरु मुझे आत्मा में नया जन्म देते हैं।

हमारे कुछ विचित्र विश्वास होते हैं। उनमें से एक यह है कि कुछ अपवाद-स्वरूप आत्माएँ, पहले से ही मुक्त हैं, और जो संसार की भलाई के लिए, संसार को सहायता देने के लिए यहाँ जन्म लेती हैं। वे पहले से मुक्त होती हैं; उन्हें अपनी मुक्ति की चिंता नहीं होती, वे दूसरों की सहायता करना चाहती हैं। उन्हें कोई बात सिखाने की आवश्यकता नहीं होती। वे अपने बचपन से ही सब कुछ जानती हैं; वे जब छः महीने की शिशु होती हैं, तभी उच्चतम सत्य को वाणी से प्रकट कर सकती हैं।

मानव जाति की आध्यात्मिक प्रगति इन मुक्त आत्माओं पर निर्भर है। वे उन प्रथम दीपों के समान हैं, जिनसे अन्य दीप जलाये जाते हैं। यह सही है कि प्रकाश सबमें हैं, पर अधिकतर लोगों में वह छिपा हुआ है। महात्मा आरम्भ से ही देदीप्यमान ज्योति होते हैं। उनके सम्पर्क में आनेवाले मानो उनसे अपने दीप जला लेते हैं। इससे प्रथम दीप की कोई हानि नहीं होती; फिर भी वह अपना प्रकाश दूसरे दीपों को पहुँचाता है। करोड़ों दीप जल जाते हैं; पर प्रथम दीप अमंद ज्योति से जगमगाता रहता है। प्रथम दीप गुरु है और जो दीप उससे जलाया जाता है, वह शिष्य है। दूसरा, अपनी बारी आने पर, गुरु बनता है और यह क्रम चलता जाता है। वे महान् आत्माएँ, जिन्हें तुम ईश्वर का अवतार कहते हो, महा बलशाली आध्यात्मिक दिग्गज होते हैं। वे आते हैं और अपनी शक्ति को अपने निकटतम शिष्यों को और उनके द्वारा पीढ़ी दर पीढ़ी शिष्यों को पहुँचा-कर एक अति विशाल आध्यात्मिक प्रवाह को जन्म देते हैं।

ईसाई धर्मसंघ में एक बिशप हाथ फेरकर उस शक्ति को संप्रेषित करने का दावा करता है, जिसे समझा जाता है कि, उसने पहले के बिशपों से प्राप्त किया है। बिशप कहता है कि ईसा मसीह ने अपनी शक्ति अपने निकटतम शिष्यों को संप्रेषित की और उन्होंने दूसरों को। और इस प्रकार ईसा की शक्ति उस तक पहुँची है। हमारा मत है कि हममें से प्रत्येक के पास, केवल बिशपों के पास ही नहीं, ऐसी शक्ति होनी चाहिए। इसका कोई कारण नहीं है कि तुममें से प्रत्येक व्यक्ति आध्यात्मिकता की इस शक्तिशाली धारा का वाहक न हो सके। पर पहले तुमको एक गुरु, एक सच्चा गुरु, खोजना चाहिए, और तुमको यह याद रखना चाहिए कि वह केवल मामूली मनुष्य नहीं होता। तुमको शरीरधारी गुरु मिल सकता है, पर वास्तविक गुरु शरीर में नहीं होता; वह भौतिक मनुष्य नहीं होता—

वह, वह नहीं होता, जो तुम्हारी आँखों को दिखायी देता है। यह हो सकता है कि गुरु तुम्हारे पास मनुष्य के रूप में आये और तुम उससे शक्ति प्राप्त करो, कभी कभी वह स्वप्न में आयेगा और संसार को कुछ दे जायगा। गुरु की शक्ति हम तक अनेक प्रकार से आ सकती है। पर हम साधारण नश्वर प्राणियों के लिए गुरु को ही आना चाहिए और उसके आने तक हमारी तैयारी चलती रहनी चाहिए।

हम भाषण सुनते हैं और पुस्तकें पढ़ते हैं, परमात्मा और जीवात्मा, धर्म और मुक्ति के बारे में विवाद और तर्क करते हैं। यह आध्यात्मिकता नहीं है, क्योंकि आध्यात्मिकता पुस्तकों में, अथवा सिद्धांतों में अथवा दर्शनों में निवास नहीं करती। यह विद्वत्ता और तर्क में नहीं, वरन् वास्तविक अंतःविकास में होती है। तोते भी बातों को याद कर सकते हैं और उन्हें दोहरा सकते हैं। यदि तुम विद्वान् हो जाते हो, तो उससे क्या? गदहे पूरा पुस्तकालय ढोते फिर सकते हैं। इसलिए जब वास्तविक प्रकाश आयेगा, तो पुस्तकों की यह विद्वत्ता—किताबी विद्वत्ता नहीं रहेगी। वह मनुष्य, जो अपना नाम भी नहीं लिख सकता, पूर्णतया धार्मिक हो सकता है; और वह मनुष्य, जिसके मस्तिष्क में संसार के सब पुस्तकालय भरे हों, वैसा होने में असफल रह सकता है। विद्वत्ता आध्यात्मिक प्रगति की शर्त नहीं है। गुरु का स्पर्श, आध्यात्मिक शक्ति का संचरण, तुम्हारे हृदय में जान फूँक देगा। तब विकास आरम्भ होगा। सच्ची अग्नि-दीक्षा यही है। अब रुकना नहीं है। तुम आगे, और आगे बढ़ते जाते हो।

कुछ वर्ष हुए तुम्हारे ईसाई शिक्षकों में से एक ने, जो मेरे मित्र थे, पूछा, "तुम ईसा में विश्वास करते हो?" "हाँ", मैंने उत्तर दिया; "पर कदाचित् थोड़ी अधिक श्रद्धा के साथ।" "तो तुम बपतिस्मा (दीक्षा) क्यों नहीं ले लेते?" मुझे बपतिस्मा कैसे दिया जा सकता है? किसके द्वारा? वह मनुष्य कहाँ है, जो सच्चा बपतिस्मा दे सकता है? बपतिस्मा का अर्थ क्या है? क्या यह फ़ार्मूले बोलते हुए तुम्हारे ऊपर पानी छिड़क देना अथवा तुमको पानी में डूबो देना है?

बपतिस्मा का अर्थ है, आध्यात्मिक जीवन में सीधा प्रवेश। यदि तुमको वास्तविक बपतिस्मा मिलता है, तो तुम जानते हो कि तुम शरीर नहीं हो, वरन् आत्मा हो। यदि तुम दे सकते हो, तो मुझे वह बपतिस्मा दो। यदि नहीं, तो तुम ईसाई नहीं हो। तथाकथित बपतिस्मा प्राप्त होने के बाद तो तुम पूर्ववत् ही रहते हो। केवल यह कहने का क्या अर्थ है कि तुमको ईसा के नाम में बपतिस्मा दिया गया है! कोरी बकबक—अपनी मूर्खता से संसार को निरंतर क्षुब्ध करना! 'सदा अज्ञानान्धकार में लिपटे हुए, फिर भी अपने को बुद्धिमान और विद्वान् समझते हुए, मूर्ख इधर-उधर लड़खड़ाते अंधे द्वारा मार्ग-दर्शित अंधे के समान बार बार

चक्कर काटते हैं ।'[1] इसलिए यह मत कहो कि तुम ईसाई हो, बपतिस्मा और इसी प्रकार की अन्य बातों की डींग मत हाँको ।

निश्चय ही सच्चा बपतिस्मा होता है, जैसे आरम्भ में जब ईसा पृथ्वी पर आये और उन्होंने उपदेश दिया । वे प्रबुद्ध, वे महान् आत्माएँ, जो समय समय पर पृथ्वी पर आती रहती हैं, उनमें हमारे प्रति ईश्वरीय दर्शन का उद्घाटन करा देने की शक्ति रहती है । यही सच्चा बपतिस्मा है । तुम देखते हो कि प्रत्येक धर्म में फ़ार्मूलों और कर्मकांडों से पहले सार्वभौम सत्य का बीज रहता है। समय की यात्रा में यह सत्य बिसर जाता है ; मानों 'बाह्य रूपों और अनुष्ठानों ने उसका गला घोंट दिया हो। रूप रह जाते हैं—हम केवल मंजूषा को पाते हैं, जिसमें से आत्मा उड़ गयी है । तुम्हारे पास बपतिस्मे का रूप है, पर बपतिस्मे के जीवंत तत्त्व को बहुत थोड़े ही जगा सकते हैं। रूप से काम नहीं चलेगा। यदि हम जीवंत सत्य का जीवंत ज्ञान प्राप्त करना चाहते हैं, तो हमें उसमें सच्चाई के साथ दीक्षित होना होगा । यही आदर्श है ।

गुरु मुझे सिखाये और प्रकाश में पहुँचाये, मुझे उस शृंखला की एक कड़ी बनाये, जिसकी कि वह स्वयं एक कड़ी है। साधारण मनुष्य गुरु बनने का दावा नहीं कर सकता । गुरु ऐसा मनुष्य होना चाहिए, जिसने जान लिया है, दैवी सत्य को वास्तव में अनुभव कर लिया है, और अपने को आत्मा के रूप में देख लिया है। केवल बातें करनेवाला गुरु नहीं हो सकता । मेरे समान एक वाचाल मूर्ख बातें बहुत बना सकता है, पर गुरु नहीं हो सकता । एक सच्चा गुरु शिष्य से कहेगा, "जा और अब पाप न कर", और शिष्य अब पाप नहीं कर सकता—उस व्यक्ति में पाप करने की शक्ति नहीं रहती ।

मैंने इस जीवन में ऐसे मनुष्यों को देखा है। मैंने बाइबिल और इस प्रकार के सब ग्रंथ पढ़े हैं ; वे अद्भुत हैं । पर जीवन्त शक्ति तुमको पुस्तकों में नहीं मिल सकती। वह शक्ति, जो एक क्षण में जीवन को परिवर्तित कर दे, केवल उन जीवंत प्रकाशवान आत्माओं से ही प्राप्त हो सकती है, जो समय समय पर हमारे बीच में प्रकट होती रहती है। केवल वे ही गुरु होने के योग्य हैं। तुम और मैं केवल थोथी बकबक है, गुरु नहीं । हम अपनी बातों से अवांछनीय कम्पन उत्पन्न करके संसार को अधिक क्षुब्ध कर रहे हैं । हम आशा करते हैं, प्रार्थना करते हैं और संघर्ष करते जाते हैं, और वह दिन आयेगा, जब हम सत्य पर पहुँचेंगे और हमें बोलने की आवश्यकता नहीं रहेगी ।

---

१. कठोपनिषद् ॥१।२।५॥

'गुरु एक सोलह वर्ष का लड़का था ; उसने एक अस्सी वर्ष के मनुष्य को सिखाया। गुरु की शिक्षण-विधि मौन थी ; और शिष्य की सब शंकाओं का सदा के लिए समाधान हो गया।'[१] यह है गुरु। तनिक सोचो, यदि तुमको ऐसा व्यक्ति मिले, तो तुमको उस व्यक्ति के प्रति कितना विश्वास और प्रेम रखना चाहिए। क्यों, वह साक्षात् ईश्वर है, उससे तनिक भी कम नहीं। इसलिए ईसा के शिष्यों ने ईश्वर के समान उसकी पूजा की। शिष्य को गुरु की पूजा स्वयं ईश्वर के समान करनी चाहिए। जब तक मनुष्य ईश्वर का साक्षात्कार स्वयं ही न कर ले, वह अधिक से अधिक सजीव ईश्वर को, मनुष्य के रूप में ईश्वर को ही जान सकता है, इसके अतिरिक्त वह ईश्वर को कैसे जानेगा ?

यहाँ अमेरिका में एक व्यक्ति है, ईसा से १९०० वर्ष बाद पैदा हुआ, जो ईसा की यहूदी जाति का भी नहीं है। उसने ईसा अथवा उसके परिवार को नहीं देखा है। वह कहता है, "ईसा ईश्वर थे। यदि तुम इसमें विश्वास नहीं करते, तो तुम नरक में जाओगे।" हम समझ सकते हैं कि शिष्यों ने इस पर कि ईसा ईश्वर है, किस प्रकार विश्वास किया ; वह उनके गुरु थे, और उन्होंने विश्वास किया होगा कि वे ईश्वर हैं। पर इस अमेरिकन का उन्नीस सौ वर्ष पूर्व पैदा हुए उस मनुष्य से क्या संबंध है ? यह युवक मुझसे कहता है कि अगर मैं ईसा में विश्वास न करूँ, तो मुझे नरक जाना पड़ेगा। वह ईसा के विषय में क्या जानता है ? वह पागलखाने के योग्य है। इस प्रकार के विश्वास से काम न चलेगा। उसे अपना गुरु खोजना पड़ेगा।

ईसा फिर जन्म ले सकते हैं, तुम्हारे पास आ सकते हैं। तब यदि तुम ईश्वर की भाँति उनकी पूजा करो, तो तुम ठीक करोगे। हम सबको गुरु के आगमन के समय तक प्रतीक्षा करनी चाहिए, और गुरु की पूजा ईश्वर की भाँति की जानी चाहिए। वह ईश्वर है, उससे तनिक भी कम नहीं। गुरु तुम्हारे देखते देखते क्रमशः अंतर्धान हो जाते हैं, और रह क्या जाता है ? गुरु के चित्र का स्थान स्वयं ईश्वर ले लेता है। गुरु वह आभामय चेहरा है, जिसे ईश्वर हम तक पहुँचने के लिए धारण करता है। जब हम एकटक उसे निहारते हैं, तो धीरे धीरे चेहरा गिर जाता है और ईश्वर प्रकट हो जाता है।

'मैं गुरु को नमस्कार करता हूँ, जो दैवी आनन्द की मूर्ति हैं, उच्चतम ज्ञान के विग्रह हैं, और महानतम दैवी आनन्द के दाता हैं, जो शुद्ध, पूर्ण, अद्वितीय, सनातन, सब सुख-दुःख से परे, सर्वगुणातीत और सर्वोच्च हैं।' वास्तव में गुरु ऐसे

---

१. **दक्षिणामूर्तिस्तोत्रम् ॥१२॥**

होते हैं। इसमें आश्चर्य की कोई बात नहीं कि शिष्य उन्हें ईश्वर समझता है और उनमें विश्वास रखता है, श्रद्धा रखता है, उनकी आज्ञा पालता है और बिना शंका किये उनके पीछे चलता है। गुरु और शिष्य के बीच का संबंध ऐसा ही है।

शिष्य को अगली शर्त जो पूरी करनी है, वह यह है कि उसमें मुक्त होने की आकांक्षा अत्यन्त तीव्र हो।

हम उन पतिंगों के समान हैं, जो धधकती ज्वाला में प्रवेश करते हैं, यह जानकर कि वह हमें जला डालेगी, यह जानकर कि इन्द्रियाँ हमें केवल जलाती हैं, वे केवल वासनाओं में वृद्धि करती हैं। 'वासनाएँ कभी भोग से तृप्त नहीं होतीं। भोग से वासनाओं में उसी प्रकार वृद्धि होती है, जैसे अग्नि को दिया हुआ घी अग्नि में वृद्धि करता है।'[१] वासना से वासना बढ़ती है। यह सब जानते हुए भी लोग सदा इसमें डुबकी लगाते रहते हैं। जन्म-जन्मान्तरों से वे वासना-वस्तुओं के पीछे दौड़ते रहे हैं, फलस्वरूप भयंकर यातनाएँ भोगते रहे हैं, फिर भी वे वासनाओं से पीछा नहीं छुड़ा पाते। जिस धर्म को उन्हें वासनाओं के इस भयकारी बंधन से मुक्त करना चाहिए था, उस धर्म को भी उन्होंने अपनी वासनाओं की पूर्ति का साधन बना लिया है। वे कदाचित् ही कभी ईश्वर से यह प्रार्थना करते हैं कि वह उनको इस शरीर और इन्द्रियों के बंधन से, वासनाओं की इस दासता से मुक्ति दिलाये। इसके स्थान पर, वे उससे स्वास्थ्य और समृद्धि के लिए, दीर्घायु के लिए प्रार्थना करते हैं, "हे ईश्वर, मेरा सिर-दर्द दूर करो, मुझे कुछ धन अथवा अमुक वस्तु दो!"

दृष्टि का क्षेत्र इतना छोटा, इतना पतित, इतना पशुतामय, इतना जंगली हो गया है! इस शरीर से परे कोई किसी वस्तु की कामना नहीं करता। ओह, यह भयानक पतन, इसकी यह भयानक यातना! मांस का तनिक सा पिण्ड, पाँच इन्द्रियाँ, यह पेट! उदर और यौन संघात के अतिरिक्त यह संसार क्या है? करोड़ों नर-नारियों को देखो—यही है, जिसके लिए वे जी रहे हैं। इन्हें उनसे छीन लो, तो उन्हें अपना जीवन रिक्त, निरर्थक और असह्य जान पड़ेगा। हम ऐसे हैं। और ऐसा हमारा मन है; यह निरतर उन उपायों और साधनों के पीछे भटकता रहता है, जिनसे हमारी उदर और काम की भूख को तृप्ति प्राप्त हो। यह निरंतर चल रहा है। साथ ही अनन्त दुःख भी है; शरीर की ये वासनाएँ केवल क्षण भर के लिए संतोष देती हैं और अनन्त दुःख लाती हैं। यह उस प्याले को पीने के समान है, जिसकी ऊपरी तह तो अमृत है, पर उसमें नीचे हलाहल भरा हुआ है। पर फिर भी हम इन सब वस्तुओं के पीछे पागल हैं।

---

१. मनुसंहिता ॥२।९४॥

किया क्या जा सकता है ? इस क्लेश से निकलने का केवल एक मार्ग है, सब इन्द्रियों और वासनाओं का परित्याग। यदि तुम आध्यात्मिक बनना चाहते हो, तो तुमको त्याग करना होगा। यह असली कसौटी है। इस संसार को छोड़ो— इन्द्रियों की इस निरर्थकता को। सच्ची इच्छा केवल एक है : यह जानना कि सत्य क्या है, आध्यात्मिक होना। अधिक भौतिकता नहीं, अधिक अहं नहीं। मुझे आध्यात्मिक बनना ही होगा। इच्छा को शक्तिशाली, तीव्र होना चाहिए। यदि किसी मनुष्य के हाथ-पैर इस प्रकार बाँध दिये जायँ कि वह हिल-डुल न सके और तब उसके शरीर पर दहकता अंगारा रखा जाय, तो वह अपनी सम्पूर्ण शक्ति से उसे हटा देने का प्रयास करेगा। जब मुझमें इस प्रकार की तीव्र इच्छा इस जलते हुए संसार को हटा फेंकने के वास्ते अथक संघर्ष करने के लिए उत्पन्न होगी, तो मेरे लिए दैवी सत्य की झाँकी मिलने का समय आ जायगा।

मुझे देखो। यदि मेरी छोटी सी नोटबुक, जिसमें दो-तीन डॉलर हैं, खो जाती है, तो मैं उसे ढूँढ़ने के लिए बीस बार घर के भीतर जाता हूँ। वह फ़िक्र, वह चिंता, वह कशमकश ! यदि तुममें से कोई मुझे क्रुद्ध कर देता है, तो मैं उसे बीस वर्ष याद रखता हूँ, मैं न क्षमा कर सकता हूँ, न भूल सकता हूँ। इन्द्रियों की छोटी सी वस्तुओं के लिए मैं इस प्रकार संघर्ष कर सकता हूँ। वह कौन है, जो ईश्वर के लिए इस प्रकार प्रयास करता है ? 'बालक अपने खेल में सब कुछ भूल जाते हैं। युवक इन्द्रियों के आनन्द के पीछे पागल हैं; उन्हें और किसी बात की चिंता नहीं है। वृद्ध अपने पुराने दुष्कृत्यों के लिए पश्चात्ताप कर रहे हैं' (शंकर)। वे अपने पुराने भोगों के विषय में सोच रहे हैं—वे वृद्ध, जो अब कोई भोग नहीं प्राप्त कर सकते। वे जुगाली कर रहे हैं—वे अधिक से अधिक यही कर सकते हैं। कोई उतनी तीव्र लगन के साथ ईश्वर के लिए आतुर नहीं होता, जितनी तीव्रता से वे इन्द्रिय-भोग्य वस्तुओं के लिए लालायित होते हैं।

सभी लोग कहते हैं कि ईश्वर ही सत्य है, वही एक है, जो वास्तव में है ; केवल चेतना की ही सत्ता है, पदार्थ की नहीं। फिर भी ईश्वर से वे जो माँगते हैं, वह शायद ही चेतना होती है। वे सदा पार्थिव वस्तुओं की याचना करते हैं। उनकी प्रार्थना में चेतन को जड़ से अलग नहीं रखा जाता। धर्म अब केवल पतन ही रह गया है। सब कुछ पाखंड बनता जा रहा है। वर्ष बीतते जा रहे हैं और आध्यात्मिक उपलब्धि कुछ भी नहीं होती। पर मनुष्य को केवल एक वस्तु की भूख होनी चाहिए, आत्मा की, क्योंकि केवल आत्मा का ही अस्तित्व है। यही आदर्श है। यदि तुम इसे अभी नहीं प्राप्त कर सकते, तो कहो, "मैं अभी वहाँ तक नहीं पहुंच सकता। वह आदर्श है, मैं जानता हूँ, पर मैं अभी उसको चरितार्थ

नहीं कर सकता।" पर तुम यह नहीं करते। तुम धर्म को निम्न स्तर पर उतार लाते हो और आत्मा का नाम लेकर जड़ के पीछे दौड़ते हो। तुम सब नास्तिक हो, तुम इन्द्रियों के अतिरिक्त और किसीमें विश्वास नहीं करते! 'अमुक ने ऐसा ऐसा कहा है--इसमें कुछ तत्त्व हो सकता है। हम कर देखें और मज़ा लें। हो सकता है, कुछ लाभ हो जाय; शायद मेरी टूटी टाँग ठीक हो जाय।'

रोगी लोग बहुत दुःखी होते हैं; वे ईश्वर के बड़े उपासक होते हैं, इसलिए कि वे आशा करते हैं कि यदि वे उससे प्रार्थना करेंगे, तो वह उन्हें चंगा कर देगा। ऐसा नहीं है कि यह सब एकदम बुरा है—यदि ऐसी प्रार्थनाएँ सच्ची हों और लोग यह याद रखें कि यह धर्म नहीं है। गीता में (७।१६) श्री कृष्ण कहते हैं, "चार प्रकार के मनुष्य मेरी उपासना करते हैं: आर्त, अर्थार्थी, जिज्ञासु और सत्य के ज्ञाता।" जो लोग दुःखग्रस्त होते हैं, वे सहारे के लिए ईश्वर के निकट जाते हैं। यदि वे रोगी होते हैं, तो नीरोग होने के लिए उसकी पूजा करते हैं; यदि उनका धन नष्ट हो जाता है, तो वे उसकी पुनः प्राप्ति के लिए प्रार्थना करते हैं। और दूसरे लोग हैं, जो वासनाओं से भरे हैं, वे उससे सब प्रकार की वस्तुएँ माँगते हैं—नाम, यश, सम्पत्ति, पद इत्यादि। वे कहते हैं, "हे पवित्र मेरी, यदि मेरी यह इच्छा पूर्ण हो जायगी, तो मैं तुम्हें एक भेंट चढ़ाऊँगा। यदि तुम मेरी इच्छा पूर्ण करने में सफल होती हो, तो मैं ईश्वर की पूजा करूँगा और प्रत्येक वस्तु का एक अंश तुम्हें दूँगा।" जो मनुष्य इतने सांसारिक नहीं होते, पर फिर भी जिन्हें ईश्वर में विश्वास नहीं है, वे उसके बारे में जानने की इच्छा रखते हैं। वे दर्शनों का अध्ययन करते हैं, धर्मशास्त्र पढ़ते हैं, उपदेश सुनते हैं और ऐसे ही अन्य कार्य करते हैं। वे जिज्ञासु हैं। अंतिम श्रेणी उन लोगों की है, जो ईश्वर की पूजा करते हैं और उसे जानते हैं। ये चारों श्रेणियाँ भली हैं, बुरी नहीं। ये सब उसकी उपासना करते हैं।

पर हम शिष्य बनने का प्रयत्न कर रहे हैं। हमारा एकमात्र ध्येय है, उच्चतम सत्य के ज्ञान की प्राप्ति। हमारा ध्येय सबसे ऊँचा है। हमने अपने से बड़े बड़े शब्द कहे हैं—परम अनुभूति आदि आदि। हमें उन शब्दों के अनुरूप होना चाहिए। हम आत्मा में स्थित होकर आत्मा में आत्मा की उपासना करें। हमारा आधार आत्मा है, मध्य आत्मा है और अंत आत्मा है। संसार कहीं न हो। उसे जाने दो और आकाश में चक्कर लगाने दो—चिंता क्या है? तू आत्मा में स्थित हो! यह ध्येय है। हम जानते हैं कि हम अभी उस तक नहीं पहुँच सकते। चिंता मत करो, निराश न होओ और आदर्श को नीचे न घसीटो। महत्त्वपूर्ण बात यह है: कि तुम इस शरीर के बारे में, अपने बारे में, जड़ के रूप में,—मृत,

जड़, अचेतन पदार्थ के रूप में कितना कम सोचते हो और अपने बारे में एक उज्ज्वल, अमर अस्तित्व के रूप में कितना अधिक सोचते हो। तुम अपने को उज्ज्वल, अमर अस्तित्व के रूप में जितना अधिक सोचोगे, उतने ही अधिक तुम पदार्थ, शरीर और इन्द्रियों से सम्पूर्ण मुक्ति प्राप्त करने के लिए उत्सुक होगे। मुक्त होने की तीव्र इच्छा यही है।

चौथी और अंतिम शर्त शिष्यता की यह है कि उसे सत् और असत् का विवेक हो। केवल एक वस्तु—ईश्वर—है, जो सत्य है। सर्वदा मन उनकी ओर लगा रहे, उसे समर्पित रहे। ईश्वर है, उसके अतिरिक्त और कुछ नहीं है, और सब आता जाता रहता है। संसार की कोई भी इच्छा भ्रम है, इसलिए कि संसार मिथ्या है। जब तक और सब मिथ्या—जैसा वह वास्तव में है—प्रतीत न होने लगे, मन को केवल ईश्वर के प्रति ही अधिकाधिक अनुभवशील होना चाहिए।

ये वे चार शर्तें हैं, जिन्हें शिष्य बनने की इच्छा रखनेवाले को पूरा करना होगा। इनको पूरा किये बिना वह सच्चे गुरु के सम्पर्क में आने का अधिकारी नहीं बनेगा। और यदि सौभाग्यवश वह उसके सम्पर्क में आ भी जाता है, तो गुरु द्वारा संचरित शक्ति से उसे स्फुरण नहीं प्राप्त होगा। इन शर्तों से कोई समभौता नहीं हो सकता। इन सब शर्तों के—इन सब तैयारियों के—पूर्ण होने पर शिष्य का हृदय-कमल खिलेगा और तब भ्रमर आयेगा। तब शिष्य को ज्ञान होगा कि गुरु उसके शरीर में, उसके भीतर था। वह खिलता है। वह अनुभूति पाता है। वह जीवन के सागर को पार करता है, परे जाता है। वह इस भयावह सागर को पार करता है; और दयावश बिना लाभ अथवा स्तुति का विचार किये, दूसरों को इसे पार करने में सहायता देता है।

मन्त्र और मन्त्र-चैतन्य

मंत्रशास्त्रियों का विश्वास है कि कुछ शब्द ऐसे हैं जो गुरु और शिष्य-परम्परा से चले आये हैं, उनका जप मात्र करने से ही उन्हें किसी प्रकार के साक्षात्कार की उपलब्धि हो जायगी। मंत्र-चैतन्य शब्द के दो भिन्न अर्थ हैं। कुछ लोगों के मतानुसार, यदि तुम किसी मंत्र के जप का अभ्यास करते हो, तो तुम्हें उस इष्ट देवता के दर्शन हो जायेंगे, जो उस मंत्र का साध्य अथवा देवता है। पर दूसरों के अनुसार, इस शब्द का अर्थ है कि यदि तुम अयोग्य गुरु से प्राप्त किसी मंत्र का जप करो, तो तुम्हारा जप उस समय तक सिद्ध न होगा, जब तक तुम विशेष अनुष्ठान करके उन मंत्रों को चेतन अर्थात् जीवन्त न कर लो। विभिन्न मंत्र जब इस प्रकार 'जीवन्त' होते हैं, उनमें विभिन्न लक्षण पाये जाते हैं, पर सामान्य लक्षण यह है कि मनुष्य उन्हें बिना किसी प्रकार का कष्ट अनुभव किये बहुत देर तक जप सकता है और यह कि उसका मन बहुत शीघ्र एकाग्र हो जाता है। यह तांत्रिक मंत्रों के बारे में है।

वेदों के समय से, मंत्रों के विषय में दो भिन्न मत रहे हैं। यास्क और दूसरे लोग कहते हैं कि वेदों का अर्थ है, पर पुरातन मंत्रशास्त्री कहते हैं कि उनका कोई अर्थ नहीं है; और यह कि उनका उपयोग इसीमें है कि कुछ यज्ञों में उनका पाठ किया जाय। तब वे निश्चय ही फल के रूप में पार्थिव सुख अथवा आध्यात्मिक ज्ञान प्रदान करते हैं। आध्यात्मिक ज्ञान उपनिषदों के वचनों से प्रसूत होता है।

मातृ-पूजा

(न्यूयार्क में स्वामी विवेकानन्द के एक कक्षालय के खंडित नोटों के आधार पर)

ऐंद्रिक प्रत्यक्ष के दो युग्म तथ्य, जिनसे हम कभी छुटकारा नहीं पा सकते, सुख और दुःख हैं—जो वस्तुएँ हमें कष्ट देती हैं, वे सुख भी लाती हैं। हमारा संसार इन दोनों से बना है। हम उनसे छुटकारा नहीं पा सकते; जीवन की प्रत्येक धड़कन के साथ वे विद्यमान हैं। संसार इन दो विरोधियों के समन्वय के प्रयत्न में लगा हुआ है, ऋषि विरोधियों के इस सम्मिलन का समाधान खोज रहे हैं। कष्ट की दाहक ऊष्मा बीच बीच में विश्रांति की झलकों से खंडित होती रहती है, प्रकाश की चमक थोड़े थोड़े समय बाद कौंधकर केवल तमिस्रा को अधिक गहन करने के लिए ही अंधकार को भंग करती है।

बालक जन्मजात आशावादी होते हैं, पर जीवन का शेषांश एक अविच्छिन्न स्वप्नभंग होता है; एक भी आदर्श पूर्णतया प्राप्त नहीं किया जा सकता, एक भी प्यास नहीं बुझायी जा सकती। इस प्रकार वे इस पहेली को हल करने का प्रयत्न करते रहते हैं, और धर्म ने यह काम सँभाल लिया है।

द्वैतवादी धर्मों में, पारसियों में, एक ईश्वर होता है और एक शैतान। यह यहूदियों के द्वारा समस्त यूरोप और अमेरिका में फैल गया है। यह हज़ारों वर्ष पहले की एक कामचलाऊ परिकल्पना थी, पर अब हम जानते हैं कि यह निराधार है। विशुद्ध शुभ अथवा अशुभ जैसी कोई वस्तु नहीं है; जो एक के लिये शुभ है, वही दूसरे के लिए अशुभ, आज बुरा है, कल भला और इसके विपरीत।...

ईश्वर वास्तव में पहले एक क़बीले का देवता था, बाद में वह देवताओं का ईश्वर बना। प्राचीन मिस्रियों और बेबिलोनियनों ने इस विचार (एक द्वैत ईश्वर और शैतान का) को बहुत व्यावहारिक रूप से कार्यान्वित किया। उनका मोलोक देवताओं का ईश्वर बन गया और बन्दी देवता उसके मन्दिर में सिर झुकाने को बाध्य किये गये।

फिर भी पहेली बनी ही हुई है : इस अशुभ की अध्यक्षता कौन करता है? बहुत से लोग आशा का कोई आधार न होने पर भी आशा लगाये बैठे हैं कि संसार

में सब भला है और यह कि गलती हमारे न समझ पाने की है। हम तिनके का सहारा ले रहे हैं, अपने सिर रेत में धसा रहे हैं। फिर भी हम सब नैतिकता का पालन करते हैं और नैतिकता का सार है बलिदान—'मैं नहीं, तू'। फिर भी यह विश्व के महान् भले ईश्वर से कैसा भिड़ जाता है? वह (ईश्वर) अत्यन्त स्वार्थी है, घोर प्रतिहिंसक व्यक्ति—जिसे हम जानते हैं, प्लेग, अकाल, युद्ध भेजनेवाला!

हम सबको इस जीवन में अनुभव प्राप्त करने पड़ते हैं। हम कटु अनुभवों से भागने का प्रयत्न कर सकते हैं, पर देर-सबेर वे हमें पकड़ ही लेते हैं। और मुझे उस मनुष्य पर दया आती है, जो सारी चीज़ का सामना नहीं कर पाता।

वेदों के मनुदेव का रूपान्तर ईरान में अहिर्मन में हो गया। इस प्रकार इस प्रश्न की पौराणिक व्याख्या समाप्त हो गयी; पर प्रश्न बना रहा, और इसका कोई उत्तर नहीं था, कोई हल नहीं था।

पर देवी के प्रति प्राचीन वैदिक स्तुति में एक दूसरा भाव था: 'मैं प्रकाश हूँ। मैं सूर्य और चन्द्र की ज्योति हूँ; मैं वायु हूँ, जो सब प्राणियों में जीवन फूँकती है।' यह वह अंकुर है, जो बाद में मातृ-पूजा के रूप में विकसित होता है। मातृ-पूजा का उद्देश्य पिता और माता के बीच भेद करना नहीं है। इसके द्वारा व्यक्त प्रथम विचार, शक्ति का विचार है—मैं वह शक्ति हूँ, जो सब जीवों में है।

शिशु नाड़ीप्रधान मनुष्य है। वह बढ़ता रहता है और अन्त में शक्तिप्रधान मनुष्य हो जाता है। शुभ और अशुभ की धारणा आरम्भ में विभेदीकृत और विकसित नहीं थी। वृद्धिमान चेतना ने शक्ति को ही आदि विचार के रूप में दर्शाया। प्रत्येक पग पर प्रतिरोध और संघर्ष होना नियम है। हम दो के परिणाम हैं—ऊर्जा और प्रतिरोध के, अंतः और बाह्य बल के। प्रत्येक परमाणु कार्य कर रहा है और मनके प्रत्येक विचार का प्रतिरोध कर रहा है। हम जिन वस्तुओं को देखते और जानते हैं, वह सभी इन दोनों शक्तियों का परिणाम है।

ईश्वर का यह विचार एक नयी वस्तु है। वैदिक स्तुतियों में वरुण और इन्द्र भक्तों पर सर्वोत्तम वरदानों और आशीषों की वर्षा करते हैं—एक बहुत मानवीय कल्पना, स्वयं मनुष्य से भी अधिक मानवीय।

यह एक नया सिद्धांत है। सब घटनाओं के पीछे एक शक्ति है। शक्ति, सर्वत्र शक्ति ही है, चाहे वह अशुभ के रूप में हो, चाहे संसार के त्राता के रूप में। इस प्रकार, यह एक नवीन कल्पना है; पुरानी कल्पना नर-ईश्वर की थी। यहाँ एक सर्वव्यापी शक्ति की कल्पना का प्रथम उदय है।

'जब वह अशुभ का विनाश करना चाहता है, तब मैं रुद्र के धनुष को चढ़ाती हूँ।'

बहुत शीघ्र ही गीता में हम पाते हैं : 'हे अर्जुन, मैं सत् हूँ और मैं असत् हूँ, मैं शुभ हूँ, और मैं अशुभ हूँ, मैं संतों की शक्ति हूँ, मैं खलों की शक्ति हूँ।' पर शीघ्र ही वक्ता सत्य में जोड़-गाँठ कर देता है और यह विचार सुप्त हो जाता है। मैं तभी तक शुभ की शक्ति हूँ, जब तक वह शुभ करती रहती है।

ईरान के धर्म में शैतान की कल्पना थी; पर भारत में शैतान की धारणा नहीं थी। परवर्ती पुस्तकों ने इस नये विचार को अपनाना आरंभ किया। अशुभ का अस्तित्व है, और इस तथ्य को मान लेना होगा। विश्व एक तथ्य है; और यदि यह तथ्य है, तो वह शुभ और अशुभ का विशाल संघात है। जो शासन करता है, वह शुभ और अशुभ पर शासन करता है। यदि यह शक्ति हमारे जीवन का कारण है, तो वह हमारी मृत्यु का कारण भी है। हँसी और आँसू बन्धु हैं और इस संसार में हँसी की अपेक्षा आँसू अधिक हैं। फूल किसने बनाये, हिमालय किसने बनाये ? एक बहुत अच्छे ईश्वर ने। मेरे पापों और मेरी दुर्बलताओं को किसने बनाया ? कर्म ने, शैतान ने, अहं ने। फल हुआ लँगड़ा, एक टाँग का विश्व, और स्वभावतः इस विश्व का ईश्वर भी एक टाँग का ईश्वर है।

शुभ और अशुभ को दो नितान्त पृथक् सत्ताओं के रूप में देखना हमें निर्मम हृदयहीन पशु बनाता है। एक भली नारी वेश्या से बिदक जाती है। क्यों ? कुछ बातों में वह तुमसे अनन्त गुना अच्छा हो सकती है। यह दृष्टिकोण संसार में स्थायी ईर्ष्या और घृणा, मनुष्य और मनुष्य के, भले मनुष्य और अपेक्षाकृत कम भले अथवा बुरे मनुष्य के बीच स्थायी व्यवधान उत्पन्न करता है। ऐसा पाशविक दृष्टिकोण केवल बुराई है, स्वयं बुराई से भी अधिक बुरी। शुभ और अशुभ पृथक् सत्ताएँ नहीं हैं। वरन् शुभ का विकास होता है, जो कम शुभ होता है, उसे हम अशुभ कहते हैं।

कुछ संत हैं और कुछ पापी। सूर्य भले और बुरे, दोनों पर एक समान चमकता है। क्या वह उनके बीच भेद करता है ?

ईश्वर के पितृत्व का पुरातन विचार सुख की अध्यक्षता करनेवाले ईश्वर की मधुर कल्पना से सम्बद्ध है। हम तथ्यों को अस्वीकार करना चाहते हैं। अशुभ का अस्तित्व नहीं है, वह शून्य है। 'मैं' बुराई है। और 'मैं' का अस्तित्व आवश्यकता से अधिक है। क्या मैं शून्य हूँ ? मैं नित्य अपने को इस रूप में देखने का प्रयास करता हूँ और असफल रहता हूँ।

ये सभी विचार अशुभ से भागने के प्रयत्न हैं। पर हमें इसका सामना करना है। सम्पूर्ण का सामना करो ! क्या मेरे ऊपर किसीका बंधन है कि मैं केवल सुख और शुभ में ही ईश्वर को अपना आंशिक प्रेम दूँ और दुःख तथा अशुभ में नहीं ?

वह दीपक, जिसकी ज्योति में एक मनुष्य जाली हस्ताक्षर बनाता है और दूसरा अकाल-निवारण के लिए हज़ार डॉलर का चेक लिखता है, दोनों पर प्रकाश डालता है, वह उनमें भेद नहीं करता। प्रकाश अशुभ को नहीं जानता; तुम और मैं उसे बुरा अथवा भला बनाते हैं।

इस विचार के लिए एक नया नाम चाहिए। इसे माँ कहते हैं, क्योंकि शब्द की व्युत्पत्ति की दृष्टि से उसका आरंभ एक नारी कवि से हुआ, जिसे देवी का पद दिया गया था। इसके बाद सांख्य आया, और उसके अनुसार सब शक्ति स्त्री है। चुम्बक निश्चेष्ट है और लोहे के कण दौड़ रहे हैं।

भारत में सब स्त्री-प्रकारों में माँ सबसे ऊँची है, पत्नी से भी ऊँची। पत्नी और संतान मनुष्य को त्याग सकते हैं, पर उसकी माँ कभी नहीं त्यागती। माँ सदा वैसी ही रहती है, अथवा अपने बच्चे को कदाचित् तनिक अधिक प्यार करती है। माँ वह उज्ज्वल प्रेम दर्शाती है, जिसमें सौदा नहीं होता, वह प्रेम जो कभी नहीं मरता। ऐसा प्रेम किसमें हो सकता है? केवल माँ में, पुत्र में नहीं, पुत्री में नहीं, पत्नी में नहीं।

"मैं वह शक्ति हूँ, जो सर्वत्र व्यक्त होती है," माँ कहती है—वह जो इस विश्व को जन्म दे रही है, और जो आगे आनेवाले उसके विनाश को उत्पन्न कर रही है। कहने की आवश्यकता नहीं कि विनाश सृष्टि का आरम्भ मात्र है। पर्वत की चोटी घाटी का आरम्भ मात्र है।

निर्भीक बनो, तथ्यों का सामना तथ्यों की भाँति करो। अशुभ के भय से विश्व में इधर-उधर न भागो। अशुभ अशुभ है। उससे क्या?

अंततः, यह केवल माँ की लीला है। कोई बड़ी गंभीर बात नहीं है। सर्वशक्तिमान को क्या हिला सकता है? वह क्या है, जिसने माँ को विश्व-निर्माण के लिए प्रेरित किया? उनका कोई लक्ष्य नहीं हो सकता। क्यों? क्योंकि लक्ष्य वह होता है, जिसकी अभी प्राप्ति न हुई हो। यह सृष्टि किसलिए है? केवल लीला। हम इसे भूल जाते हैं, और झगड़ने लगते हैं और दुःख भोगते हैं। हम माँ के लीलासखा हैं।

उस कष्ट को देखो, जो माँ शिशु के पालने में उठाती है। क्या उसे इसमें आनन्द आता है? निश्चय ही। वह उपवास करती है, प्रार्थना करती है, नज़र रखती है। वह इसे सबसे अधिक प्रेम करती है। क्यों? इसलिए कि इसमें कोई स्वार्थ नहीं है।

सुख आयेगा—बहुत ठीक : कौन रोकता है? दुःख आयेगा : उसका भी स्वागत है। एक मच्छर एक बैल के सींग पर बैठा था; अचानक उसमें पश्चा-

त्ताप उत्पन्न हुआ और वह बोला, "बैल महोदय, मैं बहुत देर से यहाँ बैठा हुआ हूँ। शायद आपको कष्ट हो रहा है। मुझे खेद है, मैं चला जाऊँगा।" बैल ने उत्तर दिया, "अरे नहीं, बिल्कुल नहीं! अपने पूरे परिवार को ले आओ और मेरे सींग पर निवास करो : तुमसे मुझे क्या कष्ट होगा ?"

हम दुःख से यही क्यों नहीं कह सकते? वीर होने का अर्थ है, माँ में विश्वास रखना!

'मैं जीवन हूँ, मैं मृत्यु हूँ!' यह माँ है, जिसकी छाया जीवन और मृत्यु है। सब सुखों का सुख वही है। सब दुःखों में दुःख वही है। यदि जीवन आता है, तो वह माँ है, यदि मृत्यु आती है, तो वह माँ है। यदि स्वर्ग आता है, तो वह वही है। यदि नरक आता है, तो वहाँ माँ है; ग़ोता लगाओ। हममें विश्वास नहीं है, हममें यह देखने का धैर्य नहीं है। हम ऐरे-ग़ैरे पर विश्वास कर लेते हैं, पर विश्व में एक ही है, जिस पर हम कभी विश्वास नहीं करते और वह है ईश्वर। जब वह हमारे मन की करता है, तो हम उस पर भरोसा करते हैं। पर समय आयेगा, जब चोट पर चोट खाकर यह स्वयंपर्याप्त मन मर जायगा। हम जो कुछ करते हैं, उसमें अहं का सर्प अपना फन उठाये रहता है। हम प्रसन्न हैं कि मार्ग में इतने अधिक काँटे हैं। वे सर्प के फन में आघात करते हैं।

सबके अंत में आयेगा : आत्म-समर्पण। तब हम अपने को माँ के प्रति अर्पित कर सकेंगे। यदि दुःख आता है, स्वागत है; यदि सुख आता है, स्वागत है। जब हम प्रेम की इस सीमा तक पहुँच जायँगे, तो सारी टेढ़ी वस्तुएँ सीधी हो जायँगी। ब्राह्मण, चांडाल और कुत्ते के लिए एक ही दृष्टि होगी। जब तक हम विश्व को एक दृष्टि से, निष्पक्ष, अमर प्रेम नहीं करते, हम बार बार चूकते रहते हैं। पर तब, सब अन्तर्हित हो चुकेगा और हमें सबमें उसी अनन्त अनादि माँ के दर्शन होंगे।

दिव्य माता की उपासना

(न्यूयार्क में जून, १९०० ई० में एक रविवार के तीसरे पहर लिये हुए कुछ स्फुट नोट)

संसार के प्रत्येक धर्म में मनुष्य वंश अथवा कबीले के देवता से, देवताओं के अधिदेव, पूर्ण ईश्वर तक पहुँचता है।

केवल कन्फ्यूशस ने नैतिकता के एक चिरंतन भाव का उल्लेख किया है। 'मनुदेव' का रूपांतर अहिर्मन में हुआ। भारत में, पौराणिक अभिव्यक्ति को दबाया गया। पर भाव जीवित बना रहा। एक प्राचीन वेद में मंत्र मिलता है, 'मैं जीवित मात्र की सम्राज्ञी, सब वस्तुओं की शक्ति हूँ।'

मातृ-पूजा स्वयं अपने में एक विशिष्ट दर्शन है। हमारे विचारों में शक्ति का स्थान प्रथम है। वह प्रत्येक पग पर मनुष्य से टकराती है; अभ्यंतर में अनुभूत शक्ति आत्मा है; बाहर अनुभूत प्रकृति है। दोनों के बीच जो संघर्ष होता है, उससे मनुष्य के जीवन का निर्माण होता है। जो कुछ हम जानते हैं अथवा अनुभव करते हैं, वह सब केवल इन दोनों शक्तियों का परिणाम है। मनुष्य ने देखा कि सूर्य शुभ और अशुभ पर एक सा चमकता है। यहाँ ईश्वर के बारे में एक नया विचार मिला, सबके पीछे विश्वव्यापी शक्ति के रूप में—मातृ-विचार का जन्म हुआ।

सांख्य के अनुसार, क्रियाशीलता प्रकृति का धर्म है, पुरुष अथवा आत्मा का नहीं। भारत के सभी स्त्री-प्रकारों में, माँ सबसे ऊपर है। माँ सब बातों में संतान का साथ देती है। पत्नी और संतान मनुष्य को त्याग सकती है, पर माँ कभी नहीं त्यागती ! फिर, माँ विश्व की निष्पक्ष शक्ति है, जो अपने निःस्वार्थ प्रेम के कारण कुछ माँगती नहीं, कुछ चाहती नहीं, अपनी सन्तान के दुर्गुणों की चिंता नहीं करती, वरन् उसे और अधिक प्यार करती है। और आज मातृपूजा हिन्दुओं के सब उच्चतम वर्गों में प्रचलित पूजा है।

लक्ष्य का वर्णन केवल ऐसी किसी वस्तु के रूप में किया जा सकता है, जो अभी प्राप्त नहीं हुई है। यहाँ, कोई लक्ष्य नहीं है। यह समस्त संसार एक समान माँ की लीला है। पर हम इसे भूल जाते हैं। जब स्वार्थ नहीं रहता, जब हम स्वयं

अपने जीवन के साक्षी बन जाते हैं, तो दुःख का भी आनन्द लिया जा सकता है। इस दर्शन के विचारक इस विचार से प्रभावित हुए कि सब घटनाओं के पीछे शक्ति एक है। ईश्वर संबंधी हमारी धारणा में, मानवीय सीमा—व्यक्तित्व है। मातृ शक्ति के साथ एक सर्वव्यापी बल का विचार आता है। 'मैं रुद्र का धनुष खींचती हूँ, जब वे संहार करना चाहते हैं', शक्ति कहती है। उपनिषदों ने इस विचार का विकास नहीं किया; क्योंकि वेदांत ईश्वर-विचार को महत्त्व नहीं देता। पर गीता में अर्जुन के प्रति यह अर्थगंभीर कथन आता है, 'मैं सत् हूँ और मैं असत् हूँ। मैं शुभ लाता हूँ और मैं अशुभ लाता हूँ।'

फिर यह विचार सो गया। उसके बाद नया दर्शन आया। यह विश्व शुभ और अशुभ का एक संघात है और दोनों के द्वारा एक ही शक्ति की अभिव्यक्ति होनी चाहिए। एक लँगड़ा, एक टाँग का विश्व, केवल एक लँगड़ा, एक टाँग का ईश्वर दर्शाता है।' और यह, अंत में, हममें सहानुभूति का अभाव कर देता है और हमें पाशविक बनाता है। ऐसी भावना पर निर्मित नीतिशास्त्र पशुता का नीतिशास्त्र है। संत पापी से घृणा करता है, और पापी संत के विरुद्ध संघर्ष करता है। फिर भी, यह भी हमें आगे बढ़ाता है। क्योंकि अंत में कुटिल स्वयंपर्याप्त मन मर जायगा, बारम्बार के प्रहारों के नीचे पिस जायगा; और तब हम जाग जायँगे और माँ को जान जायँगे।

केवल माँ के प्रति चिरंतन, सम्पूर्ण आत्म-समर्पण ही हमें शांति प्रदान कर सकता है। भय और लाभ की भावनाओं को अलग रखकर, माँ से माँ के निमित्त ही प्रेम करो। माँ से प्रेम करो, क्योंकि तुम माँ की संतान हो। उसे भले-बुरे सबमें एक समान देखो। केवल तभी 'समता' और चिरंतन आनन्द अर्थात् स्वयं माँ आयेगी, जब हम उसको इस प्रकार पा लेंगे। उस समय तक, दुःख हमारा पीछा करता रहेगा। केवल माँ के आश्रय में ही हम सुरक्षित हैं।

मुक्ति का मार्ग

(मार्च १२, १६०० ई०, सोमवार को ओकलैंड में दिये गये भाषण की रिपोर्ट : 'ओकलैंड एन्क्वायरर' की सम्पादकीय टिप्पणी सहित)

कल शाम फ़र्स्ट यूनिटेरियन चर्च का वेंडट हॉल उन बहुसख्यक श्रोताओं से भरा हुआ था, जो वहाँ हिन्दू उपदेशक स्वामी विवेकानन्द के दृष्टिकोण से मुक्ति का मार्ग सुनने को एकत्र हुए थे। स्वामी ने इस माला में जो तीन भाषण दिये हैं, उनमें यह अंतिम था। उन्होंने अंशत: कहा :

एक मनुष्य कहता है कि ईश्वर स्वर्ग में है, दूसरा कहता है कि वह प्रकृति में और सब जगह विद्यमान है। पर जब कोई संकट उपस्थित होता है, तो हम पाते हैं कि लक्ष्य एक है। हम सब विभिन्न योजनाओं के अनुसार कार्य करते हैं, पर हमारे लक्ष्य भिन्न नहीं हैं।

प्रत्येक महान् धर्म के दो महान् बीज शब्द हैं, त्याग और आत्मबलिदान। हम सभी सत्य को चाहते हैं और हम जानते हैं कि वह आयेगा, चाहे हम उसे चाहें या न चाहें। एक प्रकार से हम सब उस अभीष्ट के लिए काम कर रहे हैं। और हमें उसे प्राप्त करने से कौन रोकता है? हम स्वयं ही। तुम्हारे पूर्वज उसे शैतान कहते थे; पर वह स्वयं हमारा मिथ्या अहं है।

हम दासता में रहते हैं और यदि हम इससे बाहर निकलें, तो मर जायें। हम उस मनुष्य के समान हैं, जो नब्बे वर्ष तक पूर्ण अंधकार में रहा और जब उसे बाहर प्रकृति की उष्ण धूप में लाया गया, तो उसने विनती की कि मुझे फिर मेरी अँधेरी कोठरी में पहुँचा दो। तुम इस पुराने जीवन को छोड़कर एक विस्तृत खुले नवीनतर जीवन और महत्तर स्वतंत्रता में नहीं जाना चाहोगे।

वस्तुओं के मर्म तक पहुँचना बहुत कठिन है। यह उस जैक—अमुक के छोटे हेय भ्रम हैं, जो सोचता है कि उसकी आत्मा अनन्त है, चाहे वह अपने विभिन्न धर्मों सहित कितना ही छोटा क्यों न हो। एक देश में एकदम धर्म के ही कारण एक पुरुष की बहुत सी पत्नियाँ होती हैं, दूसरे देश में एक नारी के बहुत से पति होते हैं। इस प्रकार कुछ मनुष्यों के दो देवता, कुछ के एक ईश्वर और कुछ के ईश्वर भी नहीं होता।

पर मुक्ति कर्म और प्रेम में है। तुम कोई वस्तु पूर्णतया अवगत कर लो। कुछ समय बाद यह हो सकता है कि वह तुमको याद न आये। फिर भी वह ज्ञान तुम्हारी अन्तर्चेतना में बैठ जाता है और तुम्हारा एक भाग बन जाता है। इसी प्रकार तुम जैसे कर्म करते हो, चाहे वे भले हों या बुरे, उनसे तुम अपने जीवन का भावी मार्ग बनाते हो। यदि तुम कर्म के विचार से—कर्म के लिए कर्म—भला कर्म करते हो, तो तुम अपनी कल्पना और अपने स्वप्न के स्वर्ग में जाओगे।

संसार का इतिहास इसके महान् पुरुषों, इसके उपदेवताओं का इतिहास नहीं है, वरन् वह समुद्र के उन छोटे द्वीपों के समान है, जो समुद्र में प्रवहमान पदार्थों के एकत्र होने से विशाल महाद्वीप बन जाते हैं। तो संसार का इतिहास बलिदान के उन छोटे-छोटे कार्यों का इतिहास है, जो घर घर में किये जाते हैं। मनुष्य धर्म को इसलिए स्वीकार करता है कि वह स्वयं अपनी विवेक-बुद्धि के सहारे खड़ा होना नहीं चाहता। वह उसे एक बुरी स्थिति से निकलने का सर्वोत्तम मार्ग समझता है।

मनुष्य की मुक्ति उस प्रेम की महानता में है, जिससे वह अपने ईश्वर को प्यार करता है। तुम्हारी पत्नी कहती है, "अरे, जॉन, मैं तुम्हारे बिना नहीं रह सकती।" कुछ मनुष्यों को, जब उन्हें धन की हानि हो जाती है, पागलखाने भेजना पड़ता है। क्या तुम ईश्वर के प्रति उस प्रकार की भावना अनुभव करते हो? जब तुम धन, मित्र, पिता और माता, भाइयों और बहनों को, इस संसार में जो कुछ है, उस सबको, छोड़ सकोगे और केवल ईश्वर से प्रार्थना करोगे कि वह तुमको अपने प्रेम का एक अंश दे, तब तुमको मुक्ति प्राप्त हो जायगी।

उपासक और उपास्य[1]

(अप्रैल १६, १९०० ई० को सैन फ्रांसिस्को क्षेत्र में दिया गया भाषण)

अब तक हम मानव-प्रकृति के अधिक विश्लेषणात्मक पक्ष पर विचार करते रहे हैं। इस क्रम में अब हम संवेगात्मक पक्ष का अध्ययन करेंगे।...प्रथम सिद्धांततः मनुष्य को एक असीम सत्ता मानता है और द्वितीय में उसे ससीम समझा जाता है।...पहले को कुछ बूंद आँसुओं के लिए और कष्ट के लिए ठहरने का समय नहीं है; दूसरा बिना आँसू पोंछे, बिना कष्ट दूर किये आगे नहीं बढ़ सकता। एक महान् है, इतना महान् और शानदार कि कभी कभी हम उसकी विराटता से डगमगा जाते हैं; दूसरा सामान्य है, और फिर भी हमारे लिए सबसे अधिक सुन्दर और प्रिय है। एक हमें पकड़ता है और इतनी ऊँचाइयों पर ले जाता है, जहाँ हमारे फेफड़े लगभग फटने लगते हैं। हम उस वातावरण में साँस नहीं ले सकते। दूसरा हम जहाँ हैं, हमें वहीं रहने देता है और जीवन की वस्तुओं को देखने का प्रयत्न करता है, दृष्टि (सीमित रखता है)। पहला उस समय तक कुछ स्वीकार न करेगा, जब तक कि उस पर तर्क की चमकदार मुहर न लग जाय; दूसरे को विश्वास है, और जिसे वह देख नहीं पाता, उसे मान लेता है। दोनों आवश्यक हैं। पक्षी केवल एक पंख से नहीं उड़ सकता।...

हम उस मनुष्य को देखना चाहते हैं, जिसका विकास समन्वित रूप से हुआ हो...हृदय से विशाल, मन से उच्च, (कर्म में महान्)।...हम ऐसा मनुष्य चाहते हैं, जिसका हृदय संसार के दुःख-दर्दों को गंभीरता से अनुभव करे।... और (हम चाहते हैं) ऐसा मनुष्य, जो न केवल अनुभव कर सकता हो, वरन् वस्तुओं के अर्थ का भी पता लगा सके, जो प्रकृति और बुद्धि के हृदय की गहराई में पहुँचता हो। (हम चाहते हैं) ऐसा मनुष्य, जो यहाँ भी न रुके, (वरन्) जो

---

१. 'वेदांत ऐण्ड दि वेस्ट' से उद्धृत। संकेतलिपि द्वारा आलिखित यह एवं परवर्ती भाषण—'औपचारिक उपासना' और 'दिव्य प्रेम'—अपूर्ण मिले थे। कहीं कहीं स्पष्टीकरणार्थ अतिरिक्त सामग्री कोष्ठक में रखी गयी है और जहाँ विवरण उपलब्ध नहीं हुआ है, वहाँ तीन बिन्दु से चिह्नित किया गया है। स०

(भाव और वास्तविक कार्यों के अर्थ का) पता लगाना चाहे। हम मस्तिष्क, हृदय और हाथों के ऐसे ही संघात को चाहते हैं। इस संसार में बहुत से शिक्षक हैं, पर तुम पाओगे (कि उनमें से अधिकतर) एकांगी हैं। (एक) को बुद्धि का देदीप्यमान मध्याह्न सूर्य दिखायी देता है (और) कुछ नहीं सूझता। दूसरे को प्रेम का सुन्दर संगीत सुनायी देता है, और कुछ नहीं सुन पड़ता। एक काम में (डूबा हुआ) है, उसे न कुछ महसूस करने का समय है, न विचार करने का। तब हम उस महान् को क्यों न प्राप्त करें, जो समान रूप से क्रियाशील, ज्ञानवान, प्रेमवान है? क्या यह असम्भव है? निश्चय ही नहीं। यह भविष्य का मनुष्य है, इस समय ऐसे (केवल) कुछ ही हैं। (ऐसों की संख्या उस समय तक बढ़ती रहेगी) जब तक कि समस्त संसार का मानवीकरण नहीं हो जाता।

मैं इतनी देर से तुमसे बुद्धि (और) तर्क की बात कर रहा हूँ। हमने पूरा वेदांत सुन लिया है। माया का घूंघट हटता है : शिशिर के बादल विलीन होते हैं और सूर्य की किरणें हम तक पहुँचती हैं। मैं हिमालय की ऊँचाइयों पर चढ़ने का प्रयत्न करता रहा हूँ, जहाँ चोटियाँ बादलों के परे छिप जाती हैं। मैं तुम्हारे साथ दूसरे पक्ष का अध्ययन करूँगा : सर्वोपरि सुन्दर घाटियों का, प्रकृति में सर्वोपरि अनूठे सुहावनेपन का। (हम अध्ययन करेंगे) उस प्रेम का, जो हमें संसार के सारे दुःखों के बावजूद यहाँ बाँधे रखता है, (उस) प्रेम का, जिसने हमें दुःख की वह जंज़ीर गढ़ने को विवश किया है, उस शहीद होते रहने के लिए प्रेरित किया है, जिसका मनुष्य इच्छापूर्वक अपने आप वरण करता रहता है। हम उस चिरंतन प्रेम का अध्ययन करना चाहते हैं, जिसके कारण मनुष्य ने अपने हाथों अपने लिए शृंखला बनायी है, जिसके लिए वह दुःख भोगता है। हम दूसरे को भूलना नहीं चाहते। हिमालय की हिमधाराओं को काश्मीर के धान के खेतों को गले लगना होगा। बिजली की कड़क के स्वरों को पक्षियों के कलरव के साथ अपनी संगति बैठानी होगी।

इस क्रम का संबंध प्रत्येक सुहावनी और सुन्दर वस्तु से होना होगा। उपासना सब जगह है, प्रत्येक आत्मा में। प्रत्येक जन ईश्वर की पूजा करता है। नाम चाहे कुछ भी हो, वे सब ईश्वर की पूजा कर रहे हैं। पूजा का आरम्भ—सुन्दर कमल की भाँति, स्वयं जीवन की भाँति—पृथ्वी की धूलि में है। ...यहाँ भय का अंश है। सांसारिक लाभ के लिए भूख है। यहाँ भिखारी की उपासना है। यह सब संसार के द्वारा उपासना का आरम्भ है, जिसकी (परिणति) ईश्वर के प्रति प्रेम में और मनुष्य के द्वारा ईश्वर की पूजा में होती है।

क्या कोई ईश्वर है? क्या कोई ऐसा है, जिसे प्रेम किया जाय, कोई ऐसा

है, जो प्रेम करने के योग्य हो ? पत्थर से प्रेम करना विशेष भला न होगा। हम केवल उसीसे प्रेम करते हैं, जो प्रेम को समझता है, जो हमारे प्रेम को खींचता है। यही बात उपासना के लिए है। यह कभी मत कहो कि हमारे इस संसार में एक भी ऐसा मनुष्य है, जो पत्थर के एक टुकड़े को (पत्थर समझकर) पूजता है। वह सदा (पत्थर में विद्यमान) सर्वव्यापी को पूजता है।

हम देखते हैं कि वह सर्वव्यापी हममें है। (पर) जब तक वह हमसे अलग न हो, हम उसे कैसे पूज सकते हैं ? मैं केवल तेरी पूजा कर सकता हूँ, अपनी नहीं। मैं केवल तुझसे प्रार्थना कर सकता हूँ, अपने से नहीं। क्या कहीं कोई 'तू' है ?

एक अनेक हो जाता है। जब हम एक को देखते हैं, तो, माया द्वारा उत्पन्न सीमाएँ ग़ायब हो जाती हैं; पर यह बिल्कुल सही है कि अनेक अनुपयोगी नहीं है। हम अनेक के द्वारा ही एक तक पहुँचते हैं।

क्या कोई सगुण ईश्वर है—ऐसा ईश्वर, जो सोचता है, जो समझता है, ईश्वर, जो हमारा पथ-प्रदर्शन करता है ? हाँ, है। निर्गुण ईश्वर में इनमें से कोई भी गुण नहीं हो सकता। तुममें से प्रत्येक एक व्यक्ति है : तुम सोचते हो, तुम प्रेम करते हो, (तुम) घृणा करते हो, (तुम) क्रुद्ध होते हो, दु:खी होते हो, आदि : फिर भी तुम निर्गुण हो, असीम हो। (तुम) सगुण और निर्गुण हो, एक में। तुम्हारे सगुण और निर्गुण पक्ष हैं। वह (निर्गुण सत्ता) क्रुद्ध नहीं हो सकती, (न) खिन्न, (न) दु:खित हो सकती—दु:ख को साच भी नहीं सकती। वह विचार नहीं कर सकती, जान नहीं सकती। वह स्वयं ज्ञान है। पर सगुण (पक्ष) जानता है, सोचता है, और मरता है इत्यादि। स्वभावत: सर्वव्यापी ब्रह्म के दोनों पक्ष होने चाहिए। एक सब वस्तुओं की अनन्त वास्तविकता (को दर्शानेवाला); दूसरा, एक सगुण पक्ष, हमारी आत्माओं की आत्मा। प्रभुओं का प्रभु। (यह है) जो ब्रह्मांड की सृष्टि करता है। (उसके) निर्देश के अनुसार ही ब्रह्मांड की स्थिति है।...

वह अनन्त, नित्य शुद्ध, नित्य (मुक्त)। ... वह न्यायकारी नहीं है। ईश्वर न्याय करनेवाला नहीं हो सकता। वह किसी सिंहासन पर बैठकर भले और बुरे के बीच निर्णय नहीं करता। वह मजिस्ट्रेट नहीं है, (न) सेनापति, (न ही) शिक्षक। सगुण ईश्वर अनन्त दयावान, अनन्त प्रेममय है।

अब इसे दूसरी ओर से देखो। तुम्हारे शरीर की प्रत्येक कोशिका में एक आत्मा है, जो कोशिका के प्रति सचेतन है। यह एक पृथक् सत्ता है। इसकी अपनी एक नन्हीं इच्छा है और इसके कार्य का अपना एक नन्हा क्षेत्र है। समस्त (कोशिकाएँ) मिलकर एक व्यक्ति को बनाती हैं। (इसी प्रकार) विश्व का सगुण ईश्वर इन सब (बहुसंख्यक व्यक्तियों) से बना है।

अब इसे दूसरी ओर से लो। जैसा मैं तुमको देखता हूँ, उसके अनुसार तुम अपने निरपेक्ष स्वरूप के वह अंश हो, जितनी कि जिसे मैं सीमित कर देता और अनुभव करता हूँ। मैंने तुमको अपने नेत्रों, अपनी इन्द्रियों की क्षमता द्वारा देखने के लिए सीमित कर लिया है। तुम्हारे जितने भाग को मेरी आँखें देख सकती हैं, उतने को मैं देखता हूँ। तुम्हारे जितने भाग को मेरा मस्तिष्क पकड़ सकता है, उसे ही मैं तुम्हारे नाम से जानता हूँ, और अधिक को नहीं। इसी प्रकार, मैं ब्रह्म को, ईश्वर के रूप में देखता हूँ (और उसे सगुण के रूप में देखता हूँ)। जब तक हमारे शरीर और मन हैं, हम सदा ईश्वर, प्रकृति और जीवात्मा की त्रयी को देखेंगे। ये तीनों सदा एक में, अवियोज्य होने चाहिए।...प्रकृति है। जीवात्माएँ हैं। और फिर वह है, जिसमें प्रकृति और जीवात्माएँ (स्थित) हैं।

विश्वात्मा शरीरवान हो गयी है। स्वयं मेरी आत्मा ईश्वर का एक अंश है। वह हमारे नेत्रों का नेत्र, हमारे जीवन का जीवन, हमारे मन का मन, हमारी आत्मा की आत्मा है। सगुण ईश्वर का यही वह उच्चतम आदर्श है, जो सम्भव है।

यदि तुम द्वैतवादी नहीं हो, (वरन्) अद्वैतवादी हो, तो भी तुम्हारा सगुण ईश्वर हो सकता है।...ईश्वर एक ही है, दूसरा नहीं है। उस एक ने अपने से प्रेम करना चाहा। इसलिए, उसने उस एक में से (अनेक) बनाये।...यह वह विराट् मैं, वास्तविक मैं है, जिसकी पूजा लघु मैं कर रहा है। इस प्रकार तुम प्रत्येक दर्शन में वैयक्तिक (ईश्वर) प्राप्त कर सकते हो।

कुछ व्यक्ति ऐसी परिस्थितियों में जन्म लेते हैं, जो उन्हें दूसरों की अपेक्षा अधिक सुखी बनाती हैं; एक न्यायी सत्ता के राज्य में ऐसा क्यों होना चाहिए? इस संसार में मरण है। ये मार्ग की कठिनाइयाँ हैं। (इन प्रश्नों का) समाधान कभी नहीं हो सका। किसी द्वैतवादी स्तर से उनका उत्तर नहीं दिया जा सकता। वस्तुएँ जैसी हैं, उनकी विवेचना करने के लिए हमें दर्शन शास्त्र की ओर लौटना पड़ेगा, हम स्वयं अपने कर्म से ही दुःख भोग रहे हैं। इसमें ईश्वर का दोष नहीं है। जो हम करते हैं, उसमें हमारा अपना दोष होता है, और कुछ नहीं। ईश्वर को दोष क्यों दिया जाय?

अशुभ का अस्तित्व क्यों है? (इस प्रश्न को) हल करने का एकमात्र मार्ग (यह कहना है कि) ईश्वर शुभ और अशुभ, दोनों का कारण है। सगुण ईश्वर के सिद्धांत में बड़ी कठिनाई यह है कि: यदि तुम यह कहते हो कि वह केवल शुभ है, अशुभ नहीं, तो तुम अपने तर्क के फंदे में स्वयं फँस जाते हो। तुम कैसे जानते हो कि ईश्वर है? तुम कहते हो कि (वह) इस विश्व का पिता है, और तुम कहते

हो कि वह मंगलमय है; और चूंकि संसार में अशुभ (भी) है, इसलिए ईश्वर को अशुभ होना चाहिए. . .वही कठिनाई !

यहाँ न कोई शुभ है और न कोई अशुभ है। जो कुछ है, सब ईश्वर है।... शुभ क्या है, यह तुम कैसे जानते हो? तुम (उसे) अनुभव करते हो। (जो) अशुभ है, तुम उसे कैसे जानते हो? (यदि) अशुभ आता है, तो तुम उसे अनुभव करते हो। हम शुभ और अशुभ को अपने भावों से जानते हैं। एक भी मनुष्य ऐसा नहीं है, जो केवल शुभ की, सुखद अनुभवों की ही अनुभूति प्राप्त करता हो। एक भी मनुष्य ऐसा नहीं है, जो केवल दुःखद भावनाओं की ही अनुभूति प्राप्त करता हो।...

अभाव और चिंता ही सारे दुःख के और सुख के भी कारण हैं। अभाव बढ़ रहा है या घट रहा है? जीवन सरल हो रहा है या जटिल? निश्चय ही जटिल। आवश्यकताएँ बढ़ रही हैं। तुम्हारे प्रपितामहों को उन वस्त्रों और उतने रुपयों की आवश्यकता नहीं होती थी, (जितनी तुमको होती है)। उनके पास न बिजली की गाड़ियाँ थीं, न रेलें आदि। इसीलिए उन्हें कम काम करना पड़ता था। ज्यों ही ये वस्तुएँ आती हैं, आवश्यकताएँ बढ़ती हैं और तुमको अधिक परिश्रम करना पड़ता है। अधिकाधिक चिंता और अधिकाधिक प्रतियोगिता।

धन प्राप्त करना बहुत कठिन कार्य है। उसे बचाये रखना और भी कठिन काम है। तुम थोड़ा सा धन जोड़ने के लिए सारे संसार से झगड़ते हो (और) समस्त जीवन उसकी रक्षा के लिए लड़ते हो। (इसलिए) दरिद्र की अपेक्षा धनवान की चिंता अधिक है।...संसार की गति ही ऐसी है।...

संसार में भलाई और बुराई सब जगह हैं। कभी कभी बुराई भलाई बन जाती है, सच है ; पर दूसरे अवसरों पर भलाई भी बुराई हो जाती है। हमारी सभी इन्द्रियाँ कभी न कभी अशुभ उत्पन्न करती हैं। एक मनुष्य शराब पीता है। यह (पहले-पहल) बुरा नहीं होता, पर यदि वह पीता रहे, तो इससे अशुभ उत्पन्न होगा।...एक मनुष्य धनी माता-पिता के यहाँ जन्म लेता है ; बहुत अच्छा। वह मूढ़ हो जाता है, अपने शरीर और मस्तिष्क से कभी काम नहीं लेता। यहाँ भलाई ने बुराई उत्पन्न की है। जीवन के प्रति इस प्रेम पर विचार करो : हम दूर जाते हैं और इधर-उधर कूदते हैं और कुछ क्षण जीते हैं ; हम कठोर परिश्रम करते हैं। हम नवजात शिशु हैं, हमें नितांत अक्षम वस्तुओं को फिर से समझने में वर्षों लगते हैं। साठ अथवा सत्तर पर हम अपनी आँखें खोलते हैं, और तब आज्ञा आती है, 'बाहर निकलो !' और यह हो तुम।

हमने देखा है कि भलाई और बुराई सापेक्षिक शब्द हैं। (जो) वस्तु मेरे लिए भली है, वह तुम्हारे लिए बुरी है। यदि तुम वह भोजन करो, जो मैं करता

हूँ, तो तुम रोने लगोगे और मैं हँसूँगा।...हम दोनों नाच सकते हैं, पर मैं आनन्द से नाचूँगा और तुम कष्ट के मारे।... वही वस्तु हमारे जीवन के एक अंश में भली होती है और दूसरे में बुरी। तुम कैसे कह सकते हो (कि) शुभ और अशुभ एकदम स्पष्ट रूप से भिन्न हैं, (कि) यह बिल्कुल शुभ है और वह बिल्कुल अशुभ है ?

अब, यदि ईश्वर सदा शुभ है, तो इस सब शुभ और अशुभ के लिए उत्तरदायी कौन है ? ईसाई और मुसलमान कहते हैं कि एक सज्जन हैं, जो शैतान कहलाते हैं। तुम कैसे कह सकते हो कि दो सज्जन काम में लगे हुए हैं। होना तो एक चाहिए। जो आग बच्चे को जलाती है, वह भोजन भी पकाती है। तुम आग को भला या बुरा कैसे कह सकते हो, और तुम कैसे कह सकते हो कि इसे दो भिन्न व्यक्तियों ने बनाया है ? यह सब (तथाकथित) अशुभ कौन बनाता है? ईश्वर। तुम इससे बचकर नहीं निकल सकते। वह मृत्यु और जीवन, प्लेग और छूत की बीमारियाँ, और सब कुछ भेजता है। यदि ईश्वर ऐसा है, तो वह भला है; वह बुरा है; वह सुन्दर है; वह भयानक है; वह जीवन है; और वह मृत्यु है।

ऐसे ईश्वर की उपासना कैसे की जा सकती है ? हम अभी (समझ) लेंगे कि कोई आत्मा किस प्रकार वास्तव में भीषण की उपासना करना सीख सकती है; तब उस आत्मा को शांति प्राप्त होगी। क्या तुम्हें शांति मिली? क्या तुम चितामुक्त हो जाते हो ? घूम जाओ, और सबसे पहले भीषण का सामना करो। नक़ाब को फाड़ फेंको और उसी (ईश्वर) को पाओ। वह सगुण है, वह सब है, जो शुभ (प्रतीत होता) है और वह सब, जो अशुभ (प्रतीत होता) है। उसके अतिरिक्त कोई अन्य नहीं है। यदि ईश्वर दो होते, तो प्रकृति एक क्षण भी खड़ी नहीं रह सकती। प्रकृति में कोई दूसरा नहीं है। यह सब समन्वय है। यदि ईश्वर एक ओर जाता और शैतान दूसरी ओर, तो सम्पूर्ण प्रकृति विश्रृंखल हो जाती। नियम को कौन तोड़ सकता है ? यदि मैं इस काँच को तोड़ूँ, तो यह नीचे गिर पड़ेगा। यदि कोई एक परमाणु को उसके स्थान से विचलित करने में सफल हो जाता है, तो शेष सब भी संतुलन से च्युत हो जायँगे। नियम कभी नहीं तोड़ा जा सकता। प्रत्येक परमाणु अपने स्थान पर बनाये रखा जाता है। प्रत्येक तुला और नपा है और अपने (उद्देश्य) तथा स्थान को पूर्ण करता है। उसकी आज्ञा से हवाएँ चलती हैं, सूर्य चमकता है।[१] उसके विधान से जगत् अपने स्थानों पर स्थित

---

१. कठोपनिषद् ॥२।३।३॥

रहते हैं। उसकी आज्ञा से मृत्यु पृथ्वी पर क्रीड़ा करती है। इस संसार में दो या तीन ईश्वरों की कुश्ती की कल्पना तो करो ! ऐसा नहीं हो सकता ।

अब हम देखते हैं कि हम सगुण ईश्वर रख सकते हैं ; इस विश्व का रचयिता, जो सदय है और निर्दय भी । वह भला है, वह बुरा है । वह मुस्काता है और भौहें चढ़ाता है । और कोई उसके विधान से बाहर नहीं जा सकता । वह इस ब्रह्मांड का सर्जक है ।

सृष्टि का, कुछ-नहीं से कुछ के आविर्भाव का, अर्थ क्या है ? छः हज़ार वर्ष पहले ईश्वर अपने स्वप्न से जागा और उसने इस संसार को बनाया (और) उसके पहले कुछ नहीं था ? तब ईश्वर क्या कर रहा था, लम्बी नींद ले रहा था? ईश्वर ब्रह्मांड का कारण है, और हम कारण को कार्य के द्वारा जान सकते हैं । यदि कार्य नहीं है, तो कारण नहीं है । कारण सदा कार्य में और कार्य के द्वारा व्यक्त होता है । सृष्टि अनन्त है । तुम आरम्भ की कल्पना न काल में कर सकते हो, न देश में ।

वह सृष्टि को क्यों रचता है ? क्योंकि वह रचना चाहता है; क्योंकि वह स्वतंत्र है । तुम और मैं नियम से बँधे हैं, क्योंकि हम (केवल) कुछ विशेष मार्गों से ही काम कर सकते हैं और दूसरों से नहीं । 'बिना हाथ के वह प्रत्येक वस्तु को पकड़ सकता है, बिना पैर के (वह तेज़ चलता है)।'[१] बिना शरीर वह सर्वशक्तिमान है । 'जिसे कोई आँख देख नहीं सकती, पर जो प्रत्येक आँख में दृष्टि का कारण है, उसे ईश्वर करके जानो ।'[२] तुम उसके अतिरिक्त और किसीकी उपासना नहीं कर सकते । ईश्वर सर्वशक्तिमान है, इस ब्रह्मांड का आधार । जो 'नियम' कहलाता है, वह उसकी इच्छा की अभिव्यक्ति मात्र है । वह विश्व का शासन अपने नियमों से करता है ।

अब तक हमने ईश्वर और प्रकृति का, सनातन ईश्वर और सनातन प्रकृति का विवेचन किया है । पर जीवात्माओं के विषय में ? वे भी सनातन हैं । किसी आत्मा की (कभी) सृष्टि नहीं की गयी; न आत्मा मर सकती है । कोई स्वयं अपनी मृत्यु की कल्पना भी नहीं कर सकता । आत्मा अनन्त, चिरंतन है । वह मर कैसे सकती है ? वह देह बदलती है । जिस प्रकार मनुष्य अपने पुराने फटे कपड़े उतार देता है और नये स्वच्छ वस्त्र धारण करता है,

---

१. अपाणिपादो जवनो ग्रहीता ।। श्वेताश्वतरोपनिषद् ।।३।१९।।

२. यच्चक्षुषा न पश्यति येन चक्षूंषि पश्यति ।
तदेव ब्रह्म त्वं विद्धि नेदं यदिदमुपासते ।। केनोपनिषद् ।।१।६।।

उसी प्रकार जीर्ण शरीर त्याग दिया जाता है और एक नवीन शरीर ग्रहण किया जाता है ।[1]

जीवात्मा का स्वरूप क्या है ? आत्मा भी (सर्वशक्तिमान) और सर्वव्यापी है । आत्मा में न लम्बाई होती है, न चौड़ाई, न मोटाई । वह यहाँ है और वहाँ है, यह कैसे कहा जा सकता है ? यह शरीर नष्ट हो जाता है, तो (आत्मा) दूसरे शरीर (के द्वारा) काम करती है । आत्मा एक वृत्त है, जिसकी परिधि कहीं नहीं है, पर जिसका केन्द्र शरीर है । ईश्वर एक वृत्त है, जिसकी परिधि कहीं नहीं है और जिसका केन्द्र सर्वत्र है । आत्मा अपने स्वभाव से ही आनन्दमय, शुद्ध और पूर्ण है । यदि इसका स्वरूप ही अशुद्ध होता, तो यह कभी शुद्ध नहीं हो सकती थी । शुद्धता आत्मा का स्वभाव है, इसीलिए जीवात्मा शुद्ध (हो सकती) है । वह (स्वभाव से) आनन्दमय है, इसीलिए वह आनन्दमय (हो सकती) है । वह शांति है, (इसीलिए शांतिमय हो सकती है) ।...

हम सब, जो अपने को इस स्तर पर शरीर की ओर आकृष्ट पाते हैं, ईर्ष्या, द्वेष और कठिनाइयों के बीच जीविका के लिए घोर परिश्रम करते हैं, और फिर मृत्यु आ जाती है । इससे प्रकट होता है कि जो हमें होना चाहिए, वह हम नहीं हैं । हम स्वतंत्र, पूर्ण शुद्ध आदि नहीं हैं । जैसे आत्मा का अधःपतन हो गया हो । अतः जीवात्मा को आवश्यकता है, विस्तार की ।...

तुम इसे कैसे कर सकते हो ? क्या तुम स्वयं इसका उपाय निकाल सकते हो ? नहीं । यदि मनुष्य के चेहरे पर धूल जमी हो, तो क्या तुम उसे धूल से धो सकते हो ? यदि मैं धरती में एक बीज बोता हूँ, तो बीज एक वृक्ष उत्पन्न करता है, वृक्ष बीज उत्पन्न करता है, और बीज दूसरा वृक्ष, आदि । मुर्गी और अण्डा, अण्डा और मुर्गी । यदि तुम कुछ भला करते हो, तो तुमको उसका फल भोगना होगा, तुम फिर जन्म लोगे और दुःख भोगोगे । एक बार इस अनन्त श्रृंखला के चल पड़ने के बाद तुम रुक नहीं सकते । तुम चलते रहते हो...ऊपर और नीचे, स्वर्गों को और पृथ्वियों को, और इन सब (शरीरों) को ।...बाहर निकलने का कोई मार्ग नहीं है ।

तो तुम फिर इस सबसे बाहर कैसे निकल सकते हो, और तुम यहाँ किसलिए

---

१. वासांसि जीर्णानि यथा विहाय
नवानि गृह्णाति नरोऽपराणि ।
तथा शरीराणि विहाय जीर्णा-
न्यन्यानि संयाति नवानि देही ॥ गीता ॥२।२२॥

हो? एक विचार है कि हम दु:ख से छुटकारा पा जायँ। हम सब दिन-रात दु:ख से छुटकारा पाने का प्रयास कर रहे हैं। हम कर्म के द्वारा यह नहीं कर सकते। कर्म से अधिक कर्म उत्पन्न होगा। यह तभी सम्भव है, यदि कोई ऐसा हो, जो स्वयं मुक्त हो और वह हमें अपने हाथ का सहारा दे। 'हे अमरता के पुत्रों, वे सब जो इस स्तर पर रहते हैं। और वे सब जो ऊपर स्वर्गों में निवास करते हैं, सुनो, मैंने रहस्य को पा लिया है',[१] महान ऋषि कहता है। 'मैंने उसे पा लिया है, जो समस्त अंधकार से परे है। केवल उसीकी अनुकम्पा से हम भवसागर के पार होते हैं।'[२]

भारत में, इस लक्ष्य संबंध में ये विचार हैं—स्वर्ग है, नरक है, पृथ्वियाँ हैं, पर वे स्थायी नहीं हैं। यदि मैं नरक को भेजा जाता हूँ, तो वह स्थायी नहीं है। मैं चाहे कहीं भी हूँ, वहीं संघर्ष निरन्तर चलता रहता है। समस्या यह है कि इस सारे संघर्ष के परे कैसे पहुँचा जाय? यदि मैं स्वर्ग जाता हूँ, तो कदाचित् वहाँ कुछ चैन मिले। यदि मैं अपने दुष्कृत्यों के लिए दंड पाता हूँ, तो वह (भी सदा) नहीं रह सकता। भारतीय आदर्श स्वर्ग जाना नहीं है। इस पृथ्वी से बाहर निकलो, नरक से बाहर निकलो, स्वर्ग से बाहर निकलो! लक्ष्य क्या है? वह मुक्ति है। तुम सबको मुक्त होना चाहिए। आत्मा का तेज आच्छादित है। इसे फिर अनाच्छादित करना है। आत्मा का अस्तित्व है। वह सब जगह है। बह कहाँ जायगी?··· वह कहाँ जा सकती है? वह वहीं जा सकती है, जहाँ वह न हो। यदि तुम यह समझ लो कि वह सदा विद्यमान है, तो उसके बाद सदा के लिए पूर्ण सुख (होगा)। और जन्म तथा मृत्यु नहीं।··· और रोग नहीं, शरीर नहीं। शरीर स्वयं सबसे बड़ा रोग है।···

आत्मा आत्मा की भाँति स्थित होगी। चेतना चेतना की भाँति रहेगी। यह कैसे किया जाय? उस ईश्वर की उपासना करके जो आत्मा में है, जो अपने स्वभाव से ही नित्य, शुद्ध और पूर्ण है। इस संसार में दो सर्वशक्तिमान सत्ताएँ नहीं हो सकतीं। दो या तीन ईश्वरों (के होने) की कल्पना करो; एक संसार की सृष्टि करेगा, तो दूसरा कहेगा, 'मैं संसार का विनाश करूँगा।'' ऐसा कभी

---

१. शृण्वन्तु विश्वे अमृतस्य आ ये धामानि दिव्यानि तस्थुः ॥
—श्वेताश्वतरोपनिषद् ॥२।५॥

२. वेदाहमेतं पुरुषं महान्तमादित्यवर्णं तमसः परस्तात्।
तमेव विदित्वाऽति मृत्युमेति नान्यः पन्था विद्यतेऽयनाय ॥
—श्वेताश्वतरोपनिषद् ॥३।८॥

हो नहीं सकता। ईश्वर एक ही होना चाहिए। जीवात्मा पूर्णता को पहुँचती है, वह लगभग सर्वशक्तिमान (और) सर्वज्ञ हो जाती है। यह उपासक है। उपास्य कौन है? वह, स्वामी, ईश्वर स्वयं, सर्वव्यापी, सर्वज्ञाता आदि विशेषणों से युक्त। और सबसे ऊपर, वह प्रेम है। जीवात्मा इस पूर्णता को कैसे प्राप्त करे? उपासना के द्वारा।

औपचारिक उपासना

(अप्रैल १०, १६०० को सैन फ्रांसिस्को क्षेत्र में दिया गया भाषण)

तुममें जो बाइबिल के अध्येता हैं, वे सभी··· समझते हैं कि समस्त यहूदी इतिहास और यहूदी विचार-संपत्ति का निर्माण दो (प्रकार के) शिक्षकों-पुरोहितों और पैगम्बरों—द्वारा हुआ है। पुरोहित रूढ़िवादी शक्ति के प्रतिनिधि हैं और पैगम्बर प्रगति की शक्ति के। बात यह है कि सब जगह एक रूढ़िमय कर्मकांड घुस आता है, औपचारिकता प्रत्येक वस्तु को जकड़ लेती है। यह बात हर देश और प्रत्येक धर्म पर लागू होती है। उसके बाद नयी दृष्टिवाले कुछ नये द्रष्टा आते हैं, वे नये आदर्शों और विचारों का प्रचार करते हैं और समाज को एक नयी गति देते हैं। कुछ पीढ़ियों में उनके अनुयायी अपने गुरुओं के विचारों के प्रति इतने भक्त हो जाते हैं कि वे उनके अतिरिक्त कुछ और नहीं देख पाते। इस युग के सर्वोपरि प्रगतिशील उदार उपदेशक कुछ वर्षों में सर्वाधिक रूढ़िग्रस्त पुरोहित बन जायँगे। यह प्रगतिशील विचारक अपनी बारी आने पर, किंचित् भी आगे बढ़नेवाले मनुष्य को रोकने लगेंगे। उन्होंने जो स्वयं पा लिया है, वे उससे आगे किसीको नहीं जाने देंगे। वे, जो वस्तु जैसी है उसे, वैसा ही रहने देने में संतुष्ट हैं।

वह शक्ति, जो प्रत्येक देश में प्रत्येक धर्म के निर्णायक सिद्धांतों द्वारा काम करती है, धर्म के बाह्य रूपों में प्रकट होती है।··· सिद्धांत और पुस्तकें, कुछ नियम और अंग-संचालन—खड़े होना, बैठ जाना—ये सब उपासना की उसी कोटि से संबंध रखते हैं। आध्यात्मिक उपासना इसलिए पार्थिव बन जाती है कि अधिकांश मानव-जाति उसे अपना सके। किसी भी देश में मनुष्य जाति की विशाल बहु संख्या आत्मा की उपासना आत्मा के रूप में कदापि नहीं कर सकेगी। यह अभी सम्भव नहीं है। मैं नहीं जानता कि कभी ऐसा समय आयेगा, जब वह ऐसा कर पायेगी। इस नगर में कितने हजार ऐसे हैं, जो ईश्वर की उपासना सूक्ष्म रूप में करने की क्षमता रखते हैं ? बहुत कम। वे नहीं कर सकते ; वे अपनी इन्द्रियों में रहते हैं। तुमको उन्हें स्पष्ट, निश्चित विचार देने होंगे। उनसे कुछ भौतिक करने को कहो : बीस बार खड़े होओ, बीस बार बैठो। यह उनकी समझ में आयेगा। उनसे कहो कि एक नथुने से साँस लें और दूसरे से बाहर निकालें। इसे वे समझ जायेंगे। सूक्ष्म

के विषय में यह आदर्शवाद वे बिल्कुल स्वीकार नहीं कर सकते। इसमें उनका दोष नहीं है।··· यदि तुममें सूक्ष्म रूप में ईश्वर की उपासना की क्षमता है, तो ठीक ! पर एक समय था, जब तुम यह नहीं कर सकते थे। यदि लोग असंस्कृत होते हैं, तो धार्मिक धारणाएँ स्थूल होती हैं, धर्म के बाह्य रूप भद्दे और भौतिक होते हैं। यदि लोग परिष्कृत और संस्कृत होते हैं, तो ये रूप अपेक्षाकृत सुन्दर होते हैं। रूप होने ही चाहिए, समय के साथ वे केवल बदलते रहते हैं।

यह एक विचित्र बात है कि संसार में इस्लाम से अधिक (रूपों की उपासना का) विरोधी दूसरा धर्म नहीं उत्पन्न हुआ। मुसलमान न चित्रकला सहन कर सकते हैं, न मूर्ति, न संगीत।···ये मूर्तिपूजा के मार्ग हैं। इमाम अपने श्रोताओं की ओर मुँह नहीं करता। यदि वह ऐसा करता है, तो भेद उत्पन्न होता है। इस प्रकार यह नहीं होता। पर फिर भी पैगम्बर की मृत्यु को दो शताब्दियाँ भी नहीं बीतने पायी थीं कि पीर-पूजा (आरम्भ) हो गयी ! यहाँ पीर का अँगूठा है ! वहाँ पीर की चमड़ी है ! और इसी प्रकार। औपचारिक उपासना उन अवस्थाओं में से एक है, जिनमें होकर हमें गुज़रना होता है।

इसलिए इसके विरुद्ध आन्दोलन करने के बजाय हमें उपासना में से सर्वोत्तम को ले लेना और उसके आधारभूत सिद्धांतों का अध्ययन करना चाहिए।

निश्चय ही, उपासना का निम्नतम स्वरूप वह है, जो (वृक्ष और प्रस्तर-पूजा) कहलाती है। प्रत्येक अपरिष्कृत, असंस्कृत व्यक्ति किसी भी वस्तु को ले लेगा, उसमें कुछ (अपने) विचार जोड़ देगा : और इससे वह सहारा पायेगा। वह हड्डी के टुकड़े अथवा पत्थर—किसीकी भी—पूजा कर सकता है। उपासना की इन सब अपरिष्कृत अवस्थाओं में मनुष्य ने कभी पत्थर को पत्थर समझकर, वृक्ष को वृक्ष समझकर नहीं पूजा। इस बात को तुम अपनी सहज बुद्धि से जानते हो। विद्वान् कभी कभी कहते हैं कि मनुष्य पत्थरों और वृक्षों को पूजते हैं। वह सब बकवास है। वृक्ष-पूजा उन दशाओं में से एक है, जिनमें होकर मानव जाति गुज़री है। मनुष्य ने वास्तव में कभी भी चेतना के अतिरिक्त और किसीकी पूजा नहीं की। वह आत्मा है (और) आत्मा के अतिरिक्त कुछ और अनुभव नहीं कर सकता। दैवी मन कभी (आत्मा की पदार्थ के रूप में पूजा करने की) भद्दी भूल नहीं कर सकता। इस दशा में मनुष्य ने पत्थर में चेतना की अथवा वृक्ष में चेतना की धारणा की। उसने (कल्पना की) कि उस सत्ता का कुछ भाग (पत्थर) में अथवा वृक्ष में रहता है, और (पत्थर में अथवा) वृक्ष में आत्मा होती है।

वृक्ष-पूजा और सर्प-पूजा सदा साथ होती हैं। ज्ञान का वृक्ष माना जाता है। वृक्ष तो सदा होना ही चाहिए और वृक्ष किसी प्रकार सर्प से संबंधित है। ये

प्राचीनतम (पूजा के रूप) हैं। यहाँ भी तुम देखते हो कि कोई विशेष वृक्ष अथवा कोई विशेष पत्थर पूजा जाता है, संसार के सब वृक्ष अथवा पत्थर नहीं पूजे जाते।

(रूपों की उपासना की) एक उच्चतर अवस्था (पूर्वजों और ईश्वर की) प्रतिमाओं का पूजन है। लोग दिवंगत मनुष्यों की मूर्तियाँ और ईश्वर की कल्पित प्रतिमाएँ बनाते हैं। ओर फिर इन मूर्तियों ओर प्रतिमाओं को पूजते हैं।

इससे उच्चतर उपासना दिवंगत संतों और सत्कर्मी स्त्री-पुरुषों की है। मनुष्य उनके अवशेषों को पूजते हैं। (वे अनुभव करते हैं कि) किसी प्रकार इन अवशेषों में संतों का आभास है और वह उनकी सहायता करेगा। (वे विश्वास करते हैं कि) यदि वे संत की अस्थियों का स्पर्श करेंगे, तो रोगमुक्त हो जायँगे। यह नहीं कि अस्थियाँ रोग शमन करती हैं, वरन् यह कि उनमें जो संत रहता है, वह करता है।...

ये सब उपासना की निम्न अवस्थाएँ हैं और फिर भी उपासना हैं। हम सबको उनमें से पार होना पड़ता है। केवल बौद्धिक दृष्टिकोण से ही उनमें कमी पायी जाती है। अपने हृदयों में हम उनसे छुटकारा नहीं पा सकते। (यदि) तुम किसी मनुष्य से सब संत और प्रतिमाएँ छीन लो और उसे मन्दिर में न जाने दो, तो भी वह सारे देवताओं की कल्पना कर लेगा। उसे करना होगा। एक अस्सी वर्ष के बूढ़े ने मुझसे कहा कि वह ईश्वर की कल्पना बादल पर बैठे हुए एक लम्बी दाढ़ीवाले बूढ़े मनुष्य के अतिरिक्त और कुछ नहीं कर सकता। यह क्या दर्शाता है? उसका शिक्षण पूर्ण नहीं है। उसको आध्यात्मिक शिक्षा बिल्कुल नहीं मिली है। और वह मानवस्वरूप के अतिरिक्त अन्य किसी प्रकार की कल्पना करने में असमर्थ है।

औपचारिक उपासना का एक इससे ऊँचा स्तर भी है—प्रतीकवाद का जगत्। रूप वहाँ भी हैं। पर वे न वृक्ष हैं, (न पत्थर), न प्रतिमाएँ और न संतों के अवशेष। वे प्रतीक हैं। संसार भर में सभी प्रकार (के प्रतीक) हैं। वृत्त नित्यता का महान् प्रतीक हैं।... वर्ग है; हमारा सुपरिचित प्रतीक क्रूस है; और S तथा Z के समान एक दूसरी को काटती हुई दो अँगुलियाँ।

कुछ लोग प्रतीकों से कोई भी अर्थ न ग्रहण करने का निश्चय कर लेते हैं।... और (दूसरे) उनमें सब प्रकार के जादू-टोने (चाहते हैं)। यदि तुम उन्हें सीधी-सादी सच्चाई बताते हो, तो वे उसे स्वीकार नहीं करेंगे।...मनुष्य की प्रकृति ही ऐसी है; (वे समझते हैं) कि तुम जितना कम समझते हो, तुम उतने ही अधिक अच्छे अधिक महान् हो। सभी युगों में, सभी देशों में ऐसे उपासक कुछ चित्रों और रूपों द्वारा ठगे जाते हैं। ज्यामिति सब विज्ञानों में श्रेष्ठतम थी। अधिकांश जनता

उसके बारे में कुछ नहीं जानती थी। उनका विश्वास था कि यदि ज्यामिति-शास्त्री बस एक वर्ग खींच दे और उसके चारों कोनों पर जादू का मंतर फँक दे, तो सारा संसार पलटने लगेगा, आकाश फट जायगा, ईश्वर नीचे आ जायगा और इधर-उधर उछलेगा और दास बन जायगा। आज ऐसे पागलों का एक पूरा समुदाय है, जो दिन-रात ऐसी बातों में धुंध रहते हैं। यह सब एक प्रकार का रोग है। यहाँ आवश्यकता दार्शनिक की नहीं, डॉक्टर की है।

मैं मज़ाक उड़ा रहा हूँ, पर मुझे बहुत दुःख है। भारत में मुझे यह समस्या बहुत (गम्भीर) लगती है। ये जाति के विनाश, अधःपतन और संकट के चिह्न हैं। स्फूर्ति का चिह्न, जीवन का चिह्न, आशा का चिह्न, स्वास्थ्य का चिह्न, प्रत्येक ऐसी वस्तु का चिह्न, जो अच्छी है, शक्ति होती है। जब तक शरीर जीवित है, शरीर में शक्ति, मन में शक्ति, हाथ में (शक्ति) होनी चाहिए। (इस सब जादूटोने) के द्वारा आध्यात्मिक शक्ति-प्राप्ति की इच्छा में एक भय है, जीवन का भय। मेरा तात्पर्य इस प्रकार के प्रतीकों से नहीं है।

पर इन प्रतीकों में कुछ सत्य है। ऐसा कोई असत्य नहीं हो सकता, जिसके पीछे कुछ सत्य न हो। कोई नकल नहीं हो सकती, जब तक कि कुछ असल न हो।

विभिन्न धर्मों में पूजा के प्रतीकात्मक रूप हैं। उनमें कुछ नूतन, स्फूर्त, कवित्वमय, स्वस्थ प्रतीक हैं। क्रूस के प्रतीक ने करोड़ों मनुष्यों के जीवन पर जो अद्भुत प्रभुत्व रखा है, उस पर विचार करो! द्वितीया के चन्द्रमा के प्रतीक का स्मरण करो। इस एक प्रतीक की आकर्षण-शक्ति पर विचार करो। संसार में सर्वत्र उत्तम और महान् प्रतीक हैं। वे भावना को प्रत्यक्ष बनाते हैं और मन में कुछ विशिष्ट अवस्थाएँ उत्पन्न करते हैं, हम देखते हैं कि अनपवाद रूप से सदा विश्वास और प्रेम की महान् शक्ति का (वे सृजन करते हैं)।

प्रोटेस्टैंट और कैथोलिक (चर्च) की तुलना करो। पिछले चार सौ वर्षों में (जिस अवधि में) वे दोनों रहे हैं, किसने अधिक संत और शहीद उत्पन्न किया है? कैथोलिक अनुष्ठानों का अत्यंत तीव्र प्रभाव—उन सब दीपकों, सुगंधित धूम, मोमबत्तियों और पुजारियों की पोशाकों का—स्वयं अपने में बड़ा प्रभाव होता है। प्रोटेस्टैंटवाद काफ़ी नीरस और कवित्वहीन है। प्रोटेस्टैंटों ने बहुत कुछ उपलब्ध किया है, कुछ बातों में उन्होंने कैथोलिकों की अपेक्षा काफ़ी अधिक स्वतंत्रता दी है, और इसलिए उनकी धारणा अधिक स्पष्ट और अधिक वैयक्तिक है। यह सब ठीक है, पर उन्होंने काफ़ी खो भी दिया है।...गिरजाघरों की चित्रकारी को लो। वह काव्य की सृष्टि करने का एक प्रयास है। यदि हम कविता के भूखे हैं, तो उसका आस्वादन क्यों न करें? आत्मा जो चाहती है,

वह उसे क्यों न दें? हम संगीत चाहते हैं। प्रेसबिटेरियन संगीत के भी विरोधी हैं। वे ईसाइयों के 'मुसलमान' हैं। समस्त कविता का नाश हो! सब अनुष्ठानों का नाश हो! तब वे संगीत का सृजन करते हैं। वह इन्द्रियों को भाता है। मैंने देखा है कि वे सामूहिक रूप से उपदेश-मंच के ऊपर किस प्रकार प्रकाश की किरण के लिए प्रयत्न करते हैं।

बाहरी स्तर पर जीवात्मा को जितनी कविता और जितने धर्म की आवश्यकता है, लेने दो। क्यों नहीं?... तुम (औपचारिक उपासना से) लड़ नहीं सकते। वह बार बार विजयिनी होगी।... यदि, जो कैथोलिक करते हैं, वह तुमको पसंद नहीं है तो, उनसे अच्छा करो। पर हम न तो किसी वस्तु को बढ़िया बनायेंगे और न उस कविता को स्वीकार करेंगे, जो पहले से है। यह एक भयावह स्थिति है! कविता नितांत आवश्यक है। तुम संसार के सब से बड़े दार्शनिक हो सकते हो, पर दर्शन उच्चतम कविता है। वह सूखी हड्डियाँ नहीं है। वह वस्तुओं का सार-तत्त्व है। सत्य स्वयं किसी द्वैतवाद से अधिक कवित्वमय है।...

धर्म में विद्वत्ता का कोई स्थान नहीं है। बहुसंख्या के लिए विद्वत्ता इस मार्ग में बाधा है।...हो सकता है कि किसी मनुष्य ने संसार के सब पुस्तकालय पढ़ डाले हों। और हो सकता है कि वह बिल्कुल धार्मिक न हो, और कोई दूसरा, जो कदाचित् अपना नाम भी नहीं लिख सकता, धर्म का अनुभव करता है और उसे प्राप्त करता है। समस्त धर्म हमारी अंतः अनुभूति है। जब मैं 'मानव-निर्मायक धर्म' शब्दों का उपयोग करता हूँ, तो मेरा तात्पर्य न पुस्तकों से होता है, न विश्वासों से, न सिद्धांतों से। मेरा तात्पर्य उस मनुष्य से होता है, जिसने अपने हृदय में स्थित उस अनन्त आभास के कुछ अंश को पा लिया है, पूर्णतया अनुभव कर लिया है।

मैं जीवन भर जिस मनुष्य के चरणों में बैठा हूँ—और वे उसके कुछ थोड़े से विचार हैं, जिनके प्रचार का मैं यत्न कर रहा हूँ—(कठिनता से) अपना नाम लिख सकता था। मैंने अपने जीवन में उसके समान दूसरा मनुष्य नहीं देखा, और मैंने सारा संसार घुमा है। जब मैं उस मनुष्य के बारे में सोचता हूँ, तो मैं अपने को मूर्ख जैसा अनुभव करता हूँ, इसलिये कि मैं पुस्तकें पढ़ना चाहता हूँ और उसने कभी नहीं पढ़ीं। दूसरों के खा चुकने के बाद वे पत्ता चाटना नहीं चाहते थे। क्योंकि वे स्वयं अपनी पुस्तक थे। मैं अपने समस्त जीवन भर यही दोहराता रहा हूँ कि जैक ने क्या कहा है, जॉन ने क्या कहा है, और मैं स्वयं कुछ नहीं कहता। इसमें क्या महानता है कि तुम जानते हो कि जैक ने पच्चीस वर्ष पहले क्या कहा था और जॉन ने पाँच वर्ष पहले क्या कहा है? मुझसे वह कहो, जो 'तुमको' कहना है।

ध्यान रखो कि विद्वत्ता का कोई मूल्य नहीं है। विद्वत्ता के विषय में तुम सब ग़लती करते हो। ज्ञान का एकमात्र मूल्य इस बात में है कि वह मस्तिष्क को शक्ति देता है, उसे नियमित करता है। इस निरंतर निगलते रहने के कारण, यह आश्चर्य की बात है कि, हम सभी को क़ब्ज़ नहीं हो गया। हम अब रुक जायँ, सब पुस्तकों को जला दें, अपने को पकड़ें और सोचें। तुम सब अपने 'व्यक्तित्व' (की बात) करते हो और उसके नष्ट होने की बात पर बौखला उठते हो। इस निगलते रहने के कारण तुम उसे अपने जीवन का प्रत्येक क्षण गँवा रहे हो। यदि तुममें से कोई भी मेरे उपदेश पर विश्वास करे, तो मुझे दुःख होगा। यदि मैं तुममें अपने लिए सोचने की शक्ति को स्फुरित कर सकूँ, तो मुझे अत्यन्त प्रसन्नता होगी।...मेरी इच्छा नर-नारियों से बात करने की है, भेड़ों से नहीं। नर और नारियों से मेरा तात्पर्य व्यक्तियों से है। तुम नन्हें बच्चे नहीं हो कि गली में से गंदे चिथड़े खींच लाओ और उन्हें बाँध-बूँधकर गुड़िया बना लो!

'यह विद्या का स्थान है! वह व्यक्ति विश्वविद्यालय में कार्य करता है! वह उन सब बातों के बारे में जानता है, जो श्री रिक्त जी ने कही हैं।' पर श्री रिक्त जी ने कुछ नहीं कहा है! यदि मेरा बस होता, तो मैं...प्रोफ़ेसर से कहता, "यहाँ से निकल जाओ! तुम कुछ नहीं हो!" याद रखो इस व्यक्तित्व को, जिसे हम कितना भी मूल्य चुकाकर रखना चाहते हैं! चाहो तो ग़लत सोचो, चिंता नहीं, तुमको सत्य प्राप्त होता है, या नहीं। ध्येय है, मन को संयमित करना। वह सत्य, जिसे तुम दूसरों से लेकर निगलते हो, तुम्हारा नहीं होगा। तुम न मेरे मुँह से सत्य की शिक्षा दे सकते हो और न मेरे मुँह से सत्य की शिक्षा ले सकते हो। कोई दूसरे को सिखा नहीं सकता। तुमको स्वयं ही सत्य का अनुभव करना है और उसे अपनी प्रकृति के अनुसार विकसित करना है।...सबको व्यक्तित्व प्राप्त करने का, अपने पैरों पर खड़े होने का, अपने विचार स्वयं सोचने का, अपनी आत्मा को प्राप्त करने का प्रयास करना चाहिए। दूसरों के द्वारा दिये हुए सिद्धांतों को निगलने से कोई लाभ नहीं—जेल में सिपाहियों की भाँति एक साथ खड़े होने का, एक साथ बैठने का एक साथ भोजन करने का और एक साथ सबके सिर हिलाने का। विविधता जीवन का चिह्न है। एकरूपता मृत्यु की निशानी है।

एक बार मैं एक भारतीय नगर में था। एक वृद्ध पुरुष मेरे पास आया। उसने कहा, "स्वामी, मुझे मार्ग दिखाओ।" मैंने देखा कि वह मनुष्य मेरे सामने की इस मेज़ के समान मुर्दा था। मानसिक और आध्यात्मिक रूप से वह सच-मुच निर्जीव था। मैंने पूछा, "क्या मैं जो कहूँ, वह तुम करोगे? क्या तुम चोरी कर सकते हो? क्या तुम शराब पी सकते हो? क्या तुम मांस खा सकते हो?"

मनुष्य चकित बोला, "आप यह क्या सिखा रहे हैं !"

मैंने उससे कहा, "क्या इस दीवार ने कभी चोरी की है ? क्या इस दीवार ने कभी शराब पी है ?"

"जी, नहीं ।"

मनुष्य चोरी करता है, और वह शराब पीता है, और ईश्वर बन जाता है । "मैं जानता हूँ, मेरे मित्र, कि तुम दीवार नहीं हो । कुछ करो, कुछ करो !" मैंने देखा कि यदि वह मनुष्य चोरी करे, तो उसकी आत्मा मुक्ति के मार्ग पर चल पड़ेगी ।

मैं कैसे जानूँ कि तुम सब जो एक बात कहते हो, साथ खड़े होते हो, साथ बैठते हो, अलग अलग व्यक्ति हैं ? यह मार्ग मृत्यु की ओर जाता है ! अपनी आत्माओं के लिए कुछ करो । यदि इच्छा हो, तो कुछ ग़लत करो, पर करो अवश्य ! यदि मेरी बात तुम्हारी समझ में अभी नहीं आती, तो धीरे धीरे आ जायगी । जैसा आत्मा पर बुढ़ापा उतर आया है । वह मोर्चा खा गयी है । मोर्चे को छुड़ा दो, और तब हम आगे बढ़ें । अब तुम समझते होगे कि संसार में बुराई क्यों है । घर जाओ और उसके विषय में सोचो, केवल इस मोर्चे को छुड़ाने के लिए !

हम पार्थिव वस्तुओं के लिए प्रार्थना करते हैं । किसी मन्तव्य को प्राप्त करने के लिए हम दूकानदारी रीति से ईश्वर की पूजा करते हैं । जाओ और भोजन-वस्त्र के लिए याचना करो ! पूजा अच्छी बात है ! कुछ सदा कुछ-नहीं से अच्छा होता है । 'एक अंधा मामा होना, एक भी मामा न होने से अच्छा है ।' एक बहुत धनी युवक बीमार पड़ जाता है और अपनी बीमारी से मुक्ति पाने के लिए ग़रीबों को दान देने लगता है । यह अच्छा काम है, पर तो भी धर्म नहीं है, आध्यात्मिक धर्म । यह सब पार्थिव स्तर पर है । क्या पार्थिव है और क्या नहीं है ? जब ध्येय संसार होता है और ईश्वर उसकी प्राप्ति का साधन बनता है, तो यह पार्थिव है । जब ध्येय ईश्वर होता है और संसार उस ध्येय के प्राप्त करने का साधन मात्र बन जाता है, तो आध्यात्मिकता आरम्भ हो जाती है ।

इस प्रकार, (पार्थिव) जीवन के प्रचुर आकांक्षी के लिए सारे स्वर्ग इस जीवन के ही विस्तार होते हैं । वह मरे हुए सभी लोगों से मिलना चाहता है और एक बार फिर हँसी-खुशी में समय बिताना चाहता है ।

एक महिला जो माध्यम थीं, दिवंगत आत्माओं को हम तक उतारती थीं । वे बहुत उदारहृदय थीं, पर माध्यम कहलाती थीं । बहुत ठीक ! यह महिला मुझे बहुत पसंद करती थीं और उन्होंने मुझे आमंत्रित किया । सब आत्माएँ मेरे प्रति बहुत नम्र रहीं । मुझे बहुत विचित्र अनुभव हुआ । तुम समझते हो कि यह एक (आध्यात्मिक बैठक), मध्य रात्रि थी । माध्यम बोली,..."मैं यहाँ एक भूत खड़ा

देखती हूँ। भूत कहता है कि उस बेंच पर एक हिन्दू सज्जन बैठे हैं।" मैं उठ खड़ा हुआ। बोला, "आपको यह कहने के लिए किसी भूत की आवश्यकता नहीं थी।"

वहाँ एक विवाहित युवक मौजूद था, बुद्धिमान और सुशिक्षित। वहाँ वह अपनी माँ से मिलने आया था। माध्यम ने कहा, "अमुक की माँ यहाँ है।" यह युवक मुझे अपनी माँ के बारे में बता रहा था। जब उनकी मृत्यु हुई थी, तो वे बहुत दुबली थीं, पर जो माँ परदे में से आयीं। काश, तुमने भी उसे देखा होता! मैं देखना चाहता था कि यह युवक क्या करेगा। मैं चकित हुआ, जब वह उछलकर खड़ा हो गया और प्रेत को छाती से लगाकर बोला, "अरे माँ, तुम आत्माओं के देश में कितनी सुन्दर हो गयी हो।" मैंने कहा, मैं धन्य हूँ, जो यहाँ हूँ। यह मुझे मानव-प्रकृति में सूझ प्रदान करता है।"

अपनी औपचारिक उपासना को लौटते हुए जब तुम ईश्वर की उपासना इस जीवन अथवा इस संसार जैसे किसी साध्य के साधन के रूप में करते हो, तो वह उपासना की निम्न अवस्था है।···अधिकांश लोगों को कभी इस मांस के पिंड और इन्द्रियों के आनन्दों से ऊँची किसी वस्तु की धारणा ही नहीं हुई। इस जीवन में भी इन बेचारों को जो आनन्द मिलते हैं, वे वही हैं, जो पशुओं को प्राप्त है।···वे पशुओं को खाते हैं। वे अपनी संतान को प्यार करते हैं। क्या मनुष्य का समस्त ऐश्वर्य यही है? और हम सर्वशक्तिमान ईश्वर की पूजा करते हैं! किसलिए? केवल हमें इन पार्थिव वस्तुओं को देने के लिए और सदा उनकी रक्षा करने के लिए।···इसका अर्थ होता है कि हम पशुओं और पक्षियों से आगे नहीं बढ़े हैं। हम उनसे अच्छे नहीं हैं। हम उनसे अधिक नहीं जानते। और हम पर बला पड़े, हमें उनसे कुछ अधिक का ज्ञान होना चाहिए! अंतर केवल यही है कि उनके पास हमारे ईश्वर के समान ईश्वर नहीं है।...हमारे पास भी वैसी ही पाँच इन्द्रियाँ हैं (जैसी कि पशुओं के हैं), केवल उनकी हमसे अच्छी हैं। हम एक कौर भोजन भी उतने स्वाद से नहीं खा सकते, जिससे कुत्ता हड्डी चिचोरता है। जीवन में हमारी अपेक्षा उन्हें अधिक आनन्द आता है; इस प्रकार हम पशुओं से तनिक हीन हैं।

तुम कुछ ऐसा क्यों बनना चाहते हो, जिसे प्रकृति की कोई भी शक्ति तुमसे अधिक अच्छी तरह कार्यान्वित कर सकती हो? तुम्हारे विचारने के लिए यह सबसे महत्वपूर्ण प्रश्न है। क्या तुम चाहते हो, इस जीवन को, इन इन्द्रियों को, इस शरीर को, अथवा उस वस्तु को, जो अनन्त गुनी ऊँची और उत्तम है, उस वस्तु को, जहाँ से फिर गिरना नहीं है, फिर परिवर्तन नहीं है?

तो इसका अर्थ क्या होता है?···तुम कहते हो, "हे ईश्वर, मुझे मेरी रोटी दो, मेरा पैसा दो! मेरे रोग दूर करो! यह करो और वह करो!" प्रत्येक बार

जब तुम यह कहते हो, तो तुम स्वयं को सम्मोहित करते हो, इस विचार से, 'मैं भौतिक तत्त्व हूँ और वही मेरा ध्येय है।' प्रत्येक बार जब तुम किसी भौतिक इच्छा की पूर्ति का प्रयत्न करते हो, तो तुम अपने से कहते हो—मैं शरीर हूँ, मैं आत्मा नहीं हूँ।

ईश्वर को धन्यवाद है कि यह एक स्वप्न है। ईश्वर को धन्यवाद है कि यह विलीन हो जायगा। ईश्वर को धन्यवाद है कि मृत्यु है, शानदार मृत्यु, इसलिए कि वह अंत करते है इस भ्रम का, इस स्वप्न का, इस हाड़-मांस का, इस कष्ट का। कोई भी स्वप्न चिरस्थायी नहीं हो सकता ; उसे देर सबेर समाप्त होना ही है। ऐसा कोई नहीं है, जो इस स्वप्न को सदा जीवित रख सके। मैं ईश्वर को धन्यवाद देता हूँ कि यह ऐसा है! फिर भी पूजा का यह रूप ठीक है। बढ़े चलो! किसी वस्तु के लिए प्रार्थना करना न करने से अच्छा है। ये अवस्थाएँ हैं, जिनमे से हम गुजरते हैं। ये पहले पाठ हैं धीरे-धीरे मन किसी ऐसी वस्तु के बारे में सोचने लगता है, जो इन्द्रियों से, शरीर स, इस संसार के आनन्दों से ऊँची है।

(मनुष्य) इसे कैसे करता है? पहले वह एक विचारक बनता है। जब तुम किसी समस्या के बारे में विचार करते हो, तो उसमें विषयानंद बिल्कुल नहीं होता, पर विचार का अविकल आनन्द होता है।...यह है, जो मनुष्य को बनाता है।...कोई महान् विचार लो! वह गहरा होता जाता है। मन एकाग्र होने लगता है। तुमको अब अपने शरीर का अनुभव नहीं होता। तुम्हारी इन्द्रियाँ रुक जाती हैं। तुम सब भौतिक अनुभवों से ऊपर उठ जाते हो, जो सब इन्द्रियों के द्वारा अभिव्यक्त हो रहा था, वह अब एक विचार पर केन्द्रित हो जाता है। उस क्षण तुम पशु से ऊँचे होते हो। तुमको एक रहस्य प्राप्त होता है, जिसे तुमसे कोई नहीं ले सकता—शरीर से ऊँची किसी वस्तु का प्रत्यक्ष अनुभव।... इसी स्तर में मन का लक्ष्य है, इन्द्रियों के स्तर पर नहीं।

इस प्रकार इन्द्रियों के स्तर में गुज़रते हुए तुम दूसरे क्षेत्रों में अधिकाधिक प्रवेश पाते हो, और तब यह संसार स्वयं ही तुमसे अलग गिर पड़ता है। तुम उस चेतना की एक झाँकी पा लेते हो, तो तुम्हारी इन्द्रियाँ और तुम्हारे इन्द्रिय-सुख, शरीर से तुम्हारा चिपकना, सब तुमसे परे विलीन हो जायगा। आत्मा के क्षेत्र से झाँकियों पर झाँकियाँ आयेंगी। तुम्हारा योग समाप्त हो जायगा और आत्मा तुम्हारे सामने आत्मा के रूप में प्रकट होगी। तब तुम आत्मा के रूप में ईश्वर की उपासना का आरम्भ करोगे। तब तुम्हारी समझ में यह आने लगेगा कि पूजा किसी वस्तु की प्राप्ति के लिए नहीं है। मूलतः हमारी उपासना वह

सांत-अनंत तत्त्व—प्रेम—है, जिसे आत्मा अपने प्रभु के चरणों में एक सनातन बलि के रूप में अर्पित करती (है)। 'मैं नहीं, तू। मैं मृत हूँ। तू है, मैं नहीं हूँ। मुझे धन नहीं चाहिए, सौंदर्य नहीं, नहीं, विद्वत्ता भी नहीं। यदि तेरी इच्छा हो, तो मुझे दो करोड़ नरकों में भेज। मेरी इच्छा केवल एक है : मैं तू बन जाऊँ, मेरे प्रिय !'

दुराग्रह

दूराग्रही कई प्रकार के होते हैं। कुछ लोग शराब पीने के कट्टर विरोधी हाते हैं, तो कोई सिगरेट पीने के। कुछ लोग सोचते हैं कि यदि मनुष्य सिगार पीना छोड़ दें, तो संसार में फिर से सतयुग लौट आयेगा। यह दुराग्रह बहुधा स्त्रियों में देखा जाता है। एक दिन यहाँ इस कक्षा में एक युवती उपस्थित थी। वह शिकागो की उन महिलाओं में से एक थी, जिन्होंने मिलकर एक संस्था बनायी है, जहाँ वे मजदूरों के लिए व्यायाम और संगीत का प्रबन्ध करती हैं। वह युवती एक दिन संसार में प्रचलित बुराइयों की चर्चा कर रही थी। उसने कहा कि मैं उन्हें दूर करने का उपाय जानती हूँ। मैंने पूछा, "तुम क्या जानती हो ?" उसने उत्तर दिया, "आपने 'हुल हाउस' (Hull House) देखा है ?" उसकी राय में यह 'हुल हाउस' संसार की सभी बुराइयों को दूर करने का एकमात्र उपाय है। उसका यह अन्धविश्वास बढ़ता ही जायगा। मुझे उसके लिए दुःख है। भारत में कुछ दूराग्रही हैं, जो सोचते हैं कि विधवा-विवाह प्रचलित हो जाने से समस्त बुराइयाँ दूर हो जायँगी। यह दुराग्रह है, हठधर्म है।

जब मैं छोटा था, तो सोचता था कि दुराग्रह से कार्य में बड़ी प्रेरणा मिलती है, पर ज्यों ज्यों मैं वयस्क होता जा रहा हूँ, मुझे अनुभव होता है कि बात ऐसी नहीं है।

एक ऐसी स्त्री हो सकती है, जो चोरी करती हो और किसी दूसरे की थैली लेकर चम्पत होने में न हिचकती हो ; पर शायद वह सिगरेट नहीं पीती। वह सिगरेट की एक कट्टर विरोधिनी हो जाती है और किसीको सिगरेट पीते देखकर केवल इसी कारण से उसकी तीव्र निन्दा करने लगती है। इसी प्रकार एक मनुष्य दूसरों को ठगता फिरताहै ; उस पर किसी का विश्वास नहीं ; कोई स्त्री उसके साथ सुरक्षित नहीं रह सकती। पर शायद वह दुष्ट शराब नहीं पीता ; और इसलिए शराब पीनेवालों में वह कुछ भी अच्छाई नहीं देखता। वह स्वयं जो इतनी दुष्टता करता है, उस पर उसकी दृष्टि नहीं जाती। यही मनुष्यों की स्वाभाविक स्वार्थपरता और एकांगीपन है।

तुम्हें यह भी याद रखना चाहिए कि संसार का शासनकर्ता ईश्वर है और उसने संसार को हमारी दया पर नहीं छोड़ दिया है। वही इसका शासक और

पालनकर्ता है, और इन शराब, सिगार एवं नानाविध विवाह सम्बन्धी दुराग्रहियों के बावजूद भी यह चलता रहेगा। यदि ये लोग मर जायँ, तो भी संसार उसी भाँति चलता रहेगा।

क्या तुम्हें अपने इतिहास की वह बात याद नहीं है कि किस प्रकार यहाँ 'मे फ़्लावर' (May flower) वाले लोगों का आगमन हुआ, जो अपने को शुद्धाचारवादी (Puritans) कहते थे। वे थे तो बहुत शुद्ध और पवित्र, परन्तु बाद में वे ही अन्य लोगों पर अत्याचार करने लगे। मानव जाति के इतिहास में सदैव ऐसा ही होता रहा है। जो लोग दूसरों के अत्याचार से भागकर आते हैं, वे भी मौक़ा पाते ही दूसरों पर अत्याचार करने लगते हैं।

सौ में नब्बे दुराग्रहियों का या तो यकृत ख़राब होता है, या वे मन्दाग्नि अथवा किसी अन्य रोग से पीड़ित रहते हैं। धीरे धीरे चिकित्सक लोगों को भी ज्ञात हो जायगा कि दुराग्रह एक प्रकार का रोग है। मैंने ऐसा बहुत देखा है। परमात्मा मुझे ऐसे रोग से बचाये !

मेरा अनुभव यह है कि दुराग्रहपूर्ण सभी सुधारों से अलग रहना ही बुद्धिमानी है। संसार धीरे धीरे चलता ही जा रहा है, उसे उसी प्रकार चलने दो। तुम्हें इतनी जल्दी क्यों पड़ी है ? अच्छी नींद सोओ और स्नायुओं को स्वस्थ मज़बूत रखो ; उचित प्रकार का भोजन करो और संसार के साथ सहानुभूति रखो। दुराग्रही केवल घृणा ही अर्जन करते हैं। क्या तुम यह कहना चाहते हो कि ये मादक द्रव्य-निषेध के दुराग्रही बेचारे शराब पीनेवालों से प्रेम करते हैं ? दुराग्रही का दुराग्रह केवल इसीलिए होता है कि वह बदले में स्वयं के लिए कुछ पाना चाहता है। ज्यों ही संघर्ष समाप्त हुआ, वह लूटने को आगे बढ़ जाता है। जब तुम दुराग्रहियों का साथ छोड़ोगे, तभी तुम जानोगे कि सच्चा प्रेम और सच्ची सहानुभूति किस प्रकार की जाती है। तुममें सहानुभूति और प्रेम जितना ही बढ़ेगा, तुम इन बेचारों को उतना ही कम दोष दोगे, बल्कि उनके दोषों से तुम्हारी सहानुभूति हो जायगी। तब तुम शराबी से सहानुभूति कर सकोगे और समझ सकोगे कि वह भी तुम्हारी भाँति एक मनुष्य है। तब तुम उन परिस्थितियों को समझ सकोगे, जो उसे पतन की ओर खींच रही हैं, और अनुभव करोगे कि यदि तुम उसके स्थान में होते, तो कदाचित् आत्महत्या कर लेते। मुझे एक स्त्री की बात याद आती है, जिसका पति बड़ा शराबी था। उसने अपने पति की इस आदत के बारे मे मुझसे शिकायत की। मैंने प्रत्युत्तर में कहा, "श्रीमती जी, यदि आपकी तरह दो करोड़ पत्नियाँ हों, तब तो सारे के सारे पति शराबी बन जाय।" मुझे यह पक्का विश्वास हो गया है कि शराबियों में से अधिकांश अपना पत्नियों द्वारा

ही शराबी बनायें गये हैं। मेरा काम है सत्य बात कहना, किसीकी खुशामद करना नहीं। ये उद्दण्ड स्त्रियाँ जो न सहन करना जानती हैं, न क्षमा करना, जो अपनी स्वतन्त्रता का यह अर्थ लगाती हैं कि पुरुष उनके चरणों में लोटते रहें, और जो पतियों से अपनी इच्छा के प्रतिकूल कोई बात सुनते ही झगड़ा करने और चिल्लाने लगती हैं—ऐसी स्त्रियाँ संसार के लिए अभिशापस्वरूप हैं, और आश्चर्य की बात तो यह है कि इनके कारण संसार के आधे आदमी आत्महत्या क्यों नहीं कर लेते। इस प्रकार की बातें नहीं होनी चाहिए। जीवन इतनी सरल वस्तु नहीं है, जैसा कि लोग समझते हैं। वह एक बड़ा गम्भीर व्यापार है!

मनुष्य में केवल विश्वास ही नहीं, वरन् युक्तिसंगत विश्वास होना चाहिए। यदि मनुष्य को सभी कुछ मानने और करने पर बाध्य किया जाय, तो उसे पागल हो जाना पड़ेगा। एक बार किसी स्त्री ने मुझे एक पुस्तक भेजी, जिसमें लिखा था कि उसमें लिखी हुई सभी बातों पर मुझे विश्वास करना चाहिए। उसमें लिखा था कि आत्मा नामक कोई चीज़ नहीं है, किन्तु स्वर्ग में देवी-देवता हैं और हममें से प्रत्येक के सिर में से ज्योति की एक किरण निकलकर स्वर्ग तक पहुँचती है। पता नहीं कि लेखिका को ये बातें कहाँ से ज्ञात हुईं। उस स्त्री की धारणा थी कि उसे दिव्य प्रेरणा मिली है, और चाहती थी कि मैं भी इस पर विश्वास करूँ; और चूँकि मैंने ऐसा करने से इन्कार कर दिया, उसने कहा, "तुम निश्चय ही बड़े ही खराब आदमी हो, तुम्हारे लिए कोई आशा नहीं!" यही दुराग्रह है।

धर्म में व्यवसायी

(नवम्बर २६, १८९३ को मिनियापोलिस में दिया गया और मिनियापोलिस जर्नल में प्रकाशित भाषण)

कल प्रातःकाल यूनिटेरियन चर्च ब्राह्मण उपदेशक स्वामी विवेकानन्द द्वारा संक्षेप में प्रस्तुत प्राच्य धार्मिक विचारधारा के विषय में कुछ जानने के लिए उत्सुक श्रोताओं से भरा हुआ था। पिछली गर्मियों में शिकागो की धर्म-महासभा में स्वामी विवेकानन्द एक महत्त्वपूर्ण व्यक्ति थे। पेरीपेटेटिक क्लब ने ब्राह्मण धर्म के इस लब्धप्रतिष्ठ प्रतिनिधि को मिनियापोलिस में आमंत्रित किया था और पिछले शुक्रवार की शाम को उन्होंने उस संस्था में भाषण दिया था। वे कल अपना भाषण दे सकें, इसलिए उनको इस सप्ताह के अन्त तक रुकने के लिए राज़ी कर लिया गया।

पादरी डॉक्टर एच० एम० साइमन्स ने पॉल के श्रद्धा-आशा-प्रेमवाले प्रकरण का पाठ किया, और 'इन सबमें सर्वोच्च प्रेम है,' इस पाठ के उपरांत उन्होंने ऐसी ही शिक्षा देनेवाले ब्राह्मण धर्मग्रंथ के एक अंश, और मुस्लिम धर्म के एक अंश का भी, तथा हिन्दू साहित्य से ऐसी कविताओं का, जो पॉल के कथनों से मेल खाती थीं, पाठ किया।

दूसरे भजन के बाद स्वामी विवेकानन्द का परिचय कराया गया। वे मंच के किनारे तक आये, और उन्होंने तुरंत एक हिन्दू कथा सुनानी आरम्भ करके श्रोताओं को मुग्ध कर लिया। उन्होंने उत्कृष्ट अंग्रेज़ी में कहा :

"मैं तुमको पाँच अन्धों की एक कहानी सुनाऊँगा। भारत के एक गाँव में एक जुलूस निकला। सब लोग जुलूस देखने आये, और विशेष तौर से, उस हाथी को देखने, जो बहुत बढ़िया सजा हुआ था। लोग प्रसन्न थे, और क्योंकि अन्धे हाथी को देख नहीं सकते थे, इसलिए उसके स्वरूप का ज्ञान प्राप्त करने के लिए उन्होंने हाथी को छूने का निश्चय किया। उन्हें यह गौरव दिया गया। जब जुलूस चला गया, तो वे अन्य लोगों के साथ लौटे और हाथी के बारे में बातचीत करने लगे। "वह बिल्कुल दीवार जैसा था," एक ने कहा। "नहीं", दूसरा बोला, "वह रस्सी के टुकड़े के समान था।" "तुम दोनों गलत हो", तीसरा बोला, "मैंने उसे छुआ है और

वह बिल्कुल साँप के समान था।" बहस तेज़ हो गयी और चौथे ने कहा कि हाथी तकिये के समान था। विवाद में शीघ्र कहा-सुनी होने लगी और पाँचों अन्धे आपस में लड़ने लगे। तभी उधर से दो आँखोंवाला एक व्यक्ति निकला। और उसने पूछा, "मेरे मित्रो, बात क्या है?" झगड़ा उसे समझाया गया। इस पर आगन्तुक बोला, "भाइयो तुम, सभी सही हो। कठिनाई यह है कि तुम सभी ने हाथी को विभिन्न स्थलों पर छुआ है। दीवार उसकी बगल थी, रस्सी उसकी पूँछ थी, साँप उसकी सूँड़ थी और तकिया उसका पैर था। झगड़ा बन्द करो; तुम सभी सही हो, केवल तुमने हाथी को अपने विभिन्न दृष्टिकोणों से देखा है।"

धर्म, उन्होंने कहा, ऐसे ही झगड़े में फँस गया है। पश्चिम के लोग समझते हैं कि उन्हींका धर्म ईश्वर का एकमात्र धर्म है, और पूर्व के लोग भी ऐसा ही आग्रह करते हैं। दोनों ग़लती पर हैं, ईश्वर प्रत्येक धर्म में है।

पश्चिमी विचारधारा की उन्होंने बहुत महत्त्वपूर्ण आलोचनाएँ कीं। ईसाइयों को उन्होंने एक 'दूकानदारी धर्म' वाला बताया। वे सदा ईश्वर से माँगते रहते हैं—"हे ईश्वर, मुझे यह दे और मुझे वह दे; हे ईश्वर, यह कर और वह कर।" हिन्दू की समझ में यह नहीं आता। वह ईश्वर से माँगने को अनुचित समझता है। धार्मिक व्यक्ति को माँगने के बजाय देना चाहिए। हिन्दू ईश्वर से कुछ माँगने के स्थान पर ईश्वर को, अपने साथियों को, देने में विश्वास करता है। उन्होंने कहा कि पश्चिम में बहुत से लोग ईश्वर के बारे में बहुत अधिक सोचते हैं; लेकिन तभी तक, जब तक सब ठीक ठीक चलता रहता है; पर जब उससे विपरीत होता है, तो ईश्वर भूल जाता है। हिन्दू ऐसा नहीं करता, वह ईश्वर को प्रेमस्वरूप देखता है, हिन्दू धर्म ईश्वर के मातृत्व और पितृत्व, दोनों को मानता है, इसलिए कि मातृत्व में प्रेम की भावना की परिणति अधिक उत्तमता से होती है। पश्चिमी ईसाई पूरे सप्ताह भर डॉलर के लिए काम करता है और जब सफल होता है, तो प्रार्थना करता है, "हे ईश्वर, यह अभीष्ट देने के लिए हम तुझे धन्यवाद देते हैं।" और इसके बाद वह उस सब धन को अपनी जेब में डाल लेगा; हिन्दू धनोपार्जन करता है और उसे दरिद्र अथवा कम भाग्यशाली लोगों की सहायता के लिए ईश्वर को अर्पित कर देता है। और इस प्रकार पश्चिम के विचारों और पूर्व के विचारों की तुलना की गयी। ईश्वर की बात करते हुए विवेकानन्द ने कहा, "तुम पश्चिम के लोग सोचते हो कि तुम्हारे पास ईश्वर है। ईश्वर पास होने से क्या हुआ? यदि वह तुम्हारे पास है, तो अपराध इतना व्यापक क्यों है कि दस व्यक्तियों में से नौ पाखंडी हैं। जहाँ ईश्वर है, वहाँ पाखंड नहीं रह सकता। तुम्हारे पास ईश्वर की पूजा के लिए महल हैं और तुम अंशतः सप्ताह में एक बार वहाँ जाते

हो, पर बहुत कम लोग ईश्वर की उपासना करने के लिए जाते हैं। पश्चिम में चर्च जाना एक फ़ैशन है और तुममें से बहुत से केवल इसी कारण वहाँ जाते हैं। तो, ऐसी दशा में, तुम, पश्चिम के लोगों का यह दावा कि ईश्वर केवल हमारे ही पास है. कैसे उचित है?"

मुक्त करतल-ध्वनि के कारण यहाँ वक्ता को रुकना पड़ा। उन्होंने फिर कहना आरम्भ किया: "हम हिन्दू धर्मावलम्बी प्रेम के लिए ईश्वर की पूजा में विश्वास करते हैं, वह हमें जो देता है, उसके लिए नहीं, वरन् इसलिए कि ईश्वर प्रेम है, और किसी जाति के पास, किसी राष्ट्र के पास, किसी धर्म के पास ईश्वर नहीं हो सकता, जब तक कि वह उसे प्रेम के कारण पूजने को तैयार न हो। तुम पश्चिम के लोग व्यवसाय में व्यावहारिक हो, महान् आविष्कारों में व्यावहारिक हो, पर हम पूर्व के लोग धर्म में व्यावहारिक हैं। तुमने वाणिज्य को अपना व्यवसाय बनाया है और हमने धर्म को अपना व्यवसाय बनाया है। यदि तुम भारत आओ और खेत में काम करनेवाले से बातें करो, तो तुम पाओगे कि राज्य-शासन के बारे में उसकी कोई राय नहीं है। राजनीति का उसे कोई ज्ञान नहीं है। पर यदि तुम उससे धर्म के विषय में बात करोगे, तो पाओगे कि नीचे से नीच व्यक्ति को भी एकेश्वरवाद, द्वैतवाद, और धर्म के सब वादों का ज्ञान है। तुम पूछो:

'तुम किस सरकार के नीचे रहते हो?' और वह उत्तर देगा 'मैं नहीं जानता। मैं अपने कर देता हूँ, इतना ही जानता हूँ।' मैंने तुम्हारे मजदूरों से, तुम्हारे किसानों से बातें की हैं, और मैं पाता हूँ कि राजनीति के विषय में सबको जानकारी है। वे डेमोक्रैट अथवा रिपब्लिकन हैं और वे जानते हैं कि वे मुक्त चाँदी अथवा स्वर्ण स्टैंडर्ड में से किसको अधिक अच्छा समझते हैं। पर तुम उनसे धर्म की बात करो, तो वे भारतीय किसान की भाँति हैं, वे नहीं जानते; वे जानते हैं कि वे अमुक गिरजे में जाते हैं, पर उन्हें यह पता नहीं है कि वे किसमें विश्वास करते हैं। वे अपने बैठने के स्थान का, 'प्यू' का, किराया भर देते हैं, और वे उसके विषय में, अथवा ईश्वर के विषय में केवल इतना ही जानते हैं।"

भारत में अंधविश्वासों का होना वक्ता ने स्वीकार किया, "पर वे किस जाति में नहीं हैं?" उन्होंने पूछा। भाषण समाप्त करते हुए उन्होंने कहा कि जातियाँ ईश्वर को एकाधिकार की दृष्टि से देखती रही हैं। ईश्वर सब जातियों के पास है, शुभ करने की कोई भी प्रेरणा ईश्वर है। पश्चिम के लोगों को और पूर्व के लोगों को भी, 'ईश्वर की आवश्यकता का अनुभव करना' सीखना चाहिए, और इस 'आवश्यकता के अनुभव करने' की तुलना उन्होंने उस व्यक्ति से की, जो पानी के भीतर है और हवा के लिए छटपटा रहा है। वह हवा की आवश्यकता का अनुभव

कर रहा है, वह उसके बिना जीवित रह नहीं सकता। जब पश्चिम के लोग ईश्वर की आवश्यकता का इस प्रकार अनुभव करेंगे, तो भारत उनका स्वागत करेगा, इसलिए कि प्रचारक—मिशनरी लोग—तब वहाँ ईश्वर को लेकर आयेंगे, इस विचार को लेकर नहीं कि भारत को ईश्वर का ज्ञान नहीं है, तब उनके हृदय में प्रेम होगा, कट्टरता नहीं।

व्याख्यान, प्रवचन एवं कक्षालाप-३

(भक्तियोग)

भक्ति

(मेडिसन स्क्वेयर कन्सर्ट हॉल, न्यूयार्क में ९ फ़रवरी, १८९६ को दिया हुआ भाषण)

केवल कुछ धर्मों को छोड़कर सगुण ईश्वर की कल्पना प्रायः सभी धर्मों में प्रचलित रही है। जैन और बौद्धों को छोड़कर संसार के सभी धर्मों ने सगुण परमेश्वर की कल्पना स्वीकार की है, और उसी कल्पना से भक्ति और उपासना का उदय हुआ है। यद्यपि बौद्ध और जैन सगुण परमेश्वर को नहीं मानते, तथापि वे अपने धर्म-संस्थापकों की ठीक वैसी ही पूजा करते हैं, जिस प्रकार इतर धर्मोपासक सगुण ईश्वर की। किसी एक ऐसे उच्चतर व्यक्ति की पूजा और भक्ति, जो मनुष्य को उसके प्रेम का प्रतिदान प्रेम से दे सके, सर्वत्र दिखायी देती है। विभिन्न धर्मों में यह प्रेम और भक्ति भिन्न भिन्न अवस्थाओं में विभिन्न परिमाण से प्रकट होती आयी है। निम्नतम अवस्था है 'बाह्य उपचार' अथवा कर्मकांड; इस अवस्था में सूक्ष्म कल्पनाओं की धारणा असम्भवप्राय होती है। इसलिए वे निम्नतम भूमिका पर लायी जाकर फिर स्थूल रूप में परिणत की जाती हैं। फलतः अनेक प्रकार के रूपाकारों तथा उनके साथ अनेक प्रतीकों का उदय होता है। विश्व के समस्त इतिहास से प्रकट होता है कि इन मूर्त विचारों तथा प्रतीकों द्वारा ही मनुष्य ने निर्गुण को ग्रहण करने का प्रयत्न किया है। घंटियाँ, संगीत, पोथी, मंत्रतंत्र, मूर्तियाँ और धर्म के अन्यान्य बाह्य अनुष्ठान—ये सब इसी श्रेणी में समाविष्ट होते हैं। मनुष्य की इन्द्रियों द्वारा ग्रहण होने योग्य कोई भी वस्तु तथा निर्गुण की कल्पना सुगमता से करा देनेवाली कोई भी स्थूल आकृति पूजा का विषय बन जाती है।

प्रत्येक धर्म में समय समय पर ऐसे सुधारक जन्म लेते आये हैं, जिन्होंने सभी प्रतीकों और बाह्य अनुष्ठानों का विरोध किया है। किन्तु उनका यह विरोध व्यर्थ रहा है, क्योंकि मनुष्य जब तक मनुष्य है, अधिकांश जन-समाज कोई ऐसा मूर्त प्रतीक अवश्य चाहेगा, जिसका वह आश्रय ले सके, जिसको केन्द्र मानकर अपने मन के विचारों को गूँथ सके। मुसलमानों और प्रोटेस्टेंट ईसाइयों ने सभी प्रकार के बाह्यानुष्ठानों के निराकरण के लिए महान् प्रयास किया है, परन्तु इतना

होते हुए भी कर्मकाण्ड उनमें घुसे पड़े हैं। उनका बहिष्कार नहीं किया जा सकता। बहुत प्रयास के बाद केवल इतना ही हो जाता है कि जन-समाज एक प्रतीक को छोड़कर दूसरे को ग्रहण कर लेता है। वही मुसलमान जो काफ़िरों के हर बाह्य अनुष्ठान, प्रतीक, मूर्ति या पूजा को पाप समझता है, जब वह स्वयं काबे की मस्जिद में जाता है, तो इस तरह नहीं सोचता। जब कोई धर्मशील मुसलमान प्रार्थना करता है, तो उसके लिए यह आवश्यक है कि वह अपने को काबे में खड़ा हुआ समझे। जब वह हज को जाता है, तो मस्जिद के दीवाल में लगे हुए काले पत्थर को उसे चूमना पड़ता है। क़यामत के अन्तिम दिन इस पत्थर पर अंकित करोड़ों हज करनेवालों के चुम्बन विश्वस्त लोगों के लाभ के लिए गवाही के रूप में उठ खड़े होंगे। काबे में ज़िमज़िम नामक एक कुआँ है। मुसलमानों का विश्वास है कि अगर कोई इस कुएँ का थोड़ा भी पानी निकाल पाये, तो सम्पूर्ण पापों से उसे क्षमा दे दी जायगी और न्यायदान के दिन उसे दूसरा शरीर प्राप्त होगा तथा वह सदा जीवित रहेगा। दूसरे धर्मों में प्रतीकोपासना इमारतों के रूप में प्रकट होती है। प्रोटेस्टेन्ट पंथवाले ऐसा समझते हैं कि गिरजाघर अन्य स्थानों से अधिक पवित्र होता है। गिरजाघर ही मानो स्वयं प्रतीक है। या उस 'पवित्र पुस्तक' अर्थात् बाइबिल की बात लो। बाइबिल की कल्पना उनके लिए किसी भी अन्य प्रतीक से अधिक पवित्र है।

अतएव, प्रतीकोपासना के विरुद्ध उपदेश देना व्यर्थ है। और प्रतीकों के विरुद्ध उपदेश ही हम क्योंकर दें? मनुष्य प्रतीकों का उपयोग न करे, इसका कोई कारण नहीं है। मनुष्य उनका प्रयोग इसलिए करता है कि वे कुछ लक्षित भावों के संकेतस्वरूप होते हैं। यह विश्व ही एक प्रतीक है, जिसके द्वारा हम उसके परे और पीछे स्थित वस्तु को ही ग्रहण करने का यत्न कर रहे हैं। लक्ष्य है आत्मा, न कि जड़ वस्तुएँ। इसलिए मूर्तियाँ, घंटियाँ, मोमबत्तियाँ, ग्रंथ, गिरजाघर, मंदिर और अन्यान्य पवित्र प्रतीक बहुत अच्छे हैं और अध्यात्मरूपी पौधे की बाढ़ के लिए बहुत उपयोगी हैं; लेकिन इनका उपयोग बस यहीं तक है, इससे अधिक नहीं। अधिकांश लोगों के विषय में यही दीख पड़ता है कि इस पौधे की बाढ़ आगे नहीं हो पाती। किसी सम्प्रदाय में जन्म लेना अच्छी बात है, पर सम्प्रदाय में ही मर जाना दुर्भाग्य है। अध्यात्मरूपी पौधे की बाढ़ में मदद पहुँचानेवाले उपासना-प्रकारों की सीमा में जन्म लेना अच्छा है, किन्तु इन उपासनाओं के घेरे में ही यदि उसकी मृत्यु हो जाय, तो यह स्पष्ट है कि उसका विकास नहीं हुआ, उस आत्मा की उन्नति नहीं हुई।

इसलिए अगर कोई कहे कि प्रतीकों, बाह्य अनुष्ठानों तथा रूपों की सदैव

ही आवश्यकता है, तो यह ग़लत है। लेकिन अगर वह कहे कि मन के अविकसित काल में आत्मोन्नति के लिए वे आवश्यक हैं, तो सत्य होगा। किन्तु यह आत्मोन्नति कोई बौद्धिक विकास है, ऐसी भ्रमपूर्ण धारणा तुम्हें न कर लेनी चाहिए। एक मनुष्य चाहे असाधारण बुद्धिमान हो, परन्तु फिर भी सम्भव है कि आध्यात्मिक क्षेत्र में वह अभी निरा बच्चा ही हो। किसी भी क्षण तुम इसकी परीक्षा ले सकते हो। तुममें से प्रत्येक व्यक्ति ने सर्वव्यापी परमेश्वर में विश्वास करना सीखा है। वही सोचने की कोशिश करो। तुममें कितने कम लोग सर्वव्यापित्व की कल्पना कर सकते हैं! अगर तुम बहुत प्रयत्न करो, तो तुम्हें समुद्र की, आकाश की, विस्तृत हरियाली की या मरुभूमि की ही कल्पना आयेगी। लेकिन ये सब स्थूल आकृतियाँ हैं; और जब तक तुम अमूर्त की कल्पना अमूर्त रूप से ही नहीं कर सकते और जब तक निराकार, निराकार के रूप में ही तुम्हें अवगत नहीं होता, तब तक तुम्हें इन आकृतियों का, इन स्थूल मूर्तियों का आश्रय लेना ही होगा। ये आकृतियाँ चाहे मन के अन्दर हों, चाहे मन के बाहर, इससे कुछ अधिक अन्तर नहीं होता। हम सब जन्म से ही मूर्तिपूजक हैं। और मूर्तिपूजा अच्छी है, क्योंकि यह मनुष्य के लिए अत्यन्त स्वाभाविक है। इस उपासना से परे कौन जा सकता है? केवल वही, जो सिद्ध पुरुष है, जो अवतारी पुरुष है। बाक़ी सब मूर्तिपूजक ही हैं। जब तक यह विश्व और उसमें की मूर्त वस्तुएँ हमारी आँखों के सामने खड़ी हैं, तब तक हममें से प्रत्येक मूर्तिपूजक है। स्वयं यह विश्व ही एक विशाल प्रतीक है, जिसकी हम पूजा कर रहे हैं। जो कहता है कि मैं शरीर हूँ, वह जन्म से ही मूर्तिपूजक है। हम हैं आत्मा, जिसका न कोई आकार है, न रूप, जो अनन्त है और जिसमें जड़त्व का सम्पूर्ण अभाव है। अतएव, जो लोग अमूर्त की धारणा तक नहीं कर सकते, जो शरीर या जड़ वस्तुओं का आश्रय लिये बिना अपने वास्तविक स्वरूप का चिन्तन नहीं कर सकते, वे मूर्तिपूजक ही हैं। और फिर भी, ऐसे लोग एक दूसरे को 'तुम मूर्तिपूजक हो' कहते हुए आपस में कैसे झगड़ते हैं! दूसरे शब्दों में, प्रत्येक कहता है कि मेरी ही मूर्ति सच्ची है, दूसरों की नहीं!

इसलिए इन बचकानी कल्पनाओं का हमें त्याग कर देना चाहिए। हमें उन मनुष्यों की थोथी बकवास से परे चले जाना चाहिए, जो समझते हैं कि सारा धर्म शब्दजाल में ही समाया है, जिनकी समझ में धर्म केवल सिद्धान्तों का एक समूह मात्र है, जिनके लिए धर्म केवल बुद्धि की सम्मति या विरोध है, जो धर्म का अर्थ केवल अपने पुरोहितों द्वारा बतलाये हुए कुछ शब्दों में विश्वास करना ही समझते हैं, जो धर्म को कोई ऐसी वस्तु समझते हैं, जो उनके बाप-दादाओं के विश्वास का विषय था, जो कुछ विशिष्ट कल्पनाओं और अन्धविश्वासों को ही

धर्म मानकर उनसे चिपके रहते हैं और वह भी केवल इसलिए कि यह अन्धविश्वास उनके समस्त राष्ट्र का है। हमें इन कल्पनाओं को त्याग देना चाहिए। अखिल मानव समाज को हमें एक ऐसा विशाल प्राणी समझना चाहिए, जो धीरे धीरे प्रकाश की ओर बढ़ रहा है, अथवा एक ऐसा आश्चर्यजनक पौधा, जो स्वयं को उस अद्‌भुत सत्य के प्रति शनैः शनैः खोल रहा है, जिसे हम ईश्वर कहते हैं। और इस ओर की पहली हलचल, पहली गति सदा बाह्य अनुष्ठानों तथा स्थूल द्वारा ही होती है।

इन सभी बाह्य अनुष्ठानों के अंतराल में एक कल्पना मुख्यतः दिखेगी, जो दूसरी सब कल्पनाओं में श्रेष्ठ है। वह है नाम की उपासना। तुममें से जिन लोगों ने पुराने ईसाई धर्म का अथवा अन्य धर्मों का अध्ययन किया है, उन्होंने शायद देखा होगा कि सभी धर्मों के अन्तर्गत यह नामोपासना की कल्पना है। नाम अत्यन्त पवित्र माना जाता है। ईश्वर का पवित्र नाम सब नामों से और सब पवित्र वस्तुओं से पवित्रतर है, ऐसा हम बाइबिल में पढ़ते हैं। ईश्वर के नाम की पवित्रता अतुलनीय मानी गयी है और ऐसा समझा गया है कि यह पवित्र नाम ही परमेश्वर है। और यह सत्य है, क्योंकि यह विश्व नाम और रूप के अतिरिक्त और है ही क्या ? क्या शब्दों के बिना तुम सोच सकते हो ? शब्द और विचार एक दूसरे से अलग नहीं किये जा सकते। तुममें से कोई उनको अलग कर सकता हो, तो प्रयत्न कर देखो। जब कभी तुम सोचते हो, तो शब्द और आकृतियों द्वारा ही। एक के साथ दूसरा आता ही है; नाम रूप की याद दिलाता है और रूप से नाम का स्मरण होता है। यह सम्पूर्ण विश्व मानो परमेश्वर का स्थूल प्रतीक है, और उसके पीछे है, उसका महिमान्वित नाम। प्रत्येक शरीर है रूप, और उसके पीछे रहता है उसका नाम। ज्यों ही तुम अपने किसी मित्र के नाम को याद करते हो, उसकी आकृति तुम्हारे सामने खड़ी हो जाती है; और ज्यों ही तुम उसके शरीर की आकृति मन में लाते हो, उसका नाम तुम्हें याद आ जाता है। यह तो मनुष्य के सहज स्वभाव में ही है। दूसरे शब्दों में, मनोविज्ञान की दृष्टि से, मनुष्य के चित्त में रूप के बोध के बिना नाम का बोध नहीं हो सकता और न नाम के बोध के बिना रूप का। वे दोनों अलग नहीं किये जा सकते। एक ही लहर के वे बाहरी और भीतरी अंग हैं। इसीलिए नाम का इतना माहात्म्य है और दुनिया में वह सब जगह पूजा जाता है—चाहे जान-बूझकर, चाहे अनजाने, मनुष्य को नाम की महिमा मालूम हो ही गयी।

हम यह भी देखते हैं कि भिन्न भिन्न धर्मों में पवित्र पुरुषों की पूजा होती आयी है। कोई कृष्ण की पूजा करता है, कोई ईसा मसीह की; कोई बुद्ध को पूजता

है, कोई अन्य विभूतियों को। इसी तरह, लोग संतों की पूजा करते आ रहे हैं। सैकड़ों संतों की पूजा संसार में होती रही है और उनकी पजा क्यों न हो? प्रकाश के स्पंदन सर्वत्र विद्यमान हैं। उल्लू उसे अँधेरे में देखता है; इसीसे स्पष्ट है कि वह वहाँ विद्यमान है, मनुष्य भले ही उसे न देख सके। मनुष्य को वह स्पंदन केवल दीपक, सूर्य, चन्द्रमा इत्यादि में दिखायी देता है। परमेश्वर सर्वत्र विद्यमान है। वह घट घट में प्रकट हो रहा है, लेकिन मनुष्य को वह मनुष्य रूप में ही दृष्टि-गोचर, उपलब्ध होता है। जब उसकी ज्योति, उसका अस्तित्व, उसका ईश्वरत्व मानवी मुखमण्डल पर प्रकट होता है, तभी मनुष्य उसकी पहचान कर सकता है। इस तरह मनुष्य सर्वदा मानव-रूप में परमेश्वर की पूजा करता आ रहा है और जब तक मनुष्य मनुष्य रहेगा, वह ऐसा करता ही जायगा। वह भले ही ऐसी पूजा के विरुद्ध चिल्लाये, भले ही उसके प्रतिकूल प्रयत्न करे, पर ज्यों ही वह परमेश्वर-प्राप्ति का प्रयत्न करेगा, उसे प्रतीत हो जायगा कि स्वभावतः ही वह ईश्वर का विचार मनुष्य रूप में ही कर सकता है।

अतएव, प्रायः प्रत्येक धर्म में हम तीन मुख्य बातें देखते हैं, जिनके द्वारा परमेश्वर की पूजा की जाती है। वे हैं प्रतिमाएँ या प्रतीक, नाम और देव-मानव। प्रत्येक धर्म में ये बातें हैं और फिर भी लोग एक दूसरे से लड़ना चाहते हैं। एक कहता है, "यदि संसार में कोई प्रतिमा सच्ची है, तो वह मेरे धर्म की; कोई नाम सच्चा है, तो मेरे धर्म का और कोई देव-मानव है, तो मेरे ही धर्म का। तुम्हारे तो केवल कपोलकल्पित हैं।" इन दिनों ईसाई पादरी कुछ नरम हो गये हैं। वे मानने लगे हैं कि पुराने धर्मों के विभिन्न पूजा-प्रकार ईसाई धर्म के पूर्वाभास मात्र हैं, परन्तु फिर भी उनके मत से ईसाई धर्म ही सच्चा धर्म है। ईसाई उत्पन्न करने के पहले ईश्वर ने अपनी शक्तियाँ जाँच लीं, इन पूजा-पद्धतियों का निर्माण कर उसने अपने बलाबल को नापा और अन्त में ईसाई धर्म की उत्पत्ति हुई। उनका आजकल ऐसा कहना कुछ कम प्रगतिसूचक नहीं है। पचास वर्ष पूर्व तो वे लोग यह भी स्वीकार करने को तैयार न थे; उनके धर्म को छोड़कर और अन्य कुछ भी सत्य न था। यह भाव किसी धर्म, किसी एक राष्ट्र या किसी एक जाति का वैशिष्ट्य नहीं है; लोग तो हमेशा यही सोचते रहे हैं कि जो कुछ वे करते आये हैं, वही ठीक है और अन्य लोगों को भी वैसा ही आचरण करना चाहिए। विभिन्न धर्मों के तुलनात्मक अध्ययन से हमें यहाँ बहुत सहायता मिलेगी। इस अध्ययन से यह मालूम हो जायगा कि जिन विचारों को हम अपने—केवल अपने—कहते आये हैं, वे सैकड़ों वर्ष पूर्व दूसरे लोगों के मन में विद्यमान थे, और कभी कभी तो उनका व्यक्त रूप हमारे अपने विचारों से कहीं अधिक अच्छा था।

ये तो उपासना के केवल बाह्य अंग हैं, जिनमें से होकर मनुष्य को गुज़रना पड़ता है। किन्तु यदि वह सच्चा है, यदि वह सचमुच सत्य की प्राप्ति करना चाहता है, तो उसे इन बाह्य अंगों से ऊँचा उठकर ऐसी भूमि पर पहुँचना होगा, जहाँ ये बाह्य अंग शून्यवत् हो जाते हैं। मंदिर और गिरजा, पोथी और पूजा, ये धर्म की केवल शिशुशाला मात्र हैं, जिनके द्वारा आध्यात्मिक शिशु पर्याप्त बलवान होता है, जिससे वह उच्चतर सीढ़ियों पर पैर रखने में समर्थ होता है। यदि उसकी इच्छा है कि उसकी धर्म में गति हो, तो ये पहली सीढ़ियाँ आवश्यक हैं। ईश्वर-प्राप्ति की पिपासा उत्पन्न होने के साथ ही मनुष्य में सच्चा अनुराग, सच्ची भक्ति उत्पन्न हो जाती है। पर ऐसी पिपासा है किसे?—प्रश्न तो यही है। धर्म न तो मतों में है, न पंथों में और न तार्किक विवाद में ही। धर्म का अर्थ है आत्मा की ब्रह्मस्वरूपता को जान लेना, उसका प्रत्यक्ष अनुभव प्राप्त कर लेना और तद्रूप हो जाना। हम ऐसे अनेक लोगों से मिलते हैं, जो परमेश्वर, आत्मा और विश्व के गूढ़ रहस्यों के बारे में बातें किया करते हैं। किन्तु एक एक को लेकर यदि तुम उनसे पूछो "क्या तुमने परमेश्वर का प्रत्यक्ष दर्शन किया है, क्या तुम्हें आत्मानुभव हुआ है?" —तो ऐसे कितने निकलेंगे, जो 'हाँ' कह सकें? और फिर भी लोग एक दूसरे से लड़ते चले आ रहे हैं! एक समय भारत में विभिन्न सम्प्रदायों के अनुयायी इकट्ठे हुए और आपस में लड़ने लगे। एक कहता था कि यदि कोई परमेश्वर है, तो वह है 'शिव'। दूसरा कहता था 'विष्णु', और इस तरह उनके वाद विवाद का कोई अन्त न था। उस राह से एक योगी जा रहा था। विवादकों ने उसे पुकारा और उससे अपना निर्णय देने को कहा। जो मनुष्य शिव को सर्वश्रेष्ठ ईश्वर बतलाता था, उससे उसने पहले पूछा, "क्या तुमने शिव जी को देखा है ? क्या तुम उनसे परिचित हो? यदि नहीं, तो तुम कैसे कहते हो कि वे सर्वश्रेष्ठ हैं ?" फिर उसने विष्णुभक्त से पूछा, "क्या तुमने विष्णु को देखा है ?" और इस तरह प्रत्येक से यही प्रश्न पूछने पर उसे ज्ञात हुआ कि उनमें से किसीको परमेश्वर के विषय में कुछ भी ज्ञान न था। और इसीलिए वे आपस में इतना लड़ रहे थे, क्योंकि अगर उन्हें सचमुच ही कुछ मालूम होता, तो वे कभी न लड़ते। जब घड़ा पानी से भरा जाता है, तो शब्द करता है, पर जब पूरा भर जाता है, तो आवाज़ निकलनी बंद हो जाती है। अतएव, सम्प्रदायों की आपस की लड़ाई से ही यह बात सिद्ध होती है कि वे धर्म के बारे में कुछ नहीं जानते। उनके लिए धर्म तो केवल ग्रंथों में लिखने योग्य शब्दजाल मात्र है। प्रत्येक मनुष्य चटपट एक बड़ी पुस्तक लिखने बैठ जाता है, उसे जितनी मोटी हो सके, बनाने की चेष्टा करता है, जो किताब उसके हाथ लग जाय, उसीमें से चोरी कर लेता है और इसके लिए कृतज्ञता-प्रकाशन तक नहीं

करता ! फिर, संसार में पहले से ही मची हुई गड़बड़ी को और भी अधिक बढ़ा देने के लिए उस पुस्तक को वह दुनिया के सम्मुख प्रस्तुत कर देता है।

अधिकांश मनुष्य नास्तिक हैं। मुझे इस बात का आनन्द है कि पाश्चात्य देशों में एक दूसरे ही प्रकार के नास्तिकों की जाति इन दिनों पैदा हो गयी है। मेरे कहने का तात्पर्य है जड़वादी। वे हृदय से नास्तिक हैं। वे धार्मिक नास्तिकों से अच्छे हैं। ये धार्मिक नास्तिक दाम्भिक होते हैं, ये धर्म के बारे में लड़ते हैं, धर्म की बड़ी बड़ी बातें करते हैं, पर उसे पाना नहीं चाहते, उसका प्रत्यक्ष अनुभव लेना नहीं चाहते और न उसे समझना ही चाहते हैं। ईसा मसीह के ये शब्द स्मरण रहें, 'तुम माँगो और वह तुम्हें दिया जायगा; तुम ढूँढ़ो और तुम उसे पाओगे। तुम खटखटाओ और तुम्हारे लिए दरवाज़ा खुल जायगा।' ये शब्द बिल्कुल सत्य हैं, आलंकारिक या काल्पनिक नहीं हैं। परमेश्वर के एक सबसे महान् पुत्र के हृदय के रक्त में से वे बह निकले थे। वे ऐसे शब्द हैं, जो स्वयं अनुभव करने के बाद निकले हैं। ऐसे व्यक्ति से निकले हैं, जिसने परमेश्वर का प्रत्यक्ष अनुभव किया था, जिसे उसका प्रत्यक्ष स्पर्श हुआ था, जिसने उसके साथ वास किया था, उसके साथ बातचीत की थी और वह भी साधारण रूप से नहीं, बल्कि जैसे हम इस दीवार को देख रहे हैं, उससे भी सैकड़ों गुना अधिक प्रत्यक्ष रूप से। प्रश्न तो यह है कि परमेश्वर को चाहता है कौन ? क्या तुम ऐसा समझते हो कि दुनिया के ये सब लोग परमेश्वर को चाहते हैं, पर उसे पा नहीं सकते ? असम्भव। दुनिया में ऐसी कौन सी इच्छा है, जिसका विषय बाहर दुनिया में विद्यमान नहीं है ? मनुष्य चाहता है कि वह साँस ले और वह देखता है कि उसके साँस लेने के लिए हवा विद्यमान है। मनुष्य खाने की इच्छा करता है और वह देखता है कि खाने के पदार्थ उसके सम्मुख विद्यमान हैं। इच्छाएँ क्यों उत्पन्न होती हैं ? इसलिए कि उनके विषय बाहर विद्यमान हैं। प्रकाश विद्यमान था, इसलिए आँखों ने जन्म लिया और शब्द विद्यमान था, इसलिए उसने कानों को जन्म दिया। इस तरह मनुष्य की प्रत्येक इच्छा किसी न किसी बाह्य विद्यमान वस्तु के कारण ही उत्पन्न हुई है। तो फिर पूर्णत्व की इच्छा, अन्तिम ध्येय पर पहुँचने की इच्छा तथा प्रकृति से परे जाने की इच्छा यह स्वयं ही क्योंकर उत्पन्न हो सकती है ? ऐसी कोई वस्तु होनी ही चाहिए, जिसने इस इच्छा को मनुष्य के हृदय में पैदा किया है और उसके हृदय में इसका वास कराया है। इसलिए जिस व्यक्ति में यह इच्छा उत्पन्न हुई है, वह अवश्य ही अपने ध्येय को पहुँच जायगा। हम एकमात्र परमेश्वर को छोड़ अन्य सब वस्तुएँ चाहते हैं। तुम अपने आसपास जो कुछ देखते हो, वह धर्म नहीं है। गृहस्वामिनी ने अपने बैठके में दुनिया के सारे फर्नीचर इकट्ठा कर रखा है और मान लो, एक ऐसा फ़ैशन निकल पड़ा कि जापान

की भी कोई न कोई चीज़ घर में अवश्य रहनी चाहिए। अतः वह एक जापानी फूलदान मोल ले आती है और उसे भी अपने कमरे में रख देती है। अधिकांश लोगों के लिए धर्म ऐसा ही है; उनके पास सब तरह की उपभोग की सामग्री है, और यदि वे उसमें धर्म की थोड़ी सी ख़ुशबू न छोड़ें, तो ठीक नहीं होगा, क्योंकि अन्यथा समाज आलोचना करेगा। समाज हमसे यह अपेक्षा करता है और इसीलिए मनुष्य कोई न कोई धर्म अपना लेता है। आज दुनिया में धर्म की यही अवस्था है।

एक शिष्य अपने गुरु के पास गया और बोला, "महाराज, मैं धर्म-लाभ करना चाहता हूँ।" गुरु ने उस युवक की ओर देखा और चुप रहे। वे सिर्फ़ मुस्करा दिये। वह युधक प्रतिदिन आता और धर्म की उपलब्धि करने का आग्रह करता। पर वे वृद्ध उस युवक से अधिक अनुभवी थे। एक दिन जब धूप ख़ूब कड़ाके की पड़ रही थी, उन्होंने उस शिष्य से अपने साथ अवगाहनार्थ नदी चलने के लिए कहा। जब वे नदी में पहुँच गये, तो गुरु ने उससे पानी में डुबकी लगाने को कहा। ज्यों ही उस युवक ने डुबकी लगायी, गुरु ने बलपूर्वक उसे पानी के अन्दर डुबाये रखा। उसके कुछ क्षण छटपटाने के बाद उन्होंने उसे छोड़ दिया। जब वह पानी के बाहर आया, तो वृद्ध ने पूछा, "अच्छा, मेरे बच्चे, बताओ तो सही, जब तुम पानी के अन्दर थे, तब सबसे अधिक क्या चाहते थे?" युवक ने उत्तर दिया, "केवल एक साँस।" तब गुरु ने कहा, "क्या तुम ईश्वर को भी इतनी ही तीव्रता से चाहते हो? यदि ऐसा है, तो फिर उसे एक क्षण में पा जाओगे।" जब तक तुम्हें ऐसी प्यास नहीं लगती, तुम अपनी बुद्धि को लेकर अथवा अपनी पुस्तकों या मूर्तियों को लेकर चाहे जितनी भी कोशिश करो, तुम्हें धर्म-लाभ न होगा। जब तक तुममें ऐसी प्यास उत्पन्न नहीं होती, तुम नास्तिक से किसी भी प्रकार श्रेष्ठ नहीं हो! अन्तर यह है कि नास्तिक ईमानदार हैं और तुम उतना भी नहीं हो।

एक महात्मा अक्सर कहा करते थे, "मान लो, इस कमरे में चोर घुसा हो और किसी तरह उसे पता चल जाय कि पासवाले कमरे में बहुत सा सोना रखा हुआ है और दोनों कमरों के बीच की दीवाल भी बहुत कमज़ोर है। ऐसी अवस्था में उस चोर की क्या दशा होगी? उसे न तो नींद आयेगी, न उसे खाने या अन्य कोई काम करने में रुचि रह जायगी। उसका सारा मन इस बात में ही लगा रहेगा कि सोना किस तरह हाथ लगे। क्या तुम ऐसा समझते हो कि यह निश्चित विश्वास होते हुए भी कि परमात्मा सुख, आनन्द एवं ऐश्वर्य की खान है और वह हमारे पास ही है, लोग ऐसा ही आचरण करते रहेंगे, जैसा कि आज वे कर रहे हैं और परमेश्वर-प्राप्ति का तनिक भी प्रयत्न न करेंगे?" ज्यों ही मनुष्य विश्वास करने

लगता है कि परमेश्वर विद्यमान है, वह उसे पाने के लिए पागल हो जाता है। लोग अपनी राह भले ही जायँ, लेकिन जब मनुष्य को यह विश्वास हो जाता है कि जैसा जीवन वह आज व्यतीत कर रहा है, उससे कहीं ऊँचा जीवन व्यतीत कर सकता है और ज्यों ही उसे निश्चित रूप से यह अनुभव होने लगता है कि इन्द्रियाँ ही सर्वस्व नहीं हैं, यह मर्यादित जड़ शरीर उस शाश्वत, चिरन्तन और अमर आत्मानन्द के सामने कुछ नहीं है, तो वह उन्मत्त हो जाता है और उस परमानन्द को स्वयं ढूंढ़ निकालता है। यह वह पागलपन है, वह प्यास है, वह उन्माद है, जिसका नाम है धर्म-भाव की 'जागृति' और जब वह जाग्रत हो जाता है, तो मनुष्य धर्मप्रवण बनने लगता है। पर इसके लिए बहुत समय लगता है। ये सब प्रतीक और विधियाँ, ये प्रार्थनाएँ और ये तीर्थयात्राएँ, ये ग्रंथ, घंटियाँ, मोमबत्तियाँ और पुरोहित—ये सब पूर्व तैयारियाँ मात्र हैं। इनसे मन का मैल दूर हो जाता है। और जब जीव शुद्ध हो जाता है, तो स्वभावतः ही वह पवित्रतास्वरूप परमात्मा की ओर जाना चाहता है। शताब्दियों की धूल से सना लोहा जिस तरह लोहचुंबक के पास पड़े रहने से भी उसकी ओर नहीं खिचता, और जैसे वह धूल साफ़ हो जाने के बाद वही लोहा चुंबक की ओर स्वयं खिंचने लगता है, उसी प्रकार युगानुयुग की धूल से, अपवित्रता, दुष्टता और पापों से सना हुआ यह जीव जब अनेक जन्मों के बाद इन उपासनाओं और विधियों द्वारा, दूसरों की भलाई और सर्वभूतों के प्रति प्रेम द्वारा शुद्ध हो जाता है, तब उसका स्वाभाविक आध्यात्मिक आकर्षण जाग्रत हो जाता है, वह जाग उठता है और परमेश्वर की ओर जाने का यत्न करने लगता है।

तो भी, ये विधियाँ और प्रतीक केवल आरम्भ के लिए उपयुक्त हैं, यह ईश्वर के प्रति सच्चा प्रेम नहीं है। सर्वत्र हम प्रेम के बारे में सुना करते हैं। प्रत्येक व्यक्ति कहता है, "ईश्वर से प्रेम करो।" मनुष्य यह नहीं जानता कि प्रेम करने का तात्पर्य क्या है; यदि वह जानता होता, तो इस तरह बकवाद न करता। प्रत्येक मनुष्य कहता है कि वह प्यार कर सकता है और कुछ ही समय बाद उसे दिखने लगता है कि प्यार करना उसके स्वभाव में ही नहीं है। हर एक स्त्री कहती है कि वह प्यार करती है, पर शीघ्र ही उसे पता लग जाता है कि वह प्यार नहीं कर सकती। दुनिया में प्यार सिर्फ़ बातों में है। प्यार करना बड़ा कठिन है। प्यार है कहाँ ? तुम कैसे जानते हो कि प्रेम का अस्तित्व है ? प्रेम का पहला लक्षण यह है कि वह व्यापार नहीं जानता। जब तक एक मनुष्य दूसरे से कुछ लाभ उठाने के लिए प्यार करता है, तब तक तुम समझ लो कि वह प्रेम नहीं है। वह तो दूकानदारी है। जहाँ कहीं खरीदने और बेचने का सवाल आया, वहाँ प्रेम नहीं है। इसलिए जब मनुष्य ईश्वर से प्रार्थना करता है, "मुझे यह दो, मुझे वह दो", तो यह प्रेम नहीं

है। यह प्रेम कैसे हो सकता है ? मैं तुम्हारी स्तुति करता हूँ और तुम बदले में मुझे कुछ दो। बस, यही उसका स्वरूप है—सिर्फ़ दूकानदारी !

एक समय एक बड़ा राजा शिकार खेलने जंगल में गया। उसकी वहाँ एक साधु से भेंट हुई। थोड़ी देर की बातचीत से राजा साधु से इतना प्रसन्न हो गया कि उसने उनसे कहा, "महाराज, कुछ भेंट स्वीकार कीजिए।" साधु ने उत्तर दिया, "नहीं, मैं पूर्ण संतुष्ट हूँ। ये वृक्ष मुझे खाने को फल देते हैं। स्वच्छ जल के ये सुन्दर झरने मेरी प्यास बुझाते हैं। मैं इन गुफाओं में सोता हूँ। चाहे तुम सम्राट् ही क्यों न हो, मुझे तुम्हारी भेंट की कोई चाह नहीं।" सम्राट् बोला, "कम से कम मुझे पवित्र करने और संतोष देने के लिए तो आप कुछ भेंट स्वीकार कीजिए तथा मेरे साथ नगर में पधारिए।" अन्त में साधु मान गये और वे उस सम्राट् के साथ महल में आये। वहाँ उन्होंने सोना, रत्न, संगमर्मर तथा अन्य अत्यन्त आश्चर्य-जनक वस्तुएँ देखीं। प्रत्येक स्थान में ऐश्वर्य और प्रभुता चू सी रही थी। सम्राट् ने साधु से एक मिनट ठहरने के लिए कहा और एक कोने में जाकर प्रार्थना करने लगा, "हे परमेश्वर, मुझे और अधिक धन दे, और अधिक सन्तान दे, और अधिक भूमि दे"—आदि आदि। इधर साधु उठ खड़े हुए और चलने लगे। सम्राट् ने जब देखा कि वे जा रहे हैं, तो उनके पीछे दौड़कर बोला, "महाराज, ठहरिए। आपने मेरी भेंट तो स्वीकार ही नहीं की।" साधु मुँह फेरकर बोले, "भिखारी, मैं भिख-मंगों से कुछ नहीं माँगता। तुम मुझे क्या दे सकते हो ? तुम तो खुद ही माँग रहे थे।" अतः यह प्रेम की भाषा नहीं है। यदि तुमने ईश्वर से माँगा, "मुझे यह दे, वह दे", तो फिर तुम्हारे प्रेम में और दूकानदारी में अन्तर ही क्या रहा? प्रेम का पहला लक्षण यह है कि प्रेम व्यापार नहीं जानता। प्रेम सदा देता ही आया है, लेता कभी नहीं। ईश्वर का पुत्र कहता है, "यदि ईश्वर की इच्छा हो, तो मैं उसे अपना सर्वस्व देने को तैयार हूँ, लेकिन इस दुनिया में उससे मैं कुछ नहीं चाहता। मैं उसे इसलिए प्यार करता हूँ कि मैं प्यार करना चाहता हूँ और बदले में कुछ चाह नहीं रखता। परमेश्वर सर्वशक्तिमान है या नहीं, यह जानने की मुझे क्या चिंता ? मैं उससे न किसी प्रकार की सिद्धि चाहता हूँ, न उसकी शक्ति की कोई अभिव्यक्ति। मेरे लिए इतना ही पर्याप्त है कि वह प्रेममय प्रभु है। इससे अधिक मैं और कुछ नहीं जानना चाहता।"

प्रेम का दूसरा लक्षण यह है कि वह भय नहीं करता। जब तक मनुष्य परमेश्वर की ऐसी कल्पना करता है कि वह एक हाथ में पुरस्कार और दूसरे हाथ में दण्ड लिये हुए बादलों के ऊपर बैठा हुआ एक व्यक्ति है, तब तक वहाँ प्यार नहीं हो सकता। क्या तुम डराकर किसीसे प्यार करा सकते हो ? मेमना क्या शेर से

प्यार कर सकता है और चूहा, बिल्ली से या गुलाम, मालिक से ? गुलाम कभी कभी प्यार सा करता हुआ दिखाता है, पर क्या वह प्यार है ? भय में प्यार तुमने कब और कहाँ देखा ? वह तो सदैव एक विडंबना होती है। प्यार के साथ भय का विचार कभी नहीं आता। मान लो, एक युवती माँ सड़क से जा रही है। यदि उस पर कोई कुत्ता भौंकता है, तो वह पासवाले घर में चट दौड़ जाती है। अब कल्पना करो कि दूसरे दिन वह अपने बालक को लिए हुए रास्ते से जा रही है और इतने में एक शेर झपट पड़ता है। उस दशा में वह क्या करेगी ? बच्चे को बचाने के लिए वह स्वयं को शेर के मुँह में डाल देगी। प्यार ने उसका सारा भय जीत लिया। इसी तरह ईश्वर के प्यार के विषय में जानो। किसे यह चिंता है कि ईश्वर दण्ड देनेवाला है या पुरस्कार ? प्रेमी के ऐसे विचार ही नहीं होते। मान लो, एक न्यायाधीश अपने घर आता है। उसकी पत्नी उसे किस रूप में देखेगी ? न तो न्यायाधीश के रूप में और न पुरस्कार या दण्ड देनेवाले के रूप में, वरन् एक पति के रूप में, एक प्यार करनेवाले के रूप में। उसके लड़के उसे किस दृष्टि से देखेंगे ? प्यार करनेवाले पिता की दृष्टि से, न कि दण्ड या पुरस्कार देनेवाले अधिकारी की दृष्टि से। इसी प्रकार परमेश्वर के सुपुत्र उसको दण्ड देनेवाले या पुरस्कार देनेवाले की दृष्टि से कभी नहीं देखते। जिन्होंने कभी प्रेमास्वादन नहीं किया है, वे ही डरते और काँपते हैं। समस्त भय निकाल बाहर करो। परमेश्वर दण्ड देनेवाला है या पुरस्कार देनेवाला, ये भीषण कल्पनाएँ मनुष्य की जंगली अवस्था में ही उपयुक्त हैं। कुछ मनुष्य अत्यन्त बुद्धिप्रधान होने पर भी अध्यात्म-दृष्टि से जंगली ही होते हैं। ऐसे मनुष्यों के लिए ये कल्पनाएँ सहायक हो सकती हैं। पर वे मनुष्य, जो धार्मिक हैं, जिनकी धर्म की ओर गति हो रही है, जिनके अन्तश्चक्षु खुल गये हैं, इन कल्पनाओं को बालक की कल्पनाओं के समान समझते हैं—निरी मूर्खता समझते हैं। ऐसे मनुष्य भय की समस्त कल्पनाओं को निकाल डालते हैं।

तीसरा लक्षण इससे भी उच्चतर है। प्रेम सदा ही सर्वोच्च आदर्श रहा है। जब मनुष्य पहली दो अवस्थाएँ पार कर लेता है, जब वह दूकानदारी छोड़ देता है और डर निकाल डालता है, तब उसकी समझ में आने लगता है कि प्रेम सदा सर्वोच्च आदर्श रहा है। एक सुन्दर स्त्री एक कुरूप पुरुष से प्यार करती है, तथा एक सुन्दर पुरुष एक कुरूप स्त्री से प्यार करता है—क्या ऐसा इस दुनिया में अनेकों बार नहीं हुआ है ? यह आकर्षण क्यों ? देखनेवालों को वह केवल कुरूप मनुष्य या कुरूप स्त्री ही दिखलायी देती है, पर प्रेमी को नहीं। प्रेमी को तो अपनी प्रेयसी सब जीवों में अत्यन्त सुन्दर दिखायी देती है। ऐसा क्यों ? वह सुंदरी, जो एक कुरूप मनुष्य को प्यार करती है, अपने मन में विद्यमान अपने सौंदर्यविषयक आदर्श को

मानो उस पर आरोपित कर देती है, और वह जो पूजती तथा प्यार करती है, वह उस कुरूप मनुष्य को नहीं, बल्कि अपने उसी आदर्श को। वह मनुष्य तो मानो उद्दीपक मात्र है और वह स्त्री उस पर अपना वह आदर्श आरोपित कर उसे ढक लेती है। इस तरह वह उसकी पूजा का पात्र बन जाता है। यह बात प्रेम के प्रत्येक दृष्टांत में लागू होती है। हममें से बहुतों के बहन या भाई दिखने में बिल्कुल ही साधारण होते हैं, लेकिन यह कल्पना ही कि वे भाई या बहन हैं, उन्हें हमारे निकट सुंदर बना देती है।

हर व्यक्ति अपने आदर्श की कल्पना प्रक्षिप्त करके उसे ही पूजता है, यही तत्त्वज्ञान इसकी पार्श्वभूमि में है। यह बाह्य जगत् केवल आलंबनों का जगत् है। जो कुछ हम देखते हैं, वह हमारे मन का प्रक्षेप ही है। सीपी में रेत का एक कण घुस जाता है और उसे क्षुब्ध करने लगता है। उस क्षोभ से सीपी में स्राव पैदा होता है और रेत का कण उस स्राव से बिल्कुल ढक जाता है और इस तरह एक सुन्दर मोती बन जाता है। इसी प्रकार, बाह्य वस्तुओं से हमें केवल उद्दीपन मिलता है और उन पर अपने आदर्शों को आरोपित कर हम अपने जगत् की सृष्टि करते हैं। दुष्ट मनुष्य इस संसार को पूर्ण नरक देखता है और अच्छा मनुष्य इसीको पूर्ण स्वर्ग। प्रेमियों के लिए दुनिया प्रेम से भरी है, पर द्वेष करनेवालों के लिए द्वेष से। झगड़नेवाले केवल लड़ाई ही देखते हैं, पर शान्त व्यक्ति देखते हैं केवल शान्ति। इसी तरह सिद्ध पुरुष केवल परमेश्वर को ही देखते हैं, अन्य किसीको नहीं। अतएव हम सदा अपने सर्वोच्च आदर्श की ही पूजा किया करते हैं। और जब हम उस अवस्था को पहुँच जाते हैं, जब हम आदर्श को आदर्श के ही रूप में प्यार करते हैं, तब समस्त विवाद और संशय लुप्त हो जाते हैं। इसकी किसे चिंता है कि परमेश्वर इन्द्रियों द्वारा प्रत्यक्ष देखा जा सकता है या नहीं? वह आदर्श मुझमें से कभी लुप्त नहीं हो सकता, क्योंकि वह तो मेरी सत्ता का एक अंश है। जब मुझे अपने स्वयं के अस्तित्व में संशय होगा, तभी मैं उस आदर्श में शंका करूँगा, और चूंकि मैं अपने अस्तित्व में कभी संशय नहीं करता, इसलिए उस आदर्श में भी कभी नहीं कर सकता। इसकी चिंता किसे है कि परमेश्वर सर्वशक्तिमान और साथ ही साथ दयामय है अथवा नहीं? यह किसे चिन्ता है कि वह मानव-समाज को पुरस्कार देनेवाला है, या उसे एक निरंकुश शासक की दृष्टि से देखनेवाला अथवा एक सदय सम्राट् की दृष्टि से देखनेवाला है?

प्रेमी तो इन सब कल्पनाओं से अतीत हो चुका है। वह पारितोषिक और दण्ड, शंका और भय से, वैज्ञानिक तथा अन्य प्रमाणों के पार हो गया है। प्रेम का आदर्श ही उसके लिए पर्याप्त है, और क्या यह स्वतः प्रमाण नहीं है कि यह विश्व प्रेम की ही

अभिव्यक्ति मात्र है? अणु का अणु से कौन संयोग करता है और परमाणु परमाणुओं से कैसे जुड़ जाते हैं? ग्रहों को एक दूसरे की ओर कौन दौड़ाता है? वह क्या है, जिससे मनुष्य मनुष्य की ओर खिंचता है और पुरुष स्त्री की ओर, स्त्री पुरुष की ओर, जीव जीव की ओर और सम्पूर्ण विश्व मानो एक केन्द्र की ओर?—वह है प्रेम। छोटे से छोटे अणु से लेकर उच्चतम जीव में यह प्रकट हो रहा है। यह प्रेम सर्वशक्तिमान और सर्वव्यापी है। वह प्रेमस्वरूप परमात्मा ही चेतन तथा अचेतन में, व्यष्टि तथा समष्टि में आकर्षण के रूप में प्रकट हो रहा है। विश्व को गतिमान करनेवाली अगर कोई शक्ति है, तो वही है। उसी प्रेम की प्रेरणा से ईसा मसीह मानव जाति के लिए अपना जीवन दे देते हैं, बुद्ध एक पशु तक के लिए, माँ बच्चे के लिए और पति पत्नी के लिए। इसी प्रेम से अनुप्रेरित हो मनुष्य अपने देश के लिए प्राण दे देते हैं; और यह विचित्र भले ही दिखे, पर इसी प्रेम की प्रेरणा से चोर चोरी करता है और खूनी खून! इन उदाहरणों के पीछे तत्त्व एक ही है, पर उसकी अभिव्यक्ति भिन्न है। विश्व को गति देनेवाली एकमात्र शक्ति यह प्रेम ही है। चोर को सोने से प्यार होता है; प्यार यहाँ भी है, किन्तु वह पथभ्रष्ट हो गया है। इस तरह हम देखते हैं कि सब दुष्कृत्यों और सब सत्कार्यों के पीछे यह शाश्वत प्रेम ही कार्यान्वित हो रहा है। कल्पना करो कि न्यूयार्क के ग़रीबों के लिए एक हज़ार डॉलर का दानपत्र एक मनुष्य लिखता है और उसी समय, उसी कमरे में दूसरा एक मनुष्य अपने मित्र के जाली दस्तखत तैयार करता है। वह प्रकाश, जिसमें दोनों लिखते हैं, एक ही है, लेकिन उसके उपयोग के अनुसार प्रत्येक अपने काम के लिए उत्तरदायी होगा। प्रकाश के लिए न तो प्रशंसा है और न दोष। प्रेमस्वरूप परमात्मा सर्वातीत होने पर भी प्रत्येक वस्तु में प्रकाशमान है। विश्व का अगर कोई ऐसी संचालक शक्ति है, जिसके अभाव में इस दुनिया के एक क्षण में टुकड़े टुकड़े हो जायँगे, तो वह है प्रेम, और यह प्रेम ही परमेश्वर है।

अरे, यदि कोई स्त्री अपने पति से प्यार करती है, तो पति के लिए नहीं, बल्कि पति में विद्यमान आत्मा के कारण ही। अरे, ऐसा कोई पुरुष नहीं था, जिसने पत्नी को पत्नी के नाते प्यार किया हो, बल्कि किया उसने पत्नी में विद्यमान आत्मा के नाते से। किसी व्यक्ति ने कभी भी किसी वस्तु से प्यार आत्मा को छोड़ अन्य किसी वस्तु के कारण नहीं किया है।[१] यहाँ तक कि इतनी निन्दित स्वार्थी वृत्ति भी उसी प्यार की अभिव्यक्ति है। इस खेल से ज़रा हटकर खड़े रहो, उसमें भाग न लो, पर इस अद्‌भुत दृश्यावली को—इस महान् जीवन-नाटक को, जो दृश्य पर दृश्य

---

१. बृहदारण्यकोपनिषद् ॥४।५।६॥

खेला जा रहा है, देखो, और इस अद्भुत समन्वित स्वर-लहरी को सुनो—सब कुछ उसी प्रेम का प्रकाश है। स्वार्थी वृत्ति से भी आत्मा बढ़ती ही जायगी और दुगुनी-चौगुनी बढ़ेगी। एक आत्मा, एक व्यक्ति विवाह कर लेने से दो हो जाता है। बच्चे होने पर अनेक, और इस तरह वृद्धि करते करते अंततः वह सारे संसार को, समस्त विश्वब्रह्माण्ड को अपनी आत्मा के रूप में अनुभव कर लेती है। वह पूर्ण विकसित होकर उस प्रेम के साथ एकरुप हो जाती है, जो विश्वव्यापी है, अनन्त है, वह प्रेम, जो स्वयं भगवान् है।

इस तरह हम परा भक्ति पर आते हैं, जहाँ प्रतीक तथा रूपाकार विलीन हो जाते हैं। जो इस परा भक्ति को पहुँच जाता है, वह किसी सम्प्रदायविशेष का होकर नहीं रह सकता, क्योंकि सब सम्प्रदाय उसमें ही विद्यमान हैं। वह किस पंथ का हो सकता है?—क्योंकि सब मंदिर और गिरजाघर तो उसमें ही विद्यमान हैं। ऐसा कौन सा गिरजाघर है, जो उसके लिए काफ़ी हो सके? ऐसा मनुष्य स्वयं को किन्हीं मर्यादित कल्पनाओं द्वारा बाँध नहीं सकता। जिस असीम प्रेम से वह एकरूप हो गया है, उसकी सीमा कहाँ हो सकती है? हम देखते हैं कि जिन धर्मों ने प्रेम के इस आदर्श को अपनाया है, उन्होंने उसे अभिव्यक्त करने का भी पूरा प्रयत्न किया है। यद्यपि हम समझ सकते हैं कि यह प्रेम क्या चीज़ है और यद्यपि इस दुनिया में सब प्रकार का प्रेम तथा आकर्षण उस अनन्त प्रेम की ही विविध अभिव्यक्तियाँ हैं, जिसका वर्णन करने का प्रयास विभिन्न सम्प्रदायों के साधु-सन्तों ने किया है, तो भी हम यही देखते हैं कि उन्होंने भाषा की सारी शक्तियों का उपयोग किया है और प्रेम की मांसलतम अभिव्यंजनाओं को दिव्य रूप दे दिया है।

एक यहूदी राजर्षि ने गाया है तथा भारतवर्ष के ऋषिगण भी गाते हैं, "ओ प्रियतम, अपने अधरों का एक चुम्बन हमें दे—तेरे चुम्बन से तेरे लिए हमारी पिपासा बढ़ती ही जाती है, सारे दुःख दूर हो जाते हैं। वर्तमान, भूत, भविष्य सब भूल जाता है और अकेले तुझमें ही हम मग्न हो जाते हैं।" जब प्रेमी की समस्त वासनाएँ नष्ट हो जाती हैं, तो उसका मतवालापन ऐसा ही होता है। वह तो कहता है, "कौन मुक्ति की परवाह करता है? किसे छुटकारा पाने की चिन्ता है? कौन पूर्ण बनना चाहता है? किसे स्वातत्र्य की परवाह है?" "न मैं धन चाहता हूँ, न स्वास्थ्य। न मैं सौन्दर्य चाहता हूँ, न बुद्धि। दुनिया में जो दुःख विद्यमान हैं, उनमें मुझे बारंबार जन्म लेने दे; मैं कभी शिकायत न करूँगा। बस, मुझे तू अपने से प्यार करने दे, प्यार के लिए प्यार करने दे।"

यही है प्रेम का उन्माद, जो इन गीतों में प्रकट हो रहा है। सबसे उच्च, सर्वाधिक अभिव्यंजक तथा गहरा एवं आकर्षक मानवीय प्रेम स्त्री और पुरुष के मध्य होता

है । इसीलिए प्रगाढ़ भक्ति के प्रकट करने में ऐसी भाषा का उपयोग किया गया है । मानवी प्रेम का यह उन्माद साधुओं के प्रेमोन्माद की एक अस्पष्ट प्रतिध्वनि मात्र है । ईश्वर के सच्चे भक्त प्यार से पागल बन जाना चाहते हैं, 'ईशोन्मत्त' बन जाना चाहते हैं । वे तो प्रेम के उस प्याले को पीना चाहते हैं, जो प्रत्येक धर्म के साधु-सन्तों द्वारा तैयार किया गया है, जिसे उन महात्माओं ने अपने हृदय के रक्त से भरा है और जिसमें ऐसे प्रेमियों की समस्त आशाएँ घनीभूत हो केन्द्रित हुई हैं, जिन्होंने भगवान् को बिना किसी उपहार की इच्छा के प्यार किया है, केवल प्यार के लिए ही प्यार किया है । प्रेम ही प्रेम का उपहार है और इस उपहार की क्या ही महिमा है ! यही एकमात्र ऐसा है, जो सम्पूर्ण दुःखों का अन्त कर देता है । यही एकमात्र प्याला है, जिसके पीने से भव-रोग नष्ट हो जाता है । मनुष्य में दैवी उन्माद आ जाता है और वह यह भी भूल जाता है कि मैं मनुष्य हूँ ।

इस प्रकार हम देखते हैं कि यह सब विविध सम्प्रदायं अन्त में पूर्ण ऐक्य के साधारण केन्द्र में जा मिलते हैं । हम आरम्भ सदैव द्वैत से करते हैं । ईश्वर एक पृथक् सत्ता है और मैं एक पृथक् सत्ता हूँ । फिर दोनों के बीच प्रेम उत्पन्न होता है । मनुष्य ईश्वर की ओर जाने लगता है और ईश्वर मानो मनुष्य की ओर आने लगता है । मनुष्य ईश्वर के प्रति पितृभाव, मातृभाव, सख्यभाव, मधुरभाव इत्यादि जीवन के विभिन्न भावों को ग्रहण करता है; और अन्तिम लक्ष्य की प्राप्ति तब होती है, जब वह अपने उपास्य से एकरूप हो जाता है । 'तू ही मैं, मैं ही तू । तुझे पूजकर मैं अपनी पूजा करता हूँ और अपने को पूजकर तेरी ।' यह उसीकी पराकाष्ठा है, जिसे लेकर उसने अपनी साधना आरम्भ की थी । आरम्भ में, मनुष्य का प्रेम वस्तुतः आत्मा से ही था, लेकिन क्षुद्र अहंकार के प्रभाव से वह प्रेम स्वार्थी बन गया । अन्त में जब आत्मा का क्षुद्र भाव नष्ट होकर उसका अनन्त स्वरूप प्रकाशित हो गया, तब उस प्रेम की पूर्ण दीप्ति प्रकट हो गयी । वह ईश्वर, जो आरम्भ में कहीं दूर स्थान में अवस्थित सा मालूम होता था, अब अनन्त प्रेमस्वरूप हो गया । स्वयं मनुष्य का ही रूपांतर हो गया । वह ईश्वर के निकट आता जा रहा था, अपने में भरी हुई निस्सार वासनाओं को हटाता जा रहा था । वासनाओं का लोप होते ही उसकी सारी स्वार्थ-बुद्धि लुप्त हो गयी, और चरम लक्ष्य पर पहुँचकर उसने देखा कि प्रेम, प्रेमी तथा प्रेमास्पद सब एक ही हैं ।

भक्तियोग-१

द्वैतवादी कहता है कि जब तक हाथ में डंडा लिये हुए दंड देने को सदैव प्रस्तुत ईश्वर की कल्पना न की जाय, तब तक मनुष्य नैतिक नहीं हो सकता। यह कैसे? जैसे मान लो, कोई घोड़ा मनुष्य को नैतिकता पर उपदेश देने आये—गाड़ियों में जोता जानेवाला वह मरियल घोड़ा, जो चाबुक की मार खाकर ही चलता है और उस मार का अभ्यस्त हो गया है—और कहे, "सचमुच, मनुष्य बड़े ही अनैतिक हैं।" क्यों?—"इसलिए कि मैं जानता हूँ, उन पर नियमित रूप से कोड़ों की मार नहीं पड़ती।" पर सच बात तो यह है, कोड़े का डर तो लोगों को और भी अनैतिक बना देता है।

तुम सभी कहते हो कि ईश्वर है और वह सर्वत्र विद्यमान है। ज़रा आँखें बन्द करो और सोचो तो, वह क्या है। तुम्हें क्या ज्ञात होता है? यही कि मन में सर्व-व्यापकता का भाव लाने के लिए तुम्हें या तो सागर की कल्पना करनी पड़ती है, या नील गगन, विस्तृत मैदान अथवा अन्य किसी वस्तु की, जिसे तुमने अपने जीवन में देखा है। यदि इतना ही है, तो तुम ईश्वर की सर्वव्यापकता का कुछ भी अर्थ नहीं समझते; वह तुम्हारे लिए बिल्कुल अर्थहीन है। ऐसा ही ईश्वर की अन्य उपाधियों के सम्बन्ध में भी जानो। सर्वशक्तिमत्ता या सर्वज्ञता के विषय में हम क्या सोच सकते हैं?—कुछ भी नहीं। अनुभूति ही धर्म का सार है, और मैं तुम्हें ईश्वर का उपासक तभी कहूँगा, जब तुम उसके स्वरूप का अनुभव कर सकोगे। जब तक तुम्हें यह अनुभूति नहीं होती, तब तक तुम्हारे लिए ईश्वर कुछ अक्षरों से बना एक शब्द मात्र है—इसके अतिरिक्त और कुछ नहीं। यह अनुभूति ही धर्म का सार है; तुम चाहे जितने सिद्धान्तों, दर्शनों या नीतिशास्त्रों को अपने मस्तिष्क में ठूँस लो, पर इससे विशेष कुछ होने का नहीं—होगा केवल तभी, जब तुम जान लोगे कि तुम स्वयं क्या हो और तुमने क्या अनुभव किया है।

जब निर्गुण ब्रह्म को हम माया के कुहरे में से देखते हैं, तो वही सगुण ब्रह्म या ईश्वर कहलाता है। जब हम उसे पंचेन्द्रियों द्वारा पाने की चेष्टा करते हैं, तो उसे हम सगुण ब्रह्म के रूप में ही देख सकते हैं। तात्पर्य यह कि आत्मा का विषयीकरण (objectification) नहीं हो सकता—आत्मा को दृश्यमान वस्तु नहीं बनाया जा सकता। ज्ञाता स्वयं अपना ज्ञेय कैसे हो सकता है? परन्तु उसका मानो प्रति-

बिम्ब पड़ सकता है—चाहो तो, इसे उसका विषयीकरण कह सकते हो। इस प्रतिबिम्ब का सर्वोत्कृष्ट रूप, ज्ञाता को ज्ञेय रूप में लाने का महत्तम प्रयास—यही सगुण ब्रह्म या ईश्वर है। आत्मा सनातन ज्ञाता है, और हम उसे ज्ञेय रूप में ढालने का निरन्तर प्रयत्न कर रहे हैं। इसी संघर्ष से इस जगत्-प्रपंच की सृष्टि हुई है, इसी प्रयत्न से जड़ पदार्थ आदि की उत्पत्ति हुई है। पर ये सब आत्मा के निम्नतम रूप हैं, और आत्मा का हमारे लिये सम्भव सर्वोच्च ज्ञेय रूप तो वह है, जिसे हम 'ईश्वर' कहते हैं। विषयीकरण का यह प्रयास हमारे स्वयं अपने स्वरूप के प्रकटीकरण का प्रयास है। सांख्य के मतानुसार, प्रकृति यह सब खेल पुरुष को दिखला रही है, और जब पुरुष को यथार्थ अनुभव हो जायगा, तब वह अपना स्वरूप जान लेगा। अद्वैत वेदान्ती के मतानुसार, जीवात्मा अपने को अभिव्यक्त करने का प्रयत्न कर रही है। लम्बे संघर्ष ...द जीवात्मा जान लेती है कि ज्ञाता तो ज्ञाता ही रहेगा, ज्ञेय नहीं हो सकता, तब उसे वैराग्य हो जाता है, और वह मुक्त हो जाता है।

जब मनुष्य उस पूर्णता को प्राप्त कर लेता है, तब उसका स्वभाव ईश्वर जैसा हो जाता है। जैसे ईसा ने कहा है, "मैं और मेरे पिता एक हैं।" तब वह जान लेता है कि वह ब्रह्म से—निरपेक्ष सत्ता से—एकरूप है, और वह ईश्वर के समान लीला करने लगता है। जिस प्रकार बड़े से बड़ा सम्राट् भी कभी कभी खिलौनों से खेल लेता है, वैसे ही वह भी खेलता है।

कुछ कल्पनाएँ ऐसी होती हैं, जो अन्य दूसरी कल्पनाओं से उद्भूत होनेवाले बन्धन को छिन्न-भिन्न कर देती हैं। यह समस्त जगत् ही कल्पनाप्रसूत है, परन्तु यहाँ एक प्रकार की कल्पनाएँ दूसरे प्रकार की कल्पनाओं से उत्थित होनेवाली बुराइयों को नष्ट कर देती हैं। जो कल्पनाएँ हमें यह बतलाती हैं कि यह संसार पाप, दुःख और मृत्यु से भरा हुआ है, वे बड़ी भयानक हैं; परन्तु जो कहती हैं कि 'तुम पवित्र हो; ईश्वर है; दुःख का अस्तित्व ही नहीं है' वे सब अच्छी हैं, और प्रथमोक्त कल्पनाओं से होनेवाले बन्धन का खण्डन कर देती हैं। ...गे ऊँची कल्पना, जो समस्त बन्धन-पाशों को तोड़ सकती है, सगुण ब्रह्म या ईश्वर की है।

भगवान् से यह प्रार्थना करना कि 'प्रभु, अमुक वस्तु की रक्षा करो और मुझे यह दो; मैं तुमसे प्रार्थना करता हूँ और तुम मुझे यह आवश्यक वस्तु दो; प्रभु, मेरा सिर-दर्द अच्छा कर दो' आदि आदि—यह सब भक्ति नहीं है। ये तो धर्म के हीनतम रूप हैं, कर्म के निम्नतम रूप हैं। यदि मनुष्य शारीरिक वासनाओं की पूर्ति में ही अपनी समस्त मानसिक शक्ति खर्च कर दे, तो तुम भला बताओ तो, उसमें और पशु में अंतर ही क्या है? भक्ति एक उच्चतर वस्तु है, स्वर्ग की कामना से भी ऊँची। स्वर्ग का अर्थ असल में है क्या?—तीव्रतम भोग का एक स्थान। वह ईश्वर कैसे हो सकता है?

केवल मूर्ख ही इन्द्रिय-सुखों के पीछे दौड़ते हैं। इन्द्रियों में रहना सरल है; खाते, पीते और मौज उड़ाते हुए पुराने ढर्रे में चलते रहना सरलतर है। किन्तु आजकल के दार्शनिक तुम्हें जो बतलाना चाहते हैं, वह यह है कि मौज उड़ाओ, किन्तु उस पर केवल धर्म की छाप लगा दो। इस प्रकार का सिद्धान्त बड़ा खतरनाक है। इन्द्रियों में ही मृत्यु है। आत्मा के स्तर पर का जीवन ही सच्चा जीवन है; अन्य सब स्तरों का जीवन मृत्युस्वरूप है। यह सम्पूर्ण जीवन एक व्यायामशाला है। यदि हम सच्चे जीवन का आनन्द लेना चाहते हैं, तो हम इस जीवन के परे जाना होगा।

जब तक 'मुझे मत-छू-वाद' तुम्हारा धर्म है और रसोई की पतीली तुम्हारा इष्टदेव है, तब तक तुम्हारा आध्यात्मिक उन्नति नहीं हो सकती। धर्म धर्म के बीच जो क्षुद्र मतभेद हैं, वे सब केवल शाब्दिक हैं—उनमें कोई अर्थ नहीं। हर एक सोचता है, यह मेरा मौलिक विचार है, और अपने मन के अनुसार ही सब काम कराना चाहता है। इसीसे संघर्षों की उत्पत्ति होती है।

दूसरों की आलोचना करने में हम सदा यह मूर्खता करते हैं कि किसी एक विशेष गुण को हम अपने जीवन का सर्वस्व समझ लेते हैं और उसीको मापदण्ड मानकर दूसरों के दोषों को खोजने लगते हैं। इस प्रकार दूसरों को पहचानने में हम भूलें कर बैठते हैं।

इसमें सन्देह नहीं कि कट्टरता और धर्मान्धता द्वारा किसी धर्म का प्रचार बड़ी जल्दी किया जा सकता है, किन्तु नींव उसी धर्म की दृढ़ होती है जो हर एक को विचार की स्वतन्त्रता देता है और इस तरह उसे उच्चतर मार्ग पर आरूढ़ कर देता है, भले ही इससे धर्म का प्रचार शनैः शनैः हो।

भारत को पहले आध्यात्मिक विचारों से आप्लावित कर दो, फिर अन्य विचार अपने आप ही आ जायँगे। आध्यात्मिकता और आध्यात्मिक ज्ञान का दान सर्वोत्तम दान है, क्योंकि यह हमें संसार के आवागमन से मुक्त कर देता है; इसके बाद है लौकिक ज्ञान का दान, क्योंकि यह आध्यात्मिक ज्ञान के लिए हमारी आँखें खोल देता है; इसके बाद आता है जीवन-दान और चतुर्थ है अन्न-दान।

यदि साधना करते करते शरीरपात भी हो जाय, तो होने दो; इससे क्या? सर्वदा साधुओं की संगति में रहते रहते समय आने पर आत्मज्ञान होगा ही। एक ऐसा भी समय आता है, जब मनुष्य की समझ में यह बात आ जाती है कि किसी दूसरे आदमी के लिए चिलम भरकर उसकी सेवा करना लाखों बार के ध्यान से कहीं बढ़कर है। जो व्यक्ति ठीक ठीक चिलम भर सकता है, वह ध्यान भी ठीक तरह से कर सकता है।

देवतागण और कोई नहीं, उच्च अवस्थाप्राप्त दिवंगत मानव हैं। हमें उनसे सहायता मिल सकती है।

हर कोई आचार्य या गुरु नहीं हो सकता, किन्तु मुक्त बहुत से लोग हो सकते हैं। मुक्त पुरुष को यह जगत् स्वप्नवत् जान पड़ता है, किन्तु आचार्य को मानो स्वप्न और जाग्रत, इन दोनों अवस्थाओं के बीच खड़ा होना पड़ता है। उसे यह ज्ञान रखना ही पड़ता है कि जगत् सत्य है, अन्यथा वह शिक्षा क्योंकर देगा ? फिर, यदि उसे यह अनुभूति न हुई हो कि जगत् स्वप्नवत् है, तो उसमें और एक साधारण आदमी में अन्तर ही क्या?—और वह शिक्षा भी क्या दे सकेगा? गुरु को शिष्य के पापों का बोझ वहन करना पड़ता है; और यही कारण है कि शक्तिशाली आचार्यों के शरीर में भी रोग प्रविष्ट हो जाते हैं। यदि गुरु अपूर्ण हुआ, तो, शिष्य के पाप उसके मनपर भी प्रभाव डालते हैं, और इस तरह उसका पतन हो जाता है। अतः आचार्य होना बड़ा कठिन है।

आचार्य या गुरु होने की अपेक्षा जीवन्मुक्त होना सरल है। क्योंकि जीवन्मुक्त संसार को स्वप्नवत् मानता है और उससे कोई वास्ता नहीं रखता; पर आचार्य को यह ज्ञान होने पर भी कि जगत् स्वप्नवत् है, उसमें रहना और कार्य करना पड़ता है। हर एक के लिए आचार्य होना सम्भव नहीं। आचार्य तो वह है, जिसके माध्यम से दैवी शक्ति कार्य करती है। आचार्य का शरीर अन्य मनुष्यों के शरीर से बिल्कुल भिन्न प्रकार का होता है। उस (आचार्य के) शरीर को पूर्ण अवस्था में बनाये रखने का एक विज्ञान है। उसका शरीर बहुत ही कोमल, ग्रहणशील तथा तीव्र आनन्द और कष्ट का अनुभव कर सकने की क्षमता रखनेवाला होता है। वह असाधारण होता है।

जीवन के सभी क्षेत्रों में हम देखते हैं कि अन्तर्मानव की ही जीत होती है, और यह अन्तर्मानव ही—यह व्यक्तित्व ही समस्त सफलता का रहस्य है।

नवद्वीप के भगवान् श्री कृष्ण चैतन्य में भावनाओं का जैसा उदात्त विकास देखने में आता है, वैसा और कहीं नहीं।

श्री रामकृष्ण एक महान् दैवी शक्ति हैं। तुम्हें यह न विचार करना चाहिए कि उनका सिद्धान्त यह है या वह। किन्तु वे एक महान् शक्ति हैं, जो अब भी उनके शिष्यों में वर्तमान है और संसार में कार्य कर रही है। मैंने उनको उनके विचारों में विकसित होते देखा है। वे आज भी विकास कर रहे हैं। श्री रामकृष्ण जीवन्मुक्त भी थे और आचार्य भी।

भक्तियोग–२

भक्तियोग ब्रह्म से एकत्व प्राप्त करने के लिए व्यवस्थित भक्ति का मार्ग है। यह धर्म अथवा अनुभूति प्राप्त करने का सरलतम और निश्चिततम उपाय है।

इस मार्ग में पूर्णता प्राप्त करने के लिए ईश्वर के प्रति प्रेम ही एक सारभूत वस्तु है।

प्रेम की पाँच अवस्थाएँ होती हैं।

प्रथम, मनुष्य सहायता चाहता है और उसमें थोड़ा भय होता है।

द्वितीय, जब ईश्वर पिता के रूप में देखा जाता है।

तृतीय, जब ईश्वर माता के रूप में देखा जाता है। तब सभी नारियाँ मातृ-देवी की प्रतिबिम्ब जान पड़ती हैं। मातृदेवी की भावना से वास्तविक प्रेम आरम्भ होता है।

चतुर्थ, प्रेम के लिए प्रेम। प्रेम सर्वगुणातीत है।

पंचम, दिव्य मिलन में प्रेम। इससे एकत्व अथवा परा चेतना प्राप्त होती है।

जिस प्रकार हम सगुण और निर्गुण हैं, उसी प्रकार ईश्वर भी सगुण और निर्गुण है।

प्रार्थना और स्तुति प्रगति के प्रथम साधन हैं। भगवान् के नाम के जप में चमत्कारी शक्ति है।

मंत्र कोई ऐसा विशेष शब्द, पवित्र वाक्य अथवा ईश्वर का नाम है, जिसे गुरु शिष्य के जप और मनन के लिए चुनता है। शिष्य को प्रार्थना और स्तुति के लिए अपना ध्यान किसी व्यक्ति पर केन्द्रित करना चाहिए, और यही उसका इष्ट है।

ये शब्द (मंत्र) ध्वनि मात्र नहीं हैं, वरन् स्वयं ईश्वर हैं, और वे हमारे ही भीतर स्थित हैं। उस ईश्वर का ध्यान करो, उसकी चर्चा करो। कोई सांसारिक इच्छा नहीं! बुद्ध का उपदेश था, 'जैसा तुम विचारते हो, वैसे ही तुम हो।'

परा चेतना प्राप्त करने के बाद भक्त फिर प्रेम और उपासना पर उतर आता है।

शुद्ध प्रेम का कोई उद्देश्य नहीं होता। उसका कोई स्वार्थ नहीं होता।

प्रार्थना और स्तुति के बाद ध्यान आता है। इसके बाद नाम और व्यक्ति के इष्ट पर मनन आता है!

प्रार्थना करो कि वह अभिव्यक्ति, जो हमारा पिता है, हमारी माता है, हमारे बंधन काटें ।

प्रार्थना करो, "जिस प्रकार पिता पुत्र का हाथ पकड़ता है, उसी प्रकार हमारा हाथ पकड़ो । हमें त्यागो मत !"

प्रार्थना करो, "मुझे धन और सौन्दर्य, यह लोक अथवा परलोक नहीं चाहिए । हे ईश्वर, हे स्वामी ! मैं केवल तुझे चाहता हूँ । मैं थक गया हूँ । हे नाथ, मेरा हाथ पकड़ो । मैं तुम्हारी शरण हूँ । मुझे अपना दास बनाओ । मेरी रक्षा करो ।"

प्रार्थना करो, "तुम हमारे पिता, हमारी माता, हमारे प्रियतम मित्र हो ! तुम, ब्रह्माण्ड के धारणकर्ता, हमें इस जीवन के तुच्छ भार का वहन करने में सहायता दो । हमें त्यागो मत । हम कभी तुमसे अलग न हों । हम सदा तुममें निवास करें ।"

जब ईश्वर के प्रति प्रेम प्रकट होता है और वही सब कुछ होता है, तो यह संसार बूंद सा प्रतीत होता है ।

असत् से सत् की ओर, तमस् से ज्योति की ओर बढ़ो ।[१]

---

१. असतो मा सद्गमय । तमसो मा ज्योतिर्गमय ॥

—बृहदारण्यकोपनिषद् ॥१।३।२८॥

भक्तियोग के पाठ

भक्ति द्वारा योग

हम राजयोग और शारीरिक व्यायाम पर विचार कर रहे थे। अब भक्ति के द्वारा योग पर विचार करेंगे। पर तुम्हें याद रखना चाहिए कि कोई भी एक प्रणाली अनिवार्य नहीं है। मैं तुम्हारे सामने बहुत सी प्रणालियाँ, बहुत से विचार, इसलिए रखना चाहता हूँ कि तुम उनमें से उसे चुन सको, जो तुम्हारे लिए उपयुक्त हो; यदि एक उपयुक्त नहीं है, तो शायद दूसरी निकल आये।

हम ऐसे सामंजस्ययुक्त व्यक्ति बनना चाहते हैं, जिसमें हमारी प्रकृति के मानसिक, आध्यात्मिक, बौद्धिक और क्रियावान पक्षों का समान विकास हुआ हो। जातियाँ और व्यक्ति इनमें से एक पार्श्व अथवा प्रकार का विकास व्यक्त करती हैं और वे उस एक से अधिक को नहीं समझ पातीं। वे एक आदर्श में ऐसी ढल जाती हैं कि किसी अन्य को नहीं देख सकतीं। वास्तविक आदर्श यह है कि हम बहुपार्श्वीय बनें। वास्तव में जगत् के दुःख का कारण यह है कि हम इतने एकपार्श्वीय हैं कि दूसरे के प्रति सहानुभूति नहीं कर पाते। एक ऐसे व्यक्ति की कल्पना करो, जो धरती के भीतर से एक खान के द्वार से सूर्य को देखता है; उसे सूर्य का एक पहलू दिखायी देता है। दूसरा सूर्य को पृथ्वी के धरातल से देखता है, एक कुहरे और धुंध में से, एक पर्वत की चोटी पर से; प्रत्येक को सूर्य भिन्न दिखायी देगा। इस प्रकार दृश्य अनेक हैं, पर वास्तव में सूर्य केवल एक है। भेद दृष्टि का है, पर वस्तु एक है; और वह सूर्य है।

प्रत्येक मनुष्य में उसकी प्रकृति के अनुसार विशिष्ट प्रवृत्ति होती है और वह कुछ आदर्श स्वीकार कर लेता है और उन तक पहुँचने के लिए विशिष्ट मार्ग अपनाता है। पर लक्ष्य सबके लिए सदा एक है। रोमन कैथोलिक गंभीर और आध्यात्मिक है, पर उसने व्यापकता खो दी है। यूनिटेरियन व्यापक है, पर उसने आध्यात्मिकता खो दी है और वह धर्म को विभक्त महत्त्व का समझता है। हमें आवश्यकता है रोमन कैथोलिक की गहराई और यूनिटेरियन की व्यापकता की। हम आकाश के समान विस्तीर्ण और सागर के समान गम्भीर हों; हममें धर्मान्ध का सा उत्साह, रहस्यवादी सी गम्भीरता और अज्ञेयवादी सी व्यापकता होनी चाहिए। 'सहिष्णुता' शब्द ने उस

घमण्डी मनुष्य का अप्रीतिकर संसर्ग प्राप्त कर लिया है, जो अपने को उच्च स्थान में समझकर अपने साथी प्राणियों को दया की दृष्टि से देखता है। मन की यह स्थिति भयानक है। हम सब उसी दिशा में, एक ही गन्तव्य की ओर, पर विभिन्न प्रकृतियों की आवश्यकता के अनुसार उनके लिए उपयुक्त मार्गों से जा रहे हैं। हमें बहुपार्श्वीय होना चाहिए, वास्तव में हमें इतना नम्र हो जाना चाहिए कि हम दूसरे को केवल सहन ही न कर सकें, वरन्, जो उससे कहीं अधिक कठिन काम है, उसके साथ सहानुभूति कर सकें, उसके मार्ग में साथ चल सकें और उसकी महदाकांक्षा तथा ईश्वर की खोज में, जैसा वह अनुभव करता है, वैसा ही हम भी कर सकें। धर्म में दो तत्त्व होते हैं—सकारात्मक और नकारात्मक। उदाहरणार्थ, ईसाई धर्म में, जब तुम अवतार, त्रिदेव, ईसा के द्वारा मुक्ति की बात करते हो, तो मैं तुम्हारे साथ हूँ। मैं कहता हूँ, "बहुत ठीक, इसे मैं भी सत्य मानता हूँ।" पर जब तुम यह कहने लगते हो, "दूसरा कोई सच्चा धर्म है ही नहीं, ईश्वर अन्यत्र कभी प्रकट ही नहीं हुआ," तो मैं कहता हूँ, "ठहरो, यदि तुम किसीको वर्जित करते हो, अथवा किसीका खंडन करते हो, तो मैं तुम्हारा साथ नहीं दे पाऊँगा।" प्रत्येक धर्म के पास देने को एक संदेश है, मनुष्य को सिखाने के लिए कुछ वस्तु है; पर जब वह विरोध करने लगता है, दूसरों को छेड़ने लगता है, तो वह एक नकारात्मक और इसलिए एक खतरनाक रूप ले लेता है और नहीं जानता कि कहाँ आरम्भ करे और कहाँ अंत।

प्रत्येक शक्ति एक चक्र पूरा करती है। वह शक्ति, जिसे हम मनुष्य कहते हैं, अनन्त ईश्वर से चलती है और उसे उसीमें लौटना चाहिए। ईश्वर में लौटने की यह क्रिया दो में से एक प्रकार से पूरी होनी चाहिए—या तो प्रकृति का अनुसरण करते हुए पीछे सरकने में, अथवा स्वयं अपनी आंतरिक शक्ति से, जो हमें मार्ग में रुकने को बाध्य करती है, जो यदि मुक्त छोड़ दिये जाने पर हमें एक चक्र में ईश्वर तक वापस ले जाती, और जो झटके से घूमकर ईश्वर को, मानो एक छोटे रास्ते से, पा लेती है। यही है, जो योगी करता है।

मैंने कहा है कि प्रत्येक मनुष्य को अपनी प्रकृति के अनुसार स्वयं अपना आदर्श निश्चित करना चाहिए। यह आदर्श उस मनुष्य का इष्ट कहलाता है। तुमको इसे पवित्र (और इसलिए गुप्त) रखना चाहिए और जब ईश्वर की उपासना करो, तो अपने इष्ट के अनुसार करो। हम उस विशेष रीति को किस प्रकार जान सकते हैं? यह बहुत कठिन है, पर जब तुम अपनी उपासना में लगे रहोगे, तो तुमको वह स्वतः ज्ञात हो जायगी। ईश्वर ने मनुष्य को तीन विशेष वस्तुएँ दी हैं—मनुष्य शरीर, मुक्ति प्राप्त करने की इच्छा, और जो पहले से मुक्त हैं, उनसे सहायता लेने की क्षमता। अब, बिना सगुण ईश्वर हुए भक्ति नहीं हो सकती। प्रेमी और प्रेमपात्र, दोनों होने

चाहिए। ईश्वर अनन्तीकृत मानव है। ऐसा होना अनिवार्य है, क्योंकि जब तक हम मनुष्य हैं, हमें मानवीकृत ईश्वर चाहिए। हम एक सगुण ईश्वर को और केवल उसीको देखने को बाध्य हैं। सोचो कि इस संसार में हम जो कुछ देखते हैं, वह सब किस प्रकार केवल विषय मात्र नहीं होता, वरन् विषय+हमारा मन होता है। कुर्सी+तुम्हारे मन पर कुर्सी की प्रतिक्रिया, वास्तविक कुर्सी है। तुम प्रत्येक वस्तु को अपने मन से रँग देते हो, केवल तभी तुम उसे देख सकते हो। (उदाहरण: एक सफ़ेद, वर्गाकार, चमकदार, कठोर बॉक्स उसे क्रमशः तीन इन्द्रियों, चार इन्द्रियों, और फिर पाँच इन्द्रियोंवाले मनुष्य देखते हैं। केवल अंतिम ही उसे उल्लिखित सभी गुणों सहित देखता है, और उसके पूर्व के प्रत्येक ने अपने से पहलेवाले की अपेक्षा उसका एक गुण अधिक देखा है। अब कल्पना करो कि कोई छः इन्द्रियोंवाला मनुष्य उस बॉक्स को देखता है, तो उसे इनके अतिरिक्त बॉक्स का एक गुण और दिखायी देगा।)

क्योंकि मैं प्रेम और ज्ञान देखता हूँ, इसलिए मैं जानता हूँ कि वह सार्वभौमिक कारण इस प्रेम और ज्ञान को प्रकट कर रहा है। जो मुझमें प्रेम उत्पन्न करता है, वह प्रेमहीन कैसे हो सकता है? हम मानवीय गुणों से रहित सार्वभौमिक कारण की कल्पना नहीं कर सकते। ईश्वर को ब्रह्मांड में अपने से अलग देखना, पहले क़दम के रूप में आवश्यक है। ईश्वर के तीन दर्शन हैं: निम्नतम दर्शन वह है, जब ईश्वर हमारे समान शरीरवान जान पड़ता है (बाइजैन्टाइन कला देखो); उच्चतर दर्शन वह है, जब हम ईश्वर पर मानवीय गुणों का आरोप करते हैं; और अंततः आगे बढ़ते बढ़ते, जब हम ईश्वर को देखते हैं, तब हमें उच्चतम दिव्य दर्शन प्राप्त होता है।

पर याद रखो कि इन सब सोपानों में हम ईश्वर को और केवल ईश्वर को देख रहे हैं; इसमें न कोई भ्रम है, न भूल। उसी प्रकार, जिस प्रकार विभिन्न स्थानों से सूर्य को देखने पर भी वह सूर्य ही था, चन्द्रमा अथवा कुछ और नहीं हो गया था।

हम जैसे हैं—अनंतीकृत—उस रूप में ईश्वर को देखे बिना नहीं रह सकते, पर फिर भी वैसे ही, जैसे हम हैं। मान लो, हम ईश्वर की निरपेक्ष, परम रूप में कल्पना करने का प्रयत्न करें, पर आनन्द और प्रेम के निमित्त हमें फिर सापेक्षिक अवस्था में लौटना पड़ेगा।

ईश्वर की भक्ति, जैसी वह प्रत्येक धर्म में दिखायी देती है, दो भागों में विभाजित होती है: वह जो रूपों और अनुष्ठानों और शब्दों द्वारा कार्य करता है, और वह जो प्रेम द्वारा कार्य करती है। इस संसार में हम नियमों से बँधे हैं और सदा उन्हें तोड़कर निकल जाने का प्रयत्न करते रहते हैं; हम सदा नियमोल्लंघन का, प्रकृति को कुचलने का प्रयत्न करते रहते हैं। उदाहरण के लिए प्रकृति हमें घर नहीं देती,

हम उन्हें बनाते हैं। प्रकृति ने हमें नग्न बनाया है, हम अपने को वस्त्रों से ढँकते हैं। मनुष्य का लक्ष्य मुक्त होना है, और बस, जहाँ तक हम प्रकृति के नियमों को तोड़ने में असफल रहते हैं, वहीं तक उन्हें सहन करते हैं। हम प्रकृति के नियमों का पालन इसलिए करते हैं कि नियमों से परे—नियमों से बाहर निकल जायँ। जीवन का समस्त संघर्ष नियम न मानना है। (इसीलिए मैं 'ईसाई वैज्ञानिकों' से सहानुभूति रखता हूँ, क्योंकि वे मनुष्य की स्वतंत्रता और आत्मा के दिव्यत्व की शिक्षा देते हैं)। आत्मा सब परिस्थितियों से ऊपर है। 'ब्रह्मांड मेरे पिता का राज्य है; मैं उसका उत्तराधिकारी हूँ'—मनुष्य को यह भाव अपनाना चाहिए। 'मेरी आत्मा सब वशीभूत कर सकती है।'

मुक्ति तक पहुँचने से पहले हमें नियम से कार्य करना होगा। बाहरी सहायताएँ और विधियाँ, रूप, अनुष्ठान, विश्वास, सिद्धांत सबका अपना समुचित स्थान है और उनका उद्देश्य उस समय तक हमें सहारा देना और शक्ति प्रदान करना है, 'जब तक कि हम सशक्त न हो जायँ।' इसके बाद वे आवश्यक नहीं रह जातीं। वे हमारी धाय हैं और इस रूप में बचपन में अनिवार्य हैं। पुस्तकें भी धाय हैं, औषधियाँ धाय हैं। पर हमें वह समय लाने के लिए काम करना होगा, जब मनुष्य स्वयं अपने शरीर पर अपने स्वामित्व को पहचानने लगेगा। जड़ी-बूटियाँ और औषधियाँ हमारे शरीर पर उसी समय तक प्रभाव डालती हैं, जब तक हम उन्हें ऐसा करने देते हैं। जब हम सबल हो जाते हैं, तो बाहरी विधियों की आवश्यकता नहीं रहती।

शब्दों द्वारा भक्ति

शरीर मन का ही स्थूलतर रूप है, मन सूक्ष्मतर स्तरों से बना हुआ है और शरीर स्थूलतर स्तरों से; और जब मनुष्य का मन पूर्णतया उसके वश में आ जाता है, तो उसका शरीर भी उसके वश में आ जाता है। जिस प्रकार प्रत्येक मन का अपना विशिष्ट शरीर होता है, उसी प्रकार प्रत्येक शब्द एक विशिष्ट विचार का अंग होता है। जब हम क्रुद्ध होते हैं, तो परुष व्यंजनों में बोलते हैं—'बुद्धू', 'मूर्ख', 'गधा', आदि; जब हम करुण होते हैं, तो कोमल स्वरों का उपयोग करते हैं—'अरे राम!' निश्चय ही ये क्षणिक भाव हैं; पर चिरन्तन भाव भी होते हैं, जैसे प्रेम, शान्ति, स्थिरता, आनन्द, पवित्रता; और सब धर्मों में इन भावों की शब्दाभिव्यक्ति हुई है; शब्द मनुष्य के इन उच्चतम भावों के केवल शरीर हैं। विचार शब्द उत्पन्न करता है, और अपनी बारी आने पर शब्द विचार अथवा भाव उत्पन्न कर सकते हैं। यहीं शब्दों की सहायता की आवश्यकता होती है। ऐसा प्रत्येक शब्द एक आदर्श का द्योतन करता है। हम सब इन पवित्र और रहस्यमय शब्दों को

पहचानते और जानते हैं, किंतु यदि हम उन्हें केवल पुस्तकों में पढ़ते हैं, तो वे हमें प्रभावित नहीं करते। उनके प्रभावशाली होने के लिए आवश्यक है कि वे आत्मा से आविष्ट हों और उनका स्पर्श तथा उपयोग कोई ऐसा व्यक्ति कर चुका हो, जिसे स्वयं परमात्मा की चेतना का स्पर्श प्राप्त हो और अब जीवित हो। केवल ऐसा ही पुरुष इस धारा को चालू कर सकता है। 'हाथ रखने की क्रिया' उसी धारा को चालू रखने की क्रिया है, जिसका आरम्भ ईसा ने किया था। जिसमें धारा प्रवर्तन की यह शक्ति होती है, गुरु कहलाता है। ईसा जैसे महान् गुरुओं के लिए शब्दों का यह उपयोग आवश्यक नहीं है। पर 'छोटे लोग' इस धारा को शब्दों द्वारा संचारित करते हैं।

दूसरों के दोष न देखो। तुम मनुष्य को उसके दोषों से नहीं जान सकोगे। (जैसे, हम सेब के किसी वृक्ष की उत्तमता का निर्णय उसके नीचे पड़े सड़े, कच्चे और अविकसित फलों के आधार पर करने लगें। जिस प्रकार उन फलों से वृक्ष की उत्तमता का पता नहीं चल सकता, उसी प्रकार मनुष्य के दोष उसके चरित्र को नहीं दर्शाते।) याद रखो कि बुरे लोग संसार भर में सदा एक से होते हैं। एशिया, यूरोप और अमेरिका में चोर और हत्यारे एक से हैं। उनकी स्वयं अपनी एक जाति है। विविधता तो केवल भलों और पवित्रों तथा शक्तिशालियों में ही मिलती है। दूसरों में बुराई न देखो। बुराई अज्ञान है, दुर्बलता है। लोगों को यह बताने से क्या लाभ कि वे दुर्बल हैं? आलोचना और खण्डन से कोई लाभ नहीं होता। हमें उन्हें कुछ ऊँची वस्तु देनी चाहिए; उन्हें उनके गरिमामय स्वरूप की, उनके जन्मसिद्ध अधिकार की बात बताओ और अधिक लोग ईश्वर की ओर क्यों नहीं आते? कारण यह है कि अपनी पाँच इन्द्रियों के बाहर बहुत कम लोगों को आनन्द आता है। अन्तर्जगत् में अधिकतर लोग न अपनी आँखों से देख सकते हैं और न अपने कानों से सुन सकते हैं।

अब हम 'प्रेम द्वारा उपासना' पर आते हैं।

यह कहा गया है, 'गिरजे में पैदा होना तो अच्छा है, पर उसमें मरना नहीं।' जब वृक्ष पौधा होता है, तो वह चारों ओर की रुँधाई से सहारा और आरक्षण पाता है; पर जब तक बाड़ हटायी नहीं जाती, उस वृक्ष की वृद्धि और मजबूती को हानि पहुँचती है। औपचारिक पूजा, जैसा कि हमने देखा है, एक आवश्यक अवस्था है; पर धीरे धीरे, क्रमशः विकसित होकर हम उससे बाहर निकल जाते हैं और एक उच्चतर भूमि में पहुँच जाते हैं। जब ईश्वर के प्रति प्रेम पूर्ण हो जाता है, तो हम फिर ईश्वर के गुणों के बारे में नहीं सोचते कि वह सर्वशक्तिमान, सर्वव्यापी और उन सब महान् विशेषणोंवाला है। हम ईश्वर से कुछ चाहते नहीं, इसलिए

इन गुणों की ओर ध्यान देने की चिंता नहीं करते। हम केवल ईश्वर का प्रेम चाहते हैं। पर मनुष्यरूपता अब भी हमारे साथ रहती है। हम अपने मनुष्यपन से छुटकारा नहीं पा सकते, हम अपने शरीर से बाहर नहीं कूद आ सकते; इसलिए हमें ईश्वर से उसी प्रकार प्रेम करना होता है, जैसे कि हम एक दूसरे से प्रेम करते हैं।

मानव-प्रेम में पाँच अवस्थाएँ होती हैं।

१. निम्नतम सबसे साधारण, 'शांत' प्रेम है, जब हम रक्षा, भोजन आदि अपनी सभी आवश्यकताओं के निमित्त अपने पिता की ओर देखते हैं।

२. वह प्रेम, जो हममें सेवा-भाव जगाता है। मनुष्य ईश्वर की सेवा अपने स्वामी की भाँति करना चाहता है, सेवा की इच्छा सब भावनाओं से तीव्र हो जाती है; और हम इस बात के प्रति उदासीन हो जाते हैं कि स्वामी भला है अथवा बुरा, सदय है अथवा निर्दय।

३. मित्र का प्रेम, बराबरवालों का, साथियों का, सखाओं का प्रेम। मनुष्य ईश्वर को अपना सखा अनुभव करता है।

४. मातृवत् प्रेम। ईश्वर को शिशु समझा जाता है। भारत में इस प्रेम को पूर्वगामी प्रेम से ऊँचा माना जाता है, क्योंकि इसमें भय का तत्त्व बिल्कुल शेष नहीं रह जाता।

५. पति और पत्नी का प्रेम; प्रेम के लिए प्रेम—ईश्वर सब प्रकार से पूर्ण प्रेमास्पद।

इस भाव को सुन्दरता के साथ व्यक्त किया गया है : 'आँखें चार होती हैं, दो आत्माओं में एक परिवर्तन आने लगता है; इन दोनों आत्माओं के बीच में प्रेम आ जाता है और दोनों को एक बना देता है।'

जब मनुष्य को यह अंतिम और प्रेम का पूर्णतम रूप प्राप्त हो जाता है, तो सब इच्छाएँ विलीन हो जाती हैं, रूप और सिद्धांत और सम्प्रदाय बिसर जाते हैं और मुक्ति की इच्छा (और सब धर्मों का उद्देश्य और लक्ष्य जन्म और मरण और दूसरी वस्तुओं से मुक्ति प्राप्त करना है) भी छूट जाती है। उच्चतम प्रेम वह प्रेम है, जिसमें नर-नारी की भावना नहीं होती, क्योंकि सर्वोच्च प्रेम में यह पूर्ण एकता अभिव्यक्त होती है, और लिंगत्व शरीरों को भिन्न करता है। इसलिए मिलन केवल आत्मा में ही सम्भव है। भौतिक भावना जितनी कम होगी, हमारा प्रेम उतना ही पूर्ण होगा; अत में सब भौतिक भावनाएँ बिसर जायँगी और दो आत्माएँ एक हो जायँगी। हम प्रेम करते हैं, सदा प्रेम करते हैं। प्रेम आता है, रूपों को बेध जाता है और उनसे परे देखता है। यह कहा गया है। 'प्रेमी हब्शिन की भौहों में हेलेन की सुन्दरता देखता है।' हब्शी एक आभास है और उस आभास पर मनुष्य

अपना प्रेम आरोपित करता है। जिस प्रकार सीपी अपने भीतर क्षोभक वस्तुओं को पाकर, उनको सुन्दर मोतियों में परिवर्तित कर देनेवाले पदार्थ से आवेष्टित कर देती है, उसी प्रकार मनुष्य अपना प्रेम आरोपित करता है, और वह सदा अपने उच्चतम आदर्श से ही प्रेम करता है, और उच्चतम आदर्श सदा निःस्वार्थ होता है, इसलिए मनुष्य प्रेम को प्रेम करता है। ईश्वर प्रेम हैं, और हम ईश्वर से प्रेम करते हैं—अर्थात् प्रेम से प्रेम करते हैं। हम केवल प्रेम को देखते हैं। प्रेम का वर्णन नहीं किया जा सकता। मक्खन खाता हुआ गूँगा मनुष्य तुमको यह नहीं बता सकता कि मक्खन कैसा लगता है। मक्खन मक्खन है, और उसके गुण उन लोगों को नहीं बताये जा सकते, जिन्होंने उसको कभी चखा न हो। प्रेम के लिए प्रेम का वर्णन उन लोगों से नहीं किया जा सकता, जिन्होंने इसका अनुभव न किया हो।

एक त्रिकोण को प्रेम का प्रतीक बनाया जा सकता है। पहला कोण है, प्रेम कभी माँगता नहीं; कभी किसी वस्तु की याचना नहीं करता; दूसरा, प्रेम में भय नहीं होता; तीसरा और शीर्षस्थ है, प्रेम के लिए प्रेम। प्रेम की शक्ति के द्वारा इन्द्रियाँ परिष्कृत और ऊर्ध्वमुखी हो जाती हैं। मानव-संबंधों में पूर्ण प्रेम बहुत ही दुर्लभ होता है, क्योंकि मानव-प्रेम लगभग सदा अन्योन्याश्रित और पारस्परिक होता है। पर ईश्वर का प्रेम एक स्थायी धारा है, उसे कोई हानि अथवा बाधा नहीं पहुँचा सकता। जब मनुष्य ईश्वर को याचक की भाँति नहीं, अपने उच्चतम आदर्श के रूप में, निःस्वार्थ भाव से, प्रेम करता है, तो प्रेम अपने उच्चतम विकास पर पहुँच जाता है और वह विश्व में एक महान् शक्ति बन जाता है। इस स्थिति तक पहुँचने में बहुत समय लगता है और हमें आरम्भ वहाँ से करना चाहिए, जो हमारी प्रकृति के निकटतम हो, कुछ सेवा के लिए उत्पन्न होते हैं, कुछ प्रेम में माता बनने के लिए। जो हो, फल ईश्वर के अधीन है। हमें प्रकृति से लाभ उठाना चाहिए।

संसार का उपकार

हमसे पूछा जाता है : 'आपके धर्म से समाज का क्या लाभ है ?' समाज को सत्य की कसौटा बनाया गया है। यह तो बड़ी तर्कहीनता है। समाज केवल विकास की एक अवस्था है, जिसमें होकर हम गुज़र रहे हैं। इस प्रकार तो हम एक वैज्ञानिक आविष्कार के लाभ अथवा उसकी उपयोगिता को एक शिशु के लिए उसकी उपयोगिता से जाँचेंगे। यह अत्यंत असंगत है। यदि सामाजिक अवस्था स्थायी होती, तो वह शिशु के सदा शिशु ही बने रहने जैसी बात होती। पूर्ण मनुष्य-शिशु नहीं हो सकता; यह शब्द—'मनुष्य-शिशु'—ही विरोधाभासी है—इसलिए

कोई समाज पूर्ण नहीं हो सकता। मनुष्य को ऐसी आरम्भिक अवस्थाओं से आगे बढ़ना होगा और वह बढ़ेगा। समाज एक अवस्था तक अच्छा है, पर वह हमारा आदर्श नहीं बन सकता; वह निरंतर परिवर्तनशील है। आधुनिक वणिक् सभ्यता को, अपने समस्त दंभों और आडम्बरों के साथ, जो एक प्रकार का 'लार्ड मेयर का तमाशा' है, मरना होगा। संसार को जो चाहिए, वह है व्यक्तियों के माध्यम से विचार शक्ति। मेरे गुरुदेव कहा करते थे, "तुम स्वयं अपने कमल के फूल को खिलने में सहायता क्यों नहीं देते? भ्रमर तब अपने आप आयेंगे।" संसार को ऐसे लोग चाहिए, जो ईश्वर के प्रेम में मतवाले हों। तुम पहले अपने में विश्वास करो, तब तुम ईश्वर में विश्वास करोगे। संसार छः श्रद्धालु मनुष्यों का इतिहास, छः गम्भीर शुद्ध चरित्रवान मनुष्यों का इतिहास है। हमें तीन वस्तुओं की आवश्यकता है : अनुभव करने के लिए हृदय की, कल्पना करने के लिए मस्तिष्क की, और काम करने के लिए हाथ की। पहले हमें संसार से बाहर जाना चाहिए और अपने लिए समुचित उपकरण तैयार करने चाहिए। अपने को एक डाइनेमो बनाओ। पहले संसार के लिए महसूस करो। ऐसे समय में जब संसार में सब मनुष्य काम करने को तैयार हैं, तो भावनाशील व्यक्ति कहाँ हैं ? वह अनुभूति कहाँ है, जिसने इग्नेशियस लॉयला को उत्पन्न किया था ? अपने प्रेम और नम्रता की परीक्षा करो। ईर्ष्यालु व्यक्ति नम्र और प्रेममय नहीं होता। ईर्ष्या एक भयंकर, भयावह पाप है; यह मनुष्य में अत्यन्त रहस्यमय रीति से प्रवेश कर जाती है। अपने से पूछो, तुम्हारा मन घृणा अथवा ईर्ष्या की प्रतिक्रिया करता है या नहीं ? संसार में जो टनों घृणा और क्रोध उँड़ेला जा रहा है, उससे भले कार्यों का निरंतर निराकरण हो रहा है। यदि तुम पवित्र हो, यदि तुम सशक्त हो, तो तुम, एक व्यक्ति, समस्त संसार के बराबर हो।

शुभ कार्य करने का दूसरा माध्यम—मस्तिष्क केवल सूखा सहारा रेगिस्तान मात्र है; क्योंकि वह अकेला उस समय तक कुछ नहीं कर सकता, जब तक कि उसके पीछे अनुभूति न हो। उस प्रेम को, जो कभी असफल नहीं रहा, साथ लो, और तब मस्तिष्क कल्पना करेगा और हाथ भलाई करेगा। ऋषियों ने ईश्वर के स्वप्न देखे हैं और उसके दर्शन किये हैं। 'जिनका हृदय शुद्ध है, वे ईश्वर का दर्शन पायेंगे।' सब महान् पुरुष ईश्वर दर्शन कर चुकने का दावा करते हैं। हज़ारो वर्ष पहले यह दिव्य दर्शन उपलब्ध हुआ है और, परे जो एकता है, वह स्वीकृत की जा चुकी है, और अब हमें जो करना है, वह है केवल इन महत्त्वपूर्ण रूप-रेखाओं को भरना।

ईश्वर-प्रेम–१

(सितम्बर २५, १८९३ ई० को दिये गये एक भाषण की शिकागो हेरल्ड में रिपोर्ट)

लैफ़िलन और मनरो स्ट्रीटों पर थर्ड यूनिटेरियन चर्च के सभा-भवन में भरे हुए श्रोताओं ने कल प्रातः स्वामी विवेकानन्द का प्रवचन सुना। उनके उपदेश का विषय था, ईश्वर का प्रेम और उन्होंने इसका ज़ोरदार और अनूठा प्रतिपादन किया। उन्होंने कहा कि ईश्वर संसार के सब भागों में पूजा जाता है, पर विभिन्न नामों से और विभिन्न रीतियों से। उन्होंने कहा कि मनुष्य के लिए महान् और सुन्दर की पूजा करना स्वाभाविक है और धर्म उनके स्वभाव का ही एक अंग है। ईश्वर की आवश्यकता सबको अनुभव होती है, और उसका प्रेम उनको प्रेम, दया और न्याय की कार्यों की प्रेरणा देता है। सब मनुष्य ईश्वर से प्रेम करते हैं, क्योंकि ईश्वर स्वयं प्रेम है। वक्ता ने, जब से वे शिकागो आये हैं, मनुष्य के भ्रातृत्व के विषय में बहुत कुछ सुना है। उनका विश्वास है कि मनुष्य एक इससे भी अधिक घनिष्ठ संबंध द्वारा परस्पर ग्रथित है, वह यह है कि वे सब ईश्वर के प्रेम की संतान हैं। मनुष्य का भ्रातृत्व ईश्वर को सबके पिता के रूप में देखने का तर्कसंगत परिणाम है। वक्ता ने कहा कि उन्होंने भारत के वनों में यात्रा की है और वे गुफाओं में सोये हैं, और उन्होंने अपने प्रकृति के निरीक्षण से यह विश्वास निकाला है कि प्राकृतिक नियमों से ऊपर भी कुछ है, जो मनुष्य को बुराई से बचाता है और वह, ईश्वर का प्रेम है। यदि ईश्वर ने ईसा, मुहम्मद और वेद के ऋषियों को सन्देश दिया है, तो वह उससे, अपने बच्चों में से एक से, क्यों नहीं बोलता?

"वास्तव में वह मुझसे बोलता है," स्वामी ने कहा, "और अपने सभी बच्चों से बोलता है। हम उसे अपने चारों ओर देखते हैं और निरंतर उसके प्रेम की असीमता से प्रभावित होते हैं, और उस प्रेम से हम अपने कल्याण तथा सत्कर्म के लिए प्रेरणा प्राप्त करते हैं।"

ईश्वर-प्रेम–२

(फ़रवरी २०, १८९४ ई० को डिट्रॉएट के यूनिटेरियन चर्च में दिये गये भाषण की डिट्रॉएट फ़्री प्रेस में रिपोर्ट)

विवेकानन्द ने कल रात यूनिटेरियन चर्च में ईश्वर के प्रेम पर एक भाषण दिया, उनके भाषण में श्रोताओं की संख्या इससे अधिक पहले कभी नहीं थी। वक्ता की बातों का रुख यह दर्शाने की ओर था कि हम ईश्वर को इसलिए नहीं स्वीकार करते कि हमें उसका अभाव खलता है, वरन् इसलिए स्वीकार करते हैं कि हमें अपना स्वार्थ पूरा करने के लिए उसकी आवश्यकता होती है। प्रेम ऐसी वस्तु है, जिसमें स्वार्थ का लेश नहीं है, जिसमें प्रेमपात्र की प्रशंसा और स्तुति-गान के अतिरिक्त और कोई विचार नहीं होता। यह एक ऐसा गुण है, जो नमन करता है, पूजा करता है और बदले में कुछ नहीं चाहता। सच्चे प्रेम को केवल यही माँगना है कि वह केवल प्रेम करें।

एक हिन्दू नारी संत[१] के बारे में यह कहा जाता है कि जब उसका विवाह हुआ, तो उसने अपने पति, राजा से कहा कि मेरा विवाह तो पहले ही हो चुका है। "किसके साथ?" राजा ने पूछा। "ईश्वर के साथ", उत्तर मिला। वह दीन और दरिद्रों के बीच गयी और ईश्वर के आत्यन्तिक प्रेम का प्रचार किया। उसकी प्रार्थनाओं में से एक इस प्रसंग में महत्त्वपूर्ण है, जिससे हमें यह ज्ञात होता है कि उसके हृदय की लगन कैसी थी, "मैं सम्पत्ति नहीं चाहती, मैं पद नहीं चाहती, मैं मुक्ति नहीं चाहती; यदि तेरी इच्छा हो, तो मुझे सहस्र नरकों में रख, पर मुझे अपने से प्रेम करने दे।" पुरानी भाषा में इस नारी की बहुत सी सुन्दर प्रार्थनाएँ हैं। जब उसका अंत आया, तो वह एक नदी के तट पर समाधि में स्थित हुई। उसने एक सुन्दर पद रचा, जिसमें उसने कहा कि वह अपने प्रिय से मिलने जा रही है।

पुरुष धर्म का दार्शनिक विश्लेषण कर सकते हैं। नारी की प्रकृति भक्ति की होती है, वह ईश्वर को हृदय और आत्मा से प्यार करती है, मस्तिष्क से नहीं। सुलेमान के गीत बाइबिल के सबसे सुन्दर अंशों में से हैं। उसकी भाषा प्रायः

---

१. मीराबाई

उसी प्रकार प्रेममयी है, जैसी इस हिन्दू नारी संत की प्रार्थनाओं में है। और अब मैंने सुना है कि ईसाई इन अनूठे गीतों को वहाँ से हटाना चाहते हैं। मैंने उन गीतों की व्याख्या सुनी है, जिसमें कहा गया है कि सुलेमान एक छोटी लड़की से प्रेम करता था और उसकी इच्छा थी कि वह उसके शाही प्रेम का प्रतिदान करे। पर वह लड़की एक नवयुवक से प्रेम करती थी और सुलेमान से कोई संबंध नहीं रखना चाहती थी। यह व्याख्या कुछ लोगों के लिए बहुत अच्छी है, क्योंकि वे इन गीतों में मूर्तिमान, ईश्वर के प्रति ऐसे अनूठे प्रेम को नहीं समझ सकते। भारत में ईश्वर के प्रति प्रेम अन्य स्थानों के ईश्वर के प्रति प्रेम से कुछ भिन्न है, क्योंकि जब तुम ऐसे देश में जाते हो, जहाँ थर्मामीटर शून्य से ४०° डिग्री नीचे पहुँचता है, तो लोगों का स्वभाव बदल जाता है। जिस जलवायु में बाइबिल की पुस्तकें प्रणीत मानी जाती हैं, वहाँ के लोगों की आकांक्षाएँ उन शीतरक्त पश्चिमी राष्ट्रों के लोगों की आकांक्षाओं से भिन्न थीं, जिनकी प्रवृत्ति उस तल्लीनता के साथ, जिसकी अभिव्यक्ति इन गीतों में हुई है, ईश्वर की अपेक्षा सर्वशक्तिमान डॉलर की पूजा करने की ओर अधिक है। ईश्वर का प्रेम इस आधार पर स्थित मालूम होता है कि 'मुझे इससे क्या लाभ होगा ?' अपनी प्रार्थनाओं में वे सब प्रकार की स्वार्थपरक वस्तुओं की याचना करते हैं।

ईसाई ईश्वर से सदा कुछ वस्तु माँगते रहते हैं। वे सर्वशक्तिमान के सिंहासन के सम्मुख भिखारी के रूप में उपस्थित होते हैं। एक भिखारी की कहानी है कि उसने एक सम्राट् से भिक्षा माँगी। जब वह प्रतीक्षा कर रहा था, तो सम्राट् का पूजा करने का समय हो गया। सम्राट् ने प्रार्थना की, "हे ईश्वर, मुझे अधिक सम्पत्ति दे; अधिक शक्ति दे; विशालतर साम्राज्य दे।" भिखारी जाने लगा। सम्राट् घूमा और उससे पूछा, "तुम जा क्यों रहे हो ?" "मैं भिखारियों से नहीं माँगता।" उसे उत्तर मिला।

कुछ लोग उस धार्मिक उत्साह की उत्तेजना को समझना कठिन पाते हैं, जिसने मुहम्मद के हृदय को हिलाया था। वह मिट्टी में लोट जाते थे और कष्ट से ऐंठ उठते थे। उन पुनीत पुरुषों को, जिन्हें इन अत्यंत तीव्र भावों की अनुभूति हुई है, लोगों में मृगी का रोगी कहा है। अपने विषय में किसी भी विचार का अभाव ईश्वर के प्रेम का अनिवार्य लक्षण है। आजकल धर्म केवल शौक़ और फ़ैशन रह गया है। लोग भेड़ों के रेवड़ की भाँति गिरजे जाते हैं। वे ईश्वर को इसलिए हृदय से नहीं लगाते, क्योंकि उन्हें उसकी आवश्यकता है। अधिकतर लोग, जो आत्मसंतोष के साथ यह सोचते हैं कि वे निष्ठावान आस्तिक हैं, अवचेतन स्तर पर नास्तिक होते हैं।

प्रेम-धर्म

(नवम्बर १६, १८९५ को लंदन में दिये गये एक भाषण के नोट्स)

जैसे उपलब्धि की गहराई तक पहुँचने के लिए मनुष्य को पहले प्रतीकों और अनुष्ठानों में से गुज़रना होता है, वैसे ही हम भारत में कहते हैं, "किसी सम्प्रदाय में जन्म लेना तो ठीक है, पर उसमें मरना ठीक नहीं है।" रक्षा के लिए एक पौधे के चारों ओर बाड़ लगानी चाहिए, पर जब वृक्ष हो जाता है, तो वही बाड़ बाधा बन जाती है। इसलिए पुरातन रूपों की आलोचना और उनको तिरस्कृत करने की आवश्यकता नहीं है। हम यह भूल जाते हैं कि धर्म में सदा विकास होना चाहिए।

पहले हम सगुण ईश्वर की बात सोचते हैं और उसे स्रष्टा, सर्वशक्तिमान, सर्वज्ञ आदि कहते हैं। पर जब प्रेम का उदय होता है, तो ईश्वर केवल प्रेम रह जाता है। प्रेमी उपासक को यह चिंता नहीं होती कि ईश्वर क्या है? क्योंकि वह उससे कुछ नहीं चाहता। एक भारतीय संत कहता है, "मैं भिखारी नहीं हूँ!" उसे भय भी नहीं होता। ईश्वर को मनुष्य की भाँति प्यार किया जाता है।

प्रेम पर आधारित पद्धतियों में से कुछ ये हैं: (१) शांत, सामान्य, शांतिमय प्रेम, इसमें पितृत्व और सहायता जैसे विचार होते हैं; (२) दास्य, आदर्श है सेवा; ईश्वर को स्वामी अथवा सेनापति अथवा राजा माना जाता है, जो दंड और पुरस्कार देता है; (३) वात्सल्य, ईश्वर माता अथवा शिशु के रूप में। भारत में माँ कभी दंड नहीं देती। इन अवस्थाओं में से प्रत्येक में उपासक ईश्वर का एक इष्ट बनता है और उसकी ओर बढ़ता है। और तब वह (४) सखा बन जाता है। यहाँ भय नहीं रहता। समानता और घनिष्ठता का भाव भी होता है। कुछ ऐसे हिन्दू हैं, जो ईश्वर की उपासना मित्र और सखा के रूप में करते हैं। इसके बाद (५) मधुर, सबसे मीठा प्रेम, पति-पत्नी का प्रेम आता है। संत थेरेसा तथा अन्य आनन्दोन्मत्त संत इसके उदाहरण हैं। ईरानियों में ईश्वर को पत्नी और हिन्दुओं में पति माना गया है। हम उस महान् रानी मीराबाई का उदाहरण ले सकते हैं, जो इस बात का प्रचार करती थी कि उसका दैवी प्रेमी ही सर्वस्व है। कुछ में यह भावना इतनी तीव्र हो जाती है कि उन्हें ईश्वर को 'शक्तिमान' अथवा 'पिता' कहना ईश-निन्दा लगने लगता है। इस उपासना की भाषा श्रृंगारिक है। कुछ

इसमें अवैध प्रेम का भी उपयोग करते हैं। कृष्ण ओर गोपियों की कथा इसी दृष्टिकोण से संबंध रखती है। हो सकता है कि तुमको इसमें उपासक का महापतन होता जान पड़े। और ऐसा होता भी है। फिर भी इस मार्ग से बहुत से महान् संतों का विकास हुआ है। और कोई मानव संस्था दुरुपयोग से बची नहीं है। क्या तुम इसलिए भोजन नहीं पकाओगे कि संसार में भिखारी हैं? क्या तुम इसलिए कुछ अपने पास नहीं रखोगे कि संसार में चोर हैं? 'हे मेरे प्रिय, तेरे अधरों के एक ही चुम्बन ने मुझे पागल बना दिया है!'

इस विचार का फल यह होता है कि मनुष्य फिर किसी सम्प्रदाय का नहीं रह सकता, अथवा अनुष्ठान को सहन नहीं कर सकता। भारत में धर्म की परिणति मुक्ति में होती है। पर समय आता है कि इसे भी त्याग दिया जाता है और रह जाता है सब प्रेम, केवल प्रेम के लिए।

सबसे अंत में आता है, 'भेदभावहीन प्रेम'—एकात्मता। एक ईरानी कविता है, जिसमें कहा गया है कि कैसे एक प्रेमी अपनी प्रेमिका के द्वार पर पहुँचता है और दरवाज़ा खटखटाता है। वह पूछती है, "तू कौन है?" और वह उत्तर देता है, "मैं अमुक हूँ, तेरा प्रिय!" और वह केवल यही उत्तर देती है, "चलते बनो! मैं ऐसे किसीको नहीं जानती!" पर जब वह चौथी बार पूछती है, तो वह कहता है, "मैं तू ही हूँ, मेरी प्रिय, इसलिए मेरे लिए दरवाज़ा खोल"। और द्वार खोल दिया जाता है।

एक महान् संत ने एक लड़की की भाषा का उपयोग करके प्रेम का वर्णन करते हुए कहा: "आँखें चार हुईं। दो आत्माओं में कुछ परिवर्तन हुए। और अब मैं नहीं कह सकती कि वह पुरुष है और मैं नारी, अथवा वह नारी है और मैं पुरुष। मुझे केवल इतना याद है कि दो आत्माएँ थीं; प्रेम आया, और तब एक ही रह गयी।" उच्चतम प्रेम में केवल आत्मा का मिलन होता है। अन्य सभी प्रकार का प्रेम शीघ्र उड़ जाता है। केवल आध्यात्मिक ही ठहरता है, और उसमें वृद्धि होती है।

प्रेम इष्ट को देखता है। यह त्रिभुज का तीसरा कोण है। ईश्वर कारण, कर्ता, पिता रहा है। प्रेम चरम परिणति है। माँ को खेद होता है कि उसका नवजात शिशु कुबड़ा है, पर जब वह उसकी कुछ दिन शुश्रूषा कर लेती है, तो वह उसे प्यार करने लगती है और उसे सबसे सुन्दर समझने लगती है। लेती प्रेमी इथियोपिया के चेहरे में हेलेन की सुन्दरता देखता है। साधारणतया हमें यह अनुभव नहीं होता कि होता क्या है। इथियोपिया का चेहरा आलंबन मात्र है: मनुष्य हेलेन को ही देखता है। उसका आदर्श आलंबन पर प्रक्षिप्त होता है और उसे ढँक लेता है, वैसे ही जैसे

कि सीप रेत को मोती बना देती है। ईश्वर वह आदर्श है, जिसके द्वारा मनुष्य सबको देख सकता है।

इसलिए हम स्वयं प्रेम से प्रेम करने लगते हैं। इस प्रेम को अभिव्यक्त नहीं किया जा सकता। कोई शब्द इसे व्यक्त नहीं कर सकते। हम इसके विषय में गूंगे हैं।

प्रेम में इन्द्रियाँ बहुत अधिक तीव्र हो जाती हैं। मानवीय प्रेम, हमें याद रखना चाहिए कि, विविध उपाधियों से युक्त है। वह दूसरे के रुख पर भी निर्भर होता है। भारतीय भाषाओं में प्रेम की इस पारस्परिक निर्भरता का वर्णन करने के लिए शब्द हैं। निम्नतम प्रेम है स्वार्थ; इसके अर्थ के अन्तर्गत है, प्रेम किये जाने का आनन्द लेना। हम भारत में कहते हैं, "एक कपोल देता है, दूसरा चूमता है।" इसके ऊपर पारस्परिक प्रेम है। पर यह भी पारस्परिक रूप से समाप्त हो जाता है। सच्चा प्रेम सर्वस्व दान कर देता है। इसमें हम दूसरे को देखना भी नहीं चाहते, अथवा अपने भाव को व्यक्त करने के लिए कुछ करना भी नहीं चाहते। देना मात्र काफ़ी होता है। किसी मनुष्य को इस प्रकार प्यार करना लगभग असम्भव है, पर इस प्रकार ईश्वर को प्रेम करना सम्भव है।

भारत की गलियों में यदि लड़ते हुए बालक ईश्वर के नाम का उपयोग करते हैं, तो उसे ईश-निन्दा नहीं समझा जाता। हम कहते हैं, "तुम अपना हाथ आग में डालो, तुम जानो या न जानो, तुम जल जाओगे। इसी प्रकार ईश्वर के नाम के उच्चारण से भलाई के अतिरिक्त और कुछ हो ही नहीं सकता।"

ईश-निन्दा का विचार उन यहूदियों से आया है, जो ईरानी अनन्यता के प्रदर्शन से प्रभावित थे। ये विचार कि ईश्वर न्यायकारी और दंड देनेवाला है, स्वयं अपने में बुरे नहीं हैं, पर वे निम्न और अभद्र हैं। त्रिभुज के तीन कोण हैं: प्रेम भीख नहीं माँगता; प्रेम भय नहीं जानता; प्रेम सदा इष्ट होता है।

'एक पल कौन जीवित रह सकता,
एक क्षण कौन साँस ले सकता,
यदि प्रेममूर्ति विश्व में व्याप्त न होती तो?'

हममें से अधिकांश लोगों को यह लगेगा कि हम सेवा के लिए उत्पन्न हुए हैं। फल हमें ईश्वर पर छोड़ देना चाहिए। कार्य केवल ईश्वर के प्रेम के लिए किया गया है। यदि असफलता आती है, तो दुःख करने की आवश्यकता नहीं है। कर्म केवल ईश्वर के प्रेम के लिए किया गया था।

नारी में मातृ-प्रकृति का विकास अधिक हुआ है। वे ईश्वर की उपासना बालक के रूप में करती हैं। वे माँगती कुछ नहीं, और कुछ भी करने को तैयार हैं।

कैथोलिक चर्च इन गंभीर बातों में से बहुत सी बातों की शिक्षा देता है, और यद्यपि वह संकीर्ण है, पर वह उच्चतम अर्थ में धार्मिक है। आधुनिक समाज में प्रोटेस्टेंटवाद विस्तृत है, पर छिछला है। शुभ के उत्पादन की कसौटी पर सत्य को परखना उतना ही बुरा है, जितना कि बच्चे के लिए किसी वैज्ञानिक खोज के मूल्य के संबंध में प्रश्न करना।

हमें समाज से ऊपर उठना चाहिए। हमें नियमों का दमन करना चाहिए और नियमों से परे निकल जाना चाहिए। हम प्रकृति को छूट देते हैं, केवल उसे जीतने के लिए। त्याग का अर्थ है यह, कि कोई भी एक साथ ईश्वर और कांचन की सेवा नहीं कर सकता।

स्वयं अपने विचार और प्रेम की क्षमता को गंभीर करो। अपने कमल को विकसित करो: भ्रमर स्वयं आयेंगे। पहले अपने में विश्वास करो, फिर ईश्वर में। मुट्ठी भर शक्तिशाली मनुष्य विश्व को हिला सकते हैं। हमें आवश्यकता है हृदय की, अनुभव करने के लिए; मस्तिष्क की, कल्पना करने के लिए और मज़बूत भुजा की, काम करने के लिए। बुद्ध ने अपने को पशुओं के लिए समर्पित कर दिया। अपने को कार्य का समर्थ साधन बनाओ। पर यह ईश्वर है, जो कार्य करता है, तुम नहीं। एक मनुष्य में समग्र विश्व विद्यमान है। पदार्थ के एक कण के पीछे ब्रह्मांड की समस्त शक्ति है। यदि हृदय और मस्तिष्क में मतभेद हो, तो हृदय का अनुगमन करो।

कल का नियम था, प्रतियोगिता। आज का नियम है, सहयोग। आगे कोई नियम नहीं है।

ऋषि-मुनि तेरे गुण गायें अथवा सारा संसार तुझे दोषी ठहराये। सौभाग्य स्वयं उतर आये अथवा दरिद्रता और दीनता तेरे सामने खड़ी हों। एक दिन भोजन के लिए वन के साग-पात खा; और दूसरे दिन पचास प्रकार के व्यंजनों का स्वाद ले। न दायें देख और न बाँये, अविचल अपने मार्ग पर बढ़ा चल!

प्रश्नों के उत्तर में स्वामी जी ने पवहारी बाबा की यह कहानी सुनाकर आरम्भ किया कि उन्होंने अपने बर्तन उठा लिये और चोर के पीछे भागे, केवल उसके चरणों पर गिरने के लिए और यह कहने के लिए:
'हे भगवन्, मैं नहीं जानता था कि यह तू था। इनको ले जा। ये तेरे हैं! मुझे, अपने बच्चे को, क्षमा कर!'

फिर उन्होंने बताया कि किस प्रकार उस संत को एक विषधर सर्प ने काट खाया और जब संध्या समय उनकी चेतना लौटी, तो उन्होंने कहा, "प्रियतम के पास से मेरे लिए एक दूत आया था।"

दिव्य प्रेम

(अप्रैल १२, १६०० को सैन फ़्रान्सिस्को क्षेत्र में दिया गया भाषण)

(त्रिकोण को प्रेम का प्रतीक माना जा सकता है। पहला कोण है,) प्रेम प्रश्न नहीं करता। वह भिखारी नहीं होता।...भिखारी का प्रेम बिल्कुल प्रेम नहीं है। प्रेम का पहला चिह्न है, कुछ न माँगना, सब कुछ अर्पित करना। यह है सच्ची आध्यात्मिक उपासना, प्रेम के द्वारा उपासना। अब यह प्रश्न ही नहीं उठता कि ईश्वर दयालु है, या नहीं। वह ईश्वर है : वह मेरा प्रेमपात्र है। ईश्वर सर्वशक्तिमान और सर्वसमर्थ, ससीम अथवा असीम है, यह प्रश्न अब नहीं रहता। यदि वह शुभ का वितरण करता है, तो ठीक; यदि वह अशुभ लाता है, तो उससे क्या? केवल एक—अनन्त प्रेम—के अतिरिक्त उसके सब गुण विलीन हो जाते हैं।

प्राचीन काल में एक भारतीय सम्राट् था, जिसे शिकार-यात्रा में वन में एक महान् साधु मिले। वह इन साधु से इतना प्रसन्न हुआ कि उसने आग्रह किया कि वह कुछ भेंट स्वीकार करने के लिए राजधानी पधारें। (पहले तो) साधु ने अस्वीकार किया। पर जब सम्राट् ने बहुत आग्रह किया, तो अंत में साधु ने मान लिया। जब वह (राजभवन) पहुँचा, तो सम्राट् को उसका समाचार दिया गया। सम्राट् ने कहा, "एक क्षण ठहरिए, मैं अपनी उपासना पूरी कर लूँ।" सम्राट् ने प्रार्थना की, "हे ईश्वर, मुझे अधिक धन, अधिक (जमीन, अधिक स्वास्थ्य), अधिक संतान दो।" साधु उठ खड़ा हुआ और कमरे से बाहर जाने लगा। सम्राट् ने कहा, "आपने मेरी भेंट तो ग्रहण ही नहीं की।" साधु ने उत्तर दिया, "मैं भिखारियों से दान नहीं लेता। इतनी देर से तुम अधिक जमीन के लिए, अधिक धन के लिए, इसके लिए, उसके लिए, प्रार्थना कर रहे हो। तुम मुझे क्या दे सकते हो? पहले स्वयं अपनी जरूरतें पूरी करो।"

प्रेम कभी माँगता नहीं; वह सदा देता है।...जब एक युवक अपनी प्रेमिका से मिलने जाता है,...तो उनके बीच व्यावसायिक संबंध नहीं होता; उनका संबंध प्रेम का होता है, और प्रेम भिखारी नहीं है। (इसी प्रकार), हम समझें कि सच्ची आध्यात्मिक उपासना के आरम्भ का अर्थ भिक्षाटन नहीं होता। जब हम

सब भीख माँगना 'हे ईश्वर, मुझे यह दे, मुझे वह दे' समाप्त कर देते हैं, तभी धर्म का आरम्भ होगा।

दूसरा (प्रेम के त्रिकोण का कोण) यह है कि प्रेम में भय नहीं होता। तुम मुझे काटकर टुकड़े टुकड़े कर दो, मैं तब भी तुमसे प्रेम करूँ (गा)। मान लो कि तुम माताओं में से कोई एक माता, एक अबला नारी, सड़क पर एक शेर को अपनी सन्तान पर झपटते देखती है। मैं जानता हूँ कि उस समय तुम कहाँ होगी; तुम शेर का सामना करोगी। दूसरा बार गली में एक कुत्ता आ जाता है, तो तुम भाग निकलोगी। पर तुम शेर के मुँह में कूद पड़ती हो और अपने बच्चे को उसके मुँह से छीन लेती हो। प्रेम डरना नहीं जानता। वह सब बुराइयों पर विजय पाता है। ईश्वर का भय धर्म का आरम्भ है, पर ईश्वर का प्रेम धर्म का अंत है। सम्पूर्ण भय का विनाश हो जाता है।

तीसरा (प्रेम के त्रिकोण का कोण) यह है कि प्रेम स्वयं अपना साध्य है। वह कभी साधन नहीं बन सकता, जो मनुष्य यह कहता है, "मैं तुम्हें अमुक बात के लिए प्रेम करता हूँ", वह प्रेम नहीं करता। प्रेम कभी साधन नहीं बन सकता; उसे पूर्ण साध्य होना चाहिए। प्रेम का साध्य और ध्येय क्या है? ईश्वर से प्रेम करना, बस, यही। कोई ईश्वर से प्रेम क्यों करे? यहाँ क्यों नहीं चलेगा, इसलिए कि यह साधन नहीं है। जब कोई मनुष्य प्रेम कर सकता है, तो वही मुक्ति है, वही पूर्णता है, वही स्वर्ग है। इससे अधिक और क्या है? इसके अतिरिक्त उद्देश्य और क्या हो सकता है? प्रेम से अधिक ऊँचा तुम और क्या पा सकते हो?

मैं उसके बारे में बात नहीं कर रहा हूँ, जिसे हम सभी प्रेम का अर्थ समझते हैं। छोटा हल्का-फुल्का प्रेम' सुहावना लगता है। नर नारी के प्रेम में पड़ता है और नारी नर के लिए मरने लगती है। हो सकता है कि पाँच मिनट में जॉन जेन को लात लगाये और जेन जॉन को लतियाये। यह भौतिकता है, प्रेम बिल्कुल नहीं। यदि जॉन वास्तव में जेन से प्रेम कर सकता है, तो वह उस क्षण पूर्ण हो जायगा। उसकी सच्ची प्रकृति प्रेम है: वह अपने में पूर्ण है। जॉन को केवल जेन से प्रेम करने से ही योग की सब शक्तियाँ प्राप्त हो जायँगी, चाहे उसे धर्म, मनोविज्ञान अथवा पुराण का एक शब्द भी न आता हो। मुझे विश्वास है कि यदि कोई स्त्री और पुरुष वास्तव में प्रेम कर सकते हैं, तो वे उन सब शक्तियों को प्राप्त कर सकते हैं, जिनका दावा योगी करते हैं, क्योंकि प्रेम स्वयं ईश्वर है। ईश्वर सर्वशक्तिमान है और (इसलिए) तुमको वह प्रेम प्राप्त हो जाता है, चाहे तुमको उसका पता चले या न चले।

अभी उस संध्या मैंने एक लड़के को एक लड़की की प्रतीक्षा करते देखा।...

मैंने सोचा, इस लड़के का अध्ययन एक अच्छा प्रयोग होगा। उसमें उसके प्रेम की गहनता के कारण अदृश्य-दर्शन, अश्रव्य-श्रवण की शक्ति का विकास हो गया। साठ अथवा सत्तर बार उसने कभी ग़लती नहीं की, और वह लड़की दो सौ मील की दूरी पर थी। (वह कहता), "उसने यह पहन रखा है", (अथवा), "वह जा रही है।" मैंने यह बात अपनी आँखों से देखी है।

प्रश्न यह है, क्या तुम्हारा पति ईश्वर नहीं है, तुम्हारा बच्चा ईश्वर नहीं है? यदि तुम पत्नी से प्रेम कर सकते हो, तो संसार का संपूर्ण धर्म तुम्हारे पास है। धर्म और योग का सारा रहस्य तुम्हारे भीतर है। पर क्या तुम प्रेम कर सकते हो? प्रश्न यह है। तुम कहते हो, "मैं प्रेम करता हूँ...ओ, मेरी, मैं तुम्हारे लिए मरता हूँ!" पर यदि (तुम) मेरी को किसी दूसरे पुरुष का चुम्बन लेते देखते हो, तो तुम उस व्यक्ति का गला काटना चाहते हो। यदि मेरी जॉन को किसी दूसरी लड़की से बात करते देख लेती है, तो वह रात भर सो नहीं पाती और वह जॉन के जीवन को नरक बना देती है। यह प्रेम नहीं है। यह यौन लेन-देन और बिक्री है। इसको प्रेम का नाम देना अन्याय है। संसार दिन-रात ईश्वर और धर्म की—इसलिए प्रेम की—बात करता है। प्रत्येक वस्तु का मज़ाक, यही है, जो तुम कर रहे हो! प्रत्येक मनुष्य प्रेम की बात करता है, फिर भी समाचार-पत्रों के स्तम्भों में, हम प्रतिदिन तलाक़ों की बात पढ़ते हैं। जब तुम जॉन से प्रेम करती हो, तो तुम जॉन से उसके लिए प्रेम करती हो या अपने लिए! यदि तुम जॉन से अपने लिए प्रेम करती हो, तो तुम जॉन से कुछ आशा रखती हो। यदि तुम जॉन से उसके लिए प्रेम करती हो, तो तुम जॉन से कुछ नहीं चाहतीं। वह जो चाहे कर सकता है और तुम उससे वैसा ही प्रेम करती रहोगी।

ये हैं तीन बिन्दु, तीन कोण, जो (प्रेम का) त्रिकोण बनाते हैं। जब तक प्रेम नहीं होता, ज्ञान सूखी हड्डियों जैसा रहता है, योग एक प्रकार का (सिद्धांत) बन जाता है, और कर्म केवल श्रम मात्र रह जाता है। (यदि प्रेम होता है.) तो ज्ञान काव्य हो जाता है, योग (रहस्यवाद) बन जाता है और कर्म सृष्टि में सबसे आनन्ददायक वस्तु हो जाता है। पुस्तकों को (केवल) पढ़ने से मनुष्य बाँझ हो जाता है। विद्वान् कौन बनता है? वह जो प्रेम की एक बूंद भी अनुभव कर पाता है। ईश्वर प्रेम है और प्रेम ईश्वर है। और ईश्वर सर्वव्यापी है। यह जानने के बाद कि ईश्वर प्रेम है और ईश्वर सर्वव्यापी है, मनुष्य यह नहीं जानता कि वह अपने सिर पर खड़ा है अथवा (अपने) पैरों पर—उस मनुष्य की भाँति, जिसे शराब की एक बोतल मिल जाती है और जो यह नहीं जानता कि वह कहाँ है।... यदि हम ईश्वर के लिए दस मिनट रोते हैं, तो हमें दो महीने यह पता नहीं चलेगा

कि हम कहाँ हैं।...हमें भोजन के समयों का ध्यान नहीं रहेगा। हमें पता नहीं चलेगा कि हम क्या खा रहे हैं। तुम ईश्वर से प्रेम (कैसे कर सकते हो) और अपने व्यवहार को सदा ऐसा सुन्दर और चुस्त कैसे रख सकते हो?...वह... प्रेम की सर्वविजयिनी, सर्वसमर्थ शक्ति—वह कैसे आ सकती है?...

लोगों की परीक्षा मत लो। वे सब पागल हैं। बच्चे (पागल) हैं अपने खेलों के पीछे, जवान जवान के पीछे, वृद्ध अपने अतीत के वर्षों की जुगाली कर रहे (हैं); कुछ कांचन के लिए पागल हैं। कुछ ईश्वर के लिए क्यों नहीं? ईश्वर के प्रेम के लिए उसी प्रकार पागल हो जाओ, जैसे तुम जॉनों और जेनों के लिए होते हो। वे कौन हैं? (लोग) कहते हैं, "क्या मैं इसे छोड़ दूँ, क्या मैं उसे छोड़ दूँ?" एक ने पूछा, "क्या मैं विवाह छोड़ दूँ?" कुछ भी मत छोड़ो! वस्तुएँ ही तुम्हें छोड़ देंगी। प्रतीक्षा करो और तुम उनको भूल जाओ।

(पूर्णतया) ईश्वर के प्रेम में ओतप्रोत हो जाना—यह वास्तविक उपासना है! रोमन कैथोलिक चर्च में तुमको कभी कभी उसकी झाँकी मिल जाती है—उन आश्चर्यजनक संन्यासी और संन्यासिनियों में से कुछ अनूठे प्रेम में पागल हो जाते हैं। तुमको ऐसा प्रेम प्राप्त करना चाहिए। ईश्वर का प्रेम ऐसा होना चाहिए—बिना कुछ माँगे, बिना कुछ जाँचे।...

प्रश्न पूछा गया था: 'उपासना कैसे करें?' उसकी उपासना ऐसे करो, मानो कि वह अपनी सब सम्पत्ति से (अधिक प्रिय) हो, अपने सब संबंधियों से अधिक प्रिय हो, अपनी संतान से (अधिक प्रिय) हो। (उसकी उपासना उस भाँति करो) जैसे कि तुम स्वयं साक्षात् प्रेम को प्रेम करते। एक ऐसा है, जिसका नाम अनन्त प्रेम है। ईश्वर की केवल यही परिभाषा है। चिंता मत करो, यदि इस...ब्रह्मांड का नाश हो जाता है, जब तक वह अनन्त प्रेम है, हम किसी बात की चिन्ता क्यों करें? (क्या तुमने) समझा कि पूजा का क्या अर्थ है? अन्य सब विचारों को विलीन हो जाना चाहिए। ईश्वर के अतिरिक्त शेष सब मिट जाना चाहिए। वह प्रेम जो पिता अथवा माता में संतान के लिए होता है, (प्रेम) जो पत्नी में पति के लिए और पति में पत्नी के लिए (होता है), जो मित्र में मित्र के लिए होता है, इन सब प्रेमों को एक स्थान पर एकत्र करके ईश्वर के प्रति अर्पित किया जाना चाहिए। अब, यदि एक नारी एक पुरुष से प्रेम करती है, तो वह दूसरे पुरुष से प्रेम नहीं कर सकती। यदि पुरुष एक नारी से प्रेम करता है, तो वह दूसरी (नारी) से प्रेम नहीं कर सकता। प्रेम की प्रकृति ही ऐसी है।

मेरे वृद्ध गुरु कहा करते थे, "मान लो कि इस कमरे में सोने की एक थैली है और दूसरे कमरे में एक चोर है। चोर को अच्छी तरह ज्ञात है कि यहाँ सोने की

एक थैली है। क्या वह चोर शांति से सो सकेगा? निश्चय ही नहीं। वह सारे समय यही सोचने में पागल रहेगा कि मैं सोने तक कैसे पहुँचूं।"... (इसी प्रकार), यदि कोई मनुष्य ईश्वर से प्रेम करता है, तो वह किसी दूसरी वस्तु से प्रेम कैसे कर सकता है? ईश्वर के उस प्रबल प्रेम के सामने कुछ और ठहर कैसे सकता है? (उसके सामने) सब ग़ायब हो जाता है। मन (उस प्रेम को) पाने के लिए, उसे साकार करने के लिए, उसे अनुभव करने के लिए, उसमें रहने के लिए पागल हुए बिना कैसे रह सकता है?

हमें ईश्वर से इस प्रकार प्रेम करना है: 'मुझे धन नहीं चाहिए, न (मित्र, न सौंदर्य), न सम्पत्ति, न विद्वत्ता, मुक्ति भी नहीं। यदि तेरी इच्छा हो, तो मेरे लिए हज़ार मौतें भेज। पर यह वरदान दे कि मैं तुझे प्रेम कर सकूँ और प्रेम के लिए प्रेम कर सकूँ। वह प्रेम, जो भौतिकतापरायण मनुष्य का अपनी सांसारिक सम्पत्ति के प्रति होता है, वह तीव्र प्रेम मेरे हृदय में आ जाय, पर केवल परम सुन्दर के लिए। ईश्वर की जय हो, प्रेममय ईश्वर की जय हो!' ईश्वर इसके अतिरिक्त और कुछ नहीं है। उसे उस आश्चर्यजनक बातों की आवश्यकता नहीं है, जो बहुत से योगी कर सकते हैं। छोटे जादूगर छोटे करतब करते हैं। ईश्वर बड़ा जादूगर है; वह सब करतब करता है। जितने संसार (हैं), वह उन सबकी देख-भाल करता है।

एक दूसरा (मार्ग है), प्रत्येक वस्तु को जीता जाय, प्रत्येक वस्तु को वश में किया जाय—शरीर को (और) मन को जीता जाय।... "प्रत्येक वस्तु को जीतने से क्या लाभ? मुझे तो ईश्वर से मतलब है!" (भक्त कहता है।)

एक योगी था, बड़ा प्रेमी। वह गले के कैंसर से मर रहा था। एक दूसरा योगी, जो दार्शनिक था, उससे मिलने आया। (दूसरे ने) कहा, "मेरे मित्र, तुम अपना ध्यान घाव पर क्यों नहीं लगाते और उसे ठीक क्यों नहीं कराते?" जब यह प्रश्न तीसरी बार पूछा गया, तो (इस महान् योगी ने) कहा, "क्या तुम यह सम्भव समझते हो कि जो (मन) मैंने सम्पूर्णतया ईश्वर को दे दिया है, वह (इस रक्त-मांस के पंजर पर लगाया जा सकता है)?" ईसा ने फ़रिश्तों के दलों को अपनी सहायता के लिए बुलाने से इन्कार कर दिया था। क्या यह नन्हा शरीर इतना महत्वपूर्ण है कि मैं इसे दो या तीन दिन और रखने के लिए बीस हज़ार फ़रिश्तों को बुलाऊं?

(सांसारिक दृष्टिकोण से) मेरा सब कुछ यह शरीर है। यह शरीर मेरा संसार है। मेरा ईश्वर यह शरीर है। मैं शरीर हूँ। यदि तुम मुझे चिकोटी काटते हो, तो मेरे चिकोटा लगती है। जिस क्षण मेरे सिर में दर्द होता है, मैं

ईश्वर को भूल जाता हूँ। मैं शरीर हूँ। ईश्वर और प्रत्येक वस्तु को इस उच्चतम लक्ष्य के लिए, शरीर के लिए, नीचे आना चाहिए। इस दृष्टिकोण के अनुसार जब ईसा सलीब पर मरे और (अपनी सहायता के लिए) उन्होंने फरिश्तों को नहीं बुलाया, तो वे मूर्ख थे। उन्हें फ़रिश्तों को बुला लेना चाहिए था और अपने को सलीब से उतरवा लेना चाहिए था! पर एक प्रेमी के दृष्टिकोण से, जिसके लिए यह काया कुछ भी नहीं है, इस बकवास की ओर कौन ध्यान देता है? इस आने-जानेवाले शरीर की चिन्ता क्यों? इसका मूल्य कपड़े के उस टुकड़े से अधिक नहीं है, जिसके लिए रोम के सिपाही दाँव लगाते थे।

(सांसारिक दृष्टिकोण) और एक प्रेमी के दृष्टिकोण में बहुत बड़ा अन्तर है। प्रेम करते जाओ। यदि एक मनुष्य क्रोधित है, तो कोई कारण नहीं है कि तुम क्रोधित हो; यदि कोई अपने को गिराता है, तो कोई कारण नहीं है कि तुम अपने को गिराओ।..."मैं इसलिए क्रोधित क्यों होऊँ कि दूसरे मनुष्य ने मूर्खता का काम किया है। बुराई का विरोध न करो!" यह है, जो ईश्वर के प्रेमी कहते हैं। संसार जो करता है, संसार जहाँ जाता है, उसका (उन पर) कोई प्रभाव नहीं पड़ता।

एक योगी को सिद्धियाँ प्राप्त हो गयी थीं। उसने कहा, "मेरी शक्ति देखो! आकाश को देखो। मैं इसे बादलों से ढँक दूंगा।" पानी बरसने लगा। (किसीने) कहा, "स्वामी जी, आपने कमाल कर दिया। पर मुझे वह सिखा दीजिए, जिसको जानने के बाद कुछ और चाहने की मेरी इच्छा ही न रह जाय।"... शक्ति से भी छुटकारा पाना, कुछ न लेना, शक्ति न चाहना! (इसका क्या अर्थ है) यह केवल बुद्धि से नहीं समझा जा सकता।...तुम हज़ारों पुस्तकें पढ़कर नहीं समझ सकते। जब हम समझने लगते हैं, तो समस्त संसार हमारे सामने खुल जाता है।...लड़की गुड़ियों से खेल रही है, उनके लिए सदा नये पति प्राप्त कर रही है; पर जब उसका असली पति आता है, तो सब गुड़ियाँ (सदा के लिए) अलग कर दी जाती हैं।...ऐसा ही यहाँ के सब कार्यों में होता है। (जब) प्रेम का सूर्य उदित होता है, तो शक्ति और इन इच्छाओं के सभी क्रीड़ा-सूर्य अंतर्हित हो जाते हैं। हम शक्ति का क्या करेंगे? यदि तुम्हारे पास जो शक्ति है, उससे तुमको छुटकारा मिले, तो ईश्वर को धन्यवाद दो। प्रेम आरम्भ करो। शक्ति (सिद्धियों) को जाना ही चाहिए। मेरे और ईश्वर के बीच मेरे के अतिरिक्त कुछ और नहीं रहना चाहिए। ईश्वर केवल प्रेम है—और कुछ नहीं—आरम्भ में प्रेम, मध्य में प्रेम और अन्त में प्रेम।

एक रानी की कहानी (है), वह सड़कों पर (ईश्वर के प्रेम का) प्रचार करती थी। उसके क्रुद्ध पति ने उसे कष्ट दिये, देश के एक सिरे से दूसरे सिरे तक उसका पीछा किया गया। वह अपने (प्रेम का) वर्णन करते हुए गीत गाया करती थी। उसके गीत सब जगह गाये गये हैं। 'मैंने अपने आँसुओं से सींचकर (प्रेम की अमर बेल बोयी है)...' यह अंतिम, महान् (लक्ष्य) है। इसके अतिरिक्त और क्या है? (लोग) यह चाहते हैं, वह चाहते हैं। वे सब पाना और अपनाना चाहते हैं। इसी कारण इतने कम (प्रेम को) समझते हैं, इतने कम इस तक आते हैं। उनको जगाओ और बताओ! उन्हें कुछ अधिक संकेत मिलेंगे।

प्रेम स्वयं अनादि, अनन्त बलिदान है। तुमको सब कुछ छोड़ देना होगा। तुम किसी वस्तु को अपना नहीं सकते। प्रेम को पाकर किसी दूसरी वस्तु की इच्छा नहीं होगी।... 'केवल तू सदा के लिए मेरा प्रिय बन!' यह है, जो प्रेम चाहता है। 'मेरे प्रिय, उन अधरों का एक चुम्बन! (उसके लिए) जो तेरे द्वारा चुम्बित हो गया है, सब दुःख मिट जाते हैं। एक बार तुझसे चुम्बित होने पर मनुष्य सुखी हो जाता है और अन्य सब वस्तुओं के प्रेम को भूल जाता है। वह केवल तेरे गुण गाता है और केवल तेरे दर्शन करता है।' मानव-प्रेम की प्रकृति में भी (दैवी तत्त्व उपस्थित होते हैं।) तीव्र प्रेम के आरम्भिक क्षण (में) समस्त संसार तुम्हारे हृदय के साथ स्वर मिलाता ज्ञात होता है। ब्रह्मांड के सब पक्षी तुम्हारे प्रेम को गाते हैं; फूल तुम्हारे लिए खिलते हैं। यह स्वयं अनन्त नित्य प्रेम है, जिसमें से (मानव) प्रेम आता है।

ईश्वर का प्रेमी किसीसे—लुटेरों से, कष्ट से, अपने जीवन के भय से भी क्यों डरे? प्रेमी घोर नरक में जा (सकता है), पर क्या वह नरक रहेगा? हम सबको स्वर्ग (और नरक) के ये विचार छोड़ने होंगे और ऊँचा (प्रेम) प्राप्त करना होगा।... सैकड़ों प्रेम के इस पागलपन की खोज में हैं, जिसके सामने (ईश्वर के अतिरिक्त) शेष सब (समाप्त हो जाता है।)

अंत में, प्रेम, प्रेमी और प्रेम-पात्र एक हो जाते हैं। यही लक्ष्य है।... आत्मा और मनुष्य के बीच, जीवात्मा और ईश्वर के बीच यह बिलगाव क्यों है?... केवल प्रेम का यह आनन्द लेने के लिए। वह अपने से प्रेम करना चाहता था, इसलिए उसने अपने को अनेक में विभाजित किया।... "सृष्टि का सम्पूर्ण कारण यही है," प्रेमी कहता है। "हम सब एक हैं। 'मैं और मेरे पिता एक हैं।' अभी मैं ईश्वर से प्रेम करने के लिए अलग हो गया हूँ।... अच्छा क्या है—मीठा खाना या मीठा बन जाना? मीठा बन जाना, उसमें क्या मज़ा है? मीठा खाना—उसमें प्रेम का अमित आनन्द है।"

प्रेम के सब आदर्श—(ईश्वर हमारे) पिता, माता, मित्र और संतान के रूप में—(इस दृष्टि से बनाये गये हैं कि हमारे भीतर भक्ति की शक्ति उत्पन्न हो और हम ईश्वर को निकटतर और प्रियतर अनुभव करें।) गहनतम प्रेम वह है, जो नर और नारी के बीच होता है। ईश्वर को उसी तरह के प्रेम से प्रेम करना चाहिए। नारी अपने पिता से प्रेम करती है, अपनी माता से प्रेम करती है, अपनी संतान से प्रम करती है, अपने मित्र से प्रेम करती है, पर वह अपने आपको पूर्ण-रूपेण न पिता के प्रति, न माता के प्रति, न संतान के प्रति, न मित्र के प्रति प्रकट कर सकती है। केवल एक व्यक्ति है, जिससे वह कुछ नहीं छुपाती। यही बात पुरुष के साथ है।...(पति)-पत्नी-संबंध सब प्रकार पूर्ण संबंध है। नर-नारी-संबंध में शेष सब प्रेम एक स्थान पर केन्द्रित (हो जाते हैं)। पति में नारी को पिता, मित्र, संतान मिलती है। पत्नी में पति को माता, पुत्री तथा कुछ और मिलता है। नर-नारी का यह महत् रूप से पूर्ण प्रेम (ईश्वर के लिए) आना चाहिए—वही प्रेम, जिससे एक नारी बिना किसी रक्त-संबंध के—पूर्णतया, निर्भीकता से और लज्जारहित होकर पुरुष के प्रति अपने को दे देती है। अंधकार नहीं! जिसे वह अपने से नहीं छुपाती, उसे वह अपने प्रेमी से भी नहीं छुपाती। वही प्रेम (ईश्वर के लिए) आना चाहिए। ये बातें समझने में कठिन और दुष्कर हैं। तुम धीरे धीरे उन्हें समझने लगोगे, और सारे यौन भाव जाते रहेंगे। 'गरमी के दिनों में नदी-तट की रेत में जो स्थिति पानी के बूँद की होती है, वैसी ही स्थिति इस जीवन और इसके सब संबंधों की है।'

ये सब विचार (जैसे कि) 'वह स्रष्टा है,' बच्चों के लिए उपयुक्त हैं। वह मेरा प्रिय है, स्वयं मेरा जीवन है—यह होनी चाहिए मेरे हृदय की पुकार!...

'मुझे एक आशा है। वे तुझे संसार का स्वामी कहते हैं, और—भला हूँ या बुरा, बड़ा हूँ या छोटा—मैं इस संसार का ही अंश हूँ और तू मेरा प्रिय भी है। मेरा तन, मेरा मन और मेरी आत्मा सब इस वेदी पर हैं। प्रिय, इन भेंटों को अस्वीकार न कर।'

नारद-भक्ति-सूत्र

(अमेरिका में स्वामी जी द्वारा लिखाया हुआ मुक्त अनुवाद)

अध्याय १[1]

१. भक्ति ईश्वर के प्रति तीव्र अनुराग है।

२. यह प्रेम का अमृत है;

३. इसे पाकर मनुष्य पूर्ण, अमर, और सदा के लिए सन्तुष्ट हो जाता है;

४. इसे पाकर मनुष्य में इच्छाएँ नहीं रह जातीं, वह किसीसे ईर्ष्या नहीं करता, उसे दिखावे में आनन्द नहीं आता :

५. इसे जानकर मनुष्य आध्यात्मिकता से भर जाता है, शांत हो जाता है और केवल ईश्वर में आनन्द पाता है।

६. इसका किसी इच्छा की पूर्ति के लिए उपयोग नहीं किया जा सकता, स्वयं सब इच्छाओं का निरोध करती है।

७. संन्यास उपासना के लौकिक और शास्त्रीय रूपों का परित्याग है।

---

१. अथातो भक्तिं व्याख्यास्यामः। सा त्वस्मिन् पर(म) प्रेमरूपा। अमृतस्वरूपा च। यल्लब्ध्वा पुमान् सिद्धो भवति, अमृतो भवति, तृप्तो भवति। यत्प्राप्य न किंचिद् वांछति, न शोचति, न द्वेष्टि, न रमते, नोत्साही भवति। यत् ज्ञात्वा मत्तो भवति, स्तब्धो भवति, आत्मारामो भवति। सा न कामयमाना, निरोधरूपत्वात्। निरोधस्तु लोकवेदव्यापारन्यासः। तस्मिन्ननन्यता तद्विरोधिषूदासीनता च। अन्याश्रयाणां त्यागोऽनन्यता। लोकवेदेषु तदनुकूलाचरणं तद्विरोधिषूदासीनता। भवतु निश्चयदार्ढ्यादूर्ध्वं शास्त्ररक्षणम्। अन्यथा पातित्य (ा) शंकया। लोकोऽपि तावदेव; भोजनादिव्यापारस्त्वाशरीरधारणावधि। तल्लक्षणानि वाच्यन्ते नानामतभेदात्। पूजादिष्वनुराग इति पाराशर्यः। कथादिष्विति गर्गः। आत्मरत्यविरोधेनेति शाण्डिल्यः। नारदस्तु तदर्पिताखिलाचारता तद्विस्मरणे परमव्याकुलतेति (च)। अस्त्येवमेवम्। यथा व्रजगोपिकानाम्। तत्रापि न माहात्म्यज्ञान विस्मृत्यपवादः। तद्विहीनं जाराणामिव। नास्त्येव तस्मिन् तत्सुखसुखित्वम्।

८. भक्त-संन्यासी वह है, जिसकी सम्पूर्ण आत्मा ईश्वर को अर्पित हो जाती है, और जो ईश्वर-प्रेम में बाधक होता है, उसे वह त्याग देता है।

९. सब अन्य शरणों को छोड़कर, वह ईश्वर में शरण लेता है।

१०. शास्त्रों का अनुसरण उसी समय तक विहित है, जब तक जीवन में दृढ़ता न आयी हो।

११. नहीं तो मुक्ति के नाम पर अशुभ किये जाने की आशंका रहती है।

१२. जब प्रेम दृढ़ हो जाता है, तो जीवन धारण करने के लिए आवश्यक सामाजिक व्यवस्था बंधनों के अतिरिक्त, शेष सब सामाजिक रूप भी त्याग दिये जाते हैं।

१३. प्रेम की बहुत सी परिभाषाएँ दी गयी हैं, पर नारद जिन्हें प्रेम का चिह्न बताते हैं, वे हैं : जब मन, वचन और कर्म, सब ईश्वरार्पित कर दिये जाते हैं और जब तनिक देर के लिए ईश्वर का बिसरना भी मनुष्य को अत्यंत दुःखी कर देता है, तो प्रेम आरम्भ हो गया है।

१४. जैसा कि गोपियों को हुआ था—

१५. इसलिए कि यद्यपि वे ईश्वर को अपने प्रेमी की भाँति पूजती थीं, वे कभी उसके ईश्वर-रूप को नहीं भूलीं।

१६. ऐसा करतीं, तो वे व्यभिचार की दोषी होतीं।

१७. यह प्रेम का उच्चतम रूप है, क्योंकि इसमें प्रतिदान प्राप्ति की इच्छा नहीं होती, जो समस्त मानवीय प्रेम में पायी जाती है।

अध्याय २[1]

१. भक्ति कर्म से ऊँची है, ज्ञान से ऊँची है, योग (राजयोग) से ऊँची है, क्योंकि भक्ति स्वयं अपना फल है, भक्ति साधन और साध्य (फल), दोनों है।

२. जिस प्रकार मनुष्य अपनी भूख केवल भोजन के ज्ञान अथवा दर्शन मात्र से नहीं बुझा सकता, उसी प्रकार जब तक प्रेम नहीं होता, मनुष्य ईश्वर के

---

१. सा तु कर्मज्ञानयोगेभ्योऽप्यधिकतरा। फलरूपत्वात्। ईश्वरस्याप्यभिमान-(नि)द्वेषित्वात् दैन्यप्रियत्वात् च। तस्या ज्ञानमेव साधनमित्येके। अन्योन्याश्रयत्वमित्यन्ये। स्वयं फलरूपतेति ब्रह्मकुमार(ा):। राजगृहभोजनादिषु तथैव दृष्टत्वात्। न तेन राजा परितोषः क्षु(धाशा) च्छान्तिर्वा। तस्मात् सैव ग्राह्या मुमुक्षुभिः।

ज्ञान से अथवा उसकी अनुभूति से भी, संतुष्ट नहीं हो सकता, इसलिए प्रेम सर्वोपरि है ।

अध्याय ३[1]

१. आचार्यों ने, फिर भी, भक्ति के विषय में ये बातें कही हैं :

२. जो इस भक्ति को चाहता है, उसे इन्द्रिय-भोग और लोगों का संसर्ग भी त्याग देना चाहिए ।

३. दिन-रात उसे भक्ति के विषय में सोचना चाहिए, अन्य किसी विषय में नहीं ।

४. जहाँ लोग ईश्वर का कीर्तन करते या उसकी चर्चा करते हैं, उसे वहाँ (जाना चाहिए ।)

५. भक्ति का मुख्य कारण किसी महान् (अथवा मुक्त) आत्मा की कृपा होती है ।

६. महात्मा की संगति पाना कठिन है, और उससे सदा आत्मा का उद्धार होता है ।

७. ईश्वर की अनुकंपा से हमें ऐसे गुरु प्राप्त होते हैं ।

८. ईश्वर और भक्तों के बीच कोई भेद नहीं रहता ।

९. अतः इसकी खोज करो ।

१०. कुसंग से सदा दूर रहना चाहिए;

११. क्योंकि इससे वासना और क्रोध, भ्रम, ध्येय की विस्मृति, इच्छा-शक्ति की हीनता (लगन का अभाव) और सब कुछ का विनाश उत्पन्न होता है ।

---

१. तस्याः साधनानि गायन्त्याचार्याः । तत्तु विषयत्यागात् संगत्यागात् च । अव्यावृत्त (त) भजनात् । लोकेऽपि भगवद्गुणश्रवणकीर्तनात् । मुख्यतस्तु महत्कृपयैव भगवत्कृपालेशाद् वा । महत्संगस्तु दुर्लभोऽगम्योऽमोघश्च । लभ्यतेऽपि तत्कृपयैव । तस्मिंस्तज्जने भेदाभावात् । तदेव साध्यतां तदेव साध्यताम् । दुस्संगः सर्वथैव त्याज्यः । कामक्रोधमोहस्मृतिभ्रंशबुद्धिनाश (सर्वनाश) कारणत्वात् । तरंगायिता अपीमे संगात् समुद्रायन्ते (न्ति) । कस्तरति कस्तरति मायाम्? यः संगं (गान्) त्यजति, यो महानुभावं सेवते, निर्ममो भवति । यो विविक्तस्थानं सेवते, यो लोकबन्धमुन्मूलयति, (यो) निस्त्रैगुण्यो भवति, (यो) योगक्षेमं त्यजति । यः कर्मफलं त्यजति, कर्माणि संन्यस्यति, ततो निर्द्वन्द्वो भवति । (यो) वेदानपि संन्यस्यति; केवलमविच्छिन्नानुरागं लभते । स तरति स तरति, स लोकांस्तारयति ।

१२. ये व्याघात आरम्भ में लघु लहरियों के समान हो सकते हैं, पर कुसंग अन्त में उन्हें सागर के समान बना देता है।

१३. वह माया को पार कर लेता है, जो सब छोड़ देता है, महात्माओं की सेवा करता है, एकांत वास करता है, संसार की बेड़ियाँ काटता है, प्रकृति के गुणों से अतीत हो जाता है, और अपनी जीविका के लिए भी ईश्वर पर निर्भर होता है।

१४. वह, जो कर्म के फलों को त्यागता है, जो सब कर्मों को और दुःख तथा सुख के द्वंद्व को त्याग देता है, जो धर्मशास्त्रों को भी त्यागता है, वह ईश्वर का अखंड प्रेम प्राप्त करता है।

१५. वह इस नदी को पार कर लेता है और दूसरों को भी पार जाने में सहायता देता है।

अध्याय ४[१]

१. भक्ति का स्वरूप अनिर्वचनीय है।

२. जिस प्रकार गूँगा मनुष्य अपने स्वाद का वर्णन नहीं कर सकता, पर उसकी चेष्टाएँ उसके भावों को दर्शाती हैं, उसी प्रकार मनुष्य वाणी से प्रेम का वर्णन नहीं कर सकता, पर उसकी क्रियाएँ उसे प्रकट करती हैं।

३. कुछ बिरले मनुष्यों में इसकी अभिव्यक्ति होती है।

४. सब गुणों, सब इच्छाओं से परे, सदैव वृद्धिमान, अखंड, सर्वोत्तम अनुभूति प्रेम है।

---

१. अनिर्वचनीयं प्रेमस्वरूपम्। मूकास्वादनवत्। प्रकाश(श्य)ते क्वापि पात्रे। गुणरहितं कामनारहितं प्रतिक्षणवर्धमानं अविच्छिन्नं सूक्ष्मतरं अनुभवरूपम्। तत् प्राप्य तदेवावलोकयति, तदेव शृणोति, (तदेव भाषयति), तदेव चिन्तयति। गौणी त्रिधा, गुणभेदाद् आर्तादिभेदाद् वा। उत्तरस्मादुत्तरस्मात् पूर्वपूर्वा श्रेयाय भवति। अन्यस्मात् सौलभ्यं भक्तौ। प्रमाणान्तरस्यानपेक्षत्वात् स्वयं प्रमाणत्वात्(च)। शान्तिरूपात् परमानन्दरूपाच्च। लोकहानौ चिन्ता न कार्या; निवेदितात्मलोकवेद(शील)त्वात्। न त(द)त्सिद्धौ लोकव्यवहारो हेयः; किं तु फलत्यागः तत्साधनं च (कार्यमेव)। स्त्रीधननास्तिक (वैरि) चरित्रं न श्रवणीयम्। अभिमानदम्भादिकं त्याज्यम्। तदर्पिताखिलाचारः सन् कामक्रोधाभिमानादिकं तस्मिन्नेव करणीयम्। त्रिरूपभंगपूर्वकं नित्यदास्य(स) नित्यकान्ताभजनात्मकं प्रेम कार्यं प्रेमैव कार्यम्।

५. जब मनुष्य को यह प्रेम प्राप्त होता है, तो वह सर्वत्र प्रेम देखता है, सब जगह प्रेम सुनता है, सब जगह प्रेममय होकर बोलता है और चिंतन करता है।

६. गुणों और अवस्थाओं के अनुसार यह प्रेम अपने को विभिन्न रूपों में व्यक्त करता है।

७. गुण हैं : तमस् (मंदता, भारीपन), रजस् (अशांति, क्रियाशीलता), सत्त्व (निर्दोषता, शुद्धता); और अवस्थाएँ हैं : आर्त (दुःखी), अर्थार्थी (याचक), जिज्ञासु (सत्यान्वेषी), ज्ञानी (ज्ञाता)।

८. इनमें परवर्ती अपने पूर्ववर्तियों से उच्चतर हैं।

९. भक्ति उपासना का सरलतम मार्ग है।

१०. यह स्वयं अपना प्रमाण है, इसे दूसरे की आवश्यकता नहीं है।

११. इसकी प्रकृति शांत और पूर्णानन्दमय है।

१२. भक्ति कभी किसीको अथवा किसी वस्तुको हानि नहीं पहुँचाना चाहती, पूजा की लोक-विधियों को भी नहीं।

१३. विषय-भोग के विषय में वार्तालाप, अथवा ईश्वर पर सन्देह अथवा अपने शत्रुओं द्वारा आलोचना की ओर ध्यान नहीं देना चाहिए।

१४. अहकार, गर्व इत्यादि को त्याग देना चाहिए।

१५. यदि इन भावों का नियंत्रण नहीं किया जा सकता, तो उन्हें ईश्वर को अर्पित कर दो और अपने सब कर्म उसे सौंप दो।

१६. प्रेम, प्रेमी और प्रेम-पात्र की त्रिमूर्ति का विलयन कर, उसके चिरंतन दास के रूप में, उसकी चिरंतन दुलहन की भाँति ईश्वर की उपासना करनी चाहिए—इस प्रकार ईश्वर से प्रेम किया जाता है।

अध्याय ५[१]

१. वह प्रेम सर्वोपरि है, जो ईश्वर में केन्द्रित होता है।

२. जब ऐसे लोग ईश्वर की बात करते हैं, तो उनकी वाणी रुँध जाती है, वे सिसकते और रोते हैं; ऐसे लोग हैं, जो पवित्र स्थानों को उनकी पवित्रता देते

---

१. भक्ता एकान्तिनो मुख्याः। कण्ठावरोधरोमांचाश्रुभिः परस्परं लपमानः पावयन्ति कुलानि पृथिवीं च। तीर्थीकुर्वन्ति तीर्थानि, सुकर्मीकुर्वन्ति कर्माणि, सच्छास्त्रीकुर्वन्ति शास्त्राणि। तन्मयाः। मोदन्ते पितरो, नृत्यन्ति देवताः, सनाथा चेयं भूर्भवति। नास्ति तेषु जातिविद्यारूपकुलधनक्रियादिभेदः। यतस्तदीयाः। वादो नावलम्ब्यः। बाहुल्यावकाशत्वाद् अनिय(न्त्रि)तत्वाच्च। भक्तिशास्त्राणि

हैं; वे शुभ कार्यों को शुभता और सुन्दर पुस्तकों को सुन्दरतर करते हैं, क्योंकि वे ईश्वर से परिव्याप्त होते हैं।

३. जब कोई मनुष्य ईश्वर को इतना प्रेम करता है, तो उसके पितर हर्ष मनाते हैं, देवता नृत्य करते हैं और पृथ्वी को एक गुरु प्राप्त होता है!

४. ऐसे प्रेमियों के लिए जाति, लिंग, ज्ञान, रूप, जन्म, अथवा सम्पत्ति का भेद नहीं रहता;

५. क्योंकि वे सब ईश्वर की हैं।

६. विवादों से दूर रहना चाहिए;

७. क्योंकि उनका कहीं अंत नहीं है, और वे किसी संतोषजनक परिणाम पर नहीं पहुँचाते।

८. इस प्रेम का विवरण देनेवाली पुस्तकें पढ़ो और ऐसे कार्य करो, जो इसमें वृद्धि करते हैं।

९. सुख और दुःख, लाभ और हानि की सब इच्छाओं को छोड़कर दिन-रात ईश्वर की उपासना करो। एक क्षण भी व्यर्थ न गँवाओ।

१०. अहिंसा, सत्य, शुद्धता, दया और दैवी संपद् का सदा पालन करो।

११. अन्य सब विचारों को त्यागो, पूर्ण मन से दिन-रात ईश्वर की उपासना करो। इस प्रकार दिन और रात पूजित होकर वह अपने को प्रकट करता है और अपने उपासकों को अपनी अनुभूति कराता है।

१२. भूत, वर्तमान और भविष्य में, प्रेम ही सर्वोपरि है!

इस प्रकार प्राचीन ऋषियों के अनुसार, हमने संसार के व्यंगों से निर्भीक होकर, प्रेम के सिद्धांत के प्रचार का साहस किया है।

मननीयानि त(दु)द्बोधककर्माणि करणीयानि। सुख-दुःखेच्छालाभादित्यक्ते काले प्रती(क्ष्य)क्षमाणे क्षणार्धमपि व्यर्थं न नेयम्। अहिंसासत्यशौचदयास्तिक्यादिचारित्र्याणि परिपालनीयानि। सर्वदा सर्वभावेन निश्चिन्तैः(न्तितैः) भगवानेव भजनीयः। स कीर्त्यमानः (कीर्तनीयः) शीघ्रमेवाविर्भवत्यनुभावयति (च) भक्तान्। त्रिसत्यस्य भक्तिरेव गरीयसी, भक्तिरेव गरीयसी। गुणमाहात्म्यासक्ति - रूपासक्ति - पूजासक्ति - स्मरणासक्ति - दास्यासक्ति - सख्यासक्तिवात्सल्यासक्ति-कान्तासक्ति- आत्मनिवेदनासक्ति - तन्मयतासक्ति - परमविरहासक्तिरूपा एकधा अपि एकादशधा भवति। इत्येवं वदन्ति जनजल्पनिर्भयाः एकमताः कुमार-व्यास-शुक-शाण्डिल्य-गर्ग-विष्णु-कौण्डिन्य-शेषोद्धवारुणि-बलि-हनुमद्-विभीषणादयो भक्त्याचार्याः।

पत्रावली–३

पत्रावली-३

(कुमारी मेरी हेल को लिखित)

द्वारा श्रीमती बैग्ली,
एनिसक्वाम,
३१ अगस्त, १८९४

प्रिय बहन,

मद्रास के लोगों का पत्र कल के 'बोस्टन ट्रान्सक्रिप्ट' में प्रकाशित हुआ था। मैं उसकी एक प्रति तुम्हारे पास भेजना चाहता हूँ। तुमने इसको शिकागो के किसी समाचारपत्र में देखा होगा। मेरा विश्वास है कि 'कुक ऐण्ड सन्स' के यहाँ मेरी कुछ डाक होगी—मैं यहाँ कम से कम आगामी मंगलवार तक रहूँगा, इस दिन मुझे यहाँ एनिसक्वाम में भाषण करना है।

कृपया 'कुक' के यहाँ मेरी डाक के सम्बन्ध में पूछ-ताछ करो और उसे एनिसक्वाम भेज दो। मुझे तुम्हारा कुछ दिनों तक कोई समाचार नहीं मिला। मैंने कल मदर चर्च को दो चित्र भेजे हैं, आशा है कि तुम उन्हें पसन्द करोगी। भारत की डाक के लिए मैं बहुत चिन्तित हूँ। सब के लिए प्यार के साथ—

तुम्हारा सदैव स्नेही भाई,
विवेकानन्द

पुनश्च—चूंकि मैं यह नहीं जानता था कि तुम कहाँ हो, कुछ अन्य वस्तुओं को, जो तुम्हारे पास भेजना चाहता था, नहीं भेज सका।

वि०

(श्री ल्यान लैण्ड्सवर्ग[1] को लिखित)

होटल वेल्लेवुये,
बोस्टन,
१३ सितम्बर, १८९४

प्रिय ल्यान,

तुम कुछ बुरा न मानना, पर गुरु होने के नाते तुम्हें उपदेश देने का मुझे अधिकार है, और इसीलिए मैं यह साधिकार कहना चाहता हूँ कि तुम अपने लिए कुछ

---

१. स्वामी जी के एक अमेरिकन शिष्य, जिनका संन्यासी नाम कृपानन्द था।

वस्त्रादि अवश्य खरीदना, क्योंकि उपयुक्त वस्त्रों के बिना इस देश में कोई भी कार्य करना तुम्हारे लिए कठिन होगा। एक बार काम शुरू हो जाने पर फिर तुम अपनी इच्छानुसार वस्त्र धारण कर सकते हो, तब कोई भी किसी प्रकार की बाधा नहीं डालेगा।

मुझे धन्यवाद देने की कोई आवश्यकता नहीं, क्योंकि यह मेरा कर्तव्य है। हिन्दू कानून के अनुसार शिष्य ही गुरु का उत्तराधिकारी होता है, यदि संन्यास ग्रहण करने से पूर्व उसका कोई पुत्र भी हो, तो भी वह उत्तराधिकारी नहीं हो सकता। इस तरह तुम देख सकते हो कि यह नाता पक्का आध्यात्मिक नाता है—'यांकी' लोगों की तरह 'शिक्षक' बनने का पेशा नहीं!

तुम्हारी सफलता के लिए प्रार्थना तथा आशीर्वाद सहित,

तुम्हारा,
विवेकानन्द

(कुमारी मेरी हेल को लिखित)

बेकन स्ट्रीट, बोस्टन,
होटल बेल्लेवुये,
१३ सितम्बर, १८९४

प्रिय बहन,

तुम्हारा कृपा-पत्र मेरे पास आज प्रातःकाल पहुँचा। मैं इस होटल में लगभग एक सप्ताह से हूँ। मैं बोस्टन में अभी कुछ समय और रहूँगा। मेरे पास पहले ही से बहुत से चोग़े हैं, वस्तुतः इतने ज्यादा कि मैं उन्हें आसानी से साथ नहीं ले जा पाता। जब मैं एनिसक्वाम में भीग गया था, तो मैं वह काला 'सूट' धारण किये हुए था, जिसकी तुम बहुत प्रशंसा करती हो। मैं नहीं समझता कि वह किसी प्रकार क्षतिग्रस्त हो सकता है; ब्रह्म में मेरे गंभीर ध्यान के साथ वह भी ओतप्रोत रहा है। मुझे प्रसन्नता है कि तुमने ग्रीष्म इतनी अच्छी तरह व्यतीत किया। जहाँ तक मेरा सम्बन्ध है, आवारागर्दी कर रहा हूँ। गत दिवस एबे ह्यू का तिब्बत के आवारा लामाओं का वर्णन—हमारे बन्धुत्व की एक सही तस्वीर—पढ़ने में मुझे बड़ा आनन्द आया। उनका कथन है कि वे बड़े विचित्र लोग हैं। जब इच्छा होगी, वे आ जायँगे, हर एक की मेज़ पर बैठ जाते हैं; निमंत्रण हो अथवा नहीं, जहाँ चाहेंगे, रहेंगे और जहाँ चाहेंगे, चले जायँगे। एक भी पहाड़ ऐसा नहीं है, जिस पर वे न चढ़े हों, एक भी ऐसी नदी नहीं है, जिसे उन्होंने पार न किया हो, एक भी ऐसा राष्ट्र नहीं है, जिसे वे न जानते हों, एक भी ऐसी भाषा नहीं है, जिसमें वे वार्ता न करते हों। उनका विचार है कि ईश्वर ने उनमें

उस शक्ति का, जिससे ग्रह शाश्वत रूप से परिक्रमा करते रहते हैं, कुछ अंश अवश्य रख दिया है। आज यह आवारा लामा लिखते ही जाने की इच्छा से अभिभूत था, अतएव जाकर एक दूकान से लिखने का सब प्रकार का सामान तथा एक सुन्दर पत्राधार, जो क़ब्ज़े से बन्द होता है और जिसमें एक छोटी सी लकड़ी की दावात भी है, ले आया। अभी तक, तो अच्छे लक्षण हैं। आशा है कि ऐसा ही रहेगा। गत मास भारत से मुझे काफ़ी पत्र प्राप्त हुए, और मुझे अपने देशवासियों से बड़ी प्रसन्नता होती है, जब वे मेरे कार्य की उदारतापूर्वक सराहना करते हैं। उनके लिए इतना पर्याप्त है। और कुछ अधिक नहीं लिख सकूँगा। प्रोफ़ेसर राइट, उनकी धर्मपत्नी और बच्चे सदैव की भाँति ही कृपालु हैं। शब्द, उनके प्रति मेरी कृतज्ञता, नहीं व्यक्त कर सकते।

बुरी तरह सर्दी होने के सिवाय अभी तक मुझे कोई शिकायत नहीं है। मै समझता हूँ कि वह व्यक्ति अब चला गया होगा। इस बार अनिद्रा रोग के सिलसिले में मैंने ईसाई विज्ञान की आजमाइश की और देखा कि वह अच्छा काम करता है। तुम्हारे लिए समस्त कुशल-मंगल की कामना करते हुए—

तुम्हारा सदैव स्नेही भाई,
विवेकानन्द

पुनश्च—कृपया माँ को बता दो कि मुझे अब कोई कोट की आवश्यकता नहीं है।
वि०

(श्रीमंती ओलि बुल को लिखित)

होटल बेल्लेवुये,
बेकन स्ट्रीट, बोस्टन,
१९ सितम्बर, १८९४

माँ सारा,

मैं आपको बिल्कुल नहीं भूला हूँ। क्या आपको यह विश्वास है कि मैं इतना अकृतज्ञ बन सकता हूँ? आपने मुझे अपना पता नहीं लिखा, फिर भी लैण्ड्सबर्ग द्वारा कुमारी फिलिप्स के भेजे हुए समाचारों से आपका समाचार भी मिलता रहा है। मद्रास से मुझे जो अभिनन्दन-पत्र भेजा गया है, शायद उसे आपने देखा होगा। आपको भेजने के लिए उसकी कुछ प्रतियाँ लैण्ड्सबर्ग के पास भेज रहा हूँ।

हिन्दू सन्तान अपनी माता को कभी कर्ज़ नहीं देती है, लेकिन अपनी सन्तान पर माता का सर्वाधिकार होता है और उसी प्रकार माता पर सन्तान का भी सर्वाधिकार होता है। मेरे उन तुच्छ कुछ डॉलरों को लौटा देने की बात से मैं आपसे अत्यन्त रुष्ट हूँ। हक़ीक़त यह है कि आपका ऋण मैं कभी भी नहीं चुका सकता।

इस समय मैं बोस्टन के कुछ स्थानों में भाषण दे रहा हूँ। अब मैं एक ऐसे स्थान की खोज में हूँ, जहाँ बैठकर अपने विचारों को लिपिबद्ध कर सकूँ। पर्याप्त भाषण हो चुके, अब मैं कुछ लिखना चाहता हूँ। मैं समझता हूँ कि इस कार्य के लिए मुझे न्यूयार्क जाना पड़ेगा। श्रीमती गर्नसी ने मेरे साथ अत्यन्त सहृदयतापूर्ण व्यवहार किया है तथा मेरी सहायता करने के लिए वे सदा इच्छुक हैं। मैं सोच रहा हूँ कि उनके यहाँ जाकर मैं इस कार्य को करूँ।

आपका चिर स्नेहास्पद,
विवेकानन्द

पुनश्च—कृपया यह लिखने का कष्ट करें कि गर्नसी दम्पति शहर में वापस आ गया है या अभी तक फ़िश्किल में ही है।

वि०

(अपने गुरुभाइयों को लिखित)

ॐ नमो भगवते श्री रामकृष्णाय

१८९४

प्रिय भ्रातृवृन्द,

इसके पहले मैंने तुम लोगों को एक पत्र लिखा है, किन्तु समयाभाव से वह बहुत ही अधूरा रहा। राखाल एवं हरि ने लखनऊ से एक पत्र में लिखा था कि हिन्दू समाचारपत्र मेरी प्रशंसा कर रहे थे, और वे लोग बहुत ही खुश थे कि श्री रामकृष्ण के वार्षिकोत्सव के अवसर पर बीस हज़ार लोगों ने भोजन किया। इस देश[1] में मैं बहुत कुछ कार्य और कर सकता था, किन्तु ब्राह्म समाजी एवं मिशनरी लोग मेरे पीछे दौड़ रहे हैं। एवं भारतीय हिन्दुओं ने भी मेरे लिए कुछ नहीं किया। मेरा तात्पर्य यह है कि अगर कलकत्ता या मद्रास के हिन्दुओं ने एक सभा बुलाकर मुझे अपना प्रतिनिधि स्वीकार करते हुए एक प्रस्ताव पारित करवाया होता तथा मेरे प्रति किये गये उदारतापूर्ण स्वागत के लिए अमेरिकावासियों को साधुवाद दिया होता, तो यहाँ पर कार्य में अच्छे ढंग से प्रगति होती। लेकिन एक साल बीत गया, और कुछ नहीं हुआ—निश्चय ही मैंने बंगालियों पर कुछ भी भरोसा नहीं किया था, पर मद्रासी लोग भी तो कुछ नहीं कर सके।...

हमारी जाति से कोई भी आशा नहीं की जा सकती। किसीके मस्तिष्क में कोई मौलिक विचार जाग्रत नहीं होता, उसी एक चिथड़े से सब कोई चिपके हुए हैं—रामकृष्ण परमहंस देव ऐसे थे और वैसे थे, वही लम्बी-चौड़ी कहानी—जो

---

१. अर्थात् अमेरिका में।

बेसिर-पैर की है। हाय भगवन्, तुम लोग भी तो ऐसा कुछ करके दिखलाओ कि जिससे यह पता चले कि तुम लोगों में भी कुछ असाधारणता है—अन्यथा आज घंटा आया, तो कल बिगुल और परसों चमर; आज खाट मिली, कल उसके पायों को चाँदी से मढ़ा गया—आज खाने के लिए लोगों को खिचड़ी दी गयी और तुम लोगों ने दो हज़ार लम्बी-चौड़ी कहानियाँ गढ़ीं—वही चक्र, गदा, शंख, पद्म तथा शंख, गदा, पद्म, चक्र—ये सब निरा पागलपन नहीं तो और क्या है? अंग्रेज़ी में इसीको imbecility (शारीरिक तथा मानसिक कमज़ोरी) कहा जाता है। जिन लोगों के मस्तिष्क में इस प्रकार की ऊलजलूल बातों के सिवाय और कुछ नहीं है, उन्हींको जड़बुद्धि कहते हैं। घंटा दायीं ओर बजना चाहिए अथवा बायीं ओर, चन्दन माथे पर लगाना चाहिए या अन्यत्र कहीं, आरती दो बार उतारनी चाहिए या चार बार—इन प्रश्नों को लेकर जो दिन-रात माथापच्ची किया करते हैं, उन्हींका नाम भाग्यहीन है और इसीलिए हम लोग श्रीहीन तथा जूतों की ठोकर खानेवाले हो गये तथा पश्चिम के लोग जगद्विजयी।...आलस्य तथा वैराग्य में आकाश-पाताल का अन्तर है।

यदि भलाई चाहते हो, तो घण्टा आदि को गंगा जी में सौंपकर साक्षात् भगवान् नारायण की—विराट् और स्वराट् की—मानव देहधारी प्रत्येक मनुष्य की पूजा में तत्पर हो। यह जगत् भगवान् का विराट् रूप है; एवं उसकी पूजा का अर्थ है, उसकी सेवा—वास्तव में कर्म इसीका नाम है, निरर्थक विधि-उपासना के प्रपञ्च का नहीं। घण्टे के बाद चमर लेने का अथवा भात की थाली भगवान् के सामने रखकर दस मिनट बैठना चाहिए या आधा घण्टा, इस प्रकार के विचार-विमर्श का नाम कर्म नहीं हैं, यह तो पागलपन है। लाखों रुपये खर्च कर काशी तथा वृन्दावन के मन्दिरों के कपाट खुलते और बन्द होते हैं। कहीं ठाकुर जी वस्त्र बदल रहे हैं, तो कहीं भोजन अथवा और कुछ कर रहे हैं जिसका ठीक ठीक तात्पर्य हम नहीं समझ पाते,...किन्तु दूसरी ओर जीवित ठाकुर भोजन तथा विद्या के बिना मरे जा रहे हैं! बम्बई के बनिया लोग खटमलों के लिए अस्पताल बनवा रहे हैं, किन्तु मनुष्यों की ओर उनका कुछ भी ध्यान नहीं है—चाहे वे मर ही क्यों न जायँ। तुम लोगों में इन बातों को समझने तक की भी बुद्धि नहीं है, यह हमारे देश के लिए प्लेग के समान है, और पूरे देश में पागलों का अड्डा।...

तुम लोग अग्नि की तरह चारों ओर फैल जाओ और उस विराट् की उपासना का प्रचार करो—जो कि कभी हमारे देश में नहीं हुआ है। लोगों के साथ विवाद करने से काम न होगा, सबसे मिलकर चलना पड़ेगा।...

गाँव गाँव तथा घर घर में जाकर भावों का प्रचार करो, तभी यथार्थ में

कर्म का अनुष्ठान होगा; अन्यथा चुपचाप चारपाई पर पड़ रहना तथा बीच बीच में घण्टा हिलाना—स्पष्टतया यह तो एक प्रकार का रोग विशेष है।...स्वतन्त्र बनो, स्वतन्त्र बुद्धि से काम लेना सीखो—अन्यथा अमुक तन्त्र के अमुक अध्याय में घण्टे की लम्बाई का जो उल्लेख है, उससे हमें क्या लाभ ? प्रभु की इच्छा से लाखों तन्त्र, वेद, पुराणादि सब कुछ तुम्हारी वाणी से अपने आप निःसृत होंगे।... यदि कुछ करके दिखा सको, एक वर्ष के अन्दर यदि भारत के विभिन्न स्थलों में दो-चार हज़ार शिष्य बना सको, तब मैं तुम्हारी बहादुरी समझूंगा।...

क्या तुम उस छोकरे को जानते हो, जो कि सर मुड़ाकर तारक दादा के साथ बम्बई से रामेश्वर गया है ? वह अपने को श्री रामकृष्ण देव का शिष्य बतलाता है। तारक दादा उसे दीक्षा दे।...उसने न तो कभी अपने जीवन में उनको देखा और न सुना ही—फिर भी शिष्य ! वाह रे धृष्टता ! गुरु-परम्परा के बिना कोई भी कार्य नहीं हो सकता—क्या यह बच्चों का खेल है ? वैसे ही शिष्य हो गया—मूर्ख ! यदि वह क़ायदे से न चले, तो उसे निकाल बाहर करो। गुरु-परम्परा अर्थात् जो शक्ति गुरु से शिष्य में आती है तथा उनसे उनके शिष्यों म संक्रमित होती है—उसके बिना कुछ भी नहीं हो सकता। वैसे ही अपने को श्री रामकृष्ण देव का शिष्य कह देना--क्या यह तमाशा है ? जगमोहन ने पहले मुझसे कहा था कि एक व्यक्ति अपने को मेरा गुरुभाई बतलाता है, मुझे ऐसा प्रतीत होता है कि यह वही छोकरा है। अपने को गुरुभाई कहता है, क्योंकि शिष्य कहने में लज्जा आती है। एकदम गुरु बनना चाहता है ! यदि उसका आचरण ठीक न हो, तो उसे अलग कर देना।

किसी कार्य का न होना ही सुबोध तथा तुलसी की मानसिक अशान्ति का कारण है।...गाँव गाँव तथा घर घर में जाकर लोकहित एवं ऐसे कार्यों में आत्म-नियोग करो, जिससे कि जगत् का कल्याण हो सके। चाहे अपने को नरक में क्यों न जाना पड़े, परन्तु दूसरों की मुक्ति हो। मुझे अपनी मुक्ति की चिन्ता नहीं है। जब तुम अपने लिए सोचने लगोगे, तभी मानसिक अशान्ति आकर उपस्थित होगी। मेरे बच्चे, तुम्हें शान्ति की क्या आवश्यकता है ? जब तुम सब कुछ छोड़ चुके हो। आओ, अब शान्ति तथा मुक्ति की अभिलाषा को भी त्याग दो। किसी प्रकार की चिन्ता अवशिष्ट न रहने पाये ; स्वर्ग-नरक, भक्ति अथवा मुक्ति—किसी चीज़ की परवाह न करो। और जाओ, मेरे बच्चे, घर घर जाकर भगवन्नाम का प्रचार करो। दूसरों की भलाई से ही अपनी भलाई होती है, अपनी मुक्ति तथा भक्ति भी दूसरों की मुक्ति तथा भक्ति से ही सम्भव है, अतः उसीमें संलग्न हो जाओ, तन्मय रहो तथा उन्मत्त बनो। जैसे कि श्री रामकृष्ण देव तुमसे प्रीति करते थे, मैं तुमसे प्रीति करता हूँ, आओ, वैसे ही तुम भी जगत से प्रीति करो।

सबको एकत्र करो, गुणनिधि कहाँ है ? उसे अपने पास बुलाओ । उससे मेरी अनन्त प्रीति कहना । गुप्त कहाँ है ? यदि वह आना चाहे, तो आने दो । मेरे नाम से उसे अपने पास बुलाओ । निम्नलिखित बातों को ध्यान में रखो—

१. हम लोग संन्यासी हैं, भक्ति तथा भुक्ति-मुक्ति, सब कुछ हमारे लिए त्याज्य है ।

२. जगत् का कल्याण करना, प्राणिमात्र का कल्याण करना हमारा व्रत है, चाहे उससे मुक्ति मिले अथवा नरक, स्वीकार करो ।

३. जगत् के कल्याण के लिए श्री रामकृष्ण परमहंस देव का आविर्भाव हुआ था । अपनी अपनी भावनानुसार उनको तुम मनुष्य, ईश्वर, अवतार—जो कुछ कहना चाहो—कह सकते हो ।

४. जो कोई उनको प्रणाम करेगा, तत्काल ही वह स्वर्ण बन जायगा । इस सन्देश को लेकर तुम घर घर जाओ तो सही—देखोगे कि तुम्हारी सारी अशान्ति दूर हो गयी है । डरने की जरूरत नहीं—डरने का कारण ही कहाँ है ? तुम्हारी कोई आकांक्षा तो है नहीं—अब तक तुमने उनके नाम तथा अपने चरित्र का जो प्रचार किया है, वह ठीक है; अब संगठित होकर प्रचार करो प्रभु तुम्हारे साथ हैं, डरने की कोई बात नहीं ।

चाहे मैं मर जाऊँ या जीवित रहूँ, भारत लौटूँ या न लौटूँ, तुम लोग प्रेम का प्रचार करते रहो । प्रेम जो बन्धनरहित है । गुप्त को इस कार्य में जुटा दो । किन्तु यह याद रखना कि दूसरों को मारने के लिए अस्त्र-शस्त्र की आवश्यकता है । **सन्निमित्ते वरं त्यागो विनाशे नियते सति**—'मृत्यु जब अवश्यम्भावी है, तब सत्कार्य के लिए प्राणत्याग करना ही श्रेय है ।'

प्रमपूर्वक तुम्हारा,
विवेकानन्द

पुनश्च—पहली चिट्ठी की बात याद रखना—पुरुष तथा नारी, दोनों ही आवश्यक हैं । आत्मा में नारी-पुरुष का कोई भेद नहीं है; परमहंस देव को अवतार मात्र कह देने से ही काम न चलेगा, शक्ति का विकास आवश्यक है । गौरी माँ, योगिन माँ एवं गोलाप माँ कहाँ हैं ? हज़ारों की संख्या में पुरुष तथा नारी चाहिए, जो अग्नि की तरह हिमालय से कन्याकुमारी तथा उत्तरी ध्रुव से दक्षिणी ध्रुव तक तमाम दुनिया में फैल जायँगे । वह बच्चों का खेल नहीं है और न उसके लिए समय ही है । जो बच्चों का खेल खेलना चाहते हैं, उन्हें इसी समय पृथक् हो जाना चाहिए, नहीं तो आगे उनके लिए बड़ी विपत्ति खड़ी हो जायगी । हमें संगठन चाहिए, आलस्य को दूर कर दो, फैलो! फैलो! अग्नि की तरह चारों ओर फैल

जाओ। मुझ पर भरोसा न रखो, चाहे मैं मर जाऊँ अथवा जीवित रहूँ—तुम लोग प्रचार करते रहो।

विवेकानन्द

(श्री हरिदास बिहारीदास देसाई को लिखित)

शिकागो,

सितम्बर, १८९४

प्रिय दीवान जी साहब,

बहुत पहले ही आपका कृपापत्र मिला था, लेकिन चूंकि मेरे पास कुछ विशेष लिखने को नहीं था, मैंने उत्तर लिखने में देर की।

जी० डब्ल्यू० हेल के प्रति आपका कृपापूर्ण वक्तव्य बहुत ही आनन्द देनेवाला साबित हुआ, क्योंकि उनके प्रति मैं इतना भर ही ऋणी था। इस समय मैं पूरे इस देश की यात्रा कर रहा हूँ एवं सभी चीज़ों को देख रहा हूँ। मैं इस निष्कर्ष पर पहुँच गया हूँ कि संसार में केवल एक ही देश है, जो धर्म को समझ सकता है—वह है भारत; हिन्दू अपनी सम्पूर्ण बुराइयों के बावजूद नीति एवं अध्यात्म में दूसरे राष्ट्रों से बहुत ऊँचे हैं, एवं उसके निःस्वार्थी सुपुत्रों की समुचित सावधानी, प्रयास एवं संघर्ष के द्वारा पाश्चात्य देशों के वीरोचित तत्त्वों को हिन्दुओं के शान्त गुणों के साथ मिलाते हुए एक ऐसे मानव-समुदाय की सृष्टि की जा सकती है, जो इस संसार में अब तक पैदा हुई किसी भी जाति से यह समुदाय कई गुना महान् होगा।

मुझे पता नहीं कि मैं कब लौटूंगा, लेकिन इस देश की अधिकांश चीज़ों को मैंने देख लिया, अतः शीघ्र ही यूरोप और फिर भारत चला जाऊँगा।

आपके लिए एवं आपके भाइयों के लिए अपनी सर्वोत्तम कृतज्ञता एवं प्रेम के साथ,

आपका चिर विश्वस्त,

विवेकानन्द

(श्री हरिदास बिहारीदास देसाई को लिखित)

शिकागो,

सितम्बर, १८९४

प्रिय दीवान जी साहब,

मेरे स्वास्थ्य एवं सुख का समाचार जानने के लिए एक सज्जन को भेजकर आपने बहुत कृपा की। किन्तु वह तो आपके पितातुल्य चरित्र का एक अंश है। मैं यहाँ बिल्कुल ठीक हूँ। आपकी कृपा के अतिरिक्त अन्य किसी वस्तु की आकांक्षा

नहीं। आशा है, शीघ्र ही कुछ दिनों में आपके दर्शन करूँगा। ढलाव की तरफ़ जाने के लिए मुझे किसी सवारी की आवश्यकता नहीं है। उतार तो बहुत खराब है, किन्तु चढ़ना तो कार्य का सबसे कठिन अंश है, और संसार में सभी वस्तुओं के साथ यही सत्य है। आपके प्रति अपना आन्तरिक आभार।

भवदीय,
विवेकानन्द

(श्री आलासिंगा पेरुमल को लिखित)

संयुक्त राज्य अमेरिका,
२१ सितम्बर, १८९४

प्रिय आलासिंगा,

...मैं निरन्तर एक स्थान से दूसरे स्थान में भ्रमण करते हुए सतत कार्यरत हूँ, भाषण दे रहा हूँ, क्लास ले रहा हूँ आदि।

पुस्तक लिखने का मेरा संकल्प था, पर अभी तक उसकी एक पंक्ति भी मैं नहीं लिख पाया हूँ। सम्भवतः कुछ दिन बाद उसमें जुट सकूँगा। यहाँ पर उदार मतावलम्बियों तथा पक्के ईसाइयों में से कुछ लोग मेरे अच्छे मित्र बन चुके हैं। आशा है कि शीघ्र ही मैं भारत लौट सकूँगा। इस देश में तो पर्याप्त आन्दोलन हो चुका। खासकर अत्यधिक परिश्रम ने मुझे अत्यन्त दुर्बल बना दिया है। जनता के सामने अधिक भाषण देने तथा कहीं पर उपयुक्त विश्राम न लेकर निरन्तर एक स्थान से दूसरे स्थान का भ्रमण करने से ही यह दुर्बलता बढ़ी है। मैं इस व्यस्त, अर्थहीन तथा धनाकांक्षी जीवन की परवाह नहीं करता। इसलिए तुम समझ लो कि मैं शीघ्र ही लौटूँगा। यह सही है कि यहाँ के एक वर्ग का, जिसकी संख्या क्रमशः बढ़ती जा रही है, मैं अत्यन्त प्रिय बन चुका हूँ और वे अवश्य ही यह चाहेंगे कि मैं सदा यहीं रहूँ। किन्तु मैं सोचता हूँ कि अखबारी हो-हल्ला तथा आम लोगों में कार्य करने के फलस्वरूप बहुत कुछ ख्याति मिल चुकी, मैं इन चीज़ों की बिल्कुल परवाह नहीं करता।...

हमारी योजना के लिए अब यहाँ से धन मिलने की आशा नहीं है। आशा करनी व्यर्थ है। किसी देश के अधिकांश लोग मात्र सहानुभूतिवश कभी किसीका उपकार नहीं करते। ईसाई देशों में वास्तव में जो लोग सत्कार्य के लिए रुपया देते हैं, बहुधा वे पुरोहित-प्रपंच अथवा नरक जाने के भय से ही उस कार्य को करते हैं। जैसा कि हमारे यहाँ की बंगाली कहावत है—'गाय मारकर उसके चमड़े से जूता बनाकर ब्राह्मण को जूता दान करना।'—यहाँ पर भी उसी प्रकार का दान अधिक है। प्रायः सभी जगह ऐसा ही होता है। दूसरे, हमारी जाति की तुलना

में पाश्चात्य देशवासी अधिक कंजूस हैं। मेरा तो यह विश्वास है कि एशिया के लोग संसार की सब जातियों में अधिक दानशील हैं, केवल वे सबसे अधिक गरीब हैं।

मैं कुछ महीनों के लिए न्यूयार्क जा रहा हूँ। वह शहर मानों सम्पूर्ण संयुक्त राज्य का मस्तक, हाथ तथा कोषागारस्वरूप है ; यह अवश्य है कि बोस्टन को 'ब्राह्मणों का शहर' (विद्या-चर्चा का प्रधान स्थान) कहा जाता है और यहाँ अमेरिका में हज़ारों व्यक्ति ऐसे हैं, जो मेरे प्रति सहानुभूति रखते हैं।...न्यूयार्क के लोग बड़े खुले दिल के हैं। वहाँ पर मेरे कुछ विशिष्ट प्रभावशाली मित्र हैं। देखना है कि वहाँ कहाँ तक मुझे सफलता मिलती है। अंततः इस भाषण-कार्य से दिन-प्रतिदिन मैं ऊबता जा रहा हूँ। उच्चतर आध्यात्मिक को हृदयंगम करने के लिए अभी पाश्चात्य देशवासियों को बहुत समय लगेगा। अभी उनके लिए सब कुछ पौण्ड, शिलिंग और पेंस ही है। यदि किसी धर्म के आचरण से धन की प्राप्ति हो, रोग दूर होते हों, सौन्दर्य तथा दीर्घ जीवन लाभ की सम्भावना हो, तभी वे उस ओर झुकेंगे, अन्यथा नहीं।

बालाजी, जी० जी० तथा हमारे अन्य मित्रों से मेरा आन्तरिक प्यार कहना।

तुम्हारा चिरस्नेहाबद्ध,
विवेकानन्द

(श्री सिंगारावेलू मुदालियर को लिखित)

संयुक्त राज्य अमेरिका,
२१ सितम्बर, १८९४

प्रिय किडी,

इतने शीघ्र संसार त्यागने का तुम्हारा संकल्प सुनकर मैं अत्यन्त दुःखित हूँ। पकने पर फल पेड़ से स्वतः ही गिर जाता है। अतः समय की प्रतीक्षा करो। जल्दबाज़ी मत करो। इसके अतिरिक्त किसी प्रकार का मूर्खतापूर्ण आचरण कर दूसरों को कष्ट देने का अधिकार किसीको नहीं है। प्रतीक्षा करो, सब्र रखो, समय पर सब ठीक हो जायगा।

बालाजी, जी० जी० तथा हमारे अन्य मित्रों से मेरा हार्दिक प्यार कहना। तुम्हें भी अनन्त काल के लिए मेरा प्यार।

आशीर्वाद सहित, तुम्हारा,
विवेकानन्द

(गुरुभाइयों के लिए लिखित)

न्यूयार्क,
२५ सितम्बर, १८९४

कल्याणीय,

तुम लोगों के कई पत्र मिले। शशि आदि जो तहलका मचाये हुए हैं, यह जानकर मुझे बड़ी ख़ुशी होती है। हमें तहलका मचाना ही होगा, इससे कम में किसी तरह नहीं चल सकता। इस तरह सारी दुनिया भर में प्रलय मच जायगी, वाह गुरु की फ़तह ! अरे भाई, **श्रेयांसि बहुविघ्नानि**—महान् कार्यों में कितने ही विघ्न आते हैं—उन्हीं विघ्नों की रेल-पेल में आदमी तैयार होता है। चारु को अब मैं समझ गया हूँ। जब वह लड़का था, मैंने उसे देखा था, इसीलिए उसका मतलब नहीं भाँप सका था। उसे मेरा अनेक आशीर्वाद कहना। अरे, मोहन, यह मिशनरी-फ़िशनरी का काम थोड़े ही है, जो यह धक्का सँभाले ? अब मिशनरियों के सर पर मानो विपत्ति आ गयी है, जो बड़े बड़े पादरी बड़ी बड़ी कोशिशें कर रहे हैं। लेकिन क्या इस 'गिरि गोवर्द्धन' को हिला सकते हैं भला ? बड़े बड़े बह गये, अब क्या वह गड़रिये का काम है, जो थाह ले ? यह सब नहीं चलने का भैया, कोई चिन्ता न करना। सभी कामों में एक दल वाहवाही देता है, तो दूसरा नुक़्स निकालता है। अपना काम करते जाओ, किसीकी बात का जवाब देने से क्या काम ? **सत्यमेव जयते नानृतं, सत्येनैव पन्था विततो देवयानः।** (सत्य की ही विजय होती है, मिथ्या की नहीं, सत्य से ही देवयान मार्ग की गति मिलती है।) गुरुप्रसन्न बाबू को एक पत्र लिख रहा हूँ। मोहन, रुपये की फ़िक्र न करो। धीरे धीरे सब होगा।

इस देश में ग्रीष्मकाल में सब समुद्र के किनारे चले जाते हैं, मैं भी गया था। यहाँवालों को नाव खेने और 'याट' चलाने का रोग है। 'याट' एक प्रकार का हल्का जहाज़ होता है और यह यहाँ के लड़के, बूढ़े तथा जिस किसीके पास धन है, उसीके पास है। उसीमें पाल लगाकर वे लोग प्रतिदिन समुद्र में डाल देते हैं; और खाने-पीने और नाचने के लिए घर लौटते हैं; और गाना-बजाना तो दिन-रात लगा ही रहता है। पियानो के मारे घर में टिकना मुश्किल हो जाता है।

हाँ, तुम जिन जी० डब्ल्यू० हेल के पते पर चिट्ठियाँ भेजते हो, उनकी भी कुछ बातें लिखता हूँ। वे वृद्ध हैं और उनकी वृद्धा पत्नी हैं। दो कन्याएँ हैं, दो भतीजियाँ और एक लड़का। लड़का नौकरी करता है, इसलिए उसे दूसरी जगह रहना पड़ता है। लड़कियाँ घर पर रहती हैं। इस देश में लड़की का रिश्ता ही रिश्ता है। लड़के का विवाह होते ही वह और हो जाता है, कन्या के पति की अपनी

स्त्री से मिलने के लिए प्रायः उसके बाप के घर जाना पड़ता है। यहाँवाले कहते हैं—

Son is son till he gets a wife;
The daughter is daughter all her life.[1]

चारों कन्याएँ युवती और अविवाहित हैं। विवाह होना इस देश में महा कठिन काम है। पहले तो, मन के लायक़ वर हो, दूसरे धन हो! लड़के यारी में तो बड़े पक्के हैं, परन्तु पकड़ में आने के वक़्त नौ दो ग्यारह! लड़कियाँ नाच-कूदकर किसीको फँसाने की कोशिश करती हैं, लड़के जाल में पड़ना नहीं चाहते। आख़िर इस तरह 'लव' हो जाता है, तब शादी होती है। यह हुई साधारण बात, परन्तु हेल की कन्याएँ रूपवती हैं, बड़े आदमी की कन्याएँ हैं, विश्वविद्यालय की छात्राएँ हैं, नाचने, गाने और पियानो बजाने में अद्वितीय हैं। कितने ही लड़के चक्कर मारते हैं, लेकिन उनकी नज़र में नहीं चढ़ते। जान पड़ता है, वे विवाह नहीं करेंगी, तिस पर अब मेरे साथ रहने के कारण महावैराग्य सवार हो गया है। वे इस समय ब्रह्मचिन्ता में लगी रहती हैं।

दोनों कन्याओं के बाल सुनहले हैं, और दोनों भतीजियों के काले। ये 'जूते सीने से चंडी पाठ' तक सब जानती हैं। भतीजियों के पास उतना धन नहीं है, उन्होंने एक किंडरगार्टन स्कूल खोला है, लेकिन कन्याएँ कुछ नहीं कमातीं। कोई किसीके भरोसे नहीं रहता। करोड़पतियों के पुत्र भी रोज़गार करते हैं, विवाह करके अलग किराये का मकान लेकर रहते हैं। कन्याएँ मुझे दादा कहती हैं, मैं उनकी माँ को माँ कहता हूँ। मेरा सब सामान उन्हींके घर में है। मैं कहीं भी जाऊँ, वे उसकी देखभाल करती हैं। यहाँ के सब लड़के बचपन से ही रोज़गार में लग जाते हैं और लड़कियाँ विश्वविद्यालय में पढ़ती-लिखती हैं, इसलिए यहाँ की सभाओं में ९० फ़ी सदी स्त्रियाँ रहती हैं, उनके आगे लड़कों की दाल नहीं गलती।

इस देश में पिशाच-विद्या के पंडित बहुत हैं। माध्यम (medium) उसे कहते हैं, जो भूत बुलाता है। वह एक पर्दे की आड़ में जाता है और पर्दे के भीतर से भूत निकलते रहते हैं, बड़े-छोटे हर रंग के! मैंने भी कई भूत देखे, परन्तु

---

१. लड़का तभी तक लड़का है, जब तक उसका विवाह नहीं होता, परन्तु कन्या जीवन भर कन्या ही है।

यह मुझे झाँसा-पट्टी ही जान पड़ती है। और भी कुछ देखने के बाद मैं निश्चित रूप से निर्णय लूँगा। उस विद्या के पण्डित मुझ पर बड़ी श्रद्धा रखते हैं।

दूसरा है क्रिश्चियन सायन्स—यहा आजकल सबसे बड़ा दल है, सर्वत्र इसका प्रभाव है। ये खूब फैल रहे हैं और कट्टरतावादियों की छाती में शूल से चुभ रहे हैं। ये वेदान्ती हैं, अर्थात् अद्वैतवाद के कुछ मतों को लेकर उन्हींको बाइबिल में घुसेड़ दिया है और 'सोऽहम् सोऽहम्' कहकर रोग अच्छा कर देते हैं—मन की शक्ति से। ये सभी मेरा बड़ा आदर करते हैं।

आजकल यहाँ कट्टरपंथी ईसाई 'त्राहि माम्' मचाये हुए हैं। प्रेतोपासना (devil worship)[१] की अब जड़ सी हिल गयी है। वे मुझे यम जैसा देखते हैं। और कहते हैं, "यह पापी कहाँ से टपक पड़ा, देश भर की नर-नारियाँ इसके पीछे लगी फिरती हैं—यह कट्टरपंथियों की जड़ ही काटना चाहता है।" आग लग गयी है भैया, गुरु की कृपा से जो आग लगी है, वह बुझने की नहीं। समय आयेगा, जब कट्टरवादियों का दम निकल जायगा। अपने यहाँ बुलाकर बेचारों ने एक मुसीबत मोल ले ली है, ये अब यह महसूस करने लगे हैं!

थियोसॉफिस्टों का ऐसा कुछ दबदबा नहीं है, किन्तु वे भी कट्टरवादियों के पीछे पड़े हुए हैं।

यह क्रिश्चियन सायन्स ठीक हमारे देश के कर्ताभजा[२] सम्प्रदाय की तरह है। कहो कि रोग नहीं है—बस, अच्छे हो गये, ओर कहो, 'सोऽहम्'—बस, तुम्हें छुट्टी, खाओ, पियो और मौज करो। यह देश घोर भौतिकवादी है। ये क्रिश्चियन देश के लोग बीमारी अच्छी करो, करामात दिखलाओ, पैसे कमाने का रास्ता बताओ, तब धर्म मानते हैं, इसके सिवा और कुछ नहीं समझते। परन्तु कोई कोई अच्छे हैं। जितने बदमाश, लुच्चे, पाखंडी, मिशनरी हैं, उन्हें ठगकर पैसे कमाते हैं और इस तरह उनका पाप-मोचन करते हैं। यहाँ के लोगों के लिए मैं एक नये प्रकार का आदमी हूँ। कट्टरतावादियों तक की अक़्ल गुम है। और लोग अब मुझे श्रद्धा की दृष्टि से देखने लगे हैं। ब्रह्मचर्य, पवित्रता से बढ़कर क्या और शक्ति है!

मैं इस समय मद्रासियों के अभिनन्दन का, जिसे छापकर यहाँ के समाचार-पत्रवालों ने ऊधम मचा दिया था, जवाब लिखने में लगा हूँ। अगर सस्ते में ही हो

---

१. **प्रेतोपासना: कट्टरपंथी ईसाई लोग हिन्दू तथा अन्य धर्मावलम्बी लोगों को प्रेतोपासक कहकर घृणा करते हैं।**

२. **यह पतनशील वैष्णव मत की एक शाखा है। इसके अनुयायी ईश्वर को 'कर्ता' कहते हैं और झाड़-फूंक द्वारा रोग दूर करने के लिए प्रसिद्ध हैं।**

जाय, तो छपवाकर भेजूंगा। यदि महँगा होगा, तो टाइप करवाकर भेजूंगा। तुम्हारे पास भी एक कापी भेजूंगा, 'इंडियन मिरर' में छपा देना। इस देश की अविवाहित कन्याएँ बड़ी अच्छी हैं। उनमें आत्म-सम्मान है।...ये विरोचन के वंशज हैं। शरीर ही इनका धर्म है, उसीको माँजते-धोते हैं, उसी पर सारा ध्यान लगाते हैं। नख काटने के कम से कम हज़ार औज़ार हैं, बाल काटने के दस हज़ार और कपड़े, पोशाक, तेल-फुलेल का तो ठिकाना ही नहीं!...ये भले आदमी, दयालु और सत्यवादी हैं। सब अच्छा है, परन्तु 'भोग' ही उनके भगवान् हैं, जहाँ धन की नदी, रूप की तरंग, विद्या की वीचि, और विलास का जमघट है।

कांक्षन्तः कर्मणां सिद्धि यजन्त इह देवताः।
क्षिप्रं हि मानुषे लोके सिद्धिर्भवति कर्मजा ॥

—'कर्म की सिद्धि की आकांक्षा करके इस लोक में देवताओं का यजन किया जाता है। कर्मजनित सिद्धि मनुष्य लोक में बहुत जल्दी मिलती है।'[1]

यहाँ अद्‌भुत चरित्र, बल और शक्ति का विकास है—कितना बल, कैसी कार्यकुशलता, कैसी ओजस्विता! हाथी जैसे घोड़े बड़े बड़े मकान जैसी गाड़ियाँ खींच रहे हैं। इस विशालकाय पैमाने को तुम दूसरी चीज़ों में भी नमूने के तौर पर ले सकते हो। यहाँ महाशक्ति का विकास है—ये सब वाममार्गी हैं। उसीकी सिद्धि यहाँ हुई, और क्या है? खैर—इस देश की नारियों को देखकर मेरे तो होश उड़ गये हैं। मुझे बच्चे की तरह घर-बाहर, दूकान-बाज़ार में लिये फिरती हैं। सब काम करती हैं। मैं उसका चौथाई का चौथाई हिस्सा भी नहीं कर सकता! ये रूप में लक्ष्मी और गुण में सरस्वती हैं—ये साक्षात् जगदम्बा हैं, इनकी पूजा करने से सर्वसिद्धि मिल सकती है। अरे, राम भजो, हम भी भले आदमी हैं? इस तरह की माँ जगदम्बा अगर अपने देश में एक हज़ार तैयार करके मर सकूँ, तो निश्चिन्त होकर मर सकूँगा। तभी तुम्हारे देश के आदमी आदमी कहलाने लायक हो सकेंगे। तुम्हारे देश के पुरुष इस देश के नारियों के पास भी आने योग्य नहीं हैं—तुम्हारे देश की नारियों की बात तो अलग रही! हरे हरे, कितने महापापी हैं! दस साल की कन्या का विवाह कर देते हैं! हे प्रभु! हे प्रभु! किमधिकमिति।

मैं इस देश की महिलाओं को देखकर आश्चर्यचकित हो जाता हूँ। माँ जगदम्बा की यह कैसी कृपा है! ये क्या महिलाएँ हैं? बाप रे! मर्दों को एक कोने में

---

१. गीता ॥४।१२॥

ठूंस देना चाहती हैं। मर्द ग़ोते खा रहे हैं। माँ, तेरी ही कृपा है। गोलाप माँ जैसा कर रही हैं, उससे मैं बहुत प्रसन्न हूँ। गोलाप माँ या गौरी माँ उनको मंत्र क्यों नहीं दे रही हैं? स्त्री-पुरुष-भेद की जड़ नहीं रखूंगा। अरे, आत्मा में भी कहीं लिंग का भेद है? स्त्री और पुरुष का भाव दूर करो, सब आत्मा है। शरीराभिमान छोड़कर खड़े हो जाओ। अस्ति अस्ति कहो, नास्ति नास्ति करके तो देश गया! सोऽहम्, सोऽहम्, शिवोऽहम्। कैसा उत्पात! हरेक आत्मा में अनंत शक्ति है। अरे अभागे, नहीं नहीं करके क्या तुम कुत्ता-बिल्ली हो जाओगे? कौन नहीं है? क्या नहीं है? किसके नहीं है? शिवोऽहम् शिवोऽहम्। नहीं नहीं सुनने पर मेरे सिर पर वज्रपात होता है। राम! राम! बकते बकते मेरी जान चली गयी। यह जो दीन-हीन भाव है, वह एक बीमारी है—क्या यह दीनता है?—यह गुप्त अहंकार है। **न लिंगं धर्मकारणं, समता सर्वभूतेषु एतन्मुक्तस्य लक्षणम्। अस्ति, अस्ति, अस्ति; सोऽहम् सोऽहम्; चिदानन्दरूपः शिवोऽहम् शिवोऽहम्। निर्गच्छति जगज्जालात् पिंजरादिव केसरी।**[1] बुज़दिली करोगे, तो हमेशा पिसते रहोगे। **नायमात्मा बलहीनेन लभ्यः।**[2] शशि! बुरा मत मानना, कभी कभी मैं नर्वस हो जाता हूँ। तब दो-चार शब्द कह देता हूँ। तुम तो मुझे जानते ही हो। तुम कट्टर नहीं हो, इसकी मुझे खुशी है। बर्फ़ की चट्टान (avalanche) की तरह दुनिया पर टूट पड़ो—दुनिया चट चट करके फट जाय—हर हर महादेव! **उद्धरेदात्मनात्मानम्** (अपने ही सहारे अपना उद्धार करना पड़ेगा)।

रामदयाल बाबू ने मुझे एक पत्र लिखा है, और तुलसीराम बाबू का एक पत्र मिला। राजनीति में भाग मत लेना। तुलसीराम बाबू राजनीति विषयक पत्र न लिखें। जनता के आदमी को अनावश्यक रूप से शत्रु नहीं बनना चाहिए।...इस तरह का दिन क्या कभी आयेगा कि परोपकार के लिए जान जायगी। दुनिया बच्चों का खिलवाड़ नहीं है और बड़े आदमी वे हैं, जो अपने हृदय के रक्त से दूसरों का रास्ता तैयार करते हैं—अनन्त काल से यही होता आया है—एक आदमी अपना शरीर पात करके एक सेतु का निर्माण करता है, और हज़ारों आदमी उसके

---

१. बाहरी चिह्न धर्म के कारण नहीं हैं। सर्वभूतों में समता रखना ही मुक्त पुरुषों का लक्षण है। (कहो) अस्ति अस्ति, वह मैं ही हूँ, वह मैं ही हूँ, मैं चिदानन्दस्वरूप शिव हूँ। जिस तरह सिंह पिंजरे से निकलता है, उसी तरह जगज्जाल से वे भी निकल पड़ते हैं।

२. दुर्बल मनुष्य इस आत्मा को प्राप्त नहीं कर सकता।

ऊपर से नदी पार करते हैं। एवमस्तु एवमस्तु, शिवोऽहम् शिवोऽहम्। रामदयाल बाबू के कथनानुसार सौ फोटोग्राफ भेज दूँगा। वे बेचना चाहते हैं। रुपया मुझे भेजने की आवश्यकता नहीं। उसे मठ को देने को कहो। यहाँ मेरे पास प्रचुर धन है, कोई कमी नहीं!...वह यूरोप-यात्रा तथा पुस्तक-प्रकाशन के लिए हैं। यह पत्र प्रकाशित न करना।

आशीर्वादक
नरेन्द्र

पुनश्च—

मुझे मालूम होता है कि अब काम ठीक चलेगा। सफलता से ही सफलता मिलती है। शशि! दूसरों में जागृति उत्पन्न करो, यही तुम्हारा काम है। क० विषय-बुद्धि में बड़ा पक्का है। काली को प्रबन्धक बनाओ। माता जी[1] के लिए एक निवास-स्थान का प्रबंध कर सकने पर मैं बहुत कुछ निश्चिन्त हो जाऊँगा। समझे? दो-तीन हज़ार रुपये तक ख़रीदने लायक़ कोई ज़मीन देखो। ज़मीन थोड़ी बड़ी होनी चाहिए। पहले कम से कम मिट्टी का मकान तैयार करो, बाद में वहाँ एक भवन निर्मित हो जायगा। शीघ्र ही ज़मीन ढूँढ़ो। मुझे पत्र लिखना। कालीकृष्ण बाबू से पूछना कि मैं किस तरह रक़म भेजूँ—कुक कम्पनी के द्वारा, किस तरह? यथाशीघ्र यह काम करो। यह होने पर मैं बहुत कुछ निश्चिन्त हो जाऊँगा। ज़मीन बड़ी होनी चाहिए, बाक़ी सब बाद में देखा जायगा। हम लोगों के लिए कोई फ़िक्र नहीं, धीरे धीरे सब ठीक हो जायगा। कलकत्ते के जितने समीप होगी, उतना ही अच्छा। एक बार निवास-स्थान ठीक हो जाने पर माता जी को केन्द्र बनाकर गौरी माँ, गोलाप माँ को भी कार्य की धूम मचा देनी होगी।

यह खुशी की बात है कि मद्रास में खूब तहलका मचा हुआ है।

सुना था, तुम लोग एक मासिक पत्रिका निकालनी चाहते हो, उसकी क्या ख़बर है? सबके साथ मिलना होगा, किसीके पीछे पड़ने से काम नहीं होगा। All the powers of good against all the powers of evil. (अशुभ शक्तियों के विरुद्ध शुभ शक्तियों का प्रयोग करना होगा)—असल बात यही है।

---

१. श्री रामकृष्ण देव की लीलासहधर्मिणी परमाराध्या श्री माँ सारदा देवी।

विजय बाबू का यथासंभव आदर-यत्न करना। Do not insist upon everybody's believing in your Guru. हमारे गुरु पर जबरदस्ती विश्वास करने के लिए लोगों से मत कहना। गोलाप माँ को मैं अलग से एक चिट्ठी लिख रहा हूँ, उसे पहुँचा देना। अभी इतना समझ लो-—शशि को घर छोड़कर बाहर नहीं जाना है। काली को प्रबन्ध-कार्य देखना है और पत्र-व्यवहार करना है। सारदा, शरत् या काली, इनमें से एक न एक मठ में ज़रूर रहे। जो बाहर जायँ, उन्हें चाहिए कि मठ से सहानुभूति रखनेवालों का मठ से सम्पर्क स्थापित करा दें। काली, तुम लोगों को एक मासिक पत्रिका का सम्पादन करना होगा। उसमें आधी बंगला रहेगी, आधी हिन्दी और हो सके तो, एक अंग्रेज़ी में भी। ग्राहकों को इकट्ठा करने में कितना दिन लगता है? जो मठ से बाहर हैं, उन्हें पत्रिका का ग्राहक बनाने के लिए प्रयत्न करना चाहिए। गुप्त से हिन्दी भाग सँभालने को कहो, हीं तो हिन्दी में लिखनेवाले बहुत लोग मिल जायँगे। केवल घूमते रहने से क्या होगा? जहाँ भी जाओ, वहीं तुम्हें एक स्थायी प्रचार-केन्द्र खोलना होगा। तभी व्यक्तियों में परिवर्तन आयेगा। मैं एक पुस्तक लिख रहा हूँ। इसके समाप्त होते ही बस, एक ही दौड़ में घर आ जाऊँगा। अब मैं बहुत नर्वस हो गया हूँ। कुछ दिन शान्ति से बैठने की जरूरत है। मद्रासवालों से हमेशा पत्र व्यवहार करते रहना। जगह जगह संस्कृत पाठशालाएँ खोलने का प्रयत्न करना। शेष भगवान् के ऊपर है। सदा याद रखो कि श्री रामकृष्ण संसार के कल्याण के लिए आये थे—नाम या यश के लिए नहीं। वे जो कुछ सिखाने आये थे, केवल उसीका प्रसार करो। उनके नाम की चिन्ता न करो—वह अपने आप ही होगा। 'हमारे गुरुदेव को मानना ही पड़ेगा,' इस पर ज़ोर देते ही दलबन्दी पैदा होगी और सब सत्यानाश हो जायगा, इसलिए सावधान! सभी से मधुर भाषण करना, गुस्सा करने से ही सब काम बिगड़ता है। जिसका जो जी चाहे, कहे, अपने विश्वास में दृढ़ रहो—दुनिया तुम्हारे पैरों तले आ जायगी, चिन्ता मत करो। लोग कहते हैं—"इस पर विश्वास करो, उस पर विश्वास करो", मैं कहता हूँ—"पहले अपने आप पर विश्वास करो।" यही सही रास्ता है। Have faith in yourself, all power is in you—be conscious and bring it out. (अपने पर विश्वास करो—सब शक्ति तुममें है—इसे जान लो और उसे विकसित करो।) कहो, "हम सब कुछ कर सकते हैं।" 'नहीं नहीं कहने से साँप का विष भी नहीं हो जाता है।' खबरदार, No 'नहीं नहीं', कहो, 'हाँ हाँ,' 'सोऽहम् सोऽहम्।'

किन्नाम रोदिषि सखे त्वयि सर्वशक्तिः
आमन्त्रयस्व भगवन् भगदं स्वरूपम्।

त्रैलोक्यमेतदखिलं तव पादमूले
आत्मैव हि प्रभवते न जडः कदाचित् ॥[१]

अप्रतिहत शक्ति के साथ कार्य का आरम्भ कर दो। भय क्या है? किसकी शक्ति है, जो बाधा डाले? कुर्मस्तारकचर्वणम् त्रिभुवनमुत्पाटयामो बलात्। किं भो न विजानास्यस्मान्—रामकृष्णदासा वयम्।[२] भय? किसका भय? किन्हें भय?

क्षीणा स्म दीनाः सकरुणा जल्पन्ति मूढ़ा जनाः
नास्तिक्यन्त्विदन्तु अहह देहात्मवादातुराः।
प्राप्ताः स्म वीरा गतभया अभयं प्रतिष्ठां यदा
आस्तिक्यन्त्विदन्तु चिनुमः रामकृष्णदासा वयम ॥
पीत्वा पीत्वा परमपीयूषं वीतसंसाररागाः
हित्वा हित्वा सकलकलहप्रापिणीं स्वार्थसिद्धिम्।
ध्यात्वा ध्यात्वा श्रीगुरुचरणं सर्वकल्याणरूपं
नत्वा नत्वा सकलभुवनं पातुमामन्त्रयामः ॥
प्राप्तं यद्वै त्वनादिनिधनं वेदार्दधिं मथित्वा
दत्तं यस्य प्रकरणे हरिहरब्रह्मादिदेवैर्बलम्।
पूर्णं यत्तु प्राणसारैर्भौमनारायणानां
रामकृष्णस्तनुं धत्ते तत्पूर्णपात्रमिदं भोः ॥[३]

---

१. हे सखे, तुम क्यों रो रहे हो? सब शक्ति तो तुम्हीं में है। हे भगवन्, अपना ऐश्वर्यमय स्वरूप विकसित करो। ये तीनों लोक तुम्हारे पैरों के नीचे हैं। जड़ की कोई शक्ति नहीं—प्रबल शक्ति आत्मा की ही है।

२. हम तारों को अपने दाँतों से पीस सकते हैं, तीनों लोकों को बलपूर्वक उखाड़ सकते हैं। हमें नहीं जानते? हम श्री रामकृष्ण के दास हैं।

३. जो लोग देह को आत्मा मानते हैं वे ही करुण कण्ठ से कहते हैं—हम क्षीण हैं, हम दीन हैं; यह नास्तिकता है। हम लोग जब अभयपद पर स्थिर हैं, तो हम भयरहित वीर क्यों न हों, यही आस्तिकता है। हम रामकृष्ण के दास हैं।

संसार में आसक्ति से रहित होकर, सब कलहों की जड़ स्वार्थ का त्याग करके परम अमृत का पान करते हुए, सर्वकल्याणस्वरूप श्री गुरु के चरणों का ध्यान कर, समस्त संसार को नतमस्तक होकर उस अमृत का पान करने के लए बुला रहे हैं। (अगले पृष्ठपर देखिए)

अंग्रेज़ी पढ़े-लिखे युवकों के साथ हमें कार्य करना होगा। **त्यागेनैकेन अमृतत्वमानशुः**—'एकमात्र त्याग के द्वारा अमृतत्व की प्राप्ति होती है।' त्याग, त्याग—इसीका अच्छी तरह प्रचार करना होगा। त्यागी हुए बिना तेजस्विता नहीं आने की। कार्य आरम्भ कर दो। यदि तुम एक बार दृढ़ता से कार्यारम्भ कर दो, तो मैं कुछ विश्राम ले सकूँगा।...आज मद्रास से अनेक समाचार प्राप्त हुए हैं। मद्रासवाले तहलका मचा रहे हैं। मद्रास में हुई सभा का समाचार 'इंडियन मिरर' में छपवा दो।...

बाबूराम और योगेन इतना कष्ट क्यों भोग रहे हैं? शायद दीन-हीन भाव की ज्वाला से। बीमारी-फीमारी सब झाड़ फेंकने को कहो—घण्टे भर के भीतर सब बीमारी हट जायगी। आत्मा को भी कभी बीमारी जकड़ती है? कहो कि घण्टा भर बैठकर सोचे, मैं आत्मा हूँ—फिर मुझे कैसा रोग? सब दूर हो जायगा। तुम सब सोचो, हम अनन्त बलशाली आत्मा हैं, फिर देखो, कैसा बल मिलता है। कैसा दीन भाव? मैं ब्रह्ममयी का पुत्र हूँ। कैसा रोग, कैसा भय, कैसा अभाव? दीन-हीन भाव फूंक मारकर विदा कर दो। सब अच्छा हो जायगा। No negative, all positive, affirmative. I am, God is and everything is in me. I will manifest health, purity, knowledge, whatever I want. ('नास्ति' का भाव न रहे, सबमें 'अस्ति' का भाव चाहिए। कहो, मैं हूँ, ईश्वर है, और सब कुछ मुझमें है। मेरे लिए जो कुछ चाहिए—स्वास्थ्य, पवित्रता, ज्ञान—सब मैं अवश्य अपने भीतर से अभिव्यक्त करूँगा।) अरे, ये विदेशी मेरी बातें समझने लगे और तुम लोग बैठे बैठे दीनता-हीनता की बीमारी में कराहते हो? किसकी बीमारी?—कैसी बीमारी? झाड़ फेंको। दीनता-हीनता की ऐसी-तैसी! हमें यह नहीं चाहिए। **वीर्यमसि वीर्यं, बलमसि बलम्, ओजोऽसि ओजो, सहोऽसि सहो मयि धेहि।** 'तुम वीर्यस्वरूप हो, मुझे वीर्य दो; तुम बलस्वरूप हो, मुझे बल दो; तुम ओजःस्वरूप हो, मुझे ओज दो; तुम सहिष्णुतास्वरूप हो, मुझे सहिष्णुता दो।' प्रतिदिन पूजा के समय यह जो आसन-प्रतिष्ठा है—**आत्मानं अच्छिद्रं भावयेत्**—'आत्मा को अच्छिद्र सोचना चाहिए'—इसका क्या अर्थ है?... कहो—हमारे भीतर सब कुछ है—इच्छा होने ही से प्रकाशित होगा। तुम

अनादि अनन्त वेदरूप समुद्र का मन्थन करके जो कुछ मिला है, ब्रह्मा-विष्णु-महेश आदि देवताओं ने जिसमें अपनी शक्ति का नियोग किया है, जिसे पार्थिव नारायण कहना चाहिए अर्थात् जो भगवदवतारों के प्राणों के सार पदार्थ द्वारा पूर्ण है, श्री रामकृष्ण ने अमृत के पूर्ण पात्रस्वरूप उसी देह को धारण किया है।

अपने मन ही मन कहो—बाबूराम, योगेन आत्मा हैं—वे पूर्ण हैं, उन्हें फिर रोग कैसा ? घण्टे भर के लिए दो-चार दिन तक कहो तो सही, सब रोग-शोक छूट जायँगे। किमधिकमिति।

साशीर्वाद,
नरेन्द्र

(कुमारी ईसाबेल मैक्किंडली को लिखित)

बोस्टन,
२६ सितम्बर, १८९४

प्रिय बहन,

तुम्हारा पत्र—भारत की डाक के साथ—अभी अभी मिला।

भारत से समाचारपत्रों की कतरनों का एक पोथा मेरे पास भेजा गया है। मैं इन्हें तुम्हारे पास—अवलोकन तथा संरक्षण के हेतु भेज रहा हूँ।

मैं पिछले कई दिनों से भारत के लिए पत्र लिखने में व्यस्त हूँ, कुछ दिन और बोस्टन में रहूँगा।

प्यार तथा आशीर्वाद के साथ—

तुम्हारा चिर स्नेहाबद्ध,
विवेकानन्द

(श्रीमती ओलि बुल को लिखित)

होटल बेल्लेवुये, यूरोपियन प्लान,
बेकन स्ट्रीट,
बोस्टन,
२६ सितम्बर, १८९४

प्रिय श्रीमती बुल,

मुझे आपके दोनों कृपापत्र मिले। शनिवार के दिन मेलरोज़ वापस जाकर सोमवार तक मुझे वहाँ रहना पड़ेगा। मंगलवार को मैं आपके यहाँ आऊँगा। किन्तु ठीक किस स्थल पर आपका मकान है, यह मुझे याद नहीं रहा, यदि आप मुझे इसका विवरण लिखने का कष्ट करें, तो बहुत ही अनुग्रह होगा। मेरे प्रति आपका जो अनुग्रह है, उसके लिए कृतज्ञता ज्ञापित करने की भाषा मेरे पास नहीं है; क्योंकि आप जो सहायता प्रदान करना चाहती हैं, मैं ठीक उसी की खोज में था, अर्थात्

लिखने के लिए कोई शान्त स्थान। आप जितना स्थान कृपापूर्वक मुझे देना चाहती हैं, उससे कम स्थान में ही मेरा काम चल जायगा। कहीं भी मैं अपने हाथ-पैरों को समेटकर आराम से रह सकूँगा।

आपका चिर विश्वस्त,
विवेकानन्द

(श्री आलासिंगा पेरुमल को लिखित)

संयुक्त राज्य अमेरिका,
२७ सितम्बर, १८९४

प्रिय आलासिंगा,

. . .मेरे व्याख्यानों और उपदेशों की पुस्तकें, जो कलकत्ते में छप रही हैं, उनमें मैं एक बात पाता हूँ। इनमें से कुछ इस तरह छापी जा रही हैं, जिसमें से राजनीतिक विचारों की गंध आती मालूम देती है। परन्तु मैं न राजनीतिज्ञ हूँ, न राजनीतिक आन्दोलन खड़ा करनेवालों में से हूँ। मैं केवल आत्मतत्त्व की चिन्ता करता हूँ—जब वह ठीक होगा, तो सब काम अपने आप ठीक हो जायँगे।. . .इसलिए कलकत्तानिवासियों को तुम सावधान कर दो कि मेरे लेखों या उपदेशों पर राजनीतिक अर्थ का मिथ्या आरोप न करें। क्या बकवास है!. . .मैंने सुना है कि रेवरेण्ड कालीचरण बनर्जी ने ईसाई धर्मोपदेशकों के सामने व्याख्यान देते हुए कहा कि मैं राजनीतिक प्रतिनिधि हूँ। यदि यह बात खुल्लमखुल्ला कही गयी हो, तो उसी प्रकार उन बाबू को मेरी ओर से कहो कि या तो वे कलकत्ते के किसी भी समाचार-पत्र में लिखकर इसे प्रमाण द्वारा सिद्ध करें, नहीं तो, अपने मूर्खतापूर्ण कथन को वापस ले लें। यही उनकी चाल है! साधारणतः मैंने ईसाई शासन के विरुद्ध सहज रूप से कुछ कठोर और खरे वचन अवश्य कहे थे, परन्तु इसका अर्थ यह नहीं कि मैं राजनीति की परवाह करता हूँ, या मेरा उससे कोई सम्बन्ध है या ऐसी और कोई बात है। मेरे व्याख्यानों के उन अंशों को छापना जो बड़ाई का काम समझते हैं, और उससे यह सिद्ध करना चाहते हैं कि मैं राजनीतिक उपदेशक हूँ, उनके लिए मेरा यही कहना है कि, 'ऐसे मित्रों से भगवान् बचाये!'...

...मेरे मित्रों से कहना कि सतत मौन ही मेरी निन्दा करनेवालों के प्रति मेरा उत्तर है। यदि मैं उनसे बदला लूँ, तब मैं उन्हींके दर्जे पर उतर आऊँगा। उनसे कहना कि सत्य अपनी रक्षा स्वयं करता है, और उन्हें मेरे लिए किसीसे झगड़ा करने की आवश्यकता नहीं। अभी उन्हें बहुत कुछ सीखना है और वे अभी बच्चे हैं। वे अभी तक मूर्खवत् सुनहले स्वप्न देख रहे हैं—निरे बच्चे ही तो!

...यह लोक-जीवन की बकवास और समाचारपत्रों में होनेवाली शोहरत—इनसे मुझे विरक्ति हो गयी है। मैं हिमालय के एकान्त में वापस जाने के लिए लालायित हूँ।

प्रेमपूर्वक सदैव तुम्हारा,
विवेकानन्द

(श्री आलासिंगा पेरुमल को लिखित)

संयुक्त राज्य अमेरिका,
२९ सितम्बर, १८९४

प्रिय आलासिंगा,

तुमने जो समाचारपत्र भेजे थे, वे ठीक समय पर पहुँच गये और इस बीच तुमने भी अमेरिका के समाचारपत्रों में प्रकाशित समाचारों का कुछ कुछ हाल पाया होगा। अब सब ठीक हो गया है। कलकत्ते से हमेशा पत्र-व्यवहार करते रहना। मेरे बच्चे, अब तक तुमने साहस दिखाकर अपने को गौरवान्वित किया है। जी० जी० ने भी बहुत ही अद्‌भुत और सुन्दर काम किया है। मेरे साहसी निःस्वार्थी बच्चो, तुम सभी ने बड़े सुन्दर काम किये। तुम्हारी याद करते हुए मुझे बड़े गौरव का अनुभव हो रहा है। भारतवर्ष तुम्हारे लिए गौरवान्वित हो रहा है। मासिक पत्रिका निकालने का तुम्हारा जो संकल्प था, उसे न छोड़ना। खेतड़ी के राजा तथा लिमड़ी काठियावाड़ के ठाकुर साहब को मेरे कार्य के बारे में सदा समाचार देते रहने का बन्दोबस्त करना। मैं मद्रास अभिनन्दन का संक्षिप्त उत्तर लिख रहा हूँ। यदि सस्ता हो, तो यहीं से छपवाकर भेज दूँगा, नहीं तो टाइप करवाकर भेजूँगा। भरोसा रखो, निराश मत हो। इस सुन्दर ढंग से काम होने पर भी यदि तुम निराश हो, तो तुम महामूर्ख हो। हमारे कार्य का प्रारम्भ जैसा सुन्दर हुआ, वैसा और किसी काम का होता दिखायी नहीं देता। हमारा कार्य जितना शीघ्र भारत में और भारत के बाहर विस्तृत हो गया है, वैसा भारत के और किसी आन्दोलन को नसीब नहीं हुआ।

भारत के बाहर कोई सुनियंत्रित कार्य चलाना या सभा-समिति बनाना मैं नहीं चाहता। वैसा करने की कुछ उपयोगिता मुझे दिखायी नहीं देती। भारत ही हमारा कार्यक्षेत्र है, और विदेशों में हमारे कार्य का महत्त्व केवल इतना है कि इससे भारत जाग्रत हो जाय। बस। अमेरिकावाली घटनाओं ने हमें भारत में काम करने का अधिकार और सुयोग दिया है। हमें अपने विस्तार के लिए एक दृढ़ आधार

की आवश्यकता है। मद्रास और कलकत्ता—अब ये दो केन्द्र बने हैं। बहुत जल्दी भारत में और भी सैकड़ों केन्द्र बनेंगे।

यदि हो सके, तो समाचारपत्र और मासिक पत्रिका, दोनों ही निकालो। मेरे जो भाई चारों तरफ़ घूम-फिर रहे हैं, वे ग्राहक बनायेंगे—मैं भी बहुत ग्राहक बनाऊँगा और बीच बीच में कुछ रुपया भेजूंगा। पल भर के लिए भी विचलित न होना, सब कुछ ठीक हो जायगा। इच्छा-शक्ति ही जगत् को चलाती है।

मेरे बच्चे, हमारे युवक ईसाई बन रहे हैं, इसलिए खेद न करना। यह हमारे ही दोष से हो रहा है। (अभी ढेरों अखबार और 'श्री रामकृष्ण की जीवनी' आयी है—उन्हें पढ़कर मैं फिर क़लम उठा रहा हूँ।) हमारे समाज में, विशेषकर मद्रास में आजकल जिस प्रकार के सामाजिक बन्धन हैं, उन्हें देखते हुए बेचारे बिना ईसाई हुए और कर ही क्या सकते हैं? विकास के लिए पहले स्वाधीनता चाहिए। तुम्हारे पूर्वजों ने आत्मा को स्वाधीनता दी थी, इसीलिए धर्म की उत्तरोत्तर वृद्धि और विकास हुआ; पर देह को उन्होंने सैकड़ों बन्धनों के फेर में डाल दिया, बस, इसीसे समाज का विकास रुक गया। पाश्चात्य देशों का हाल ठीक इसके विपरीत है। समाज में बहुत स्वाधीनता है, धर्म में कुछ नहीं। इसके फलस्वरूप वहाँ धर्म बड़ा ही अधूरा रह गया, परन्तु समाज ने भारी उन्नति कर ली है। अब प्राच्य समाज के पैरों से जंज़ीरें धीरे धीरे खुल रही हैं, उधर पाश्चात्य धर्म के लिए भी वैसा ही हो रहा है।

प्राच्य और पाश्चात्य के आदर्श अलग अलग हैं। भारतवर्ष धर्मप्रवण या अन्तर्मुख है, पाश्चात्य वैज्ञानिक या बहिर्मुख। पाश्चात्य देश ज़रा सी भी धार्मिक उन्नति सामाजिक उन्नति के माध्यम से ही करना चाहते हैं, परन्तु प्राच्य देश थोड़ी सी भी सामाजिक शक्ति का लाभ धर्म ही के द्वारा करना चाहते हैं। इसीलिए आधुनिक सुधारकों को पहले भारत के धर्म का नाश किये बिना सुधार का और कोई दूसरा उपाय ही नहीं सूझता। उन्होंने इस दिशा में प्रयत्न भी किया है, पर असफल हो गये। इसका क्या कारण है? कारण यह कि उनमें से बहुत ही कम लोगों ने अपने धर्म का अच्छी तरह अध्ययन और मनन किया, और उनमें से एक ने भी उस प्रशिक्षण का अभ्यास नहीं किया, जो सब धर्मों की जननी को समझने के लिए आवश्यक होता है! मेरा यही दावा है कि हिन्दू समाज की उन्नति के लिए हिन्दू धर्म के विनाश की कोई आवश्यकता नहीं और यह बात नहीं कि समाज की वर्तमान दशा हिन्दू धर्म की प्राचीन रीति-नीतियों और आचार-अनुष्ठानों के समर्थन के कारण हुई, वरन् ऐसा इसलिए हुआ कि धार्मिक तत्त्वों का सभी सामाजिक विषयों में अच्छी तरह उपयोग नहीं हुआ है। मैं इस कथन का प्रत्येक शब्द अपने प्राचीन

शास्त्रों से प्रमाणित करने को तैयार हूँ। मैं यही शिक्षा दे रहा हूँ और हमें इसीको कार्यरूप में परिणत करने के लिए जीवन भर चेष्टा करनी होगी। पर इसमें समय लगेगा—बहुत समय, और इसमें बहुत मनन की आवश्यकता है। धीरज धरो और काम करते जाओ। **उद्धरेदात्मनात्मानम्**—'अपने ही द्वारा अपना उद्धार करना पड़ेगा।'

मैं तुम्हारे अभिनन्दन का उत्तर देने में लगा हुआ हूँ। इसे छपवाने की कोशिश करना। यदि वह सम्भव न हो सका, तो थोड़ा थोड़ा करके 'इण्डियन मिरर' तथा अन्य पत्रों में छपवाना।

तुम्हारा,
विवेकानन्द

पु०—वर्तमान हिन्दू समाज केवल उन्नत आध्यात्मिक विचारवालों के लिए ही गठित है, बाक़ी सभी को वह निर्दयता से पीस डालता है। ऐसा क्यों? जो लोग सांसारिक तुच्छ वस्तुओं का थोड़ा-बहुत भोग करना चाहते हैं, आखिर उनका क्या हाल होगा? जैसे हमारा धर्म उत्तम, मध्यम और अधम, सभी प्रकार के अधिकारियों को अपने भीतर ग्रहण कर लेता है, वैसे ही हमारे समाज को भी उच्च-नीच भाववाले सभी को ले लेना चाहिए। इसका उपाय यह है कि पहले हमें अपने धर्म का यथार्थ तत्त्व समझना होगा और फिर उसे सामाजिक विषयों में लगाना पड़ेगा। यह बहुत ही धीरे धीरे का, पर पक्का काम है, जिसे करते रहना होगा।

वि०

(श्रीमती जार्ज डब्ल्यू० हेल को लिखित)

११२५, सेंट पॉल स्ट्रीट,
बाल्टिमोर
अक्तूबर, १८९४

प्रिय माँ,

आप जान गयी होंगी कि इन दिनों मैं कहाँ हूँ। भारत से प्रेषित तार, जो 'शिकागो ट्रिब्यून' में प्रकाशित है, आपने देखा है? क्या उन्होंने कलकत्ते का पता छापा है? यहाँ से मैं वाशिंगटन जाऊँगा, वहाँ से फिलाडेलफिया और तब 'न्यूयार्क'; फिलाडेलफिया में मुझे कुमारी मेरी का पता भेज दें, जिससे मैं न्यूयार्क जाते थोड़ी देर के लिए मिल सकूँ। आशा है, आपकी चिन्ता दूर हो गयी होगी।

सस्नेह आपका,
विवेकानन्द

(स्वामी रामकृष्णानन्द को लिखित)

बाल्टिमोर, अमेरिका,
२२ अक्तूबर, १८९४

प्रेमास्पद,

तुम्हारा पत्र पढ़कर सब समाचार ज्ञात हुआ। लन्दन से श्री अक्षयकुमार घोष का भी एक पत्र आज मिला, उससे भी अनेक बातें मालूम हुईं।

तुम्हारे टाउन हॉल में आयोजित सभा का अभिनन्दन यहाँ के समाचारपत्रों में छप गया है। तार भेजने की आवश्यकता नहीं थी। खैर, सब काम अच्छी तरह सम्पन्न हो गया। उस अभिनन्दन का मुख्य प्रयोजन यहाँ के लिए नहीं, वरन् भारत के लिए है। अब तो तुम लोगों को अपनी शक्ति का परिचय मिल गया— Strike the iron, while it is hot.—(लोहा जब गरम हो, तभी घन लगाओ)। पूर्ण शक्ति के साथ कार्यक्षेत्र में उतर आओ। आलस्य के लिए कोई स्थान नहीं। हिंसा तथा अहंकार को हमेशा के लिए गंगा जी में विसर्जित कर दो एवं पूर्ण शक्ति के साथ कार्य में जुट जाओ। प्रभु ही तुम्हारा पथ-प्रदर्शन करेंगे। समस्त पृथ्वी महा जलप्लावन से प्लावित हो जायगी। But work, work, work, (पर कार्य, कार्य, कार्य) यही तुम्हारा मूलमंत्र हो। मुझे और कुछ भी दिखायी नहीं दे रहा है। इस देश में कार्य की कोई सीमा नहीं है—मैं सभूचे देश में अन्धाधुन्ध दौड़ता फिर रहा हूँ। जहाँ भी उनका तेज का बीज गिरेगा—वही फल उत्पन्न होगा। **अद्य वाब्दशतान्ते वा**—'आज या आज से सौ साल बाद, सबके साथ सहानुभूति रखकर कार्य करना होगा। मेरठ के यज्ञेश्वर मुखोपाध्याय ने एक पत्र लिखा है। यदि तुम उनकी कुछ सहायता कर सकते हो, तो करो। जगत् का हित-साधन करना हमारा उद्देश्य है, नाम कमाना नहीं। योगेन और बाबूराम शायद अभी तक अच्छे हो गये होंगे। शायद निरंजन लंका से वापस आ गया है। उसने लंका में पाली भाषा क्यों नहीं सीखी एवं बौद्ध ग्रंथों का अध्ययन क्यों नहीं किया, यह मैं नहीं समझ पा रहा हूँ। निरर्थक भ्रमण से क्या लाभ ? उत्सव ऐसे मनाना है, जैसा भारत में पहले कभी नहीं हुआ। अभी से उद्योग करो। इस उत्सव के दर्मियान ही लोग मदद देंगे और इस तरह ज़मीन मिल जायगी। हरमोहन का स्वभाव बच्चों जैसा है...मैं तुम्हें पहले पत्र लिख चुका हूँ कि माता जी के लिए ज़मीन का प्रबन्ध कर मुझे यथाशीघ्र पत्र लिखना। किसी न किसीको तो कारोबारी होना चाहिए। गोपाल और सान्याल का कितना क़र्ज़ा है, लिखना। जो लोग ईश्वर के शरणागत हैं, धर्म, अर्थ, काम तथा मोक्ष उन लोगों के पैरों तले हैं, **मा भैः मा भैः**—डरो मत! सब कुछ धीरे धीरे हो जायगा।

मैं तुम लोगों से यही आशा करता हूँ कि बड़प्पन, दलबन्दी या ईर्ष्या को सदा के लिए त्याग दो। पृथ्वी की तरह सब कुछ सहन करने की शक्ति अर्जन करो। यदि यह कर सको, तो दुनिया अपने आप तुम्हारे चरणों में आ गिरेगी।

उत्सव आदि में उदरपूर्ति की व्यवस्था कम करके मस्तिष्क की कुछ ख़ूराक देने की चेष्टा करना। यदि बीस हज़ार लोगों में से प्रत्येक चार चार आना भी दान करे, तो पाँच हज़ार रुपया उठ जायगा। श्री रामकृष्ण के जीवन तथा उनकी शिक्षा और अन्य शास्त्रों से उपदेश देना! सदा हमको पत्र लिखना। समाचार-पत्रों की कटिंग भेजने की आवश्यकता नहीं। किमधिकमिति।

विवेकानन्द

(श्री वहेमिया चंद को लिखित)

वाशिंगटन,
२३ अक्तूबर, १८९४

प्रिय वहेमिया चंद लिमडी,

मैं यहाँ कुशल से हूँ। इस समय तक मैं इनके उपदेशकों में से एक हो गया हूँ। मुझे और मेरी शिक्षा को ये बहुत पसन्द करते हैं। सम्भवतः आगामी जाड़े तक मैं भारत वापस आऊँ। क्या आप बम्बईनिवासी श्री गाँधी जी को जानते हैं? वे अभी शिकागो में ही हैं। मैं देश भर में शिक्षा और उपदेश देता हुआ घूमता फिरता हूँ। जैसा कि भारत में किया करता था। हज़ारों की संख्या में इन्होंने मेरी बातें सुनीं और मेरे विचारों को आग्रह के साथ ग्रहण किया। यह बहुत महँगा देश है, परन्तु जहाँ जहाँ मैं जाता हूँ भगवान् मेरे लिए प्रबन्ध कर रखते हैं।

आपको एवं वहाँ (लिमडी, राजपूताना) के मेरे सभी मित्रों को मेरा प्यार।

भवदीय,
विवेकानन्द

(कुमारी ईसाबेल मैक्किंडली को लिखित)

वाशिंगटन,
द्वारा श्रीमती ई० टोटेन,
१७०८, डब्ल्यू० आई० स्ट्रीट,
२६ (?) अक्तूबर १८९४

प्रिय बहन,

लम्बी चुप्पी के लिए क्षमा करना; किंतु मैं मदर चर्च को नियमपूर्वक लिखता रहा हूँ। मुझे विश्वास है, तुम सभी इस मनोहर शरत् ऋतु का आनन्दपूर्वक उपभोग कर रहे हो। मैं बाल्टिमोर और वाशिंगटन का अपूर्व आनन्द ले रहा हूँ।

यहाँ से फिलाडेलफिया जाऊँगा। मेरा ख्याल था, कुमारी मेरी फिलाडेलफिया में हैं, इसीलिए उनका पता-ठिकाना माँगा था। किंतु, जैसा कि मदर चर्च कहती हैं—वह फिलाडेलफिया के पास किसी दूसरी जगह रहती हैं। मैं नहीं चाहता कि वह कष्ट उठाकर मुझसे मिलने आयें।

जिस महिला के यहाँ मैं टिका हुआ हूँ, वह कुमारी ह्वो की भतीजी हैं—नाम है श्रीमती टोटेन। एक सप्ताह से अधिक दिनों तक मैं उनका अतिथि रहूँगा। तुम मुझे उनके पते पर पत्र लिख सकती हो।

मैं इस जाड़े में—जनवरी या फ़रवरी तक—इंग्लैड जाना चाहता हूँ। लंदन की एक महिला ने—जिनके यहाँ मेरे एक मित्र ठहरे हैं—मुझे अपने घर पर ठहरने का निमंत्रण भेजा है और उधर भारत से वे हर रोज़ प्रेरित कर रहे हैं—लौट आइए।

कार्टून में पित्तू कैसा लगा? किसीको मत दिखलाना। यह अच्छा नहीं है कि हम पित्तू का इस तरह मखौल उड़ायें।

तुम्हारे कुशल-संवाद सदा जानना चाहता हूँ। किंतु, अपने पत्रों को ज़रा स्पष्ट और साफ़ लिखने की ओर ध्यान दो! इस परामर्श से नाराज़ मत होना।

तुम्हारा प्रिय भाई,
विवेकानन्द

(श्रीमती ओलि बुल को लिखित)

द्वारा श्रीमती ई० टोटेन,
१७०८, आई० स्ट्रीट,
वाशिंगटन, डी० सी०,
२७ अक्तूबर, १८९४

प्रिय श्रीमती बुल,

आपने कृपापूर्वक श्री फ़्रेडरिक डगलस के नाम मेरा जो परिचय-पत्र भेजा है, उसके लिए बहुत बहुत धन्यवाद। बाल्टिमोर में एक नीच होटलवाले ने मेरे साथ जो दुर्व्यवहार किया, उसके लिए आप दु:खित न हों। इसमें ब्रूमन बंधुओं का ही दोष था, वे मुझे ऐसे नीच होटल में क्यों ले गये? और हर जगह की तरह यहाँ पर भी अमेरिका की महिलाओं ने ही मुझे विपत्ति से मुक्त किया, और फिर मेरा समय अच्छी तरह से बीता।

यहाँ पर मैं श्रीमती ई० टोटेन के अतिथि के रूप में रह रहा हूँ। ये यहाँ की एक प्रभावपूर्ण तथा आध्यात्मिक महिला हैं। इसके अतिरिक्त ये मेरे शिकागो के मित्र की भतीजी हैं।

अतः मुझे हर प्रकार की सुविधा मिल रही है। मैं यहाँ श्री कालविल तथा कुमारी यंग से भी मिला हूँ।

शाश्वत प्रेम और कृतज्ञता के साथ,

आपका,

विवेकानन्द

(श्री आलासिंगा पेरुमल को लिखित)

वाशिंगटन,

२७ अक्तूबर, १८९४

प्रिय आलासिंगा,

तुम्हें मेरा शुभाशीर्वाद। इस बीच तुम्हें मेरा पत्र मिला होगा। कभी कभी मैं तुम लोगों को चिट्ठी द्वारा डाँटता हूँ, इसके लिए कुछ बुरा न मानना। तुम सभी को मैं किस हद तक प्यार करता हूँ, यह तुम अच्छी तरह जानते हो।

तुम मेरे कार्य-कलाप के बारे में पूर्ण विवरण जानना चाहते हो कि मैं कहाँ कहाँ गया था, क्या कर रहा हूँ, साथ ही मेरे भाषण के सारांश भी जानना चाहते हो। साधारण तौर पर यह समझ लो कि मैं यहाँ वही काम कर रहा हूँ, जो भारतवर्ष में करता था। सदा ईश्वर पर भरोसा रखना और भविष्य के लिए कोई संकल्प न करना।...इसके सिवा तुम्हें याद रखना चाहिए कि मुझे इस देश में निरन्तर काम करना पड़ता है और अपने विचारों को पुस्तकाकार लिपिबद्ध करने का मुझे अवकाश नहीं है—यहाँ तक कि इस लगातार परिश्रम ने मेरे स्नायुओं को कमज़ोर बना दिया है, और मैं इसका अनुभव भी कर रहा हूँ। तुमने, जी० जी० ने और मद्रासवासी मेरे सभी मित्रों ने मेरे लिए जो अत्यन्त निःस्वार्थ और वीरोचित कार्य किया है, उसके लिए अपनी कृतज्ञता मैं किन शब्दों में व्यक्त करूँ? लेकिन वे सब कार्य मुझे आसमान पर चढ़ा देने के लिए नहीं थे, वरन् तुम लोगों को अपनी कार्यक्षमता के प्रति सजग करने के लिए थे। संघ बनाने की शक्ति मुझमें नहीं है—मेरी प्रकृति अध्ययन और ध्यान की तरफ़ ही झुकती है। मैं सोचता हूँ कि मैं बहुत कुछ कर चुका, अब मैं विश्राम करना चाहता हूँ। और उनको थोड़ी-बहुत शिक्षा देना चाहता हूँ, जिन्हें मेरे गुरुदेव ने मुझे सौंपा है। अब तो तुम जान ही गये कि तुम क्या कर सकते हो, क्योंकि' तुम मद्रासवासी युवको, तुम्हींने वास्तव में सब कुछ किया है; मैं तो केवल चुपचाप खड़ा रहा। मैं एक त्यागी संन्यासी हूँ और मैं केवल एक ही वस्तु चाहता हूँ। मैं उस भगवान् या धर्म पर विश्वास नहीं करता, जो न विधवाओं के आँसू पोंछ सकता है और न अनाथों के मुंह में एक टुकड़ा रोटी ही पहुँचा सकता है। किसी

धर्म के सिद्धान्त कितने ही उदात्त एवं उसका दर्शन कितना ही सुगठित क्यों न हो, जब तक वह कुछ ग्रन्थों और मतों तक ही परिमित है, मैं उसे नहीं मानता। हमारी आँखें सामने हैं, पीछे नहीं। सामने बढ़ते रहो और जिसे तुम अपना धर्म कहकर गौरव का अनुभव करते हो, उसे कार्यरूप में परिणत करो। ईश्वर तुम्हारा कल्याण करें !

मेरी ओर मत देखो, अपनी ओर देखो। मुझे इस बात की खुशी है कि मैं थोड़ा सा उत्साह संचार करने का साधन बन सका। इससे लाभ उठाओ, इसीके सहारे बढ़ चलो। सब कुछ ठीक हो जायगा। प्रेम कभी निष्फल नहीं होता मेरे बच्चे, कल हो या परसों या युगों के बाद, पर सत्य की जय अवश्य होगी। प्रेम ही मैदान जीतेगा। क्या तुम अपने भाई—मनुष्य जाति—को प्यार करते हो ? ईश्वर को कहाँ ढूँढ़ने चले हो—ये सब ग़रीब, दुःखी, दुर्बल मनुष्य क्या ईश्वर नहीं हैं? इन्हींकी पूजा पहले क्यों नहीं करते ? गंगा-तट पर कुआँ खोदने क्यों जाते हो ? प्रेम की असाध्य-साधिनी शक्ति पर विश्वास करो। इस झूठ जगमगाहटवाले नाम-यश की परवाह कौन करता है? समाचारपत्रों में क्या छपता है, क्या नहीं, इसकी मैं कभी खबर ही नहीं लेता। क्या तुम्हारे पास प्रेम है ? तब तो तुम सर्वशक्तिमान हो। क्या तुम सम्पूर्णतः निःस्वार्थ हो ? यदि हो ? तो फिर तुम्हें कौन रोक सकता है ? चरित्र की ही सर्वत्र विजय होती है। भगवान् ही समुद्र के तल में भी अपनी सन्तानों की रक्षा करते हैं। तुम्हारे देश के लिए वीरों की आवश्यकता है—वीर बनो। ईश्वर तुम्हारा मंगल करे।

सभी लोग मुझे भारत लौटने को कहते हैं। वे सोचते हैं कि मेरे लौटने पर अधिक काम हो सकेगा। यह उनकी भूल है, मेरे मित्र। इस समय वहाँ जो उत्साह पैदा हुआ है, वह किंचित् देश-प्रेम भर ही है—उसका कोई ख़ास मूल्य नहीं। यदि वह सच्चा उत्साह है, तो बहुत शीघ्र देखोगे कि सैकड़ों वीर सामने आकर उस कार्य को आगे बढ़ा रहे हैं। अतः जान लो कि वास्तव में तुम्हींने सब कुछ किया है, और आगे बढ़ते चलो। मेरे भरोसे मत रहो।

अक्षयकुमार शा लन्दन में हैं। उन्होंने लन्दन से कुमारी मूलर के यहाँ आने को मुझे सादर निमंत्रित किया है। और मुझे आशा है कि आगामी जनवरी अथवा फ़रवरी में वहाँ जा रहा हूँ। भट्टाचार्य मुझे आने के लिए लिखते हैं।

विस्तृत कार्यक्षेत्र सामने पड़ा है। धार्मिक मत-मतान्तरों से मुझे क्या काम? मैं तो ईश्वर का दास हूँ, और सब प्रकार के उच्च विचारों के विस्तार के लिए इस देश से अच्छा क्षेत्र मुझे कहाँ मिलेगा? यहाँ तो यदि एक आदमी मेरे विरुद्ध हो, तो सौ आदमी मेरी सहायता करने को तैयार हैं; सबसे अच्छी जगह यही

है, जहाँ मनुष्य मनुष्य से सहानुभूति रखते हैं और जहाँ नारियाँ देवीस्वरूपा हैं। प्रशंसा मिलने पर तो मूर्ख भी खड़ा हो सकता है और कायर भी साहसी का सा डौल दिखा सकता है—पर तभी, जब सब कामों का परिणाम शुभ होना निश्चित हो ; परन्तु सच्चा वीर चुपचाप काम करता जाता है। एक बुद्ध के प्रकट होने के पूर्व कितने बुद्ध चुपचाप काम कर गये ! मेरे बच्चे, मुझे ईश्वर पर विश्वास है, साथ ही मनुष्य पर भी । दु:खी लोगों की सहायता करने में मैं विश्वास करता हूँ और दूसरों को बचाने के लिए, मैं नरक तक जाने को भी तैयार हूँ। अगर पाश्चात्य देशवालों की बात कहो, तो उन्होंने मुझे भोजन और आश्रय दिया, मुझसे मित्र का सा व्यवहार किया और मेरी रक्षा की—यहाँ तक कि अत्यन्त कट्टर ईसाई लोगों ने भी । परन्तु हमारी जाति उस समय क्या करती है, जब इनका कोई पादरी भारत में जाता है ? तुम उसको छूते तक नहीं—वे तो म्लेच्छ हैं ! मेरे बेटे, कोई मनुष्य, कोई जाति, दूसरों से घृणा करते हुए जी नहीं सकती। भारत के भाग्य का निपटारा उसी दिन हो चुका, जब उसने इस म्लेच्छ शब्द का आविष्कार किया और दूसरों से अपना नाता तोड़ दिया । ख़बरदार, जो तुमने इस विचार की पुष्टि की ! वेदान्त की बातें बघारना तो ख़ूब सरल है, पर इसके छोटे से छोटे सिद्धान्तों को काम में लाना कितना कठिन है !

तुम्हारा चिरकल्याणाकांक्षी,

विवेकानन्द

पुनश्च—इन दो चीज़ों से बचे रहना—क्षमताप्रियता और ईर्ष्या। सदा आत्मविश्वास का अभ्यास करना ।

वि०

(कुमारी मेरी हेल को लिखित)

द्वारा श्रीमती ई० टोटेन,
१७०३, फ़र्स्ट स्ट्रीट
वाशिंगटन,
१ नवम्बर (?), १८९४

प्रिय बहन,

मुझे तुम्हारे दोनों पत्र मिले। पत्र लिखने का कष्ट कर तुमने बड़ी कृपा का। आज मैं यहाँ भाषण दूंगा, कल बाल्टिमोर में और पुनः सोमवार को बाल्टिमोर में और मंगलवार को पुनः वाशिंगटन में। उसके कुछ दिन बाद मैं फिलाडेलफिया रहूँगा। जिस दिन मैं वाशिंगटन से प्रस्थान करूँगा, उस दिन तुम्हें पत्र लिखूंगा। प्रो० राइट के दर्शन के लिए कुछ दिन फिलाडेलफिया रहूँगा। कुछ दिन तक

न्यूयार्क और बोस्टन के बीच आता-जाता रहूँगा और तब डिट्रॉएट होते हुए शिकागो जाऊँगा, और तब, जैसा कि सिनेटर पामर कहते हैं, चुपके से इंग्लैण्ड को।

अंग्रेज़ी में 'धर्म' (dharma) शब्द का अर्थ है 'रिलिजन' (religion)। मुझे बहुत दुःख है कि कलकत्ता में पेट्रो के साथ लोगों ने अभद्र व्यवहार किया। मेरे साथ यहाँ बहुत ही अच्छा व्यवहार हुआ है और बहुत अच्छी तरह अपना काम कर रहा हूँ। इस बीच कुछ भी असाधारण नहीं, सिवा इसके कि भारत से आये समाचारपत्रों के भार से तंग आ गया हूँ, और इसलिए एक गाड़ी भर मदर चर्च और श्रीमती गर्नसी को भेजने के पश्चात् मुझे उन्हें समाचारपत्र भेजने से मना करना पड़ रहा है। भारत में मेरे नाम पर काफ़ी हो-हल्ला हो चुका है। आलासिंगा ने लिखा है कि देश भर का प्रत्येक गाँव अब मेरे विषय में जान चुका है। अच्छा, चिर शान्ति सदा के लिए समाप्त हुई और अब कहीं विश्राम नहीं है। भारत के ये समाचारपत्र मेरी जान ले लेंगे, निश्चय जानता हूँ। अब वे यह बात करेंगे कि किस दिन मैं क्या खाता हूँ, कैसे छींकता हूँ। भगवान् उनका कल्याण करे। यह सब मेरी मूर्खता थी। मैं सचमुच ही यहाँ थोड़ा पैसा जमा करने चुपचाप आया था और लौट जाने, किन्तु जाल में फँस गया और अब वह मौन अथवा शान्त जीवन भी नहीं रहा।

तुम्हारे लिए पूर्ण आनन्द की कामनाएँ।

सस्नेह तुम्हारा,
विवेकानन्द

(श्री हरिदास बिहारीदास देसाई को लिखित)

शिकागो,
१५ नवम्बर, १८९४

प्रिय दीवान जी साहब,

आपका कृपापत्र मुझे मिला। आपने यहाँ भी मुझे याद रखा, यह आपकी दया है। आपके नारायण हेमचन्द्र से मेरी भेंट नहीं हुई है। मैं समझता हूँ कि वे अमेरिका में नहीं हैं। मैंने कई विचित्र दृश्य और ठाट-बाट की चीजें देखीं। मुझे यह जानकर खुशी हुई कि आपके यूरोप आने की बहुत कुछ सम्भावना है। जिस तरह भी हो सके, उसका लाभ उठाइए। संसार के दूसरे राष्ट्रों से पृथक् रहना हमारी अवनति का कारण हुआ एवं पुनः सभी राष्ट्रों से मिलकर संसार के प्रवाह में आ जाना ही उसको दूर करने का एकमात्र उपाय है। गति ही जीवन का लक्षण है। अमेरिका एक शानदार देश है। निर्धनों एवं नारियों के लिए यह नन्दनवनस्वरूप है। इस देश में दरिद्र तो समझिए, कोई है ही नहीं, और कहीं भी संसार में स्त्रियाँ

इतनी स्वतंत्र, इतनी शिक्षित और इतनी सुसंस्कृत नहीं हैं। वे समाज में सब कुछ हैं।

यह एक बड़ी शिक्षा है। संन्यास-जीवन का कोई भी धर्म—यहाँ तक कि अपने रहने का तरीक़ा भी नहीं बदलना पड़ा है। और फिर भी इस अतिथिवत्सल देश में हर घर मेरे लिए खुला है। जिस प्रभु ने भारत में मुझे मार्ग दिखाया, क्या वह मुझे यहाँ मार्ग न दिखाता ? वह तो दिखा ही रहा है !

आप कदाचित् यह न समझ सके होंगे कि अमेरिका में एक संन्यासी के आने का क्या काम, पर यह आवश्यक था। क्योंकि संसार द्वारा मान्यता प्राप्त करने के लिए आप लोगों के पास एक ही साधन है—वह है धर्म, और यह आवश्यक है कि हमारे आदर्श धार्मिक पुरुष विदेशों में भेजे जायँ, जिससे दूसरे राष्ट्रों को मालूम हो कि भारत अभी भी जीवित है।

प्रतिनिधि रूप से कुछ लोगों को भारत से बाहर सब देशों में जाना चाहिए, कम से कम यह दिखलाने को कि आप लोग बर्बर या असभ्य नहीं हैं। भारत में अपने घर में बैठे बैठे शायद आपको इसकी आवश्यकता न मालूम होती हो, परन्तु विश्वास कीजिए कि आपके राष्ट्र की बहुत सी बातें इस पर निर्भर हैं। और वह संन्यासा, जिसमें मनुष्यों के कल्याण करने की कोई इच्छा नहीं, वह संन्यासी नहीं, वह तो पशु है !

न तो मैं केवल दृश्य देखनेवाला यात्री हूँ, न निरुद्योगी पर्यटक। यदि आप जीवित रहेंगे, तो मेरा कार्य देख पायेंगे और आजीवन मुझे आशीर्वाद देंगे।

श्री द्विवेदी के लेख धर्म-महासभा के लिए बहुत बड़े थे और उनमें काँट-छाँट करनी पड़ी।

मैं धर्म-महासभा में बोला था, और उसका क्या परिणाम हुआ, यह मैं कुछ समाचारपत्र और पत्रिकाएँ जो मेरे पास हैं, उनसे उद्धृत करके लिखता हूँ। मैं डींग नहीं हाँकना चाहता, परन्तु आपके प्रेम के कारण, आपमें विश्वास करके मैं यह अवश्य कहूँगा कि किसी हिन्दू ने अमेरिका को ऐसा प्रभावित नहीं किया, और मेरे आने से यदि कुछ भी न हुआ, तो इतना अवश्य हुआ कि अमेरिकनों को यह मालूम हो गया कि भारत में आज भी ऐसे मनुष्य उत्पन्न हो रहे हैं, जिनके चरणों में सभ्य से सभ्य राष्ट्र भी नीति और धर्म का पाठ पढ़ सकते हैं। क्या आप नहीं समझते कि हिन्दू राष्ट्र को अपने संन्यासी यहाँ भेजने के लिए यह पर्याप्त कारण है ? पूर्ण विवरण आपको वीरचंद गाँधी से मिलेगा।

कुछ पत्रिकाओं के अंश मैं नीचे उद्धृत करता हूँ :

'अधिकांश संक्षिप्त भाषण वाक्पटुत्वपूर्ण होते हुए भी किसीने भी धर्म-महासभा

के तात्पर्य एवं उसकी सीमाओं का इतने अच्छे ढंग से वर्णन नहीं किया, जैसा कि उस हिन्दू संन्यासी ने। मैं उनका भाषण पूरा पूरा उद्धृत करता हूँ, परन्तु श्रोताओं पर उसका क्या प्रभाव पड़ा, इसके बारे में मैं केवल इतना ही कह सकता हूँ कि वे दैवी अधिकार से सम्पन्न वक्ता हैं और उनका शक्तिमान तेजस्वी मुख तथा उनके पीले गेरुए वस्त्र, उनके गम्भीर तथा लयात्मक वाक्यों से कुछ कम आकर्षक न थे।' (यहाँ भाषण विस्तारपूर्वक उद्धृत किया गया है)—न्यूयार्क क्रिटिक

'उन्होंने गिरजे और क्लबों में इतनी बार उपदेश दिया है कि उनके धर्म से अब हम भी परिचित हो गये हैं।...उनकी संस्कृति, उनकी वाक्पटुता, उनके आकर्षक एवं अद्भुत व्यक्तित्व ने हमें हिन्दू सभ्यता का एक नया आलोक दिया है।... उनके सुन्दर तेजस्वी मुखमंडल तथा उनकी गम्भीर सुललित वाणी ने सबको अनायास अपने वश में कर लिया है।...बिना किसी प्रकार के नोट्स की सहायता के ही वे भाषण देते हैं, अपने तथ्य तथा निष्कर्ष को वे अपूर्व ढंग से एवं आन्तरिकता के साथ सम्मुख रखते हैं और उनकी स्वतःस्फूर्त प्रेरणा उनके भाषण को कई बार अपूर्व वाक्पटुता से युक्त कर देती है।'—वही।

'विवेकानन्द निश्चय ही धर्म-महासभा में महानतम व्यक्ति हैं। उनका भाषण सुनने के बाद यह मालूम होता है कि इस विज्ञ राष्ट्र को धर्मोपदेशक भेजना कितनी मूर्खता है।'—हेरल्ड (यहाँ का सबसे बड़ा समाचारपत्र)

इतना उद्धृत करके अब मैं समाप्त करता हूँ, नहीं तो आप मुझे घमंडी समझ बैठेंगे। परन्तु आपके लिए इतना आवश्यक था, क्योंकि आप प्रायः कूपमण्डूक बने बैठे हैं और दूसरे स्थानों में संसार किस गति से चल रहा है, यह देखना भी नहीं चाहते। मेरे उदार मित्र! मेरा मतलब आपसे व्यक्तिशः नहीं है, सामान्य रूप से हमारे सम्पूर्ण राष्ट्र से है।

मैं यहाँ वही हूँ, जैसा भारत में था। केवल यहाँ इस उन्नत सभ्य देश में गुणग्राहकता है, सहानुभूति है, जो हमारे अशिक्षित मूर्ख स्वप्न में भी नहीं सोच सकते। वहाँ हमारे स्वजन हम साधुओं को रोटी का टुकड़ा भी काँख काँख कर देते हैं, यहाँ एक व्याख्यान के लिए ये लोग एक हज़ार रुपया देने को और उस शिक्षा के लिए सदा कृतज्ञ रहने को तैयार रहते हैं।

वे विदेशी लोग मेरा इतना आदर करते हैं, जितना कि भारत में आज तक कभी नहीं हुआ। यदि मैं चाहूँ, तो अपना सारा जीवन ऐशो-आराम से बिता सकता हूँ, परन्तु मैं संन्यासी हूँ, और हे 'भारत, तुम्हारे अवगुणों के होते हुए भी मैं तुमसे प्यार करता हूँ।' इसलिए कुछ महीनों के बाद मैं भारत वापस आऊँगा और जो लोग न कृतज्ञता के अर्थ जानते हैं, न गुणों का आदर ही कर सकते हैं,

उन्हीं के बीच नगर नगर में धर्म का बीज बोता हुआ प्रचार करूँगा, जैसा कि मैं पहले किया करता था।

जब मैं अपने राष्ट्र की भिक्षुक मनोवृत्ति, स्वार्थपरता, गुणग्राहकता के अभाव, मूर्खता तथा अकृतज्ञता की यहाँवालो की सहायता, अतिथि-सत्कार, सहानुभूति और आदर से, जो उन्होंने मुझ जैसे दूसरे धर्म के प्रतिनिधि को भी दिया—तुलना करता हूँ, तो मैं लज्जित हो जाता हूँ। इसलिए अपने देश से बाहर निकलकर दूसरे देश देखिए एवं अपने साथ उनकी तुलना कीजिए।

अब इन उद्धृत अंशों को पढ़ने के बाद क्या आप समझते हैं कि संन्यासियों को अमेरिका भेजना उपयुक्त नहीं है?

कृपया इसे प्रकाशित न करें। मुझे अपना नाम करवाने से वैसी ही घृणा है, जैसी भारत में थी।

मैं ईश्वर का कार्य कर रहा हूँ और जहाँ वे मुझे ले जायँगे, वहाँ मैं जाऊँगा। **मूकं करोति वाचालं**—आदि; जिनकी कृपा से गूँगा वाचाल बनता है और पंगु पहाड़ लाँघता है, वे ही मेरी सहायता करेंगे। मानवी सहायता की मैं परवाह नहीं करता; यदि ईश्वर उचित समझेंगे, तो वे भारत में, अमेरिका में या उत्तरी ध्रुव-स्थान में भी मेरी सहायता करेंगे। यदि वे सहायता न करें, तो कोई भी नहीं कर सकता। भगवान् की सदा-सर्वदा जय हो।

आपका,
विवेकानन्द

(श्री हरिदास बिहारीदास देसाई को लिखित)

५४१, डियरबोर्न एवेन्यू,
शिकागो,
नवम्बर (?), १८९४

प्रिय दीवान जी,

आपका पत्र पाकर मैं आनन्दित हुआ। मैं आपका मज़ाक समझता हूँ, परन्तु मैं कोई बालक नहीं हूँ, जो इससे टाल दिया जाऊँ। लीजिए, अब मैं कुछ और लिखता हूँ, उसे भी ग्रहण कीजिए।

संगठन एवं मेल ही पाश्चात्य देशवासियों की सफलता का रहस्य है। यह तभी सम्भव है, जब परस्पर भरोसा, सहयोग और सहायता का भाव हो। उदाहरणार्थ यहाँ जैन धर्मावलम्बी श्री वीरचन्द गाँधी हैं, जिन्हें आप बम्बई में अच्छी तरह जानते थे। ये महाशय इस विकट शीतकाल में भी निरामिष भोजन करते हैं और अपने देशवासियों एवं अपने धर्म का दृढ़ता से समर्थन करते हैं। यहाँ के लोगों को वे बहुत

अच्छे लगते हैं, परन्तु जिन लोगों ने उन्हें भेजा, वे क्या कर रहे हैं ?—वे उन्हें जातिच्युत करने की चेष्टा में लगे हैं ! दासों में ही स्वभावतः ईर्ष्या उत्पन्न होती है और फिर वह ईर्ष्या ही उन्हें पतितावस्था की खाईं में ले जाती है ।

यहाँ...थे; वे सब चाहते थे कि व्याख्यान देकर कुछ धनोपार्जन करें । कुछ उन्होंने किया भी, परन्तु मैंने उनसे अधिक सफलता प्राप्त की—क्यों ? क्योंकि मैंने उनकी सफलता में कोई बाधा नहीं डाली । यह सब ईश्वर की इच्छा से ही हुआ । परन्तु ये लोग केवल...को छोड़, मेरे पीठ पीछे मेरे बारे में इस देश में भीषण झूठ रचकर प्रचार कर रहे हैं । अमेरिकावासी ऐसी नीचता की ओर कभी दृष्टिपात न करेंगे, न वे ऐसी नीचता दिखायेंगे ।

...यदि कोई मनुष्य यहाँ आगे बढ़ना चाहता है, तो सभी लोग यहाँ उसकी सहायता करने को प्रस्तुत हैं । किन्तु यदि आप भारत में मेरी प्रशंसा में एक भी पंक्ति किसी समाचारपत्र ('हिन्दू') में लिखिए, तो दूसरे ही दिन सब मेरे विरुद्ध हो जायँगे । क्यों ? यह ग़ुलामों का स्वभाव है । वे अपने किसी भाई को अपने से तनिक भी आगे बढ़ते हुए देखना नहीं सहन कर सकते. . . क्या आप ऐसे क्षुद्र लोगों की स्वतंत्रता, स्वावलंबन और भ्रातृ-प्रेम से उद्‌बुद्ध इस देश के लोगों के साथ तुलना करना चाहते हैं ? संयुक्त राज्य के स्वतंत्र किये हुए दास—नीग्रो ही हमारे देशवासियों के सबसे निकट आते हैं । दक्षिण अमेरिका में वे दो करोड़ नीग्रो अब स्वतंत्र हैं; वहाँ गोरे तो बहुत थोड़े हैं, फिर भी वे उन्हें दबाकर रखते हैं । जब उन्हें राज-नियम से सब अधिकार मिले हुए हैं, तब क्यों इन दासों को स्वतंत्र करने के लिए भाई भाई में ख़ून की नदियाँ बहीं ? वही ईर्ष्या का अवगुण ही इसका कारण था । इनमें से एक भी नीग्रो अपने नीग्रो भाई का यश सुनने को या उसकी उन्नति देखने को तैयार न था । तुरन्त ही वे गोरों से मिलकर उसे कुचलने का प्रयत्न करते हैं । भारत से बाहर आये बिना आप इसे कभी भी समझ न सकेंगे । यह ठीक है कि जिनके पास बहुत सा धन है और मान है, वे संसार को अपनी गति से ज्यों का त्यों चलते रहने दें, परन्तु जिनका ऐशो-आराम में लालन-पालन और शिक्षा लाखों पददलित परिश्रमी ग़रीबों के हृदय के रक्त से हो रही है और फिर भी जो उनकी ओर ध्यान नहीं देते, उन्हें मैं विश्वासघातक कहता हूँ । इतिहास में कहाँ और किस काल में आपके धनवान पुरुषों ने, कुलीन पुरुषों ने, पुरोहितों ने और राजाओं ने ग़रीबों की ओर ध्यान दिया था—वे ग़रीब, जिन्हें कोल्हू के बैल की तरह पेलने से ही उनकी शक्ति संचित हुई थी ।

परन्तु ईश्वर महान् है । आगे या पीछे बदला मिलना ही था, और जिन्होंने ग़रीबों का रक्त चूसा, जिनकी शिक्षा उनके धन से हुई, जिनकी शक्ति उनकी

दरिद्रता पर बनी, वे अपनी बारी में सैकड़ों और हज़ारों की गिन्नती में दास बनाकर बेचे गये, उनकी सम्पत्ति हज़ार वर्षों तक लुटती रही, और उनकी स्त्रियाँ और कन्याएँ अपमानित की गयीं। क्या आप समझते हैं कि यह अकारण ही हुआ?

भारत के ग़रीबों में इतने मुसलमान क्यों हैं? यह सब मिथ्या बकवाद है कि तलवार की धार पर उन्होंने धर्म बदला।...ज़मींदारों और...पुरोहितों से अपना पिण्ड छुड़ाने के लिए ही उन्होंने ऐसा किया, और फलतः आप देखेंगे कि बंगाल में जहाँ ज़मींदार अधिक हैं, वहाँ हिन्दुओं से अधिक मुसलमान किसान हैं। लाखों पददलित और पतितों को ऊपर उठाने की किसे चिन्ता है? विश्वविद्यालय की उपाधि लेनेवाले कुछ हज़ार व्यक्तियों से राष्ट्र का निर्माण नहीं हो सकता, कुछ धनवानों से राष्ट्र नहीं बनता। यह सच है कि हमारे पास सुअवसर कम हैं, परन्तु फिर भी तीस करोड़ व्यक्तियों को खिलाने और कपड़ा पहनाने के लिए, उन्हें आराम से रखने के लिए, बल्कि उन्हें ऐशो-आराम से रखने के लिए हमारे पास पर्याप्त है। हमारे देश में नब्बे प्रतिशत लोग अशिक्षित हैं—किसे इसकी चिन्ता है? इन बाबू लोगों को? इन देशभक्त कहलानेवालों को?

इतना होने पर भी मैं आपसे कहता हूँ कि ईश्वर है—यह ध्रुव सत्य है, हँसी की बात नहीं। वही हमारे जीवन का नियमन कर रहा है, और यद्यपि मैं जानता हूँ कि जातिसुलभ स्वभाव-दोष के कारण ही गुलाम लोग अपनी भलाई करनेवालों को ही काट खाने दौड़ते हैं, फिर भी आप मेरे साथ प्रार्थना कीजिए—आप, जो उन इने-गिने लोगों में से हैं, जिन्हें सत्कार्यों से, सदुद्देश्यों से सच्ची सहानुभूति है, जो सच्चे और उदार स्वभाववाले और हृदय और बुद्धि से सर्वथा निष्कपट हैं—आप मेरे साथ प्रार्थना कीजिए—'हे कृपामयी ज्योति! चारों ओर के घिरे हुए अंधकार में पथ-प्रदर्शन करो।'

मुझे चिन्ता नहीं कि लोग क्या कहते हैं। मैं अपने ईश्वर से, अपने धर्म से, अपने देश से और सर्वोपरि अपने आपसे—एक निर्धन भिक्षुक से प्रेम करता हूँ। जो दरिद्र हैं, अशिक्षित हैं, दलित हैं, उनसे मैं प्रेम करता हूँ। उनके लिए मेरा हृदय कितना द्रवित होता है, इसे भगवान् ही जानते हैं। वे ही मुझे रास्ता दिखायेंगे। मानवी सम्मान या छिद्रान्वेषण की मैं रत्ती भर भी परवाह नहीं करता। मैं उनमें से अधिकांश को नादान, शोर मचानेवाला बालक समझता हूँ। सहानुभूति एवं निःस्वार्थ प्रेम का मर्म समझना इनके लिए कठिन है।

मुझे श्री रामकृष्ण के आशीर्वाद से वह अन्तर्दृष्टि प्राप्त हुई है। मैं अपनी छोटा सी मण्डली के साथ काम करने का प्रयत्न कर रहा हूँ, वे भी मेरे समान निर्धन भिक्षुक हैं। आपने इसे देखा है। दैवी कार्य सदैव ग़रीबों एवं दीन मनुष्यों के

द्वारा ही हुए हैं। आप मुझे आशीर्वाद दीजिए कि मैं अपने प्रभु में, अपने गुरु में और अपने आपमें अखण्ड विश्वास रख सकूँ।

प्रेम और सहानुभूति ही एकमात्र मार्ग है, प्रेम ही एकमात्र उपासना।

प्रभु आपकी और आपके स्वजनों की सदा सहायता करे।

साशीर्वाद,
विवेकानन्द

(राजा प्यारीमोहन मुकर्जी को लिखित[1])

न्यूयार्क,
१८ नवम्बर, १८९४

प्रिय महाशय,

कलकत्ता टाउन हॉल की सभा में हाल ही में जो प्रस्ताव स्वीकृत हुए तथा मेरे अपने नगरवासियों ने जिन मधुर शब्दों में मुझे याद किया है, उन्हें मैंने पढ़ा।

महाशय, मेरी तुच्छ सी सेवा के लिए आपने जो आदर प्रकट किया है, उसके लिए आप मेरा हार्दिक धन्यवाद स्वीकार कीजिए।

मुझे पूर्ण विश्वास है कि कोई भी मनुष्य या राष्ट्र अपने को दूसरों से अलग रखकर जी नहीं सकता, और जब कभी भी गौरव, नीति या पवित्रता की भ्रान्त धारणा से ऐसा प्रयत्न किया गया है, उसका परिणाम उस पृथक् होनेवाले पक्ष के लिए सदैव घातक सिद्ध हुआ।

मेरी समझ में भारतवर्ष के पतन और अवनति का एक प्रधान कारण जाति के चारों ओर रीति-रिवाजों की एक दीवार खड़ी कर देना था, जिसकी भित्ति दूसरों की घृणा पर स्थापित थी, और जिनका यथार्थ उद्देश्य प्राचीन काल में हिन्दू जाति को आसपासवाली बौद्ध जातियों के संसर्ग से अलग रखता था।

प्राचीन या नवीन तर्कजाल इसे चाहे जिस तरह ढाँकने का प्रयत्न करे, पर इसका अनिवार्य फल—उस नैतिक साधारण नियम के औचित्य के अनुसार कि कोई भी बिना अपने को अधःपतित किये दूसरों से घृणा नहीं कर सकता—यह हुआ कि जो जाति सभी प्राचीन जातियों में सर्वश्रेष्ठ थी, उसका नाम पृथ्वी की जातियों में घृणासूचक साधारण एक शब्द सा हो गया है। हम उस सार्वभौमिक नियम

---

१. स्वामी जी ने अमेरिका में हिन्दू धर्म के प्रचार के द्वारा जो अच्छा कार्य किया था, उसे अभिनन्दित करने के लिए कलकत्ता टाउन हॉल में ५ सितम्बर, १८९४ को एक सार्वजनिक सभा हुई थी। यह पत्र उसीके सभापति को लिखा गया था। स०

की अवहेलना के परिणाम के प्रत्यक्ष दृष्टान्तस्वरूप हो गये हैं, जिसका हमारे ही पूर्वजों ने पहले-पहल आविष्कार और विवेचन किया था।

लेन-देन ही संसार का नियम है और यदि भारत फिर से उठना चाहे, तो यह परमावश्यक है कि वह अपने रत्नों को बाहर लाकर पृथ्वी की जातियों में बिखेर दे, और इसके बदले में वे जो कुछ दे सकें, उसे सहर्ष ग्रहण करे। विस्तार ही जीवन है और संकोच मृत्यु; प्रेम ही जीवन है और द्वेष ही मृत्यु। हमने उसी दिन से मरना शुरू कर दिया, जब से हम अन्य जातियों से घृणा करने लगे, और यह मृत्यु बिना इसके किसी दूसरे उपाय से रुक नहीं सकती कि हम फिर से विस्तार को अपनायें, जो कि जीवन का चिह्न है।

अतएव हमें पृथ्वी की सभी जातियों से मिलना पड़ेगा। और प्रत्येक हिन्दू जो विदेश भ्रमण करने जाता है, उन सैकड़ों मनुष्यों से अपने देश को अधिक लाभ पहुँचाता है, जो केवल अंधविश्वासों एवं स्वार्थपरताओं की गठरी मात्र है, और जिनके जीवन का एकमात्र उद्देश्य 'न खुद खाये, न दूसरे को खाने दे' कहावत के अनुसार न अपना हित करना है, न पराये का। पाश्चात्य राष्ट्रों ने राष्ट्रीय जीवन के जो आश्चर्यजनक प्रासाद बनाये हैं, वे चरित्ररूपी सुदृढ़ स्तम्भों पर खड़े हैं, और जब तक हम अधिक से अधिक संख्या में वैसे चरित्र न गढ़ सकें, तब तक हमारे लिए किसी शक्तिविशेष के विरुद्ध अपना असन्तोष प्रकट करते रहना निरर्थक है।

क्या वे लोग स्वाधीनता पाने योग्य हैं, जो दूसरों को स्वाधीनता देने के लिए प्रस्तुत नहीं? व्यर्थ का असन्तोष जताते हुए शक्तिक्षय करने के बदले हम चुपचाप वीरता के साथ काम करते चले जायँ। मेरा तो पूर्ण विश्वास है कि संसार की कोई भी शक्ति किसीसे वह वस्तु अलग नहीं रख सकती, जिसके लिए वह वास्तव में योग्य हो। अतीत तो हमारा गौरवमय था ही, पर मुझे हार्दिक विश्वास है कि भविष्य और भी गौरवमय होगा।

शंकर हमें पवित्रता, धैर्य और अध्यवसाय में अविचलित रखें।

भवदीय,

विवेकानन्द

(श्री आलासिंगा पेरुमल आदि मद्रासी शिष्यों को लिखित)

न्यूयार्क,

१८ नवम्बर, १८९४

वीरहृदय युवको!

तुम्हारा ११ अक्तूबर का पत्र कल पाकर बड़ा ही आनन्द हुआ। यह बड़े सन्तोष की बात है कि अब तक हमारा कार्य बिना रोक-टोक के उन्नति ही करता

चला आ रहा है। जैसे भी हो सके, हमें संघ को दृढ़प्रतिष्ठ और उन्नत बनाना होगा, और इसमें हमें सफलता मिलेगी—अवश्य मिलेगी। 'नहीं' कहने से न बनेगा। और किसी बात की आवश्यकता नहीं, आवश्यकता है केवल प्रेम, निश्छलता और धैर्य की। जीवन का अर्थ ही वृद्धि अर्थात् विस्तार यानी प्रेम है। इसलिए प्रेम ही जीवन है, यही जीवन का एकमात्र नियम है, और स्वार्थपरता ही मृत्यु है। इहलोक एवं परलोक में यही बात सत्य है। परोपकार ही जीवन है, परोपकार न करना ही मृत्यु है। जितने नरपशु तुम देखते हो, उनमें नब्बे प्रतिशत मृत हैं, वे प्रेत हैं; क्योंकि मेरे बच्चो, जिसमें प्रेम नहीं है, वह जी भी नहीं सकता। मेरे बच्चो, सबके लिए तुम्हारे दिल में दर्द हो—ग़रीब, मूर्ख एवं पददलित मनुष्यों के दुःख को तुम महसूस करो, तब तक महसूस करो, जब तक तुम्हारे हृदय की धड़कन न रुक जाय, मस्तिष्क चकराने न लगे, और तुम्हें ऐसा प्रतीत होने लगे कि तुम पागल हो जाओगे—फिर ईश्वर के चरणों में अपना दिल खोलकर रख दो, और तब तुम्हें शक्ति, सहायता और अदम्य उत्साह की प्राप्ति होगी। गत दस वर्षों से मैं अपना मूलमंत्र घोषित करता आया हूँ—संघर्ष करते रहो। और अब भी मैं कहता हूँ कि अविराम संघर्ष करते चलो। जब चारों ओर अन्धकार ही अन्धकार दीखता था, तब मैं कहता था—संघर्ष करते रहो; अब जब थोड़ा थोड़ा उजाला दिखायी दे रहा है, तब भी मैं कहता हूँ कि संघर्ष करते चलो। डरो मत मेरे बच्चो। अनन्त नक्षत्रखचित आकाश की ओर भयभीत दृष्टि से ऐसे मत ताको, जैसे कि वह हमें कुचल ही डालेगा। धीरज धरो। देखोगे कि कुछ ही घण्टों में वह सबका सब तुम्हारे पैरों तले आ गया है। धीरज धरो, न धन से काम होता है; न नाम से, न यश काम आता है, न विद्या; प्रेम ही से सब कुछ होता है। चरित्र ही कठिनाइयों की संगीन दीवारें तोड़कर अपना रास्ता बना सकता है।

अब हमारे सामने समस्या यह है,—कि स्वाधीनता के बिना किसी प्रकार की उन्नति सम्भव नहीं। हमारे पूर्वजों ने धार्मिक विचारों में स्वाधीनता दी थी और उसीसे हमें एक आश्चर्यजनक धर्म मिला है। पर उन्होंने समाज के पैर बड़ी बड़ी जंज़ीरों से जकड़ दिये और इसके फलस्वरूप हमारा समाज, एक शब्द में, भयंकर और पैशाचिक हो गया है। पाश्चात्य देशों में समाज को सदैव स्वाधीनता मिलती रही, इसलिए उनके समाज को देखो। दूसरी तरफ़ उनके धर्म को भी देखो।

उन्नति की पहली शर्त है स्वाधीनता। जैसे मनुष्य को सोचने-विचारने और उसे व्यक्त करने की स्वाधीनता मिलनी चाहिए, वैसे ही उसे खान-पान, पोशाक-पहनावा, विवाह-शादी, हरेक बात में स्वाधीनता मिलनी चाहिए, जब तक कि वह दूसरों को हानि न पहुँचाये।

हम मूर्खों की तरह भौतिक सभ्यता की निन्दा किया करते हैं। अंगूर खट्टे हैं न! उस मूर्खोचित बात को मान लेनेपर भी यह कहना पड़ेगा कि सारे भारतवर्ष में लगभग एक लाख नर-नारी ही यथार्थ रूप से धार्मिक हैं। अब प्रश्न यह है कि क्या इतने लोगों की धार्मिक उन्नति के लिए भारत के तीस करोड़ अधिवासियों को बर्बरों का सा जीवन व्यतीत करना और भूखों मरना होगा? क्यों कोई भूखों मरे? मुसलमानों के लिए हिन्दुओं को जीत सकना कैसे सम्भव हुआ? यह हिन्दुओं के भौतिक सभ्यता का निरादर करने के कारण ही हुआ। सिले हुए कपड़े तक पहनना मुसलमानों ने इन्हें सिखलाया। क्या अच्छा होता, यदि हिन्दू मुसलमानों से साफ़ ढग से खाने की तरक़ीब सीख लेते, जिसमें रास्ते की गर्द भोजन के साथ न मिलने पाती! भौतिक सभ्यता, यहाँ तक कि विलासमयता की भी जरूरत होती है—क्योंकि उससे ग़रीबों को काम मिलता है। रोटी! रोटी! मुझे इस बात का विश्वास नहीं है कि वह भगवान्, जो मुझे यहाँ पर रोटा नहीं दे सकता, वही स्वर्ग में मुझे अनन्त सुख देगा! राम कहो! भारत को उठाना होगा. ग़रीबों को भोजन देना होगा, शिक्षा का विस्तार करना होगा और पुरोहित-प्रपंच की बुराइयों का निराकरण करना होगा। पुरोहित-प्रपंच की बुराइयों और सामाजिक अत्याचारों का कहीं नाम-निशान न रहे! सब के लिए अधिक अन्न और सबको अधिकाधिक सुविधाएँ मिलती रहे। हमारे मूर्ख नौजवान अंग्रेज़ों से अधिक राजनीतिक अधिकार पाने के लिए सभाएँ आयोजित करते हैं। इस पर अंग्रेज़ केवल हँसते हैं। स्वाधीनता पाने का अधिकार उसे नहीं, जो औरों को स्वाधीनता देने को तैयार न हो। मान लो कि अंग्रेज़ों ने तुम्हें सब अधिकार दे दिये, पर उससे क्या फल होगा? कोई न कोई वर्ग प्रबल होकर सब लोगों से सारे अधिकार छीन लेगा और उन लोगों को दबाने की कोशिश करेगा। और ग़ुलाम तो शक्ति चाहता है, दूसरों को ग़ुलाम बनाने के लिए।

इसलिए हमें वह अवस्था धीरे धीरे लानी पड़ेगी—अपने धर्म पर अधिक बल देते हुए और समाज को स्वाधीनता देते हुए। प्राचीन धर्म से पुरोहित-प्रपंच की बुराइयों को एक बार उखाड़ दो, तो तुम्हें संसार का सबसे अच्छा धर्म उपलब्ध हो जायगा। मेरी बात समझते हो न? भारत का धर्म लेकर एक यूरोपीय समाज का निर्माण कर सकते हो? मुझे विश्वास है कि यह सम्भव है और एक दिन ऐसा अवश्य होगा।

इसके लिए सबसे अच्छा उपाय मध्य भारत में एक उपनिवेश की स्थापना करना है, जहाँ तुम अपने विचारों का स्वतंत्रतापूर्वक अनुसरण कर सको। फिर ये ही मुट्ठी भर लोग सारे संसार में अपने विचार फैला देंगे। इस बीच एक मुख्य

केन्द्र बनाओ और भारत भर में उसकी शाखाएँ खोलते जाओ । अभी केवल धर्म-भित्ति पर ही इसकी स्थापना करो और अभी किसी उथल-पुथल मचानेवाले सामाजिक सुधार का प्रचार मत करो, साथ ही इतना ध्यान रहे कि किसी मूर्खता-प्रसूत कुसंस्कारों को सहारा न देना । जैसे पूर्वकाल में शंकराचार्य, रामानुज तथा चैतन्य आदि आचार्यों ने सबको समान समझकर मुक्ति में सबका समान अधिकार घोषित किया था, वैसे ही समाज को पुनः गठित करने की कोशिश करो ।

उत्साह से हृदय भर लो और सब जगह फैल जाओ । काम करो, काम करो । नेतृत्व करते समय सबके दास हो जाओ, निःस्वार्थ होओ और कभी एक मित्र को पीठ पीछे दूसरे की निन्दा करते मत सुनो । अनन्त धैर्य रखो, तभी सफलता तुम्हारे हाथ आयेगी । भारत का कोई अख़बार या किसीके पते अब मुझे भेजने की आवश्यकता नहीं । मेरे पास उनके ढेर जमा हो गये; अब बस करो । अब इतना ही समझो कि जहाँ जहाँ तुम कोई सार्वजनिक सभा बुला सके, वहीं काम करने का तुम्हें थोड़ा मौक़ा मिल गया । उसीके सहारे काम करो । काम करो । काम करो, औरों के हित के लिए काम करना ही जीवन का लक्षण है । मैंने श्री अय्यर को अलग पत्र नहीं लिखा, पर अभिनन्दन-पत्र का जो उत्तर मैंने दिया, शायद वही पर्याप्त हो । उनसे और मेरे अन्यान्य मित्रों से मेरा हार्दिक प्रेम, सहानुभूति और कृतज्ञता ज्ञापन करना । वे सभी महानुभाव हैं । हाँ, एक बात के लिए सतर्क रहना—दूसरों पर अपना रोब जमाने की कोशिश मत करना । मैं सदा तुम्हींको पत्र भेजता हूँ, इसलिए तुम मेरे अन्य मित्रों से अपना महत्त्व प्रकट करने की फ़िक्र में न रहना । मैं जानता हूँ कि तुम इतने निर्बोध न होगे, पर तो भी मैं तुम्हें सतर्क कर देना अपना कर्तव्य समझता हूँ । सभी संगठनों का सत्यानाश इसीसे होता है । काम करो, काम करो, दूसरों की भलाई के लिए काम करना ही जीवन है ।

मैं चाहता हूँ कि हममें किसी प्रकार की कपटता, कोई मक्कारी, कोई दुष्टता न रहे । मैं सदैव प्रभु पर निर्भर रहा हूँ, सत्य पर निर्भर रहा हूँ, जो कि दिन के प्रकाश की भाँति उज्ज्वल है । मरते समय मेरी विवेक-बुद्धि पर यह धब्बा न रहे कि मैंने नाम या यश पाने के लिए, यहाँ तक कि परोपकार करने के लिए दुरंगी चालों से काम लिया था । दुराचार की गन्ध या बदनीयती का नाम तक न रहने पाये ।

किसी प्रकार का टालमटोल या छिपे तौर से बदमाशी या गुप्त शठता हममें न रहे—पर्दे की आड़ में कुछ न किया जाय । गुरु का विशेष कृपापात्र होने का कोई भी दावा न करे—यहाँ तक कि हममें कोई गुरु भी न रहे । मेरे साहसी बच्चो, आगे बढ़ो—चाहे धन आये या न आये, आदमी मिलें या न मिलें । क्या

तुम्हारे पास प्रेम है ? क्या तुम्हें ईश्वर पर भरोसा है ? बस, आगे बढ़ो, तुम्हें कोई न रोक सकेगा।

भारत से प्रकाशित थियोसॉफ़िस्टों की पत्रिका में लिखा है कि थियोसॉफ़िस्टों ने ही मेरी सफलता की राह साफ़ कर दी थी। ऐसा ! क्या बकवास है !—थियोसॉफ़िस्टों ने मेरी राह साफ़ की !!

सतर्क रहो ! जो कुछ असत्य है, उसे पास न फटकने दो। सत्य पर डटे रहो, बस, तभी हम सफल होंगे—शायद थोड़ा अधिक समय लगे, पर सफल हम अवश्य होंगे। इस तरह काम करते जाओ कि मानो मैं कभी था ही नहीं। इस तरह काम करो कि मानो तुममें से हर एक के ऊपर सारा काम आ पड़ा है। भविष्य की पचास सदियाँ तुम्हारी ओर ताक रही हैं, भारत का भविष्य तुम पर ही निर्भर है ! काम करते जाओ। पता नहीं, कब मैं स्वदेश लौटूंगा। यहाँ काम करने का बड़ा अच्छा क्षेत्र है। भारत में लोग अधिक से अधिक मेरी प्रशंसा भर कर सकते हैं, पर वे किसी काम के लिए एक पैसा भी न देंगे, और दें भी, तो कहाँ से ? वे स्वयं भिखारी हैं न ? फिर गत दो हज़ार या उससे भी अधिक वर्षों से वे परोपकार करने की प्रवृत्ति ही खो बैठे हैं। 'राष्ट्र', 'जनसाधारण' आदि के विचार वे अभी अभी सीख रहे हैं। इसलिए मुझे उनकी कोई शिकायत नहीं करनी है। आगे और भी विस्तार से लिखूंगा। तुम लोगों को सदैव मेरा आशीर्वाद।

तुम्हारा,
विवेकानन्द

पुनश्च—तुम्हें फोनोग्राफ के बारे में और पूछताछ करने की कोई आवश्यकता नहीं। अभी खेतड़ी से मुझे खबर मिली है कि वह अच्छी दशा में वहाँ पहुँच गया है।

वि०

(डॉ० नंजुन्दा राव को लिखित)

संयुक्त राज्य अमेरिका,
३० नवम्बर, १८९४

प्रिय डॉक्टर राव,

तुम्हारा सुन्दर पत्र मुझे अभी अभी मिला। तुम श्री रामकृष्ण को समझ सके, यह जानकर मुझे बड़ा हर्ष है। तुम्हारे तीव्र वैराग्य से मुझे और भी आनन्द मिला। ईश्वर-प्राप्ति का यह एक आवश्यक अंग है। मुझे पहले से ही मद्रास से बड़ी आशा थी और अभी भी विश्वास है कि मद्रास से वह आध्यात्मिक तरंग उठेगी, जो सारे भारत को प्लावित कर देगी। मैं तो केवल इतना ही कह सकता हूँ कि ईश्वर तुम्हारे शुभ संकल्पों का वेग उत्साह के साथ बढ़ाता रहे; परन्तु

मेरे बच्चे, यहाँ कठिनाइयाँ भी हैं। पहले तो किसी मनुष्य को शीघ्रता नहीं करनी चाहिए; दूसरे, तुम्हें अपनी माता और स्त्री के सम्बन्ध में सहृदयतापूर्वक विचारों से काम लेना उचित है। सच है, और तुम यह कह सकते हो कि आप श्री रामकृष्ण के शिष्यों ने संसार-त्याग करते समय अपने माता-पिता की सम्मति की अपेक्षा नहीं की। मैं जानता हूँ और ठीक जानता हूँ कि बड़े बड़े काम बिना बड़े स्वार्थ-त्याग के नहीं हो सकते। मैं अच्छी तरह जानता हूँ, भारत-माता अपनी उन्नति के लिए अपनी श्रेष्ठ सन्तानों की बलि चाहती है, और यह मेरी आन्तरिक अभिलाषा है कि तुम उन्हींमें से एक सौभाग्यशाली होगे।

संसार के इतिहास से तुम जानते हो कि महापुरुषों ने बड़े बड़े स्वार्थ-त्याग किये और उनके शुभ फल का भोग जनता ने किया। अगर तुम अपनी ही मुक्ति के लिए सब कुछ त्यागना चाहते हो, तो फिर वह त्याग कैसा? क्या तुम संसार के कल्याण के लिए अपनी मुक्ति-कामना तक छोड़ने को तैयार हो? तुम स्वयं ब्रह्मस्वरूप हो, इस पर विचार करो। मेरी राय में तुम्हें कुछ दिनों के लिए ब्रह्मचारी बनकर रहना चाहिए। अर्थात् कुछ काल के लिए स्त्री-संग छोड़कर अपने पिता के घर में ही रहो; यही 'कुटीचक' अवस्था है। संसार की हित-कामना के लिए अपने महान् स्वार्थ-त्याग के सम्बन्ध में अपनी पत्नी को सहमत करने की चेष्टा करो। अगर तुममें ज्वलन्त विश्वास, सर्वविजयिनी प्रीति और सर्वशक्तिमयी पवित्रता है, तो तुम्हारे शीघ्र सफल होने में मुझे कुछ भी सन्देह नहीं। तन, मन और प्राणों का उत्सर्ग करके श्री रामकृष्ण की शिक्षाओं का विस्तार करने में लग जाओ, क्योंकि कर्म पहला सोपान है। खूब मन लगाकर संस्कृत का अध्ययन करो और साधना का भी अभ्यास करते रहो। कारण, तुम्हें मनुष्य जाति का श्रेष्ठ शिक्षक होना है। हमारे गुरुदेव कहा करते थे कि कोई आत्महत्या करना चाहे, तो वह नहरनी से भी काम चला सकता है, परन्तु दूसरों को मारना हो, तो तोप-तलवार की आवश्यकता होती है। समय आने पर तुम्हें वह अधिकार प्राप्त हो जायगा, जब तुम संसार त्यागकर चारों ओर उनके पवित्र नाम का प्रचार कर सकोगे। तुम्हारा संकल्प शुभ और पवित्र है। ईश्वर तुम्हें उन्नत करे, परन्तु जल्दी में कुछ कर न बैठना। पहले कर्म और साधना द्वारा अपने को पवित्र करो। भारत चिरकाल से दुःख सह रहा है; सनातन धर्म दीर्घकाल से अत्याचारपीड़ित है। परन्तु ईश्वर दयामय है। वह फिर अपनी सन्तानों के परित्राण के लिए आया है, पुनः पतित भारत को उठने का सुयोग मिला है। श्री रामकृष्ण के पदप्रान्त में बैठने पर ही भारत का उत्थान हो सकता है। उनकी जीवनी एवं उनकी शिक्षाओं को चारों ओर फैलाना होगा, हिन्दू समाज के रोम रोम में उन्हें

भरना होगा। यह कौन करेगा? श्री रामकृष्ण की पताका हाथ में लेकर संसार की मुक्ति के लिए अभियान करनेवाला है कोई? नाम और यश, ऐश्वर्य और भोग का, यहाँ तक कि इहलोक और परलोक की सारी आशाओं का बलिदान करके अवनति की बाढ़ रोकनेवाला है कोई? कुछ इने-गिने युवकों ने इसमें अपने को झोंक दिया है, अपने प्राणों का उत्सर्ग कर दिया है। परन्तु इनकी संख्या थोड़ी है। हम चाहते हैं कि ऐसे ही कई हज़ार मनुष्य आयें और मैं जानता हूँ कि वे आयेंगे। मुझे हर्ष है कि हमारे प्रभु ने तुम्हारे मन में उन्हींमें से एक होने का भाव भर दिया है। वह धन्य है, जिसे प्रभु ने चुन लिया। तुम्हारा संकल्प शुभ है, तुम्हारी आशाएँ उच्च हैं, घोर अन्धकार में डूबे हुए हज़ारों मनुष्यों को प्रभु के ज्ञानालोक के सम्मुख लाने का तुम्हारा लक्ष्य संसार के सब लक्ष्यों से महान् है।

परन्तु मेरे बच्चे, इस मार्ग में बाधाएँ भी हैं। जल्दबाज़ी में कोई काम नहीं होगा। पवित्रता, धैर्य और अध्यवसाय, इन्हीं तीनों गुणों से सफलता मिलती है, और सर्वोपरि है प्रेम। तुम्हारे सामने अनन्त समय है, अतएव अनुचित शीघ्रता आवश्यक नहीं। यदि तुम पवित्र और निष्कपट हो, तो सब काम ठीक हो जायँगे। हमें तुम्हारे जैसे हज़ारों की आवश्यकता है, जो समाज पर टूट पड़ें और जहाँ कहीं वे जायँ, वहीं नये जीवन और नयी शक्ति का संचार कर दें। ईश्वर तुम्हारी मनोकामना पूर्ण करे।

सस्नेह आशीर्वाद के साथ,

विवेकानन्द

(श्री आलासिंगा पेरुमल को लिखित)

संयुक्त राज्य अमेरिका,

३० नवम्बर, १८९४

प्रिय आलासिंगा,

फोनोग्राफ और मेरा पत्र तुम्हें सुरक्षित अवस्था में मिल गये हैं, यह जानकर खुशी हुई। अब तुम्हें समाचारपत्रों की और कटिंग भेजने की आवश्यकता नहीं। मेरा उनसे नाकों दम हो गया है। वह अब बहुत हो चुका। इसलिए अब संस्था के कार्य में लग जाओ। मैंने एक संस्था न्यूयार्क में पहले ही शुरू कर दी है और उसके उपसभापति शीघ्र ही तुम्हें पत्र लिखेंगे। इन लोगों के साथ पत्र-व्यवहार करते रहो। शीघ्र ही दूसरे स्थानों में भी मैं ऐसी ही दो-चार संस्थाएँ खोलने जा रहा हूँ। हमें अपनी शक्तियों का संगठन किसी सम्प्रदाय-निर्माण के लिए नहीं करना है, विशेषतः किसी धार्मिक विषय से सम्बन्धित, वरन् ऐसा केवल आर्थिक

प्रबन्ध आदि की दृष्टि से करना है। एक ज़ोरदार प्रचार-कार्य का समारम्भ करना होगा। एक साथ मिलकर संगठन-कार्य में जुट जाओ।

श्री रामकृष्ण के चमत्कार के सम्बन्ध में क्या बकवास है!. . .चमत्कार के विषय में न कुछ जानता हूँ, न उसे समझता ही हूँ। क्या श्री रामकृष्ण के पास चमत्कार दिखाने के अलावा संसार में और कोई काम नहीं था ? कलकत्ता के ऐसे लोगों से भगवान् बचाये। इन्हीं विषयों को लेकर वे कार्य करेंगे! यह विचार रखते हुए कि श्री रामकृष्ण कौन सा कार्य करने तथा क्या सिखाने आये थे, यदि उनका वास्तविक जीवन कोई लिख सकता है, तो लिखने दो; अन्यथा नहीं। उनका जीवन और कथन बिगाड़ना उसके लिए उचित नहीं है। ये लोग, जो ईश्वर को जानना चाहते हैं, श्री रामकृष्ण में जादूगरी के सिवा अन्य कुछ नहीं देखते!... यदि किडी उनके प्रेम, उनके ज्ञान, उनके सर्वधर्मसमन्वय सम्बन्धी कथाओं एवं उनके अन्य उपदेशों का अनुवाद कर सकता है, तो करने दो। विषयवस्तु इस प्रकार है। श्री रामकृष्ण का जीवन एक असाधारण ज्योतिर्मय दीपक है, जिसके प्रकाश में हिन्दू धर्म के विभिन्न अंग एवं आशय समझे जा सकते हैं। शास्त्रों में निहित सिद्धान्त-रूप ज्ञान के वे प्रत्यक्ष उदाहरणस्वरूप थे। ऋषि और अवतार हमें जो वास्तविक शिक्षा देना चाहते थे, उसे उन्होंने अपने जीवन द्वारा दिखा दिया है। शास्त्र मतवाद मात्र हैं, रामकृष्ण उनकी प्रत्यक्ष अनुभूति। उन्होंने ५१ वर्ष में पाँच हज़ार वर्ष का राष्ट्रीय आध्यात्मिक जीवन जिया और इस तरह वे भविष्य की सन्तानों के लिए अपने आपको एक शिक्षाप्रद उदाहरण बना गये। विभिन्न मत एक एक अवस्था या क्रम मात्र हैं—उनके इस सिद्धान्त से वेदों का अर्थ समझ में आ सकता है और शास्त्रों में सामंजस्य स्थापित हो सकता है। उसीके अनुसार दूसरे धर्म या मत के लिए हमें केवल सहनशीलता का प्रयोग नहीं करना चाहिए, वरन् उन्हें स्वीकार कर जीवन में प्रत्यक्ष परिणत करना चाहिए, और उसीके अनुसार सत्य ही सब धर्मों की नींव है। अब इसी ढंग पर एक अत्यन्त मनोहर और सुन्दर जीवनी लिखी जा सकती है। अस्तु, सब काम अपने समय से होंगे।...अपना काम करते चलो, कलकत्तावालों पर अवलम्बित रहने की जरूरत नहीं। उनके साथ बात बनाये रखो, शायद उनमें से कोई अच्छा निकल आये। लेकिन स्वाधीनता से अपना काम करते रहो। काम के वक्त कोई नहीं, पर खाने के वक़्त सब हाज़िर हो जाते हैं। सतर्क रहो और काम करते जाओ।

आशीर्वादपूर्वक सदैव तुम्हारा,
विवेकानन्द

(श्री सिंगारावेलू मुदालियर को लिखित)

संयुक्त राज्य अमेरिका,
३० नवम्बर, १८९४

प्रिय किडी,

तुम्हारा पत्र मिला। तुम्हारा मन इधर-उधर भटक रहा है, मालूम हुआ। तुमने रामकृष्ण का त्याग नहीं किया है, जानकर सुखी हूँ। उनके सम्बन्ध में जो अद्भुत कथाएँ प्रकाशित हुई हैं—उनसे और जिन अहमक़ों ने उन्हें लिखा है—उन लोगों से तुम दूर रहोगे—यही मेरा सुझाव है। वे बातें सही हैं ज़रूर—किन्तु, मैं यह अच्छी तरह जानता हूँ कि ये मूरख इन सारी बातों को इधर से उधर कर—खिचड़ी बना डालेंगे। उन्होंने (रामकृष्ण ने) कितनी अच्छी अच्छी—ज्ञानभरी बातों के द्वारा शिक्षा दी है—फिर सिद्धि-चमत्कार वग़ैरह बेकार की बातों में इतना क्यों उलझे हो? अलौकिक घटनाओं की सत्यता प्रमाणित कर देने से ही धर्म की सच्चाई प्रमाणित नहीं होती—जड़ के द्वारा चेतन का प्रमाण तो नहीं दिया जा सकता। ईश्वर या आत्मा का अस्तित्व अथवा अमरत्व के साथ अलौकिक क्रियाओं का भला क्या सम्बन्ध हो सकता है? तुम इन बातों में अपना सिर मत खपाओ। तुम अपनी भक्ति को लेकर रहो। मैंने तुम्हारा सारा दायित्व अपने ऊपर लिया है—इस सम्बन्ध में निश्चिन्त रहो। इधर-उधर की बातों से मन को चंचल मत करो। रामकृष्ण का प्रचार करो। जिसे पान करके तुमने अपनी तृष्णा मिटायी है—उसे दूसरों को पान कराओ। तुम्हारे प्रति मेरा यह आशीर्वाद : सिद्धि तुम्हें करतलगत हो!! व्यर्थ की दार्शनिक चिन्ताओं में सिर खपाने की आवश्यकता नहीं। अपनी धर्मान्धता से दूसरों को विरक्त न करो। एक ही काम तुम्हारे लिए यथेष्ट है—रामकृष्ण का प्रचार—भक्ति का प्रचार। इसी काम के लिए तुम्हें आशीर्वाद देता हूँ—किये चलो! यदि तुम्हारे मन में अबोध की भाँति फिर ऐसे प्रश्न जगें, तो समझना, मुक्ति और सिद्धि तुम्हें मिलने में अब देर नहीं। अभी प्रभु का नाम-प्रचार करो!

सदा आशीर्वाद सहित,
विवेकानन्द

(कुमारी मेरी हेल को लिखित)

१६८, ब्रैट्ल स्ट्रीट,
केम्ब्रिज,
८ दिसम्बर, १८९४

प्रिय बहन,

मैं तीन दिन से यहाँ हूँ। हम लोगों ने श्रीमती हेनरी सॉमरसेट का श्रेष्ठ

व्याख्यान सुना। मैं यहाँ वेदान्त एवं दूसरे विषयों पर हर सुबह क्लास लेता हूँ। अब तक तुम्हें 'वेदान्त' की प्रति, जो मैंने मदर टेम्प्ल के यहाँ तुम्हारे पास भेज देने के लिए छोड़ दी थी, मिल गयी होगी। दूसरे दिन में स्पाल्डिग्स के यहाँ भोजन पर गया। मेरे विरोध के बावजूद उस दिन उन्होंने मुझसे अमेरिकन लोगों की आलोचना करने का आग्रह किया। खेद है, यह उन्हें अच्छा नहीं लगा होगा। निश्चय ही ऐसा करना सर्वथा असम्भव है। मदर चर्च और शिकागो के उस परिवार का क्या समाचार है? बहुत दिनों से उनका कोई पत्र नहीं मिला है। समय होता, तो पहले ही तुमसे मिलने शहर दौड़ गया होता। पूरा दिन मुझे व्यस्त रहना पड़ता है। खेद है कि तुमसे नहीं मिल सकूँगा।

अगर तुम्हें समय हो, तो लिखो और मैं अवसर हाथ लगते ही तुमसे मिलने का प्रयत्न करूँगा। जब तक मैं यहाँ रहूँगा, यानी इस मास के २७ या २८ ता० तक, मिलने का मेरा समय अपराह्ण ही होगा, प्रातः १२ या १ तक मुझे बहुत व्यस्त रहना होगा।

तुम सबों को मेरा प्यार।

तुम्हारा सदा स्नेही भाई,
विवेकानन्द

(कुमारी मेरी हेल को लिखित)

केम्ब्रिज,
दिसम्बर, १८९४

प्रिय बहन,

अभी तुम्हारा पत्र मिला। अगर यह तुम्हारे सामाजिक नियमों के प्रतिकूल न हो, तो श्रीमती ओलि बुल, कुमारी फ़ार्मर और शिकागो की शारीरिक विज्ञानविद् श्रीमती एडम्स से मिलने क्यों न आ जाओ?

किसी भी दिन तुम उनसे वहाँ मिल सकती हो।

सदा सस्नेह तुम्हारा,
विवेकानन्द

(कुमारी मेरी हेल को लिखित)

केम्ब्रिज,
२१ दिसम्बर, १८९४

प्रिय बहन,

तुम्हारे पिछले पत्र के बाद कुछ नहीं मिला। अगले मंगलवार को मैं न्यूयार्क जा रहा हूँ। इस बीच तुम्हें श्रीमती बुल का पत्र मिला होगा। अगर यह तुम्हें स्वीकार न हो, तो किसी भी दिन आने में मुझे बड़ी प्रसन्नता होगी—

अब मुझे समय है, क्योंकि अगले रविवार को छोड़कर व्याख्यान-क्रम समाप्त-प्राय है।

सस्नेह सदा तुम्हारा,
विवेकानन्द

(श्री आलासिंगा पेरुमल को लिखित)

संयुक्त राज्य अमेरिका,
२६ दिसम्बर, १८९४

प्रिय आलासिंगा,

शुभाशीर्वाद। तुम्हारा पत्र अभी ही मिला। नरसिंह भारत पहुँच गया है, जानकर खुशी हुई। मुझे खेद है कि डॉ० बरोज़ द्वारा धर्म-महासभा के सम्बन्ध में लिखित पुस्तक तुम्हें भेज न सका। भेजने की कोशिश करूँगा। बात यह है कि धर्म-महासभा की सभी बातें अब यहाँ पुरानी हो गयी हैं। हाल में उन्होंने कोई पुस्तक लिखी है या नहीं, मुझे विदित नहीं; तथा तुमने जिस समाचारपत्र का उल्लेख किया है, उसके बारे में भी मुझे कुछ मालूम नहीं है। अब डॉ० बरोज़, धर्म-महासभा, वे समाचारपत्र आदि सभी कुछ प्राचीन इतिहास जैसे हो गये हैं, इसलिए तुम लोग भी इसे अतीत काल की बातें मान सकते हो।

मेरे सम्बन्ध में कुछ दिनों के अन्तर में मिशनरी पत्रिकाओं में (ऐसा मैं सुनता हूँ) दोषारोपण किया जाता है, परन्तु उसे पढ़ने की मुझे कोई इच्छा नहीं है। यदि तुम भारत की ऐसी पत्रिकाएँ भेजोगे, तो मैं उन्हें भी रद्दी काग़ज़ की टोकरी में डाल दूंगा। अपने काम के लिए कुछ आन्दोलन की आवश्यकता थी, वह अब पर्याप्त हो चुका है। मेरे विषय में लोग क्या कहते हैं, इसकी ओर ध्यान न देना, चाहे वे अच्छा कहें या बुरा। तुम अपने काम में लगे रहो और याद रखो कि—**न हि कल्याणकृत् कश्चित् दुर्गतिं तात गच्छति**[1]—'हे वत्स, भलाई करने वाले की कभी दुर्गति नहीं होती।'

यहाँ के लोग दिन-प्रतिदिन मुझे मानने लगे हैं। और जितना तुम समझते हो, उससे कहीं अधिक मेरा यहाँ प्रभाव है। पर यह बात केवल मेरे और तुम्हारे बीच तक ही सीमित रहनी चाहिए। सब काम धीरे धीरे होंगे।...मैं तुम्हें पहले भी लिख चुका हूँ और फिर लिखता हूँ कि समाचारपत्रों की प्रशंसा या निन्दा की मैं कुछ परवाह नहीं करूँगा। मैं उन पत्रों को अग्नि को अर्पित कर देता हूँ। तुम भी यही करो। समाचारपत्रों की निन्दा और व्यर्थ बातों की ओर ध्यान न दो। निष्कपट

---

१. गीता ॥६।४०॥

रहो और अपने कर्तव्य का पालन करो, शेष सब ठीक हो जायगा। सत्य की विजय अवश्यम्भावी है...मिशनरी ईसाइयों के झूठे वर्णन की ओर तुम्हें ध्यान ही न देना चाहिए...पूर्ण मौन ही उनका सर्वोत्तम खण्डन है और मैं चाहता हूँ कि तुम भी मौन धारण करो। ...श्री सुब्रह्मण्य अय्यर को अपनी सभा का सभापति बना लो। मेरे परिचित व्यक्तियों में वे एक परम उदार और अत्यन्त शुद्ध हृदय के व्यक्ति हैं और उनमें बुद्धि और हृदय का परम सुन्दर सम्मिश्रण है। अपने काम में आगे बढ़ो और मुझ पर अधिक भरोसा न रखो। अभी भी मेरा पूर्ण विश्वास है कि मद्रास से ही शक्ति की तरंग उठेगी। मैं कह नहीं सकता कि कब तक भारत वापस आऊँगा। मैं यहाँ और भारत, दोनों जगह काम कर रहा हूँ। कभी कभी मैं आर्थिक सहायता कर सकूँगा। तुम सबको प्यार।

आशीर्वादपूर्वक सदैव तुम्हारा,
विवेकानन्द

(श्री आलासिंगा पेरुमल को लिखित)

५४१, डियरबोर्न एवेन्यू, शिकागो,
१८९४

प्रिय आलासिंगा,

तुम्हारा पत्र अभी मिला।...मैंने तुम्हें अपने भाषण के जो अंश भेजे थे, उन्हें प्रकाशित करने के लिए कहकर मैंने भूल की। यह मेरी भयंकर भूल थी। यह मेरी एक क्षण की दुर्बलता का परिणाम था। इस देश में दो-तीन वर्ष तक व्याख्यान देने से धन संग्रह किया जा सकता है। मैंने कुछ यत्न किया है, और यद्यपि यहाँ जनसाधारण में मेरे काम का बहुत सम्मान है, फिर भी मुझे यह काम अत्यन्त अरुचिकर और नीति भ्रष्ट करनेवाला प्रतीत होता है। इसलिए मेरे बच्चे, मैंने यह निश्चय किया है कि इस ग्रीष्म ऋतु में ही यूरोप होते हुए भारत वापस लौट जाऊँगा। इसके खर्च के लिए मेरे पास यथेष्ट धन है—'उसकी इच्छा पूर्ण हो।'

भारतीय समाचार पत्रों के विषय में जो तुम कहते हो, वह मैंने पढ़ा तथा उसकी आलोचना भी। उनका यह छिद्रान्वेषण स्वाभाविक ही है। प्रत्येक दास-जाति का मुख्य दोष ईर्ष्या होता है। ईर्ष्या और मेल का अभाव ही पराधीनता उत्पन्न करता:है और उसे स्थायी बनाता है। इस कथन की सच्चाई तुम तब तक नहीं समझ सकते हो, जब तक तुम भारत से बाहर न जाओ। पाश्चात्यवासियों की सफलता का रहस्य यही सम्मिलन-शक्ति है, और उसका आधार है परस्पर विश्वास और गुणग्राहकता। जितना ही कोई राष्ट्र निर्बल या कायर होगा, उतना

ही उसमें यह अवगुण अधिक प्रकट होगा।...परन्तु मेरे बच्चे, तुम्हें पराधीन जाति से कोई आशा न रखनी चाहिए। हालाँकि मामला निराशाजनक सा ही है, फिर भी मैं इसे तुम सभी के समक्ष स्पष्ट रूप से कहता हूँ। सदाचार सम्बन्धी जिनकी उच्च अभिलाषा मर चुकी है, भविष्य की उन्नति के लिए जो बिल्कुल चेष्टा नहीं करते और भलाई करनेवाले को धर दबाने में जो हमेशा तत्पर हैं -- ऐसे मृत जड़पिण्डों के भीतर क्या तुम प्राण-संचार कर सकते हो? क्या तुम उस वैद्य की जगह ले सकते हो, जो लातें मारते हुए उद्दण्ड बच्चे के गले में दवाई डालने की कोशिश करता हो?

--सम्पादक के सम्बन्ध में मेरा यही वक्तव्य है कि हमारे गुरुदेव से उन्हें थोड़ी डाँट-फटकार मिली थी, इसलिए वे हमारी छाया से भी दूर भागते हैं। अमेरिकन और यूरोपियन विदेश में अपने देशवासी की हमेशा सहायता करता है।...

मैं फिर तुम्हें याद दिलाता हूँ, **कर्मण्येवाधिकारस्ते मा फलेषु कदाचन** --'तुम्हें कर्म का अधिकार है, फल का नहीं।' चट्टान की तरह दृढ़ रहो। सत्य की हमेशा जय होती है। श्री रामकृष्ण की सन्तान निष्कपट एवं सत्यनिष्ठ रहे, शेष सब कुछ ठीक हो जायगा। कदाचित् हम लोग उसका फल देखने के लिए जीवित न रहें; परन्तु जैसे इस समय हम जीवित हैं, इसमें कोई सन्देह नहीं है कि देर या सबेर इसका फल अवश्य प्रकट होगा। भारत को नव विद्युत्-शक्ति की आवश्यकता है, जो जातीय धमनी में नवीन स्फूर्ति उत्पन्न कर सके। यह काम हमेशा धीरे धीरे हुआ है और होगा। निःस्वार्थ भाव से काम करने में सन्तुष्ट रहो और अपने प्रति सदा सच्चे रहो। पूर्ण रूप से शुद्ध दृढ़ और निष्कपट रहो, शेष सब कुछ ठीक हो जायगा! अगर तुमने श्री रामकृष्ण के शिष्यों में कोई विशेषता देखी है, तो वह यह है कि वे सम्पूर्णतया निष्कपट हैं। यदि मैं ऐसे सौ आदमी भी भारत में छोड़ जा सकूँ, तो मेरा काम पूरा हो जायगा और मैं शान्ति से मर सकूँगा। इसे केवल परमात्मा ही जानता है। मूर्ख लोगों को व्यर्थ बकने दो। हम न तो सहायता ढूँढ़ते हैं, न उसे अस्वीकार करते हैं--हम तो उस परम पुरुष के दास हैं। क्षुद्र मनुष्यों के तुच्छ यत्न हमारी दृष्टि में न आने चाहिए। आगे बढ़ो! सैकड़ों युगों के उद्यम से चरित्र का गठन होता है। निराश न होओ। सत्य के एक शब्द का भी लोप नहीं हो सकता। वह दीर्घ काल तक कूड़े के नीचे भले ही दबा पड़ा रहे, परन्तु देर या सबेर वह प्रकट होगा ही। सत्य अनश्वर है, पुण्य अनश्वर है, पवित्रता अनश्वर है। मुझे सच्चे मनुष्य की आवश्यकता है; मुझे शंख-ढपोर चेले नहीं चाहिए। मेरे बच्चे, दृढ़ रहो। कोई आकर तुम्हारी सहायता करेगा, इसका भरोसा न करो। सब प्रकार की मानव-सहायता की अपेक्षा ईश्वर क्या अनन्त

गुना शक्तिमान नहीं है ? पवित्र बनो, ईश्वर पर विश्वास रखो, हमेशा उस पर निर्भर रहो—फिर तुम्हारा सब ठीक हो जायगा—कोई भी तुम्हारे विरुद्ध कुछ न कर सकेगा। अगले पत्र में और भी विस्तारपूर्वक लिखूंगा।

इस ग्रीष्म ऋतु में यूरोप जाने की सोच रहा हूँ। शीत ऋतु के प्रारम्भ में भारत वापस लौटूंगा। बम्बई में उतरकर शायद राजपूताना जाऊँ, वहाँ से फिर कलकत्ता। कलकत्ते से फिर जहाज़ द्वारा मद्रास आऊँगा। आओ, हम सब प्रार्थना करें, 'हे कृपामयी ज्योति, पथ-प्रदर्शन करो'—और अन्धकार में से एक किरण दिखायी देगी, पथ-प्रदर्शक कोई हाथ आगे बढ़ आयेगा। मैं हमेशा तुम्हारे लिए प्रार्थना करता हूँ, तुम मेरे लिए प्रार्थना करो। जो दारिद्रय, पुरोहित-प्रपंच तथा प्रबलों के अत्याचारों से पीड़ित हैं, उन भारत के करोड़ों पददलितों के लिए प्रत्येक आदमी दिन-रात प्रार्थना करे। सर्वदा उनके लिए प्रार्थना करे। मैं धनवान और उच्च श्रेणी की अपेक्षा इन पीड़ितों को ही धर्म का उपदेश देना पसन्द करता हूँ। मैं न कोई तत्त्व-जिज्ञासु हूँ, न दार्शनिक हूँ और न सिद्ध पुरुष हूँ। मैं निर्धन हूँ और निर्धनों से प्रेम करता हूँ। इस देश में जिन्हें ग़रीब कहा जाता है, उन्हें देखता हूँ—भारत के ग़रीबों की तुलना में इनकी अवस्था अच्छी होने पर भी यहाँ कितने लोग उनसे सहानुभूति रखते हैं! भारत में और यहाँ महान् अन्तर है। बीस करोड़ नर-नारी जो सदा ग़रीबी और मूर्खता के दलदल में फँसे हैं, उनके लिए किसका हृदय रोता है? उसके उद्धार का क्या उपाय है? कौन उनके दुःख में दुःखी है? वे अन्धकार से प्रकाश में नहीं आ सकते, उन्हें शिक्षा नहीं प्राप्त होती—उन्हें कौन प्रकाश देगा, कौन उन्हें द्वार द्वार शिक्षा देने के लिए घूमेगा? ये ही तुम्हारे ईश्वर हैं, ये ही तुम्हारे इष्ट बनें। निरन्तर इन्हीं के लिए सोचो, इन्हींके लिए काम करो, इन्हीं के लिए निरन्तर प्रार्थना करो—प्रभु तुम्हें मार्ग दिखायेगा। उसीको मैं महात्मा कहता हूँ, जिसका हृदय ग़रीबों के लिए द्रवीभूत होता है, अन्यथा वह दुरात्मा है। आओ, हम लोग अपनी इच्छा-शक्ति को ऐक्य भाव से उनकी भलाई के लिए निरन्तर प्रार्थना में लगायें। हम अनजान, बिना सहानुभूति के, बिना मातमपुर्सी के, बिना सफल हुए मर जायँगे, परन्तु हमारा एक भी विचार नष्ट नहीं होगा। वह कभी न कभी फल लायेगा। मेरा हृदय इतना भाव-गद्गद् हो गया है कि मैं उसे व्यक्त नहीं कर सकता; तुम्हें यह विदित है, तुम उसकी कल्पना कर सकते हो। जब तक करोड़ों भूखे और अशिक्षित रहेंगे, तब तक मैं प्रत्येक उस आदमी को विश्वासघातक समझूँगा, जो उनके खर्च पर शिक्षित हुआ है, परन्तु जो उन पर तनिक भी ध्यान नहीं देता! वे लोग जिन्होंने ग़रीबों को कुचलकर धन पैदा किया है और अब ठाट-बाट से अकड़कर चलते हैं, यदि उन बीस करोड़

देशवासियों के लिए जो इस समय भूखे और असभ्य बने हुए हैं, कुछ नहीं करते, तो वे घृणा के पात्र हैं। मेरे भाइयों, हम लोग ग़रीब हैं, नगण्य हैं, किन्तु हम जैसे ग़रीब लोग ही हमेशा उस परम पुरुष के यन्त्र बने हैं। परमात्मा तुम सभी का कल्याण करे।

सस्नेह,

विवेकानन्द

(श्री अनागरिक धर्मपाल को लिखित)

संयुक्त राज्य अमेरिका,

१८९४

प्रिय धर्मपाल,

तुम्हारे कलकत्ते का पता मुझे याद नहीं, इसलिए मठ के पते पर ही यह पत्र लिख रहा हूँ। कलकत्ते में दिये गये तुम्हारे भाषण तथा उसके आश्चर्यजनक प्रभाव का पूर्ण विवरण मैंने सुना। यहाँ के एक अवकाशप्राप्त मिशनरी ने मुझे 'भाई' सम्बोधित कर एक पत्र लिखा, इसके बाद शीघ्र ही मेरा संक्षिप्त उत्तर छपवाकर एक हलचल मचाने की कोशिश की। तुम्हें यह विदित ही है कि यहाँ के लोग ऐसे व्यक्तियों के बारे में कैसी धारणा रखते हैं। इसके अलावा उन्हीं मिशनरी ने गुप्त रूप से मेरे अनेक बन्धुओं के पास जाकर यह प्रयत्न किया, जिससे वे लोग मुझे सहायता न करें। किन्तु इसके प्रत्युत्तर में उन्हें सब कहीं तिरस्कार ही मिला। इस आदमी के ऐसे व्यवहार से मैं स्तम्भित हूँ। एक धर्म-प्रचारक, और उस पर से ऐसा कपट व्यवहार ! खेद की बात है कि सभी देशों में, सभी धर्मों में ऐसे लोगों की संख्या अधिक है।

पिछले जाड़े में मैंने इस देश में बहुत भ्रमण किया, यद्यपि वह ऋतु कष्ट-दायक थी। मैं समझता था कि जाड़े में कष्ट होगा, पर फ़िलहाल ऐसा न हो पाया। 'स्वाधीन धर्म समिति' (Free Religious Society) के सभापति कर्नल नेगेन्सन को तुम जानते ही हो, वे दिलचस्पी के साथ तुम्हारी खोज-खबर लेते रहते हैं। कुछ दिन पूर्व ऑक्सफ़ोर्ड (इंग्लैण्ड) के डॉ० कार्पेण्टर के साथ भेंट हुई थी। प्लीमॉथ में बौद्ध धर्म के नीति-तत्त्व पर उनका भाषण हुआ। उनका भाषण बौद्ध धर्म के प्रति सहानुभूतिपूर्ण तथा पाण्डित्यपूर्ण था। उन्होंने तुम्हारे एवं तुम्हारी पत्रिका के बारे में पूछताछ की। मैं आशा करता हूँ कि तुम्हारे महान् कार्य में सफलता प्राप्त होगा। जो प्रभु 'बहुजन हिताय बहुजन सुखाय' अवतरित हुए थे, उनके तुम सुयोग्य दास हो।

कब तक मैं यहाँ से लौटूंगा, ठीक नहीं। तुम लोगों के थियोसॉफ़िकल सोसाइटी

के श्री जार्ज एवं अन्य सदस्यों से मेरा परिचय हो गया है। वे सभी लोग सज्जन एवं सरल स्वभाव के हैं तथा उनमें से अधिकांश लोग सुशिक्षित हैं।

श्री जार्ज बहुत ही परिश्रमी व्यक्ति हैं—थियोसॉफ़ी के प्रचार-हेतु उन्होंने अपना जीवन अर्पित कर दिया है। अमेरिकावासी उन लोगों के प्रचार से काफ़ी प्रभावित हुए हैं, किन्तु कट्टर ईसाइयों को यह पसन्द नहीं है। यह तो उन्हींकी भूल है। छः करोड़, तीस लाख लोगों में सिर्फ़ एक करोड़, नब्बे लाख लोग ही ईसाई धर्म की किसी न किसी शाखा के अन्तर्गत हैं। बाक़ी लोगों में ईसाई धर्म-भाव जाग्रत करने में असमर्थ हैं। जो लोग धार्मिक नहीं हैं, उन्हें यदि थियोसॉफ़िस्ट किसी प्रकार का धर्म-भाव जाग्रत करने में समर्थ हैं, तो कट्टर ईसाइयों को इसमें क्यों आपत्ति हो, समझ में नहीं आता। किन्तु कट्टर ईसाई धर्म इस देश से तीव्र गति से उठा जा रहा है।

जिस ईसाई धर्म का भारत में उपदेश होता है, वह उस ईसाई धर्म से, जो यहाँ देखने में आता है, सर्वथा भिन्न है। धर्मपाल, तुम्हें यह सुनकर आश्चर्य होगा कि इस देश में एपिसकोप्‌ल एवं प्रेसबिटेरियन गिरजों के पादरियों में मेरे भी मित्र हैं, जो अपने धर्म में उतने ही उदार और निष्कपट हैं, जितने कि तुम अपने धर्म में। सच्चे आध्यात्मिक व्यक्ति सर्वत्र उदार होते हैं। 'उसका' प्रेम उन्हें विवश कर देता है। जिनका धर्म व्यापार होता है, वे संसार की स्पर्धा, उसकी लड़ाकू और स्वार्थी चाल को धर्म में लाने के कारण संकीर्ण और धूर्त होने पर विवश हो जाते हैं।

तुम्हारा चिर भ्रातृप्रेमाबद्ध,
विवेकानन्द

(श्री आलसिंगा पेरुमल को लिखित)

संयुक्त राज्य अमेरिका,
१८९४

प्रिय आलासिंगा,

एक पुरानी कहानी सुनो। एक निकम्मे भिखमंगे ने सड़क पर चलते चलते एक वृद्ध को अपने मकान के द्वार पर बैठा देखकर रुककर उससे पूछा—"अमुक ग्राम कितनी दूर है ?' ड्ढा चुप रहा। भिखमंगे ने कई बार प्रश्न किया, परन्तु उत्तर न मिला। अन्त में जब वह उकताकर वापस जाने लगा, तब बुड्ढे ने खड़े होकर कहा, "वह ग्राम यहाँ से एक मील है।" भिखमंगा कहने लगा, "जब मैंने तुमसे पहली बार पूछा था, तब तुमने क्यों नहीं बताया ?" बुड्ढे ने उत्तर दिया, "क्योंकि पहले तुमने जाने के लिए लापरवाही दिखायी थी और दुबिधा में मालूम होते थे ; परन्तु अब तुम उत्साहपूर्वक आगे बढ़ रहे हो, इसलिए अब तुम उत्तर पाने के अधिकारी हो गये हो !"

क्या तुम यह कहानी याद रखोगे मेरे बच्चे? काम आरम्भ करो, शेष सब कुछ आप ही आप हो जायगा। **अनन्याश्चिन्तयन्तो मां ये जनाः पर्युपासते। तेषां नित्याभियुक्तानां योगक्षेमं वहाम्यहम्।** (गीता ९।२२)—'जो सब कुछ त्यागकर अनन्य भाव से चिन्तन करते हुए मेरी उपासना करते हैं, उन नित्यसमाहित व्यक्तियों का योगक्षेम मैं वहन करता हूँ।'—यह भगवान् की वाणी है, कवि-कल्पना नहीं।

बीच बीच में मैं तुम्हारे पास कुछ रक़म भेजता जाऊँगा, क्योंकि पहले कलकत्ते में भी मुझे कुछ रक़म भेजनी पड़ेगी—मद्रास की अपेक्षा अधिक भेजनी पड़ेगी। वहाँ का कार्य मुझ पर ही निर्भर है। वहाँ कार्य केवल शुरू ही हुआ हो, ऐसी बात नहीं, बल्कि वह तीव्र गति से अग्रसर हो रहा है। उसे पहले देखना होगा। साथ ही कलकत्ते की अपेक्षा मद्रास में सहायता मिलने की आशा अधिक है। मेरी इच्छा है कि ये दोनों केन्द्र आपस में मिल-जुलकर काम करें। अभी शुरू शुरू में पूजा-पाठ, प्रचार आदि के रूप में कार्य आरम्भ कर देना चाहिए। सभी के मिलने के लिए एक स्थान चुन लो एवं प्रति सप्ताह वहाँ इकट्ठे होकर पूजा करो, साथ ही भाष्य सहित उपनिषद् पढ़ो; इस तरह धीरे धीरे काम और अध्ययन, दोनों करते जाओ। तत्परता से काम में लगे रहने पर सब ठीक हो जायगा।

...अब काम में लग जाओ! जी० जी० का स्वभाव भावप्रधान है, तुम समबुद्धि के हो, इसीलिए दोनों मिल-जुलकर काम करो। काम में लीन हो जाओ—अभी तो काम का आरम्भ ही हुआ है। प्रत्येक राष्ट्र को अपनी रक्षा स्वयं करनी होगी; हिन्दू धर्म के पुनरुत्थान के लिए अमेरिका की पूँजी पर भरोसा न करो, क्योंकि वह एक भ्रम ही है। मैसूर एवं रामनाड़ के राजा तथा दूसरे और लोगों को भी इस कार्य में सहानुभूति हो, ऐसा प्रयत्न करो। भट्टाचार्य के साथ परामर्श करके कार्य आरम्भ कर दो। केन्द्र बना सकना बहुत ही उत्तम बात होगी। मद्रास जैसे बड़े शहर में इसके लिए स्थान प्राप्त करने का यत्न करो और संजावनी शक्ति का चारों ओर प्रसार करते जाओ। धीरे धीरे आरम्भ करो। पहले गृहस्थ प्रचारकों से श्रीगणश करो, धीरे धीरे वे लोग भी आयेंगे, जो इस काम के लिए अपना जीवन अर्पित कर देंगे। शासक बनने की कोशिश मत करो—सबसे अच्छा शासक वह है, जो सबकी सेवा कर सकता है। मृत्युपर्यन्त सत्य-पथ से विचलित न होओ। हम काम चाहते हैं। हमें धन, नाम और यश की चाह नहीं। कार्यारम्भ इतना सुन्दर हुआ है कि यदि इस समय तुम लोग कुछ न कर सके, तो तुम लोगों पर मेरा बिल्कुल विश्वास नहीं रहेगा। अपने कार्य का प्रारम्भ अति सुन्दर हुआ है। भरोसा रखो। जी० जी० को अपनी गृहस्थी के भरण-पोषण के लिए कुछ करना तो नहीं पड़ता, फिर मद्रास में एक स्थायी स्थान का प्रबन्ध करने के लिए वह चन्दा

इकट्ठा क्यों नहीं करता ? मद्रास में केन्द्र स्थापित करने के लिए जनता में रुचि पैदा करो और कार्य प्रारम्भ कर दो । शुरू में प्रति सप्ताह एकत्र होकर स्तोत्र-पाठ, शास्त्र-पाठ आदि से प्रारम्भ करो । पूर्णतः निःस्वार्थ बनो, फिर सफलता अवश्यम्भावी है ।

अपने कार्य की स्वाधीनता रखते हुए कलकत्ते के अपने श्रेष्ठ जनों के प्रति सम्पूर्ण श्रद्धा-भक्ति रखना ।

मेरी सन्तानों को आवश्यकता पड़ने पर एवं अपने कार्य की सिद्धि के लिए आग में कूदने को भी तैयार रहना चाहिए। इस समय केवल काम, काम, काम ! बाद में किसी समय काम स्थगित कर किसने कितना किया है, यह देखेंगे। धैर्य, अध्यवसाय और पवित्रता बनाये रखो ।

मैं अभी हिन्दू धर्म पर कोई पुस्तक नहीं लिख रहा हूँ । मैं केवल अपने विचारों को स्मरणार्थ लिख लेता हूँ । मुझे मालूम नहीं कि मैं उन्हें कभी प्रकाशित कराऊँगा या नहीं । किताबों में क्या धरा है ? दुनिया पहले ही बहुत सी मूर्खताओं से भरी पड़ी है । यदि तुम वेदान्त के आधार पर एक पत्रिका निकाल सको, तो हमारे कार्य में सहायता मिलेगी । चुपचाप काम करो, दूसरों में दोष न निकालो । अपना सन्देश दो, जो कुछ तुम्हें सिखाना है, सिखाओ और वहीं तक सीमित रहो । शेष परमात्मा जानते हैं ।

मिशनरी लोगों को यहाँ कौन पूछता है? बहुत चिल्लाने के बाद वे लोग अब चुप हुए हैं । मुझे और समाचारपत्र न भेजो, क्योंकि मैं उनकी निन्दा की ओर ध्यान नहीं देता । इसी वजह से यहाँ मेरे बारे में लोगों की अच्छी धारणा है ।

कार्य के अग्रसर होने के लिए कुछ शोर-गुल की आवश्यकता थी, वह बहुत हो चुका। देखते नहीं, दूसरे लोग बिना किसी भित्ति के ही कैसे अग्रसर हो रहे हैं? और इतने सुन्दर तरीक़े से तुम लोगों का कार्य आरम्भ हुआ है कि यदि तुम लोग कुछ न कर सके, तो मुझे घोर निराशा होगी । यदि तुम सचमुच मेरी सन्तान हो, तो तुम किसी वस्तु से न डरोगे, न किसी बात पर रुकोगे । तुम सिंहतुल्य होगे । हमें भारत को और पूरे संसार को जगाना है। कायरता को पास न आने दो। मैं नाहीं न सुनूंगा, समझे ? मृत्यु पर्यन्त सत्य-पथ पर अटल रहकर मेरे कथनानुसार कार्यरत रहना होगा, फिर कार्य-सिद्धि अवश्यम्भावी है ।...इसका रहस्य है गुरु-भक्ति, मृत्यु पर्यन्त गुरु में विश्वास । क्या यह तुममें है? मेरा पूर्ण विश्वास है कि यह तुममें है । और तुम्हें यह भी विदित है कि मुझे तुम पर पूरा भरोसा है, इसलिए काम में लग जाओ । सिद्धि अवश्यम्भावी है । तुम्हें पग पग पर मेरा आशीर्वाद है; मेरी प्रार्थना सदैव तुम्हारे साथ रहेगी । मेल से काम करो । हर

एक के प्रति सहनशील रहो। सभी से मुझे प्रेम है। सदैव मेरी दृष्टि तुम पर है। आगे बढ़ो! आगे बढ़ो! अभी तो आरम्भ ही है। तुम जानते हो न कि मेरे यहाँ थोड़े से काम की भारत में बड़ी गूँज सुनायी दे रही है? इसलिए मैं यहाँ से जल्दी नहीं लौटूंगा। मेरा विचार स्थायी रूप से यहाँ कुछ कर जाने का है, और इस लक्ष्य को अपने आगे रखकर मैं प्रतिदिन काम कर रहा हूँ। दिन-प्रतिदिन अमेरिकावासियों का मैं विश्वासपात्र बनता जा रहा हूँ।...अपने हृदय और आशाओं को संसार के समान विस्तीर्ण कर दो। संस्कृत का अध्ययन करो, विशेषकर वेदान्त के तीनों भाष्यों का। तैयार रहो, क्योंकि भविष्य के लिए मेरे पास बहुत सी योजनाएँ हैं। आकर्षक वक्ता बनने का प्रयत्न करो। लोगों में चेतना का संचार करो। यदि तुममें विश्वास होगा, तो सब चीज़ें तुम्हें मिल जायँगी। यही बात किडी से कह दो, बल्कि वहाँ के मेरे सभी बच्चों से कह दो। समय पाकर वे बड़े बड़े काम करेंगे, जिसे देखकर संसार आश्चर्य करेगा। निराश न होओ और काम करो। मुझे कुछ काम करके दिखाओ—एक मन्दिर, एक प्रेस, एक पत्रिका या हम लोगों के ठहरने के लिए एक मकान। यदि मद्रास में मेरे ठहरने के लिए एक मकान का प्रबन्ध न कर सके, तो फिर मैं वहाँ कहाँ रहूँगा? लोगों में बिजली भर दो! चन्दा इकट्ठा करो एवं प्रचार करो। अपने जीवन के ध्येय पर दृढ़ रहो। अभी तक जो कार्य हुआ है, बहुत अच्छा हुआ है, इसी तरह और भी अच्छे और उससे भी अच्छे कार्य करते हुए आगे बढ़े चलो। मेरा विश्वास है कि इस पत्र के उत्तर में तुम लिखोगे कि तुमने कुछ काम किया है।

लोगों से लड़ाई न करो; किसीसे वैरभाव मोल न लो। यदि नत्थू-खैरे जैसे लोग ईसाई बनते हैं, तो हम क्यों बुरा मानें? जो धर्म उन्हें अपने मन के अनुकूल जान पड़े, उसका अनुगामी उन्हें बनने दो। तुम्हें वाद-विवाद में पड़ने से क्या मतलब? लोगों के भिन्न भिन्न मतों को सहन करो। अन्ततोगत्वा धैर्य, पवित्रता एवं अध्यवसाय की जीत होगी।

तुम्हारा,
विवेकानन्द

(लाला गोविन्द सहाय को लिखित)

द्वारा जी० डब्ल्यू० हेल,
शिकागो, १८९४

प्रिय गोविन्द सहाय,

कलकत्ते के मेरे गुरुभाइयों के साथ तुम्हारा पत्र-व्यवहार है या नहीं? चरित्र, आध्यात्मिकता तथा सांसारिक विषयों में तुम्हारी उन्नति तो भली भाँति हो ही रही

होगी ?...तुमने सम्भवतः सुना होगा कि किस प्रकार मैं एक वर्ष से भी अधिक समय से अमेरिका में हिन्दू धर्म का प्रचार कर रहा हूँ। मैं यहाँ सकुशल हूँ। जितनी जल्दी और जितनी बार चाहो, तुम मुझे पत्र लिख सकते हो।

सस्नेह,
विवेकानन्द

(लाला गोविन्द सहाय को लिखित)

संयुक्त राज्य अमेरिका,
१८९४

प्रिय गोविन्द सहाय,

...ईमानदारी ही सर्वोत्तम नीति है तथा धार्मिक व्यक्ति की विजय अवश्य होगी।...मेरे बच्चे, सदा इस बात को याद रखना कि मैं कितना भी व्यस्त, कितना भी दूर अथवा कितने भी ऊँचे वर्ग के लोगों के साथ क्यों न रहूँ, मैं अपने प्रत्येक मित्र के लिए—चाहे उनमें से कोई अत्यधिक साधारण स्थिति का ही क्यों न हो—सदा प्रार्थना एवं कल्याण-कामना करता रहता हूँ तथा उनको मैं भूला नहीं हूँ।

आशीर्वाद सहित तुम्हारा,
विवेकानन्द

(स्वामी रामकृष्णानन्द को लिखित[1])

ॐ नमो भगवते रामकृष्णाय

ग्रीष्म काल,
१८९४

प्रिय शशि,

तुम्हारे पत्रों से सब समाचार विदित हुए। बलराम बाबू की स्त्री का शोक-संवाद पढ़कर मुझे बड़ा दुःख हुआ। प्रभु की इच्छा! यह कार्यक्षेत्र है, भोगभूमि नहीं, काम हो जाने पर सभी घर जायँगे—कोई आगे, कोई पीछे। फ़क़ीर चला गया है, प्रभु की इच्छा! श्री रामकृष्ण महोत्सव बड़ी धूमधाम से समाप्त हुआ, यह अच्छी बात है। उनके नाम का जितना ही प्रचार हो, उतना ही अच्छा। परन्तु एक बात याद रखो: महापुरुष शिक्षा देने के लिए आते हैं, नाम के लिए नहीं; परन्तु उनके चेले उनके उपदेशों को पानी में बहाकर नाम के लिए विवाद करने लग जाते हैं—बस, यही संसार का इतिहास है। लोग उनका नाम लें या न लें, इसकी मुझे ज़रा भी परवा नहीं, लेकिन उनके उपदेश, उनका जीवन और शिक्षाएँ जिस उपाय से भी संसार में प्रचारित हों, उसके लिए प्राणों का बलिदान

---

१. यह पत्र मठ के सब गुरुभाइयों के लिए लिखा गया था।

तक करने के लिए मैं प्रस्तुत रहूँगा। मुझे अधिक भय पूजागृह का है। पूजागृह की बात बुरी नहीं, परन्तु उसीको यथासर्वस्व समझकर पुराने ढर्रे के अनुसार काम कर डालने की जो एक वृत्ति है, उसीसे मैं डरता हूँ। मैं जानता हूँ, वे क्यों पुरानी जीर्ण अनुष्ठान-पद्धतियों को लेकर इतना व्यस्त हो रहे हैं। उनकी अन्तरात्मा उत्कटता से काम चाहती है, किन्तु बाहर जाने का कोई दूसरा रास्ता न होने से वे अपनी सारी शक्ति घण्टी हिलाने जैसे कामों में गँवा रहे हैं।

तुम्हें एक नयी युक्ति बताऊँ। अगर इसे कार्यान्वित कर सको, तो समझूँगा कि तुम सब 'आदमी' हो और काम के योग्य हो।... सब मिलकर एक संगठित योजना बनाओ। कुछ कैमरे, कुछ नक्शे, ग्लोब, कुछ रासायनिक पदार्थ आदि की आवश्यकता है। फिर तुम्हें एक बड़े मकान की जरूरत है। इसके बाद कुछ ग़रीबों को इकट्ठा कर लेना है। इसके बाद उन्हें ज्योतिष, भूगोल आदि के चित्र दिखलाओ और उन्हें श्री रामकृष्ण परमहंस के उपदेश सुनाओ। किस देश में क्या क्या घटित हुआ, और क्या क्या हो रहा है, यह दुनिया क्या है, आदि बातों पर जिससे उनकी आँखें खुलें, ऐसी चेष्टा करो। वहाँ जितने ग़रीब अनपढ़ रहते हों, सुबह-शाम या किसी समय भी उनके घर जाकर उन्हें इसकी जानकारी दो। पोथी-पत्रों का काम नहीं—ज़बानी शिक्षा दो। फिर धीरे धीरे अपने केन्द्र बढ़ाते जाओ—क्या यह कर सकते हो?—या सिर्फ़ घण्टी हिलाना ही आता है?

तारक दादा की बातें मद्रास से सब मालूम हो गयीं। वहाँ के लोग उनसे बहुत प्रसन्न हैं। तारक दादा, तुम अगर कुछ दिन मद्रास में जाकर रहो, तो बड़ा काम हो। परन्तु वहाँ जाने के पूर्व इस कार्य का श्रीगणेश कर जाओ। स्त्री-भक्त जितनी हैं, क्या विधवाओं को शिष्या नहीं बना सकतीं? और क्या तुम लोग उनके मस्तिष्क में कुछ विद्या नहीं भर सकते? इसके बाद क्या उन्हें घर घर में श्री रामकृष्ण का उपदेश देने और साथ ही पढ़ाने-लिखाने के लिए नहीं भेज सकते?...

आओ! तन-मन से काम में लग जाओ। गप्पें लड़ाने और घण्टी हिलाने का ज़माना गया मेरे बच्चे, समझे? अब काम करना होगा। ज़रा देखूँ भी, बंगाली के धर्म की दौड़ कहाँ तक होती है। निरंजन ने लाटू के लिए गर्म कपड़े माँगे हैं। यहाँवाले गर्म कपड़े यूरोप और भारत से मँगाते हैं। जो कपड़े यहाँ ख़रीदूंगा, वही कलकत्ते में चौथाई क़ीमत में मिलेंगे।...नहीं मालूम कि कब यूरोप जाऊँगा। मेरा सब कुछ अनिश्चित है—यहाँ किसी तरह चल रहा है, बस, इतना ही जानना काफ़ी है।

यह बड़ा मजेदार देश है। गर्मी पड़ रही है, आज सुबह बंगाल के वैशाख जैसी गर्मी थी, तो अभी इलाहाबाद के माघ जैसा जाड़ा। चार ही घण्टे में इतना

परिवर्तन ! यहाँ के होटलों की बात क्या लिखूँ? न्यूयार्क में एक होटल है, जहाँ ५००० रुपये तक रोज़ाना एक कमरे का किराया है, खाने का ख़र्च अलग! भोग-विलास के मामले में ऐसा देश यूरोप में भी नहीं है। यह देश निस्सन्देह संसार में सबसे धनी है—रुपये पानी की तरह ख़र्च होते हैं। मैं शायद ही कभी किसी होटल में ठहरता हूँ, प्रायः मैं यहाँ के बड़े बड़े लोगों के अतिथि के रूप में ही ठहरता हूँ। उनके लिए मैं एक बहुपरिचित व्यक्ति हूँ। प्रायः अब देश भर के आदमी मुझे जानते हैं। अतः जहाँ कहीं जाता हूँ, लोग मुझे खुले हृदय से अपने घर में अतिथि बना लेते हैं। शिकागो में भी हेल का घर मेरा केन्द्र है, उनकी पत्नी को मैं माँ कहता हूँ, उनकी कन्याएँ मुझे दादा कहती हैं, ऐसा महापवित्र और दयालु परिवार मैंने दूसरा नहीं देखा। अरे भाई, अगर ऐसा न होता, तो इन पर भगवान् की ऐसी कृपा कैसे होती ? कितनी दया है इन लोगों में ! अगर ख़बर मिली कि एक ग़रीब फलाँ फलाँ जगह कष्ट में पड़ा हुआ है, तो बस, ये स्त्री-पुरुष चल पड़ेंगे, उसे भोजन और वस्त्र देने के लिए, किसी काम में लगा देने के लिए! और हम लोग क्या करते हैं!

ये लोग गर्मियों में घर छोड़कर विदेश अथवा समुद्र के किनारे चले जाते हैं। मैं भी किसी जगह जाऊँगा, परन्तु अभी स्थान तय नहीं किया है। बाक़ी सब बातें जिस तरह अंग्रेज़ों में दीख पड़ती हैं, वैसी ही यहाँ भी हैं। पुस्तकें आदि हैं सही, पर क़ीमत बहुत ज़्यादा है। उसी क़ीमत पर कलकत्ते में इसकी पाँच गुनी चीज़ें मिलती हैं अर्थात् यहाँवाले विदेशी माल यहाँ आने नहीं देना चाहते। ये अधिक महसूल लगा देते हैं, इसीलिए सब चीज़ें बहुत ही महँगी बिकती हैं। और यहाँ-वाले वस्त्रादि का उत्पादन नहीं करते—ये कल-औज़ार आदि बनाते हैं और गेहूँ, रुई आदि पैदा करते हैं, यही बस यहाँ सस्ते समझो।

वैसे यह बता दूँ कि आजकल यहाँ हिल्सा मछली ख़ूब मिल रही है। चाहे जितना भी खाओ, सब हज़म हो जाता है। यहाँ फल कई प्रकार के मिलते हैं—केले, सन्तरे, अमरूद, सेब, बादाम, किशमिश, अंगूर ख़ूब मिलते हैं। इसके अलावा बहुत से फल कैलिफ़ोर्निया से आते हैं। अनन्नास भी बहुत हैं, परन्तु आम, लीची आदि नहीं मिलते।

एक तरह का साग है, उसे 'स्पिनाक' (spinach) कहते हैं, जिसे पकाने पर हमारे देश के चौंराई के साग की तरह स्वाद आता है, और एक दूसरे प्रकार का साग, जिसे ये लोग 'एस्पेरेगस' (asparagus) कहते हैं, वहाँ हमारे यहाँ के ठीक मुलायम 'डेंगो' (मर्सा) के डंठल की तरह लगता है, परन्तु उससे हमारे यहाँ की चच्चड़ी यहाँ नहीं बनायी जा सकती। उड़द की या दूसरी कोई दाल यहाँ नहीं मिलती, यहाँवाले उसे जानते तक नहीं। खाने में यहाँ भात, पावरोटी

और मछली और गोश्त की विभिन्न किस्में मिलती हैं। यहाँवालों का खाना फ़्रांसीसियों का सा है। यहाँ दूध मिलेगा, दही कभी कभी मिलेगा, पर मट्ठा आवश्यकता से अधिक मिलेगा, क्रीम सदा हर तरह के खाने में इस्तेमाल की जाती है। चाय में, कॉफ़ी में सब तरह के खाने में वही क्रीम—मलाई नहीं—कच्चे दूध की बनती है। और मक्खन भी है, और बर्फ़ का पानी—जाड़ा हो, चाहे गर्मी, दिन हो या रात, जुकाम हो, चाहे बुखार आये—यहाँ बर्फ़ का पानी खूब मिलता है। ये विज्ञानवेत्ता मनुष्य ठहरे, बर्फ़ का पानी पीने से जुकाम बढ़ता है, सुनकर हँसते हैं। इनका कहना है कि इसे जितना ही पियो, उतना ही अच्छा है। और आइसक्रीम की बात मत पूछो, तरह तरह के आकार की बेशुमार। नियाग्रा ईश्वर की इच्छा से सात-आठ दफ़े तो देख चुका। निस्सन्देह बड़ा सुन्दर है, परन्तु जितना तुमने सुना है, उतना नहीं। एक दिन जाड़े में 'अरोरा बोरियालिस' (aurora borealis)[१] का भी दर्शन हुआ था।

...सब बच्चों जैसी बातें हैं। मेरे पास इस जीवन में कम से कम ऐसी बातों के लिए समय नहीं है। दूसरे जन्म में देखा जायगा कि मैं कुछ कर सकता हूँ या नहीं। योगेन शायद अब तक पूरी तरह से अच्छा हो गया होगा। मालूम होता है, सारदा का बेकार घूमने का रोग अभी तक दूर नहीं हुआ। आवश्यकता है संघटन करने की शक्ति की, मेरी बात समझे? क्या तुममें से किसीमें यह कार्य करने की बुद्धि है? यदि है, तो तुम कर सकते हो। तारक दादा, शरत् और हरि भी यह कार्य कर सकेंगे।—में मौलिकता बहुत कम है, परन्तु है बड़े काम का और अध्यवसायशील, जिसकी बड़ी ज़रूरत है। सचमुच वह बड़ा कारगुज़ार आदमी है।... हमें कुछ चेले भी चाहिए—वीर युवक—समझे? दिमाग़ के तेज़ और हिम्मत के पूरे, यम का सामना करनेवाले, तैरकर समुद्र पार करने को तैयार—समझे? हमें ऐसे सैकड़ों चाहिए—स्त्री और पुरुष, दोनों। जी-जान से इसीके लिए प्रयत्न करो। जिस किसी तरह से भी चेले बनाओ और हमारे पवित्र करनेवाले साँचे में डाल दो।

...परमहंस देव नरेन्द्र को ऐसा कहते थे, वैसा कहते थे और इसी तरह की अन्य बकवासभरी बातें 'इंडियन मिरर' से कहने क्यों गये? परमहंस देव को जैसे और

---

१. Aurora borealis—**पृथ्वी के उत्तरी भाग में रात के समय (वहाँ लगातार छः महीने तक रात होती है) कभी कभी आकाश-मंडल में एक तरह का कम्पमान विद्युत्-आलोक दीख पड़ता है। कितने ही आकार और कितने ही रंगों का होता है। इसीको 'अरोरा बोरियालिस' कहते हैं। स०**

कुछ काम ही नहीं था, क्यों ? केवल दूसरे के मन की बात भाँपना और व्यर्थ की करामाती बातें फैलाना।...सान्याल आया-जाया करता है, यह अच्छी बात है। गुप्त को तुम लोग पत्र लिखना, तो मेरा प्यार कहना और उसकी ख़ातिरदारी करना। धीरे धीरे सब ठीक हो जायगा। मुझे अधिक पत्र लिखने का विशेष अवकाश नहीं मिलता। जहाँ तक व्याख्यान आदि का प्रश्न है, उन्हें लिखकर नहीं देता। केवल एक बार व्याख्यान लिखकर पढ़ा था, जो तुमने छपाया है। बाक़ी सब, खड़ा हुआ और कह चला—गुरुदेव मुझे पीछे से प्रेरित करते रहते हैं। काग़ज-क़लम का कोई काम नहीं। एक बार डिट्रॉएट में तीन घंटे लगातार व्याख्यान दिया। कभी कभी मुझे स्वयं ही आश्चर्य होता है कि 'बेटा, तेरे पेट में भी इतनी विद्या थी' !! यहाँ के लोग बस कहते हैं, पुस्तक लिखो; जान पड़ता है, अब कुछ लिखना ही पड़ेगा। परन्तु यही तो मुश्किल है, काग़ज़-क़लम लेने की कौन परेशानी मोल ले।

हमें समाज में—संसार में, चेतना का संचार करना होगा। बैठे बैठे गप्पें लड़ाने और घंटा हिलाने से काम न चलेगा। घंटी हिलाना गृहस्थों का काम है। तुम लोगों का काम है, विचार-तरंगों का प्रसार करना। यदि यह कर सकते हो, तब ठीक है...।

चरित्र-संगठन हो जाय, फिर मैं तुम लोगों के बीच आऊँगा, समझे ? हमें दो हज़ार बल्कि दस हज़ार, बीस हज़ार संन्यासी चाहिए, स्त्री-पुरुष, दोनों। हमारी माताएँ क्या कर रही हैं ? हमें, जिस तरह भी हो, चेले चाहिए। उनसे जाकर कह दो और तुम लोग भी अपनी जान की बाज़ी लगाकर कोशिश करो। गृहस्थ चेलों का काम नहीं, हमें त्यागी चाहिए, समझे ? तुममें से प्रत्येक सौ सौ चेले बनाओ—शिक्षित युवक चेले, मूर्ख नहीं; तब तुम बहादुर हो। हमें उथल-पुथल मचा देनी होगी। सुस्ती छोड़ो और कमर कसकर खड़े हो जाओ। मद्रास और कलकत्ते के बीच में बिजली की तरह चक्कर लगाते रहो। जगह जगह केन्द्र खोलो और चेले बनाते जाओ। स्त्री-पुरुष, जिसकी भी इच्छा हो, उसे संन्यास-धर्म में दीक्षित कर लो, फिर मैं तुम लोगों के बीच आऊँगा। आध्यात्मिकता की बड़ी भारी बाढ़ आ रही है—साधारण व्यक्ति महान् बन जायँगे, अनपढ़ उनकी कृपा से बड़े बड़े पंडितों के आचार्य बन जायँगे—**उत्तिष्ठत जाग्रत प्राप्य वरान्निबोधत**।—'उठो, जागो और जब तक लक्ष्य तक न पहुँच जाओ, न रुको।' सदा विस्तार करना ही जीवन है और संकोच मृत्यु। जो अपना ही स्वार्थ देखता है, आरामतलब है, आलसी है, उसके लिए नरक में भी जगह नहीं है। ज़ीवों के लिए जिसमें इतनी करुणा है कि वह खुद उनके लिए नरक में भी जाने को तैयार

रहता है—उनके लिए कुछ कसर उठा नहीं रखता, वही श्री रामकृष्ण का पुत्र है,—**इतरे कृपणाः**—दूसरे तो हीन बुद्धिवाले हैं। जो इस आध्यात्मिक जागृति के संधिस्थल पर कमर कसकर खड़ा हो जायगा, गाँव गाँव, घर घर उनका संवाद देता फिरेगा, वही मेरा भाई है—वही 'उनका' पुत्र है। यही कसौटी है—जो रामकृष्ण के पुत्र हैं, वे अपना भला नहीं चाहते, वे प्राण निकल जाने पर भी दूसरों की भलाई चाहते हैं—**प्राणात्ययेऽपि परकल्याणचिकीर्षवः**। जिन्हें अपने ही आराम की सूझ रही है, जो आलसी हैं, जो अपनी ज़िद के सामने सबका सिर झुका हुआ देखना चाहते हैं, वे हमारे कोई नहीं। समय रहते वे हमसे पहले ही अलग हो जायँ, तो अच्छा। श्री रामकृष्ण के चरित्र, उनकी शिक्षा एवं उनके धर्म को इस समय चारों ओर फैलाते जाओ—यही साधन है, यही भजन है, यही साधना है, यही सिद्धि है। उठो, उठो, बड़े ज़ोरों की तरंग आ रही है, आगे बढ़ो, आगे बढ़ो. स्त्री, पुरुष, चांडाल तक सब उनके निकट पवित्र हैं। आगे बढ़ो, आगे बढ़ो। नाम के लिए समय नहीं है, न यश के लिए, न मुक्ति के लिए, न भक्ति के लिए समय है; इनके बारे में फिर कभी देखा जायगा। अभी इस जन्म में उनके महान् चरित्र का, महान् जीवन का, महान् आत्मा का अनन्त प्रचार करना होगा। काम केवल इतना ही है, इसको छोड़ और कुछ नहीं। जहाँ उनका नाम जायगा, कीट-पतंग तक देवता हो जायँगे, हो भी रहे हैं; तुम्हारे आँखें हैं, क्या इसे नहीं देखते? यह बच्चों का खेल नहीं, न यह बुज़ुर्गी छाँटना है, यह मज़ाक़ भी नहीं—**उत्तिष्ठत जाग्रत**—'उठो, जागो'—प्रभु, प्रभु। वे हमारे पीछे हैं। मैं और लिख नहीं सकता—आगे बढ़ो। केवल इतना ही कहता हूँ कि जो कोई भी मेरा यह पत्र पढ़ेगा, उन सबमें मेरा भाव भर जायगा। विश्वास रखो। आगे बढ़ो। हे भगवान्! मुझे ऐसा लग रहा है, मानो कोई मेरा हाथ पकड़कर लिखा रहा है। आगे बढ़ो—प्रभु! सब बह जायँगे—होशियार—वे आ रहे हैं। जो जो उनकी सेवा के लिए—नहीं, उनकी सेवा नहीं, वरन् उनके पुत्र—दीन-दरिद्रों, पापियों-तापियों, कीट-पतंगों तक की सेवा के लिए तैयार रहेंगे, उन्हींके भीतर उनका आविर्भाव होगा। उनके मुख पर सरस्वती बैठेंगी, उनके हृदय में महामाया महाशक्ति आकर विराजित होंगी। जो नास्तिक हैं, अविश्वासी हैं, किसी काम के नहीं हैं, दिखाऊ हैं, वे क्यों अपने को उनके शिष्य कहते हैं? वे चले जायँ।

मैं और नहीं लिख सकता।

सस्नेह,
विवेकानन्द

(स्वामी अखण्डानन्द को लिखित)

ॐ नमो भगवते रामकृष्णाय

१८९४

प्रिय अखण्डानन्द,

तुम्हारा पत्र पाकर मैं अत्यन्त प्रसन्न हुआ। मेरे लिए यह बड़े हर्ष की बात है कि खेतड़ी में रहकर तुमने अपने स्वास्थ्य को बहुत कुछ ठीक कर लिया है।

तारक दादा ने मद्रास में बहुत काम किया है। निश्चय ही यह बड़ा आनन्द-दायक समाचार है। मैंने मद्रास के लोगों से उनकी बड़ी प्रशंसा सुनी है। लखनऊ से राखाल और हरि का पत्र मिला, वे सकुशल हैं। शशि के पत्र से मठ के सब समाचार मालूम हुए।...

राजपूताने के भिन्न-भिन्न भागों में रहनेवाले ठाकुरों में आध्यात्मिकता और परोपकार के भाव जाग्रत करने का प्रयत्न करो। हमें काम करना है और काम आलस्य में बैठे बैठे नहीं हो सकता। मलसिसर, अलसिसर और वहाँ के जो दूसरे 'सर' हैं, उनके यहाँ हो आया करो। और मन लगाकर संस्कृत और अंग्रेज़ी का अध्ययन करो। मैं अनुमान करता हूँ कि गुणनिधि पंजाब में होगा। उसे मेरा विशेष प्रेम लिख भेजना और उसे खेतड़ी बुला लेना। उसकी सहायता से तुम संस्कृत पढ़ो और उसे अंग्रेज़ी पढ़ाओ। जैसे भी हो, उसका पता मुझे अवश्य लिखना। गुणनिधि है अच्युतानन्द सरस्वती।...

खेतड़ी नगर की ग़रीब और नीच जातियों के घर घर जाओ और उन्हें धर्म का उपदेश दो। उन्हें भूगोल तथा अन्य इसी प्रकार के विषयों की मौखिक शिक्षा भी दो। निठल्ले बैठे रहने और राजभोग उड़ाने तथा 'हे प्रभु रामकृष्ण' कहने से कोई लाभ नहीं हो सकता, जब तक कि ग़रीबों का कुछ कल्याण न करो। बीच बीच में दूसरे गाँवों में भी जाकर धर्मोपदेश करो, तथा जीवन-यापन की शिक्षा दो। कर्म उपासना और ज्ञान—पहले कर्म, उससे तुम्हारा मन शुद्ध हो जायगा, नहीं तो सब चीज़ें निष्फल होंगी, जैसे कि यज्ञ की अग्नि में आहुति देने के बदले राख के ढेर पर देने से होती है। जब गुणनिधि आ जाय, तब राजपूताने के प्रत्येक गाँव में ग़रीबों और कंगालों के दरवाज़े दरवाज़े घूमो। जिस प्रकार का भोजन तुम लोग करते हो, उसमें यदि लोगों को आपत्ति हो, तो उसे तुरन्त त्याग दो। लोक-हित के लिए घास खाना भी अच्छा है। गेरुआ वस्त्र भोग के लिए नहीं है, यह वीर काय का झंडा है। अपने तन, मन और वाणी को 'जगद्धिताय' अर्पित करो। तुमने पढ़ा है, **मातृदेवो भव, पितृदेवो भव**—'अपनी माता को ईश्वर समझो, अपने पिता को ईश्वर समझो'—परन्तु मैं कहता हूँ **दरिद्रदेवो भव,**

मूर्खदेवो भव—ग़रीब, निरक्षर, मूर्ख और दुःखी, इन्हें अपना ईश्वर मानो। इनकी सेवा करना ही परम धर्म समझो। किमधिकमिति।

आशीर्वादपूर्वक सदैव तुम्हारा,
विवेकानन्द

(स्वामी रामकृष्णानन्द को लिखित)

द्वारा श्री जार्ज डब्ल्यू० हेल,
५४१, डियरबोर्न एवेन्यू, शिकागो,
१८९४

प्रिय शशि,

तुम लोगों के पत्र मिले। बड़ा आनन्द हुआ। मजूमदार की कारस्तानी सुनकर अत्यन्त दुःख हुआ। जो दूसरे को धक्के देकर आगे बढ़ना चाहता है, उसका आचरण ऐसा ही होता है। मेरा कोई अपराध नहीं। वह दस वर्ष पहले यहाँ आया था, उसका बड़ा आदर हुआ और खूब सम्मान मिला। अब मेरे पौ बारह हैं। श्री गुरु की इच्छा, मैं क्या करूँ! इसके लिए गुस्सा होना मजूमदार की नादानी है। खैर, **उपेक्षितव्यं तद्वचनं भवत्सदृशानां महात्मनाम्। अपि कीटदंशनभीरुकाः वयं रामकृष्णतनयाः तद्हृदयरुधिरपोषिताः। 'अलोकसामान्यमचिन्त्यहेतुकं निन्दन्ति मन्दाश्चरितं महात्मनाम्' इत्यादीनि संस्मृत्य क्षन्तव्योऽयं जालमः।**[1] प्रभु की इच्छा है कि इस देश के लोगों में अन्तर्दृष्टि जाग्रत हो। फिर क्या यह किसीकी शक्ति के भीतर है कि उसकी गति को रोक सके? मुझे नाम की आवश्यकता नहीं—I want to be a voice without a form.[2] हरमोहन आदि किसी को मेरा समर्थन करने की आवश्यकता नहीं—**कोऽहं तत्पादप्रसरं प्रतिरोद्धुं समर्थयितुं वा, के वान्ये हरमोहनाद्यः? तथापि मम हृदयकृतज्ञता तान् प्रति। 'यस्मिन् स्थितो न दुःखेन गुरुणापि विचाल्यते'—नैषः प्राप्तवान् तत्पदवीमिति**

---

१. तुम जैसे महात्माओं को चाहिए कि उसकी उपेक्षा करो। हम रामकृष्णतनय हैं, उन्होंने अपने हृदय के रुधिर से हमें हृष्ट-पुष्ट किया है। क्या हम कीड़े के काटने से डर जायँ? 'मन्दबुद्धि मनुष्य महात्माओं के असाधारण और सहज ही, जिनका कारण नहीं बतलाया जा सकता, ऐसे आचरणों की निन्दा किया करते हैं।' (कुमारसम्भव)—आदि वाक्यों का स्मरण करके इस मूर्ख को क्षमा करना।

२. मैं निराकार वाणी हो जाना चाहता हूँ।

मत्वा करुणादृष्टचा द्रष्टव्योऽयमिति ।[1] प्रभु की इच्छा से अभी तक नाम-यश की आकांक्षा हृदय में उत्पन्न नहीं हुई है, शायद होगी भी नहीं । मैं यन्त्र हूँ, वे यन्त्री हैं ! वे इस यंत्र द्वारा इस दूर देश में हज़ारों हृदयों में धर्मभाव उद्दीप्त कर रहे हैं । हज़ारों स्त्री-पुरुष मुझसे यहाँ प्रेम एवं श्रद्धा रखते हैं। **मूकं करोति वाचालं पंगुं लंघयते गिरिम्**[2] —मुझे उनकी कृपा पर आश्चर्य है । जिस भी शहर में जाता हूँ, उथल-पुथल मच जाती है। यहाँवालों ने मेरा नाम रखा है, Cyclonic Hindu.[3] याद रखना, सब उनकी ही इच्छा से होता है—I am a voice without a form.

इंग्लैण्ड जाऊँगा या यमलैण्ड (यमपुरी) जाऊँगा, प्रभु जाने । वही सब बन्दोबस्त कर देगा । इस देश में एक सिगार की क़ामत एक रुपया है । किराये की गाड़ी पर एक बार चढ़ने में तीन रुपये खर्च हो जाते हैं ; एक कुर्ते की क़ीमत १०० रुपया है । नौ रुपये रोज़ का होटल खर्च है । सब प्रभु जुटा देते हैं ।... प्रभु की जय, मैं तो कुछ भी नहीं जानता । **सत्यमेव जयते नानृतम्, सत्येनैव पंथा विततो देवयानः** ।[4] तुम्हें निर्भय होना चाहिए। डरते हैं कापुरुष, वही आत्मसमर्थन भी करते हैं। हममें से कोई भी मेरा समर्थन करने के लिए लोहा न ले। मद्रास और राजपूताने की ख़बर मुझे बीच बीच में मिलती रहती है । 'इण्डियन मिरर' ने तबेले की बला बन्दर के सिर लादनेवाली कहावत को चरितार्थ करते हुए मुझसे खूब चुटकियाँ ली हैं—सुनी किसीकी बात, और डाल

---

१. उनके प्रभाव विस्तार की गति में बाधा देनेवाला या उसकी सहायता करनेवाला मैं कौन हूँ ? हरमोहन इत्यादि भी कौन हैं ? फिर भी सब के प्रति मैं अपनी हार्दिक कृतज्ञता प्रकट करता हूँ । 'जिस अवस्था में स्थित हो जाने पर मनुष्य कठिन दुःख में भी विचलित नहीं होता' (गीता)—इस मनुष्य को अभी वह अवस्था नहीं मिली, यह सोचकर इसके प्रति दया-दृष्टि रखनी चाहिए ।

२. मूक को वाक्शक्तिसम्पन्न और लँगड़े को पर्वत पार कर जाने में समर्थ करते हैं ।

३. आँधी की तरह, अपने सामने जिस किसीको पाता है, उलट-पुलट देता है—ऐसा शक्तिशाली हिन्दू ।

४. सत्य की ही विजय होती है, मिथ्या की नहीं । सत्यबल से ही देवयानमार्ग की प्राप्ति होती है (मुंडकोपनिषद् ३।६) । वेदान्त के मत से मृत्यु के पश्चात् जितनी गतियाँ होती हैं, उनमें से देवयान द्वारा प्राप्त गति श्रेष्ठ है । वनों में उपासना करनेवाले और भिक्षापरायण निष्काम संन्यासियों की ही यह गति होती है।

दी गयी किसीके सर। सब ख़बरें पाता हूँ। अरे, भाई, ऐसी आँखें हैं, जो ७००० कोस दूर तक देख सकती हैं, यह बात बिल्कुल सच है। अभी चुप रहो, धीरे धीरे समय पर सब बातें निकल आयेंगी—जहाँ तक उनकी इच्छा होगी, उनकी एक भी बात झूठ नहीं होने की। भाई, कुत्ते-बिल्ली की लड़ाई देखकर क्या कहीं मनुष्य दुःखी होते हैं? इसी तरह साधारण मनुष्यों का लड़ाई-झगड़ा और ईर्ष्या-द्वेष देखकर तुम लोगों के मन में कोई दूसरा भाव न आना चाहिए। आज छः महीने से कह रहा हूँ कि पर्दा हट रहा है और सूर्य उदित हो रहा है, हाँ, पर्दा उठता जाता है, धीरे धीरे उठता जाता है, slow but sure (धीरे धीरे, परन्तु निश्चित रूप से) समय आने पर तुम इसे जान जाओगे। वे जानें—'मन की बात क्या कहूँ? सखी !—कहने की मनाही है।' भाई, ये सब लिखने-कहने की बातें नहीं। तुम लोगों को छोड़ मेरा पत्र कोई न पढ़े। पतवार न छोड़ना, उसे कसके पकड़े रहो—हम उसे ठीक से ले रहे हैं, इसमें जरा भी भूल न होने पाये ; रही पार जाने की बात, सो आज या कल—बस, इतना ही। दादा, leader (नेता) क्या कभी बनाया जा सकता है? नेता पैदा होता है, समझे ? और फिर लीडरी करना बड़ा कठिन काम है—**दासस्य दासः**—'दासों का दास' और हज़ारों आदमियों का मन रखना। Jealousy, selfishness (ईर्ष्या, स्वार्थपरता) जब ज़रा भी न हो, तभी तुम नेता बन सकते हो। पहले तो by birth (जन्मसिद्ध), फिर unselfish (निःस्वार्थी) हो, तभी कोई नेता बन सकता है। सब कुछ ठीक ठीक हो रहा है, सब ठीक हो जायगा। प्रभु ठीक जाल फेंक रहे हैं, वे ठीक जाल खींच रहे हैं—**वयमनुसरामः, वयमनुसरामः, प्रीतिः परमसाधनम्**[1]—समझे ? Love conquers in the long run.[2] हैरान होने से काम नहीं चलेगा–Wait, wait (प्रतीक्षा करो)—धैर्य धारण करने पर सफ़लता अवश्यम्भावी है।...

तुमसे कहता हूँ, भाई, जैसा चलता है, चलने दो—परन्तु देखना, कोई form (बाह्य अनुष्ठान-पद्धति) अनिवार्य न बन जाय—Unity in variety (बहुत्व में एकत्व) —इसका ध्यान रखना कि सार्वजनिक भाव में किसी तरह की बाधा न हो। Everything must be sacrificed, if necessary, for that one sentiment—Universality.[3] मैं मरूँ, चाहे बचूँ, देश जाऊँ या न

---

१. हम लोग उनका अनुसरण करेंगे, प्रीति ही परम साधन है।

२. अन्त में प्रेम की ही विजय होती है।

३. यदि आवश्यक हो, तो सार्वजनीनता के भाव की रक्षा के लिए सब कुछ छोड़ना होगा।

जाऊँ, तुम लोग अच्छी तरह याद रखना कि सार्वजनीनता—Perfect acceptance, not tolerance only, we preach and perform. Take care how you trample on the least rights of others.[१] इसी भँवर में बड़े बड़े जहाज़ डूब गये हैं। याद रखो कि कट्टरतारहित पूर्ण निष्ठा ही हमें दिखानी होगी। उनकी कृपा से सब ठीक हो जायगा। मठ कैसे चल रहा है? उत्सव कैसा रहा? गोपाल दादा और हुटको कहाँ और कैसे हैं? और गुप्त कहाँ हैं और कैसे हैं? लिखना। सबकी इच्छा है कि नेता बनें—परन्तु वह पैदा तो होता है—यही न समझने के कारण इतना अनिष्ट होता है। प्रभु की कृपा से राम दादा शीघ्र ही ठंडे हो जायँगे और समझ सकेंगे। उनकी कृपा से कोई भी वंचित न रहेगा। जी० सी० घोष क्या कर रहे हैं?

हमारी माताएँ सकुशल तो हैं? गौरी माँ कहाँ हैं? हज़ारों गौरी माताओं की आवश्यकता है, जिनमें उन्हीं के समान noble stirring spirit (महान् एवं तेजोमय भाव) हो। आशा है, योगेन माँ आदि सभी सकुशल होंगे। भैया, मेरा हृदय इतना भरपूर हो रहा है कि लगता है कि बाद में भाव को सँभाल न सकूँगा। महिम चक्रवर्ती क्या कर रहा है? उसके पास आते-जाते रहना, वह भला आदमी है। हम सभी को चाहते हैं—It is not at all necessary that all should have same faith in our Lord as we have, but we want to unite powers of goodness against all the powers of evil.[२] मास्टर महाशय को मेरी ओर से अनुरोध करो। He can do it. (वे यह कर सकते हैं) हममें एक बड़ा दोष यह है कि हम अपने संन्यास धर्म के प्रति गर्व का अनुभव करते हैं। पहले-पहल उसकी उपयोगिता थी, अब तो हम लोग पक गये हैं, उसकी अब बिल्कुल आवश्यकता नहीं। समझे? संन्यासी और गृहस्थ में कोई भेद न करना चाहिए, तभी वह यथार्थ संन्यासी हो सकेगा। सभी को बुलाकर कहना—मास्टर, जी० सी० घोष, राम दादा, अतुल इत्यादि सभी को—कि ५-७ लड़कों ने, जिनके पास एक पैसा भी न था, मिलकर एक काम शुरू किया और जो अब

---

१. हम लोग सब धर्मों के पूर्ण स्वीकार का—केवल उनके प्रति सहिष्णुता मात्र का भाव नहीं, पालन करते हैं और उसका प्रचार करते हैं। सावधान रहना कि कहीं तुम दूसरों के अधिकारों में हस्तक्षेप तो नहीं करते!

२. इसकी कोई आवश्यकता नहीं कि हमारे प्रभु (श्री रामकृष्ण) पर हमारे ही जैसा सबका विश्वास हो। हम केवल संसार की संपूर्ण अहितकारी शक्तियों के विरुद्ध सम्पूर्ण कल्याणकारी शक्तियाँ एकत्र करनी चाहते हैं।

तीव्र गति से बढ़ता जा रहा है—वह सब क्या कोरा पाखंड है, या प्रभु की इच्छा? यदि प्रभु की इच्छा है, तो तुम लोग गुट्टबाज़ी और jealousy (ईर्ष्या) छोड़कर united action (एक होकर कार्य) करो। Shameful (लज्जा की बात है)—हम लोग universal religion (सार्वजनीन धर्म) बनाने जा रहे हैं गुट्टबाज़ी करके। अगर गिरीश घोष, मास्टर और राम बाबू उसे कार्य में परिणत कर सकें, तो मैं उन्हें बहादुर तथा ईमानदार समझूँगा; अन्यथा वे झूठे, nonsense (कुछ काम के नहीं) हैं।

यदि सभी किसी दिन एक क्षण के लिए भी समझ सकें कि सिर्फ़ इच्छा होने से ही कोई बड़ा नहीं हो जाता बल्कि जिसे प्रभु उठाते हैं, वही उठता है, जिसे वे गिराते हैं, वह गिरता है, तो उलझन कुछ सुलझ जाय। परन्तु वह 'अहं'—खोखला अहं—जिसके पास पत्ता खड़काने तक की शक्ति नहीं, अगर दूसरे से कहे, मैं किसीको, 'उठने न दूंगा', तो कितनी उपहासास्पद बात है! यही jealousy (ईर्ष्या) और absence of conjoined action (सम्मिलित होकर कार्य करने की शक्ति का अभाव) ग़ुलाम जाति का nature (स्वभाव) है; परन्तु हमें इसे उखाड़ फेंकने की चेष्टा करनी चाहिए। यही terrible jealousy हमारी characteristic है—(यही भयानक ईर्ष्या हमारा प्रधान लक्षण है।)...दस-पाँच देश देखने से ही यह अच्छा तरह मालूम हो जायगा। हम यहाँवालों से स्वाधीनता पाये हुए नीग्रो के समान हैं, जो अगर उनमें से कोई भी उन्नति करके बड़ा आदमी हो गया, तो वे white (गोरों) के साथ मिलकर उसे नेस्त-नाबूद कर देने के लिए जी-जान से प्रयत्न करते हैं। हम ठीक वैसे ही हैं। ग़ुलाम कीड़े—पैर उठाकर रखने की भी ताक़त नहीं—बीवी का आँचल पकड़े ताश खेलते और हुक्का गुड़गुड़ाते हुए ज़िन्दगी पार कर देते हैं, और अगर उनमें कोई एक क़दम बढ़ जाता है, तो सबके सब उसके पीछे पड़ जाते हैं—हरे हरे! At any cost, any price, any sacrifice (जिस तरह से भी हो और इसके लिए हमें चाहे जितना कष्ट उठाना पड़े, चाहे कितना ही त्याग करना पड़े) हमें यह प्रयत्न करना होगा कि यह भाव हमारे भीतर न घुसने पाये। हम दस हों, या दो—do not care. (परवाह नहीं), परन्तु जितने हों, perfect character (सम्पूर्ण आदर्श चरित्र) हों। हमारे भीतर जो आपस में किसीकी चुग़ली करे, या सुने, उसे निकाल देना उचित है। यह चुग़ली ही सर्वनाश का मूल कारण है, समझे? हाथ दर्द करने लगा...अब अधिक नहीं लिख सकता। 'माँगो भलो न बाप से, रघुबर राखें टेक', रघुवर टेक रखेंगे दादा—इस विषय में तुम निश्चिन्त रहो। बंगाल में उनके नाम का प्रचार हो या न हो, इसकी मुझे परवाह नहीं। राजपूताना, पंजाब, N.W.P,

(उत्तर-पश्चिम प्रान्त), मद्रास आदि प्रान्तों में उनका प्रचार करना होगा। राजपूताने में जहाँ 'रघुकुल रीति सदा चलि आयी, प्राण जाइ बरु बचन न जायी', अभी तक विद्यमान है।

चिड़िया अपनी उड़ान के दर्मियान उड़ते उड़ते एक जगह पहुँचती है, जहाँ से अत्यन्त शान्त भाव से वह नीचे की ओर देखती है। क्या तुम वहाँ पहुँच चुके हो ? जो लोग वहाँ नहीं पहुँचे हैं, उन्हें दूसरे को शिक्षा देने का अधिकार नहीं। हाथपैर ढीले करके धारा के साथ बह जाओ और तुम अपने गन्तव्य पर पहुँच जाओगे।

सर्दी धीरे धीरे भाग रही है और जाड़ा तो मैंने किसी तरह काट दिया। जाड़े में यहाँ तमाम देह में electricity (बिजली) भर जाती है। Shake hand करो, तां shock (आघात) लगता है। और उससे आवाज आती है। अँगुलियों से गैस जलायी जा सकती है। और सर्दी का हाल तो मैंने लिखा ही है। सारे देश में अपनी धाक जमाये फिरता हूँ, परन्तु शिकागो मेरा 'मठ' है, जहाँ घूम-फिरकर मैं फिर आ जाता हूँ। इस समय पूरब को जा रहा हूँ। कहाँ बेड़ा पार होगा, प्रभु ही जाने। माता जी जयरामवाटी गयी हैं, आशा है, उनका स्वास्थ्य अब ठीक हो गया होगा। तुम लोगों का कैसा चल रहा है, कौन चला रहा है ? क्या रामकृष्ण, उनकी माँ, तुलसीराम इत्यादि उड़ीसा गये हैं ?

...क्या दाशु की तुम लोगों पर वैसी ही प्रीति है ? वह प्रायः आया करता है न ? भवनाथ कैसा है और वह क्या कर रहा है ? तुम लोग उसके पास जाते हो या नहीं और उसकी मान-जान करते हो या नहीं ? सुनो, संन्यासी-फन्यासी झूठ बात है—**मूकं करोति वाचालं** इत्यादि, किसके भीतर क्या है, समझ में नहीं आता। श्री रामकृष्ण ने उसे बड़ा बनाया है और वह हमारा पूज्य है। यदि इतना देख-सुनकर भी तुम लोगों को विश्वास न हो, तो धिक्कार है तुम लोगों को! वह तुम्हें भी प्यार करता है न! उसे मेरा आंतरिक प्यार कहना। कालीकृष्ण बाबू को भी मेरा प्यार, वे बड़े उन्नतमना व्यक्ति हैं, रामलाल कैसा है ? उसे कुछ विश्वास-भक्ति हुई? उसे मेरा प्यार एवं 'नमस्कार'। सान्याल कोल्हू में ठीक घूम रहा है न? उससे कहो कि धैर्य रखो—कोल्हू ठीक चलता रहेगा। सबको मेरा हार्दिक प्यार।

अनुरागैकहृदयः,

नरेन्द्र

पु०—पूजनीयाँ माता जी को उनके जन्म-जन्मान्तर के दास का साष्टांग प्रणाम—उनके आशीर्वाद से मेरा सर्वांगीण मंगल है।

वि०

(श्रीमती बुल को लिखित)

ब्रुकलिन,
न्यूयार्क स्टेशन,
२८ दिसम्बर, १८९४

प्रिय श्रीमती बुल,

मैं सकुशल न्यूयार्क आ पहुंचा ; यहाँ पर डिपो में लैण्डस्बर्ग ने मुझसे भेंट की। मैं तत्काल ही ब्रुकलिन के लिए रवाना हो गया और ठीक समय पर यहाँ आ पहुँचा।

सायंकाल बहुत ही सुन्दर रहा, 'नीति-साधन समिति' (Ethical Culture Society) के कुछ सज्जन मुझसे मिलने आये थे।

आगामी रविवार को एक भाषण होगा। डॉ० जेन्स ने सदा की भाँति मुझसे अत्यंत सरल तथा सदय व्यवहार किया और श्री हिगिन्स को मैंने पहले ही की तरह व्यावहारिक पाया। अन्य शहरों की अपेक्षा इस न्यूयार्क शहर में, पता नहीं क्यों, महिलाओं की अपेक्षा पुरुषों में धर्मालोचना के प्रति अधिक आग्रह है।

१६१ नं० मकान में मैं अपना उस्तरा भूल आया हूँ, उसे लैण्ड्सबर्ग के पते पर भेजने की कृपा करें।

श्री हिगिन्स ने मेरे सम्बन्ध में जो छोटी सी पुस्तिका प्रकाशित की है, उसकी एक प्रति इस पत्र के साथ भेज रहा हूँ। आशा है, भविष्य में और भी प्रतियाँ भेज सकूंगा।

कुमारी फ़ार्मर तथा समस्त पावन परिवार को मेरा प्यार।

सदा विश्वस्त,
विवेकानन्द

(श्रीमती ओलि बुल को लिखित)

५४१, डियरबोर्न एवेन्यू,
शिकागो,
३ जनवरी, १८९५

प्रिय श्रीमती बुल,

गत रविवार को ब्रुकलिन में मेरा भाषण हुआ। जिस दिन मैं पहुँचा—शाम को श्रीमती हिगिन्स ने स्वागत-सत्कार की छोटी सी व्यवस्था की थी। जिसमें एथिकल सोसाइटी के कुछ प्रमुख सदस्य—डॉक्टर जेन्स के साथ—उपस्थित थे। उनमें से कुछ लोगों की धारणा थी कि प्राच्य धर्म सम्बन्धी ऐसे विषय में ब्रुकलिन की जनता दिलचस्पी नहीं लेगी।

किन्तु, भगवान् की दया से मेरे भाषण को महान् सफलता मिली। ब्रुकलिन के लगभग ८०० श्रेष्ठ जन उपस्थित थे, और जिन महानुभावों को मेरे भाषण की सफलता में शंका थी, अब वे ही ब्रुकलिन में भाषणमाला संयोजित करने की चेष्टा में लगे हैं। न्यूयार्क का पाठ्यक्रम मेरे पास क़रीब क़रीब तैयार है, किन्तु जब तक कुमारी थर्सबी न्यूयार्क नहीं आ जाती हैं—मैं तिथि निश्चित नहीं कर सकता। यों, कुमारी फिलिप्स—जिनकी कुमारी थर्सबी से मित्रता है, और जो न्यूयार्क कोर्स की संयोजिका हैं—यदि न्यूयार्क में कुछ करना चाहें, तो कुमारी थर्सबी के साथ काम करें।

हेल-परिवार के प्रति मैं बहुत आभारी हू। इसलिए, मैंने सोचा कि नव वर्ष के दिन बिना किसी पूर्व सूचना के पहुँचकर उन्हें ज़रा अचरज में डाल दिया जाय।

मैं यहाँ एक नया गाउन बनवाने की कोशिश कर रहा हूँ। पुराना गाउत साथ है। किन्तु, बार बार की धुलाई से सिमट-सिकुड़ कर ऐसा हो गया है कि उसे पहनकर बाहर नहीं निकला जा सकता। शिकाग़ो में सही चीज़ मिल जायगी, मुझे पूर्ण विश्वास है।

आशा है, आपके पिता जी अब स्वस्थ हैं। कुमारी फ़ार्मर को, श्री और श्रीमती गिब्बन्स तथा 'पवित्र परिवार' के अन्य सदस्यों को मेरा प्यार—

सदैव स्नेहाधीन,

विवेकानन्द

पुनश्च—मैंने ब्रुकलिन में कुमारी कोरिंग से मुलाक़ात की। सदा की भाँति उनकी कृपा अब तक मुझ पर है। यदि इधर हाल में उन्हें पत्र लिखें, तो उन्हें मेरा प्यार दें।

वि०

(श्री जस्टिस सुब्रह्मण्य अय्यर को लिखित)

५४१, डियरबोर्न एवेन्यू,
शिकागो,
३ जनवरी, १८९५

प्रिय महाशय,

प्रेम, कृतज्ञता और विश्वासपूर्ण हृदय से आज मैं आपको यह पत्र लिख रहा हूँ। मैं आपसे यह पहले ही बता देना चाहता हूँ कि आप उन थोड़े से मनुष्यों में से एक हैं, जिन्हें मैंने अपने जीवन में पूर्ण रूप से दृढ़ विश्वासी पाया। आपमें पूरी मात्रा में भक्ति और ज्ञान का अपूर्व सामंजस्य है। इसके साथ ही अपने विचारों को कार्यरूप में परिणत करने में भी आप पूरे समर्थ हैं। सबसे बड़ी बात तो यह है

कि आप निष्कपट हैं, और इसलिए मैं अपने कुछ विचार आपके सामने विश्वासपूर्वक उपस्थित करता हूँ।

भारत में हमारा कार्य अच्छे ढंग से शुरू हुआ है और इसे न केवल जारी रखना चाहिए, बल्कि पूरी शक्ति के साथ बढ़ाना भी चाहिए। सब तरह के सोच-विचार के बाद मेरा मन अब निम्नलिखित योजना पर डटा हुआ है। पहले मद्रास में धर्म-शिक्षा के लिए एक कॉलेज खोलना उचित होगा, फिर इसका कार्यक्षेत्र धीरे धीरे बढ़ाना होगा। नवयुवकों को वेद तथा विभिन्न भाष्यों और दर्शनों की पूरी शिक्षा देनी होगी, इसमें संसार के अन्य धर्मों का ज्ञान भी शामिल रहेगा। साथ ही एक अंग्रेज़ी और एक देशी भाषा का पत्र निकालना होगा, जो उस विद्यालय के मुखपत्र होंगे।

पहला काम यही है, और छोटे छोटे कामों से ही बड़े बड़े काम पैदा हो जाते हैं। कई कारणों से मद्रास ही इस समय इस कार्य के लिए सब से अच्छी जगह है। बम्बई में वही पुरानी जड़ता आ रही है। बंगाल में यह डर है कि अब वहाँ जैसा पाश्चात्य विचारों का मोह फैला हुआ है, उसे देखते हुए कहीं उसके विपरीत वैसी ही घोर प्रतिक्रिया न शुरू हो जाय। इस समय मद्रास ही जीवन-यात्रा की प्राचीन तथा आधुनिक प्रणालियों के यथार्थ गुणों को ग्रहण करता हुआ मध्यम मार्ग का अनुसरण कर रहा है।

भारत के शिक्षित समाज से मैं इस बात पर सहमत हूँ कि समाज का आमूल परिवर्तन करना आवश्यक है। पर यह किया किस तरह जाय? सुधारकों की सब कुछ नष्ट कर डालने की रीति व्यर्थ हो चुकी है। मेरी योजना यह है: हमने अतीत काल में कुछ बुरा नहीं किया—निश्चय ही नहीं किया। हमारा समाज ख़राब नहीं, बल्कि अच्छा है। मैं केवल चाहता हूँ कि वह और भी अच्छा हो। हमें असत्य से सत्य तक अथवा बुरे से अच्छे तक पहुँचना नहीं है, वरन् सत्य से उच्चतर सत्य तक, श्रेष्ठ से श्रेष्ठतर और श्रेष्ठतम तक पहुँचना है। मैं अपने देशवासियों से कहता हूँ कि अब तक जो तुमने किया, सो अच्छा ही किया है, अब इस समय और भी अच्छा करने का मौक़ा आ गया है।

जात-पाँत की ही बात लीजिए। संस्कृत में 'जाति' का अर्थ है वर्ग या श्रेणी-विशेष। यह सृष्टि के मूल में ही विद्यमान है। विचित्रता अर्थात् जाति का अर्थ ही सृष्टि है। **एकोऽहं बहुस्याम**—'मैं एक हूँ—अनेक हो जाऊँ', विभिन्न वेदों में इस प्रकार की बात पायी जाती है। सृष्टि के पूर्व एकत्व रहता है, सृष्टि हुई कि वैविध्य शुरू हुआ। अतः यदि यह विविधता समाप्त हो जाय, तो सृष्टि का ही लोप हो जायगा। जब तक कोई जाति शक्तिशाली और क्रियाशील रहेगी, तब

तक वह विविधता अवश्य पैदा करेगी। ज्यों ही उसका ऐसा विविधता का उत्पादन करना बन्द होता है, या बन्द कर दिया जाता है, त्यों ही वह जाति नष्ट हो जाती है। जाति का मूल अर्थ था प्रत्येक व्यक्ति की अपनी प्रकृति को, अपने विशेषत्व को प्रकाशित करने की स्वाधीनता और यही अर्थ हज़ारों वर्षों तक प्रचलित भी रहा। आधुनिक शास्त्र-ग्रन्थों में भी जातियों का आपस में खाना-पीना निषिद्ध नहीं हुआ है; और न किसी प्राचीन ग्रन्थ में उनका आपस में ब्याह-शादी करना मना है। तो फिर भारत के अधःपतन का कारण क्या था ?—जाति सम्बन्धी इस भाव का त्याग। जैसे गीता कहती है—जाति नष्ट हुई कि संसार भी नष्ट हुआ। अब क्या यह सत्य प्रतीत होता है कि इस विविधता का नाश होते ही जगत् का भी नाश हो जायगा ? आजकल का वर्ण-विभाग यथार्थ में जाति नहीं है, बल्कि जाति की प्रगति में वह एक रुकावट ही है। वास्तव में इसने सच्ची जाति अथवा विविधता की स्वच्छन्द गति को रोक दिया है। कोई भी दृढ़मूल प्रथा अथवा किसी जाति-विशेष का विशेष अधिकार अथवा किसी भी प्रकार का वंश-परम्परागत जाति-विभाग उस सच्ची जाति की स्वच्छन्द गति को रोक देता है, और जब कभी कोई राष्ट्र इस अनन्त विविधता का सृजन करना छोड़ देता है, तब उसकी मृत्यु अनिवार्य हो जाती है। अतः मुझे अपने देशवासियों से यही कहना है कि जाति-प्रथा उठा देने से ही भारत का पतन हुआ है। प्रत्येक दृढ़मूल आभिजात्य वर्ग अथवा विशेष अधिकारप्राप्त सम्प्रदाय जाति का घातक है—वह जाति नहीं है। 'जाति' को स्वतन्त्रता दो; जाति की राह से प्रत्येक रोड़े को हटा दो, बस, हमारा उत्थान होगा। अब यूरोप को देखो। ज्यों ही वह जाति को पूर्ण स्वाधीनता देने में सफल हुआ, और अपनी अपनी जाति के गठन में प्रत्येक व्यक्ति की बाधाओं को हटा दिया, त्यों ही वह उठ खड़ा हुआ। अमेरिका में यथार्थ जाति के विकास के लिए सबसे अधिक सुविधा है, और इसीलिए अमेरिकावाले बड़े हैं। प्रत्येक हिन्दू जानता है कि किसी लड़के या लड़की के जन्म लेते ही ज्योतिषा लोग उसके जाति-निर्वाचन की चेष्टा करते हैं। वही असली जाति है—हर एक व्यक्ति का व्यक्तित्व, और ज्योतिष इसे स्वीकार करता है। और हम लोग केवल तभी उठ सकते हैं, जब इसे फिर से पूरी स्वतन्त्रता दें। याद रखें कि इस विविधता का अर्थ वैषम्य नहीं है, और न कोई विशेषाधिकार ही।

यही मेरी कार्य-प्रणाली है—हिन्दुओं को यह दिखा देना कि उन्हें कुछ भी त्यागना नहीं पड़ेगा, केवल उन्हें ऋषियों द्वारा प्रदर्शित पथ पर चलना होगा और सदियों की दासता के फलस्वरूप प्राप्त अपनी जड़ता को उखाड़ फेंकना होगा। हाँ, मुसलमानी अत्याचार के समय विवश होकर हमें अपनी प्रगति अवश्य रोक

देनी पड़ी थी, क्योंकि तब प्रगति की बात नहीं थी, तब जीने-मरने की समस्या थी। अब वह दबाव नहीं रहा, अतः हमें आगे बढ़ना ही चाहिए—सर्वधर्मत्यागियों और मिशनरियों द्वारा बताये गये तोड़-फोड़ के रास्ते से नहीं, वरन् स्वयं के अपने भाव के अनुसार, स्वयं अपने पथ से। हमारा जातीय प्रासाद अभी अधूरा ही है, इसीलिए सब कुछ भद्दा दीख पड़ रहा है। सदियों के अत्याचार के कारण हमें प्रासाद-निर्माण का कार्य छोड़ देना पड़ा था। अब निर्माण-कार्य पूरा कर लीजिए, बस, सब कुछ अपनी अपनी जगह पर सजा हुआ सुन्दर दिखायी देगा। यही मेरी समस्त कार्य-योजना है। मैं इसका पूरा क़ायल हूँ। प्रत्येक राष्ट्र के जीवन में एक मुख्य प्रवाह रहता है: भारत में वह धर्म है। उसे प्रबल बनाइए, बस, दोनों ओर के अन्य स्रोत उसीके साथ साथ चलेंगे। यह मेरी विचार-प्रणाली का एक पहलू है। आशा है, समय पाकर मैं अपने सब विचारों को प्रकट कर सकूंगा। पर इस समय मैं देखता हूँ कि इस देश (अमेरिका) में भी मेरा एक मिशन है। विशेषतः मुझे इस देश से—और केवल यहीं से—सहायता पाने की आशा है: किन्तु अब तक अपने विचारों को फैलाने के सिवा मैं और कुछ न कर सका। अब मेरी इच्छा है कि भारत में भी एक ऐसी ही चेष्टा की जाय।

मैं कब तक भारत लौटूंगा, इसका मुझे पता नहीं। मैं प्रभु की प्रेरणा का दास हूँ; उन्हींके हाथ का यंत्र हूँ।

'इस संसार में धन की खोज में लगे हुए मैंने तुम्हींको सबसे श्रेष्ठ रत्न पाया। हे प्रभो, मैं अपने को तुम पर निछावर करता हूँ।'

'प्रेम करने के लिए किसीको ढूँढ़ते हुए एकमात्र तुम्हींको मैंने प्रेमास्पद पाया। मैं अपने को तुम्हारे श्रीचरणों में निछावर करता हूँ।'[१]

प्रभु आपका सदा-सर्वदा कल्याण करें।

भवदीय,

विवेकानन्द

(श्री जी० जी० नरसिंहाचारियर को लिखित)

शिकागो,

११ जनवरी, १८९५

प्रिय जी० जी०

तुम्हारा पत्र अभी मिला।...अन्य धर्मों की अपेक्षा ईसाई धर्म को महत्तर प्रदर्शित करने के लिए धर्म-महासभा का संगठन हुआ था, परन्तु तत्त्वज्ञान से पुष्ट

---

१. यजर्वेद संहिता।

हिन्दुओं का धर्म, फिर भी अपने पद का समर्थन करने में विजयी हुआ। डॉक्टर बरोज़ और उनकी तरह के लोग, जो कि बड़े कट्टर हैं, उनसे मैं सहायता की आशा नहीं रखता। ...भगवान् ने मुझे इस देश में बहुत से मित्र दिये हैं और उनकी संख्या सदा बढ़ती ही जाती है, जिन लोगों ने मुझे हानि पहुँचानी चाही है, ईश्वर उनका कल्याण करे !...मैं बराबर न्यूयार्क और बोस्टन के बीच यात्रा करता रहा। इस देश के ये ही दो बड़े केन्द्र हैं, जिनमें से बोस्टन को यहाँ का मस्तिष्क कहा जा सकता है और न्यूयार्क को उसका मनीबेग। दोनों ही स्थानों में मुझे आशातीत सफलता प्राप्त हुई है। मैं समाचारपत्रों के विवरणों के प्रति उदासीन हूँ, इसलिए तुम मुझसे यह आशा न करो कि उनमें से किसी के विवरण मैं तुम्हें भेजूंगा। काम आरम्भ करने के लिए थोड़े से शोर की आवश्यकता थी, वह ज़रूरत से ज़्यादा हो चुका है।

मैं मणि अय्यर को लिख चुका हूँ, और तुम्हें भी निर्देश दे चुका हूँ। 'अब तुम मुझे दिखाओ कि तुम क्या कर सकते हो।' अब व्यर्थ की बकवास का नहीं, असली काम का समय है; हिंदुओं को अपनी बातों का काम से समर्थन करना है, यदि वे ऐसा नहीं कर सकते, तो वे किसी वस्तु के योग्य नहीं हैं, बस, इतनी सी बात है। अमेरिकावाले तुम लोगों को तुम्हारी सनकों के लिए धन नहीं देंगे। और क्यों दें भला ? जहाँ तक मेरा सवाल है, मैं तो सत्य की शिक्षा देना चाहता हूँ, चाहे वह यहाँ हो या कहीं और।

लोग तुम्हारे या मेरे अनुकूल या विरुद्ध क्या कहते हैं, भविष्य में इस पर ध्यान न दो। काम करो, सिंह बनो, प्रभु तुम्हारा कल्याण करे। मैं मृत्युपर्यन्त निरन्तर काम करता रहूँगा और मृत्यु के बाद भी संसार की भलाई के लिए काम करता रहूँगा। सत्य का प्रभाव असत्य की अपेक्षा अनन्त है; और उसी तरह अच्छाई का। यदि तुममें ये गुण हैं, तो उनकी आकर्षण-शक्ति से ही तुम्हारा मार्ग साफ़ हो जायगा।

थियोसॉफ़िस्टों से मेरा कोई सम्पर्क नहीं है। और जज मेरी सहायता करेंगे! हुँह !...सहस्रों सज्जन मेरा सम्मान करते हैं और तुम यह जानते हो; इसलिए भगवान् पर भरोसा रखो। इस देश में धीरे धीरे मैं ऐसा प्रभाव डाल रहा हूँ, जो समाचारपत्रों के लाख ढिंढोरा पीटने से भी नहीं हो सकता था। यहाँ के कट्टर-पंथी इसे महसूस करते हैं, पर कुछ कर नहीं सकते। यह है चरित्र का प्रभाव, पवित्रता का प्रभाव, सत्य का प्रभाव, सम्पूर्ण व्यक्तित्व का प्रभाव। जब तक ये गुण मुझमें हैं, तब तक तुम्हारे लिए चिन्ता का कोई कारण नहीं; कोई मेरा बाल भी बाँका न कर सकेगा। यदि वे यत्न करेंगे, तो भी असफल रहेंगे। ऐसा भगवान्

ने कहा है।...सिद्धान्त और पुस्तकों की बातें बहुत हो चुकीं। 'जीवन' ही उच्चतम वस्तु है और जनता के हृदय स्पन्दित करने के लिए यही एक मार्ग है—इसमें व्यक्तिगत आकर्षण होता है।...दिन प्रतिदिन भगवान् मेरी अन्तर्दृष्टि को तीव्र से तीव्रतर करता जा रहा है। काम करो, काम करो, काम करो।...व्यर्थ की बकवास रहने दो; प्रभु-चर्चा करो। जीवन की अवधि अत्यन्त अल्प है और यह झक्की तथा कपटी मनुष्यों की बातों में बिताने के लिए नहीं है।

हमेशा याद रखो कि प्रत्येक राष्ट्र को अपनी रक्षा स्वयं करनी होगी। इसी तरह प्रत्येक मनुष्य को भी अपनी अपनी रक्षा करनी होगी। दूसरों से सहायता की आशा न रखो। कठिन परिश्रम करके यहाँ से मैं कभी कभी थोड़ा सा रुपया तुम्हारे काम के लिए भेज सकूँगा; परन्तु इससे अधिक में कुछ नहीं कर सकता। यदि तुम्हें उसीके आसरे रहना है, तो काम बन्द कर दो। यह भी समझ लो कि मेरे विचारों के लिए यह एक विशाल क्षेत्र है और मुझे इसकी परवाह नहीं है कि यहाँ के लोग हिन्दू हैं या मुसलमान या ईसाई। जो ईश्वर से प्रेम करता है, मैं उसकी सेवा में सदैव तत्पर रहूँगा।

...मुझे चुपचाप शान्ति से काम करना अच्छा लगता और प्रभु हमेशा मेरे साथ है। यदि तुम मेरे अनुगामी बनना चाहते हो, तो सम्पूर्ण निष्कपट होओ, पूर्ण रूप से स्वार्थ त्याग करो, और सबसे बड़ी बात है कि पूर्ण रूप से पवित्र बनो। मेरा आशीर्वाद हमेशा तुम्हारे साथ है। इस अल्पायु में परस्पर प्रशंसा का समय नहीं है। संघर्ष समाप्त हो जाने के बाद किसने क्या किया, इसकी हम तुलना और एक दूसरे की यथेष्ट प्रशंसा कर लेंगे। लेकिन अभी बातें न करो; काम करो, काम करो, काम करो! मैंने तुम्हारा भारत में किया हुआ कोई स्थायी काम नही देखा—मैं तुम्हारा स्थापित किया हुआ कोई केन्द्र नहीं देखता हूँ, न कोई मन्दिर या सभा-गृह ही देखता हूँ। मैं किसीको तुम्हें सहयोग देते भी नहीं देख रहा हूँ। बातें, बातें, बातें! यहाँ इसकी कमी नहीं है! 'हम बड़े हैं', 'हम बड़े हैं!' सब बकवास! हम लोग जड़बुद्धि हैं, और यही तो हैं हम! यह नाम और यश की प्रबल आकांक्षा, और अन्य सब पाखंड—ये सब मेरे लिए क्या मानी रखते हैं? मुझे उनकी क्या परवाह? मैं सैकड़ों को परमात्मा के निकट आते हुए देखना चाहता हूँ! वे कहाँ हैं? मुझे उन्हीं लोगों की आवश्यकता है, मैं उन्हें ही देखना चाहता हूँ। तुम उन्हें ढूँढ़ निकालो। तुम मुझे केवल नाम और यश देते हो। नाम और यश को छोड़ो, काम में लगो, मेरे वीरों, काम में लगो! मेरे भीतर जो आग जल रही है—उसके संस्पर्श से अभी तक तुम्हारा हृदय अग्निमय नहीं हो उठा—तुमने अभी तक मुझे नहीं पहचाना। तुम आलस्य और सुख-भोग की लकीर पीट रहे

हो। आलस्य का त्याग करो, इहलोक और परलोक के सुख-भोग को दूर हटाओ। आग में कूद पड़ो और लोगों को परमात्मा की ओर ले आओ।

मेरे भीतर जो आग जल रही है, वही तुम्हारे भीतर जल उठे, तुम अत्यन्त निष्कपट बनो, संसार के रणक्षेत्र में तुम्हें वीरगति प्राप्त हो—यही मेरी निरन्तर प्रार्थना है।

विवेकानन्द

पु०—आलासिंगा, किडी, डॉक्टर, बालाजी, और अन्य सभी से यह कहो कि राम, श्याम, हरि कोई भी व्यक्ति हमारे पक्ष में या हमारे विरुद्ध जो कुछ भी कहे, उसको लेकर माथापच्ची न करें, वरन् अपनी समस्त शक्ति एकत्र कर कार्य में लगायें।

वि०

(श्री आलासिंगा पेरुमल को लिखित)

सयुक्त राज्य अमेरिका,
१२ जनवरी, १८९५

प्रिय आलासिंगा,

कल मैंने जी० जी० को एक पत्र लिखा है, किन्तु और भी कुछ बाते आवश्यक प्रतीत होने के कारण तुम्हें लिख रहा हूँ।

सबसे पहली बात तो यह है कि पहले कई बार मैं तुम लोगों को लिख चुका हूँ कि मुझे पुस्तिकाएँ एवं समाचारपत्र आदि और भेजने की आवश्यकता नहीं है। किन्तु मुझे दुःख है कि तुम अब भी बराबर भेजते जा रहे हो। मुझे उनको पढ़ने तथा उस ओर ध्यान देने का एकदम अवकाश नहीं है। कृपया ऐसी चीजें पुनः न भेजी जायँ। मिशनरी, थियोसॉफ़िस्ट या उस प्रकार के लोगों की मैं रत्ती भर भी परवाह नहीं करता—वे सब जो कुछ करना चाहें, करें। उनके बारे में आलोचना करने का अर्थ उनकी प्रतिष्ठा बढ़ाना है। तुम्हें मालूम ही है कि मिशनरी लोग गाली बकना जानते हैं, बहस करना नहीं।

अब इस बात को तुम हमेशा के लिए जान रखो कि नाम, यश या उसी प्रकार की व्यर्थ की चीजों की मैं बिल्कुल परवाह नहीं करता। संसार के कल्याण के लिए मैं अपने विचारों का प्रचार करना चाहता हूँ। तुम लोगों ने निःसन्देह बहुत ही बड़ा काम किया है, किन्तु जहाँ तक कार्य अग्रसर हुआ है, उससे मुझे केवल प्रशंसा ही मिली है। संसार में एकमात्र प्रशंसा लाभ करने की अपेक्षा मुझे अपने जीवन का मूल्य कहीं अधिक प्रतीत होता है। उस प्रकार के मूर्खतापूर्ण कार्यों के लिए मेरे पास बिल्कुल समय नहीं है। भारत में मेरे विचारों के प्रचार तथा

स्वयं संघबद्ध होने के लिए अब तक तुमने क्या किया है ?—कुछ नहीं, कुछ भी नहीं।

एक ऐसे संघ की नितान्त आवश्यकता है, जो हिन्दुओं में पारस्परिक सहयोग एवं गुणग्राहकता की शिक्षा प्रदान कर सके। मेरे कार्य की सराहना करने के लिए कलकत्ते में पाँच हज़ार व्यक्ति एकत्र हुए थे, अन्य स्थानों में भी सैकड़ों व्यक्ति इकट्ठे हुए थे। ठीक है, किन्तु उनमें से प्रत्येक से यदि एक आने की सहायता भी माँगी जाय, तो क्या वे देंगे ? हमारी समग्र जाति का चरित्र बालकों की तरह दूसरों पर निर्भर रहने का है। यदि कोई उसके सामने भोजन की सामग्री उपस्थित करे, तो वे खाने के लिए सदा प्रस्तुत रहेंगे, और कुछ व्यक्ति तो ऐसे हैं कि यदि उन वस्तुओं को उनके मुँह में डाल दिया जाय, तो उनके लिए और भी अच्छा। अमेरिका तुम्हारी आर्थिक सहायता नहीं कर सकता, और करे भी क्यों ? यदि तुम लोग स्वयं अपनी सहायता नहीं कर सकते, तो तुम जीवित रहने के अधिकारी नहीं हो। तुमने जो पत्र लिखकर मुझसे यह जानना चाहा कि अमेरिका से प्रतिवर्ष कुछ एक हज़ार रुपयों की निश्चित आशा की जा सकती है या नहीं, इसको पढ़कर मैं एकदम निराश हो चुका हूँ। तुमको एक पैसा भी नहीं मिलेगा। रुपये-पैसे का संग्रह तुमको स्वयं करना होगा। कहो, कर सकते हो ?

जनता को शिक्षित करने की अपनी योजना इस समय मैंने स्थगित कर रखी है। वह धीरे धीरे पूरी होती रहेगी। इस समय तो मैं उत्साही प्रचारकों का एक दल चाहता हूँ। विभिन्न धर्मों की तुलनात्मक शिक्षा, संस्कृत एवं कुछ पाश्चात्य भाषाओं तथा वेदान्त के विभिन्न मतवादों की शिक्षा प्रदान करने के लिए हमें मद्रास में एक कॉलेज की स्थापना करनी ही होगी। हमें एक प्रेस रखना होगा, और अंग्रेज़ी तथा देशीय भाषाओं में प्रकाशित समाचारपत्र भी। इनमें से किसी भी एक कार्य को पूरा करो, तब मैं समझूँगा कि तुम लोगों ने कोई काम किया है।

हमारा राष्ट्र भी तो यह दिखाये कि वह भी कुछ करने के लिए तत्पर है। यदि तुम लोग भारत में इन कार्यों में से कुछ भी न कर सको, तो मुझे अकेला ही कार्य करने दो। संसार के उन लोगों को देने के लिए मेरे पास एक संदेश है, जो उसे आदरपूर्वक ग्रहण तथा कार्यरूप में परिणत करने को प्रस्तुत हैं। ग्रहण करनेवाला चाहे कोई भी हो, इसकी मुझे परवाह नहीं है। 'जो मेरे पिता की अभिलाषा को कार्यरूप में परिणत करेगा', वही मेरा अपना है।

अस्तु, मैं फिर भी यह कह देना चाहता हूँ कि इस कार्य के लिए तुम लोग पूर्ण प्रयास करते रहना—इसे एकदम छोड़ न देना। इस बात को याद रखना कि मेरी अत्यन्त प्रशंसा हो, यह मैं नहीं चाहता। मैं अपने विचारों को कार्य में परिणत

हुआ देखना चाहता हूँ। तभी महापुरुषों के शिष्यों ने अपने गुरु के उपदेशों को उस एक व्यक्ति के साथ ही सदा अच्छेद्य रूप से जोड़ने की चेष्टा की है और अन्त में उसी एक व्यक्ति के लिए उन विचारों को भी नष्ट कर दिया है। श्री रामकृष्ण के शिष्यों को अवश्य ही इस बात से सदा सावधान रहना होगा। विचारों के प्रसार के लिए काम करो, व्यक्ति के नाम के लिए नहीं। प्रभु तुम्हारा कल्धाण करे। आशीर्वाद सहित,

सदैव तुम्हारा,
विवेकानन्द

(स्वामी त्रिगुणातीतानन्द को लिखित)

२२८ डब्ल्यू० ३९, न्यूयार्क,
१७ जनवरी, १८९५

प्रिय सारदा,

तुम्हारे दोनों पत्र मिले, साथ ही रामदयाल बाबू के भी दोनों पत्र मिले। बिल्टी मेरे पास आ गयी है, किन्तु माल मिलने में अभी बहुत विलम्ब है। जब तक कोई सामान के जल्दी पहुँचने का बन्दोबस्त न करे, साधारणतया उसके आने में छः महीने लग जाते हैं। चार महीने हो गये, जब हरमोहन ने लिखा है कि रुद्राक्ष की मालाएँ तथा कुशासन भेजे जा चुके हैं, परन्तु अभी तक उसका कोई पता-ठिकाना नहीं है। बात यह है कि माल जब इंग्लैण्ड पहुँच जाता है, तब कम्पनी का एक एजेण्ट मुझे यहाँ सूचना भेजता है, और उसके प्रायः महीना भर बाद माल यहाँ आकर लगता है। तुम्हारी बिल्टी प्रायः तीन सप्ताह हुए मुझे मिली है, किन्तु सूचना का अभी कोई चिह्न नहीं। एकमात्र खेतड़ी के महाराजा की भेजी हुई चीजें मुझे जल्दी मिल जाती हैं। सम्भवतः इसके लिए वे विशेष व्यय करते हों। खैर, दुनिया के इस दूसरे छोर यानी पातालपुरी में भेजी हुई वस्तुएँ निश्चित रूप से आ पहुँचती हैं, यही परम सौभाग्य की बात है। माल के मिलते ही तुम लोगों को सूचित करूँगा। अब कम से कम तीन महीने तक चुप-चाप बैठे रहो।...

अब तुम लोगों के लिए पत्रिका चलाने का समय आ गया है। रामदयाल बाबू से कहना कि उन्होंने जिस व्यक्ति के बारे में लिखा है, यद्यपि वे योग्य हैं, फिर भी इस समय अमेरिका में किसीको बुलाने का मेरा सामर्थ्य नहीं है। *L'argent, mon ami, l'argent*—रुपया, अजी, रुपया कहाँ है?

...तुम्हारे तिब्बत विषयक लेख का क्या हुआ? 'मिरर' में प्रकाशित होने पर उसकी एक प्रति मुझे भेज देना। जल्दबाजी में क्या कोई काम हो सकता है?

सुनो, तुम लोगों के लिए एक काम है, उस पत्रिका को शुरू करो । इसे लोगों के सिर पर पटक दो और उन्हें ग्राहक बनाओ । डरो मत । छोटे दिलवालों से तुम किस काम की आशा रखते हो ?—उनसे संसार में कुछ नहीं होगा । समुद्र पार करने के लिए लोहे का दिल चाहिए । तुम्हें वज्र के गोले जैसा बनना होगा, जिससे पर्वत भेद सको । अगले जाड़े में मैं आ रहा हूँ । हम दुनिया में आग लगा देंगे, जो साथ आना चाहे, आये, उसका भाग्य अच्छा है; जो न आयेगा, वह सदा सदा के लिए पड़ा ही रह जायगा, उसे पड़ा ही रहने दो।. . .कुछ परवाह न करो, तुम लोगों के मुँह तथा हाथों पर वाग्देवी का अधिष्ठान होगा, हृदय में अनन्तवीर्य श्री भगवान् अधिष्ठित होगा, तुम लोग ऐसे कार्य करोगे, जिन्हें देखकर दुनिया आश्चर्यचकित रह जायगी। अरे भाई, अपने नाम को तो ज़रा काट-छाँटकर छोटा बनाओ, बाप रे बाप, कितना लम्बा नाम है ! ऐसा नाम कि जिसके द्वारा एक पुस्तक ही बन सकती है । यह जो कहा जाता है कि हरिनाम से डरकर यमराज भागने लगते हैं, 'हरि' इतने मात्र नाम से नहीं, वरन् उन बड़े बड़े गंभीर नामों से जैसे कि 'अघभगनरकविनाशन', 'त्रिपुरमदभंजन', 'अशेषनिःशेषकल्याणकर', से ही डरकर यमराज के पूर्व पुरुष तक भागने लगते हैं ।—नाम को थोड़ा सा सरल बनाना क्या अच्छा नहीं रहेगा? शायद अब बदलना सम्भव नहीं है, क्योंकि प्रचार हो चुका है, परन्तु कितना जबरदस्त नाम है कि यमराज तक डर जायँ ! किमधिकमिति ।

विवेकानन्द

पुनश्च—बंगाल तथा समग्र भारत में तहलका मचा दो । जगह जगह केन्द्र स्थापित करो ।

'भागवत' मुझे मिल गया है । वास्तव में बहुत ही सुन्दर संस्करण है । किन्तु यहाँ के लोगों में संस्कृत के अध्ययन की बिल्कुल प्रवृत्ति नहीं है, इसलिए बिक्री की आशा बहुत ही कम है । इंग्लैण्ड में बिक्री हो सकती है, क्योंकि वहाँ संस्कृत के अध्ययन में रुचि रखनेवाले कुछ लोग हैं । सम्पादक को मेरी ओर से विशेष धन्यवाद देना । आशा है कि उनका यह महान् प्रयास पूर्णतया सफल होगा । उनका ग्रन्थ यहाँ बिकवाने की मैं यथासाध्य चेष्टा करूँगा । ग्रन्थ का सूचीपत्र मैंने प्रायः सर्वत्र भेज दिया है । रामदयाल बाबू से कहना कि मूँग, अरहर आदि दालों का व्यापार इंग्लैण्ड तथा अमेरिका में अच्छी तरह चल सकता है । यदि ठीक तरीक़े से कार्य प्रारम्भ किया जाय, तो दाल के 'सूप' की क़द्र अच्छी होगी। यदि दाल की छोटी छोटी पुड़िया बनाकर उन पर पकाने का तरीक़ा छापकर घर घर भेजी जाय तथा एक गोदाम स्थापित कर माल भेजा जाय, तो अच्छी तरह से

यह काम चल सकता है। इसी प्रकार मँगोड़े भी चालू किये जा सकते हैं। हमें उद्यम की आवश्यकता है—घर बैठे रहने से कुछ भी नहीं हो सकता। यदि कोई व्यक्ति कम्पनी स्थापित कर भारतीय वस्तुओं को यहाँ तथा इंग्लैण्ड में लाने की व्यवस्था करे, तो एक बहुत ही सुन्दर धंधा चल सकता है। किन्तु हमारे यहाँ के आलसी भाग्यहीनों का दल केवल दस वर्ष की लड़की के साथ विवाह करना ही जानता है, इसके सिवाय वह और जानता ही क्या है?

वि०

(श्रीमती ओलि बुल को लिखित[1])

ब्रुकलिन,
२० जनवरी, १८९५

प्रिय धीरा माता,

...आपके पिता के जीर्ण शरीर छोड़ने से पहले ही मुझे पूर्वाभास हुआ था, परन्तु मेरा यह नियम नहीं है कि जब किसीसे भावी माया की प्रतिकूल लहर टकरानेवाली हो, तो मैं उसे पहले से ही लिख दूँ। यह जीवन को मोड़ देनेवाले अवसर होते हैं, और मैं जानता हूँ कि आप विचलित नहीं हुई हैं। समुद्र के ऊपरी भाग का बारी बारी से उत्थान एवं पतन होता है, परन्तु विवेकी आत्मा को—जो ज्योति की सन्तान है—उसके पतन में गम्भीरता, और समुद्र के तल में मोती और मूँगों की परतें ही प्रत्यक्ष दिखायी देती हैं। आना और जाना केवल भ्रम है। आत्मा न आती है, न जाती है। वह किस स्थान में जायगी, जब कि सम्पूर्ण 'देश' आत्मा में ही स्थित है? प्रवेश करने और प्रस्थान करने का कौन समय होगा, जब समस्त काल आत्मा के भीतर ही है?

पृथ्वी घूमती है और सूर्य के घूमने का भ्रम उत्पन्न होता है, किन्तु सूर्य नहीं घूमता। इसी प्रकार प्रकृति या माया चंचल और परिवर्तनशील है। पर्दे पर पर्दे हटाती जाती है, इस विशाल पुस्तक के पन्ने पर पन्ने बदलती जाती है, जब कि साक्षी आत्मा अविचल और अपरिणामी रहकर ज्ञान का पान करती है। जितनी जीवात्माएँ हो चुकी हैं या होंगी, सभी वर्तमान काल में हैं—और जड़ जगत् की एक उपमा की सहायता लेकर कहें, तो वे सब रेखागणित के एक बिन्दु पर स्थित हैं। चूँकि आत्मा में देश का भाव नहीं रहता, इसलिए जो हमारे थे, वे हमारे हैं, सर्वदा हमारे रहेंगे और सर्वदा हमारे साथ हैं। वे सर्वदा हमारे साथ थे, और

---

१. उनके पिता की मृत्यु के अवसर पर लिखित। स्वामी जी ने उन्हें धीरा माता कहकर संबोधित किया था।

हमारे साथ रहेंगे। हम उनमें हैं, वे हममें। इन कोष्ठों को देखें। यद्यपि इनमें से प्रत्येक पृथक है, फिर भी वे सब क, ख (देह और प्राण), इन दो बिन्दुओं में अभिन्न भाव से संयुक्त हैं। वहाँ सब एक हैं। प्रत्येक का अलग अलग एक व्यक्तित्व है, परन्तु वे सब क ख बिन्दुओं पर एक हैं। कोई भी उस क, ख अक्षरेखा से निकलकर भाग नहीं सकता, और परिधि चाहे कितनी टूटी या फूटी हो, परन्तु अक्षरेखा में खड़े होने से हम किसी भी कोष्ठ में प्रवेश कर सकते हैं। यह अक्षरेखा ईश्वर है। वहाँ उससे हम अभिन्न हैं, सब सबमें हैं, और सब ईश्वर में हैं। चन्द्रमा के मुख पर चलते हुए बादल यह भ्रम उत्पन्न करते हैं कि चन्द्रमा चल रहा है। इसी प्रकार प्रकृति, शरीर और जड़ पदार्थ गतिशील हैं और उनकी गति ही यह भ्रम उत्पन्न करती है कि आत्मा गतिशील है। इस प्रकार अन्त में हमें यह पता चलता है कि जिस जन्मजात-प्रवृत्ति (अथवा अंतःस्फुरण) से सब जातियाँ—उच्च या निम्न—मृत व्यक्तियों की उपस्थिति अपने समीप अनुभव करती आ रही हैं, वह युक्ति की दृष्टि से भी सत्य है।

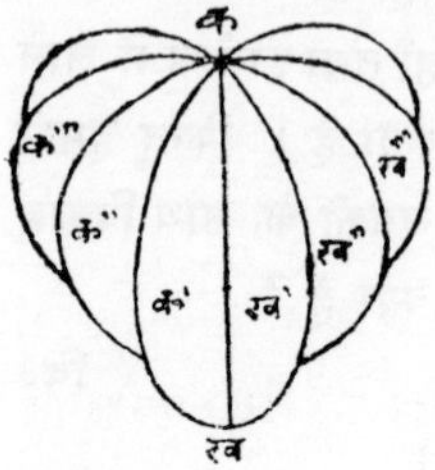

प्रत्येक जीवात्मा एक नक्षत्र है, और ये सब नक्षत्र ईश्वररूपी उस अनन्त निर्मल नील आकाश में विन्यस्त हैं। वही ईश्वर प्रत्येक जीवात्मा का मूलस्वरूप है, वही प्रत्येक का यथार्थ स्वरूप और वही प्रत्येक और सबका प्रकृत व्यक्तित्व है। इन जीवात्मा-रूप नक्षत्रों में से कुछ के, जो हमारी दृष्टि-सीमा से परे चले गये हैं, अनुसन्धान से ही धर्म का आरम्भ हुआ और यह अनुसन्धान तब समाप्त हुआ, जब हमने पाया कि उन सबकी अवस्थिति परमात्मा में ही है और हम भी उसीमें हैं। अब सारा रहस्य यह है कि आपके पिता ने जो जीर्ण वस्त्र पहना था, उसका त्याग उन्होंने कर दिया, और वे वहीं अवस्थित हैं, जहाँ वे अनन्त काल से थे। इस लोक में या किसी और लोक में क्या वे फिर ऐसा ही कोई एक वस्त्र पहनेंगे? मैं सच्चे दिल से भगवान् से प्रार्थना करता हूँ कि ऐसा न हो, जब तक कि वे ऐसा पूरे ज्ञान के साथ न करें। मैं प्रार्थना करता हूँ कि अपने पूर्व कर्म की अदृश्य शक्ति से परिचालित होकर कोई भी अपनी इच्छा के विरुद्ध कहीं भी न ले जाया जाय। मैं प्रार्थना करता हूँ कि सभी मुक्त हो जायँ अर्थात वे यह जानें कि वे मुक्त हैं। और यदि वे पुनः कोई स्वप्न देखना चाहें, तो वे सब आनन्द और शान्ति के स्वप्न हों।...

आपका,
विवेकानन्द

(श्री आलासिंगा पेरुमल को लिखित)

संयुक्त राज्य अमेरिका,
२३ जनवरी, १८९५

प्रिय आलासिंगा,

मुझे ऐसे ही व्यक्ति चाहिए, जो मरते दम तक सत्य पर अटल एवं उसके प्रति विश्वासी रहें। मुझे सफलता या असफलता की परवाह नहीं है।... मेरा कार्य पवित्र रहे, और यदि यह न हो, तो फिर मुझे कार्य की आवश्यकता नहीं।..

तुम्हारा,
विवेकानन्द

(कुमारी ईसाबेल मैक्किंडली को लिखित)

५२८, ५वाँ एवेन्यू, न्यूयार्क,
२४ जनवरी, १८९५

प्रिय कुमारी बेल,

आशा है, तुम अच्छी हो...

पुरुषों ने मेरे पिछले व्याख्यान की बहुत प्रशंसा नहीं की, किन्तु स्त्रियों ने उसे आशातीत रूप से पसन्द किया। तुम जानती हो कि ब्रुकलिन स्त्री-अधिकारों के आन्दोलन के प्रतिकूल विचारों का केन्द्र हैं; और जब मैंने कहा कि स्त्रियाँ योग्य होती हैं और प्रत्येक काम के लिए उपयुक्त हैं, तो निश्चय ही यह लोगों को पसन्द नहीं आया होगा। कोई बात नहीं, स्त्रियाँ तो विभोर थीं।

मुझे पुनः थोड़ी सर्दी हो गयी है। मैं गर्नसी लोगों के पास जा रहा हूँ। शहर में मुझे एक कमरा मिल गया है, जहाँ मैं क्लास लेने कई घंटे जाया करूँगा। मदर चर्च अब बिल्कुल ठीक हो गयी होंगी और तुम लोग इस सुखद मौसम का आनन्द ले रही होंगी। जब तुम अगली बार श्रीमती एडम्स से मिलो, तब उन्हें मेरी ओर से पर्वत परिमाण प्रेम और आदर देना।

पूर्ववत् गर्नसी के पते पर मेरे पत्रों को भेज दो।

सबों को प्यार,

तुम्हारा सदा स्नेही भाई,
विवेकानन्द

(कुमारी मेरी हेल को लिखित)

५४, पश्चिम, ३३वीं स्ट्रीट,
न्यूयार्क,
१ फरवरी, १८९५

प्रिय बहन,

तुम्हारा सुन्दर पत्र मुझे अभी मिला।. . .कभी कभी काम के लिए काम करने को विवश हो जाना, यहाँ तक कि अपने परिश्रम के फल के भोग से वंचित भी रह जाना एक अच्छी साधना है।. . .तुम्हारे आक्षेप से मैं प्रसन्न हूँ और मुझे इसका ज़रा भी दुःख नहीं। अभी उसी दिन श्रीमती थर्सबी के यहाँ एक प्रेसबिटेरियन सज्जन के साथ गर्मागर्म बहस हो गयी थी। सामान्य रीति से उन सज्जन का पारा चढ़ गया और वे क्रोध में आकर दुर्वचन कहने लगे। परन्तु बाद में श्रीमती बुल ने मुझे बहुत झिड़का, क्योंकि इस प्रकार की बातें मेरे काम में बाधा डालती हैं। ऐसा मालूम होता है कि तुम्हारा भी यही मत है।

मुझे प्रसन्नता है कि तुमने इसी समय इस प्रसंग को उठाया, क्योंकि मैं इस पर बहुत विचार करता रहा हूँ। पहली बात यह कि मुझे इन बातों का तनिक भी दुःख नहीं। कदाचित् तुम्हें इससे नाराज़ी होगी—होने की बात ही है। मैं जानता हूँ कि किसीकी भी सांसारिक उन्नति के लिए मधुरता कितना मूल्य रखती है। मैं मधुर बनने का भरसक प्रयत्न करता हूँ, परन्तु जब अन्तरस्थ सत्य के साथ विकट समझौता करने का अवसर आता है, तब मैं ठहर जाता हूँ। मैं दीनता में विश्वास नहीं रखता। मैं समदर्शित्व में विश्वास रखता हूँ—अर्थात् सबके लिए सम-भाव। अपने 'ईश्वर' स्वरूप समाज की आज्ञा पालन करना साधारण मनुष्यों का धर्म है, लेकिन जो ज्ञान के आलोक से सम्पन्न व्यक्ति हैं, वे ऐसा कभी नहीं करते। यह एक अटल नियम है। एक व्यक्ति अपनी बाह्य परिस्थितियों एवं सामाजिक विचारों के अनुकूल अपने आपको ढाल लेता है, और समाज से, जो कि उसका सब प्रकार से कल्याण करनेवाला है, सब प्रकार की सुख-सुविधाएँ प्राप्त कर लेता है। दूसरा एकाकी खड़ा रहता है और समाज को अपनी ओर खींच लेता है। समाज के अनुकूल रहनेवाले मनुष्य का मार्ग फूलों से आच्छादित रहता है, और प्रतिकूल रहनेवाले का काँटों से। परन्तु 'लोकमत' के उपासकों का एक क्षण में विनाश होता है और सत्य की सन्तान सदा जीवित रहती है।

सत्य की तुलना मैं एक अनन्त शक्तिवाले क्षयकर पदार्थ से करूँगा। वह जहाँ भी गिरता है, जलाकर अपना स्थान बना लेता है—यदि नरम वस्तु पर गिरे, तो तुरन्त, और अगर कठोर पाषाण हो, तो धीरे धीरे; परन्तु जलता वह अवश्य

है। जो लिख गया, सो लिख गया। मुझे दुःख है बहन, कि मैं प्रत्येक सफ़ेद झूठ के प्रति मधुर और अनुकूल नहीं हो सकता। प्रयत्न करने पर भी मैं ऐसा नहीं कर सकता। इसके लिए मैंने आजीवन कष्ट उठाया है, परन्तु मैं वैसा नहीं कर सकता। मैंने प्रयत्न पर प्रयत्न किया है, पर ऐसा नहीं कर सका। अन्त में मैंने उसे छोड़ दिया। ईश्वर महिमामय है। वह मुझे कपटी नहीं बनने देता। अब जो मन में है, उसे सामने आ जाने दो। मैं ऐसा कोई मार्ग नहीं निकाल पाया, जिससे मैं सबको प्रसन्न रख सकूँ। मैं वहीं रहूँगा, जो मैं प्रकृत रूप से हूँ—अपनी अन्तरात्मा के प्रति पूर्ण रूप से ईमानदार। 'सौन्दर्य और यौवन का नाश हो जाता है, जीवन और धन का नाश हो जाता है, नाम और यश का भी नाश हो जाता है, पर्वत भी चूर चूर होकर मिट्टी हो जाते हैं, मित्रता और प्रेम भी नश्वर हैं, एकमात्र सत्य ही चिरस्थायी है।' हे सत्यरूपी प्रभु, तुम्हीं मेरे एकमात्र पथप्रदर्शक बनो। मेरी उम्र बीत रही है, अब मैं केवल मीठा और केवल मीठा नहीं बना रह सकता। जैसा मैं हूँ, मुझे वैसा ही रहने दो। 'हे संन्यासी, निर्भय होकर तुम दूकानदारी वृत्ति छोड़ दो, शत्रु-मित्र में भेद न रखकर सत्य में दृढ़प्रतिष्ठ रहो और इसी क्षण से इहलोक, परलोक और भविष्य के सब लोकों का, उनके भोग एवं उनकी असारता का त्याग कर दो। हे सत्य, तुम्हीं मेरे एकमात्र पथप्रदर्शक बनो।' मुझे धन या नाम या यश या भोग की कोई कामना नहीं है। बहन, मेरे लिए वे धूलि के समान हैं। मैं अपने भाइयों की सहायता करना चाहता था। प्रभु की कृपा से मुझमें धनोपार्जन का चातुर्य नहीं है। हृदयस्थ सत्य की वाणी की आज्ञा पालन न कर मैं लोगों की सनक के अनुरूप व्यवहार करने का प्रयत्न क्यों करूँ? मन अभी दुर्बल है बहन, और कभी कभी यंत्रवत् ही सांसारिक आधारों को पकड़ना चाहता है। परन्तु मैं डरता नहीं। मेरा धर्म सिखाता है कि भय ही सबसे बड़ा पाप है।

प्रेसबिटेरियन पादरी से पिछली झपट के बाद और फिर श्रीमती बुल से लम्बे झगड़े के पश्चात्, जो मनु ने संन्यासियों के लिए कहा है, "अकेले रहो और अकेले चलो", वह स्पष्ट हो गया। सब प्रकार की मित्रताएँ और प्रेम बन्धन हैं। ऐसी किसी प्रकार की भी मित्रता नहीं, विशेषतः स्त्रियों की, जिसमें 'मुझे दो, मुझे दो' का भाव न हो। हे महर्षियो! तुम ठीक ही कहते थे। जो किसी व्यक्तिविशेष के आसरे रहता है, वह उस सत्यरूपी प्रभु की सेवा नहीं कर सकता। शान्त हो मेरी आत्मा, निःसंग बनो! और परमात्मा तुम्हारे साथ रहेगा। जीवन मिथ्या है, मृत्यु भ्रम है! परमात्मा का ही अस्तित्व है, इन सबका नहीं! डरो नहीं मेरी आत्मा, निःसंग बनो। बहन, मार्ग लम्बा है, समय थोड़ा है, सन्ध्या हो रही है। मुझे शीघ्र ही घर जाना है। मुझे शिष्टाचार सीखने का समय नहीं है। मुझे अपना सन्देश

देने का समय तो मिलता ही नहीं। तुम गुणवती हो, दयावती हो, मैं तुम्हारे लिए कुछ भी करने को तैयार हूँ ; परन्तु अप्रसन्न न हो, मैं तुम सबको नितान्त बच्ची ही समझता हूँ।

स्वप्न न देखो ! आह, मेरी आत्मा ! स्वप्न न देखो। संक्षेप में मुझे एक संदेश देना है। मुझे संसार के प्रति मधुर बनने का समय नहीं है; और मधुर बनने का प्रत्येक यत्न मुझे कपटी बनाता है। चाहे स्वदेश हो या विदेश, इस मूर्ख संसार की प्रत्येक आवश्यकता पूरी करने की अपेक्षा तथा निम्नतम स्तर का असार जीवन व्यतीत करने की अपेक्षा मैं सहस्र बार मरना अधिक अच्छा समझता हूँ। यदि तुम श्रीमती बुल की तरह समझती हो कि मुझे कुछ कार्य करना है, तब यह तुम्हारी भूल है, नितान्त भूल है। इस जगत् में या अन्य किसी जगत् में मेरे लिए कोई कार्य नहीं है। मेरे पास एक संदेश है, वह मैं अपने ढंग से ही दूंगा। मैं अपने संदेश को न हिन्दू धर्म, न ईसाई धर्म, न संसार के किसी और धर्म के साँचे में ढालूँगा, बस। मैं केवल उसे अपने ही साँचे में ढालूँगा। मुक्ति ही मेरा एकमात्र धर्म है और जो भी उसमें रुकावट डालेगा, उससे मैं लड़कर या भागकर बचूँगा। छिः ! मैं और पादरियों को प्रसन्न करूँ ! बहन, बुरा न मानना। तुम बच्ची हो और बच्चियों को शिक्षा ग्रहण करनी चाहिए। तुम लोगों को उस स्रोत का आस्वाद नहीं मिला, जो 'तर्क को तर्कशून्य, मर्त्य को अमर, संसार को शून्य और मनुष्य को ईश्वर बना देता है।' यदि तुम निकल सकती हो, तो इस मूर्खता के जाल से निकलो, जिसे दुनिया कहा जाता है। तभी मैं तुम्हें वास्तव में साहसी और मुक्त कह सकूँगा। यदि नहीं, तो जो इस झूठे ईश्वर अर्थात् समाज से भिड़ने का और उसके उद्दण्ड कपट को पैरों के नीचे कुचलने का साहस रखते हैं, उनको उत्साहित करो। यदि तुम उत्साह नहीं दिला सकतीं, तो चाहे मौन रहो, किन्तु उन्हें संसार से समझौता करने के, और मधुर और कोमल बनने के झूठे मिथ्यावाद के कीचड़ में फँसाने का प्रयत्न न करो।

यह संसार—यह स्वप्न—यह अति भयानक दुःस्वप्न—इसके देवालय और छल-कपट, इसके ग्रन्थ और लुच्चापन, इसके सुन्दर चेहरे और झूठे हृदय, इसके धर्म का बाहरी ढोंग और भीतर का अत्यन्त खोखलापन, और सबसे अधिक इसकी धर्म के नाम पर दूकानदार की सी वृत्ति—मुझे इससे सख्त नफ़रत है। क्या ? संसार के हाथ बिके हुए दासों की कही-सुनी बातों से मेरी आत्मा का तोल होगा ! छिः ! बहन, तुम संन्यासी को नहीं जानतीं। मेरे वेद कहते हैं कि 'वह (संन्यासी) वेदशीर्ष है', क्योंकि वह देवालय, सम्प्रदाय, धर्ममत, पैग़म्बर, ग्रन्थ और इनके समान सब वस्तुओं से मुक्त है। धर्मोपदेशक हों या और कोई, उन्हें चिल्लाने दो, मेरे ऊपर जिस

प्रकार भी आक्रमण कर सकें, करने दो। मैं उन्हें वैसा ही समझता हूँ, जैसा भर्तृहरि ने कहा है, "हे संन्यासी! अपने रास्ते जाओ। कोई कहेगा, यह कौन पागल है? कोई कहेगा, यह कौन चाण्डाल है? कोई तुम्हें साधु जानेगा। संसारियों की बकवाद से योगी न तो रुष्ट होता है, न तुष्ट, वह सीधा अपने मार्ग से जाता है।"[1] परन्तु जब वे आक्रमण करें, तब यह जानो कि 'बाज़ार में हाथी के पीछे कुत्ते अवश्य लगते हैं, परन्तु वह उनकी चिन्ता नहीं करता। वह सीधा अपनी राह पर जाता है। इसी तरह से जब कोई महात्मा प्रकट होता है, तब उसके पीछे बकनेवाले बहुत लग जाते हैं।'[2]

मैं लैण्डसबर्ग के साथ ५४ पश्चिम, ३३वीं स्ट्रीट में रहता हूँ। यह वीर और उदार आत्मा है। परमात्मा उसका भला करे। कभी कभी मैं गर्नसी परिवार के घर सोने के लिए चला जाता हूँ। परमात्मा की तुम पर सदैव कृपा रहे और वह तुम्हें इस महा पाखंड अर्थात् संसार से शीघ्र निकाले! यह संसाररूपी वृद्धा राक्षसी कभी तुम्हें मोहित न कर सके! शंकर तुम्हारे सहायक हों! उमा तुम्हारे लिए सत्य का द्वार खोल दें और तुम्हारे मोह को नष्ट कर दें!

प्रेम और आशीर्वादपूर्वक तुम्हारा,

विवेकानन्द

(श्री बैकुंठनाथ सान्याल को लिखित)

५४ डब्ल्यू० ३३वीं स्ट्रीट,
न्यूयार्क,
९ फ़रवरी, १८९५

प्रिय सान्याल,

...परमहंस देव मेरे गुरु थे, अतः महानता के विचार से मैं उनके सम्बन्ध में चाहे जो कुछ सोचूं, दुनिया मेरी तरह क्यों सोचे? यदि तुम इस बात के ऊपर अधिक बल दोगे, तो सारी बात बिगाड़ दोगे। गुरु को ईश्वर की भाँति पूजने का भाव बंगाल के बाहर और कहीं नहीं मिलता, क्योंकि अन्य लोग अभी उस आदर्श को स्वीकार करने के लिए प्रस्तुत नहीं हैं।...

जब मैं माँ[3] के लिए कुछ भूमि खरीदने में सफल हो जाऊँगा, अपने को एक ऋण से उऋण समझूंगा। उसके बाद मुझे किसी बात की चिन्ता नहीं।

---

१. वैराग्यशतकम् ॥९६॥

२. तुलसीदास।

३. श्री माँ सारदा देवी।

इस घोर जाड़े में मैंने आधी आधी रातों में पर्वतों और बर्फ़ को पार करके कुछ अल्प धन संग्रह किया है और जब माँ के लिए एक भूमि-खड प्राप्त हो जायगा, तब मेरे मन को चैन मिलेगा।

आगे मेरे पत्र ऊपर के पते से भेजो। अब यही मेरा स्थायी निवास होगा।

मुझे 'योगवाशिष्ठ रामायण' का कोई अंग्रेज़ी अनुवाद भेजने की चेष्टा करना।

मैंने पहले जिन पुस्तकों को मँगवाया है, उन्हें न भूलना—संस्कृत में नारद एवं शांडिल्य सूत्र।

आशा हि परमं दुःखं नैराश्यं परमं सुखम्—'आशा सबसे बड़ा दुःख है और आशामुक्त होने में ही सबसे बड़ा आनन्द अन्तर्निहित है।'

तुम्हारा सस्नेह,
विवेकानन्द

(श्रीमती ओलि बुल को लिखित)

५४ डब्ल्यू० ३३वीं स्ट्रीट,
न्यूयार्क,
१४ फ़रवरी, १८९५

प्रिय श्रीमती बुल,

माता की तरह सत्परामर्श देने के लिए आप मेरी आन्तरिक कृतज्ञता स्वीकार करें। आशा है कि मैं उसे अपने जीवन में परिणत कर सकूँगा।

मैंने जिन पुस्तकों के बारे में आपको लिखा था, उसका उद्देश्य आपके विभिन्न धर्मग्रन्थसमन्वित पुस्तकालय की कलेवर-वृद्धि करना था। किन्तु ऐसी दशा में जब कि आपके रहने के बारे में अभी तक निश्चित नहीं है, उनकी इस समय कोई आवश्यकता नहीं। मेरे गुरुभाइयों के लिए भी उनकी ज़रूरत नहीं है, क्योंकि वे भारत में भी उनको प्राप्त कर सकते हैं, और ऐसी स्थिति में जब कि मुझे भी बराबर इधर-उधर भ्रमण करना पड़ रहा है, उन ग्रन्थों को लेकर सर्वत्र घूमना मेरे लिए भी सम्भव नहीं है। आपके इस दान के प्रस्ताव के लिए आपको अनेक धन्यवाद।

आपने अब तक मेरे तथा मेरे कार्यों के लिए जो कुछ सहायता प्रदान की है, तदर्थ मैं आपके प्रति अपनी कृतज्ञता कैसे प्रकट करूँ, यह नहीं समझ पाता हूँ। इस वर्ष भी मुझे कुछ सहायता देने के सम्बन्ध में आपके प्रस्ताव के लिए आप मेरे असंख्य धन्यवाद स्वीकार करें। परन्तु मेरा यह हार्दिक विश्वास है कि इस वर्ष आपको कुमारी फ़ार्मर के ग्रीनेकर के कार्य में पूरी सहायता करनी चाहिए। भारत अभी प्रतीक्षा कर सकता है, जैसा कि वह शताब्दियों से करता रहा है, और अपने समीप के अत्यावश्यकीय कार्य की ओर पहले ध्यान देना उचित है।

दूसरे, मनु के मतानुसार, किसी सत्कार्य के लिए भी अर्थ संग्रह करना संन्यासी के लिए ठीक नहीं है। अब मुझे यह अच्छी तरह से अनुभव होने लगा है कि उन प्राचीन महापुरुषों ने जो कुछ भी कहा है, वह ठीक है। **आशा हि परमं दुःखं नैराश्यं परमं सुखम्।**—'आशा ही परम दुःख तथा निराशा ही परम सुख है।' मुझे यह करना है, वह करना है, इस प्रकार की मेरी जो बालकों जैसी धारणा था, वह मुझे अब भ्रमात्मक प्रतीत होने लगी है। अब मेरी इस प्रकार की वासनाएँ दूर होती जा रही हैं।

'सब वासनाओं को त्यागकर सुखी बनो।' 'कोई भी तुम्हारा शत्रु या मित्र न रहे—तुम अकेले रहो।' 'इस प्रकार से भगवन्नाम का प्रचार करते हुए शत्रु तथा मित्रों के प्रति समदृष्टि रखकर, सुख-दुःख से अतीत हो, वासना तथा ईर्ष्या को त्यागकर, किसी प्राणी की हिंसा न करते हुए, किसी प्राणी के किसी प्रकार के अनिष्ट एवं उद्वेग का कारण न बनकर, हम गाँव गाँव तथा पर्वत पर्वत भ्रमण करते रहेंगे।'

'ग़रीब-अमीर, ऊँच-नीच किसीसे कुछ भी सहायता न माँगो। किसी भी वस्तु की आकांक्षा न करो। और इन नेत्रों के सामने से क्रमशः विलुप्त होते हुए दृश्य-जाल को द्रष्टारूप से जानो और उन्हें गुज़र जाने दो।'

सम्भवतः इस देश में मुझे खींच लाने के लिए ऐसी उन्मत्त वासनाओं की आवश्यकता थी। इस प्रकार के अनुभव लाभ करने के लिए मैं प्रभु को धन्यवाद देता हूँ।

मैं यहाँ पर अत्यन्त सुखी हूँ। श्री लैण्ड्सवर्ग के साथ मिलकर मैं कुछ चावल, दाल या बार्ली पका लेता हूँ, चुपचाप भोजन करता हूँ, तदनन्तर कुछ लिखता-पढ़ता हूँ, या फिर उपदेश के इच्छुक जो ग़रीब लोग आ जाते हैं, उनसे बातचीत करता रहता हूँ। इस प्रकार रहकर मुझे ऐसा प्रतीत हो रहा है, मानो मैं ठीक संन्यासी का जीवन व्यतीत कर रहा हूँ, जिसका अनुभव अमेरिका आने के बाद अब तक मैंने नहीं किया था।

'धन रहने से दारिद्र्य का भय है, ज्ञान रहने पर अज्ञान का भय है, रूप में बुढ़ापे का भय है, गुण रहने से खल का भय है, उन्नति में ईर्ष्या का भय है, यहाँ तक कि शरीर रहने पर मृत्यु का भय है। इस जगत् में सब कुछ भययुक्त है। एकमात्र वही पुरुष निर्भीक है, जिसने सब कुछ त्याग दिया है।'[१]

---

१. **भोगे रोगभयं कुले च्युतिभयं वित्ते नृपालादभयं**
माने दैन्यभयं बले रिपुभयं रूपे जराया भयम्।
शास्त्रे वादिभयं गुणे खलभयं कामे कृतान्तादभयं
सर्वं वस्तु भयान्वितं भुवि नृणां वैराग्यमेवाभयम्॥वैराग्यशतकम॥३१॥

मैं उस दिन कुमारी कार्बिन से मिलने गया था। कुमारी फ़ार्मर तथा कुमारी थर्संबी भी वहीं थीं। आध घण्टे का समय अत्यन्त आनन्द से व्यतीत हुआ। उनकी ऐसी इच्छा है कि आगामी रविवार से मैं उनके मकान में अपना कोई कार्यक्रम रखूं।

मैं अब इन विषयों के लिए व्यग्र नहीं हूँ। यदि अपने आप कुछ उपस्थित हो, तो प्रभु की जय मनाता हूँ और यदि उपस्थित न हो, तो और उनकी जय मनाता हूँ।

आप पुनः मेरी अनन्त कृतज्ञता ग्रहण करने की कृपा करें।

आपका अनुगत पुत्र,
विवेकानन्द

(श्री आलासिंगा पेरुमल को लिखित)

१९ डब्ल्यू० ३८वीं स्ट्रीट,
न्यूयार्क, १८९५

प्रिय आलासिंगा,

...तथाकथित समाज सुधार के विषय में हस्तक्षेप न करना; क्योंकि पहले आध्यात्मिक सुधार हुए बिना अन्य किसी भी प्रकार का सुधार नहीं हो सकता। तुमसे किसने कह दिया कि मैं सामाजिक सुधार चाहता हूँ? मैं तो नहीं। प्रभु का प्रचार करते रहो। सामाजिक कुसंस्कार तथा दोष-त्रुटियों के सम्बन्ध में भला-बुरा कुछ भी न कहो। हताश न होना, अपने गुरु पर विश्वास न खोना और भगवान् पर विश्वास न खोना। मेरे बच्चे, जब तक तुममें ये तीनों बातें हैं, तब तक तुम्हारा कोई भी अनिष्ट नहीं कर सकता। मैं दिनोंदिन सबल बनता जा रहा हूँ। मेरे बहादुर बच्चो, कार्य करते चलो।

चिर आशीर्वादक,
विवेकानन्द

(कुमारी ईसाबेल मैक्‌किंडली को लिखित)

५४, पश्चिम ३३,
न्यूयार्क,
२५ फ़रवरी, १८९५

प्रिय बहन,

तुम बीमार हो गयी थीं, जानकर दुःखित हूँ। मैं तुम्हारी एक 'परोक्ष चिकित्सा'

करूँगा। हालाँकि, तुम्हारी 'स्वीकारोक्ति'[१] मेरी बुद्धि की आधी शक्ति खींचकर बाहर कर देती है।

तुमको रोग से मुक्ति मिल गयी—अच्छी बात है। अंत भला, तो सब भला।

किताबें सही-सलामत पहुँच गयी हैं, इसके लिए अनेक धन्यवाद।

तुम्हारा चिरंतन स्नेही भा०,
विवेकानन्द

(श्री आलासिंगा पेरुमल को लिखित)

संयुक्त राज्य अमेरिका,
६ मार्च, १८९५

प्रिय आलासिंगा,

लम्बे समय तक मेरे चुप रहने के कारण सम्भवतः तुम बहुत कुछ सोचते होगे। किन्तु मेरे बच्चे, मेरे पास लिखने लायक कोई समाचार नहीं था, सिवाय उस पुरानी बात के कि निरन्तर कार्य करते रहो।

लैण्ड्सबर्ग तथा डॉ० डे को तुमने जो पत्र लिखे हैं, उन दोनों पत्रों को मैंने देखा है। बहुत अच्छा लिखा गया है। मैं अभी किसी तरह भारत लौट सकूंगा, ऐसी आशा नहीं है। क्षण भर के लिए भी यह न सोचना कि 'यांकी' (अमेरिका के लोग) धर्म को कार्यरूप में परिणत करने के लिए प्रयासशील हैं। इस विषय में तो एकमात्र हिन्दू लोग ही व्यावहारिक हैं, यांकी लोग तो केवल रुपया पैदा करना जानते हैं। इसलिए यहाँ से मेरे चले जाने पर, जो भी कुछ थोड़ा सा धर्मभाव जाग्रत हुआ है, वह एकदम नष्ट हो जायगा। अतः जाने से पहले मैं उस कार्य की नींव को मज़बूत बना जाना चाहता हूँ। किसी भी कार्य को अधूरा न छोड़कर उसे पूरा करना चाहिए।

मैंने मणि अय्यर को एक पत्र लिखा था; उसमें मैंने जो कुछ लिखा था, तुम लोग उस बारे में क्या कर रहे हो ?

जबरदस्ती लोगों में रामकृष्ण के नाम का प्रचार करने का प्रयास न करो। पहले उनके विचारों का प्रचार करते रहो, विचार ग्रहण करने के पश्चात् लोग अपने आप, जिनके ये विचार हैं, उन्हें मानने लगेंगे। हालाँकि मैं यह जानता हूँ कि संसार पहले व्यक्ति को और उसके बाद उसके विचारों को जानना चाहता है।

---

१. क्रिश्चियन सायन्स के अध्ययन और साधना को लेकर हेल बहनों को कभी कभी छेड़ने में स्वामी जी को आनन्द आता था। न्यूयार्क से लिखित इस छोटी सी चिट्ठी में भी स्वामी जी ने बड़ी कुशलता से रोग के सामने कभी स्वीकारोक्ति नहीं करने की वैज्ञानिक साधना की चुटकी ली है। स०

किडी अलग हो गया है ? अच्छी बात है, एक बार उसे चारों ओर परख लेने दो, उसे अपनी इच्छानुसार जो चाहे, प्रचार करने दो । बात केवल इतनी ही है कि कहीं आवेश में आकर वह दूसरों के विचारों पर आक्रमण न करे । अपनी स्वल्प शक्ति के अनुसार जहाँ तक हो सके, तुम वहाँ पर प्रयास करते रहो, मैं भी यहाँ पर थोड़ा-बहुत कार्य करने की चेष्टा कर रहा हूँ । भलाई किसमें होगी, यह तो प्रभु ही जानते हैं । मैंने तुमको जिन पुस्तकों के बारे में लिखा था, क्या तुम उन्हें भेज सकते हो ? पहले से ही बड़ी बड़ी योजनाएँ न बनाओ, धीरे धीरे कार्य प्रारम्भ करो—जिस ज़मीन पर खड़े हो, उसे अच्छी तरह से पकड़कर क्रमशः ऊँचे चढ़ने की चेष्टा करो ।

मेरे साहसी बच्चो, कार्य करते चलो, एक न एक दिन हमें अवश्य रोशनी मिलेगी ।

जी० जी०, किडी, डॉक्टर तथा अन्य वीर मद्रासी युवकों से मेरा आन्तरिक प्यार कहना ।

चिर आशीर्वादक,
विवेकानन्द

पु०—यदि सम्भव हो, तो कुछ कुशासन भेजना ।

पु०—यदि लोगों को पसन्द न हो, तो 'प्रबुद्ध भारत' नाम बदलकर समिति का कोई दूसरा नाम क्यों नहीं रखते ?

सबके साथ मिल-जुलकर शान्तिपूर्वक रहना होगा, लैण्ड्सबर्ग के साथ पत्र-व्यवहार करते रहना । धीरे धीरे इस प्रकार से कार्य को अग्रसर होने दो । रोम का निर्माण एक दिन में नहीं हुआ था । मैसूर नरेश का देहावसान हो चुका है—उनसे हमें बहुत कुछ आशाएँ थीं । अस्तु, प्रभु ही महान् है, वह और लोगों को हमारी सहायता के लिए भेजेगा ।

वि०

(श्रीमती ओलि बुल को लिखित)

५४ डब्ल्यू० ३३वीं स्ट्रीट,
न्यूयार्क,
२१ मार्च, १८९५

प्रिय श्रीमती बुल,

रमाबाई की मित्र-मण्डली मेरी जो निन्दा कर रही है, उसे सुनकर मैं अत्यन्त चकित हूँ । आप देखती हैं न, श्रीमती बुल, कि मनुष्य चाहे कैसा ही शुद्ध आचरण क्यों न करे, कुछ लोग ऐसे अवश्य रहेंगे, जो उसके बारे में कोई महा झूठ

खोज निकालेंगे। शिकागो से प्रति दिन मेरे बारे में इसी तरह की बातें कही जाती थीं।

और ये महिलाएँ निश्चित रूप से ईसाइयों में आदर्श ईसाई होती हैं!... मैं अपने नीचे के कमरो में जहाँ सौ आदमी बैठ सकते हैं, क्रम से सशुल्क व्याख्यान करवाने जा रहा हूँ, उससे खर्च निकल आयेगा। भारत रुपया भेजने की मुझे जल्दी नहीं है। मैं प्रतीक्षा करूँगा। क्या कुमारी फ़ार्मर आपके यहाँ हैं? क्या श्रीमती पीक शिकागो में हैं? जोसेफ़िन लॉक क्या आपको दिखायी पड़ी हैं? कुमारी हैमलिन ने मेरे ऊपर बड़ी कृपा की है और भरसक मेरी सहायता करती हैं।

मेरे गुरु कहते थे कि हिन्दू, ईसाई आदि नाम मनुष्य मनुष्य में भ्रातृ-प्रेम के होने में बहुत रुकावट डालते हैं। पहले हमें इन्हें तोड़ने का यत्न करना चाहिए। उनकी कल्याण करनेवाली शक्ति अब नष्ट हो गयी है और अब केवल उनका घातक प्रभाव रह गया है, जिसके जादू-टोने के कारण हममें से सर्वश्रेष्ठ मनुष्य भी राक्षसों का सा व्यवहार करने लगते हैं। खैर, हमें बहुत परिश्रम करना पड़ेगा और सफलता ज़रूर मिलेगी।

इसीलिए एक केन्द्र स्थापित करने की मेरी इतनी प्रबल इच्छा है। संगठन में निस्सन्देह अवगुण होते हैं, पर उसके बिना कुछ काम नहीं हो सकता। मुझे डर है कि यहाँ पर मैं आपसे सहमत नहीं हूँ—किसीने आज तक समाज को सन्तुष्ट रखने के साथ साथ किसी बड़े काम में सफलता प्राप्त नहीं की। अन्तः-प्रेरणा से मनुष्य को काम करना चाहिए और यदि वह काम शुभ और कल्याणप्रद है, तो समाज की भावना में परिवर्तन अवश्य होगा, चाहे ऐसा उसकी मृत्यु के शताब्दियों बाद ही क्यों न हो, तन-मन से हमें काम में लग जाना चाहिए। और जब तक हम एक और एक ही आदर्श के लिए अपना सर्वस्व त्यागने को तैयार न रहेंगे, तब तक हम कदापि आलोक नहीं देख पायेंगे।

जो मनुष्य-जाति की सहायता करना चाहते हैं, उन्हें उचित है कि वे अपना सुख और दुःख, नाम और यश एवं सब प्रकार के स्वार्थ की एक पोटली बनाकर समुद्र में फेंक दें और सब ईश्वर के समीप आयें। सभी गुरुजनों ने यही कहा और किया है।

मैं पिछले शनिवार को श्रीमती कार्बिन के पास गया और कहा कि मैं अब कक्षाएँ न ले सकूँगा। क्या कभी संसार के इतिहास में धनवानों ने कुछ काम किया है? काम हमेशा हृदय और बुद्धि से होता है, धन से नहीं। मैंने अपने एक विशिष्ट विचार के लिए सारा जीवन उत्सर्ग किया है। भगवान् मेरी सहायता करेगा, मैं और किसीकी सहायता नहीं चाहता। सफलता प्राप्त करने

का यही एकमात्र रहस्य है। मुझे विश्वास है कि इसमें आप और हम एकमत हैं। श्रामती थर्सबी और श्रीमती एडम्स को मेरा स्नेह।

कृतज्ञ प्रेम से सदैव आपका,
विवेकानन्द

(कुमारी ईसाबेल मैककिंडली को लिखित)

५४, पश्चिम ३३,
न्यूयार्क,
२७ मार्च, १८९५

प्रिय बहन,

तुम्हारे कृपापत्र ने मुझे अनिर्वचनीय आनन्द दिया है। उसे मैंने बड़ी आसानी से पूरा पढ़ लिया। अंततः मैंने गेरुआ खोज ही निकाला और कोट बनवा लिया है। लेकिन, अभी तक गर्मियों के लिए कोई ऐसी चीज़ नहीं मिल सकी है। यदि तुम्हें मिले, तो कृपया मुझे सूचित करो। मैं न्यूयार्क में सिलवा लूँगा। तुम्हारा—डियरबोर्न एवेन्यू का अद्‌भुत-अयोग्य दर्ज़ी—साधुओं के कपड़े भी ठीक-ठाक तैयार नहीं कर सकता।

बहन लॉक ने मुझे लम्बी चिट्‌ठी लिखी है और उत्तर में विलंब का कारण जानना चाहती हैं। अतिरिक्त उत्साह में सहज ही बह जाती हैं वह, इसलिए मैं चुप हूँ। नहीं जानता, क्या जवाब दूँगा। कृपया मेरी ओर से उन्हें बता दो कि कोई स्थान निश्चित करना अभी मेरे लिए संभव नहीं। श्रीमती पीक भली हैं, महान् हैं और धर्मपरायण हैं—किंतु, सांसारिक मामलों में उनकी बुद्धि की पहुँच मेरे ही बराबर है। हालाँकि मैं दिन-प्रतिदिन चतुर होता जा रहा हूँ। श्रीमती पीक से, वाशिंगटन के किसी अर्धपरिचित व्यक्ति ने गर्मियों के लिए कोई जगह देने का, प्रस्ताव किया है।

कौन जाने, वह किसीके चक्कर में पड़ जायँ! ठगी और धोखाधड़ी के लिए यह बढ़िया देश है, जहाँ के ९९·९ प्रतिशत लोगों की नीयत, दूसरों से अनुचित लाभ उठाने का ही रहती है। आँख मूँदो कि पूरे ग़ायब! बहन जोसेफ़िन उग्र स्वभाव की है। श्रीमती पीक सीधी-सादी महिला हैं। यहाँ के लोगों ने मेरे साथ ऐसा बढ़िया व्यवहार किया है कि अब बाहर क़दम रखने के पहले मैं घंटों अपने चारों ओर देखता रहता हूँ। सब ठीक-दुरुस्त हो जायगा। बहन जोसेफ़िन से थोड़ा धीरज धरने को कहो।

'बूढ़ों का घर' चलाने से बेहतर है शिशुशाला चलाना—तुम प्रतिदिन यही अनुभव करती होगी, जहाँ तक मेरा अनुमान है। तुम श्रीमती बुल से मिलीं और

मेरा ख़्याल है, उनकी सरलता और घरेलू ढंग पर तुम्हें अचरज हुआ होगा। श्रीमती एडम्स से जब-तब मुलाक़ात तो होती होगी। श्रीमती बुल उनके पाठों से बहुत उपकृत हुई हैं। मैंने भी कुछ लिया था, लेकिन कोई फ़ायदा नहीं! रोज़-बरोज़ सामने बढ़नेवाला बोझ मुझे आगे झुकने नहीं देता—जैसा कि श्रीमती एडम्स चाहती हैं। चलते समय आगे झुकने की चेष्टा करते ही—केन्द्र की गुरुता पेट की सतह पर चली जाती है। इसलिए—मैं सामने की ओर तनकर ही आगे बढ़ता हूँ।

क्यों, कोई करोड़पति नहीं आ रहा? लखपति भी नहीं? बहुत दुःख की बात है!!! भई, मैं चेष्टा कर रहा हूँ, और क्या कर सकता हूँ! मेरे क्लासों में औरतें ही औरतें हैं। और, तुम किसी महिला से तो शादी नहीं कर सकतीं। अच्छी बात! धीरज धरो। मैं सतर्क दृष्टि से ढूँढ़ता रहूँगा और मौक़ा मिलने पर चूकूँगा नहीं, यदि तुम्हें कोई नहीं मिला, तो यह मेरे आलस्य के कारण नहीं होगा।

ज़िन्दगी उसी पुरानी रफ़्तार से चल रही है। कभी कभी मैं अनन्त भाषणों और बकबक से ऊब जाता हूँ। लगातार कई दिनों तक मौन रहना चाहता हूँ।

तुम्हारे सुन्दर सपनों की आशा में (क्योंकि तुम्हारे सुखी होने का वही एक मार्ग है)—

तुम्हारा प्यारा भाई,
विवेकानन्द

(श्रीयुत आलासिंगा पेरुमल को लिखित)

संयुक्त राज्य अमेरिका,
४ अप्रैल, १८९५

प्रिय आलासिंगा,

तुम्हारा पत्र अभी मिला। कोई व्यक्ति मेरा अनिष्ट करने की चेष्टा कर सकता है, तुम इससे मत डरो। जब तक प्रभु मेरी रक्षा करते हैं, मैं अभेद्य रहूँगा। अमेरिका के सम्बन्ध में तुम्हारी धारणा बहुत अस्पष्ट है।...यह एक विशाल देश है और यहाँ के अधिकांश मनुष्य धर्म में विशेष रुचि नहीं रखते।...ईसाई धर्म देशभक्ति के रूप में स्थित है, इससे अधिक और कुछ नहीं...अब मेरे पुत्र, साहस न छोड़ो।...मुझे सब सम्प्रदायों के भाष्यों सहित वेदान्त सूत्र भेजो।... मैं ईश्वर के हाथ में हूँ। भारत लौटने से क्या लाभ होगा? भारत मेरे विचारों को आगे नहीं बढ़ा सकता। यह देश मेरे विचारों को उदारतापूर्वक अपनाता है।

मुझे जब आज्ञा मिलेगी, तब मैं वापस जाऊँगा। तब तक तुम धैर्यपूर्वक और शान्त भाव से काम करो। यदि मेरे ऊपर कोई आक्रमण करे, तो उसके अस्तित्व को एक तरह से भूल जाओ।...मेरा विचार एक ऐसी सोसाइटी स्थापित करने का है, जहाँ वेद और वेदान्त के भाष्य सहित लोगों को शिक्षा मिल सके। अभी इस भाव से कार्य करो।....जितनी बार तुम्हें दुर्बलता का अनुभव होता है, यह समझो कि तुम न केवल अपने आपको बल्कि अपने उद्देश्य को भी हानि पहुँचा रहे हो। अनन्त शक्ति और श्रद्धा ही सफलता का कारण है।

सदैव आशीर्वादपूर्वक,
विवेकानन्द

पु०—आनन्दपूर्वक रहो...अपने आदर्श पर स्थिर रहो... मुख्यतः हमेशा यह याद रखो कि कभी दूसरों को मार्ग दिखाने का या उन पर हुक्म चलाने का यत्न न करना, जैसा कि अमेरिकन लोग कहते हैं, शासन (boss) मत करो। सबके दास बने रहो।

(श्री फ़्रांसिस लेगेट को लिखित)

न्यूयार्क,
१० अप्रैल, १८९५

प्रिय मित्र,

आपने मुझे अपने गाँव में निमन्त्रित किया है, इसके लिए मैं अपनी कृतज्ञता व्यक्त करने में असमर्थ हूँ। एक ग़लतफ़हमी के कारण कल आना मेरे लिए सम्भव नहीं। कल, ४० पश्चिम, ९वीं स्ट्रीट में कुमारी एण्ड्रयूज़ के यहाँ मेरा क्लास है। कुमारी मैक्लिऑड के कथनानुसार मैंने यह समझा था कि कल क्लास स्थगित किया जा सकता है। मुझे ख़ुशी हुई थी। किन्तु, अब ऐसा लगता है कि कुमारी मैक्लिऑड ने ग़लत समझा था। कुमारी एण्ड्रयूज़ ने आकर बतलाया कि कल किसी भी हालत में क्लास स्थगित नहीं किया जा सकता और क्लास में सम्मिलित होनेवाले ५०-६० सदस्यों को सूचना भी नहीं दी जा सकती।

ऐसी हालत में मुझे हार्दिक दुःख है, मैं आने में असमर्थ हूँ। आशा है, कुमारी मैक्लिऑड और श्रीमती स्टारगीज़ इस अपरिहार्य स्थिति को समझेंगी और अन्यथा नहीं लेंगी।

परसों, अथवा आपकी सुविधा के अनुसार अन्य किसी दिन मैं सहर्ष आने को तैयार हूँ।

आपका चिर विश्वासपात्र,
विवेकानन्द

(स्वामी रामकृष्णानन्द को लिखित)

संयुक्त राज्य अमेरिका,
११ अप्रैल, १८९५

प्रिय शशि,

...तुम लिखते हो कि अपने रोग से तुम अब मुक्त हो गये हो, परन्तु अब सावधान होकर रहना। देर में भोजन, या अपथ्य भोजन, या गन्दे स्थान में रहने से रोग पूर्वावस्था में पलटकर आ सकता है, और फिर मलेरिया से पीछा छुड़ाना कठिन हो जायगा। पहले तुम्हें किसी उद्यान में एक छोटासा मकान किराये पर लेना चाहिए। ३० रु० या ४० रु० में शायद तुम्हें मिल जाय। दूसरे, देखो कि पीने और पकाने का पानी छना हो। बाँस का एक बड़ा फ़िल्टर तुम्हें पर्याप्त होगा। पानी सभी प्रकार के रोगों का कारण होता है। जल की शुद्धता या अशुद्धता से नहीं, बल्कि उसमें रोग के कीटाणु भरे होने से बीमारियाँ होती हैं। पानी को उबालकर छनवाओ। अपने स्वास्थ्य पर पहले ध्यान देना आवश्यक है। एक भोजन बनानेवाला, एक नौकर, साफ़ बिछौना, और समय से खाना-पीना यह परमावश्यक है। जैसा मैंने लिखा है, ठीक उसी प्रकार चलने की पूर्ण व्यवस्था करो। रुपये-पैसे खर्च करने का समस्त उत्तरदायित्व राखाल सँभाल ले, किसीको इसमें असहमत नहीं होना चाहिए। निरंजन घर-द्वार, बिछौना, फ़िल्टर आदि ठीक ठीक साफ-सुथरा रखने का भार ले। अगर 'हुटको' गोपाल को कोई नौकरी नहीं मिली, तों उसे बाज़ार-हाट करने में नियुक्त करना। उसे मासिक १५ रुपये दिये जायँगे। अर्थात् उनको ५-७ महीने का वेतन एक साथ दिया जायगा, क्योंकि इतनी दूर से माहवार १५ रु० भेजना बचकानापन होगा।...तुम लोगों का परस्पर प्रेमभाव ही तुम्हारे उद्योगों की सफलता का कारण होगा। जब तक द्वेष, ईर्ष्या और अहंकार रहेगा, तब तक किसी भी प्रकार का कल्याण नहीं हो सकता...काली ने छोटी पुस्तक बहुत अच्छी लिखी है, और उसमें कोई अतिशयोक्ति नहीं है। पीठ पीछे किसीकी निन्दा करना पाप है। इससे पूरी तरह बचकर रहना चाहिए। मन में कई बातें आती हैं, परन्तु उन्हें प्रकट करने से राई का पहाड़ बन जाता है। यदि क्षमा कर दो और भूल जाओ, तब उन बातों का अन्त हो जाता है। श्री रामकृष्ण का उत्सव धूमधाम से मनाया गया, यह प्रिय समाचार मुझे मिला। आगामी वर्ष एक लाख मनुष्यों को जमा करने का प्रयत्न करना। एक पत्रिका निकालने के लिए अपनी शक्ति को काम में लाओ। लज्जा से काम नहीं चलेगा।...जिसके पास अनन्त धैर्य और अनन्त उद्योग है, केवल वही सफलता प्राप्त कर सकता है। अध्ययन की ओर विशेष ध्यान दो। शशि, समझ रहे हो न? बहुत से मूर्खों को

इकट्ठा न करो। यदि तुम थोड़े से सच्चे इन्सान एकत्र करो, तो मुझे हर्ष होगा। क्यों, मैं तो किसी एक के भी मुँह खोल सकने की बात नहीं सुन पा रहा हूँ? तुमने उत्सव के दिन मिठाई बाँटी और कुछ मण्डलियों ने, जो अधिकांश आलसी थे, कुछ गात गाये। सचमुच; परन्तु तुमने क्या आध्यात्मिक खाद्य (spiritual food) दिया, यह मैंने नहीं सुना? जब तक तुम्हारा वह पुराना भाव—यह भाव कि कोई कुछ नहीं जानता (*Nil admirari*)—नहीं जायगा, तब तक तुम कुछ न कर सकोगे, तुम्हें साहस भी न होगा। झगड़ालू हमेशा कायर होते हैं।

हर एक से सहानुभूति रखो, चाहे वह श्री रामकृष्ण में विश्वास रखता हो या नहीं। यदि तुम्हारे पास कोई व्यर्थ वाद-विवाद के लिए आये, तो नम्रतापूर्वक पीछे हट जाओ।...तुम्हें सब सम्प्रदाय के लोगों से अपनी सहानुभूति प्रकट करनी चाहिए। जब इन मुख्य गुणों का तुममें विकास होगा तब केवल तुम्हीं महान् शक्ति से काम करने में समर्थ होगे। अन्यथा केवल गुरु का नाम लेने से काम नहीं चलेगा। फिर भी इसमें कोई सन्देह नहीं कि इस वर्ष के उत्सव ने बहुत सफलता प्राप्त की, और इसके लिए तुम विशेष रूप से धन्यवाद के पात्र हो। परन्तु तुम्हें आगे बढ़ना है, समझे? शरद् क्या कर रहा है? यदि तुम अज्ञान की शरण लोगे, तो कभी तुम्हें कुछ भी न आयेगा।...हमें ऊँचे भाव से कुछ करना चाहिए, जो विद्वानों की बुद्धि को प्रिय लगे। केवल संगीत-मण्डली को बुलाने से काम नहीं चलेगा। यह महोत्सव केवल उनका स्मारक ही न होगा, परन्तु उनके सिद्धान्तों के तीव्र प्रचार का मुख्य केन्द्र होगा। तुम्हें क्या कहूँ? तुम सब अभी बालक हो! समय आने पर सब कुछ होगा। परन्तु बँधे हुए शिकारी कुत्ते की तरह मैं कभी कभी अधीर हो जाता हूँ। आगे बढ़ो, आगे बढ़ो, यही मेरा पुराना आदर्श-वाक्य है। मैं अच्छा हूँ। जल्दी भारत लौटने की कोई ज़रूरत नहीं। अपनी समस्त शक्तियों का संचय करो और मन और प्राण से काम में लग जाओ। शाबाश बहादुर! इति।

नरेन्द्र

(श्रीमती ओलि बुल को लिखित)

न्यूयार्क,
५४, पश्चिम, ३३वीं स्ट्रीट,
११ अप्रैल, १८९५

प्रिय श्रीमती बुल,

आपका पत्र मिला, उसके साथ ही मनीआर्डर तथा 'ट्रान्सक्रिप्ट' समाचारपत्र भी मिला। डॉलरों को पौण्ड में बदलने के लिए आज मैं बैंक जाऊँगा। गाँव में

कुछ दिन बिताने के लिए कल मैं श्री लेगेट के यहाँ जा रहा हूँ। आशा है कि विशुद्ध वायु के सेवन से मुझे लाभ ही होगा।

अभी इस मकान को छोड़ देने का संकल्प मैं त्याग चुका हूँ—क्योंकि इससे मेरा खर्चा अधिक होगा। साथ ही इस समय मकान भी अब बदलना ठीक नहीं है; धीरे धीरे मैं इसको कार्यान्वित करूँगा।

कुष्ठरोग की औषधि के सम्बन्ध में मेरा वक्तव्य यह है कि उसमें मेरा उतना अधिक विश्वास नहीं है। कुष्ठरोग तथा अन्यान्य चर्म रोगों के लिए उन दोनों प्रकार के तेलों का प्रयोग बहुत प्राचीन काल से भारत में होता आ रहा है तथा सब कोई उन दोनों तेलों के बारे में जानते हैं। अस्तु, भारत से मुझे जो कुछ भी समाचार मिला है, उससे पता चला है कि मेरा गुरुभाई अब ठीक है।

मैं इस पत्र के साथ खेतड़ी के महाराजा का पत्र तथा उस काग़ज़ को, जिसमें कि कुष्ठरोग के लिए 'गर्जन' तेल विषयक विस्तृत विवरण है, भेज रहा हूँ।

कुमारी हैमलिन मेरी बहुत सहायता कर रही हैं, इसलिए मैं उनका विशेष कृतज्ञ हूँ। वे मेरे साथ बड़ा ही सदय व्यवहार कर रही हैं, और मेरी आशा है कि वे निष्कपट भी हैं। 'उचित' व्यक्तियों के साथ वे मेरा परिचय करा देना चाहती हैं, किन्तु मुझे भय है कि पहले जिस प्रकार एक बार मुझको यह शिक्षा दी गयी थी कि 'सँभलकर रहो, जिस किसीसे न मिलो', यह घटना उसीका दूसरा संस्करण है। मेरे समग्र जीवन के अनुभव से मैं तो यही समझ पाया हूँ कि प्रभु जिनको मेरे पास भेजते हैं, वे ही 'उचित' व्यक्ति हैं। सचमुच वे ही सहायता कर सकते हैं तथा उनसे ही सहायता मिलेगी। और बाक़ी लोगों के बारे में मेरा यह कहना है कि प्रभु उन लोगों का तथा उनके साथियों का भला करे तथा उनसे मेरी रक्षा करे।

मेरे सभी मित्रों की यह धारणा थी कि इस प्रकार अकेले बस्ती में रहने से कुछ भी लाभ न होगा; और न कोई भद्र महिला कभी वहाँ उपस्थित ही होंगी। ख़ासकर कुमारी हैमलिन ने तो यह सोचा था कि वह स्वयं या उसके मतानुसार जो 'उचित' व्यक्ति हैं, ऐसे लोग एक ग़रीब के रहने लायक कुटिया में एकान्तवासी किसी व्यक्ति के उपदेश सुनने के लिए वहाँ उपस्थित होंगे, यह कदापि संभव नहीं है। किन्तु वास्तव में जिनको 'उचित' व्यक्ति कहा जा सकता है, ऐसे ही लोग दिन-रात वहाँ आने लगे और इसके अलावा उक्त कुमारी साहबा भी स्वयं उपस्थित होने लगीं। हे प्रभु, तुझ पर तथा तेरी दया पर विश्वास रखना मानव के लिए कितना कठिन है!!! शिव! शिव! माँ, तुमसे मैं यह पूछना चाहता हूँ कि 'उचित' व्यक्ति कहाँ है और 'अनुचित' यानी असत् व्यक्ति ही कहाँ है? सबमें तो 'वही'

विद्यमान है। हिंसापरायण व्याघ्र में भी 'वहा' है, मृगशावक में भी 'वही' है, पापी तथा पुण्यात्मा में भी 'वही' है—सब कुछ तो 'वही' है!! देह, मन तथा आत्मा के सहित मैंने 'उसमें' शरण ली है। जीवन भर अपनी गोद में आश्रय देकर क्या 'वह' अब मुझे त्याग देगा ? भगवान् की कृपादृष्टि के बिना समुद्र में जल की एक बूंद भी नहीं रह सकती, घने जंगल में एक टहनी भी नहीं मिल सकती तथा कुबेर के भण्डार में एक अन्न-कण मिलना भी सम्भव नहीं है; और यदि उसकी इच्छा हो, तो मरुस्थल में भी स्वच्छसलिला नदी प्रवाहित हो सकती है एवं भिक्षुक को भी महान् ऐश्वर्य मिल जाता है। एक छोटी सी चिड़िया उड़कर कहाँ गिरती है—यह भी 'उससे' छिपा नहीं है। माँ, क्या यह सब कहने मात्र के लिए ही है अथवा अक्षरशः सत्य घटना है ?

इन 'उचित' व्यक्तियों के साथ परिचयादि की बातें भाड़ में जायँ। हे मेरे शिव, मेरे लिए तुम्हीं 'सत्' तथा 'असत्' हो। प्रभो, बाल्यावस्था से ही मैंने तेरी शरण ली है। चाहे मैं विषुवतरेखाय उष्ण देश में जाऊँ अथवा तुषारमण्डित ध्रुव प्रदेश में रहूं, चाहे पर्वतशिखर हो या अतलस्पर्शी समुद्र, सर्वत्र ही तू मेरे साथ रहेगा। तू ही मेरी गति है, मेरा नियन्ता है, आश्रय है; तू ही मेरा सखा, गुरु, ईश्वर तथा यथार्थ स्वरूप है। तू मुझे कभी भी नहीं त्यागेगा—कभी नहीं; यह मैं निश्चित रूप से जानता हूँ। हे मेरे प्रभु, कभी कभी अकेला प्रबल बाधा-विघ्नों के साथ संग्राम करता हुआ मैं अपने को दुर्बल अनुभव करने लगता हूँ और उसके फलस्वरूप मनुष्यों से सहायता लाभ करने के लिए व्यग्र हो उठता हूँ। इन सारी दुर्बलताओं से मुझे सदा के लिए मुक्त कर, जिससे कि तेरे सिवा और किसीसे मुझे कभी भी सहायता के लिए प्रार्थना न करनी पड़े। यदि कोई व्यक्ति किसी भले आदमी पर विश्वास रखे, तो वह कभी भी उसे नहीं त्यागता है अथवा उसके साथ विश्वासघात नहीं करता है। प्रभो, तू तो सब प्रकार की भलाई का सृष्टिकर्ता है—क्या तू मुझे त्याग देगा ? तू तो यह जानता ही है कि मैं जीवन भर तेरा—एकमात्र तेरा ही दास हूँ। क्या तू मुझे त्याग देगा—जिससे कि दूसरे लोग मुझे ठगने लगें अथवा मैं असतों का शिकार बन जाऊँ ?

माँ, मैं यह निश्चित रूप से कह सकता हूँ कि 'वह' कभी भी मुझे नहीं त्यागेगा।

आपका चिर आज्ञापालनकारी पुत्र,
विवेकानन्द

अनुक्रमणिका